浮生若梦 梦难忘（上）

我眉山人 著

前言

我写的这部书完成于 2014 年，内容广泛，从前清光绪 33 年的 19 世纪八十年代，直至二十一世纪二十年代，逾越百年。描述了亚、欧、美上千种人物，尤其是个人家族、社会经济、政治的沧桑；直到世界东方最古老、最大的国家封建极权专制的崩溃及其消亡的预测与梦想。

有希望的是本书面世时，作者自幼梦想的"天下为公"孙中山遗愿初现曙光，和平民主救中国之路在进行中；仅管中华大地早被屠夫丑类糟践至无官不贪、积重难返。将有有识之士挽狂澜于既倒。

也许我这部书必将成为反应旧中国历史的终结？！人们企盼的统一的中华共和国将在本世纪上半叶呈现出繁荣昌盛的真正的新中国。

本书上册，描述了近千名大、小人物，下册是作者对欧、美的观感，特别一些难忘的历史事件，以及对人类未来的展望。

2016 年 2 月

作者及内容简介

作者，峨眉山人，原名赵素行，男，1927年农历九月十六日生于四川夹江县，毕业于上海同济大学医学院。1949~1950年毕业于中共中央团校，1950年在中共中央军事委员会、军委直属政治部担任干事、书记、助理员、组长，做组织、文化教育、干部政治理论教育工作；1954年在政务院、中央文化部党委宣教组、人事司任宣教、干部任免、培训、分配干部工作。1957年起从事电影工作，到甘肃，参加文革，任北影厂编导室组长、厂长办公室主任，到对外文委宣传司电影处任处长，国务院文化部教育局任外事处长，直至离休。专业技术职称正高编审。中国电影家协会会员。

本书是一位86岁老人大半生的见闻录。

他亲历了中国两种政权的兴衰成败，也包括他和他家族的兴衰成败。

他自幼接受"天下为公"、"济世救人"、"不为良相，当为良医"思想，作为座右铭即人生目标。

他21岁参加了中国共产党上海地下党组织。

20世纪五十年代，他无辜遭受家破人亡的痛苦，六十年代至七十年代又在"文革"中受江青等人迫害，劫后余生，又全心全意投入到国家建设事业和拨乱反正中去。

他崇信辩证唯物论，爱好音乐和科学知识，大半生从事文化事业、电影艺术、艺术教育及其国际交流，追求民主、自山、平等与博爱、法治与人权。

他为人坦率、真诚、热情和蔼，回避名利，厌恶嫉妒。他乐于助人，我行我素，涉及个人利害，略嫌愚钝。对事业却充满勇气与活力。

他的见闻录，描述了大量的人和物的故事。事物虽已不再，其景象犹存，留下了世间的真、善、美与伪、恶、丑。

他的感情丰富，也有脆弱。他爱憎分明，主张宽容但必须分清是非。他的笔触，流露了人生的喜怒哀乐。

他是无神论者，却乐于参加各种宗教活动，喜欢宗教音乐。他相信特异功能，知道有伪科学，但也相信有未知科学。

作者认为，在茫茫人海里有着无数被凌辱伤害的人，其中有他和他的亲友，曾经忍辱负重，带着伤痛，充当公仆，为主人忠心耿耿，跟牛一样，没流眼泪；他又是一匹被驯服的老马，背负着沉重的大车，"眼前飘过一道鞭影，它抬起头望望前面。"它望着北方，那一片鲜红的海棠叶已被蚕食，向南，大海身边无数永不沉没的扁舟，在腥风醒雨中飘摇。老马偶然发出一声嘶鸣！

浮生若梦 梦难忘

（上）

峨眉山人（赵素行）著

目录

目录

目录

目录

目录

目录

目录

目录

序

一、我的故事，我的梦

每一个人都有自己的故事，每个人的故事里都穿插着另外一个人或许多人的故事，接触人越多的人，故事内容越丰富，其中穿插别人的故事也越多。

每一个人都有自己的梦，梦对自己都是美好的。梦有圆成了的，也有破灭了的，破了的梦比圆了的梦多许多！为了圆梦产生故事，梦圆了再进入另一个梦，又有新的故事。

如果梦对别人、对自己都是好的，圆了的少，破了的多。

如果梦对别人是有害的，就注定圆不成，只会破，若暂时圆了，终归是破。

梦是幻想，是理想。

人的故事，是宇宙无数人行程的轨迹。

中国古圣先贤说："浮生若梦。"

德国谚语："梦是气泡。"（Traum ist Shaum）

《金刚经》说，一切事物"如梦幻泡影，如电亦如露"。事实上，宇宙万物的运动变化，都是一个个的过程。

我的一生是从20世纪20年代开始的，如今已走过了80多个年头，将在21世纪20年代之前结束。由于种种因素制约，我不可能成为理想的百岁老人。

但仅这八十多年的经历与见闻，无法反映出一个国家、一个社会的全貌，只能是沧海一粟，冰山一角。

冰山的形成，非百年之寒。如果说我的一生都生活在封建专制的大环境中，也确实走出封建桎梏，到民主发达的世外桃源呼吸新鲜空气，好像多活了一百年，但统观自己经历与见闻，却只见这大环境与世外桃源的冰山一角。它不能像四维魔镜，印照出大环境近百年的一切。千言万语，只能使人见其一斑。而事实上任何人一生的故事都如此。

俗话说，冰冻三尺，非一日之寒。而这三尺之冻冰，亦非一日可融。

待到这冰山化解之时，再要洞悉这冰山的内涵，我的故事可能成为一面镜子吗？！

可能是。可能事过境迁，一切都又变了？

人的梦是从有了生命之后，才开始的。

梦是人的思维现象。

人的生命是从梦开始的。在不由自主的生命现象中，从细胞的无限分裂、组合的运动中，从生物本能进入知觉的境界，经历着不知不觉、半知半觉、先知先觉或后知后觉漫长的路途。生命的开始是差不多的，生命的结束亦即路程的远近却千差万别。

有些人一生都活在一个苦或乐的梦中。

有些人在无法抗拒的梦境中，拼命编织着一个又一个梦，幸而圆了一个旧梦，再走向一个新梦，不少人从梦中清醒或半清醒。

清醒的人也是千差万别。有的消极遁世；有的不再做梦却听凭本是无法抗拒的梦境的演变，叫听天由命；有的或世世代代或独树一帜，去探索梦的源泉，去揭示宇宙的、万物的也包括人间的奥秘，在追求中继承又在追求中取得无尽的乐趣，而且前仆后继。

我要写下的，是我付出了生命的活力，同亲人和陌生的人在主客观条件摆布下，做了一场人生之梦，也就是从20世纪走到21世纪的世纪之梦。

全球几十亿人有几十亿个世纪之梦。我是在世界东方古老的大国里，做了几十年的梦！我不是在创作、虚构什么动人的故事；也不是概括、典型化地描写，我只是复述自己感受的经历。却是一个历史的见证！是一个不完整的见证。因为，我只能写下难忘的，也可能失去一些可贵而模糊的、甚至不完全、不成型的事情。一言以蔽之，可能是一本流水账或是一本不完全连串的真实的故事。但也不全是流水账，因为，没有想起和忘记的事情，总是很多很多的。

二、现在和未来

我不是文学创作的专业人才，我只是把自己难忘的人和事形成文字，编织成一部纪实性的世纪梦幻曲，是留给自己、亲人或偶有至好亲朋闲来消遣之用的。

如此说来，我就非常自由了，我爱怎么写就怎么写，爱写什么就写什么，不受文章结构、主题思想、语法修辞种种束缚，更不受任何意识形态、政治因素或什么道德规范的干扰。

我就是我，我的这个小天地属于我自己。

当然，写成了文字是一沓沓手稿，随想、见闻、游记、小故事、大故事种种，不伦不类大杂烩；偶有至好亲朋看了，能任凭评说，受褒则喜，被贬也乐。

古称"人生七十古来稀"，我说"七十好来分！"。前个甲子有虚度之嫌，可谓空甲子，想再度一个甲子，古今中外皆不易。精神不空虚可名为实甲子，都写新鲜事体，玩玩"雕虫小技"，写写昔日没写过的小天地的人与事，对人对己或无陈旧之感。

正如上述，"人生如梦"之说，还有人告诫世人及早从梦中醒来，看清一切皆空云云。我倒认为，如梦之说是放之四海而皆准的。大约最早的先知，不论地域人种，开始把睡眠时的思维活动命名曰梦，而究其根源，则无一不是觉醒时见闻感触与思考言行之重新组合，也受睡眠时感触的影响，或情节完整，或支离破碎，或重复再现，或惊骇玄虚，或超越时空，随心所欲，或预计预感，荒诞无稽，也会身不由己，变化无穷；于是有点化人生的行为的醒世名作问世，包括南柯一梦、黄粱一梦种种，有传奇的，有宗教色彩的。说如梦并不就是梦。从原始意义上说，梦不是随心所欲的成分占主导，而如梦的人生则是由人的主观意识对主客观条件的关系产生的欲望即所谓理想、梦想，并付诸行动，但又不断地受客观条件的制约；有时如愿以偿，理想实现，梦想呈真。有时身不由己甚或目标渺茫，陷入"无边苦海"，佛家劝你"回头是岸"，脱离旧梦。实则无论你信不信任何一种宗教信仰，因某种人生旅程碰壁而罢手回头，看破红尘，脱离旧梦出家不出家，都难免走入新的梦境。大者如某人或某些人身负国家社会之重任，把自己的梦同国家社会联在一起，必然导致社会成员个人的梦被迫或甘愿破灭或者实现。大凡从根本上符合客观事物、历史发展规律者成，反之必败。大权（或大钱）在握者兴灭浮沉必受百姓之称颂或唾弃。而最堪虑者与最堪叹者莫过于乱世魔王鱼肉平民使百姓遭殃，不管是称什么主义，给脸上贴什么金，亿万黎民世代企求温饱，甚至安居乐业之美梦不圆，古今五千余年，冤魂无数，迄今无以安息！

人生在世难得三万六千日有知。统观宇宙，从星际物质化为星体，形成一个个银河、太阳系，我们千百代在这个银河系的这个太阳家族生活下去，人人都是过客，人人都是万物之灵。灵在于程度不同地认识和利用有机物和无机物各种客观事物，包括别人为自己活得更好服务。或者在我为人人牺牲的同时，换得人人为我的有限服务。灵，在于编织一个美梦走去，并走入又编织的另一个新梦。无限地编下去，走下去，直至大限来临，再回归大自然，变成化学原素。

人固有知，但真正认识自己和远近周边的人和事，却是千差万别。如前所说，必有先后知先后觉之分。中国向有四十不惑、五十知天命的名言，事实上因人而异，因事而异。我这几十年中曾自以为活得不糊涂，曾崇尚欧美资本主义社会，又相信共产主义，认为资本主义罪大恶极。大概要到七十年代末，实花甲之年时，才真正不惑而知天命的。这都是还有正常知觉即活着时，才有的感觉。当然，是否真正达到了这种高度，只有从今后我写的文稿中去找答案了。

人们往往关心寿命。有人说"73、84，阎王不找自己去"。人类生命运动有周始规律，有生命活动高潮的"健康稳定年龄"和低潮的"破裂减弱年龄"两种周期。这是假说。据此，我就得利用这个规律，争取度过平安的73和84，而第10个减弱期，80是开始。说到底，生命长短，只有天知道。天为何物？是上帝？我则认为上帝的确存在。先有人，后有人创造的上帝。一在自然规律，一是个人这个主体。个人与外在世界主客观二者结合，就构成上帝，主客观条件结合的产物，都是上帝安排的。我要争取多写一点东西留下来，消磨一些有用的时光。寿命大半是人自己掌握的。有人说73、84寿限是"坎"，源于对圣贤的迷信、孔丘活了七十二周岁有余叫73岁，孟轲活到84。因此，人们限于知识却想不到寿命遗传基因的可变性。

我将尽力在无意外的情况下，活满自己的天年！

"天年"是何时？可能就是无疾而终的时候吧？！

4

峨眉天下秀 清末秀才之家

我终身依恋的故乡

地球北半球北纬30度、东经103度，耸立着一座峨眉山。它是中国佛教四大名山之一，坐落在四川省西部。自古迄今，不知何时开始，被号称"峨眉天下秀"。

在峨眉山麓第一座大庙报国寺西南7公里处，是峨眉县城。县城水西门有清末秀才杨德三宅第，是我母亲出生地，我外婆家。

离县城东南25公里，因自北向南流向的青衣江是两山夹一江的县城，名为夹江县。北门月亮街有前清末期秀才赵文孝宅第。我父亲出生于此。

清朝末年，在此依山傍水的两个县城之间，因门当户对结亲，构成了我的家乡。

我的童年亦即小学幼年时期，便是在峨眉山下的夹江、峨眉这两个县城里度过的。

这个家族关系的形成，并非朝夕而至，却经历了一番历史的演变的：

早在十九世纪末叶的八十年代，中国清王朝走向衰败中经受戊戌的挣扎残喘，又受世界帝国主义列强、八国联军疯狂的侵略、掠夺，致使中华大地生灵涂炭，大清王朝摇摇欲坠。同时，欧洲已因暴力革命失败转向议会斗争为主的新世代。中国正处在旧民主风雨中。

我的外祖父杨燮熙
号德三　清末秀才
名义上委任峨边县同治

1

我的外祖母
（1936年留影）

巍然秀丽的峨眉山依旧日夜守候着身边这两个小城。这里是穷乡僻壤，近百年间，一切人文风习仍旧保留着大清旧貌。

在这十九世纪八十年代中叶的峨眉、夹江只有几条街的小城中，年方弱冠的书生们照旧在十年寒窗中苦读钻研诗书。

可巧适逢光绪33年，在考试中优选入学，而得中"秀才"者，恰恰只有峨眉的杨德三和夹江赵光星。

可惜，时不我济，两个秀才无缘再求中举了，算是末代科举，就此了结，却因此在当地成了无官的名门望族，书香人家。

传统观念中的"女子无才便是德"，峨眉秀才的长女翠娟（字韵秋），照旧缠脚，民国初年仍旧可以读了几年私塾。长子奉峨读了中学，称旧制中学。次女不幸夭折，后又育二女。

夹江秀才赵光星字文孝，先后育有三子五女，长女出阁后病逝。

时间进入民国，已是二十世纪初年。峨眉山下，人们照样保留着历代的传统风习，虽也不得不参加些民国五族共和的时髦东西点缀点缀。

因之，在男大当婚、女大当嫁时，仍遵循父母之命、媒妁之言行事，原则是门当户对、"八字"相合，才能成就一份姻缘。是以，夹、峨赵、杨两家便顺理成章成就了这起婚事。

由于赵氏长子已经成家，理所当然，由翠娟与赵家次子万灵（字聘璋）结婚。当时聘璋正在省城读省立成都中学，16岁，娶妻20岁。

杨、赵两家结亲后，于民国十五年先开花，生了长女慰情；后结果，次年次子世琦（字素行）出生。

这个随着时代潮流逐步变迁着的、我的老家，在世代传承的陈规中，照旧有个"排行"。由祖先拟定了班辈排行联语，同时作为家谱的依据："奉昇邦国仕光万世永肇天成"。

依此，我这一代属"世"字辈。外加斜玉偏旁，汉字省去一点，成了"珏"，因此，世珏便是我的名字了。照例有"字"，也说"草字"叫素行。另有小名。由于迷信，我姐弟生年属天干地支的丙寅、丁卯年，谓"丙寅、丁卯炉中火"属"金木水火土"五行之"火"。为了出生平安，免尅，找路人指认树木为性，给我取小名叫松生。当然，男尊女卑，女性就没这般繁杂了。

大凡中国家庭中，都有这样一套繁琐的老规矩。

从此以后，峨眉山下、青衣江畔，便永远是我终身依恋的故乡了。

家庭观念和美女山

故乡的往事，喜怒哀乐，可谓气象万千！

每个人都有家。我的家庭观念先是由祖父母、父母、伯叔、婶、姑和堂兄弟姐妹组合而成的，后来明白这是个大家庭。它包含着两个层次的小家庭，即祖父母和未出嫁的姑姑、父辈三弟兄及其妻儿。家人之间相处亲密和谐。一切事情都由长辈说了算数。孩子们之间，弟妹听哥姐的话，也都听大人的话，一切听长辈老人吩咐。家务活儿，山女人们主办，又都由祖母任总指挥。不少事，都是按照古已有之的朱子家训办事："黎明即起，洒扫庭除，要内外整洁……"

我从三岁学算术，习字练九成宫方格纸，家庭就是我的一个整体观念。

大家中，有小家，各家之间不可分，又有别。

我年长以后知道我幼时体弱多病，先天不足，这是由于母亲劳累过度造成的。因此，母亲回娘家时，总是带上我同行，便于照顾。小学一年级第二学期以后，我的外婆家便成了我的第二个家了。总之，小学毕业11岁以前，我总是在母亲身边的。

有一年，我随全家大小到夹江县城外的郊区，是到美女山去上坟。从长辈、大人们的交谈中，我知道，美女山是我们赵氏宗族的一座坟山。沿途是青山绿树，清风拂面，这是清明时节，有庄稼，有小河，更有喜人的一片片金黄色的菜花，有菜花香，还有草香。不久，走完小路走小坡。这是一座不太高的青山。它叫美女山，草多，树不多，山体向阳，前是广阔的田野，未见有山相连。这山好似个美女坐落在田野上。我们的曾祖父母好几座坟正在这美女山座前的盆骨正中。山顶无路上去。上完坟我们走到山前不远处一个水沟前，大人们说着就去捞鱼，是用泥土、石头，挡住上流，又堵住下流。世瑛大哥高兴地从水沟一个角落高喊："逮住了一条大鱼！"

其时，我偶然意识到背诵的成语"竭泽而渔"。

美女山扫墓，给我留下了深刻印象。这又使我联想到：参加赵氏祠堂祭祀；

整猪整羊、无数先人的牌位；以及各家正厅堂神龛上的"天地君亲师"，和那每年家族的会餐、磕头烧袱子等等，都是我幼年时的记忆。

这一切的一切，为我铭刻了家庭、家族、祖籍、老家、老祖宗等等观念。

先从母亲说起，没叫过一声"妈妈"

离开母亲已经很久、很久了！不是几年、十几年，而是好多年、好多年！计算起来，正好五十多个春秋，或说，半个多世纪！

1945年我高中毕业，暑假回家陪母亲带着6岁的妹妹（那时弟弟在峨眉）到成都看望父亲。他在报社任总编辑。姐姐在成都华美女中行将毕业。我们一家人团聚不容易，即使在那炎热郁闷的季节，也是愉快的。

8月11日，听到了震撼人心的划时代新闻：日本无条件投降了！持续了8年的抗日战争结束了。母亲含着眼泪激动地拉着父亲和我的手对大家说："这就好了，抗战的苦日子熬到头了！"

我们这个小家庭和4万万5千万同胞一样，在"日本投降啦！""抗战胜利啰！"的欢呼声中度过了难忘的一天、两天……！满街爆竹，锣鼓喧天。后来知道，载入史册的纪念日是"八一五"。因为，东亚最大的战争罪犯裕仁的代表是8月15日这一天在无条件投降的停战书上签了字。也是很久以后，我才明白，由于裕仁这个侵华战争的罪魁祸首、日本法西斯"大东亚共荣圈"总设计师受到优待，其崇拜者中，一批漏网战犯及其追随者已成长在日本国身上的毒瘤、留在东亚各国人民心上的隐患。而且，这种反共后遗症的异状，将安然进入21世纪，并继续受到美利坚合众国的支持与庇护。

胜利一年之后，我随校迁回上海。同济校址战前在吴淞，迁往内地辗转7次到南溪李庄的。

母亲在峨眉郊外租住的青杠林家门前，像每年离家去上学一样，同我告别。殊不知，这一次竟成了永别！她是在我离家6年后才去世的。这么多年过去了，我一直没有忘记她，还常常想起她，无论我在生活、学习、工作，顺心不顺心的时候，每逢夜深人静失眠的时候，欢乐或者悲伤的时候……而且，往往无声地流泪。

怀念母亲的原因很多。除在常人固有的亲子之爱和依恋之外，还有由此引发的惋惜与不平。我惋惜的是我和姐妹兄弟们大半生一直叫惯了"大嬢"，没叫过她一声"妈妈"，不平的是她中年早逝而且死得很悲惨。这是后话了。

故乡和我的亲人们

　　母亲是个"旧式妇女"，不是三十年代的那种"新女性"，生在清末光绪33年丁未的1907年的秀才家。这个家是一个依山傍水的、被城外一片绿色环抱的以木结构平房为主体的小城。城西有一条由山区雪水汇集流下的小河，河床表面铺一层厚厚的鹅卵石，人们用竹编大篓装满鹅卵石做堰分流出一条小溪从城边流过，供人们取水、洗衣。这个城门便被称为水西门。她出生的时候适逢喜报到来，被秀才赐名"喜奉"。在她还不懂人事的幼年时期，中国正处在清王朝覆灭，民主与新、旧皇权势力的浪潮此起彼伏，像金沙江与青衣江水混合东流一样，日复一日，年复一年。这个小城的居民即使到了穿着中华民国华丽外衣的新皇权时代，仍旧保留着不少前朝的陋习。她被迫"裹脚"缠小脚，读私塾。待到成年即嫁给五十华里夹江县一个正在省会成都上中学的高材生。

　　母亲婚后两年先后生下长女和长子。婆家是一个大家庭。家长是秀才，公公和秀才娘子婆婆。还是五弟兄中五个大家庭的长房，是族长。这个家族是明末从湖北孝感逃避战乱到川西定居的一家小商发展而成的。秀才的父亲用经商赚的钱购置一些房地产，嫁出几个女儿，余产分给五个儿子并留了一个墓地——美女山；分家之前，按照"万般皆下品，唯有读书高"的原则，培养儿子们十年寒窗苦读诗书，终于有长子得中"入学"。其余几个儿子就是我母亲的四家叔公，我的二爷爷到五爷爷。他们连"入学"的机会也没有了。待到老祖宗谢世前后，这个家族逐渐形成，都靠分得田地的粮食做小买卖收入维持生计。长房秀才除了在家开书馆办过私塾之外，家里商业则是北门住地划出两间房做加工各种纸张的作坊，在北街开一个"赵义发"纸铺，经营各色纸张和信封之类的商品。由于这个县盛产传统的竹纤维纸，尽管它的宣纸并非书画裱糊家都喜用的产品，但却是20世纪海内外知名的夹江纸，本地的货源同它的原料一样与世长存，因此，赵义发加工经销的纸生意经久不衰。主管人是秀才长子、我的伯父，也就是生产、经营纸张的工人徒弟的师傅。他毕业于四川大学农学院，擅长农艺，在城北月亮街家的后园几亩菜地中种植的广柑、樱桃、蜜桃、杏、李、香椿、芭蕉、芋头以及院内的葡萄、松柏等等，多种植物，他都花费了不少心血。纸舖工作人员的伙食大多是由城北家里供应的。

大家庭伙食的炊事员是由我的母亲和伯母姊娘妯娌轮流担任。每天管十几口人的三顿饭，总指挥则是秀才娘子——我的祖母。一个婆婆加三个媳妇，操办着这家的后勤事务。除烧饭、洗衣，还有打扫、喂猪、养蚕、风谷之类。媳妇们还要照顾各自的孩子上学。

长房大伯主管纸舖生意，收支财务外，前后院清洁卫生也管。他还兼任县政府教育局的公务，更有菜园里的花果树。

我爷爷日常总是在书房里，名叫琴鹤山房。我上学之前，常到他的书房玩耍，天井里的葡萄树高棚架下，对面还有两间对称的书房兼客厅，有一台风琴。爷爷不弹琴，时常在书房里看书。坐在书桌上左手扶着一枝二尺多长的卷烟杆，烟斗里点燃一只叶烟，口里叼着玉石烟嘴，不停地吸烟吐雾。右手握毛笔，一边阅读大本线装书，边看边用笔墨圈点。他还看些书报。有时对儿女议论几句国内外时事。他有时坐在书房门边一张竹椅上休息，有时逗我玩，讲故事。他让我看他用双掌交叉捧着，用合并的双拇指放在嘴唇上，用手掌一开一关吹出"喔！喔！喔！"的声音，逗我乐，还给我讲小故事。说从前有个叫公冶长的人，会鸟语，一次听见鸟儿对他说："公冶长，公冶长！隔山那边虎咬羊，你吃肉，我吃肠！"爷爷在我长大上学前，让我自己去找书看。他给我讲讲，先读《增广》，后读《龙文鞭影》等，我还可以自己从书柜上选书看。《红楼梦》和《东周列国志》等等。

爷爷的次子，即是我父亲，叔叔、嬢嬢们和我大哥多在外地上学，假期回来时，很热闹。我不熟悉的字，就随时可以去问他们。早晨，前后院好几个人在读书。有时我在背诵，"昔时贤文，诲汝谆谆……"有嬢嬢在那边朗读对子书"新对旧，降对升，白犬对苍鹰……"。我还背诵医学三字经等等。

夹江城北月亮街这个家庭里，是朝气蓬勃的，读书气氛很浓厚。

母亲青年时期，就是在这样的书香门第，过着为大家庭服务和生儿育女的生活。

这是个小城。黎明时分，几乎天天可以听到远处宰猪场的猪叫声，又有什么地方的鼓声，像是大鼓，声闷，从慢到快，很有节奏反复多次。又有天主教堂的报时钟声。从此便开始了一天的忙碌。我经常跟在母亲身边。她除当班烧饭在柴禾灶和锅台、水缸间忙上忙下之外，便是用沼水加米糠去喂猪，然后是在厨房旁的菜地边一块大石板上用皂角和白泥条以毛刷洗衣裳；洗好后，带水桶到大门外几十米处一个水井台打水清洗。有时照顾菜地的小菜和每年都要做的豆瓣酱种种杂务。

腊月间，我的祖母领着母亲、婶娘们用小麦面粉做长花卷，上大蒸笼屉蒸熟之后发霉，盖着一层黄黄的霉层，留待夏天做酱；加上用胡豆开瓣做熟，同多日暴晒的盐水，制成豆瓣酱，或再加些切碎的鲜红辣椒，便成了辣豆瓣酱。与长条花卷同时蒸制的还有其他年货，如米面加糖，米面加红豆沙、猪油，用包粽子用的叶子包成长方形的叶儿粑。端午节做包糯米加配料的粽子。

春天，桑叶绿了，就去附近城郊采桑（孩子们则趁捋桑叶时摘桑椹吃）、养蚕，纺丝出售。

秋收了，就在秀才娘子婆婆的率领下，把从远郊水田收回的谷子运到菜地、天井，放到竹编大蓆上去晒；晒完用木风斗去风干净，然后，储存在我们的卧房旁的谷仓里保存起来备用。……如此，春、夏、秋、冬，周而复始。

母亲每天照顾好孩子上学……有时还要催孩子们坐在小板凳上做习字，算算数，或者读《增广》、《龙文鞭影》等等。

做大家庭媳妇确是辛苦的。在如此有条不紊的生活环境中，是平静与和谐。在1934年暑假，父亲回来，带回当时蒋介石为反共而兴起的"新生活运动"，大家庭中的这个小家庭要实行 "个人卫生规则"。母亲和其他事情一样，一一照办。有时峨眉娘家派人来探视，跟其他伯、叔两房类似，来人总是背一个背篼，进大门前院先给老太爷老太太送上一条约重二、三斤鲜猪肉和一捆几包糕点，然后走进后院。带来的无非是些腊肉香肠、点心，鸡蛋、江米之类的食品，供小家庭有时晚间在烧木炭的火盆上做夜宵之用。逢年过节特别是春节，照老规矩，要拖儿带女去向长辈拜年，包括我祖父母、曾祖母、外曾祖母行磕头礼，他们都要给孙辈和曾孙辈一个红纸包着的一些小钱（即小铜币）。

母亲有时遇到老人为家务事的责备，从来不争辩。如此大约度过了六、七年，她生下了第三个孩子——我的弟弟。在我上初小二年级时，母亲除我姐姐在夹江上学，带着我和弟弟三人回到了峨眉娘家常住，也没脱离大家庭。此后，有几次逢"中元化帛之期"的农历七月中旬，叫我回夹江跟长辈到近郊家族祠堂和祖家大院参加祭祖活动。这种祭祀，先以整头猪、羊在祠堂跪拜祭祖，然后焚烧大量袱子（即纸包一厚叠"纸钱"），参祭人都是男人，妇女只参加餐饮，吃"九大碗"。母亲回娘家后，再没有参加过此类活动。

老家的背篼戏、花鼓、城隍会、川戏、评书、圣谕和电影

　　虽然我此后常住外婆家，但上学前后的不少事，却往往在一个人的时候，走在寂静的小路上，玩耍休息时不时地浮现眼前。夹江月亮街或叫城隍庙街，约在我七、八岁时中国动荡的1935年前后，可谓是大后方的小城市，大街小巷里，总有一些文化娱乐活动。就在城北居民并不多的我们家门口，常有些卖艺的表演各种节目。一种"背篼戏"，实是一种布袋木偶戏，表演舞台很简单，只在蓝布围成四方形的一面上方，露出一部分就是表演空间。有个小节目"哥哥打老虎"就吸引人。看完一个个节目，我高兴地把小钱放进戏老板收钱的帽子里。有时有花鼓戏，由女人边舞花棍，边唱，有些唱的是孩子们似懂非懂但易引发好奇的唱词，如"把你嫂嫂裤裆里的东西，借我睡一夜，明天就还你！"实际是市民低级趣味的逗乐，大人们乐于给钱。也有"西洋镜"，这种形式当时各地都有，六十年代的北京人在西南角的"大观园"游园和五十年代天桥，就可以看到。我那时看见的是"咚，咚，锵！……往里看，往里瞧，看洋婆子洗澡！"

　　平时，可以进城隍庙看到"十殿"泥塑雕像描写因果报应，人若生前做坏事，死后下地狱上刀山、下油锅受尽种种酷刑，不得超生，以及阎罗王生死簿、无常鬼等等之外，夹江每年有一次城隍戏。同鲁迅说的江浙一带社戏类同。戏台是庙内现成的，四合大院空场人头密集，只有舞台对过楼下大片空地由居民观众放置许多一米多高的高板凳才有座位，观众都是以城市和农村的平民为主。戏的节目内容多是警世之作，开头每年都是"打加官"，有白鼻子小丑角色，也有吊死鬼向寻死的人作揖，求人上吊，自己超生；又有口吐"雷火"的一些恐怖戏。看多了，我不觉得害怕了。

　　夹江城隍庙夜间常有说"评书"的。在家做纸生意的烤纸作坊工作的一个哑巴师傅是我的表叔，他有好些次夜里把我揹在背上，然后让我骑在他颈项上，两手握住我的双脚，让我用手抓住他的耳朵，走进城隍庙。在暗淡的油灯下有不少人在听评书。听一会儿，我也听入神了，他又把我带回家了。

　　这些事，有时还在峨眉县的春季。城隍庙都一样的有十殿，房屋不如夹江的

大，没有城隍庙里的戏，都在广场搭棚，有自备座位的大广场，可以看戏，"打加官"照样是开场戏，戏目内容都很多。有时是几十场的连台戏，大多是写古代孝悌忠信的悲剧，正剧也有滑稽小品闹剧。剧场上除卖小吃之外，是卖戏书的，一个人扛着大竹竿上面扎住一些横杆，每格横竹挂上一排戏书，无论台上有戏没戏，都一样，时而叫卖，时而故意从观众眼前走过。我母亲倍爱看悲剧，看戏时及以后闲谈中，互相复述剧情，赔上一些同情眼泪。

比夹江更有特色的是（也可能夹江和其他县城也有），峨眉每年农历二月初一，有"城隍会"。居民多把板凳搬到临街的门口，等着这难得的游行。只见各种戏装的演员，好似一组一组戏的某个情节，边走边表演，有的是把小孩化了妆绑在竹竿或座椅上，有的是踩高跷，前台都敲锣击鼓，十分热闹。

除去冬天，每天夜里，从黄昏时起，有的街头巷尾空场较大的所在，总有上百人，男女老少，坐在自家的小板凳或台阶上，仰望着广场中心。

那几有个三四尺高的台阶上面设置了一张柜子式的桌子，上面放了些香烛及一些令人似懂非懂的牌位，桌边坐着一位中年人。夕阳西下，他点起红蜡烛，点燃一张黄纸，火光一起，他便作揖并念念有词，边抛出去，这时我们看见桌子正中有一块一尺高、手掌宽的木牌，黑漆面，中有两个大字，贴金的"圣谕"。那人边做一边唱开了："第一条，风调雨顺，二祝国泰民安！"又说了几句《增广》中读过的"善恶到头终有报……""富贵不能淫"之类劝谕人们的词。然后，就讲起故事。人们都听的入神，有时到了夜深，还有不少人专心听讲。我记得有些讲偷窥、杀人和通奸、不孝之类遭到报应的故事，讲得生动，引人入胜，如"他摸黑走到窗口，轻声地敲了几下门，嘟，嘟，嘟！兰英妹，开门来！"……"他抢起一把斧头，唰的一下砸下去，这个可怜的人，脑壳一下子就开了花，血……"二十多年后，我按照新中国共产党的教育和文化思想去回忆，一个模式，一个观点，认为，这些圣谕之类都是愚民政策，凡是描述罪恶行径的东西，都属于诲谣诲盗的封建流毒。其实，在夹江城隍庙夜间说评书的故事内容，也和圣谕差不多，故事多了一些剑仙侠客。但我得到的启迪，却都是正面的，认为行善，惩恶，孝悌忠信、仁爱和谦让。

在夹江时，我曾跟随一些人去赶热闹，走进一间大屋子，看过电影。有打鱼的，划船的，有修马路不用人，只见车子铺路、放沙石和黑色的东西（若干年后才知道是沥青）。印象最深的是使人哈哈大笑的劳莱、哈台主演的闹剧，有的节目很像笑林广记中的恶作剧，有不少"洋婆子"和高鼻子。

峨眉山下的家

　　我的母亲回到娘家比在夹江作媳妇轻松多了。我的秀才外公常外出会朋友，在家就看书，书没有我祖父的多。他不吸烟，比我爷爷不同的嗜好：喝酒。我舅舅当家，由我的舅母、我母亲的大嫂掌厨，家里常年雇佣两名男女打杂工。母亲有两个妹妹，我叫三孃、四孃，都没裹脚。三姨妈三孃嫁到外地罗家，四姨妈四孃嫁到本县城内陈家，峨眉县城一个拔贡家，是东城的首富。她们偶尔回娘家团聚。分家时，五个儿子分得"三百担租三千块钱"。

　　外婆家除了一个天井东西南北分布的上房厅堂，照例有"天地君亲师"的牌位，左右两侧两位家长分住，北连厨房，南接书房，花厅的几间房舅父一家居住之外，厨房外通一块接靠城墙的苦竹林。另一侧是北连厅堂西侧秀才娘子我外婆卧室之外，还有空房子与厕所，南面西书房西花厅，有一个半月形小鱼池。两个花厅露天部分分别种有茶花、芍药、牡丹、菊花、玫瑰、罗汉松、柏树多种花木。她，我的母亲带着子女住在西厢房，有时又住在西花厅，天井中常年放着几盆棕榈树。

我的舅父杨联璋号奉峨
曾任庐山县科长

　　这个家的生活来源主要靠离城五华里的一个靠水力碾米的碾房、兼有一间榨油房的收入及其附近一所平房佃租给人，兼管几亩稻田与菜地。除此之外，"做会"是常见的一种金融交易收支形式，大约在二十年代至五十年代，在川西我的老家经常有这种活动，任何家人都可以出钱参加做会，也许那天由"头会"办一席或几席餐桌，吃九大碗菜，密约交收会费，定期还钱。其会头，实际上是轮流的依次集资。头会拿到这份大额款项，便可投入批发、囤积与抛售的商业活动。一般是这里常产的白蜡之类的日用品原料。白蜡是这一带专有的蜡树，每季放蜡虫上去，用其排泄物熬炼成一盘一盘的白色蜡块，每逢家家户户燃点蜡烛，敬神祭祖、拜佛时都要买红、黄蜡烛，婚丧红白喜事也要用。价格浮动，有利可图。当然，还有其他中草药和粮食之类。母亲和我们就在这个家里度日，父亲那时不过二十几岁，在省城成都上学，我们姐弟上初小。假期团聚没多久。三十年代我上学住在峨眉外祖家。对孩子们的管束养育，都由母亲的大哥——我们唯一的舅父（大舅）承担。休假日，在孩子们眼里，看见母亲和家人做做针线活，织花做鞋之类，过年大节日打打纸牌，有全家老小。我就和表哥弟妹们跟随去碾房过夏，看打谷子，去小河小溪捉螃蟹、收集豆虫，油炸当点心。碾房有一间近百平方公尺的榨油房，有两个人工榨油的工具，是两棵直径约有一公尺多的大树挖去中段，放入钢圈加上长大的木楔，用垂悬钢撞头，打击木楔，挤压菜子油。所以，在碾房一边听碾米石滚山水车冲动的声音和水声，闻米香味；在油房内外听到工人操作的喊声和金属碰撞的声音，闻到油饼的香味。远近都能听到工人"嗨！"一声之后立即听到一下震天的金属撞击声。母亲和舅母姨母们偶尔各处走走，看着我和表兄弟妹们在齐膝的水渠里玩水，也看我们在近处一条约有百米宽的浅水河边去扳石头抓螃蟹。有一次，我和表兄在碾房水渠一个向阳的水边墙下，抓渠底淤泥在墙面粘做了一副对联："门前绿水观鱼跃；户外青山听鹿鸣。"受到女主人长辈们的夸赞。

母亲是我们这群小学生表兄弟姐妹们通称的大孃。她脾气好，从来不批评我们，只有她的三妹——三孃，看见哪个孩子做错了事时，就训斥，而且常是闭上眼睛责备几句，母亲则等教训完毕，把孩子带走，有时重复三孃说的话。

母亲青年时期，即在30岁之前，带着孩子住在娘家，生活是平静而幸福的。

还早在婆家夹江县城时，母亲除了大家庭家务就是照顾孩子，督促我们做算数题，练毛笔字。我那时念初小一、二年级，母亲除一早帮我收拾好书包穿好衣服上学，给钱叫我在路上吃碗汤圆上学外，就是中午或傍晚我放学带回一块豆腐，由她给我做吃的。饭是蒸好没吃完现成的，菜很简单，辣酱拌豆腐，另从菜地摘几棵海椒撕成片拌黄酱。但是，到了外婆家上学的事，就不用她操心了，有个远房亲戚张大孃帮忙代劳。她平时除了做做针线活，还参加为妹妹出嫁做嫁妆用的锦被面绣花，做做会，打打纸牌，经常在早、午、晚饭前后，在饭桌上同大哥和妹妹们摆龙门阵。母亲的大哥——我的舅舅几乎每餐必饮酒，是烧酒。吃饭时，很少说话，我们被训练的很规矩，孩子们吃饱下桌，大人就聊开了。舅妈（我们叫母姆，表兄弟妹叫大大）是专门掌厨的。她做的菜都很可口。这个习惯的生活模式从我记事的几岁直到十岁都保留。记得我晚饭后睡着了被张人孃抱走，经过饭厅到舅舅房里小床去的过程中，还总听到他们在饭桌上摆龙门阵。老人——外公、外婆往往单吃。外公喝酒不大吃素，他总有一双象牙骨筷子。全家跟外婆初一、十五吃素，初二、十六吃荤"打牙祭"。

许多事母亲都不用操心，以主人身份，享受客人的待遇。我有时住在外婆房里。同辈人中，最长者大表哥病故后，只有长我半岁的二表哥最大。我是除有同等待遇之外，更受优待。有一次上学迟到几分钟，被训导主任在右手掌上打了几下板子，外婆叫舅舅去批评他的朋友、那位训导主任李元璋。母亲不参加任何意见。我同表兄年幼在鱼池内沿玩水，不小心掉下去了，其他孩子把四姨孃叫来，把我从池中一把捞上来。我把四孃金手表拿来同弟妹玩弄，母亲看见后，叫送还四孃，没有批评我；我出外走路不小心，穿过对街拆了房的瓦砾地时，一脚踏进露天很深的污水井里，被人捞起来，母亲同其他人给我烧香，压惊，招魂。万一我有点不高兴，不爱说话时，外婆就批评表兄弟质问是谁让我受了气。母亲从不责备我一句。我的同班同学张可赢和我很要好，常一道在课间休息时向打铃报时的校工买芝麻饼吃，玩秋千、打乒乓球、走荡桥、滑板等游戏；有时玩铁圈，从学校滚动回家，有时也玩橡皮健子、踢健子。舅舅看我要好的同学来了，就叫表哥要舅妈做几道好菜，请他在花厅喝酒吃便饭。舅舅告诉我们弟兄要善于择友、交友。

舅父晚间喝烧酒，看我们对他的下酒菜眼馋，让我们说有趣的灯谜或打油诗，说得好就奖给一块酱牛肉。我向母亲、三、四孃求援，她们教给一个，就可去换得一块牛肉吃。记得有一句是："大脚板，踩田坎，踩个窝窝来做大碗！"

初小时候，跟随母亲在外婆家过了一段难忘的童年。我最受宠，在家在校一个样。外婆爱听老师说我，在教室练习字时"会运笔了"一类夸奖话，怕我受委屈。我长了疖疮，听医生说的偏方便叫人买来麝香叫我吃下去，不让出房门，我浑身出汗麝香扑鼻三天，病好了。在她老人家呵护下，我恢复了健康。我在长辈心目中的形象是个听话的好孩子，行为不越矩；在孩子中则是个老实、规矩，容易相处、愿在一起玩的不危险的伙伴。

峨眉县这座优美的小城，二十世纪三十年代是如此幽静可爱！初春时节，菜花黄了，树叶返青，漫山遍野的花木草竹，嫩绿、深绿、墨绿，一片充满生机的诱人的绿，城围和庭院里生气盎然，无论早晨还是多云的白天、小雨的阴天，处处都洋溢着清新和谐的气氛，清香、花香、伴着小商品的叫卖声，使人觉得这里确确实实是安居乐业的环境。我有时觉得就好像安居在舅父给我们讲《古文观止》中"桃花源记"的情境。不同的是，我白天要上学，夜里也要到处去玩，有时还同大孩子们在月光下或月黑之夜去别人家菜地里"偷青"，偷青菜，"有人骂，才好哩！"似乎每家都喜欢吃那偷来的菜，而自家菜地种的青菜被人偷了去也是合情合理、心安理得的事。

农历二月初一的城隍会，更是令人欢欣鼓舞的，无论在街上看，在家门口看，游行的各种表演无不使人兴奋，那些中听的锣鼓声叫人十分鼓舞，总想追着看个够，看不明白的也看明白了，懂不懂都没关系，总是热闹无比，因为，这还是新年一样，还在过节，节就是好吃、好玩、好听、好看，好开心！这节，还没过完呢！

清明时节，外婆家同夹江一样，大人们备好了酒菜，主要是些凉拌粉丝、肉丝、大头菜、烙饼及贡品。到祖坟叩头烧香焚纸之后，就是我们关心的事了，吃！之后，从郊区往家里走，一路照大人的指点，采摘路边的小黄花，边走边玩边采花。回到家，几人凑集拢来就是一大堆。到用饭的时候，饭桌上就是深黄色的煎饼，正是用黄花和面粉加砂糖拌匀，在大锅里贴，煎的又软又甜又清香的清明节特产，有时是白糖或砂糖粑粑。

盛夏的峨眉山，千佛顶、万佛顶两重山，在多云天，即便是阴天，都可以在县城多处远远看见。在小学时期，我曾随大人登峨山。穿上草鞋，背上小布包，不到两天直达金顶，从猴子坡一天下山。有几次曾去近郊寺里唱经，一边"嗡，嗡！切！"一边跟随和尚唱起高音"杨枝净水，遍洒三千……"，老太婆们、老少尼土唱起来，洪亮、圆润，意境美妙，气氛令人陶醉！令人难忘的除香火市场外，就是随处可闻到的檀木烧出的香味。

小城的生活是丰富多采的。从早到晚，从春到秋，再从冬到夏，时时、处处，洋溢着新鲜、多采、富于朝气的祥和气氛。这种感觉，直到我上高中的1941年我14岁前后，从电影歌曲及流行歌曲的歌词和曲调中，不断地再现和印证，如"春到人间送晚风，雏莺乳燕舞晴空；爱它万紫与千红，生机动，情意浓，云想衣裳花想容"。

在小城峨眉，我见过不少红白喜事。红的是婚嫁，包括我的二孃借我外婆家过门到东门外周家。新娘子叫新客或新人，要预备木器家具和瓷器、彩缎花被等等许多嫁妆，临出嫁上轿前，新人梳头穿衣都有专家伺候，新人穿了绣花鞋在梳妆打扮时，必须双脚踏在新人糕上。临上轿时，新人的眼睛都哭红了，好像为

离开娘家成了嫁出的女就是泼出去的水，再也收不回来，加上从来没有见过新郎什么样，怎能不伤心？！出门上轿前，要在轿前撒下不少红筷子，喻"快生儿子"，轿前鸣锣开道加上唢呐领奏，好不热闹！拜堂入洞房还见不少糖果如大小红枣之类也是"早生贵子"之寓意。新郎又称"新贵人"，往往带上"博士帽"帽侧插上剪纸花，入夜，允许人们向焰火向他喷射烟花，以示祝贺新禧。在县城各处，唢呐锣鼓奏鸣时，一定是谁家婆亲迎接来宾，给主人的预报也是对宾客的欢迎，称为迎宾曲。一般是8—16节，可重复可缩短，$3\ 2.\ |\ 3\ 2.\ |\ 3\ 2\ 3\ 2\ |\ \underline{1}$
$\underline{2}\ 1\ |\ 3\ 2\ 3\ 2\ |\ 1\ —\ |\ 3\ 2\ 3\ 2\ |\ \underline{1}\ \underline{2}\ 1\ |\ 6\ 5\ 3\ 2\ |\ 5\ —\ :\ \underline{6}\ \underline{1}\ \underline{1}\ \underline{6}$
$5\ |\ \underline{3}\ \underline{2}\ 3\ |\ \underline{6}\ \underline{1}\ \underline{6}\ 5\ |\ 3\ 6\ |\ 5\ —\ |\ 5\ —\ |$ 有时，客人多了，就反复加上
$|\ \underline{0}\ \underline{1}\ \underline{2}\ 3\ |\ 2\ —\ |\ \underline{0}\ \underline{1}\ \underline{2}\ 3\ |\ 2\ 0\ 1\ |\ 6\ 5\ 3\ |\ 6\ 5\ |\ 5\ 4\ |\ 3\ —\ |\ 2\ —\ |$
$\underline{0}\ \underline{1}\ \underline{6}\ 5\ |\ 3\ 6\ |\ 5\ —\ |$。一听，便是喜事。所谓红白喜事，红是婆媳妇，白是丧事。我开始觉得，人死也被认为是一喜。听大人们说长道短，对"该死"的老人说是"老而不死，是为灾！"

而孩子们关心的是热闹，有好吃的，如上宴席"吃九大碗"，其实是6种鸡、鱼、肉、蛋和蔬菜分成九个大碗是一桌，属中低普及型宴席。穷人或普通家产家庭把无论是自己有钱还是借债，也得为家庭婚丧宴客以九大碗招待来客。酒是少不了的。

说起酒，产粮食的四川很少有人不会吃酒的。我亲眼看见在我的表弟妹们出生满月或满一百天全家吃红蛋的；大人一定要用筷子去蘸上一点白酒放进婴儿的口中，让他适应酒味，长大以后，不怕吃酒。

这段时期，父亲上大学，假日回家，我们才能见到他。

大约在我七、八岁时，也就是1935年秋初，我听长辈们讲了些小城里传说的一些时事新闻。听说红军朱毛部队将到川西，徐向前大刀队所向无敌，同街左邻有舅父的同学是共产党被抓走了。我被母亲带回夹江到三姊家一个乡村，立即渡过一条小河，这是两岸间用一根粗的竹缆绳牵引的渡口，船夫和摆渡的人用手拉缆绳使船沿着指点的方向摆渡。那是一个小岛，名叫汉阳坝，有个小学，我们同母亲、姊娘等挤住在临街一间不大的房内。夜晚到早晨可以听到打更的敲着更锣"咣！咣——"二更，……直到天亮前听见打五更。白天去上学，跟着其他孩子一起读书"有泉养了一只鸭……"，同我做伴的只记得有堂弟逸樵。不久，不到一学期，又回到了峨眉继续上学。母亲带我回夹江，也是不久的事。因为父亲在川大政经系毕业后，在夹江当过中学教师，遇有机会，便去省城赶考。那时名为

全国统一，由蒋介石一统天下当委员长，可实际还被地方军阀势力统治，刘湘是省主席，借用蒋介石"训政时期"办了县政人员训练班，公开招考。父亲考试成绩优秀，是第一名，按照成绩排名次，前若干名派任县长，下为科长或科员。那时，红军长征经泸定桥再往陕北去了，不到28岁的父亲被派——据说是"荐任"去庐山任县长，我在夹江给他送别。一乘轿子加一个背个短枪的保卫人员"勤务兵"，上路了，直奔川西的庐山县。我又被母亲带回峨眉继续上学，已是1936年了。

初小四年级在峨眉上学。算数课我学得很轻松，因为我从三、四岁就学习字和算术，有父母督促。在语文书中和几本小人书中留下了对大城市有"高高的楼，宽宽的街道，奇奇怪怪的人……"以及孙中山先生日夜出诊行医的一些印象。

在夹江县小学时的几件事是难忘的：听见高班生在学唱"毛毛雨，下个不停……"，伯父聘瑜在任县教育科长时参加了胡汉民这个国民党元老的追悼会，唱悼歌。我向三爷爷的儿子仲连学会了"义勇军进行曲"的表演唱，看见了城里大出丧游行队伍，学会了"童子军军歌"以及"你种田，我织布，他盖房子给人住，嘻嘻嘻，哈哈哈，教育几点钟，休息几点钟，工作几点钟，我们大家为了生活才劳动！"在母亲身边学了"小白菜哟，……七八岁，没有娘哟！"至于跟着大人背诵唐诗，则是日常的快乐的事。医学三字经，是在母亲指导下，照祖父、父亲的要求背诵的，从小立志"不为良相，当为良医"，"济世救人"。

从小学到中学

在成都云阳和峨眉 读高小宣传抗日

到了峨眉，在高小一期时，被母亲带着同姐姐愨情一道往夹江乘长途汽车到了成都。那时，父亲在省政府任视察员，把卢山县的移交工作交给舅父承担，后又当督察员。我被三叔聘瑶带到成都盐道街省师附小继续上高小一年级。那时，没有什么公共交通工具，我每天一早喝完了母亲订购的一瓶豆浆，就背上书包，从少城泡桐树街走过"闻庙"奔盐道街的省立师范附小上学，那时每天有升旗仪式，不像峨眉，只是早晨上课前同学拉手唱"先生你早呀，朋友你早呀"，下午下课离校前拉手转圈唱"先生你先走，朋友你先走……"，这里要唱国民党歌"三民主义，吾党所宗……"，校长要背诵"总理遗嘱"。学生要参加童子军。

作者投考初中报名照片
(1938年12岁)

在成都上了一个学期课，印象深的是，学生来自各地，受老师重视的是来自南京等地的"下江人"。学校的教育方式是激发学生自己讲故事。除用四川话（成都），还得用"国语"，课文。我很快掌握了成都话，避免峨眉、夹江的方言。我把从邻居彭乾颐用成都话说过的"国王把印丢了"的故事讲给大家听，老师夸了我几句。课外鼓励上图书馆找书看。我喜欢上了童话，读完了全部《安徒生童话》，既增加了知识，也留下许多美好的意境和想像的发人深思的故事。中午在学校吃一顿午饭，讲自然课的老师还事先教会我们怎样吃鱼，特别如何在吃鲫鱼时怎么吐鱼刺。上体育、童子军课时用上百人一个一个传一句话，到最后一个人说出来的变了样；又在课堂上练习听写阿拉伯数字，长了些基础知识。我还在高班级练唱的抗日歌曲中，听会了《抗敌军歌》"我的敌人凶似狼，抢占我地方，抢掠掳杀后，又烧毁了我村庄……"可惜再没找到歌篇了。

下午放学时，我经过省联中，看到我大哥。世瑛大哥穿的是军训服装。那时，高中生才能穿麻制服，打裹腿、戴硬沿帽、穿黑布鞋。我看他们在集体学习抗日歌曲。他住校，我都是自己走回家去。

母亲的活动，只记得在少城公园和在家两次为大家介绍对象。有时有祖母和五娘帮助我学骑自行车。

可是，我快到九岁时，也就是1936年"西安事变"后没几个月，我又要转学了。我到同学家做客以后，不久就被带走了。目的地是川东长江滨的云阳县。乘民生公司江轮东下，过了万县百多里，轮船暂停江心，待接漂的木船靠拢通舱时，跨上去离开江轮，被接到县政府后堂宿舍。我从工作人员处知道，父亲是新任县长，前任县长因责备了勤务兵，引起不满，县长被刺杀后，抓住了凶手，"三绞废命"的。这里，除罗军法官外，几位科长都是父亲县训班同学。有几件事是难忘的：

《江湖奇侠传》是一部当时有名的小说。星期日或有时的傍晚，我随县府的部分职员去长江边吃茶，一面看着、听着长江水波涛滚滚，对面是张王庙。传说是张飞部下连夜制作白盔白甲，被误为白套盔甲，怕做不出，被治罪，而抬刀去杀张飞，把大刀抬放在张飞脖子上，被张飞当成蚊子一拍就把自己杀死了，头被放在云阳，传说，"头在云阳，身在阆中"。

我要求杨科长讲故事，听剑侠行侠仗义的英雄事迹。教育科杨科长就从头讲起。可以说，我同堂弟逸樵是从头听到尾的，火烧红莲寺这一段，以及书中的一些身怀绝技的人物给我留下了很深印象。大约二十几年后，中华人民共和国成立我接触到文艺史时，一些文化名人从三十年代起，就在反对火烧红莲寺一类作品，我理解那是和革命者的要求相悖的。此后，在2000年书市上偶见有"奇侠"之类的书出售，已无兴趣阅读了。实际上，杨科长讲的那么生动，人物、故事、说起来有声有色，如果再看书，也远不能达到我先入为主的境界。我放学以后，就用了不少时间，去书店花几分钱租剑仙侠客一类小人书看。那时，父亲每月薪水180元，每月给我6元零用，去庶务处那里领取。我除租书就是买书，买地瓜、草鞋等等开销。小学生生活是丰富多彩的。我在云阳曾参加过求雨骑马游行。去过一处很大很大约有上千平方米的一个寺庙，那是在一个天生大岩石洞里的，外面炎热里面十分凉爽。还去过一个法国教堂，见到不少穷孩子免费在那里学法文和文化课以及洗礼之类。心想，这外国人真是够厉害，深入到穷乡僻壤！

那时抗日战争初始，夏天，我买了一把纸扇，被父亲发现，拿去给我写上题词："我是非常时期的小学生，我应做非常时期小学生应做的事情。"这其实是对我的行为准则的指示。我铭记在心，除上课时专心听课做笔记之外，便积极参与学校的各种活动。一次校内什么庆祝晚会，我看了老师表演的沙罗美舞，就自告奋勇去表演了一个"鸭走舞"。那是在省师附小看见一位南京人表演过的。班主任叫冉贞淳，热心从事抗日宣传。他带着我们高级班在街上表演打花棍，同时唱"说凤阳，到凤阳……"、《放下你的鞭子》等节目，还自编自演抗日的街头剧。学期考试时一位姓丁的同学考试不及格，面临留级，冉先生征求同学的意见，认为他抗日宣传工作十分热心努力，应破例补考升级。那时1937-1938年过渡期，县里也有"抗敌救援会"。有不少《抗战画报》和生活书店出版的讲抗战故事、战况的报道，我买了不少，又给同学传阅。我找到了歌曲"五月的鲜花"，请县政府的人帮打印，广为传播，一有机会便唱起来。这首群众歌曲很动听，很有感情，越唱越激起人们为了民族存亡而去战斗的热情，记得我和很多同学边唱边流出了激动的眼泪。

当时的抗战与投降两种势力的斗争十分激烈，在这个小县城里，有一股反动势力在暗里活动，有个叫赞廷举（记音）的人，我从父亲及其同事中听到说他是汉奸，是反对抗日的，又同当时的蒋介石中央有什么关系。我曾按照父亲的要求，抄写了一份警告赞廷举少数人不要做反对抗日的汉奸，那样没有出路。过了二十多年后的1958年，我在文化部参加肃反工作专案组外出调查取证的工作中，偶然接触到一个涉及到叫赞廷举的历史反革命的情节，由于不属于我主办的线索，未及深究。但我了解，这些社会渣滓之间沆瀣一气，是理所当然的事。

我在云阳上高小期间，还接触到一件事，被老师带去在长江边，和县政府、学校不少人一起等待一艘轮船溯江而上，是为船上一口红色棺材致奠，说是四川军阀省政府主席刘湘赴前线抗日牺牲的遗体。那时，听大人东一句西一句传说，是蒋介石的中央为占领四川作为大后方，排挤刘湘等地方军阀势力，亦即非蒋家嫡系势力而发生的事件。不久，即在1938年夏天，听说当时省政府秘书长邓汉祥（后为中华人民共和国四川政协委员）曾致函父亲，我听他们读来信中说，以"任用私人"为由撤去我父亲的县长职务，信中有"不了之事，不了了之"的话。正在从县府三堂搬至前院"办移交"过程中，我和堂弟一道被母亲、姊母带着，离开云阳回老家，有一个保镖式的人物陪同。一直是乘船西上，经宜宾回到峨眉县的。这时，我是十周岁零几个月，上小学五年级。

这十年中，初小是在夹江、峨眉念完的。学龄前就在夹江老家父母的大家庭中开始了古典文化和算术的学习，在外婆家，还曾一度上新私塾。我说是新私塾，是其内容不是四书五经而是1934、1935年间的"论说指南"、"论说精华"之类，是石印楷书本，也由一位老先生戴着老花眼镜，咬着尺多长烟杆抽叶烟，讲讲课，教学生背诵课文，规矩是，谁要上厕所就得拿一个竹条出门，回来时交给老师。认真说起来，不如初小前后在夹江读《三字经》、《增广》、唐诗得益多些，其益在于不少内容终身不忘，并为我阅读《东周列国志》和《红楼梦》等线装读本打下了基础。在夹江学龄前后，留下了一些童年，也就是六、七岁与少年朋友、亲戚们嬉戏的回忆，如跳房子、滚铜钱、玩鞭炮等以及上山捡野果、松子，采野烟以及向曾祖母等老人磕头拜年，拿小铜钱、压岁钱等等小事，还有采桑、养蚕、晒谷、做酱一类家庭作业。到了峨眉，外婆家继续着学龄前后的儿童生活，学了舅父教的朱子家训，和夹江类同的新年祭祖等等中国西部落后地区的传统节日生活，而这些有玩、有吃、有看的灯烛辉煌的情景，总是每个人不忘的幼年美好回忆。至于那时成人们经济生活的苦乐，小孩子是体会不到的。总之，我未曾生活在社会底层，还不是朝不保夕的生活范围的阶层，应属于平民生活。由于从小受学校和家庭长辈的良民教育，耳濡目染，尽是循规蹈矩的，从不曾越过长者教导的行为准则和书中指出的为人道理。因此，个性较稳重、规矩、知进退，甚至保守，变得少年老成。

这十年间，感情上增加了民族意识，敬老和友爱。我儿时从未与人斗殴，爱多听大人说话，爱读书，易受环境影响，喜爱音乐。但是，缺点却是太死板了。有两个例子说明。在夹江参加文庙祭孔唱"大道之行，天下为公……"时，站着一动不动，发了牛肉，身体有些不好，不能多吃，却硬着头皮把发的牛肉吃下去，犯了一次肠胃病；在峨眉小学的会上听郭沫若讲话，立正站着不敢动，一只蜘蛛从裤筒爬到我胸前可能是它撒了一泡尿，也不动，以致左胸发炎，长了伤疤又得揭去，靠四姨父多次治疗才解除了痛苦。显得过于规矩，死板，这和父母从小不曾因过失打骂，长辈多所呵护和幼时接触面有关。

总之，我的第一个十年是幸福的，也是蒙昧无知的。第二个十年却从1937年底到1938年，在抗敌救援的热潮中，离开了云阳县。

从宣传抗日到考上初中

回到外婆家，不久便再次回到中心小学念高小二年级。这里也有抗日宣传，我曾经参加过到农村讲演，在街头宣读"不给汉奸带路"等的宣传材料。有一次是"募捐"，为前线将士募冬衣，走到一家可能是有钱人的住宅，女主人是个中年人。我说"日本鬼子打到潼关了"。她问"潼关在哪里？"她是个知识分子模样，看来是故意刁难我这个小学生，我说"在陕西省，在陇海铁路线上！"没有难住我，因为我地理课学得好。我还给她讲了"海棠叶一样的祖国，正在被日本帝国主义蚕食！"我们小组的募捐，取得了好成绩。可是有一次在乡下宣传时，我中途忘记应讲的内容了，说不下去，被带队的高个子教师打了圆场，说"小同学太激动了"替我继续讲完了宣传的内容。我从来是不怯场的，这次其实是紧张造成的。

1938年上半年，我在期考中，曾有过一次作弊。本来我对地理很有兴趣，学得比较认真，由于社会活动多，偶有疏漏，在考试时记不起物产之类的内容，为了一个题，索性大胆拉开课桌抽屉偷看了半页书。当时，我看教师巡视时从我桌边走过，又踱回来，我感到他已发觉我了，但没有干涉，又走向黑板。老师们都喜欢我这个规规矩矩的好学生，可能有意不为难我。做了一次违规的事，几十年后，我还清楚记得当时的情景。

就在这一年，发生了一些事。我们靠父亲当县长时每月180元薪水攒下的钱，在峨眉水西门城根下了姚万学家前厅西面的一排房子。记得在拆旧整修时，一个旧帘隔掉下来正好打在我舅舅的头上。这里共是三间房一间厨房。一间向南，两间向东，厨房外房主厅堂前阶沿的一部分成了我们的餐厅，前有天井。房东厅堂有"天地君亲师"神龛。东厢房住的是"袍哥"（当时帮会成员的称谓）邹齐带着小老婆、孩子。东厢房的南屋另租了一家两口人中年人小家庭；东西厢房南屋之间是个大厅，有木板墙把房东正前厅前的天井隔开。

在这个小天地里，生活、学习是正常、和谐的，因为远离抗日前线。正在中国东部、中部、北方遭受日寇侵略，无数同胞遭杀害，流离失所，国共两党在游击、摩擦。两党军队与日寇进行浴血战斗的日子里，我和大我一岁的慰情姐姐学了不少抗战歌曲，而"我的敌人凶似狼，侵占我地方，抢掠掳杀后又占领了我村庄……"的抗敌歌谣和流亡三部曲的歌声，总是时刻萦绕在耳边。身边发生着一些至今难忘的事情。

父亲失了业，在成都没找到工作，同一些青年朋友商量着想去陕北，回峨眉商量告别。临乘长途汽车时，我们全家一再挽留。那时他正是三十不到的青年时代。但过了几个月，他没有去，又回到我们身边，带回一些抗战歌曲，记得一首是"武装保卫大上海"改为"武装保卫大武汉"；"起来，同胞们！起来和鬼子们拼！……只有战，只有拼，才能死里求生！……"他教我们全家学着唱。但他却是失业的，也无所作为！

这年夏天，不知为何，住进了一支国民党兵，房东把东西厢房间的大厅交给一个连部或是营部。住户一进大门便见横七竖八躺着大兵，厅堂中央两张大方桌上是那当官的床，挂了圆顶蚊帐。下午我放学回家，搁下书包正准备出门时，忽见几个带枪的兵押着一个穿蓝长衫的青年人，让他在大方桌搭的床前跪下，桌边坐着那当官的，他圆瞪双眼，眼球鼓出，恶狠狠地盯住那人怒吼道："你狗日的为啥子给老子跑了？！""我屋头有七十岁的老母亲……"不等那青年（一看，准是个逃兵！）说完，那长官顺手拿起一根扁担，用扁担边向逃兵的光头上砍去，立刻砍出一道深深的印子，鲜血从头顶流到他的耳根和脸上。那可怜的逃兵不敢说下去。"你给老子跑！老子枪毙你！"当官的仍旧气势汹汹地骂个不停。我不忍心看下去，我很同情那逃兵，又怕还会发生更可怕的事，就跑出门去了，心里乒乒乓乓地跳个不停。晚上回家说给母亲听，她说："真可怜！恐怕活不成了！唉！"第二天，听邻居说，那逃兵晚上被枪毙了。

这可怕的一幕永远地留在我的脑海里。我总在想，他为什么要吃粮当兵？为什么逃不掉？他的老母亲……？每当我唱着抗战歌曲时，又想到，那军官为什么不带兵去打日本鬼子？

这个夏天，我的外婆病了，外公、舅舅、舅妈和孃孃们（我们这些孩子都管我母亲叫大孃）可忙坏了。附近三清观的道长医生王大爷是常客，舅妈总在他写完处方放下毛笔告辞时交给他钱，他顺手塞进袖筒里，捋一捋下巴上的白胡须，然后出门。舅妈叫人上药房抓回中药。总要对照药方检查一遍，才拿去煎的。她认得中草药，边查边念。"这是菖蒲，这是厚朴，当归，……"检查无误，便拿去厨房小炉灶上用砂锅熬。有一回，我见到一杯"洋参"水，是外婆病危时用的，据说是"吊命的药"。大家迷信，还在一个晚上叫每个人拿一枝香在庭院里跟着大人转圈子走。外婆很心疼我，常念着"松儿"，我在外面玩耍时，也盼着她老人家的病早点好起来。但有一天，请来了一位戴眼镜的扁嘴医生，都称他"姚医生"。这是我们见到的第一个西医，是从华南逃难来的，在峨眉大街上开了个医馆。只见他拿出听筒在病人胸前听了一会儿，走出来对我的长辈们说："她是心脏病，不行了，请快准备后事吧！"说完匆匆告辞，舅妈在他提着药箱出门时，紧随着送去一叠钞票。这天下

作者在成都成城中学
（1940年）

午，我们老小全体都守在外婆床前，"妈！""奶嬷！""婆婆"……不断地呼喊着。我看她老人家呼吸很困难，闭着双眼，只用双唇微微一张一合，直到她停止了呼吸。屋内哭声一片！我为第一次失去最爱我的亲人而痛哭！外婆入殓时，外公哭着说："夫妻本是同林鸟，大限来时各自飞！"然后磕头，被人搀扶着离去。从此，秀才外公成了孤零零的老人了。这一切，都铭刻在我的心上！

还是这年夏天，"敌机来了！""日本鬼子飞机来了！"大人们带着我们去"躲警报"。我们男女老少的人流从小城的大街小巷赶出城门，跨过水西门桥，迈进河那边乡间小道。在逃避空袭的路上，隐隐听见飞机马达声响。事后听说，嘉定（今乐山市）城被日寇扔了几个炸弹。

此后不久，我们和外婆家都搬到城郊一个姓姚的农户家租住了一段时间。我清楚地记得一位老人为了吃一顿饱饭，为我们用泥和竹篾做了一个炉灶。看见一些工人在大木桶边用最原始的方法把一捆一捆的稻谷打向木桶，抖落在那个大木桶里，那是"打谷子"。他们爱吃又肥又厚的猪肉。而我和表弟弟姐妹们却喜欢吃黄豆虫，其实是从黄豆抖落的蚬，放在锅里出油，吃起来又香又脆。我还喜欢吃大碗大碗的烩豇豆和素炒油菜。日子不长，不再有空袭警报。我们又恢复了上学。

年底，我的表哥元芳小学毕业要去嘉定考初中，我以"同等学力"即差一学期毕业的学历，同他一道去赶考。我们乘滑竿经流华溪、沙湾地带，沿途见闻都很新鲜。新年气氛还很浓，多听见大人、小孩吹号，也就是用竹筒连接成的约有三四尺以上的喇叭，吹出高低不同而有简单旋律的音调。（在多年后看美国电

影《翠堤春晓》，那清晨林间喇叭的音响，使我马上想到峨眉道上的喇叭声。）还有趣的是，两位抬滑竿的工人边走边呼喊，而且有节奏，只听两人轮流呼应："踩左！""踩右！""顿顿干燥！"雨后的石板路和泥土小道上时而有小量存水，只听前头轿夫喊一声："明晃晃！"后面就答应："水凼凼！"从峨眉到乐山约六十华里小路（六十年后的今天，已有可供各种车辆行驶的公路了，不过三十余公里），一天就到了。这次二哥考取了初中，我榜上无名。只在第二年暑假我小学毕业，他完成初中一期回家时，吃到他带回的"番茄"。这种新鲜玩意儿，大家都是破天荒第一次品尝，当成难得的水果，不像今天已是见惯不惊的蔬菜。

元芳二哥上初中不久，他的父亲我最尊敬的大舅刚到40岁的中青年，就因劳累过度，不幸永远离开了我们。

1939年夏季，父母决定让我上成都投考初中，山世瑛大哥带我到成都住在君平街他的同学家。有两个小兄弟年纪与我相当。起初还去郊外放风筝玩，临考前，我住到小旅馆去。成天抱着"升学指南"练习背诵习题，什么龟兔同笼之类的算术题，背得很熟。去几个学校报名，一是省立成都中学校，是父亲母校，一是有名的实验学校，还有几个私立学校。父亲给省成中校长写了信，望其"爱屋及乌"，但无奈我小学课程底子差，算术虽然不错，国文考试较弱。成语解释遇到"汗牛充栋"一类词，不敢释义，作文未完成，就交卷了，题目是"管子云：礼义廉耻，国之四维，四维不张，国乃灭亡"，只论述了"三维"就交卷了。考分上不去，是必然的。求校长也无意义。父亲曾是高材生，一次练双杠捧晕了，校长亲自揹他去抢救，后来考试都是第一，考县政人员训练班也是第一，二十几岁当了县长。可是，儿子不等于老子，有什么办法？在天天用手托着墨盒毛笔东奔西考，将近半个月之后，就是去看放榜。还算幸运，两个私立学校，一个备取，一个正取，我决定到正取的成城中学去。

在日寇空袭下学习，学道家气功遇恩师

　　三十年代末到四十年代初，即1939年底至1942年夏季之间，我的初中生活是丰富多彩的。

　　成城中学分初中部和高中部，我11岁半入学是班上最年幼的。班主任是物理老师姓江，同学背地叫他"江胖娃儿"，英语老师是参加过国际足球比赛的。美术、音乐、国文、数学课都是循序渐进，易于掌握，尤其是教童子军课的邵先生，不仅操场上的口令叫你唯命是听，在课堂上讲的生活知识、做人道理，也具有说服力，人人聚精会神听讲。他教练的童军，包括我们班，参加全成都市检阅都年年评为冠军。学校的作息时间很严格，宿舍分楼上楼下，一排排连床是柜式

作者在高中留影
（1941年）

的，要求摺被正方形，经常评点。一早军号吹响，就立即起床洗漱，赶到礼堂前集合，听教育长（也叫训导主任，人叫他杨乾蝦，人瘦）在楼上高声点名。每个学生都叫"到"或"有"。起床迟了会在当天名下打个"×"，要受罚的，有时，也有冒名代答"到"的。然后去二楼自习室"上自习"。这个私立学校设施不错，每个学生有一个自习的书柜，也叫一头沉，在课堂的楼上。无论吃饭、起床、熄灯都吹军号，上、下课打铃。课余，有不少学生在操场锻炼，或赛球或作各种体育活动，"逗篮球"和练排球是常有的游戏，有时班际赛足球等等。也有不少学生不爱运动，整天呆在自习楼上温习功课。有的人三三两两往校外、操场附近田野上去散步、"摆龙门阵"。星期天自由活动，晚间不点名。成城中学是没有女生的学校。当时男女同校的学校并不多。我姐姐就读的是华美女子中学，在成都远郊的崇义桥。我的姑父祝守仁、其弟守义也恰好在成城上高中。他们是长辈，家里是开造纸工厂的财主，有钱。有时约我星期日去附近一个半岛上

27

打猎，主要的狩猎物是斑鸠。我们到外围去使斑鸠受惊飞来进入射程。猎枪是用小炸药和铁砂子，射击面大，命中率高。下午就带了猎物去九眼桥一个叫"大塞饭馆"加工晚餐。这个塞字，是武则天发明的"地"的同音同义字。寒暑假回家时，我的这两位亲戚、长辈虽同住一个旅馆，准备乘长途汽车，可是，前一夜，往往不见了，是去妓院了，他们有时津津乐道，并不避讳我。而我对大人们的事只是听听，也似懂非懂。

我节假日、课余除做作业、温习功课，就是给父母、姑姑、兄长写信，报告学习生活，也记账。这是父亲教给我的，和在家一样，每月要统计开支情况，分成学费、伙食、杂费、书籍、购置、娱乐，应酬每个项目，做到心中有数，也让父母了解我的经济状况。大约是第三学期，暑假没离校，没有生活费了，等待家里汇款的挂号信，饿了两天，一听我的"挂号信来了！"三步并作两步走，走到楼梯口，竟然两步迈下了楼梯，差点摔了个大跟头。学校木床有臭虫，有时早起发现床单上有自己在半睡眠状态下摸着打死臭虫的血渍一大片；不得已，就趁假期用开水去烫那木床的每个角落、缝隙，但不久又藏满了臭虫。课余还看杂志、小说。巴金的《家》《春》《秋》几部作品，碧野在杂志上发表的《春暖花开的时候》，王亚平等诗人的作品，都是这时看到的。当然，在没有音乐课的学期里，常传唱一些如《募寒衣》等等抗战歌曲，李叔同的《送别》也在此时传唱。曾有一些校外来人宣传"开荒"一类的歌曲。台儿庄大捷、七七事变纪念，都可以看到学校高年级表演的话剧。流亡三部曲是百唱不厌的。黄河颂、黄河谣、卢沟对唱"张老三，我问你！你的家乡在哪里！……"许多叱咤风云的流行歌曲等等，常在校园里充满朝气地廻荡着。

我们正处在日本帝国主义侵略的大后方。

在初中三期一个夏天，我们正在上课，突然听见"鸣……"空袭警报声。全班学生不约而同地在地板上"嗵！"的一脚，立刻奔跑出教室，到操场去，一直到了傍晚，听见许多架次飞机的声音，有炸弹爆炸声，有机枪扫射声。我们几个同学亲眼目睹一架中国飞机紧追两架敌机不放，互相射击的火光清晰可见，但是，中国飞行员仍在敌机交叉火网中向前追击。不久，敌机逃远了，眼见那架飞机越飞越低，在附近消失了。第二天听说有一架中国飞机倒栽到凤凰山。我们在山上看见一个碉堡被一架驱逐机反扣插进去，飞机已不成样，看见单座上有血迹。传说飞行员已壮烈牺牲，军用机场举行了追悼会。我们为中国有如此英勇的飞行员慨叹不已！

由于师资好，教学方法好，我学习比较顺利。星期天可以出外游玩。那时没有公共汽车，外出一律步行。我喜欢看电影。两年间看了八大公司在中国发行的《兽国女皇》、《翠堤春晓》之类的美国片和周璇、袁美云等明星在上海拍的《日出》、《西施》、《孟姜女》等沦陷区的国产片，学会了每部影片的插曲。偶尔去悦来戏院看川戏。悦来有"8岁红"陈书舫的戏，相传江胖娃常坐黄包车去看陈书舫的戏。中外明星成了我喜爱的偶像。

偶然的原因，我熟识的同学余孝先告诉我可以向童子军老师邵綮学气功，但必须拜师。邵先生要我从花木草竹中任选一种喜欢的交给他。我爱柳树，就折了一节送去。后来听说，柳是飘忽不定的，意思指人的性格特征。后又通知我准备九元九角九分钱作为拜师礼金，约定日期，我去学校门口附近邵先生家，向一神龛但又无神的所在，跪拜之后，拜师礼就完成了。当天，邵先生作为师父正式传授我第一套道家的吐纳功。这种功法，我在两年后高中国文课中"庄子"的"刻意"篇中证实了吐纳功利于长寿。庄周写道："……熊经鸟伸，吐故纳新，为寿而已矣！"很久以后，我又学了第二套、第三套。说也奇效！自我拜师学练吐纳功之后，不到半年，我难以启齿的遗尿症便不治而愈。邵老师当时三十多岁，不苟言笑，一直很严肃，从来没见他笑过。他曾请我们四五位徒弟吃过一顿饭，讲过一些烹饪方面的趣事，也传授过一点医术，是属于穴位按摩的。应该说，我出生时先天不足，家境并不富裕，体质较差。学会吐纳功后，体质变化很大，打下了良好基础。

我课余，或在课堂或在操场，常与几个熟识的同班同学交流学习心得，谈天。在第四学期开始不久，我的学习成绩达到了全班第四名。结业的那个暑假，我和高中同学商量，他们鼓励我同等学力考高中。

早一年上南薰高中 再考入同济大学附中

这是1941年的金秋，我考上了私立南薰高中。这是男女合校，但分为男生部和女生部，一般互不交往。

男生都穿制服，跟大哥、姑父等一样，麻烦的是天天打裹腿。只在开运动会时，男学生才能见到为数不多的女同学。

我参加百米赛跑，成绩是17秒。这里的体育活动不如在成城时多。课余三三两两到校园外田野散步、聊天。

有一天傍晚，和几个同学走过一条小溪时，突然发现溪沟里躺着一具死尸，是个大约二十多岁的高个壮汉，颈项还拴着绳子，胸部有几处刀痕，不见血迹，大家估计是血渍被溪水冲走了。你一言我一语地猜测，许是情杀或仇杀，尸体是赤裸的，只留一条内裤。看完就走了，谁也不会去管这人是怎么死掉的。隔两天再去散步时，尸体已消失了。

南薰高中的功课繁重，师资也不坏，印象深刻的英语课要求很严格，讲文法也重朗读、背课文，"总理遗嘱"和外国散文选（如"得不偿失"直译是"口哨买贵了! Too deal for a whistle"）。期考的阵势像入学考试一样，不在教室

作者在南薰高中与同学黄旭光合影
（1941年）

而在大棚里，造句、译文之外是写一封英文信。这使我想起，初中虽然学的是开明文选和专册，暑假我曾在回峨眉时，早晨郊外有父亲的预习辅导，都不像高中的背诵、练习的时间少。如没有初中的基础打得好，这高中的课程是跟不上的。

第一学期是平静的。看电影机会极少，顶多注意一些诸如主仆相爱被家庭遗弃开小商店的新闻和伤兵聚众

打砸影院一类消息。

寒假回峨眉后，父母对我高中一的考学和成绩是没有异议的。

但意外的事情发生了。我在开学前一周到成都上高二时，不慎多吃了母亲给我的煮鸡蛋，又受了风寒，竟然一到南薰便发高烧，校医无法找，我托同学中要好的黄曦向我的母校成城求救。邵老师专程来给我治疗一次，仍未见好，邵老师决定把我接到成城，住在宿舍，使我从未发生"打摆子"（疟疾）的"不分支"的状况下，转为典型的疟疾，定期发高烧，可怪的是白天无力，夜里发病，人称"阴摆子"。邵老师说："阴摆子最毫人，伤身体！"他用生姜捣成饼状，傍晚贴在我背心。我不再发冷发热，很快就痊愈了。

误了开学。我准备留一学期，先住在少城的小旅馆里，想使身体恢复得更好时回家。

一天忽见报载国立同济大学附高中招生消息，我虽从父亲那里知道同济德国医学很知名的，便毫不犹豫地以高中一学期肄业的资格去报考。考完觉得比较有把握考取，即收拾行李回峨眉养病。父母心情虽不好，可从未向我流露丝毫不悦之色。我也很纳闷，不小心，我又打起摆子来了。

病中的一天，接到一封信，是同济附高中的录取入学通知书！说也怪，一个惊喜的好消息把疟疾治好了！

不仅如此，这消息改变了我的生活与命运！还不到15岁，我就要走上专业的道路了！

在父母的帮助下，我立即准备行装，赶到乐山。会见了在嘉定中学上初中又即将毕业的表哥杨元芳。我们一道打听通往宜宾的木船，顺利地买了船票，在码头告别。

这木船乘客不到10人，和许多木船一样，我们坐在船舱中，水手6至8人扶住长桨，席地而坐，我瞥见水手中有三人没穿裤子，光屁股，什么都露出来了。穷人呀！男女乘客都见惯不惊！由船尾掌舵的船老板指挥。由于是下水，先经过大佛脚下，水手们一听"推倒起！"便站起用力向前推划，因为此处水流湍急，且带着大漩涡涌向大佛左脚旁的岩石，船必须在水流的方向在行进中向右漂行才可避免撞向岩石。过了这一段，水手又可以席地而坐。这只船虽不大，却是客货两运，底舱装的货，因此，吃水较深，水手们划行时和船家扳舵时，都要多费些力气。遇有浅滩，又是一阵紧张的划桨。船票是管伙食的，到吃饭时，船家从后舱拿出一叠"大莲花"，其实是饭碗的代名词，船家总讳，把可以入水的碗叫"莲花"，图个吉利，再就是"撑竿"（筷子的别名），菜只有烤干的红海椒，撒上盐。米饭蒸得很好，海椒用筷子一戳，就粉碎了，拌上盐，很香。在行船时，过不多久会看到被我们这小客船超过的大货船。听见一个高音嗓子在说唱，那是船后掌舵的船长、老板。唱完一句，吆喝一声"哟哟啊、哟哟啊！"紧接着便是众水手齐唱"嘿！嘿……！"同时推摇着长桨，伴随着一声声击水的声音。我们的小船船长解释说，他们说唱的是戏文。

在吆喝、齐唱声中，大船顺着下水的主流，快速前行着。

天气晴朗，秋高气爽，高空大雁排成"人"字向南飞去。两岸有碧绿的草木，路上偶有挑夫赶路。配上这江上的歌声和顺水而下的大小船只，构成一幅和谐、优美又是动着的江上秋景，令人心旷神怡。

傍晚，船靠一码头，乘客上岸自找客栈过夜，翌晨一早上船。同伴中有一位文职军官，爱和我攀谈，东聊聊西谈谈，聊解旅途之困。我那时还不到十五周岁，老气横秋，俨然大人模样。有时，人们安静下来，有的打盹，有的看风景，或看书，我静听着江上的交响音乐，看看有节奏的船桨击水，波浪从近到远，拍打着岸边的鹅卵石，溅起一排排白色闪亮的浪花。

想到自己，正奔向充满希望的未来，又感到有些茫茫然。回想到许多往事：忙上忙下抚养孩子的母亲还带着三岁多的妹妹和正在上小学的弟弟；还在成都上初中的姐姐；失业的父亲，他在峨眉郊外的早晨为我预习英语"my name is sun"；送别的表哥；忙家务的舅母，边走路边自言自语的外公；三年多前刚40岁因劳累过度而去世的舅舅，我又爱他又敬畏他，我不守规矩擅自在街头买凉粉吃被他发现却昂首走过的样子；一会想到了去汉阳坝前，曾和小朋友上山捡野菜吃，又摘土烟叶做卷烟学着吸烟；又在峨眉私自用大号牌香烟学着吸，把头搞晕了……思绪又回到了成都望江楼畔，训导主任杨乾蝦讲《古文观止》，一上课就在黑板上写一黑板的生词解释；我和几位同学、师兄师弟在练气功、打飞镖、练砂手；我和同学散步谈天说地，谈前途，谈剑仙侠客……一会儿耳边又响起了在云阳演街头剧，唱凤阳花鼓……想到《孟姜女》、《西施》、《风云儿女》、《夜半歌声》、《兽国女皇》那些动人的歌曲……

"推倒起！"船头船尾紧张忙乱的声影，把我从回想的情景拉回来，又在过滩了！

船抵宜宾码头是川西常见的阴天。这里停靠的船只多，奔忙的人流显得杂乱。挑夫帮我挑上一个箱子和一个铺盖卷，跟我登上土坡，一拐弯就可以上街了。登上坡路，忽听"this is street！"一个高鼻子洋人回头对几个男女同伴说。可见，这小地方跟川东云阳一样，已早有洋人出没了。街道一旁有人在传教，免费散发装帧美观的"福音"。那时候，不像世纪末统称洋人是"老外"。对我这个中学生来说，洋人已见惯不惊了。初中前后，在成都有美国飞虎队，有吉普车拉着美国兵和"吉普女郎"满处跑，我大哥在"救济总署"总务处工作，一些美国兵见他，办事都得向他行军礼。有的美国兵上街去买香烟说"cigarette's！"卖香烟的掌柜听成"赊一根来吃"便摆手说"不赊账！"经人翻译才卖给了他。原来老板把美国人误认为赊账的。四川人吸烟不说吸，也不说"抽"，说"吃"，吃烟。传为笑话的事例较多，跟喝酒一样，只说"吃酒"。那时，我一直把外国人看成是反对德、意、日三个轴心国法西斯的朋友。

下船上岸的旅客们上了街，便各奔东西，消失在大街小巷了。

宜宾城好像不算大，两条大街，在黄昏时闪烁着各式各样的灯光。夜幕降临时，店铺灯光稀稀落落，显得有些冷清。

我觉得有些疲惫，找到了同济新生接待站，有了住处，倒头便睡。

一艘可乘坐百余人的小火轮，驶离宜宾码头，沿着不宽的长江上游河道，顺水东下。这是我乘的："民远"船，不过两个小时就到达位于宜宾与南溪中间大约五十多华里的李庄镇，它是专程往返宜宾和李庄、南溪之间的。下船，走过不太大的趸船，登上十多米高的岸坡，便进入江边大道。这大道是不到一米宽的黄土路，只供人行，未见有车。我被带到码头东去再向北一排平房里。这是国立同济大学附高中的新生临时宿舍。十几个新同学住一大间，附近是食堂。

就这样，安顿下来，等候开学。

抗战后方的中学生活

　　从1942年秋天开始，我在长江之滨的李庄度过了五个年头，从高中三年到大学一年，从不到15岁，成长到将满19岁。这几年内，世界二战、中国反法西斯抗日战争接近尾声，中国内战开始。总之，是在国内外战乱的年代。生活在反侵略战争和反独裁反一党专政与一党专政的制度下，青年人中的我们这群学子，可以说，生活在经济困苦、前途渺茫的逆境中求知识，不幸中也有幸。幸者，可以学得一些文化科学知识。

　　高中一这一学年，一切都是新鲜的。从学校管理比较严格的私立中学到国立大学附高中，开始有些不习惯。一年多前在成城的初中从起床到熄灯之间无论早操、点名、早自习、上课、下课、午饭、又上课下课、晚饭、自息、都须听军号响或铃声，只有是假日、寒暑假除外。以后，到了私立南薰高中，也是作息听军号和上下课听铃声，只是晚上自习时间没人管。到了这个国立学校，高中都宽松多了，也散漫多了。上下课吃饭有铃音或钟声，此外偶有早操点名的事。客观上，是居住条件限制，不像成城中学，每个学生有自己的自习场所，就在课堂的楼上，一人一台两头沉书桌。这里，叫关山，是从李庄镇郊临江麻柳坪野坟山上，开辟出来的一层层平地上建起的平房。一端是宿舍，坡上下为宿舍，中间是操场，另一端上下两层是教室，中间荒地，其他为食堂，宿舍一端是厕所，所谓两层实是平台加坡路。所谓厕所除女生厕所较为规范之外，（可能清洁些），男厕实际是露天茅坑。不少人经常在早操前去远处坟坡堆间行方便，四季的蚊蝇是"打野外"方便的人始终要对付的敌人。名义上有军训课，有校级军官当教官，实际谈不上军事课，不过是作息制度中的早操而已，偶然有一两次集合，向右看齐，向前看，稍息，立正，齐步走，跑步走，立定，解散之类的口令，几年之内，极少有之。总之，上课是主题，学校加上管伙食、发公费手续（表现方式是"米条子"，可以计价，也可名之曰饭票）和作息生活保证，其余时间和活动，全归个人了。

我多数时间用在自习早晨朗读德语为主、上课，之外，用早晚午三个空闲时间到野外，也就是江边小路高处的旱地或在较为干净的坟堆上去练习吐纳功。有时，复习功课。在旱田之间的田垄边或坐或走，很多次有猫头鹰做伴。有时傍晚，和较多接近的同班同学散步、聊天，或各自练双杠、单杠。我喜欢音乐，把夹江老家家藏的竹箫和铜箫带到了学校，傍晚和要好的同学如曾庆喜、明亮辉等到长江边或山上去游玩时吹奏、聊天，后来，参加了大学部的"云雀歌队"，去练合唱。"云雀"是以舒伯特的"听听，云雀！"为名的，有百首外国名歌"云雀"歌曲集，均为五线谱英文、德文歌曲集。此外，还发了一些简谱中外歌曲集，有不少德国民歌、流行歌曲和英、美名歌和中国歌曲，另自己借阅和购买的音乐书刊，李叔同的"春游"是这时学到的。我在歌咏队被编入男低音部，平时，则多是同学之间练练独唱。

曾经在高兴时，把在南薰高中时同学间练习古诗词写作的短诗谱曲在朋友中唱着好玩。一次抄成五线谱歌曲寄给当时正在重庆青木关国立音乐院学钢琴的姑姑五嬢。她长我五岁，从上中学以来，我们有时也通信的。不久，接到她回信，说是把我的歌曲给同学老师们看了，都夸我是"神童"，其实我已经十六七岁了，不是儿童了；她们鼓励我离开同济去国立音院深造。我一心遵循父教古训，不为良相，当为良医，我既立志学医，对去重庆的事没有动心。玉华五嬢还把该校编的"中国民歌选集"寄给我。从此，在课余娱乐中，歌咏活动占了很大比重。这同德国学校音乐氛围有关。而我则从中国民歌、抗战歌曲和外国歌曲中充实了自己的精神生活。学生生活中，常是以性格、爱好相近而交了好朋友的，我在1943年并入同年级先到校报到的乙组后，又认识了一些同学，如丁正荣、徐学儒。徐学儒低一年级，经过他又认识了范加伦等，他们都在课余喜爱文艺、写作。有时谈谈恋爱问题。范当时单恋着同班女生陆XX，为此写了些爱情诗，他嗓子好，唱男中音。他唱起赵元任的"海韵"和郭沫若的"湘累"，声调表情都很好。徐学儒单恋护校一女生，我无定见。正荣也无所恋。知道徐常给《宜宾日报》写稿，内容是寄托单相思的。丁正荣爱写作，在重庆、宜宾大小报上发过稿，我在他们影响下，在《宜宾日报》上发了一篇叫"墙"的短文，大意是说，青年男女之间有一堵墙，影响着自由地交往。丁正荣假期回重庆返校后常带些文化界进步人士的新闻，由此引发出我们大家对一些进步刊物的兴致，如重庆各种文艺刊物，影戏动态、剧本、小说、《新华日报》。我们练国语就朗读曹禺的《家》、《北京人》、《原野》，张恨水的《大江东去》，包括谢冰心以"男士"为笔名的书和徐訏、肖乾等不少作家的作品。还在节假日组织文娱活动，演出过"一夜皇后"。大学部组织的音院学生表演的男高音独唱音乐会和话剧《原野》，我们都去观摩。

我的身体并不健壮，就想法子加强体育运动和营养，买了几瓶鱼肝油服用，同时在课余实行经常性的单杠、双杠锻炼。我考虑到气功固然好，利于健康，增加食欲，但肌肉不炼不壮。通过双杠，练了臂力、腕力和腰腿，单杠只练了翻滚和引体向上，而最有效的是双杠把我的双臂练得宽阔了。为此，靠气功、运动和食欲、消化能力的增长，使我在几年内保持了健康学习的条件。事实上，通过四肢、体力的锻炼，也相应地加强、促进了内脏的发育成长。

同济附高中的课程设置比较好，教师是大学的教授、讲师，师资有保证，以利于向大学输送高质量的生源，印象深的是几门课。一是德语，一年级是直接法，由德国人（Frau 陈、Stuerwald）和中国教授赵公勔，他是四川翰林后代，留日本小胡子。我为了加强口语，曾去专访Stuearwald，事先准备好一些交流的语词再去请教他。那时"尊师"的水平，是买一块山东大饼和椒盐花生，边吃边谈。我曾向他表示，我计划在战后去德国访问。这是很遥远的梦想了，何时战后？战后访德的可能性？都不曾设想，也无从设想。

也就在1943这一年，可谓多事之秋。入夏天热，不少会游泳的学生常去江边下水游泳，有一天黄心康同学在水中呼救，只喊了一声"Bitte！（请）……"就淹没了，找了"水mao子"（据说这种人能在水下呆几个小时，会换气）去打捞也无结果。从此他再也没有下落。暑假中，全班为他开了个追悼会，为他写了不少悼念的文章，约请了他的在重庆工作的胞兄来参加了追悼会。悼文、对联挂满了学校正中坐北向南的大食堂兼礼堂。我除了悼文，又写了一副对联裱糊后送去。上联是"魂断三更悲蝶化，心惊一梦听乌啼"这是几年前父亲为亲朋写对联的原联。

长江水势汹涌，我是个"旱鸭子"，不敢下江学游泳。会泳的黄心康就出事了，我更不敢下水了。

长江水是黄的，夏季时涨时落。江边沿岸多是自然形成的似有百孔千疮的这种水泥大石块。长江水涨时，是在夏季多雨的日子，但无论水涨水落，都是黄的，浅黄的，那是因为上游黄泥土被冲刷而成，但用手一捞，或是船行风动掀起的浪花反光却是白色的。在涨水季节，我们生活用水多是从水缸提取，是第二次动水，但在第一次把长江水舀进大水缸时，往往须加明矾用棍子做旋转式的搅动，使黄泥沙沉淀成泥浆，用完时，再清刷缸底，洗去泥沙。

这个小镇的生活是平静的。麻柳坪关山上下同济附高中和通往李庄镇将近一公里路上的同济高职的学习生活相似，是邻居。我们每去镇上时，途经高职也看见他们使用工具，做翻砂等等。这些都是抗战时期大后方的安定生活状态。

也不是感觉不到抗战时期后方生活的困难。例如，我们这些学生吃的是"插子米"，那是稻谷不经石磨碾压经风斗分清糠和米，而是经人工把米谷子放入竹木制成的"插子"，以竹木叶人力转动挤压出米来，根本不再用风斗分开米和糠，这就叫插子米。它的特色是，米粒带有浓厚的谷糠黄色，又由于磨力不足未被压碎的糠壳大多是谷皮的大多数，掺和在一起，淘米蒸饭只能除去随水漂浮在水面的一部分糠皮，淘完剩下的是米糠混合物。此外，还有不少"败子"，这"败子"是上世纪四十年代后几乎不再有人遇到的怪物，它是深绿色的光滑如水滴又只有一毫米左右直径的假冒伪劣小颗粒；它是随稻米同时长起来的败类，又由于它生长个头比一般稻谷穗高出几公分，所以又叫"比谷高"。它和糠皮加上货真价实的米粒，构成了我们吃的插子米！我们每顿饭都盛上一大斗碗，带回宿舍操场去，开始用筷子把它们这些异类拣出碰碰碗边扔在了地上，简称挑糠壳、败子，总是把热饭挑凉了，才敢送进口里。饭凉了，菜也凉了，冷菜冷饭夏秋还凑合，入冬就成了冰渣。四季吃饭都是冷餐会。厨房提供的一勺子热菜如瓢儿菜、南瓜等等，还可以对付。一周有一两次荤菜，则是难以下咽的美味佳肴了，一斗碗黄饭在筷碗碰撞扔出异物的交响乐之后，就被稀里糊涂地吞了下去。有的同学从此日渐患上胃病，有的人，或说不少人则是逆来顺受，"非常时期"有吃的就算不错了。而我和一些同学则从一位老师讲的故事中得益匪浅。还未升入大学，听德语老师讲了一个生理学的小故事。说是一位德国教授临终前交给学生们一个箱子和一串钥匙，说是他的遗产。他逝世并办完丧事后，学生们设法去打开箱子，发现还有一个小些的箱子，又找到钥匙打开了，又是一个略小的箱子……如此下去，最后一个很小的箱子，打开后，只是一张字条，上面写着一行楷书"Gut gekaut gleich halb verdaut！"。我用中文译为"细嚼等于半消化！"其实，我们祖国养生之道，也有如此一说的。但从一般生理化学过程科学地解释，道理完全一致。

面对这常年必须对付的插子米，唯一办法是，细嚼慢咽。食堂的菜一般难以把大斗碗米饭送下食道的，必须伴以刺激食欲或激发唾液的菜类才行。可巧，大凡午饭晚饭时，就有小商贩送来一些可口的小菜，一分钱一碟，诸如泡萝卜、泡白菜、泡辣椒之类。

应该说，从此我便养成了细嚼的习惯，一直未曾患过胃病。但同学却有人带着胃溃疡过日子。

小菜商贩是附近穷苦老百姓，靠赚点辛苦钱改善生活。他们同我们熟悉了，有时拿来几十百把块钱的菜，可以赊账，过一天或几天付还，不成问题。这几十百把块钱，那时只是小钱，因为当时中国政府发行的法币，统一在全国蒋管区流通，已经取代了地方军阀的钞票，叫国统区或蒋管区、白区钞票。全国另一个红色政权在陕西省北部中央发行了人民币，其他十几个解放区根据条件加以运用，那时，也叫边区人民币的。中共称"法币"叫"伪法币"。

我们身在蒋管区，当然使用的钱币就是法币了。另有一种市面流通的袁大头银圆，它同法币比值是变数，不如金子、金条稳当，也相对稳定。我除有管吃饭的公费部分，其他费用靠家里汇款。我由于入学时没有参加三民主义青年团（简称"三青团"），不得享有全公费，吃饭不出钱；而我只有半公费，每月还得补交一些伙食费。

这一年，我指望着父亲在西康的西昌（建国以后划归四川省了）西祥公路搞文书一类工作和母亲在峨眉"做会"等收入补贴。国立学校不要求统一服装，随便穿，不像在成都时初中生常穿童子军服，高中穿麻制服、打裹腿。这就不一样，国立学校省钱。我附中三年内，基本上可以维持学习、生活。

我说1943年是多事之秋，从国际国内形势讲，可以用前途光明、困难重重去比喻。这年由于美国从1941年珍珠港事件一反多年孤立主义政策而积极投入国联组织促成了美、苏、英、中为主的开罗会议，决定在日本无条件投降后，归还中国的满洲、台湾、澎湖列岛；后来又开了德黑兰会议，决定开辟第二战场，美英取消了殖民主义的治外法权。这是前途光明的写照。而困难重重，则在中国国内处处可见，可谓百孔千疮。国民党不少军事将领投入汪伪怀抱，国共间摩擦不断，中共在广大后方、敌后对敌斗争中稳步前进，国民党前线失利，华南地区大出败局，兵源有了问题，于是，组织远征军。在这种形势下，同济大学沸腾了！

附中已有动员，在全校大会上，我们的德语教授是校长廖馥君，他开场白之后，由军训教官讲了形势。令人动心的是，日本鬼子快打到独山了！我们都知道，邻省贵州的独山往北到贵阳、遵义不远，用不了几天就可以到达我们所在的川南，可见形势危急万分！参军！参军！投笔从戎，保卫祖国！参加远征军，打到贵州、云南昆明去！不久，在李庄镇禹王宫开全校的千人大会，沸沸扬扬，不少大学部学生上台表示决心投笔从戎，报名参军；犹太教授魏特（prof .Weit）说："如果你不参加战争，你就不会懂得什么是战争！……"不断有人上台去报名。这时，我和丁正荣、徐学儒一齐站在台下左侧，这是附中学生的位置。丁正荣十分激动，要上去报名。徐学儒拉住他，说，他应该想想伯母谁来照应！我也觉得身体不行，不能适应军旅生活，年龄才16岁，还是边学习边搞好体质会更有用处可以报效祖国，激动之余，没有下决心报名去，也感到有些遗憾。后来，知道同班同学中，有几人报了名，全班决定在"留芬"餐馆为他们饯别。其中我熟悉的有万源人冯立文。在饯别酒会上，我由于兴奋多喝了几碗酒，竟醉倒了。醒来时，我已躺在宿舍床上，难以控制自己地哭诉自己不能参军的遗憾。徐学儒等几位同学为了我醒酒，不断地给我吃Mandarine（橘柑）。

这件事，大家印象都很深刻。直到五、六十年后，老同学会面时，还念念不忘！

他们这批同济参军的新兵，被分配到二〇三师，在离宜宾不太远的地方接受培训，听说是学习"滴滴嗒！"收发报技术。又听说，不到半年有一部分同学自动退伍，回到了学校。人所共知，当年参加远征军，无论先后退伍的学生，在中华人民共和国建国后，都有了这个"历史问题"，名叫参加了"反动军队"等等。而我在填写着无数次干部简历表时，都意外地庆幸自己那几年间，只顾读书，未曾参加任何反动组织，如三青团、国民党、远征军——后来改名青年军。事实上，这是极左思潮对爱国青年的中伤，从正确政策出发，认为即使参加了这些组织而不曾在思想言行上有什么反人民的劣迹的，都应与未曾参与这些组织的人一视同仁。但在生活中，极左思潮及其言行的的确确伤害了一些人的感情，对共产党、对人民不利。我一直认为，这是历史事实，我懂得这些同学，我一直不曾歧视他们，因为，我们一起成长的这些同学和大家一样，爱国家、爱民族，有强烈的正义感。后来知道战后某师被派去打共产党，但没听说我的同学还留在二〇三师。

在四川宜宾李庄麻柳坪，我的生活是充实的。两年来，学到了不少文化科学知识。印象较深的，有公民课、德语、生物、历史、化学等。公民课并非讲政治，主要内容是公德、道德。课堂上师生可以对话。德语很有内涵，赵公勋、Frau陈、Stuerwald直接法很有独到之处。也讲些语法的。文法是在二年级由廖馥君补了课，得益匪浅。我在课余去赵老师住所江滨一平房时，印象很好，他留的是日本胡须，矮个子，却是前清翰林后代，住所十分整洁，还留有牛肉干招待来访学生。室内有一处不断滴水于地面一块石板上，有一行德国成语："Tropen durch Stein"一看便同中国成语联系起来"滴水穿石"，使人想到"要想功夫真，铁杵磨成绣花针"的成语。赵先生还教会我德国儿歌"Alle Voegel sind son da！"（"小鸟都来了"）使人感觉生活是多么轻松、愉快！生物课讲完了一厚本生物学，是出版的蔡翘教授主编的书，教师是同济童第周教授的夫人，口音很重，"生命现象"中的"现"字听起来似"以"音，我熟悉了江浙一带发音的不同之处。历史课教师也是女老师，是个胖夫人，南方人，学生们调皮地私下叫她是Bridge（英语"桥"字），指其臀部宽大是可以作为打桥牌的桌子用。她讲课使我惊服之处，她说："至今的历史书，全是古代帝王的家谱！"可谓一语点破迷津！印象深些，口音重是在一个"家"字，念成"渣"，玩笑归玩笑，内容却极其精彩！吴柳凡先生的化学课比初中时学得扎实，说来简单，方法却很妙：例如读分子式时，水H_2O，不读成英文字母H_2O，而是"氢二氧"，实是直译其意，利于记忆。2002年春听同学王永维说，他和丁正荣曾去拜访过吴柳凡先生，已经九十多岁了，精神很好，当年大家都喜欢他，因为，从他那里能掌握到新的知识。教平面几何的高士琪先生在课余喜欢高歌一曲，他唱的英文歌"Come back！"（归来！）很投入，"like a golden dream！"（"像一个金色的梦……"）是个男高音独唱者的独具境界，歌声充满感情。将近六十个春秋之后，从同济大学和附高校友会刊上知道，他仍然活得挺好，可惜从同学胡国汉处得的消息说，他虽已八十多岁，却是孑然一身，与同胞兄弟相依为命，可以想见，老年的私生活不圆满。教国文课的曹融南先生，也是长我们十多岁的有学问的教师，他的课优选了古诗、词、古汉语中的代表作，讲得津津有味，使人课余乐于选诵，并去进一步研读课文以外的作品，叫做引人入胜。

大学部不要多久，便有独唱音乐会，以唱抗战歌曲如黄自作的"气正飘飘"之类，以及外国歌曲。再就是话剧《原野》之类。附中也挤时间排演独幕话剧。但总的气氛，并非如初中时抗战初期的38、39年抗日救亡歌声那么经常。

约在1944年三年级至1945年上半年间，也有些令人难以忘怀的大、小事情发生。

我和几位同学住在江边一个农家，我因一度贫血，曾向一农家包伙，每晨吃二两清水煮猪肝。不久我又患上常见的疖疮，脓泡疮，在农家小院洗澡敷药。一次被狗咬伤右小腿，经医务室唐博士（后来是我大二生化教授）治好了，但我未常去换药，留了"续发性愈着"多年。

课余，我们这些学生并不老实，甘蔗熟了，我们在江边地里偷吃人家的甘蔗，然后做做放火箭游戏，就是留下甘蔗叶梗露出一点，用一只手抓住双叶，另一只手从下一捋，叶梗便直上空中。有时去偷摘老乡的豌豆苗，到面粉厂买几斤挂面，找老乡煮着当饭吃。最不应该的是，我们有时折得一枝柳条，在春季春暖花开的季节，到田间游玩时，走过又黄又香的菜籽田，随手用柳条甩向菜花上部，使一批批菜花落地，自得其乐。这实是一种恶作剧。后来，想到结的菜籽会少了，才悟到行为的不轨。我们吃的蔬菜都是用菜籽油煎炒的，吃时有油香味，嫌油少味道不好时，不能不想到菜籽结穗时那些早被砍去的菜花。

大后方的李庄，是个平和娴静的小城镇。附近的中央研究院人少，有了个国立大学在这里，却增添了许多光彩。学校约过董作宾、傅斯年等学者到禹王宫讲演。

镇内镇外，江滨、山坡时时、处处洋溢着朝气，少了些土气，多了点洋气。歌声、笑声、小贩叫卖声、中小作坊和实验工厂机械的噪声，融汇成一首城乡交响曲，伴着滔滔东流的长江，向长空、向大地，自然地展示出中华民族在战乱、人祸的伤害中，蕴藏着她无限的生命力。

白天里，无论是否"赶场"，街道的大块石板路都有各色人群熙熙攘攘。赶场的日子若又逢艳阳天，则更显得热闹。茶馆坐满了"摆龙门阵"的人，街沿上多处摆设了各种手工产品、农产品，商店有那么多人进进出出，饭馆里还有跑堂吆喝、顾客猜拳"四季财！四季财——！""两相好哇！"，各种混杂的人声不绝于耳，真是热闹得很。

晚上，镇内外上空是灯火辉煌。因为，这小镇已有电灯，商店有的则使用煤气灯。只有小巷条件差些，除了偶有路灯，便是摸黑，行人有的也提着洋（煤）油灯。

镇东的小学校内曾有马戏团光临。我记不起是否买票入场，却观赏过一次别开生面的魔术表演。那是名为催眠术的表演。使人被"催眠"后似乎失去知觉，却被取走支撑他或立或卧的凳子，于是，整个身体悬空了！我在人群中挤至台前，确实听见在音乐声中，施术人在受术者身上以手舞动，口中念念有词；又看见用竹竿、钢圈在受术者上、下、左右移动，使观众确信此人无所依托而悬在空中。不久还原，放上凳子，重复一次手舞口念，其人如梦初醒，于是博得热烈的掌声。

六十年过去了，这类魔术仍然受人欢迎，还长盛不衰！中国有，外国也有，加上些电子技术，更具神奇色彩。

1944年的夏秋之交，是暑假期间，不久便是高三了，从年龄上讲，我不满十七岁，自己并未感到是未到成年，那个年代，很多像我这样十一、二岁便离家离开父母亲的呵护可到省城考上中学，独立地生活、学习，大概都不曾有过对长辈、家庭的依赖性。依赖的主要是少得可怜而家庭家长却节衣缩食全力支撑的费用。上学时，带走一笔钱，随身带走，放入衣箱，用一个，少一个。又要按照父亲要求的，自行记账，期终、年终回家时分类报总账。因此，我从初中的1938年起，都习惯了记账，还天天写日记。记账项目，分学习费和书杂费，娱乐费、购置费、应酬费、车费、零用费、伙食费等等。学杂包括买课本、参考书、文具等，娱乐费多是进城看电影看戏的开支，购置是买生活用品，应酬是和同学亲友通讯邮费，招待开支：车费主要是回家上学的大开支，用于车船费，那时，没什么市内交通费，只有偶然特殊的不得已的人力车费，经常是步行。那时，从大都市成都起，就没见过公共交通工具，如公共汽车之类。另一项重大开支便是伙食费了。零用是什么？确是吃零食的支出。而今到了中等城市宜宾再到了李庄镇，开支就多了。国立学校吃饭公家管，住房不交费，个人自己管穿衣、伙食补助，例如有时到镇上吃一碗面条之类。这个高中阶段主要开支是伙食、杂费。衣服随便穿，不规定什么制服。所以家庭负担并不重。家里几乎全力支持姐姐在华美女中私立学校的费用了。快进入高三的这个暑期，为省路费，照例不回家，不回峨眉，住在临江高处一户人家。同住的还有同样是穷学生的赵学贵等同班同学。由于家境类似，很少得到家里寄钱来，交给老乡的伙食费少，只能吃低标准饭菜，有时，为了能够维持到开学，就要"算倒花"，饭中无米，而是近乎黑色的杂粮面略嗒，加些白菜之类。这对于吃惯米饭的人说，是吃苦。不过，我们都能平静地接受，想到两点，聊以自慰：第一是比1939年在成城初中时假期没钱交伙食费，躺在床上等挂号信、迈下梗楼梯可以说好多了。第二，吃了杂粮粥经饿，而且还省去了在学校吃插子米的麻烦。因此，一个多月很快便度过了。

开学便是高三，功课照计划安排，我唯一得意可以自慰的是高等代数学习成绩是100分、满分。国文学的是古汉语选学，测验作文却是任我们发挥，文体不限。记得临近毕业时的一篇作文，我抒发了对社会上人际关系的一些愤懑与感叹，世态炎凉，似乎真有千万支冷箭紧跟着你，像有的诗中说的那样，"专等你那一万回小心里一回的不检点！"有些悲观情绪。讲师曹融南批语中有一句是"青年人宁有如许痛苦！"既无提示，亦无文章评语，似乎带些同情之意。的确的，在当时抗战时期的大后方，我处在经济窘迫的家境中求学，对前途、对现实是悲观的。这是精神生活的一面，阴暗面。

家境困难，主要是父亲在西康不做编辑工作了，去了一条西祥公路工作。不久，失业回到了峨眉赋闲，一家六口都要吃饭用钱，要活下去，四口人上学要学费，光靠父亲过去每月百余元收入积攒起来买的二、三十亩地出租收几十担谷卖出维持，是困难的。我随时担心家里无法汇钱来，学习难以为继。

光发愁也无济于事，只能是维持一天就在学校算一天。我的态度是，只要家里没通知我无法接济必须立即辍学，就全身心地学习下去，生活下去。

因此，带着多愁善感而又厌世的阴暗心情，"得高歌时，且高歌"。我课余照样该唱就唱，该玩就玩。在宿舍里常和江流声同学（他后来学医毕业后，在北京天坛医院当外科医生，成了专家）合作，他吹口琴我唱德国民歌。宿舍里，课余时间，各玩各的，互不干涉。有的练二胡，你就常听见"病中吟"、"空山鸟语"、"良宵"，我有时也去拉几下的。有的同学哼起"花好月圆"的"浮云散，明月照人来…"。有的人玩Bridg桥牌。我能玩的都玩，也时常同江流声等几个同学打桥牌，玩"追猪"和"Showhand"。

曾经参加了一次有趣的划船比赛，是全校性的。记得有冯立文、冯秉直等十几人组织了一个队，取名为"沙琪玛队"，大家爱吃沙琪玛这种点心，取这个名，很有意思。记得在"开始！"一声令下，人人都埋头用力地挥动两手紧握的桨，在船头锣鼓同击的节奏声指挥下拼命地划。对我们水手来说，结果如何，无法预测，每人耗尽了力气，结局听天由命。最后，我们"沙琪玛"不是冠军，也不是前三名。我的体会是，今后永远不能参加此类比赛了，体力不济，过于紧张，会累死的。但却是身体健壮者的有益的游戏。此外，我还向一位同学学了踢踏舞，又曾与人结伴买了豆腐和猪肉，洗净切好后，以搪瓷面盆代锅做出了可口的星期日午餐。

生活并未受自己内心隐忧的影响，还是过得生动又活泼的。但在同学中却发生了一些变化。三年级少了两位同学，他们也是同我要好的朋友。一位张应鑫，二年级时，我们同在乙组学习时，常在课休时间作数学游戏。例如几位数字的每个数字之和被总数减去之后等于什么数字，抹去一位，可以猜出抹去的数字。又如平面几何学还未学到九点圆求证时，他已经有了解决方案。那地习惯早婚，有特殊的地方口音，是四川荣县人，说"张"不念"Zhang"而念成"詹"。那地方方言往往带鼻音，有"n"。如上餐馆先要了一碗面（读"命"），又问有饭卖吗？说的是有"粪"（Fen）吗？于是又对跑堂的说："有饭啦，我面都不要了。"可是用荣县话说，听起来就变味了，就是："粪（饭）有了，我命（面）都不要了！"方言的差异，成为笑话。而他，这位有趣的黄面孔、农民长相的同学，不上学了，退学了，听说是回荣（读作"云"）县老家娶媳妇去了。而黄显埧呢，筠连县人，为人和善，也不见了，听说是患了肺结核辍学治病了，不是退学，而是休学一年。

开学以后，发生了一件轰动全校的爆炸性新闻。叫"民武事件"。原来比我们高一班的同学，和某女同学在暑假返校时同船，在江轮"民武"号上，可能是通舱的五等舱上做起了不该在船上做的男女之事，被船员发现了。这件事被认为是不吉利的，大约在船上受到了处罚，被同行学生传开了。于是，他们两人就被叫成"民武！"有些学生或远或近地故意让她或他听见这冷嘲热讽的两个字。同学们看不起她们，耻笑他们。后来，听说，学校并没作什么处理，但这一对鸳鸯却不得不休学。我熟悉的同学陈克沄同张熟悉，我们常在课间休息时闲聊，对于熟人的生活欠检点，既同情又难以责备闻风鼓噪或表示歧视他们。我不参加起哄，什么都不说。

同学们由于师资较高，总的教学质量好，大家学的比较扎实，又常有测试，似乎从未对考试产生过紧张的感觉。因此，课余除偶有同学互相帮助辅导、对对笔记之外，德语都在各自潜心复习、背诵单词、课文，还有不少时间上街或到江边、山上，林间道路上去溜达，或进行文娱活动。

这个既宁静又生气勃勃的小镇内外，似乎自得其乐。我从没见过警察，又没听说过有贼。曾经有一次听见这麻柳坪关山东头女生宿舍有个女高音，像是下江人用国语高喊："有贼呀！"后知原是一场虚惊，女学生放忘了内衣地方而大惊小怪。

另一件惊人之事，是在从北通向李庄的石板路边一棵不大的杂树上，高悬着一个竹篓子，里面放着一颗人头，告示为"土匪"，那人头紧闭双眼，面皮卡白，看上去不过二十岁上下，颈口已没有了血迹。谁看了都低头而过，同学间没有什么评论。砍头的事，小时候我也曾听说过，名叫杀棒老二，有人描述过人山人海去看热闹的事。

但是，除此之外，山林、学校照样平静、安全。我们有时晚间上街吃一碗担担面或宽面条，摸黑走几里路回校。路口、街上和镇外石板道，都是黑黑的，有电灯的地方很少。

一次听说那年在禹王宫动员参军大会上发言的魏特教授（Prof. Weit）死掉了，他有点遗产，包括一些他积攒下的米条子，遗书要求把他的遗体和财产运到耶路撒冷，学校大概照办了。事先取出了他的内脏。这个人是个犹太人，人们心目中，犹太人无国籍会攒钱，都是些吝啬鬼，我们往往在生活中形容人是铁公鸡一根毛也拔不下来的人是犹太（jude）！weit也曾拿钱在街上买过米票，存起来。从这些传闻中，我又听说了，由米票引发的故事，是关于镇上也有过妓女，专收米票的事。

同样的米票子，我们靠它吃饭求学奔前程，信"胡大"的教徒攒起它来向圣地纳贡，死后敬献、朝圣，也还有人用它为非作歹去嫖娼，或用父母给的身体去卖淫！听了这些消息，令人叹息！

直升同济大学医学院

高中毕业成绩"good"（好）按照各人志愿填表，直升大学的医、工、理学院，我按照原定志愿定为医学院，时间是1945年夏初。记得附中毕业班同校长、部分教师在校园门口，以关山为背景，合了一张照片，还有签名留念。其实，我早已忘记了，是在56年后的2001年，附中校友会积极分子胡国汉找到了照片翻拍几张，寄赵其焙转寄给了我。

同济附高中毕业照于李庄第二排左起第三人为作者（1945年）

我没有得到家庭无法接济继续上学的坏消息，因此，心情比较平静，也相信父亲会想尽办法支持我完成学业的。社会上许多学校的学生，在校时面临的是毕业即失业的命运，而我们学医和学工的，大概不会没有饭碗问题。只有理科的理学院的问题可能多一些。

暑假回到峨眉，仍住在城东约三里的青杠林家里。可喜的是父亲找到新工作，任《夹江导报》总编辑，办事地点不在夹江县老家所在地，而在成都市的光华街，他正在家休假。姐姐已在华美女中完成高二的学业回家度假。

暑假全家登峨眉山

　　暑假都是两个月，我们全家决定上峨眉山。除因妹妹太小外，刚上初中12岁的弟弟洁怀五口人，还有一位远亲是一只眼睛有毛病的女人，要求随行。父亲陪着母亲在后面走，我们在前面爬山。其实，这已经不是我第一次上峨山了，几年前在峨眉上小学时，就同表兄姐妹们上过山，两天到顶，一天下山，时值清明，还在临近县城的郊野采集了黄色的野菊花，回外婆家山舅母做饼给我们吃。那时上山几乎每庙必去，而且还处处用手帕盖上庙子的印章。这次登山，凡是大小寺庙，无论有无僧侣（没有的只是少数小庙）都要进去看看，父母则只进大庙。

　　第一天住在大坪，寺院开阔，松树很多，有不少雪松分层着枝叶，我们称和尚是师傅，师傅叫我们是居士，有时叫施主。据一位专事接待的执客中年和尚介绍，这里的景象有冬天的"大坪雾雪"美景。可以想见，白雪装在雪松层层平坦伸出的松枝叶上，绿白相间，其景色之美，可想而知。这是夏天，这位和尚和草丛中出现的小蛇关系很好，他不伤蛇，蛇不怕他，也不咬他，他可以指引那绿色的菜花蛇（无毒）不要越过小路，从草丛中向其他方向爬行，还居然称它"蛇居士"，真新奇。我们同他聊起来，没问他什么法号，他熟知当时国内外大事，令人惊奇。原来，他是朝阳大学学生，因失恋看破红尘出家的。他安排我们住在大坪右侧一排客房里，很清洁又很幽雅。第二天，不等庙里做佛事，我们又上路了。

　　过大坪路过九老洞，专门去一个很大的岩洞，走了几十米，越走越黑，只听洞有滴水声，更多的蝙蝠从头上、身边疾飞而过，越是摸黑往前走，越觉得阴森可怖，就赶紧往回走。

　　我们大家爬坡到了洗象池，在庙外吃了豆花饭，就用随身带的杂粮，板栗、花生逗猴子玩，由于事先听人讲过，注意别让老青猴子把口袋抢走了，特别注意，不让它们来抓，只给它们扔食品过去，并仔细观赏它们如何剥壳取仁，进口后存在腮包里，然后跑过稍远的地方用前爪（手）挤一下，又回到口里咬碎咽

48

下。可是，旁边的游客不小心被一只大猴子趁取食时，一把抢走了她的小口袋，只听惊叫一声，便是同行人们的哈哈大笑。

洪椿坪确如和尚介绍，每天定时有"洪椿小雨"。在附近的小路边，我们从地上散存的小水晶石中选取了几个不规则的长条水晶石。

走到金顶时，我觉得很疲倦了，有了床，躺下就睡着了。我被叫醒去吃晚饭。嗬！一个方桌，放满了九大碗，有扣肉有鸡、有鱼、各种荤菜，还有酥肉、笋种种，我高兴极了，饿了，就大吃又嚼起来，吃了个饱。后来我在散步时，对父母姐姐讲，这庙子不错，烧的肉又香又嫩又粑。他们都哈哈大笑，父亲说，"那都是假的荤菜！几乎全都是豆腐、鸡蛋和杂粮做的！"我才恍然大悟。"真是饥不择食！哈哈！"姐姐补充说："庙子里都是吃素的，你不晓得？！"

在金顶的夜晚，睡下以后，听见一阵阵钟声，有个小和尚的声音在唱："南無观世音菩萨阿弥陀！"当！当！第二声是南无阿弥陀佛，阿弥陀！当！当！第三声是别的菩萨。……我在这唯一的清脆悦耳又倍觉宁静的超脱的柔和声中，渐渐地进入了梦乡。不知什么时候，我被叫醒了，是去看灯。看什么灯？走到一处山岩边，有栏杆，不让手扶，游人也并不很多，都看见半山中徐徐升起一盏盏黄色的圆圆的灯，越来越多，有的还在变大，变小，缓缓移动！母亲说"这叫万盏明灯朝普贤！"金顶上供的是普贤菩萨。其实，这是磷火，山下一定有很多磷，不断在空气中氧化，黑夜里显出黄色火花，形同油灯，在空气中在山沟里闪烁，十分壮观。

小和尚的歌声（念诵击钟）又把我送进了甜美的梦中。

第二天一大早，从不太震耳似乎较远的地方传来钟鼓声，是早场佛事的前奏。我们起床后，没去看大庙的佛事，我们在山下报国寺的寺庙见过不少，都赶去看了舍身岩。从来就听说，有人从那悬崖边跳下去自杀的故事。但在二十世纪之末，我们在电视里看到各国有不少人随专业单人滑翔器旅游团，从这舍身岩飞下去，在峨边一带定点着陆。当然那时只见危险的悬崖，不敢走近。

从金顶走过去，有个万佛顶，步行二十多分钟就到了。山路窄，但由于是山顶上行走，路两边都是较为平坦、宽阔的，有青草覆盖。只在靠近万佛顶百米处，有个约二、三十公尺长的小道，两边是深谷，是金顶与万佛顶链接处，像是两山间的专有通道，不小心会坠入万丈深渊。当时并未胆怯，都是差不多的羊肠小道。上万佛顶只有一个不高的慢坡，未见庙宇，只在最高处有个标志性的标牌，写明此处高度为海拔一万三千英尺。在通往万佛顶的路上和站在万佛顶一带地面上，可看到大约比金顶和万佛顶都低一点，属于万佛顶这块山顶约有百多公尺的坡地的一端，有个小庙是明月庵尼姑庵。大家觉得没有什么可以看的，都没兴致走过去。于是，就沿着来路回金顶。紧接着，开始了下山的行程。

登峨眉山时，要走遍上百个大小庙宇。下山却另有一条路。叫猴子坡。顾名思义，很形象地给山坡路形容成猴子的背脊，极少有人由此登山。它是下山的一条捷径，但比较陡峭，不小心掉下去，难得再爬上来，尽管坡道、台阶远不如洗象池那样宽，却可容得下两人并肩式一上一下同时行进。这时，不像华山有铁栏扶手，坡陡，还照样走人，四川人就有这个本领。

一天时间，我们便从大道回到家了。我们的家就在峨眉山下，从县城通往报国寺山麓第一大庙公路旁，离城根不到两公里，其间还有个小庙老宝楼，我上小学时，曾到离此楼不远的庙内随一些居士唱经。这条公路也曾是抗日战争时期蒋介石躲在峨眉山训练党政军干部的必经之路，那个军训营地正设在报国寺附近。

青杠林是个村庄所在地，没什么村长之类的建制，以其青杠树多又有山坡、梯田和几户人家得名。林外与公路间有两株百年黄桷树，守护着一块平坝，曾是汽车站停车场。我1942年上南薰高中第二学期时，就是从此地上的长途汽车。进入青杠林，走一条弯弯曲曲的石板小路，我的家正在密林深处。

这是一家四合大院人家的西厢房，走进大门进二门，往左一看，便是两间向阳北房，木墙的上一半镶了几扇漏花木纸窗，窗前阶沿有一口水井，井口井架有吊桶打水的辘轳。向前走不远进门是厅堂，再向前，北面是大天井，向左、西边便是我们租住的屋子了。

这里的环境非常雅静。窗外可以看见进门过道南面短墙外满是绿色的小山谷。说山谷夸张了，这儿不是山，是一个坡坎的高处，周边是各种青杠树、杂树、山花、杨柳，不规则的羊肠小道。再经任何一个方向走去，就是旱田、菜地，以及疏疏落落的瓦房、农家，有小桥、小溪和高坡低坎的一个又一个类似我们住地相似的小山谷。小山坡，有地方一两座小瓦房旁还有一堆斑竹形成的小竹林。

朝日初出直至傍晚，我们窗前都有阳光，有一片强光又有来自大树枝叶漏撒过来的无数条光束。晨曦和晚霞带来的彩色光群，使人总感到充满生机，也体会到一种在别处难以寻到的祥和的美。

房东对我们是友好尊重的，可能只是从"土老肥"走向没落的境况。人口不多，有个女婿在外不知做什么职业。有一天房东太太找我母亲说女婿来做客，他同女儿的关系大概不太好，中午他们招待女婿，请我去作陪，又说他是个国民党员。我当然去做了陪客。无非天南地北东拉西扯，说些风凉话。我是不参与政治的，也不谈政治，不说交朋友时谈心的话，一看其人不爱高谈阔论，有点沉闷，吃了饭便告辞了。我估计房东一家对这位二、三十岁的国民党员贵客，是有些敬畏之态的，生怕开罪于他。这家东南房和我们隔厅居住的有一位青年人，大约二十多岁，面色卡白，是个患了双手成天颤抖的怪病（即被外国医生梅尼尔定性的梅尼尔氏症），在这二十世纪四十年代的大后方，是不治之症，但死不了，特别能吃，可能是体能因病消耗失常的缘故吧。他常到我家来找我闲聊。一次见我和姐姐在讨论时事，同他没话说，就走了。他过几天又来了，边聊天边拿起我桌上的毛笔，在纸上写了"远望门前一株桃，青枝绿叶长得高"两句。看来，这是个病人的心态。对正常的或高身份的女性，只可望而不可及。这种病，在他活着的世纪里是治不好的。应该说，我的房东和邻居都是质朴的。

这个暑假，我在这美好的青杠林还做了一件几十年都有数的好事，这是对个人健康说的。我按照当时民间出版的《家庭须知一万事不求人》一书中治疗冻疮的偏方验方，在三伏天（我是在二伏）用捣碎的生蒜敷在冬天患处，如耳、指、趾等处，起了蒜泡不挑破，自愈后即可。的确，此后六十余年，不再生冻疮，名曰"冬病夏治"。

我在空余时间除了练毛笔字、看书报，就照玉华五嬢送我的由中国音乐院编的"中国民歌集"，唱唱民歌，如"塔里木河水在奔腾……""绣荷包"等等，可谓自得其乐。

到成都迎来日本投降

不久，也就在七月底八月初的高温天气，我们全家只留下小我6岁的洁弟，一行五人踏上了去成都的长途汽车。这里的所谓长途汽车，可谓自古不曾有过乘客的座位，我们和全车乘客一样，雅座设在两处，一是席地（敞篷车木板厢底），一是自己的行李。一点也不奇怪，我1936年1937年直至1942年到成都300多华里，只要乘长途汽车都是敞篷的货客两用车，极少有机会乘坐有座位的木炭汽车，行车最高时速都不超过60公里。真正有高级汽油芳香味的汽车，也有幸见识过，那是蒋中正、于佑任、林森等等大脑壳（这是老百姓对达官贵人们的统称）。而更早些时候看到刘家军阀大脑壳和姨太太、小姐们坐的汽车更神气，车门两侧还有宽宽的踏板，上面站着两排挎着连枪、盒子枪的威风凛凛的军士、警卫或保镖。从三十年代末到四十年代的我们，公然也能坐上汽车远行，这可是不容易的事呀！因此，你千万别梦想坐得舒服。只要能买了票上了车，人挤人，人让人，人不让人，你也得让人，凑合着祈望菩萨保佑不抛锚一直顺利地到达目的地省会成都。中途多是听从司机或其助手指令，在内江或碑木镇公路边饭馆去买饭吃并可各行方便，上车后就各位恭候司机老爷。司机被饭馆老板招待吃饱了，吃杆（吸一支的土话）大炮台香烟，才开车上路。

路上只发生过一件小事。有一位青年人穿一身学生制服，上车时，一脚踹着我父亲的右腿，父亲本能地"唉哟"叫了一声，这一声可惹恼了这位大爷们，不道歉不说，还恶狠狠地骂了两句："坐得安逸吧？像你们这些贪官污吏也莫太享福了！"我们不愿生事吵架，父亲马上示意我"不要理他"。见此人未再说话，也就相安无事了。显然，这同路人是个穷学生样儿，看我父亲穿着中山服，在一般人眼里，是做官的，认为天下乌鸦一般黑。不理他是明智的。

到达成都已是万家灯火了。我们住在光华街《夹江导报》社。天气很闷热，无事不出门。我曾经带着小妹到好友黄蜀青家去，吃过一顿便饭，又去看了一台京剧。记得一个小事细节，小妹收到蜀青给的一包糖果，她还照平时大人教她

凯歌

F调 4/4

作词：罗家伦 赵素行改
作曲：赵素行

胜仗！胜仗！日本跪下来投降！祝捷的烟幕 雷般啊。

满街爆竹 焰火飞扬，满山遍 野是人 浪。

笑口常开 热泪如狂，看我们百万雄师 配合英勇的盟军，

浩浩 荡荡 杀 残敌如猛虎 逐羊 踏

碎 那个小 扶桑河 山 再透 日月重光，胜利的

大旗拥护着 抗日英雄，我们一同去 察 告

国父 在 紫金山旁！八年抗 战 千万英魂

才打出这建设的 康庄。 这真不负我们 人民 扛

战，不负 我们血染 沙场！

的，不要一下吃很多，问我："松哥，别吃完啦，啊？！"这孩子根本对京剧没兴趣的，毕竟还很小。我还记得我姐姐慰情有一位华美女中的同学小林来找她，我见过一面。客人走后，姐姐问我，你觉得怎么样？她知道我初中时看过一位作家碧野中篇小说《春暖花开的时候》。我喜欢的人物中有个"小林"。我当时较挑剔，觉得这女孩不窈窕，身材不秀气，就不再提起了。

8月10日我和姐姐去华西坝华西大学校园游玩。这里环境很幽雅，花木草竹分布得当，不时有白种女人推着婴孩车走过，学生、教师有的夹裹着书本匆匆走过。我们任意走了两个学院看了看教室设施等，校园秩序井然，印象很好。我姐姐很想高中毕业后考华西大学。我因为初中跳了一年同等学力，我们虽是同年考上初中，现在我即将上大学，她要明年才毕业。我们边走边摆龙门阵。正说着

"这蓝眼睛的洋娃娃真好看！"一类闲话，忽然听见校园内外，似乎同时响了高音喇叭的广播新闻："日本无条件投降了！"这消息好比晴天霹雳！我们的血液沸腾了，心跳加速，抑制不住内心的兴奋，见人就情不自禁地重复着"日本鬼子投降了"这句话，这说出了千万句我们心中的喜悦！"啊！抗战胜利啦！日本投降啦！"不相识的人互相交换着同样的话。这时，我们已经走出华西坝，向光华街奔去。街上的人们都高喊着，欢呼着，整个成都市成了欢乐的海洋。我们一边走一边喊，越走越热闹，更多的人欢呼着，有的街道上店铺里用竹竿撑出一长串鞭炮噼里啪啦炸开了，锣鼓又响起来了。哈！我们像是在这极度欢乐的都市交响乐中飞回家的，忘记了是在走路，又好像在锣鼓、火炮和沸腾的声浪中被冲着回到光华街寓所的。母亲说："胜利了，天亮了！"父亲说："天亮了！"二妹也跟着跳了起来，一会儿跑进这个的怀抱，一会拥进那个大人的怀抱。

不知过了多久，人们才渐渐地从过度兴奋中安静下来。房外街道上还不断地有欢呼声、锣鼓、鞭炮声。第二天，报上刊载了罗加仑的一首歌词，我立即将它谱了曲："胜仗！胜仗！日本跪下来投降！祝捷的炮像雷般响……"没有寄出，自我欣赏。因为我删改了称颂蒋介石的歌词，已把"蒋委员长"改为"抗日英雄"。但歌曲是充满了激情的。

回李庄别了麻柳坪 校外租房上大学

　　过不了几天，暑假快结束了，我约同学从成都乘车到泸州，在泸州买好了上水船票后，就去市区游览。时近黄昏，我们先上了船，我定了舱位，知道是午夜起航，还有四五个小时可以游览。其实，我们用意不在玩，也不在参观市容夜景，目的是找泸州大曲。在江滨大道上，未见酒馆，就朝热闹街区去找。这个同行朋友是黄蜀青。最后，终于在一条灯光通明的大街上进了一家酒馆，只见三面墙上货柜上陈列着无数的酒。最醒目、最好看的只有泸州大曲。我们要了些肉菜和一瓶大曲，就开怀畅饮起来，一杯接一杯，菜不够再加菜，边吃喝边摆起暑假一些见闻趣事，又说到我上医学院，他上工学院，几个要好的同学都是工学院的，今后该怎么联系？怎么租住在一起像附中时一样。还说到胜利后学校是否迁回上海虹口的问题。不知不觉，菜吃完了，一斤大曲喝光了。想起该回轮船上去了。走出酒馆时，怎么觉得有点头重脚轻啦！彼此搀扶着朝江边走去。可是走了好久，总不见坡道、码头，有时是明亮的街道，有时是黑路，于是走过去，走回来，一看手表，都十一点钟了。糟糕了！赶不上怎么办？这一着急，急出了一头汗，酒醒了一大半，才去打听码头。好容易快步上了码头，看见几层楼都亮着灯的江轮，却不是我们的船，只得走出，东奔西走，又走错了两个码头。又走到一个码头，看靠在趸船边的轮船有点像了，一打听，说正是去宜宾的民生公司的民丰号轮，我们赶快跳过去。一位船员认出我们说："你们跑到哪儿去了？马上开船了！"果然，我们还没走进舱位，就听见刚走过的跳板收起，船身已经开始启动了。我一躺上床去，便什么都不知道了。

　　回到李庄，告别了麻柳坪，和黄蜀青、赵学贵、冯立文商定，再加了胡国汉又有两位来自川北万源的女生，是赵、冯的老乡，是从SK（Schnell Klasse德语快班一年结业）来的，共是七个人，在镇界一棵大树旁巷子口租了一个独院子，四室一厅，有天井有厨房，老板姓魏，再办完各自学院的入学手续，就照规矩上课去。

55

医学院分前期、后期，前期在李庄镇边上一个大庙里，泥塑菩萨早已不见了。有三种课在大教室，可容纳百余人，一是生理学，一是解剖学，一是化学，其余在后院小教室。解剖学（Anatomi）是第一年的重点课。一开头，就是人体四肢构造，先讲脊椎骨，学拉丁名词。可以借一个脊骨自己对照挂图，去背诵每个名词。读、听、念都容易，因为它的拼音和德文是一致的，能听清楚就能照样写下来。每个骨头的名词都不少，它涉及每一个部位，例如每个突起、凹进和沟道。因为每个部位的名字都会有神经、血管（分静脉、动脉）、淋巴和肌肉附着的韧带经过或是从那里开始或终结或经过，它是基础。好比某个大城市的某户人家的什么角落。甚至比作市、县、乡、镇、街道、门牌号以及门宅内房间的位置。它比立体几何的空间定位要求还细。但它却永远是固定的。凡是学过解剖学的人，只要记住了这个名词，就知道这个名词指的是什么地方，不会有错，因为，没有重复的名字。看来如此繁杂，却也简单。复杂的是成百的骨头上千计的名词，比背地图直到乡镇还要多得多；简单的是，只要你努力背诵，把它铭刻在大脑皮质上，加上经常复习永不磨灭，它始终不变，无论任何人种、年龄、性别都如此。所以它是基础。当然，可以想见，学完了人骨，再学神经、血管等等时，名词的数量，还得翻几番。记名词！专心地记住！读出声音来！同时要想到它的形状、部位、特征。

学生近百人一个年级，一部分是我们一些学了三年德语的附高毕业生，另一部分是普通高中考入同济大学医学院先在速成班（Shnell Klasse简称S.K）结业的。他们听懂主课德语和有的副科英语讲授是可行的。医学院更是如此。国立大学免了不少费用，我们用的人头骨学校备用不少，可以轮流借出，但书籍、参考书必须自备。参考书主要是一部大部头8开本解剖学，亦即图文并茂的图谱。学校自然形成的广告栏在禹王宫，全校必要时大集会场所，除去开大会唱校歌"好一片中华大地，不健康身体，真可惜、真可惜……"同济是靠德国医学科学起家的，医学放在校歌歌词首段，次为工、理。初建了文法学院还没被列入。大会结束时和平时，几处可任意张贴广告，售书、求购是主要内容。凡是解剖学，都在20-30万元之间浮动。版本不错，都是用过的高班次同学或教师出让的，有德语原版，又有日本翻印本，彩色图，拉丁名词标准以及德文解说很周详。可是20万元！我望而生畏，我一学期生活费不到两千元，买不起。后来看到一部大十六开本一寸多厚的以文字为主间有黑白简图的日文解剖学，下决心买下一本。日文中夹不少汉字，个别日文连接词易懂，图示有拉丁文，可以参考。大部头八开本解剖学图示和课堂上挂图一致。下课后，我无法去叫人代为掌灯复习，往往下了课又都被助教取走了。对我这样的穷学生，唯一办法是专心听课，勤做笔记，插空向有大书的同学借参考书，加上借骨头背名词。必须借书，最复杂的是头部眼睫骨（Os sphenoidalis）和耳骨（os temporani）。我常同同学到街上茶馆泡两碗茶，各人复习自己的功课，各看各的参考书。我就是拿着易于携带的小骨头和小书本，这往往在下午。因为上午上大课，下午无课，晚间都自由。就是这样一天天学下去。有时骨头库里没有了，只得在同学间转借，我在白天无法借到时，只得约定人家晚上睡觉后连大部头书和骨头一起借来，挑灯夜读，我借董孝厚的比较多。这是为了赶上课程进度。

这里说挑灯夜读，是因为电灯没有，实验工厂用电才用柴油发电，我们也沾不了光，夜间照明用的是桐油灯，就是在竹筒上放个小铜质碟子，做个小嘴放灯草出头来，内盛桐油，用火柴点灯。要强光时便用配好的小铁棍儿或竹签拨两根灯草，省油时只拨一根灯草。自古老家用的是菜油点灯，这儿菜油贵，只能做炒菜时用。点桐油灯适合于学生们使用。其实家境好些的同学也用桐油，差别只在灯草用的多少，和点灯时间长短。学校不像我上初中时有电灯还有自习室、专用书柜。当课程进到神经、血管、肌肉时，对参考书的要求就很高，一年级没有尸体解剖，必须先背诵骨骼结构、血管神经走向和肌肉布局、每条肌肉的起始点以及血管、神经走向与肌肉的关系一系列具体的准确的概念及一部分作用。沈尚德教授是用中文讲课后按校部要求全用德语讲课，他要求能说得出用手打蚊子这个过程中肌肉、神经先后怎样起的作用，才能完成。

除了重头课解剖学之外，还有生理课是大课，我们只能坐在二年级同学的后排。还有无机、有机、定性分析化学课以及数学（微积分）、生物学、组织学课，教授讲时，助教偶尔在黑板上写几个字。生物、组织、化学课教授用汉语讲话。生理、解剖全用德语讲解。课业很重，全靠下午和晚上自己找参考书自习。我每课必须做笔记。初次尝到"坐飞机"（听不懂）的滋味，生理课开始"坐飞机"，跟不上。史图博教授（prof.stuebel）说的话，后来听懂的多了，课业多做笔记，我就极其紧张地做笔记。解剖学也做笔记，而且是重点，因为学期末要考试，生理不考，只旁听，二年级时才作为正课，要医学院前期结业时才考试。

我几乎每次听完解剖课后，回住地的下午和晚上都在整理记录，同时查参考书和看骨头。记录十分潦草，自创速记符号加上中文字句。有时深夜还借不到书。在窗前灯下睡着了又醒来，整完笔记到夜11时或12时以后去借书和骨头，复习、预习到凌晨三、四点钟，睡不了多久，又得起床。生活上几个人还要轮流当厨师。

学习的苦恼与拼搏

有一天夜里，太累了，独自坐着休息时，不免为了此紧张的学习产生了烦恼。学下去参考书买不起，难借，时间紧，怕跟不上课程，一步跟不上步步跟不上，不学行吗？学医的大方向早已决定，将来济世救人也活命养家。从个人爱好讲，去重庆学音乐呢？学费和未来都很渺茫。总之，按喜好按兴趣，茫然下不了决心，按志向学医又极难学下去。自己前途要考虑，路又是如此之难走下去，十分气苦！还应想个人和家庭的生存。反复想，反复比较，处处想不通，一度觉得头晕发胀，烦而又燥，无所适从。突然觉得一阵阵头部嗡嗡作响，似乎还要崩溃了。我立即意识到精神要失常了，于是立即强迫自己冷静下来，为免失常、混乱、发疯、最好什么也不想，停下来，停下来！

我终于控制住自己，为了健康地生活下去，别在糊涂中失去理性，使自己陷于毁灭！过了许久，我平静了。我独自到江滨去散步。江水照样向东方下游涌流，偶尔有一条货运大木船随波逐流。我想，它大概会夜宿南溪。夕阳已经落下，只有天际残云还有些余晖。我默默地向开始出现灯光的李庄通道走去。偶然望望夜幕即将降临的天空、远山、流水和树影，我不觉得孤独，耳边、心中响起歌声，那是"玛格丽特"："海的远方夕阳西落，大地边缘阳光微弱，渐渐接近夜的来临，我的心灵沉入睡梦，我想着你，我的玛格瑞特……"又有赵元任的"海韵"："女郎，单身的女郎，你为什么留恋这黄昏的海洋？女郎！回家吧！女郎！……我不回……"我不想听下去，那是走向灭亡的迷惘。我有强烈的求知欲，还将有丰富多彩的未来！又忽然听到"浮士德"的魔王，儿子在呼唤！……我在时而迷茫，时而清醒的意境中，踏着日常走过的小土路、石板路，到了街上，左看看，右瞧瞧，一切如常。面馆照常营业，我觉得饿了，信步走进去，要了一碗宽面片。吃完又加了许多醋在汤里，喝完付了钱，便往镇郊交界处右边小巷口的住地踱去。同学们不知到那儿去了，仍是我只身一人，看看黑黑的小桌子，那个好像很久很久以前放着的小解剖学书、颅骨、笔记本……

经过一个难眠之夜，我作出了第二次选择，弃艺从医，音乐放在业余爱好的地位，学医、学科学仍是我的终身职业，它是苦学生、穷学生的一个十分痛苦艰难的选择。第一次选择是从戎或从医，并不困难。而当前，我怎么才能跟得上主课解剖学呢？骨骼之后是肌肉，紧接着是神经，动、静脉血管，没有详尽的彩色图谱参考书（实际上应是课本），光凭抽象的主体概念去记忆，是不会记忆得十分牢固而准确的，应有具体的色彩形象的立体概念，才能有稳固的基础。它不是高中时期的立体几何、解析几何学，它的要求是一个名词、方位都不能马虎，不能含混。至于其他如数学微积分、无机化学和有机化学，定性定量分析化学、生物学等等，对我都不难又最容易吸收。怎么办？拼！捷径是没有的。我有时间就练邵篆先生也是师父传授的吐纳功，练子午卯酉，解决困倦问题，厚着脸皮找同学借书；不用效春秋的刺骨，无非少睡觉；再就是找人骨。约了两个同学找老乡借了锄头、钉耙、镐等工具，上火山去选旧坟开挖。因为早听说这一带野坟是三十年前战乱埋下的士兵，没人管理。我们果然收获不错，有一个旧坟已经没有完整的棺木了，几块腐朽的棺木板留下了一个长方形土坑，半空着，一副完整的人体骨架被我们后拨时散落的黑土像浮土一样半掩半露，颅骨完好地放在盆腔和腰椎之间，一看便知，是头部因埋葬时有枕垫高，在全部软组织腐蚀被细菌吃光，土壤化之后失去颈椎韧带的依托滚落到腹腔的。这坟没有任何腐臭味，只有泥土的潮湿气味。我们一件件完整地取出带回，经过清洗晒晾，略用消毒液Nasal喷喷，干后，即可收藏备用。剩下的一个问题是颅骨分解。把黄豆装满颅底口内，倒出来装，然后放进水桶浸泡一昼夜，就分成多个头骨了。

第一学期，印象深的还有一个小事。生物学教授仲崇信先生是我在峨眉时外婆家小厅房住过的房客就地娶了外婆家邻居女为妻的川大数学教授罗星的朋友，他知道我上同济大学医学院，就介绍我认识了仲崇信教授这个熟人。其实，我只在到校时持信去见过仲一面，同时认识了他的助手讲师，以后在茶馆同讲师打了个招呼。之后再无往来。你讲课我学习。由于他讲得比较好，所谓好是讲得透彻，必要时，几句话便把我们高中学的基础知识回顾一下。生物讲动物、植物的分类为主。生理学Stuebel教授还找机会跟随我们去郊外，我们学记一种植物的科目种属，他这个老头子也做笔记，认真记下，怕记不准，又问仲先生："Famili?"答："Camposita"，老头子详细记下。生理学教授对另一门学科如此感兴趣，又为此专心致志，令我钦佩不已，我觉得我也应更加好学，而且学到老，学而不倦！

60

寒假后，就该学Eingeweide内脏学了。方召是教授。这是个精力充沛的人，大约四十岁左右。我照旧坚持着艰难的学习。

医学院的考生，解剖学和生理学都是口试，其余新科全是笔试。考试时，依教授定的名次入内，一次叫二至四个学生轮流从容器中摸出一个纸条，自己念题，并回答问题。其余候考的同学在考场——实是教室门外，有时听得见教授的问话，但基本上是听不清，只在前一组考完之后，问问情况。印象深的是方召对男生严，对答题查问明细甚至追根问底。对女同学尤其长得漂亮的，就马马虎虎，有时明明答错了或答不出，也放过去，让别人回答了也给她pass过去，有时还取笑几句。

就是这位方召，在临近暑假时却出了件丑闻。方先生一天夜里从教授住宅区自己的宿舍跑出去，偷偷的翻进另一位工学院教授的窗户里。那位教授不在家，他和那位教授夫人干了见不得人的事。俗话说，"好事不出门，恶事传天下。"不知是谁亲眼所见，它像风一般地传遍全校每个角落。听说，校方和教授们震怒了，一致声讨方召，并取消了他的教授资格。不过半月，重庆报纸刊登了一则消息，说同济大学那位工学院的教授在一个旅馆里服毒自杀了。后来，再未见到方教授的身影。

告别李庄的日子

长江划船历险 忽见"扫财神"

在考试将完时，我和几位相好的同学约定星期天去划船。我们有五个人，在街上一家山东烤饼店买了发面葱油烤饼，大约一斤多两斤重一张的，买了几张，和当地盛产的椒盐花生，带了几个军用的水壶盛好温开水，租了一条小船向长江划去。从上游顺流划向对岸一个峡谷支流。到了支流近江的出口处，下船在沙滩浅水中谈谈笑笑，晒晒太阳，随意吃吃喝喝。玩尽兴了又上船向镇东头的方向划去。大约离江心不远处，突然来了一艘江轮向上游驶去。上水船掀起的浪大，我们只好掉转方向往回划，尽力使船尾同波浪呈垂直方向。大家都极其紧张，注意掌握方向，免得顺浪翻船。用尽力气，才把稳了方向，但因波浪太大，冲力把小船推向几块大礁石。有两位同学沉住气，好容易用手托住一块大礁石，拽住船头的粗绳，跳上去，稳住了船身。我们使小船靠在大小礁石之间，双手紧紧扶住船舷，在紧张和恐惧中等待着风平浪静。才在左顾右盼不见轮船又没有大木货船的条件下，把船划回去上了岸。这时，互相说着刚才恐怖的情境，都说："我的腿都吓软了！"都夸两位勇敢地爬上礁石和掌舵的同学。他们会游泳，而我们另外的人都是"旱鸭子"。从此，我们再也不敢到长江去划船玩了！因为那是在玩命呀！

时间过得真快，转眼便是一九四六年的初春了。

这里的春节，同故乡夹江、峨眉一样诱人，家家户户大门贴上门神彩画，门框都有红对联，街上处处有鞭炮声和孩子们的欢笑声，有时有一群人敲锣打鼓欢快地游街，空气中散发着硝烟，室内、街上店铺里不断发出搓麻将牌的响声，也有猜拳吃酒的欢闹声，还时而响起鞭炮声。

忽然听见了扫财神的吆喝。看那人头戴纱帽，嘴上长胡须，身穿官服，脚穿偏耳粗草鞋，肩挎一个布口袋，手拿一把扫帚，走到一家门前，便高声唱道："玉皇祷了旨，命我来到主人家大门前，"同时稍微摇动扫帚，继续唱："左扫左发财，右扫右发财，金银财宝扫进去，臭虫格爪扫出来；扫一个天天进宝，扫一个年年进财，恭喜主人家天天发财！"主人等在他身前，立刻把一包炒米糖交给他，随身放进口袋里，口里说："恭喜发财"，转身走到第二家。又是照样唱起来。

街上还有不少小孩在放鞭炮，多处有硝烟在飘散。

李庄这个小城镇，是一片祥和欢乐的气氛！

关心时局，梦想新中国

可是，我们在紧张学习的日子里，清楚地知道，中华大地并不祥和。日本1945年8月10日宣布无条件投降之后，从重庆寄来的《新华日报》中陆续有一些新闻，日本为什么会突然宣布无条件投降?从官方《中央日报》中知道是美国头一天在广岛投下了一颗威力最大的原子弹，它只得向美英苏中等协约国投降了，新华社却说是因为苏联红军东入中国东三省，击溃了日本主力军几十万关东军，加上欧洲方面第二战场开辟之后，德、意法西斯全面崩溃，协约国占领了柏林等等。但在中国一直矛盾斗争着的国共两党，却没停止过摩擦。国民党军十九路军在四行仓库的浴血奋战，台儿庄大战，听说过；共产党平型关大捷以及前些年从《生活》画报《战时画报》中都见过不少共产党和敌后、前方抗日的许多故事。我们知道了国内局势并不稳定，只能听而而已。只要不影响我们学知识就好。但总还希望有个战后的新中国，也关心时事。牢记着《波兹坦公告》、《开罗宣言》日本投降书等大战结束时的法律文件。从暑假中知道在美国旧金山通过了多国的《联合国宪章》。上医学院中午下课路经禹王宫、理学院间大街正中学校的一个什么新闻点，我看到了这个宪章，那已是秋天了。但国际上消灭了三个轴心法西斯同盟国，令人十分宽慰；又知道，国共间有了重庆的和平谈判，又有《双十协定》，民主建国有望。学子完成学业后，前途是乐观的。摩擦么？总会解决的，我们操心何用？！但各种想法还是有的。

这时，也在大一期间，学校什么部门组织了一个讲演竞赛，题名"我理想的新中国"。丁正荣鼓动我去参加，他帮我一起准备讲稿，也就十分钟千多字。我同他查找了些资料，那时的思想就是讲民主、讲团结、讲博爱、自由、和平、平等。我们指出了由于抗战和政府有贪污腐化，全国千疮百孔，加上国共两党有摩擦，难医治战争等内外交困形成的创伤。拿出孙中山的和平民主救中国，民族民权民生三民主义的要求作为我的理想，停止内战，实行双十协定，讲和平民主，讲团结，那么走向富强的中国便是我所理想的新中国。当我在宿舍背诵讲稿时，同屋的同学均无异意，冯立文是新成立的文法学院学生，有时也透露点政治新闻，对此亦表示赞同。可是，当禹王宫里大约百余人的比赛会上，我讲完后，却听见有个大家都知道是三青团头头的人却大骂共产党。认为有了共产党，就不会有新中国。我很反感，我认为，永无休止的摩擦，永不得安宁。我没听说共产党腐败，只知道国民党腐败，有了"双十协定"就应该实行。事后，我得到一份纪念品，是信笺信封之类的。谁得了奖？谁主办的？我一概不知。后来，由于知道徐学儒和丁正荣曾在附中参加了三青团，我曾怀疑是不是三青团搞的？管他谁主办的呢？我表示了自己意向，就算完了。什么样的新中国？哪个晓得啊？

促学校搬家，看校内外花花絮絮

我们照旧同相好的同学联合租住在麻柳坪临镇街边的老乡小院内。上课过街方便。我们一方面关注课业，充实知识，一边关心着学校在全国复元东迁大浪潮中，同济大学迁回上海的大事。同济从吴淞口德国医学院与理工学院，到整个抗战八年里经7次迁校，才到了李庄，号称"搬家大王"。我们催促此事，写海报批评过校长徐诵明。

大学一年卒业前不久，涉及学生个人的办法终于公布出来了，决定给每个学生发放20万元从四川到上海报到的路费。

校方职工忙于计划各学院可带走的物资的包装等等。

学年终结之前，走在街头，仍然是每遇赶场，比平时更热闹。天热了，仍是人来人往，肩挑手提，各种买卖无论店内、街上、茶馆、饭馆、杂货铺，总有无数的人进进出出，忙忙碌碌。我们在等待发款时，照常在学期考试的习惯活动中，疲于备课、赶考，有时仍旧找个茶馆去强记名词，复习功课，照旧买点土特产小吃如椒盐花生和桂圆之类的干果助兴。

见闻也日新月异。工学院机械系有个班上课时没见几个人来，特别是非主课的"豆芽课"，在考试时，坐满一教室。于是，教授看着助教发表试题后，不再监考，等学生们互助传抄交卷后才来收答卷。教授和助教根本用不着辛辛苦苦地看答卷，只要把全部考卷向远处一扔，答卷落地有先后。最远的一捆100分，依次定分，最后一捆是60分以上。我们医学院就得钉钉铆铆，笔试时，教授监考，偶尔有助教收卷子，主修课一律口试。我们记得，最重要的课，学得扎实就答得正确，记不清楚的，不能猜，因为，答错了一个就是两个错误，理由很简单，你两个都不知道。例如问你某个骨头通过某条神经的地点叫什么，你答成另一个地点的名词，不正好说明你两个地方都说错了！所以，很严重也很死板，只有记牢，记准确，不能张冠李戴。简单到拿着一个耳骨（Os Temporaris）首先问你这是什么？你记不清名字，最好说不知道或记不得，大题答不上，骨内的每个有特点的地方，通过什么神经、血管、有什么肌肉和韧带怎么附着的一系列名词，就全答不上了。记分就是零分，叫"吃个鸡蛋"。如果你居然把它说成是Os sphenoidalis（蝴蝶骨——象形名词）不正说明两个都认错了吗？记分就是-1分。如只考这一题，不仅是0分，还负100分。医学基础课，同济大学用拉丁语，各国差不多，是不是今后还有更简便的学法，难以猜测，但这种办法是精确的。我学过这些功课五十七年后的今天，还记得一些名词，如果几十年不离本行，总同它们打交道，用得多，一定是终身不忘的了。也就在1945——1946年间学无机化学的TNT和有机化学的DDT，由于有附中时的吴柳凡教学法，看见DDT三个字，就记起了分子式结构，为"Dichlor-Dipheny-Trichlor ethan."双氧双苯基三氯乙烷。可是那时候只能记德文或拉丁文的原名原意，来不及去查是否有中文或日文的译名。当然，工学院无论机械、电机、造船、土木等等系的附中同学对主课和副科也都是抓得很紧的，我看他们先跟工人学翻砂、上车床、绘图等等，也都是要求不差分厘的。前面谈的考试公开作弊扔答卷随便记分的趣事，只能是小插曲，各门都有不要求学得好的课目，关键是教授要求如何。我们医科女生有含糊升级的，工学院也有学得差的，但总的看，都学得比较扎实。这可能就是这个学校声誉较高的原因。换句话说，教学质量好决定造就人才的水平高，同济大学在国内外各专业系统内外是公认的名校。

话说回来，学校忙搬家，除了等结业发路费，我们就没什么事情了。上课考试之外，总得上街逛逛。

天气好，大太阳天，大街热闹，小巷也热闹。图书馆和理学院间一条主街旁有一块大空场，有铺地摊卖跌打药的。你伤筋动骨、跌打损伤，有地方可以买到云南白药、三七之类的药，那些有病不找医院求西医的人群，就是广大的买主市场。我挤进一个几十人围成的小圈子，一看是"掏牙虫"的。有一位江湖"医生"指着自己身前地摊上一块发黄的白布，上面横七竖八摆了几十个蚯一样又像豆虫的小东西。"这就是牙虫！"说着便有一个穿长袍的中年人一只手掌捂着腮部，直叫牙疼，求医。于是这位"医生"便叫他张开口让他看了左边口腔又瞧瞧口腔右边，不必犹豫也更不必消毒，使用左手托住这位"病人"的右脸，再转而从下巴托上去抓住那人的下颚，拇指和另四个指头抠入脸颊，使其无法闭嘴，若用嘴便会先咬住自己的两腮。说时迟，那时快，这位"医生"把又黑又脏的右手伸进去，似乎已经抓住了什么，又似乎碰到了那人的喉头，发出要呕吐的喉音，这些几个动作，使那人挣扎着出了一身汗，行术者"医生"开始边喊叫边抽动右手，突然一下抽出满是唾液的手指，往那块发黄的白布上一甩手，一个同先前一样被这样捺死的蛆样"牙虫"便躺在那里一动不动了。"啊！这就是牙虫！"那人如释重负，似乎有点轻松感了，交了钱，走了。于是，又来了一个"病人"。这种"取牙虫"的骗术，最见效的，是这位"医生"摆在地上的钞票多了起来。我走出人群追上刚才被"取了牙虫"的那位"病人"，问他"你牙齿还痛吗？"答："还痛！我上火了，人家说有牙虫！"我劝他以后去找医院牙科看看。"进城好远啊！要钱多！"我只能说，要真是那个样子的牙虫，你这会儿就该不痛了？！"此外，我还能说什么呢？你听，那位"医生"又在大喊大叫了："嗨！嗨！"

走到江滨茶馆前，有一堆人在向一位布道的穿黑长袍的高鼻子洋人索要免费赠送的"福音"小书本，这是天主教在传道。

这个小乡镇，在抗战前后，还看不出什么明显的变异。

学期终了，每个人在校部领了二十万元，收拾好行李离开了李庄。规定报到期限，各院的地址。医学院是上海善钟路（又名常熟路）100弄10号。

远离故乡前的纪念

解救一名逃兵

我回到了峨眉山下的青杠林家中。

峨眉县城炎热的夏日，无论赶场或平时，街道、上山公路上总是十分热闹。我从水西门外婆家回青杠林，特别在老宝楼一带看到路边摆了许多进香用品的小货摊。有长短、粗细不一的香，红蜡烛、檀香块，朝山居士揹用的米黄色小拐包，各种佛珠、小木鱼、磬、拐杖等……，可以说应有尽有；书籍有各种经书、咒语的册子。当然有我去庙里跟和尚居士一齐唱的"杨枝净水，遍洒三千……"只是书上未标明音标曲谱和打击乐"当，当，切！"

有一天，我进城去，经过西街到了桥头公园，意外地遇见了一个熟悉的面孔，那是在李庄同济附中吃搰子米时卖泡菜的小伙子。他认出我来，告诉我他是一个多月前被拉壮丁到了峨眉的，他刚从壮丁队伍逃跑出来，这时穿一身旧军装，帽子摘下来揩捏在手中，神色有些慌张，求我帮忙。我未加思索，立即带着他从人群中穿行，跟我快走到了青杠林，让他在外面等着。我回家对母亲说了，她连忙找了件父亲穿过的麻布长衫，叫我送去给他换下军服，从厅堂穿进厨房给他吃了饭。刚开始时，母亲一听说是"逃兵"，有些紧张，但总觉得应该帮帮他，才作了安排的。天色已经不早了，怎么安排也不能把人送走，看他样子又黄又瘦，很可能有好久没吃饱一顿饭了，端起碗来真是狼吞虎咽，好像筷子用得再快，也赶不上嘴里咽下去的。当天安排他住下。我们顾不上交谈，他已经呼呼入睡了。第二天，父亲从夹江回来，听说我留下了一名逃兵，看得出他也很紧张，怕被别人发现或追捕到家里来，我们吃官司不说，这个人也活不成。父亲对我说明利害，都十分镇定。就是准备好一些衣服和路费，待这位逃兵精神恢复时，教给他怎么逃离峨眉，如何不会跑到城郊的驻军兵营，但又别马上回李庄，先找亲戚家躲起来，过些时才回去。这才在大家安全的情况下把他送走。临别时，他要磕头道谢，被我制止了。

邂逅与思恋

不久，是二表哥杨元芳结婚喜庆。表嫂新娘是李秩英。那天的盛况记得最详细的是新婚夫妇，我难忘的是两件事，一是我为参加婚礼第一次试用刮脸刀，不慎把嘴唇皮割破了一点，多少影响了观瞻；第二是准备婚礼过程中，认识了一名妙龄女郎李琼芳。就当时实情，的确叫"一见钟情"，但都不曾被人识破。那个时代，比前辈的"父母之命媒妁之言"进步多了，可以自由恋爱，但几无例外地必须是一条约定俗成的规则，就是男方追求女方，极少女方主动向对方示意的，女孩子受此俗成的规范，只能等待小伙子来追求，而从中择其善者而从之。这种历史的局限性，是女性爱情生活中的美中不足之处，而从时代特色看起来，已比前辈人幸运多了。从几个青年人的交往中，我知道李琼芳早经父母订了婚，其未婚夫原来是我有瓜葛亲，住在夹江峨眉间一个镇上的王家，那个小伙子和我同庚，同日子时相差半刻（一小时）出生。李秩英说，李琼芳本人不愿意，曾在地上打滚，以示反对这门婚事。小我一岁的女孩，长得如花似玉，一双明亮的眼睛，从硕大黝黑的眸子中，透出青春活力的光芒，似聪慧伶俐，又似羞涩与理智。

我们在我外婆家大花厅里玩一些比我们年龄小一些的游戏如拍手、击拳击桌按规定的节奏，尽力保证自己不出错，而及时找到别人的差错以罚唱歌说笑话来取乐等等。我听得出她用歌声去掩饰唯一原嗓音的沙哑。我曾经要求她把她喜欢的朝鲜歌曲"阿里郎"抄给我。我们彼此交谈知道她即将高中毕业想考大学。游戏时从眼神中表示了彼此的好感。有一次，她到花厅来玩时，我正在风琴前为臧克家的诗《感情的野马》谱曲，耽误了几分钟一起玩的时间。

这时期大后方中青年妇女的衣着，大多是中国传统的旗袍。旗袍的共同特点是众所周知的，从领口以下都是向一侧斜往近腰一直向下，前后两幅。无论布衣、绸缎，男女老少大同小异，只有男用马褂全用中线开介，扣子都用与衣料一致的软扣。我们这些青年男学生早已是中山服和衬衣之类，便衣也是旗袍式的长衫。夏天了，我常穿长裤衬衣。女孩子们同中年妇女着装类似。这里盛行阴丹士林，深蓝、天蓝各色都有。夏天是短袖，越时髦越年轻的越短，大多不露腋窝。

青年女子特别是少妇有些身材美的（也称曲线美），中国旗袍更是突出，旗袍两面两侧结合点通称岔，开岔高低不等，新嫁娘、年长者开得低，不见小腿、长袜、长裤，青年人最多开到膝部。李琼芳、李秾英和姐姐等都穿开岔过膝的旗袍，夏天不着长裤，而穿短内裤或三角裤。任何人一看便知，这些少男少女都是大中学生回家度假。

李琼芳身材适中，匀称白皙，衣着适时，穿的阴丹旗袍，体态优美，自然。

我确实爱上她了。我向姐姐和母亲说过，姐姐也说她长得不错，母亲却颇有顾虑地说，"她有姐姐是跟人走的。""跟人走"是当时对于女人随本地或外地男人相恋出走"私奔"的贬语。我懂，但不以为然，母亲没多说，只说李秾英的堂妹李树德家境尚好，在成都上中学，也长得很好，有意介绍给我。母亲主张我去上海前从成都走，可以看看。我又听娥娥儿—这是李琼芳的外号——说她要上成都上学，住姐姐家。由于我离家期限还早，这件事，就暂且不提了。这一次为我婚姻问题的说话，是在青杠林大院外大门的门槛上，也是我同长辈认真说到这个题目的一次。我是执拗的，母亲却并无勉强我的意思。记得这次谈话的开头，是说县城里有一家托媒提过一个女孩，有金器做嫁妆，我表示没兴趣。还提到了我才14岁刚上高中时有人想把一个16岁的女孩给我介绍的故事。说说笑笑，我才说到了正题。

炎热的夏天，我已经习惯了闷热。在与元芳二哥和姐姐、姑娘们在水西门外婆家摆龙门阵时，不得不涉及时事。震动人心的，是一件家事。报上发表了华西大学录取新生名单，二哥考上了社会学系，姐姐考上了农艺系。谁都知道我跳了高中，比哥姐早一年上大学，大家都十分高兴！高兴之余，国内的政治形势发展却在日盛一日地令人不安。我们盼望着和平、安定、繁荣的社会环境，家庭生活稳定，能支撑我们上学学好本领，济世救人。但一年前好容易盼来的国共和谈产生的"双十协定"成了一纸空文，协定签字才三个多月，昆明出了西南联大"一二·一"惨案，我们暑假中正在高兴的时候，刚从报上看到李公朴被害，没过几天，闻一多父子又惨死在国民党特务的枪口之下，后来又有重庆校场口事件，郭沫若又被特务打伤。国共之间继续摩擦，还加上了受降等等的不合理。

起初我们几个青年大学生还为中共给蒋介石的信中的用词如"你和你的军队"等等听得不大顺耳。我们那时的"国军"概念并非蒋中正一个人的，就跟

"共党""八路军"并不是朱毛两个人的一样。尽管我们对蒋介石是反感的。但这半年间，一系列的杀人事件，都是国民党及其特务干的，我们对自己崇敬的人物有物伤其类的感情，何况联想到在校时，从《新华日报》上难得知道的新四军事件，许多时事直接影响到我们的未来。我在青春时期对未来的憧憬中，感到了前途彤云密布。我们这几颗年青的心田上，复杂的时事留下了阴影。

年青的心，正处在青春发育时期，正在向往着光明的前途，思想感情上的主线是追求进步，要想把握住自己的理想。我珍惜亲情、友情，也要有爱情。这时，邂逅中产生的对异性的爱，男人要有勇气去把握它，却不能毫无顾忌地去追求。我默默地坚信，我和她之间萌生的爱慕与喜悦，但都是含情默默，它一定需要风霜雨雪的考验去小心地培育，坚信这朵爱情之花，只要有了蓓蕾便不会被风吹走。

但是，正是我在初恋中，也正在专心编织着臧克家的《感情的野马》用一个新的旋律开始谱曲时，昆明西南联大发生的惨案冲击了我的思绪，我为李公仆、闻一多先后被蒋介石政权所杀害极为震动。我为这是一沟绝望的死水引发沉痛和愤恨，立刻作了曲，又撕毁，转而把闻一多的"葬歌"谱了出来。用闻一多对亲人的哀悼寄托了我的哀悼。

这段时间，我在爱与恨的两种感情的冲击中，变得有些沉闷和彷徨。一方面有"也许"葬歌的缠绕，另一方面，又不断听到了李琼芳抄给我的"阿里郎"朝鲜歌曲，"穿过去走过来，总是泪落！"……

调3/4　　　　　　　也许　　　　　闻一多　诗
慢板　　　　　　——葬歌　　　　赵素行　曲

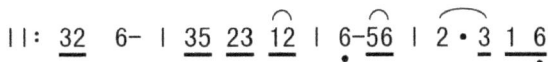

也许，你　　真是哭得　太　累，也　许，也许
不许阳光　拨你的眼　帘，不　许　清风
也许你　听这蚯蚓　翻　泥，听这　细　草的

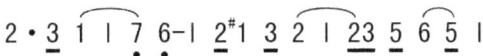

你　要睡　一睡。　那么叫苍　鹭不要咳
刷上你　的眉，无论谁都　不能惊醒
根　须吸　水，也许你听　这般的音

嗽，蛙不　要　嚷，蝙蝠不要飞！
你，撑一　伞松荫，庇　护你　睡。
乐，比那　咒骂的人　声更　美！

那么你先　把眼　皮　闭紧，我　就让你

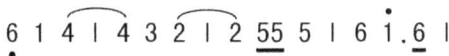

睡，我让　你睡，　我把黄　土轻轻

盖着你，我叫　纸　钱儿缓缓　　地飞！

1）也许你真是哭得太累，也许，也许你要睡一睡。那么叫苍鹭不要咳嗽，蛙不要嚷，蝙蝠不要飞！

2）不许阳光拨你的眼帘，不许清风刷上你的眉，无论谁都不能惊醒你，撑一伞松荫，庇护你睡。

3）也许你听这蚯蚓翻泥，听这细草的根须吸水，也许你听这般的音乐，比那咒骂人声更美！

4）那么你先把眼皮闭紧，我就让你睡，我让你睡 我把黄土轻轻盖着你，我叫纸钱儿缓缓地飞！

1946年7月为闻一多7月15日被害而作于四川

陪友人再登峨眉山

就在这多事之秋，天正热。低我一两个年级的附中好友徐学儒、范加仑、徐超远，还有一位不熟的同学来约我同去登峨眉山。我们从青杠林出发，买了草鞋、草帽，由我当向导，从徒步登山的路前进。我们走累了，就找个有泉水的盘石上休息。风在吹，云在飞，鸟儿在唱，溪水矿泉潺潺流淌着，满山遍野的绿树青草、野花散发出诱人的清香。徐超远哼起了大家熟悉的歌曲，于是伴着水流细声，我们唱起了"妙龄女郎梦妮住在山坡底，人人看她秀丽，村女谁不嫉？！她好像是天之娇儿，美容颜，男人们都称她是温雅少女！称她是温雅少女！"……登上离大坪不远的一个山坡时，大家站在原地看看天上的太阳，擦擦汗，忽然听见："嗒！嗒！嗒！……"的钟声从山那边传过来。是谁？是那位我不熟悉的同学念台词似的喊道："钟声，敲出了深山的温暖！"大家惊喜地看着他，范加仑像平时一样带点幽默地说了句："诗人开口啦！"我接上去念了一句："告诉你，已经离开了人间！"大家齐声叫好，徐学儒高兴地去重复朗诵了一遍。然后，继续登山前行。

这次登山，同往常一样，两天到金顶，一天从猴子坡返城。

一个月以后，徐学儒来信中，重复了我信中的话："我爱上了一个温雅姑娘，她曾坐在你坐过的那张椅子上……"他还在以"白鸣"的笔名给《宜宾日报》写稿，不少是倾述对那位他追求的护士的爱慕之情的。

亲情与新家

我们同济的同学都各自设法，在九月初到上海报到。

父母希望我从成都经重庆去上海，顺便在成都见一见李树德，相亲。我想得很简单，怕在成都碍于亲情见了李树德又不要人家，只想着李琼芳（她还有个外号叫代数一个数词B平方—B^2）使父母和李家难堪，决定不去成都，而是先回校，直下重庆再南下。其实，后来觉得我错了，为什么不去成都争取有更多机会同B^2接触呢？

父母对我疼爱有加，从幼小时都不曾责难过我，印象最深的是初小时我和三叔的儿子逸樵弟弟都有体弱遗尿的毛病，我们两家只隔一个厅堂，每晚凌晨至天亮间，父母发现我遗尿了就给我换裤衩再睡或起床上学去，却经常听见三姊叫骂堂弟还打得哭。父亲只在我和姐姐认识室内座钟上的罗马字时，曾经罚坐限期记认清楚。前面说过，在我丢失他喜爱常用的物件和明显做错事，也从没责备我。这次，也是听任我自己拿主意。

我决定取道嘉定经宜宾到重庆。

出发前不久，家里办了一件大事。考虑到青杠林毕竟仍是租住，父母决定倾囊建房，在峨眉城关城隍庙相邻的一条街的东侧盖起了一所临街的住宅，传统木结构，前后两幢二层楼房紧相连接，其间留有一个大约十平方米的小天井，两楼上下相通。房后有一眼水井。估计约有百余平方米，十间用房。我亲见立柱、房梁等主要结构从地面"扯"起，也粗略看了天井。由于地板等尚未装上，未能感受到新屋的温馨，它是父母几十年奋斗创办的自己的财产，一个家呀！

这一新建筑并不算大，相当于铺面的门面不过四、五公尺宽，若按照建筑的总面积粗算，占面积约30平方公尺。当然，天井在内，街沿和房后的水井不算。峨眉县城城关铺房建筑绝大多数都是木结构，抗战时期一场大火至今留下了不少空地空街道。而今的建筑仍然是无法抵御火灾的木结构。

无论如何，我的家即将从青杠林的租房改为自己的新家了！我亲眼看到了父母半生的辛劳建起了自己的住房了！

在临离家前，父亲让我先去见他的一位老友林季根，说："他可能要给你一点钱，你就收下。"果然，林大伯（我这样称呼他）在寒暄之后说："送你五万块钱补充一点路费。"

我的行李不多，父母亲山我选了一张绿羊皮席，一条单人用红棉褥，都是旧的。棉褥子是我从小用过的。此外，父亲履行了诺言，我上大学给我一块咖啡色毛哔叽呢料做西服用。还有一件狗皮大衣。这些都是他在西昌工作时攒下钱购置的。其余，都是些书籍与常用衣物。

踏上奔赴上海的旅程

在乐山与胞弟告别

　　总有些惜别之情，我终于走出青杠林。

　　在乐山，我约见了弟弟洁怀，适有外婆家远亲袁遂陶在此。此人原名盛财，他求我父亲给他改了名字，适于他从商，所谓陶朱公的"逐什一之利"。我们三人在街头一家饭馆里说说话，吃过午饭，我就启程了。洁弟在乐山读初中，小我六岁。我怎么也没想到，这一次手足分手，竟然同前些天同母亲在青杠林大院门的门槛上亲切交谈之后，整好行装上路时差不多，成了今生今世的永别！提起来，令人心酸！不过，这是后话了。今日奔赴新的前程，各自求学或求生，大家都寄期望于未来，我们都不会洒一滴离别泪的，因为，我深深地记得父亲不止一次地在不同场合对人说过，

在峨眉右一袁遂陶右二作者
右三杨元芳（1946年）

如果一家人总是生活在一起，这个家是没有什么出息，也是没有生气的。我没有忘记，我已是18岁多的成年人了。

在小火轮上听着轮机的响声，看船行掀起的浪涛，移去迎来的岸上风景、人、物，心境时而平静，时而木然，时而充满着对未来的憧憬、兴奋，又不免有些空虚。偶尔触及到十二、三岁时和姐姐离家去成都上学时滋生过孤独无靠的对生活的短暂的畏惧。我们乘车到成都时，我有过孤独、慌乱的感觉。姐姐劝我"莫要慌！冷静点！"记起了父亲对我曾有过的"懦弱"的评语，难免对自己的过去闪过一丝苦笑。一些古人和长辈关于为人当自立的一类教义似乎成了支撑我的精神力量。

总之，心境是复杂的，有时又是平稳的，而主要又是勇于奔向前方的。从小形成的所谓少年老成的温和性格，如今变成为一个义无反顾而又善待一切的青年学生了。

野蛮登陆艇上的黄鱼

在重庆住进下罗家湾一个招待所。第一件事便是按照父亲嘱咐，去拜访杨世伯。他几年前担任过云阳县的庶务，掌管财务，那时我每月5角钱零用从父亲180元的薪金中提出，是经他发给我的。他现在住在市区，在重庆一家公司仍然做这类工作。找他的目的是父亲托他帮我买飞机票。分别八年多，都还认得出来。他热情接待，约定隔日上午去办公地点找他。

夜里，重庆街头虽然并不热闹，却总有小贩、行人来来往往。我坐在好客的一家商店门的一条板凳上，老板没生意时，也过来坐在板凳的另一边。我们摆起了龙门阵。当他知道我是国立同济大学医的学生，就扯起了治病的事。他说："从来最难治的病是癞子脑壳了。"我说那是皮肤病，怎么治我还没学过，但从小看见过治这种病的医生，是用地上长的叫什么"马屎苋"的绿草拌上硫磺味儿挺强的中药，敷在秃头上，听说挺见效。看起来，开杂货铺的生意还是可以维持生活的。我接触到的陪都的一些角落，多是些贫民，似乎和在乐山、宜宾等地见到的差不多。这里听不到国共两军的枪声，夜间同偶见的人说说闲话，白天也没顾得上找几个有纪念意义的去处闲逛。一心为了旅行。

我如约在杨的办公处见到他时，他一脸气苦地告诉我，买机票的事几经周折，还是没办法。因为，一年来，跑宁、沪的人太多了。我无可奈何，只得告辞。此后，我和他再没见过面。听说我找他时，他正同一位女士同居，女父没同意女儿嫁给他，认为此人没什么发展，此后就分开了。

空中走不成，必须走水路。我约了一位比我低一年级的安徽同学，四处打听，找到一艘即将开赴上海的登陆艇上的海员。商定两人各交20万元到上海。那时，约定俗成，交了船钱，上船后到达目的地吃、住、行全包。这不是民生公司或招商局的客运船，规矩一样。

我们高高兴兴地叫了黄包车拉上行李奔全码头，登上这艘巨大美制登陆艇。按习惯的想法，艇比轮船兵舰小些，其实不然，它比民生公司三层舱江轮体积大

81

得多。我们分住在那位船员的吊铺专用舱内。这里水压很大，盥洗台上用水冲力强，厕所清洁无异味，伙食都比民生轮船好，鱼肉蔬菜都丰盛。

登陆艇是凌晨起锚离港的。人是睡在舱里的，只见灯光，不见天日也分不清昼夜。睡梦中突然被船员叫醒了："起来，起来！马上跟我走！"我下了床，随其后穿过一道门，又见多了几个人，路越走越窄，到了一个尖突的顶端，我们被指令蹲下。"稽查来了，隔一会儿我来叫你们！莫闹！"船员走了。我们八九个人面面相觑，心里大概都明白，没票，我们买的是黄鱼，真糟！但愿能顺利到达上海！

约莫半个小时，我们这几条"黄鱼"才被引回船舱。回头一看，我们原来被塞进船头的一个角落里，希望别再有第二次、第三次……。

总算幸运，没有第二次。我们还可以自由自在地走出船舱，经过一定的通道、扶梯，爬到艇的顶部，我好像到了航空母舰的平台了，转到艇前艇后，也可以扶住两侧艇弦的栏栅、铁链观山望景。我们驶的下水路，速度较大，似未见艇头有如常见船舶前端的锥形船体，但仍可明显看见类似弧形的艇头，在行进中把江水分开，破浪前去，掀起比一般轮船大得多的波浪。登陆艇飞速前进，酷似一匹脱缰的野马。

一声汽笛长鸣之后，使人立刻把注意力转向舰艇前方。这是巫峡。不好了！不远处的江心有一只大木船，是一条货船！船尾舵手正在边望左后方的登陆艇，边扳舵极力使船头转向去迎接大浪。但来不及了，飞驶的舰艇毫不减速，照旧鼓浪狂冲，艇与木船越来越近了，转眼工夫，木船的船头左侧撞在登陆艇右前侧的钢体上，"嘭！"的一声响，大木船被折成两段。我顺眼往后看去，船头已经沉没，后半段正向下栽入水中，舵手被抬得高高地正在扑抓着一团红红的被包，很快，什么也看不见了。几秒钟之内，木船被浩荡的江水吞没了。我为木船的不幸悲伤而黯然失色，又为这登陆艇驾驶人的野蛮、残酷无法无天、不人道极为愤慨！亲眼目睹这一幕惨剧的人们都无声地离开了甲板回到舱里。他们能说些什么呢？船、货、人都已经荡然无存了。毁财害命的凶手就在艇上，我们正被他们带向各自的未来。我们能把他们怎么样呢？当我把这事告诉了卖我们这些黄鱼的船员时，他苦笑了一下，找了一句话说："他们（指艇长之类）都是这样呢！"摇摇头，也默默地走开了。

船到宜昌，我和同伴上岸随便走走。在江滨大道上有一家露天饭铺，锅灶旁是一张长条桌，是可容纳五、六人在一边坐享餐饮。长条桌的另一边，则是老板和老板娘待客的工作台了。临街一面遮雨遮阳篷前，挂着一条只有五、六斤重的大鲤鱼，我分不清是鲤鱼还是什么鱼，就要了一个红烧鱼和小菜，吃了一顿空气新鲜、味道可口的临江饭。这里和四川差不太多，吃便饭总少不了泡菜、海椒、凉拌大头菜和大曲酒加帽儿头。这帽儿头跟四川一样，给你一碗米饭，像是两碗饭扣在一起，取走一个碗，有半碗饭露出来，活像可以戴一顶帽儿的头。热气腾腾，那饭香扑鼻，令人垂涎。

船到长沙，就去街头溜达，买了几本空白笔记本，细看才知是日本鬼子兵留下的。有的类似表格的空白本子，不知怎么成了小商品了。再走走，在水果摊上买了一斤香蕉，这可是个新鲜事儿！用手指剥下皮就吃，其味香且甜，水分不多，却极爽口。骞然间忆起来几年前上初中时在成都看电影《日出》中，我喜欢的周璇演的小东西，被带到火车上，吃的那种东西。原来如此！

进入安徽境内，只在安庆玩了半天。上街闲逛，在一家照相馆照了一个半身像代寄上海，顺便去同伴的亲戚家坐了半个多钟头，夜时上船，第二天上午就可到达南京了。

在同船员闲聊中知道，从南京到上海乘火车一夜就到，跟乘坐舰艇差不多。我想见识一下火车，正好同伴想在南京探亲，就在南京港上岸，永远告别这个杀人不眨眼的舰艇了。

路过日本杀人几十万的南京

南京城里人烟稀少，还看得出当年被日本帝国主义蹂躏的惨景。街上偶有达官贵人的小汽车飞驰，人力车也不多。我跟随同伴或坐人力车或走路，走访了三家，谈话内容只有旅途和学习的事。同伴要逗留几日，帮我找到火车站买了车票，就分手了。

此时已经是晚上了。我的耳边响起小学时唱的抗战歌曲："同胞们，细听我来讲！我们的东邻舍有一个小东洋，……南京杀人几十万，东亚称豪强……"我想，我初识南京，如此冷清，那几十万冤魂能不能指望这定都南京的政府为他们报仇雪恨呢？而这个政府的领袖——我记起中共朱毛致蒋中正电中的话："你和你的军队"——都在挥舞魔掌也就是他的武装和特务，杀戮爱国、争民主、争自由的先进人士！鱼肉百姓！他和他的一帮喽啰心中只有自己，根本无视平民百姓！我眼前又闪现出三峡江心向着那下沉的船尾扑过去抓铺盖卷的舵手……

南京之夜，月色是冷的，可是下关东站的人却是川流不息，停在开往上海的站台的车厢里，挤得满满的。我有一个靠窗的座位，还是幸运的。

我从车窗口看到几个卖食品的小贩，又见是从一个木桶中取出一巴掌大的糯米团，捏成饼，再从旁取出一个油条、折叠上去，包进了油条，就卖一元钱。我觉得饿了，就买了一个这种糯米油条团吃。直到车开了很久才吃完，而且经饿耐久。

这回初乘火车，感觉并不舒服。它在每个车站都停。有几分钟，又有十几分钟停留。我没带怀表或手表。大约坐一天加上一夜，感受过风驰电掣的车速，颠簸不大，比乘长途汽车快又平稳。那有节奏的车轮越过车轨接缝的"奇奇、卡叉"声，催人入眠了。

在上海三年

初到大上海

　　天黑从南京出发，第二天晚上才到达目的地上海火车站。

　　双手挎着提着行李，依序走出车站。

　　眼前的上海街道仍是灯火辉煌，正如船员所说，霓虹灯闪着异彩，马路上还有金属铺就的电车轨道，"乡巴佬"到了大上海了！

　　我要了一辆"40000"的出租车。司机不会国语，好容易连说带写让他明白了去处是"善钟路也就是原常熟路100弄10号"。

　　经过了眼花缭乱的夜上海马路，穿过彩灯映照如同白昼的高楼商店和车辆，显得道路很明亮，不时出现镶在地面的电车轨道反射的亮光。我体会到《子夜》一开头描绘的情景，但我对大都市的形形色色已早有所知，所以感到新而不奇，我毕竟不是抱着《太上感应篇》的老者呀！

同济大学医学院
上海善钟路100弄10号
右下窗前白上衣人为作者

　　车停在一条弄堂的尽头，两扇美式漏花大铁门的左侧有个小门，经铁门倚柱顶部的圆顶灯照明，我付了车钱，取下行李，放在小门边。这也是个铁门。我敲了几下，有个老头儿从传达室出来开了门，问明我是报到的，才帮着把行李拿进

屋。我没有任何身份证明文件。这老头儿就用上海式的国语开始询问我了。"你是医学院的？你会讲德语吗？"随即用德语问我"叫什么名字，打哪儿来？学什么的？"我一听，这老头儿还真会几句洋话，不太标准，便用德语答复他，并说明是来上医学院二年级的。老头儿露出了笑容，变得比刚才客气多了，立即领我穿过一段松柏夹道，眼前竖立着一幢约三层高的建筑，没有照明，显得乌黑森严，中间一层大门旁有一个长方条毛花玻窗亮着灯，到后来知道是卫生间；要走近大门，还须迈上几步弧形半月平台。我被临时安排在一间小屋床上。

我觉得疲倦了，倒头便睡，如像还在火车上，…哗…哗…哗…奇奇咔嚓，奇奇嚓！……

第二天上午校车到了善钟路。我见到了徐学儒，知道新到的同学先集中住在沪东江湾以烈士陈英士命名的其美路，于是，暂时定居在上海郊区其美路。

这是1946年9月中旬。开课之前，等待校方安排。

这是未来的理学院。住在一间大屋子，地铺。刚到上海，四川人听不懂方言，先得学会几句常用语："啥价钱？"或"几钿？""降点！"由于"5"是鼻音，往往听不见"1万5"只听见"1万"，"5"在鼻腔里。好久好久，才注意到。再就是传达员来宿舍叫："赵（读邵）先生！"我刚答应一声。"底屋。"他就走了，我莫名其妙，过一会儿又来叫，照样走了。有人提醒我是"电话"。

开课前无所事事，我和丁正荣、徐学儒相约上街闲逛，也看报。每天乘校车往五角场、复旦大学门口到市区，多处停留，下午回其美路。有一次在复旦等人上车时，有当时著名的戏剧家洪琛搭车，都是免费的。我们趁此机会，熟悉了德国医院、中美医院，这些就是今后医学院的后期的教学、实习地点。

伙食仍是公费。有时有菜、米饭，有时发长条面包和饭盒，这是美国战后救济总署发放的剩余物资，是美国兵的饭盒。一个饭盒足够一个人吃的。有饼干、午餐肉、牛肉干、奶酪、巧克力、咖啡和柠檬茶，还有几支骆驼牌香烟和火柴盒，饭量小的吃不完。同学都说，这美国少爷兵吃得真好，营养也充分！

上海郊外空气新鲜，我曾在空闲时，带上书本，到空场草地上躺着看天。这是秋高气爽的季节，碧云天，叶未黄。看着万里晴空湛蓝无底，时有几朵白云徐徐往东飘去，有多种形似动物或人物形象显现、变异，有聚有散。不时可听见云雀唱着飞来，又唱着飞去。正如舒伯特的歌曲"听听，云雀！"也听见大马路上奔驰的汽车马达声，还有伙房的吹风机声。

参加鲁迅十年纪念会 初见共产党人周恩来

　　《新民晚报》一则消息：明天去辣斐戏院参加鲁迅先生逝世十周年纪念会。丁正荣和徐学儒来找我商量去参加。

　　乘校车不能在9时以前到达戏院，于是早起乘车转电车又沿途打听左转右转，终于找到法租界辣斐德路辣斐大戏院，门口很拥挤。"要票！？"正荣叫了起来，三人不及讨论，赶到入口处，看到有持票不持票的人都往里挤，我们也不顾一切混在人群中，挤了进去。

　　戏院里座无虚席，我们就站在通道中间。一会儿全场都挤满了人，都是我们这样的青年人。会议已经开始了。台上坐着民主人士和国民党官员，听说有吴铁城特务头，有郭沫若、沈钧儒等等。主席宣布茅盾先生讲话。一个瘦瘦的有日本式小胡须的短头发中等个子的知名作家，在台上从一边走到另一边。我只听见江浙一带口音："鲁迅先生离开我们十年了，"走三步，转身看看观众又转过去踱步，"十年了"以下听不清了。主席高声说："周恩来先生到了！"全场爆发了惊人的掌声，一个浓眉大眼的人穿一身灰色西服，右手放在口袋里，侧着身子从台左走出，走到台口停住了。我们快速拿出笔记本开始做记录。全场鸦雀无声，只听周恩来用国语大声说道："鲁迅先生离开我们十年啦，我们谈判了十年！只要和平还没有绝望，我们决不放弃和平！"掌声如雷，经久不息。

　　掌声未息，又听见周恩来洪亮的声音："自古以来，"他挥出右手继续以问话的神态与口吻说道，"哪一代剥削者和压迫者不曾被推翻？！"然后轮番挥出左右手臂说下去："哪一个独夫暴君不曾被杀掉？！被剥削被压迫者不曾立过他们光辉的战绩？！"紧接着是越来越强烈的掌声，直至他退出舞台，也离开了会场。

　　接下去是郭沫若简短的讲演。他大声疾呼，要民主，要和平！"我们要为人民服务，跟牛一样！"他的话同样激起了满场的热烈掌声，最后，他说道："我不在1946年生，我准备在1946年死！"

鲁迅悼歌

C 调 2/4

第二天文汇报上刊登了郭沫若讲稿全文。

参加这次会，我亲见了共产党的代表人物，观其人，听其音，知其态度，我对中共产生了敬佩、爱慕之情。徐学儒一再夸赞周恩来和郭沫若，是了不起的演说家，丁正荣也一样的赞不绝口。我留下了潦草而真实的记录。

第二天，我们依照大会通知，赶到虹桥公墓参加了对鲁迅的扫墓活动。到的人数很多，虽不如大会拥挤，但原因是因为公墓地大。每个人发了一包饼干。墓前见了年幼的小海婴。由于人多，未找到许广平。可是，墓前的一幕却永远铭忘不忘。有十几个人的歌队面向鲁迅墓，由一人指挥，唱了一曲十分激动人心的专题悼歌《一个人倒下去，千万个人站起来！》

歌词是："先生！伟大的导师！你听你听你听！一个人倒下去千万个人站起来！四十年代的儿女们，齐把民主的道路来打开！不管天怎样黑，不管路怎样难，人民的力量，一定战胜独裁！你听！你听！你听！一个人倒下去，千万个人站起来！"

听了两次，我已全部能记下，而且竟然五十多年都不曾忘记！

为什么？因为这首歌，是伟大的人类争民主、自由的不朽的悼歌！

我把从四川启程到上海、参加鲁迅逝世十周年纪念活动的日记，寄给成都华西大学表兄杨元芳。不久，我收到他的回信，附寄《夹江导报》一份，以"本报驻沪记者"的身份摘要刊登，主要内容是：买了登陆艇的黄鱼从重庆到了上海和鲁迅纪念活动纪实。

恋情的终结

元芳信中告诉我，李琼芳同表嫂李称英交谈中，诉说她爱上的心上人是谁，并在纸上写出我的姓，还哭说，她不愿在姐姐家住下去。因为姐夫曾动手摸她。我立即给她写了一封信，表示"我虽在几千里之外，上海的凉秋九月令人打寒战，我在胸部肌肉因寒冷而收缩的状态下给你写信，"我表示十分想念她。没有回信。当时，女孩子即使真正喜欢一个男人，都是碍于情面，不好意思厚着脸皮马上回信，却盼着男方一再追求才写回信，就意味着确认、答应和心甘情愿建立恋爱关系；就成为已经是未婚夫妻了。但我接到了表哥的信，说她已经接到信了，表示，如果我再去信，她就写回信。我很高兴，但也迟疑，但没有立即再去信。我考虑的是，去信就要叫她到上海来，怎么生活呢？我必须安排好了才能写信。恰好，这时姑母五嬢在常州（又名武进县）在国立音乐院幼年班任教，她来信邀我去参加她和姑父邹家驹的婚礼，我立即赶到常州。我被安排在她的宿舍住下。一大早便听到起床铃声，而且，只要铃声一响，立刻就听见钢琴练习曲，可以想见，勤奋的学生早就到琴房里坐在钢琴前了。五嬢和姑父领我去看了学生练琴，有的同时就便表演，有一位她们的同学也弹了一曲肖邦思乡的名曲，还听了个叫盛中国的学生拉了一段小提琴练习曲，原来，这个幼年班是专门培养天才的，钢琴为主，也有提琴，只是弦乐。

婚礼是简朴的。我印象深的是主持该班的易教授主婚，他夸赞她们是一对很好的标准的人才和夫妻。

在常州住了几天。有机会参观了铁树开花的盆景展览。据说铁树60年才开一次花，算是幸运！但最重要的是，我在散步时向五嬢说了我和李琼芳的事。她毫不犹豫地表示："你叫她到上海来了，我可以帮你给她找个工作。"我为此特别高兴，带着希望回到了上海。

天凉了，我准备给李琼芳写第二封信时，接到了慰情姐从华大的来信，她知道我同二哥和李琼芳通信的情况，说李"爱的不是你这个人，她爱的是县长的大少爷！"我相信姐姐是爱护我的，由于我的自尊心作祟，我认为同李琼芳直接交流太少，作为曾经是国民党四川宪政时期县长的大少爷并非特别光彩的事，而且尽管父亲从政廉洁，只想进步，我当大少爷时作为一名"非常时期的小学生"，确实按照父训做了"非常时期小学生应做的事情"，即宣传抗日、反对日本帝国主义，扪心无愧，也不值得炫耀，但如果爱这个身份，那不是纯真的爱。何况我写了信没有回应，于情于理也是相悖的。我反复想了几天，决定如果她不来信，我也就不再提起了。应该说，是姐姐的信，给我泼了冷水。限于历史条件了却了这一段未成熟的姻缘。1948年大哥世瑛到上海办理海关工作关系，住在我医前期宿舍时，聊起了往事。他告诉我，我离家后，他在成都同我父亲参加了先后同李琼芳、李树德的会晤，是在帮我考察对象。他认为，李琼芳的确很漂亮也会应酬，只要她上了大学一定是校花，立即会引起全校的注意。这引发了我的回忆，她是有生理缺陷的，嗓子哑，从医学上讲，是可以弥补矫正的，但我没想这些事了。1953年惠云妹当我的随军家属时，曾告诉我，姐姐后来很懊悔不该给我写那封信。二十世纪八十年代初，元芳二哥信中告诉我，李琼芳婚后育有子女，但患了寒疾卧床数年，约在1983年不满55岁时离开了人世。

在科学知识中受启迪 在多方面探索中前进

1946年多事的秋冬，国内政治形势变化很大。我在家乡时，在炎热的夏天知道了三月间重庆校场口事件打伤郭沫若之后，六月间下关惨案。由于蒋介石撕毁政协协议导致内战爆发，又发生了七月李公朴、闻一多先后被害。到九月中我参加鲁迅逝世十周年纪念活动不久，知道国家不太平了。国共两党代表两种势力的斗争逐步表面化、公开化、白热化。就在11月和12月，先后发生了上海美国兵打伤臧大二子摊贩和北大女生沈崇被美兵强奸案，激起了我的义愤，于是，我和同学们参加了反美暴行的群众运动。从其美路出去，乘复旦校车到市区，边走边喊口号："打倒美帝国主义！""为臧大二子报仇！""反对美军暴行！""美国佬滚回去！"队伍秩序井然，走到外滩，不少人用油漆在大厦墙上写着"America Soldier go home！"在南京路上，我越喊越大声，领头喊，大家跟着喊！人人都十分愤慨！游行结束后，我们从北四川路步行回理学院。可是，由于我已声嘶力竭，嗓子喊破了，一直有半个多月成了哑巴！几个月没有课，就住在其美路。

我和丁正荣、徐学儒常在一起，或读报，或进市区去闲逛。有一天，看到徐、丁在《民国日报》副刊《觉悟》上发的稿子，也想写点什么的。适逢该刊出了个题目征稿，叫"假如我发了财！"丁正荣写了公务员、车夫、学生等各种人的想法。我写了一篇短文，表述假如我发了财，我要像杜甫的诗中说的"盖得广厦千万间，大庇天下寒士俱欢颜"，这个想法来自读《北京人》剧本。我以为，那样中国就可出不少像爱迪生、贝多芬那样的人才。编者给我冠以"一连串的宏愿！"题目标题。不久，我又把两年前在李庄上医学院一年级时，住在租住民房过春节时写的日记摘出一段，构成一篇短文《扫财神》，也发表了。连我为此给编辑先生写的信，也被摘编成一篇《小城生活》刊出。写一篇去，刊一篇。笔名自选为"路沙"，自喻为路边的一粒沙石。后来又写了一篇《白色的花朵》，寄寓自己对一些为民主自由而斗争牺牲的战士的悼念以及对于光说空话而无行动的

91

名人的不满。每期刊出之前都先发《编者的话》："路沙先生，来稿收到。"可是，满足的花朵未曾刊出，这个副刊就停刊了。那时，徐学儒很喜欢护校一位女学生，在宜宾追到上海，利用文艺副刊表白自己对爱的追求。可是，却并不见效。应该说他只是单恋着一个彼此不熟悉又不了解的异性，带有盲目、幻想，完全不切合人物实际的游戏。学儒用"白鸣"笔名，实际上，也是白白地追求白白地哀鸣而已。丁正荣没有表示过他对女性的追求。

也在这寒冷的冬天，我们住进了静安寺善钟路100弄10号医学院前期三年级以前的学习阶段的宿舍。所谓宿舍，就是在三层楼顶上加了一层临时性的宿舍，应是第四层。这里住了8个人4张双层床。我住下铺，邻近两个上铺住的都是广东人。令人厌烦的是夜里，直至凌晨都能听见街上的汽车喇叭声，好容易因为困倦勉强睡着几个小时之后，天刚亮，就是两个老广旁若无人的大声叫喊，有说有笑，什么"悔也！""哈哈哈哈""饿门鸡多呀！"什么怪声怪笑都有，这些极度烦人的喊叫声，总是把我吵醒，但这两个广东人有个使我感兴趣的事是，星期天或下午下课后，拿出唱机，也是旁若无人地放起外国古典乐曲，特别是贝多芬的第五第六交响乐。我爱听。此外，我们语言不通。广东人不会国语，勉强招呼一下，也学两句如"洗脸"、"你的话我不懂"、"不是"、"是"、"吃饭"等等。上海同学特别是从德国医学院合并过来的学生，就说上海话。他们对四川话、国语感兴趣，因此，课余的生活接触中，我能听懂上海话，却不会说，顶多来几句"好咯"、"交关"、"夏期"之类的感叹词。我们四川人同广东人、上海人共同听懂的话，大概只有讲课用的德语和教授的讲话了，应该说四川话和国语，他们听懂不难，因为，华人教授、校长讲话时多用国语。

我在二年级也学的是基础课，如史图博教授的生理和中国教授的组织学、院长讲的细菌学等等，一年级的生物、化学都已学完。课余的日语课也更用不着了，数学、外语，只是在以后学习中应用了。但解剖课还有，就是实体解剖。在教学楼一层中间，有玻璃铁丝网罩的那间约有百余平方米的屋子，是我们的实验室。上解剖课就摆满了长水泥条桌和尸体。上课自习上下楼都从旁边经过。待到细菌学和组织学实习时，就在这里摆好了几排桌子连结起来。实验用的煤气和其他用具都有了。偶有到二楼小实验室在做实验的时候用。

实验室外四周是昼夜必经的过道走廊，东西两边可上楼。我们几乎每夜阅读参考书到午夜前后，才独自经过这里，并不觉得阴森可怕。

这是大汉奸周佛海的"寓所"。

在这二年级和进入三年级前半学期期间，住地搬到这座主楼旁盖的木屋。到三年级即1948年春季，宿舍又搬至主楼另一侧的美军用的金属漆绿的活动房，之后又建了平房。这平房就是我在上海的最后住地。

从1947年到1948年一年多的时间内，我的主要活动是学习。比较满意的是唐哲博士讲授的军事护理学和王凤振教授的组织学以及生理学，笔试我都获得了满分100分。我再一次体会到学习得益多少在于听课全神贯注，多看参考书加以巩固。而听讲是关键。往往在课堂上听到教授讲得津津有味又细致入微之处，是他知识的浓缩，是他的心得，有时有的细节甚过查阅几夜的参考书，而且，总是超过他们提供的讲义的内容。人才是知识的积累，积累得愈丰富、愈细微、愈彻底，根基越扎实，用处越多，越可举一反三，触类旁通。为了补充生活费用，我曾应征去翻译了几篇德国医学专著，印象深的是，当时X射线技术及其科学理论的发展，即分层透视与摄影。这是二十世纪四十年代中期光学物理学技术发展的尖端。而我，只有在将近四十年后，才在北京知道从美国引进了这些技术设备。

病理课对我的启发很大，就是有一个问题始终找不到答案，几乎每个病理案例和标本都使我一知半解，只知道结核和肿瘤的形成源于有此结核与肿瘤，都不能进一步说明形成的原因。病理解剖只说明现象、现实，说不透形成的原理。我觉得这只能叫病状学，不是pathologie病理学，因此，兴趣不大。生化课是梁之彦这位河南籍教授用德文讲授，他用德语授课时，习惯用Diese（这个）这个词。因此，学生对他的代号亦即外号就叫做"Diese"。他有在欧洲讲课的经验，讲得透彻，从生化到营养课都娓娓动人。他在课余看报纸公布栏时，对国民党国大选举简评一句话"换来换去，都是些'王八蛋'！"十年后，他在武汉同济大学由于批评了共产党，还只是当地单位负责人，被打成了右派分子，大约在六、七十年代离开了这个人世。我不知道，像唐哲、梁之彦这样正直公正的高级知识分子，有多少人是这样了却可贵的一生的！至少在我这个人一生中，蕴藏了他们给我的科学知识，它充实了我的科学头脑，帮助我系统地接受了对客观世界、认识论的理解，从而理解了马克思主义哲学和生命科学。从小学、家教、中学到大学，我体会到知识是力量的真理。这力量帮助人更多地充实自己，充满了生命力。它也使我越来越清楚地认识客观世界和认识自己。

举个例子：当我在学校中学习并积累了一定的科学知识，懂得了人类从动、植物取得了食品，其中有碳水化合物、脂肪、蛋白质、各种维生素、矿物质、盐类、微量元素和水进入口腔、食道、胃肠，经过咀嚼、酶解、消化、吸收，经肝脏再创造分解合成，再经过循环系统、呼吸系统、泌尿等各个系统的作用，使肌体、脏器各种细胞的作用，解决了生命代谢的需求，直至将剩余废物以气体、液体和固体形式排出体外。如此周而复始，生命、身体正常运转。对于这样一个说起来简单而又十分复杂的生物、生理、化学过程，学习、求证成为人的认识。再明白了正常与异常的转换过程。这是一个系统的、完整的、规律性的科学体系。有了这个对自然界、人体、生命科学的基础知识，从而研究如何保持正常（Nomal）的运动、生命过程，这就是近代、现代甚至古代、人类各民族医学的基础。而我们从小学到大学、医院取得的各门学科的知识，又是彼此相通的。它在头脑中奠定了无可置疑的科学基础。在这个学习、实习充实知识的过程中，幼年时代接触了一些封建、迷信、怪诞的歪理邪说日益淡化，相形之下，变得毫无立足之地了。什么鬼、神、端公、跳神，生死有命又在天定的种种说法，统统成为不屑一顾的反科学的东西，多数宗教的教义也都黯然失色。这些基础知识，利于我对哲学思想的理解，特别是物理学。但总的讲，凡是有助于说明生活、生命现象的学科，都有助于正确理解唯物论和辩证法。

多事之秋，多在于国内政治形势风起云涌。国共之间斗争激烈，全面内战已经在各地展开。我们一年以来在紧张的学习生活中关切着形势的发展，因为它影响到我们的学习环境，它和我们个人的生活来源——家庭经济支撑力量直接关联。

我积极参加了一系列学生运动。学期结束之前，去听各种报告，如马寅初关于经济问题的讲演，他深入浅出地指出内战、物价以及美国的"玻璃制品"的关系。利用暑假，我们参加了这些活动，游行示威，反美反蒋。为反内战反饥饿，我们到了工学院（在其路）组织参加范加仑等组织的西陵剧社反映人民困苦的独幕剧，也演出些传统剧如"钦差大臣"之类。尤其在"五二〇"前后，有组织地以学生自治会名义组织许多宣传队上街宣传。我是小队长，曾在静安寺一带宣传。我登上一家大院街短墙上，宣讲必须反对内战，因为它是为阔人服务的，不少人住高楼大厦，朱门酒肉臭，路旁、百老汇楼下有冻死骨：一面是鱼肉百姓、纸醉金迷，灯红酒绿，与美国佬勾结杀人，营养过剩患糖尿病；一面是平民挣扎在饥饿线上，有时被迫替美蒋当炮灰，城市则民不聊生，我们学生吃不饱，睡不安。因此，必须停止打内战！一看有警察要来，先有人报信，立即收场转移地方再作宣传，并大声指责当局对学生的迫害。

利用课余备好课后，我参加了一起音乐函授学理论作曲。学了一段时间后，碍于没有钢琴，难予学好和声、对位，就只得中止了。又上了一个国泰公司办的现代影戏专校上夜课，学国语、表演、化妆等等。准备参加该公司后备演员，后因考试前期中断；又去万国殡仪馆二楼上戴爱莲主办的中国乐舞院，由其学生龙正丘主授，学了中国民间舞、现代舞和芭蕾舞（含舞谱），参加了香港来沪组织的《花之舞》排练。在这里，认识了一个新华书店的店员沈惠璋。星期日，有时随同班同学在一座大楼内看电影，那是小放映室，是有国民党官员审看影片的地方，我们去了两三个大学生，看了《大地》等外国人扮演华人的影片及其它。也同同班同学去美国新闻处，要了些免费宣传材料，周坚午的父亲在美国学习进修数学，我们常一道出去到这些地方玩玩。回校，就向一个叫李白怀的同学学弹吉他，方知他是个国民党特务学生，只是吃喝玩乐，曾同余某同学有性关系，他不隐讳同她的性交往过程。他一到上海就分手了。这位同学外号叫"相似型"，因她同另一女生王相似，王像个小皮球，浑身肥，圆脸蛋，眼睛大特活泼，人称"小皮球"。有时我以会吹箫，被另一同学约去卫仲乐主办的一个广播队参加《春江花月夜》的排练，卫主弹筝，兼兼以指挥，上电台播出。我不过玩玩，怕太拘束，而技术水平也难以跟上，怕光吹箫进入独奏太累人、太紧张，就退出，全力投入学舞蹈。几乎每晚都去学习。殡仪馆离善钟路不远，位于静安寺通往中山公园的愚园路上，比较方便。

约在1947年年底，我在学舞蹈休息时，一边看到戴爱莲在那里自己练基本功，一边同教师龙正丘聊，他表示希望我能考虑能随《花之舞》去香港演出。我想，这一来，不就脱离学校专业搞舞蹈了吗？反复思酌，又因考期近了，未敢表示同意。这时，在椅子上偶然发现一本书，小薄本，是写一个记者去解放区看到土改情况的记叙。有什么吐苦水，忆苦思甜斗争恶霸地主和搞互助组等等一系列活动。其实这本小册子是沈惠璋朋友给他传阅的。此事被戴爱莲等发现后，特别提醒注意，说出问题，又说香港没这么些事儿如何如何，要我考虑去香港。

我没有参加"花"舞赴港的排练。终归还是不想离开医学专业。就算是一个浪花，一个脱离蒋管区的浪花。

一九四七年发表在上海《民国日报》的几篇文章

一连串的宏愿

路沙

发财这个梦，我做了好久了，这些时来我老这么想着：假如我发了财，我不说违心话："假如我发了财，我不做守财奴，我要想办法花光它。"

我得在我们中国各地建筑起无数幢大房子。我这房子不是百老汇那样的房子，也更不是国际饭店那些样的房子，而是装着机器和原料的工厂，这些厂的规模都宏大，纺纱呀！造纸呀！制药呀！制革呀……凡世人之所需，应有尽有。质量并重，决不苟且。然而不做高跟鞋，不做胭脂不做粉，不做一切奢侈品。但是工人呢？叫那些在寒风凉夜里蜷伏在冰冷的地上赤身受冻的男女老幼都到工厂去工作，去受教，闲了就娱乐。

假如我发了财，我还要设置无数的孤儿院与托儿所。设备力求完善，不惜任何牺牲。

假如我发了财，我要为研究科学的学者先生们建设实验室若干所，为艺术家哲人们造出足够他们享用的住宅，欢迎他们都来住，都来白住白白地享用一切凡他们所需要的东西。那么，我们中国就不难产生不少的比爱迪生居里夫人罗斯福林肯贝多芬莎士比亚爱因斯坦……更伟大的伟人了。

假如我发了财，除了如上的三个法子花费而外，如果还有余额，我得作一次广泛的访问，使得所有推受金钱压迫的人们都能安心地各务其事，使得……。

假如我发了财，哈哈！假如我发了财呀！哼！我的梦。还没有完呢！

（上海《民国日报》《觉悟》副刊1947年1月20日）

扫财神

路沙

小城一角速写

内地的一座小城。

这天是夏历新年的大年初一。成年人或者关在屋里打麻将，或者在街头掷骰子，干着一种赌博的勾当，街头巷尾，是一片柔美的宁寂。

这儿，在温丽的春阳下，只有半壁街给照住了。阴暗的这边，好几家都偏着两扇门。有一伙孩童正跳跃着放火炮：啪！啪啪！在不时地响着。硝烟在不时地涌上屋顶。

"一辈子难得有几回火烧天啊？"是一个中年人的声调。低沉地，拖过一条巷子到了街前。

蓝布衫，偏耳粗草鞋，戴一顶H字形黑纸假纱帽，从耳到鼻下挂起一条粗麻线，上边粘了许多白纸条。做出胡须龙钟之态。在左臂背一个色迹迷糊的白布旧口袋，右手握个新扫帚。这是每年出马一次的"财神"。

他到了一家门前，就开始用那"不含糊的""暖心悦耳"的调子唱开了：

"恭喜发财！土地神哪土地神，那土地坐在南天门，玉皇祷了旨，命我来到主家扫财门，左扫左发财，右扫右发财，不扫自发财。金银财宝扫进去，臭虫虼虱扫出来，扫进又扫出，扫一个金银财宝堆满屋。扫个月月进宝，扫个天天发财……恭喜主人家四季发财！"

那家人户的门开了，一个少妇裹在紧紧扎扎的棉衣里，笨手笨脚地从腰间取出一张钞票来。忽然锐敏地侧下头去看了看，钞票仍旧插进荷包了。

"恭喜主人家发财……"土地神又叫起来了。

她慢慢地走回屋去拿出一包白白的东西——这一看便知道是她们从许多的苦辛里得来的"炒米糖"——她把它递给他，然后傲岸地把街上的孩子们瞟了一眼。孩子们停止了动作呆望着"扫财神"的高隆底布袋里又塞进了方方的一块。再望望那少妇：太阳刚好落在她脸上，苍白地。看哪！她真像金银财宝堆满屋的管家

97

浮生若梦梦难忘

妈哩!

"扫财神"走开了，同样地又在别家朱红对联前取得同等的赐赏。

在这安祥的小城里，每一个角落都回荡着那扫财神的声浪。这声浪，徜徉在那些做着发财梦的人们的心上。

（上海《民国日报》《觉悟》副刊，1947年1月25日）

热切的期望

路沙

敬仰的先生：

昨天（十九日）在"觉悟广播"中，见到关于路野君的意见和先生的回答之后，我深深为先生的感动而感动了。而且作为一个"觉悟"的热爱者的我，不能不对自己的作品作一番客观的自审，虽然拙作还不曾与读者见过面，又何尝不该警惕警惕自己呢？

是的，我赞同路野君的主张，我又懂的，先生目下碍难。爱好文艺的青年们热情是够人称赞的，写一篇文章好比手植一棵花树，把她寄寓在自己所爱的园地去。作者就怀着一个热切的期望，期望她开花结实，博得读者朋友们的共鸣。如果这株花树算不得怎样好的，也许有着创造性的观众会自告奋勇地献出好的来，没有好的拿出来，至少也会提供衷心的意见吧，由于这，不太自私的作者（原谅我说得不中肯），总会慎重其事，不过分使先生为难的。我以为先生有着"为难"的，如果真的有，那该是您热爱青年的原因吧！我想。

就照路野君所提的"扬弃"来说吧，还能够扬而不弃吗？"扬"，照现情讲，是好的文章取用，"不弃"，依愚见是坏的文章，由先生予以矫正，并想法子使作者自己明白。这样，一方面并没使写稿的人宣告完全失望如石沉大海似的无回音，另一方面则由于青年人"好胜"心的驱使，会更努力的学习写出好文来的。再说："觉悟"的写作者是不会为了稿费而去和"黄色新闻"打交道的。这点浅稚的鄙见，不知先生以为然否？

今天寄上一篇不堪卒读的短文来，题作"满足的花朵"，我没法再能改正她了。我从一个沙漠般荒寂的梦中觉醒，而我周遭却依然飞舞着无数灰白色的送葬的花朵，而它们却是笑容可掬地在那送葬的行列中陪伴着温抚着送葬者的心情。而我，我真想哭啊！我想用我这支不中用的笔描绘出我走过的梦境来献给可怜虫的灵前，哀悼他？不，哀悼他的继承人。然而还在黑暗中摸索的我，只有这点微弱的力气。

　　我想写出我看见的无数灵、肉变成为一簇簇满足的花朵，像一首诗里所写的"花蕾只有一次黄金的命运，开花以后就永远死亡"那样风一般地散灭了，给一些好人留下的灾难……，但是，我力不逮啊！我写得太少。我不存刊登一栏的热欲，我自己很坏，但我愿做先生的学生，望先生答应说愿做我的导师！我静候在江湾的一角，祈望您的指导！

（路沙一月二十日）

小城故事

· 白 ·

编辑先生：

我在四川的一个小城——南溪——住过一段较长的时间。这个城中，居民生活很闲散。特别在抗战期中，旧历年的新年里，任便物价怎样飞涨，生计怎么难堪，那些敦厚纯扑的无知人们，总忘不了新年的一番庆祝。而且为了这，他们从每年二月间就开始制作年礼中的"炒米糖"，所以大凡太阳天，街上屋檐上往往晒着一筱箕一筱箕的未成熟的炒米糖。旧历元旦是他们的"大轮初一"。的确，在那天谁也找不出一丝困难的痕迹，虽然谁都含着愤恨。我不揣冒昧地用拙劣的笔写了这篇坏而粗俗的短文，（按：即"扫财神"，业已刊登）我感到羞涩，但我是酷爱文艺的，一直在愚蠢地学习着。在此我谨以虔诚的心意渴请您的指正与援手！

（白——一月十六日）

（上海《民国日报》《觉悟》副刊1947年1月27日）

同济"一·二九"请愿斗争失败 我被迫留在三年级

到1947年底，我在同济大学医学院进入三年级即前期的两年半，翻过年进入1948年，我就该到后期了。

后期，是同医疗对象接触时。说到这里，我得回顾一下，这是我届满20岁。前十年，在抗日战争开始时度过，那时是小学生，属于少年、幼年时期。而这第二个十年，我经历了整个抗日战争的八年，又在国共斗争、国内民不聊生的时期，内战时期结束了我的第二个十年。以后，生活给予我的是什么呢？

就在1947年年底，我为了全力投入前期考试，停止了业余的音乐函授学习和现代影戏专校，又正逢舞院结业，舞谱笔试结束。

前排一为作者，前排二为丁正荣后排左为徐学儒，
右为李家鼎

1947、1948即我20、21岁之交，是同济大学政治形势的转折点，也是个人命运前途的转折点，更是中国政治社会斗争的关键时期。

周恩来谈判失败撤离上海，周公馆已人去楼空。一些受爱国民主青年人崇敬的民主人士逐步销声匿迹，去了香港。内战日趋激烈，形势急转直下，蒋家政权处于腹背受敌、战争失利，加上一年来，中共在蒋管区因势利导，发动工人、学生、知识分子的第二条战线的内外夹击，上海地区国民党的日子越来越难过。当然，它掌握政权，谁反对它，它就可以镇压谁。反叛、镇压，镇压就反叛。争民主、搞独裁专制二者水火不相容，蒋管区处处是火药库，共产党举起民主的旗帜是火把，多处可以点起熊熊烈火。

我们"五二〇"参与宣传活动中，一些学校学生被捕，秋天出了浙大于子三被害事件。学校地下党组织了反迫害斗争，利用学生自治会开展了各项活动。为此，学生自治会被国民党政府教育部限制活动。

我们又为此进行了斗争，选举了新的自治会，我是代表，由于有同学被开除，我们罢课，集中到其美路准备于1948年1月29日去南京请愿。我和医学院前期不少人迁至理学院，等待统一去南京。

学生运动的特色之一是：群众歌曲，它使当时的参与者沉浸在一种音乐的气氛中。不光是学生运动的群众活动，可以说，群众歌曲的魅力总是把人们引进一种感情的氛围，如在30年代的《童子军歌》、《毛毛雨》、《燕双飞》、《你种田我织布》、《渔翁乐陶然》、祭孔的《天下为公》、《小白菜》、李淑同的国歌，后来的"十月十日"国歌，以及抗日战争前后的几十首歌曲、《流亡》三部曲、《木兰辞》、《义勇军进行曲》，也陆续传唱开了，虽在鼓舞抗日精神的同时也掺入些缠绵的所谓"靡靡之音"。由于其旋律优美而广为流传，会唱电影插曲的"靡靡之音"的人并非不爱国，或没有爱国抗战思想。既有《何日君再来》、《拷红》、《花好月圆》、"西施"的《姑苏台》，诸如周璇的《襟上一朵花》等等，也有《铁蹄下的歌女》，在成都春熙路等地播放。《游击队歌》比《黄河大合唱》进入学校早的多，特别是《卢沟问答》、《张老三对唱》、《河里水黄又黄》等许许多多易上口流行的歌曲，多处可听见。同时，还可以听到中学生唱"春到人间送晚风，雏莺乳燕舞睛空"的歌声，费玉《孟姜女》等等周璇的唱法。八大公司在中国发行影院的情歌也由于发行商的努力，有了原版和中文歌辞对照的歌曲，如"Rose marry I love you"《兽国女王》（美国片插曲），而最流行于学生中的是《翠堤春晓》中的插曲等等。

总之，当你听见或唱起这些歌曲，定会回味并陶醉在初唱这些歌曲的时光，以及当年的情景。

而1947年这动荡的年份里，我们在其美路同济理学院唱的（听说工学院也如

在同济大学医学学院留影（1947年）

此）是《马赛曲》、《义勇军进行曲》和爱尔兰民歌《少年歌手（The minstrel Boy）》，这首《少年歌手》很有生气，大家都爱唱，没词就唱谱，很能激动人心。

工学院已安排好驾驶火车的人选。请愿是一种斗争、抗议的方式，即使再出现南京下关特务打人事件，也不怕。临出发前两天，医学院前期通知前期生理学考试，学生自治会决定让我们三年级的同学回去考试，不参加请愿队伍出发。我们收拾行李赶回善钟路。

过了一天，在一月廿九这天，上海市市长吴国桢指挥了一场镇压了同济大学请愿的反动行动。

但是，后期考试的通知故意发迟了，已经考过了，我赶上最后一天去，还算幸运。同时，Prof. stuebel口试是严格的。校方为了照顾学生不吃亏，以原教授的习惯，口试次序号取消了"13"号（因为众所周知，基督教徒之所以忌讳这个数字，它是耶稣受难的日子。过去曾有人持13号与考，教授认为不吉利，除以难题刁难，还不允许"pass"及格，当年升不到后期）。我答题还算顺利，只在

上海中山公园留影
右一为作者，右二为王永维（1947年）

一处有误。教授在助教的示意下，只给了我一个"及格或不及格"，德文写的是"shwanken"，即介于59分或60分之间。一般可以补考一次，也可不补考列入及格的。但那位助教以我参加罢课请愿，将我列入不及格。我知道不及格的人有七、八个，按理不应列入，我要求补考一次，也可不补考列入及格的。有的同学为我不平，有的主张不必补考，有的主张补考。最后，班会决定全班签名要求给我补考，并要求照顾到已不及格的也参与补考，院长同意了，实际是个缓兵之际，补考是笔试方式题目虽不太容易，我答的比较满意。但，竟没有一个及格的。这全是在耍弄人，但也没办法。紧接着就开始了后期的理论课，以病理和药理学为主。我要求公布答卷，没有结果，我为此坚持了一个学期的理论课，但仍然不被转入后期。我被以参与罢课请愿的不遵校规学生而排斥的在前期。教授心目中，如校方一致。助教吴某本身就不是一个好人，院长谢毓晋（教细菌学）更是反动。

这时，学校公布了开除120人名单。"一·二九"斗争失败，学期终了，斗争还在继续。

我被迫留级，仍在三年级。新上三年级的学生仍在其美路。

我听到了不少关于"飞行堡垒"军警以马刀砍伤同学的事，和同学以小石子反击军警、不少同学被捕的事。

我曾和一些同学去警察局探望过被拘留的同学，地下党员之间的通联也在这种状况下进行。

120位被开除的同学，包括我们在待命期间几次在工学院大礼堂参与表演节目的熟人。

轰轰烈烈的同济"一·二九"请愿被镇压了，学运处于低潮。

暑假到浙江探亲，回校把群众组织起来

1948年初期，我仍在原来的三年级听课。那时，虽不讲学分，我各科都不必参与考试，都已合格，我就因学运中认识的原一、二年级将为二、三年级的熟人交往。暑假前我仍在三年级，必须在1948年秋冬正式参与并将再考前期生理课。为此，从1948年初至秋冬，我都无事无课，成为自由人。原同班同学在春夏之交，就迁至后期。这时，我的课余活动是：看参考书；同新来同学交往；辅助同留级的几位同学补补课；有时，就学校的小新闻写点通讯稿寄给《文汇报》发表。

这年，仍有我们同学中不少人花不高的价钱，从摊贩上买了美军战后救济总署流入社会的战时剩余食品，如盒饭和奶油，每听足有两公斤左右重。我们往往在吃饭时把奶油放在米饭底下，好拌着吃。

暑假将近，二年级同学迁入，住进小平房，这就是以后的三年级了。我和留级以及因故辍学又来上学的同学等住在一起，一个大间住二十几个，双人上下铺床，分隔成四个小域。我和王永维、邓联第、董孝厚等6人临窗。中间是三张书桌。我是下铺。这一排平房全是未来三年级的学生。另有两间，大约一个年级五六十人。女生少，另安排在一排平房。

为了改善生活，有伙食监管的学生组织。但较差。不如当初只我们一个班管得好。我和黄显培（他是在李庄时我的同班同学，因病休学后赶来复学，也是同班生）、曾昭誉较熟悉，谈得来，曾常出去交朋友。我和黄办起了一个合作社，是同三青团王某办的合作社对抗的消费合作社。各人出了不多的钱，买些日用品在一个过道处零售，不赚钱，借此多与同学往来，也是大家公推举办的。

暑假到了，我应何尚斌同学之约，到杭州"耍子"。浙江话，游玩叫"耍子"，上海叫"白相"。

在杭州住他家，一道玩了两三个景区。我找到了当时在杭州的玉洁四嬢及姑丈叶兴仁，叶是我成城中学的同学，当时他同另一姑丈祝守仁及弟守义同在高中部，我在初中部。此时，叶在国民党一个军队机关工作。我们约定同去萧山湘湖师范五娘那里走走。

玉华五娘仍然教钢琴，她还是专门培养天才的，五姑父教什么课我就不清楚了。

在肖山玩了几天，看了教师练琴，品尝了金华火腿，认识了一位教声乐

在上海同济大学医学院留影
左一王永维　左二丁正荣
左三为作者　右一董孝厚

的女教师薛淑琴，模样还清晰地记得，鼻梁高高的，后来回到上海，还应其所求，为她译了舒伯特的歌词，就再没有往来了。

不久，接到一封来自自治会同学的信，记不清了，说学校有很多事希望我回去做。那是自治会的同学。我想起离沪前给学生自治会写过一封信，对他们在被反动校方限制、迫害的条件下坚持工作，表示敬佩，祝他们取得更好的成功。

回校不久，是陈克沄和耿光锦先后动员我去解放区。我舍不得学医和同家庭的联系而放弃了。

回到医学院以后，我的工作还是同黄显坮一起办合作社。但，1948年的夏天，国民党的钞票起了变化。通货、法币大大的膨胀了，出了金圆券。我们上午买进的日用品，下午就涨价一倍，只得一天上街两三趟，看商店的商品标价，它改了，我们回来就改。

有人约我和黄去医后期走走。

在后期宿舍里见到一年多以来多少见过面的同学，主要是比我高一两个年级的耿光锦、毛经略等。大家唱唱《我们是民主青年》（又叫青年进行曲）其中三个iii是"毛泽东…教育着我们争取民主和平…领导着我们向反动派坚决斗争！"在一起交流了对当前学校形势和同学情绪、动向的分析。

我认为，应当设法把群众低沉松散的状况逐步改变过来，办法是以有形的活动如文娱与合作社增进友谊与交流，无形的活动，积极交朋友，沟通观点，寻求较好的斗争方式。大家看法类同，并认可了我们医前期当前的做法。后来，大约半年一年后，我才明白了这是医学院党支部促成的一次集会。老耿是支书。

此后医学院的群众活动搞得很活跃，我认为是自己的主意和作用，以后才逐渐承认这是中共地下党对我们这些积极分子的支持与鼓励。

我有事可做了。我兴起学习中国民间舞的高潮，由我示范、教学、排练，又找了几个一、二年级升为二、三年级的积极分子如江流声、南登崑、王碧霞等人，组织了歌咏队，开始由我指挥合唱，后来发现江希虔、江流声不错，就逐渐由他们领头，我出出主意，找了贺绿汀的歌曲如《垦春泥》，冼星海的《黄河大合唱》。敲锣打鼓，是南登崑等人的事。后来，认识了原是新二年级的周祖羲，他的篮球打得好，逐步形成了一个球队。我们两人最初的合作是写一个开展文娱活动的海报。许多活动，是新二年级同学参加的多，三年级的人少些，他们都很熟悉，我认识了陈瑜、蒋佩青、王醮标等同学，她们是班上的有正义感的积极分子。

这年下半年，开学后，课余活动很热闹，黄显培找来了女子师范教舞的青年，教大家学了新疆舞。校内校外，大中学生的课余生活恢复了其美路一·二九全市大中学校学生被镇压前的活跃气氛。

周末，偶尔在上课时间，我去过附近新建的基督教堂听听传教士、牧师的英语讲道。一次一听是吹嘘美国原子弹的，牧师真卖劲，声嘶力竭，称得上忠实信徒，但，对我则确实没听头。临走时，把一本歌本带上。歌本名《放在椅子上走人》，我喜欢它，就在门口告别时说明一下，也就认可了。

课余，还和人称肥周的周祖羲约了几个积极分子同学去华山路青年活动中心辅导功课。我听说肥周是二年级班上的第一名，学得好，而我那些功课是早学过又考过了的，借此既可联络感情又可做些工作，并保证一齐搞学医的同学工作、学习两不误。

我把这种小组活动定名为"G"，取组织学"Gewebe"意为"组织"词意，对外必要时称"学联小组"，广泛的学运组织领导者，被冠以学联部上海学生联合会。此名先征求了耿光锦几人的意见，我把他简化为"G"。德语读"给"上声。后来，被大家接受，作为秘密组织的代号。我参加党之后，医前期所有被组织起来参加学生运动的积极分子，都成了党的外围组织了。

一个21岁的中国青年，怀着一颗向往民主、自由和光明未来的赤子之心，我对政治、党派是不愿去关心的。但现实生活让我感到了个人、家庭的未来是否幸福，至少正常地生存下去，还要力求服务于社会。济世救人的理想处处在碰壁，我从来没有掌大权或挣大钱的野心，同班同学中有代表性的一位三青团员何功德向我鼓吹他有种种野心，我对此很反感。是清高么？是人各有志么？我没去想过。我在默默地追寻着，憧憬着未知的未来。而在一次同同室住宿的积极分子交谈中，我说出了自己对现实的看法，正义感是一方面，不满现实源于理论上的理想以及政治斗争中民主力量对政府当局政治经济问题的揭露，文艺作品包括舞台、银幕节目中反映现实的不平不满，而动力的另一个重要方面，则是家庭生活每况愈下，个人费用的压力，综合地集中在对蒋家王朝四大家族及其大小仆从的愤慨。这是参加学运的动力，其助力来自人同此心、心同此理的群众性的运动。

我跟着共产党，聚精会神地投入这些反叛当局的革命活动，就是这样自发、自觉又变为有组织有领导的行为。人的行为的积极主动性会产生创造性，多样化地去完成这种使命，简言之，就是千方百计"向反动派坚决斗争。"

这些斗争是符合并纳入了中国共产党所制定并掀起的潮流，它，在我个人以及共同行动的人群中，构成了我生命中光辉的一页。其所以有了光辉，是这一切活动是打倒国民党反动派、建立新中国政权的无数斗争业绩中的一个组成部分，这就成了我和这些同学的一段光荣历史。人的行为，都在写自己的历史，作为人类历史的"过客"，定位在这个阶段，不自觉地写下了个人历史。但比起全国的斗争却极其渺小。

今天写这段故事，想起了几年前母校同济大学编纂校史过程中，一些当年的当事人把这段自己参加的光荣历史大书特书，把诸如定"G"之类的创举归功于自己，把两种形式的斗争策略归功于当时地下党组织或党中央的指示；乍看是一切归功于党、集体，而实是抹煞群众突出自己，把别人的小小贡献贴在自己的功劳簿上。开始我认为有人搞错了，张冠李戴，后来，想明白了，这是因为历史给人戴上了花环，发了光，当时，跟着走成了光彩，而今知其价值如此之高，何不贪为己功？我虽为几件事的出入给校史编者写信，后来一想，何必为小事如此认真，由它去吧！明明是有我们先参与后由原一年级姚民定出面成立地下党支部，却偏偏说成是先有了支部，后来才发现三年级赵某人等等，这就太过分了。而当时直接领导人庞其方当着耿光锦对我和肥周说，姚虽因政治上动摇，后来，加强了对他的工作，投入医学院群众斗争等，却被这支书领导一年级发动群众等等又带动二、三年级的"记载"掩盖了。淡化他人抹红自己，这是有违历史事实的。

我参加了中共上海地下党

一个秋夜，在文娱活动中，原一年级的曾昭耆约我到二楼阳台聊天。他和黄显珣与我三人很友好，很熟悉，也很投契。我们暑假曾一起唱唱新歌曲，阅读苏联名著《青年近卫军》等反法西斯小说。他直截了当地对我说："有人从解放区来了，我们可以去参加中共地下党。""好！是不是要搞暴动？危险也干！"我这是第一反应，我表示他和我一道去。"入了党，可能更安全！"这点，我不太明白，一想，他同校外接触可能多些，但既要参加党，就要不怕牺牲，共产党在我心目中是很高尚而伟大的，要求很高，这个，我几年来读的书，包括刚上大学时在表哥处看到的一些毛边书，以及在李庄看到过的米丁等的著作，觉得共产党员一定是高水平的。我见过周恩来，在新华日报上知道国共谈判等等斗争的事。就问："人家会要我们吗？怕水平不行！"他回答说"我们可以学嘛！""对！""努力争取去！"我下了决心。

第二天夜里，在老地方，曾昭耆告诉我，说："叫我们写一个自传。""从十岁以前开始。"他补充说。几天后，我们都在忙中写出交了卷。又过不久，约去一个地方宣誓。约定出校门上电车前，知道此次参加宣誓的是三个人，曾和我，还有一人是会打篮球的周祖羲。

地点是在上海南市一个店铺的楼上，是一间卧室，显然，主人是不在家的。稍后，来了一人，后来知道，是庞其方，他是同济大学地下党总支负责人，后来，乔石任总支书，他任副总支书，"一·二九"后，负责医学院党的工作，还兼这个区的工作。当天，一开始就由老庞讲话，主要是说了当时的形势，党的组织有一百八十万党员在各条战线上工作；讲了党的纪律，特别强调了百折不挠的去完成党的任务。当然，讲了党纲党章的一些内容，以及候补期、白区党费的交纳及开支办法等，并未进行宣誓仪式就结束了。又过几天，如约去了法租界，公园内见了一位吴增亮，分别同我们边在路上走，边讲当前任务是保存实力，护厂护校准备迎接解放。

不几天，仍是我们三人约去徐汇区淮海中路边一个小街旁的小屋里，举行了宣誓仪式。主持宣誓人是庞其芳。因为工作太忙，日夜做群众工作，按照党的部署，安排一些活动，根本记不得具体日期了。后来，在河北良乡中央团校转正时，定为1949年3月19日，而入党时间则辗转定为1948年10月，也就是脱离生产参加革命工作的时间。

此后，开始了一连串的公开工作与秘密活动，日日夜夜，没有止境。1948年秋冬初期，在襄阳公园，由姚民定主持，我、肥周三人躺在草地上，听姚说："现在成立支部，我任支书，你们二人为支委。因为三人可以建立基层组织。"这以前几天，姚通知曾昭訾调去自治会工作，其实是调往总支直接管的自治会做校的内外联络事务。我们三人在学校附近的街道上唱着苏联电影插曲《贝加尔湖是我们的母亲》告别。

从入党到上海解放前，半年间，即1948年秋至1949年初国民党逃走，解放军5月中旬进城，七、八个月内，竟有许多的事情，几十年过去了，我却记忆犹新。

在各班级分析群众对待时局与未来的态度及其变化，个别串联，扩大秘密组织的范围，增加了人数、力量，目标是积蓄、扩充革命力量，把护校工作和配合全市的工作以及学校中恢复合法斗争形式的自治会工作的主动权掌握在地下党组织中，并为发展党组织、团结群众、为迎接解放做出贡献。

三个年级的过半数同学已团结起来，投入文化娱乐、体育活动，办好伙食，合作社；准备好排练歌舞节目。练了《白毛女》中的唱段，如"太阳出来了"，生理助教王助教为了侦探方摸学生活动的情况，同时可以用排练歌剧《白毛女》为由，多次同一位一年级女学生接触。我从他那里学会了俄语拼音如简单名词，但在政治上，彼此都怀有戒心。关于王助教，建国初期，我同周祖羲曾去水电部南长街南口宿舍见过面，"肃反"中他因同国民党三青团的关系受审查，听说被人打了一顿，可能是一些人违犯政策的结果。这都是后话了。

1949年"三八节"在医学院主楼前演出了一场歌舞晚会，江流声、江希虔指挥了《垦春泥》等歌曲，我和三个年级的十几位同学表演了我教练的"巴安弦子"（西藏舞）和女师传授的新疆舞，我和刘某表演了"马车舞"。场面很热闹。

在排练过程中，二年级的两位女同学褚云鸿和张增明（人称张Das——中性冠词，是喻女人似男人的绰号）在排练间隙以看热闹姿态对我说："Frauelein

赵，有的学校跳舞的被抓起来了！"Fraulein是德语小姐、女士之意，生化教授梁之彦曾因叫学生答问时误将有"素"字的本人叫成"女士"、"小姐"了，流传笑话成为我的外号。我知道她们不是恐吓就是善意提醒，便随便回答："我爱舞蹈，闹着玩，凭什么要抓我，没关系！"

在课余时间之外，我按照支部商定的方案，在三年级发展党员。首选是陈瑜，后是丁星燕，第三是王雪尧。同时想发展蒋佩青和王蘸标。但不顺利。有一位同学前一年因追求蒋佩青被拒绝卧轨自杀了，王蘸标紧追不舍，两人都属学运积极分子，但若谁同蒋佩青多住来，就引起王的注意，蒋本人无所谓，人们为免于是非，比较注意分寸与方法。而发展党员的工作必须个别进行，以免暴露自己。积极分子对我都比较友善，我首先同蒋佩青谈，交换对形势、对国共两党的看法，了解其认识与阶级觉悟程度。发展前几个人遇到共同的问题主要是共产党会不会像国民党一样腐化？我当时对中国共产党是绝对信任的，就以共产党有批评自我批评的武器，武装自己，不会腐化，打消了对方的顾虑，比较顺利。但蒋佩青却不然，她表示只对现实不满，对任何党派都不感兴趣也不去参加。任何党派，包括共产党，但对毛泽东、共产党针对国民党的各种斗争，是赞赏、敬佩的，这与想参加又担心其腐化的清高思想则多一层距离。几次都谈不下去，对于利用寒假多做些工人、学生工作的事，她表示想回武汉家中与父母家人团聚；王蘸标则对我表示了敬而远之。而陈、丁也由于刚入党也觉得蒋、王在私人感情上难以脱出，我不便再往前走了。后来，发展了吴滋霖，又在对杨锐的工作中搁浅。此人是个直筒子。"我不参加共产党，我看你将来一定会成为共产党！"此人曾被特务当胸打过一拳，反对国民党和反动校方是一往直前，不免愣头愣脑，有时唱唱"一根扁担"出出洋相，逗乐，人耿直，积极参加学运不受约束，少合群。这是我在本年级发展组织的情况。其余一、二年级发展党员由周祖羲主办，都先在有姚、周和我三人以支部名义商定的，由于姚并不同群众接触，实际上由我同周落实他只是参与决定。

曾有一次，中共中央发电指示，在长江沿岸掀起揭露国民党特刑庭问题，庞其芳一天中午到我宿舍窗口给我电报全文，我立即全文背下来，传给党员；再过几天，老庞又来通知，一小时后要来学校抓人，叫立即转移。为保护积极分子，我要很快通知到几十个人，较仓促，不免紧张（老庞此后在一次会上——在一个同学可能是褚离元的男友外号大头的家里，一幢小洋楼上——不指名说过"不沉着"，似是批评的口气）。当时，我立即通知，陈瑜关了主楼阅览室的窗帘，并分别通知下去，我们才离开善钟路。后知，特务来抓人时，拿着黑名单抓人。我们一位同学看见有他的名字，趁乱跑了出去，敌人没抓住他，原来是他大意了，得到通知没在意。

此前后，我们各种会议多在外召开，我的一个聚会点是徐家汇一位朋友家。此人是学舞蹈时认识的沈惠璋，他曾要求去解放区，我反映后未办成，因其属于新华书店，以后，在他家开了多次中小型会议，周祖羲曾在临解放前去他家住过，后被其祖母劝走。这个沈惠璋临解放时给我送过《国际歌》歌单。建国后，六十年代由其单位、他南下到福建到建设行工作时，找我写过证明材料，因而入了党。从副行长、行长到八十年代当上了该省计委副主任、什么投资公司董事长，在北影见过几次面，送过水仙花，以后断了联系，已改名沈着。

为对付上海市发身份证防被捕，我们在老庞的帮助下，学会了销字改名等办法。

成立人民保安队迎解放 解放初期活动多

为配合解放，上海地下党成立"人民保安队"，做了袖章。原有党领导的群众组织秘密编成大队中队小队，老庞参加了徐汇区委领导工作。医学院前期善钟路100弄10号近百人，编成中、小队。为了应变，为保卫上海防止国民党撤退时外逃时破坏，我们的活动已在校外进行。在南京渡江之战能否成功的问题，在上海市民中已不是问题，问题只是时间，此时共产党组织领导的工作重点应放在积极做好迎接准备。这时，支书姚民定找我谈话，要求我发起一个座谈会，主题是："渡江可能吗？"我理解其用意是通过座谈，使中、右群众甚至反动师生认识到，中国人民解放军渡江拿下上海、江南是指日可待的。我当时，没考虑到老姚的要求是地下党组织上级的指示，我表示反对，认为没必要，后来，他说，"你思想不通，我找吴滋霖"，当然，吴滋霖发起，也得我出面。于是，勉强在主楼大厅——那是我们解剖学组织学和细菌学的实习多用大厅——里召开了有二十几人参加的座谈会，由一、二年级积极分子提出问题，我和几位党员阐述政治军事形势。与会者中有王昌烈，此人很聪敏，只要我一说完话，他即刻发言说我的意思是要人家明白解放军、中共如何如何，目的是"点红"，使人怀疑我在为共产党做宣传鼓动。

这个会的确没有必要，无非起到使秘密工作者亮明身份、观点，使对中共怀疑或有敌意的人们防范。

为这件事，我和姚民定这位支书的矛盾表面化。在此前后，可能是我有些自负，对一、二年级甚至三年级积极分子指手画脚的多，人家也听我的意见，也许姚有顾虑，有些事，由庞其芳向我直接布置，一、二年级由姚去指挥，也就是说，形成了一、二年级渐渐只由姚周去办，三年级及后期由老庞直接指挥。这在姚民定看来可能认为我不服他领导，当然还没有提到什么党的组织纪律性的问题。

不久，老庞传达市委指示，认为领导落后于群众，群众对渡江可能性早已认定，而党组织仍然要去教人家认识。这就非正式的肯定了我同老姚争论的一方，我是比较了解群众的。

在忙中，由耿光锦出面，在一栋楼房中（据说主人已离沪，此房是以七根金条买的，但只有人看守）开了个会，原支部姚、周、我参加了。老耿主要讲新老党员的关系问题，姚是老党员，我属于新党员之列，说明党内惯例是老党员应多承担责任，讲团结。此后，支部工作特别是人民保安队工作照样进行。我同姚的关系渐渐疏远，前期有合有分，再没开过姚主持发指示的会议了。

在庞的直接部署下，我提出了为应变而使医学院上百人党员与积极分子（G成员）商定一个最快的联络方式，为此，我和曾昭眷在法国公园（该公园当时名为复兴公园）坐在一个长椅上，秘密地"检阅"每一个两小时前通知到达公园进入我们视野的人民保安队员。的确见效，一个通知，不到两小时，分布在全市的"G"成员全部集合到场。

周祖羲主持一个中队带武装，我分调一个小队给他。

我组织大家按照老庞传达的市委指示，对分管区域包括淮海中路一段至静安寺、华山路周边各条街道的变压器以及国民党高官的住宅、汽车做调查，汇总上报。我们以男女同学搭伴散步姿态，在裤兜里做记录的办法搜集有关资料。临解放前几天，在监视敌人如资产、人物动态时，看到宋子文住宅的车开走，那是他在淮海中路的"公馆"。此地后来成为上海乐团的团址，五十年代我做审干工作时，曾去那里外调，才第一次看见宋子文这个四大家族首领之一大公馆的房屋规模竟是如此阔绰。宋子文是当时中共中央宣布的战犯，还有一些也在这个区内，因是原来的法租界地域，环境幽雅。后来，听说我们绘制的地图由地下党提供进城部队，对人民解放军进军上海起到了军事地图的作用，三野某军军长聂凤智还较称赞。

各项迎接上海解放的工作落实之后，每天都听着远处的炮击声。为了安全，"G"之间、好友之间都极少联系，进入1949年初夏，全都住在校外去了。尽管如此，地下党不少工作仍在积极进行中。

肥周和一些人用原始的办法油印、散发传单等宣传品。小楼上深夜亮着灯光。各种宣传品在街市张贴。青年人动作都很敏捷从容，他们充满信心，带有喜悦的脸色。

白天，也有人在忙着散发宣传品。中学生中的党员和积极分子在大马路和四马路的高楼上，利用街道两边楼宇间广告用钢丝绳，牵引中把预先在细绳上点注了腐蚀液的成捆传单，拉向街心顶上接近中心处，固定后，人则沿排水管道下楼。有的人则大摇大摆地找到电梯溜走，到了街道行人道上，等待着，忽然，大批宣传品从天而降，由于下坠与空气阻力，大捆传单散花似的落向马路、车上、和人行道上。

小伙子、小姑娘们心花怒放！成功啦！像行人一样去抢接一张瞧瞧，但不带走，转送了路人。

已经武装的保安队员，紧张地等待着命令。

我们在去开会的路上，看见路上行人匆匆，忙碌，但车已较前少多了。

我们看见淮海路战犯家的小轿车一辆一辆开出向西驶去，是逃走？其中，有一辆是从宋子文家"公馆"开出的，车窗帘拉上了。

上海市区常可听见远处的隆隆炮声。

似乎人人、处处都散布着一种全新的弃旧迎新的气氛，有辉煌又有期盼和等待。

我们善钟路医学院和后期的"人民保安队"值勤人员，流动值班，同工厂一样，严密警卫着校园的安全，当然，对中统、军统、国民党、三青团的学生分工监视。他们都把袖章——白布底书以"人民保安队"藏着，外表看去，有一个两个或三三两两悠闲散步的人。

我应杨锐之约，同去马某同学父亲家，那是中央银行马襄理的公寓，座落在徐家汇一组高楼群中央，楼宇间有小花园。我们一般是晚上去住，白天出外工作。有一天回来后，主人找我们谈话，十分严肃而平静。"这些东西，"他指着我们留在枕头下的几本油印小册子《新民主主义论》、《论联合政府》等，说道，"你们要谨慎！如果还在这里住下去，就把它烧掉！青年人要珍惜自己的前途！"

我们没说什么，回到临时住处，收拾起其实十分简单的东西，就走了。我们未免有些纳闷，前些天，不是还从他儿子那里听说过，共产党的政策有"城乡互动，劳资两利，内外交流"的话吗？

杨锐建议我们住到离校不远的一年级同学家去。这个同学家是上海市一个电话机厂商。我们一上楼就受到热情接待。有一间屋子，卫生间很大，浴室可以用电热水器。吃饭时，主客一大桌八九个人，谁都不去盘问谁，大家客客气气，友好礼貌。这和在"大头"家开会时类似，青年学生们来家聚会，家长等人都忙自己的事去了，偶有女主人叫佣人送来茶水和点心。人家才不去过问这些大学生青年人的事呢！这是上海人中的一种特色。

外滩不如往常繁华，除去车水马龙、人来熙往，未见异状。往常有过的"挤黄金"的狂乱嘈杂，现在变得冷清，银行门前车马稀疏。

有轨电车仍旧眈眈地滑行。

西藏中路口到大世界一带也显得冷清，从南京路乘一路车回到静安寺终点站，再向东步行，不久便到了住地。

上海人耳边，总响着中国人民解放军的隆隆炮声。

夜深了，人民都入睡了，上海没有消闲的夜生活。

"哒哒哒哒……"一排机关枪扫射的声音过去了，然后，是军用车的马达声。

然后，一片寂静！

这是天蒙蒙亮的时候，天空还有鱼肚色。

我们醒来，走到窗外，向街心看去，没有人走路，也没有车。只见对面商店门外人行道上，整齐地躺着一排排身着绿军装、用背包枕着头睡觉的解放军战士，他们全副武装在休息。

上海解放了！中国人民解放军进城了！时间在墙上的日历表上标着1949年5月27日。

按照原定部署，医学院全体人民保安队员带上袖章，分兵把口，把住我们主管、调查和看守的街道，把重点战犯住宅全部控制起来。一天之内处理不少具体问题；如：何处有人留守，主人已离开；何处有武器或可疑物件，以及空房看守人员口述的主人情况。小队到中队、大队，从地下室到进驻军队，待到交接完毕。武装小组以及有关带路的事务完结，回到学校。

我们在一个无人看管的大楼屋内，召开了一次医前期全体G的会议，原来，大家都心照不宣的积极分子，现在全都聚会在一起了。

此后的一切，仍都归市委统一领导。

进驻上海的是第三野战军。学校以学生自治会名义组织各种活动，实际上仍是按照原有党支部（此时尚未公开）和G的系统去安排。

解放军的入城式是很热烈的，分布各处布防的部队以班、排规模对群众友好、亲切。一位班长用双手向左右打着拍子指挥坐着的战士们唱"解放区的天是明朗的天，解放区的人民好喜欢！民主政府爱人民呀！共产党的恩情说不完，呀嗬嘿嘿伊各呀嘿，解放区的人民把身翻，嘿嗬……"突然："叭，叭！"不远处传来几下枪声。枪声是命令！战士们立刻整队集合，跑步前进，奔向远方。归

117

来后，接着进行演唱。

入城式以前，苏州河以及吴淞口还有过零星战斗。一切平静之后，市上生活正常。

我约了吴旻帮助选购了一块罗马牌手表，大概二十个银元，又买了一件雨衣。钱是在上海解放前父亲托人将姐姐结婚戒指带给我换了银元20枚，留到上海解放。说起这个戒指，后来听说姐姐和姐夫还闹了若干年矛盾。吴旻一直未曾离开医务界，在北京肿瘤医院，我们见过一次。以后他一直专攻遗传学，有贡献，成为中科院院士，这些都是后话了。

上海解放一个多月间，经历了一些难忘的事。

入城之后有欢迎大会，饶漱石和粟裕等许多负责人与群众、单位代表在大剧院会见。范长江做报告交流；同济江湾校门附近一学生被军车压死，自治会派人去军管会交涉，请勿将那位司机战士处决。

各医学院和医院全部出动，分区为居民注射防疫针，其间，为交流活动，我在带领同学与中山医学院医护人员打针期间，教护士、护生们跳舞、练舞、表演；按照市委统一部署，搞了一次反银元的斗争。

难忘的歌是，军民联欢会上，部队文工团唱的《打得好！》："打得好来打得好，打得好来打得好！四面八方传捷报……到处都在打胜仗，嘿，捷报如同雪花飘……"和"蒋匪帮啊那个一团糟哇一团糟哇一团糟哇！……"反银元战中，现编、现流传的"四大家族滚了蛋，留下了银元到处窜那个到处窜哪！搅得那市场浑浑乱那个浑浑乱！……"

上海的街道弄堂、学校、工厂、机关都可以听到"解放区的天是明朗的天"的欢快歌声。

什么叫兴高采烈！这里充满了兴高采烈的气氛！

什么叫轻松愉快，斗志昂扬！这是五年来的第二次，日本投降不如这次，真有"天亮了""翻身做主人"的感觉！

注射防疫针和反银元斗争，十分忙，但不觉得累，人们都充满了活力！

接下去，是组织大家观看三野文工团的《白毛女》歌剧演出。大学生们都很受感动。我按照部队要求，给他们写了个观剧的反应材料，这是提高群众对封建地主阶级及其代表集团国民党反动派的认识和阶级觉悟的活动。三野是成功的。

紧接着，上海市的各项工作在进行，部队南下，组织南下随军工作团。熟悉的人有王永雄和沈惠璋等。

调中央团校学习

离开上海到北京

七月中旬，上级要医学院提出4人赴京参加中央团校二期学习，姚民定自主决定3人，即周祖羲、王碧霞、黄显堉，要大家选1人，G开负责人会，实际是未公开的。党员开会大家推选了我，共是4人。这也看出我在群众中的信誉，对上是组织上选调。姚民定其人对我怀有嫉妒又无奈何。

作者在中央团校学习

很快转组织关系出发，从新区到老区。

"山那边呦好地方啊，一片稻田黄又黄"，"你要吃饭得做工呀，没人为你做牛羊。""大鲤鱼呀满池塘，织青布啊做衣裳，年年不会受饥荒"……过去，解放前小声唱的歌曲，如今可以放声高唱了。

行李大部分留下了。"参加革命了，好多东西你都不需要了。"王永维等同学如此说。当然，只须带衣被。

到达北京前门火车站是夜间。走出车站有挑担子卖豆腐丸子的。王碧霞很兴奋，说"好吃"。大家尝了一碗，我没觉得好，也不说什么。等候团中央来车接走。正阳门到东北侧全都很冷清，阴暗。只见豆腐丸子小贩担子上有油灯，闪闪发光。

天安门前也没有路灯。接人的长车拉着大家穿过天安门侧翼的内白外红的拱门，到一处歇息。

次日到了团中央，接转关系，吃了一顿新鲜的饭：小米饭。黄黄的，分散的一碗颗粒。我看，像是四川喂鸡的碎米。

在良乡和北京 学唯物史观和团纲团章

入乡随俗，我适应性强，即使是满口钻的小米饭，也吃完一顿饭，被带到了河北良乡县城。

一个县城一条街，两旁是小平房小商店铺。卖什么的？要近前才可以明白，街道高低不平，土路。

我们被分配安排在一个大院落，先分至三组。大概因我是大学生，当了个副组长，组长是个女同志。大家按年龄排老儿，肥周老三、我老四，王碧霞去五组，黄去七组。一问，知道都来自京、沪、杭，一般是地方干部，年长或者党龄长些。三组以上海为主，个别地方干部。组长是1948年中央团校一期和首次团代会的参与者。

过不多久，我被调至第十二组任副组长，住到另一个大院子内的北房，若干时日后，才知道调到十二组的原因是三组有一位女同志对我一见钟情，且带有以身相许的旧思想。十二组组长朱孝伦是苏北地方干部，我们组为十余人，纯是上海、杭州来的人、中学生中的党员或非党的地下工作学生，仍叫我任副组长，可能是我年龄长些和学历高些，大学四年、二十二周岁。个别年龄更长者是地方干部出身，文化程度低些。

中央团校第二期，在河北省良乡县开学了。

团校校长是团中央书记冯文彬，教务长是宋旸初。学校分工人部、地干部和学生部。地干部后来没听说了，可能分至另两个部里了。我是在17班，各班有班主任、副主任和干事。我们班共12个组，大约一百四十人，全校大约一千人左右。

班主任吴俭迅，另一个似乎是副主任叫韩彬，还有两三个工作人员。同学们按照上海人习惯叫法，称"吴同志""韩同志"。

吴同志像个知识分子，戴个深度眼镜。每逢开会时，全班分组席地而坐，他讲话时，一般情况下其他班干部都站在后边。他说明，中央团校，实际是党中央办的劳动大学，换句话说，这是党中央办的。学习的内容是社会发展史和团纲团章，这里的共产党员是当然的新民主主义青年团员，学习的目的，是掌握唯物史观，联系实际改造思想，到全国各地建立新民主主义青年团。

管组织工作的韩彬发给每个学员一张简历表，内容当然必须是忠诚老实的，强调今后一生不知还会填多少次个人表格，最好个人留个底备忘。这点，当时是糊涂的，反正一切听从组织，为什么还会填不少这样的表格？难以理解，也不去推敲。这事在以后的半个世纪确实如此，可以说每到一个单位或每次调动工作，有时不说为什么就得填。回想起来，五十多年过去了，真记不起、说不清填写过多少次个人简历表。到有了电脑可以储存的二十一世纪初年，为住房等等，也得填报关于个人某些情况的报表，不一而足，填一次不久又叫你填一次。令人难忘的说明填表重要性的有两方面的事，一是，根据自报的阶级出身、个人出身等项多次进行调查、核实。大约是阶级成分好的不一定查核，很不好的也不一定核实。"觉悟高"的，特别是知识分子出身好的少。好的是被剥削者雇农、工人。不好的是剥削阶级地主、资产阶级、小资产阶级。城市贫民也不很好。"觉悟高"就反映你对出身阶级仇恨，于是，本人就把当过国民党政权县长的父亲和秀才祖父有水田出租合并定为官僚地主阶级，这就表示同剥削阶级划明了界限，自己就可以纳入无产阶级范畴了。因我是无产阶级先锋队共产党中的一分子，而半个世纪内，尽管家庭阶

作者在河北良乡的中央团校
（1949年7月）

级成分在土地革命中划定为小土地出租者相当中农成分，"文化革命"前后都是属于出身不好的剥削阶级黑五类之列。这就是唯成分论的表现，而这"唯"成分论则是以本人刚刚脱产工作时自己认定的属于不好的。那时划清了界限，以后这种坏成分则似乎永远是不变的，而当事人的思想却又似乎永远脱不了这个阴影。"文革"中成了"黑五类"中的地主阶级的狗崽子之类、毛泽东定的"可教育好的子女"。另一方面，历史身份及年龄之类，反映在其他人身上，则是对历史污点的记载、审查。污点，主要是参加国民党的政、特、警等组织和非共产党的社会团体之类。我一个也没有，叫做历史清白。而有的人由于当年那些事受到了长期的怀疑、审查，甚至反复斗争、批判。

其实，多年经验说明，正反、清浊、黑白、好坏、革命与反革命乃至美与丑、善恶是非种种对立的认定，无不受所在地域当权者的利益得失所左右。客观存在往往被蒙上了层层主观色彩或者受到折射扭曲。

那时，我们的态度是一切照办，还有不少新鲜感。一个大学生刚刚脱离学校（解放区革命队伍统称脱离生产），一切行动、衣食住行全由党中央领导的革命组织（还称"组织上"或者"领导上"）统一安排，生活上叫供给制，过的是战争时期军事共产主义生活。衣帽、鞋袜、生活用品都是颁发。起初穿灰色中山服、布鞋布袜，入冬发棉衣整套。感觉上都似乎是俘房穿的顶桩可放下护耳的遮阳棉帽，估计是战利品。团校有供给部门专管。

刚到良乡时，手头多少还带了点零用钱，我同肥周曾在休息日上街逛逛。这良乡县其实只有不太长的一条主街，街道是泥土地高低不平，两旁有些零星的商店，大体上都是平房，基本上看不到老百姓在街上溜达的。我们俩走进一个饭馆，品尝了一种名叫"坛子肉"的地方特色菜，其实就是

作者在河北良乡的中央团校
（1949年7月）

带釉小罐子装的红烧猪肉，烧的很粑的带酱油味儿的荤菜，吃起来还算可口。

由于各班组住地分散，住在较大的院子里，我作为组的副组长，主管生活、学习，每天要经过街道和巷子吹哨子通知，对这个类似我们四川小乡镇的河北县城很快便熟悉了。

我们对当地情况不了解，知道河北省是老区，当然也得同群众接触。我们接触到的人，除了房东便是街道上的小商小贩。房东把我们当八路军、解放军，问什么便说什么。有个房东女主人反映家里人早年被国民党政府关在北平等等，我们就如实的汇报了她的要求。

学习是我们的主题，内容是阅读马列原著。这个劳动大学同我上过的国立大学相似之处是自由阅读。可以一个人也可以三三两两在规定学习时间拿着书到你想去的任何地方阅读。也可以在宿舍看书。我有时约人有时自己去郊区读几小时书，按时回来集体用膳。我觉得十分惬意。拿着列宁的《国家与革命》等书本，在离城不到一公里的郊区，席地而坐，在阳光下看书，觉得轻松愉快。我有好几年不曾像在高中时的中午拿着书在田野复习功课了，一直生活在紧张、为未来担忧，为现实发愁的精神生活里，后来又在边紧张学习、边做秘密工作或业余学习的忙乱中过了几年，对未来的憧憬总是加上愤慨与忧郁。而现在，早晨唱着"年轻人，火热的心，跟随着毛泽东前进，……新中国的一切，要我们当家做主人，要我们安排……"上午、下午按学习计划读书，有时讨论。伙食由炊事班巧安排，吃好睡好，多难得的时光啊！过去几年零星读过些马列主义著作，而现在时间如此集中，看书又如此系统、有计划，书读起来很顺，我好像如饥似渴地在其中汲取着新的营养、新的力量，同时，又整理着归纳着在学校学得的某些科学知识。例如，人类的起源，就用上了细胞学、胚胎学一些医学基础知识。唯物论的理解，过去关于自然、地理、历史学和生物学、生理学的知识就出来帮助论证、理解；什么是社会？什么是国家？涉及政权、制度、国体、政体等等，以及原始公社一直发展到商业经济的出现，又从商品的产生到一个社会的变革，个人所见的中国社会、生活的变化都是例证，自然科学与社会科学、社会生活、学校家庭这一切都有着如此密切的联系，而且，都不难理解。联想到个人与社会的思想领域，又与这一切理论与社会变革发展有着如此密切不可分割的关系。我越学越高兴，越觉得充实，明白，心头开朗。

草地上可以看见良乡砖塔，向南是铁道，不时听见汽笛鸣鸣，看见东来西往的火车，目送它拉着货车或客车车厢呼啸着奔驰而去。这蓝色的天空飘着朵朵白云，自西向东，变着各种动物形象，流向遥远的天边。

四年前，我也曾这样躺在草地上，望着湛蓝的天空，听着厨房吹风机的呜咽声，天空一样的美丽，人事都有着如此巨大的变迁！我眼下的感觉却比那时充实、明亮而踏实。那时，并未因从西南小城到了大上海而惊喜，反而因社会生活的黑暗、复杂、甚至险恶而为前途感到迷惘，如今是充满着新生活的无限希望。

学习之余，我们这些二十岁左右的青年人有些娱乐活动，有的歌唱、舞蹈，简直跟小孩子一样，不像青年人，像是少年儿童了。例如，边唱边舞的"三只老虎，三只老虎，跑得快，跑得快，一个没有眼睛，一个没有耳朵，一个没有尾巴，真奇怪，真奇怪，真奇怪。"这和儿时在家乡唱的儿歌歌曲一个调："打倒列强！打倒列强！除军阀，除军阀！国民革命一定要成功！要成功！"。还有其他丢手帕一类游戏。大家全都是中学生中的党员和党外围积极分子，都玩得很开心。这是杭州来的女同志领的头，目的是大家高高兴兴、轻松愉快。

生活上免不了打扫室内外、个人和集体的卫生活动。洗衣服是常有的事。我从十一、二岁在成都上成城初中时就会自己洗衣了，那时也有把衣被送交给个体劳动者去洗，出钱洗衣的事。洗完晾晒后，很少去注意洗后衣服是什么气味、特点的。有个女同志，我至今还记得叫王素玉的，似乎像大姐姐一般，在晾衣旁指示给我说："你看，这洗得干净的衣服，你闻闻有肥皂香！"果然。

的确，在离开学校进入到这个党领导创办的劳动大学，专业的革命队伍中，同龄人青年之间，都像是大家庭——革命大家庭里的兄弟姐妹，互相关心，互相尊重，互相帮助。

我们这些南方人大部分都能适应北方生活，吃小米、高粱米饭，吃玉蜀黍——北方人叫棒子面做的窝窝头，那就像我们家乡冲捣盐、辣椒、花椒用的石臼，中间一个窝窝，不同点是倒扣过来，蒸食前是看不见那个"窝窝"的，而且顶端另一头不像石臼（记得老家人称"对窝"）是小园平底可使窝窝向上，又放得平稳。这窝窝头都是尖的，只能扣着放，握住啃。

这些，我都很快适应了，只有个别人开始不适应，闷头吃，往嘴里塞，往肚里填。习惯之后，才好意思说出来。这是个习惯问题。听说南下部队中，有的北方战士没得窝窝头吃也没得馒头吃，天天顿顿吃米饭（南方人说"饭"，北方称"大米饭"），吃不惯，一见米饭就哭。

说起这事，想到我也是从小吃米饭习惯的，还有玉米（夹江叫"玉麦"）做的粑粑和饼子，多是加糖又细嫩好吃，无论蒸的、用油煎的，都甜得可口，不当顿吃，甚至用小麦面粉做的馒头、花卷，多是加工成豆瓣酱的中间产品，不是主食。虽然我也有个习惯问题，至今六七十年过去了，总还是比较喜欢以米饭为主食，其他杂粮主食是为营养做陪衬。那时候，年纪轻，生活中充满了新鲜、好奇的感觉，长辈说的话就成为了我的指导思想：一是古诗中"当知盘中餐，粒粒皆辛苦"，一是"人家能吃，你为什么就不能吃？一样的人嘛！"再者，人本身就有生理上的天然需求，我中学以后几年中，练气功，几十年胃口不倒，能吃，不择食，何况，还饿过几顿饭。只要能充饥，所以，"饥不择食"，很快就能适应。

我们生活很自由，有统一的作息制度和大家愿意遵守的各种规则。在自由活动时，街上有小食品叫卖，有兴趣就去买。印象里，良乡的一种香瓜很甜，又脆，很便宜，从此以后，到了北京，几乎可以说，几十年不曾再吃过如此香、脆、而甜似蜜的香瓜了。

我们在良乡有驻军是二零三师，见过师政治部和文工团的同志。主要是一次交谊会，看他们男女团员表演东北秧歌，和我们学的陕北秧歌有所不同，步法有异同。两手动作幅度基本一样，腿脚舞步是三进一退式四点，另一个东北秧歌舞步则是挺身向前，可以三进一退，也可一直进，显得自信而潇洒，转弯体姿健美。

中央领导人讲课、联系实际改造思想

在良乡还未过完夏天，就迁回北京，住在东四牌楼10条内，一所平房大院子，在这个院子里没住过一年，却经历了一个大的转折，定了我的终身。

当时的中心任务仍是学习马列原著，联系个人思想实际，一步步地深入。遇有理论问题，基于每个人原有的知识基础，与探讨研究的精神，有时有争论。争论点有时答案都在另一次学习时另一篇著作中得到全部或部分解决。组内最爱钻研理论问题的，是上海的戚溢和杭州的华贻芳，有时争论不休，我就参加进去，不是作解答，而是大家商量如何去找到答案或找到大家比较都能接受认可的说明。特别是谁也说服不了谁的时候，只能这样。因为我比较年长，一般都比我小三五岁，个别六七岁，也有比我大一两岁的。

中央团校二期一千多学员分散地住在北京市东城区，上大课多在后园恩寺的广场，有时到附近的什么单位礼堂。听大课，讲得比较生动的，有中央党校教师孙定国，他把斯大林描述的共产主义社会远景绘声绘色地作了讲解。如"……物资极大地丰富了……人们的思想觉悟……"令人憧憬那不知何时可以实现的理想乐园。本来，我对未来多少有些迷茫，毕业后当医生是在医院里还是自己开业做有钱人的家庭医生？个人和家庭生活包括父母兄弟姐妹及个人和理想的妻子组成小家庭……又在动荡的社会环境中忽闪忽现，在斗争中被党组织和共产主义理想导引着从繁华混杂的上海到了初步理想的"山那边"的"好地方"，把一切交给了党组织，也放弃了学业，全身心地投入到建设新中国的洪流中。如今又在过去阅读大量进步书籍的基础上，系统地学习马克思主义的知识。听到孙定国的表演、朗诵的共产主义未来的赞歌，怎能不神往！理想的社会必须脚踏实地、有组织地往前进，个人的幻想都置之度外了。毛泽东的青年秘书田家英和专门研究历史的王惠德等人的报告，都使我听得入耳，王明讲妇女工作，师哲介绍毛泽东论著，以及参加世界青年联欢节代表归来的报告，都使我受到了极大的鼓舞。

我沉浸在美好幸福的生活中，从学习讨论中取得的崭新的认识，也是令人十分鼓舞的。如按照列宁的说法，共产主义可以在帝国主义、资本主义薄弱的国家和地区夺取胜利，以及社会主义这个初级阶段居然可以超越资本主义阶段，甚至于尚未进入封建社会的少数民族也可以飞跃到社会主义社会，等等，成为我和同学中比较一致的认识。其关键在于共产党领导的、无产阶级专政的国家，都变成了社会主义。

我们学习过多种社会主义，从空想到科学种种，确乎不曾想到过我们会不会、是不是正在步入封建集权的"社会主义"。似乎，只要是打着共产党旗号，举着马列主义、斯大林、毛泽东的旗帜的人们所致力的社会建设，都毫不可怀疑的是社会主义即共产主义初级阶段，都是自己应有的、理想的社会，"各尽所能，按劳分配"。

总之，我徜徉在美丽的理想中，幸福地学习和生活着，劳动必有合理的分配，大公无私了。

在学习过程中，大家还多次从小组会到班会各自坦白发言检查自己同社会发展相矛盾的个人主义思想和行为。凡是个人曾有过的思想言行，凡同大公无私不相容的，各尽其能自我解剖，使自己成为襟怀坦白的人。

参加新中国成立等活动、舞会、扩建长安街

我积极热情地参加了中苏友好协会成立的庆祝大会。

我满腔热情地参加了为庆祝世青联欢节的全校性大型舞蹈、音乐活动。

我欢天喜地地参加了中华人民共和国成立大会，又再一次参加了在天安门前御河桥畔补拍国庆电影纪录片的活动。真如常在列队行进时唱的"年轻人，火热的心，跟随着毛泽东前进……"

我被班级选入腰鼓队，参加全校编队去天安门参加游行庆祝活动。

焰火有时从天安门上空落入人群中，无人认为这是什么过错，还都高兴地躲过火球，兴高采烈地跳着集体舞。

中央团校同学钟婴

有一个星期六，负责文娱活动的校干部在后园恩寺组织了一次交谊舞会。文娱积极分子大多去了。这里曾听过大课。大家也同在露天听课一样，席地而坐，这地面是不十分平坦的硬土地。大约是初冬时节，我们还穿着棉衣。随着西洋古典乐音从喇叭播出，大家都开始行动起来。这是我生平第一次跳交际舞，过去在电影里看见过，看去很简单，对于学过舞蹈的人来说，一看便会。男女同学不论相识与否，都可以自找舞伴。第一个找我跳的是杭州姑娘，同班第五组的钟婴，一个十六七岁的小女孩。记得她是选拔腰鼓队员的负责人之一，我们曾在蹲在地上吃饭时随便聊过天。大家像兄弟姊妹一样，同志式的交往。因为，都是在学校做群众工作习惯了的，无拘无束。有一天，有人要求我同她表演"青春舞"，她立即摆起了舞姿。我喜欢这位和蔼可亲、大方而美丽聪慧又活泼的女孩。有一次，听完大课，整队从大街通往住地的路上，恰好并排走在一起，聊起了个人爱好，知道她会弹钢琴，学到Sonatina。而学习钢琴，则是我上中学以后可想而不可及的事，因而印象较深。在这次破天荒的舞会上，恰巧是她第一

个带着我起舞的。大家喜欢华尔兹快三步舞，跳得很开心，当然，我又还和其他女同志如丁敏——原是三野文工团员，另还有几位略年长的文工团员跳舞。又有一个挺爱笑的小女文工团员车贻……总之，大家玩得都很开心。这的确是一场别开生面的舞会，人们听见音乐，也有"一、二、三；一、二、三……"叫着舞步的呼叫，欢声笑语，竟在不平坦的土地上飞翔。可惜也仅仅这一次。大家还有忙的事情。星期天，节假日郊游，自由组合，说走就走，结伴去颐和园玩，也去天坛回音壁玩。

中央团校学员在天安门
（1949年）

季节进入初春，中央团校组织了一次长安街扩建的义务劳动。东西长安街老早大约是食品市场的街道，分段搭着大大小小的又长又宽又高的窝棚，什么时候算是营业期不清楚。但每逢我和同学们去光顾时，昼夜都是开着的。我们在那些棚里买过北方特产水饺吃，都包得很小，一口吃一个，最多吃三十几个，饭量大的可以吃下四五十个才罢休。而且吃饺子时，有两样东西不能少，一是醋，蘸醋为了调剂肉馅的咸味还能提味，其二是生的蒜瓣，学着当地人的吃法，咬一点生蒜，再把蘸了醋的水饺放进嘴里和生蒜一块儿咬碎咀嚼，这时，肉馅、醋和生蒜的香味都品尝出来了。这同成都春熙路过去商业场的红油水饺不一样，是别有一番滋味的。

但这里，我是说北京城经常刮着风，阵阵的北风带着沙尘，这沙尘不像我们家乡的灰尘，北京人管它叫土，的确是尘土。我们上一次街回到住地便要洗脸，把满脸、鼻孔、耳朵上的尘土洗掉，把衣服——天气暖和一些，我们已经发了灰布中山服，女同志是列宁服——上的尘土拍去。

话又说回来，这长安街的拓宽改建工程要把两旁主要是路北高台阶的砖、石、泥土搬掉。那些卖食品的街心棚也同时被消灭了。

可惜，我没有干到结尾，就病倒了。发高烧住进了团校的医院。这医院不像峨眉县城外通往报国寺路边的县医院有一栋砖瓦房，更不是上海那样的大医院。那规模大约是两间平房，一间医务室，不足十平方公尺，另一间是病房十多平方公尺，有几张木板床，是不到一米宽、长约一米六七的木板放在两条木櫈了上。记不起吃什么药了，知道是类似疟疾不曾发出来的寒热症，但我知道，我享受的条件比野战医院好得多，吃的是病号饭——鸡蛋挂面。待我不发烧出院时，大队义务劳动大军已经回到了原先的驻地了。

回忆起来，这是我工作以后半个多世纪中第一次的住院。但从此以后，我也同疟疾永别了。过去二十几年中，无论在四川老家还是在上海，每年都要打一两次"摆子"的。

学习的内容既然是唯物史观与唯物辩证法基本理论、政治经济学、中国革命史与建团的知识，当系统阅读的书籍已经按时完成，辅导的大、小报告以及穿插着联共（布）及中共党史也涉及国共等等相关知识也已了结，又结合个人思想认识，通过思考，小组讨论等形式，也使个人从原有的思想、立场、观点有了程度不同的变化；这时，学校根据党中央和团中央的部署，要为学员结业后的工作安排，做好准备。大体上，组织部门早就着手准备了，一方面根据全国党、团工作的需要，结合学员学习进步以及原有工作情况，作出分配方案。为此，解决一些预备党员补行或按期转正。我正是在这年春天补行转正的。这里涉及到入党具体年月问题。还由组织部门向上海作了调查。基本上是由我们发展比我们后入党的人"证明""最早是在1948年10月"，这个时间，作为"组织证明"（基层党支部）就成了我此生脱离生产岗位、参加革命的起点。按照中央规定，地下党员的党龄即在蒋管区（也称白区）以入党时计算。虽然后来为了解决党外围组织成员的"离休"时间问题，有些同学参加革命时间竟还比我们早。这方面的情况涉及退、离休拿多少养老金问题，曾经变得很滑稽，但这就是后话了。

临近分配工作，"毕业"前不久，我从小组组长等人一再问我在填写分配登记表中，关于"爱人"一栏相关情况，看出，我如果同哪位女同志或在校或校外任何地方有恋爱甚至近似关系的异性之间有婚姻倾向者，只要填入表格，便可得到同在一地工作的照顾。而我只能表示曾对几位团校同学行过好感，而由于都没有涉及相爱或爱慕的程度与接触、交流，因而一个也没有填上去。记得同组有一位女同志，据说得悉我对她有好感，正在等待我的态度，我若填写上她的名字，她也可填上我的名字。因为，当时，大家都很单纯，也较幼稚，只是由于我的慎重，谁也没有填上自己的意向。事实上，我当时，对将来婚姻的态度也不确定，怕影响革命工作的需要，同时也没有认定谁是我满意的候选人。

毛主席和朱总司令的会见

北京的三月虽仍有风沙，却是较前暖和的。我们在结业前，整队去了中南海怀仁堂。穿着草绿色军呢衣服的毛泽东主席和朱德总司令从后台走出，接见我们。他们接受了两位同学高举的致敬信，由一位"司仪"朗读之后，两位领袖向我们全体中央团校第二届毕业学生频频挥手。"中国共产党万岁！""中华人民共和国万岁！""万岁！万岁！"记得，在中苏友协成立时，我们跟着喊了"斯大林同志万岁！"

这是一次毕业典礼的最高仪式，我决心按照党的安排走向工作岗位，为党的建设目标，为建立全国的新民主主义青年团而奋斗！

中央团校学员在北京（1949年）

作者在中央团校上大课
（1949年7月）

选调到中央军委

选调到中央军委

分配工作，在按部就班地进行着，这是4月底。

我被叫去广场一角，接受一位中年同志的谈话。他问我对工作的想法。我表示，听从党组织的安排，问我对婚姻问题是什么态度，我回答，按照党组织的规定，听从党的决定。那位同志告诉我，有个军事学院，有不少青年人，需要你去做好团结工作，团结好新老同志，开展青年团的创建工作。"你有意见吗？"

中央军委直属政治部
（1950年）

我表示没意见。"部队结婚条件是'二八五团'，你怎么样？"我回答："当然没什么意见。"虽然，我根本不懂得什么"二八五团"是什么意思，也不想去问。因为，我懂得，服从革命工作的需要，做个如列宁所说的革命这个大机器中的"齿轮和螺丝钉"。因为，我已有了系统的理论武装，把一切包括个人的生命、无条件地交给多年来逐步认识到的这个光荣、伟大而正确的中国共产党。

我无所顾忌地放弃了过去追求的医学，认为凡为一己着想的一切，都是个人主义，都不利于在中国实现自己和全党的理想目标：实现共产主义理想，在中国建成共产主义，现阶段是新民主主义，进而过渡到共产主义第一阶段，像苏联那样的社会主义，实现马、恩所说的"各尽所能，按劳付酬"，在我生长的这块土地上，彻底消灭压迫与剥削，过着消灭了战争的和平、民主、自由、人人平等的幸福社会生活。我认为，中国共产党的领导是正确的，我把自己交给了党，自然走的是光荣、正确而伟大的路。

在军直党委（1950年）

我走的路是正确的，我是幸福的！

当我去组织部转组织关系时，看见一张分配首批干部的名单，写着8个人的名字，分别去4个单位，我熟悉的戚溢是一个组的，同另一人分配至中央政研室，都是高中毕业的学生部的地下党员；我同另一位大概是十八班北京的高中生去中共中央军直党委；中共中央直属党委是同济文法学院同学李天源和另一人；还有两人去中央人民政府党委，都是学生部的。事后知道，同来京的肥周去了体委，黄显培被分配回上海市。我们4人中的王碧霞分去何处，当时不知道，后来听说留在北京市了。

时间是1950年5月2日。

按照指定的地方，我带上个人的人事档案（其中，都是个人填写的干部简历表和转正、结业鉴定书，都有个人签名），找到了中央军直党委办公室，它和军委办公厅同在中南海居仁堂办公，刚刚从中南海北门搬出，就近在北海公园南门东侧名叫"三座门"，因为，人们从东面的故宫博物院北门和景山南门间的东西大道，叫景山前街往西去，要穿过像天安门东西两侧相似的红门，三个半圆门洞才能往北看得见北海公园，往右前方可见团城，然后，才可以走上用大青石板铺的北海石桥。这桥，北京人都熟悉，桥北是北海，桥南是中南海。过桥那边是中南海北门，中南海红墙路北是北京图书馆。

老北京人都熟知，就在五十年代初期，这个三座门和天安门两侧的三座门不知是否属于犯了妨碍交通之罪还是不合什么大人物的口味而被拆掉了。大约同时被拆去的，还有古城风貌中最具特色的两个四牌楼：东四牌楼和西四牌楼。而北海南沿的石板桥几经改造，换成了如今永存的加宽了几倍的北海大桥。桥侧的汉白玉低栏已变成了将近两公尺高的金属白漆栏杆，每根钢铁方柱顶上有锥尖，据说是防止再有人爬上去跨栏自杀而一再改进成功的。因为，从媒体报道中知道，确实有人上访失望后跳海自杀的。

在军直党委（1950年）

我被安排在靠窗的一张三屉桌前。这里一抬头，便可看见故宫西墙、北墙结合的墙角，护城河边那雄伟壮观的多角亭，以及护城河向东通往景山前街、向南通往与一环南、北池子对称的街道，正好在一环的西北角上。这是一座只有两层高的小楼房，是砖瓦结构。

军直党委直接管我的人是两位秘书，纪平和石泽民。开始时，什么任务都不说。先安排生活。通讯员姓张，大约十四五岁，都叫他小张，较伶俐。食住都同军委办公厅在一起。我行李很简单，本来带有一条从老家带来的棉褥和一张小薄毛毯，已经在团校时为一位女同学骨结核锯一条腿时捐赠了，只余下从上海在校时用的被褥等等。这一下调到军事委员会工作，是参军入伍，又给发了一套军用被褥，南方人在北方生活不怕冷了。第二天一上班，小张送上一套军服，是他从军委办公厅军需处替我领来的中号军衣。我就换上，也正合身！一顶大檐帽，帽檐有垫圈，前有红五角星，黑皮遮阳。上衣不长，齐腰，有垫肩，草绿色一致的长筒裤，还有皮鞋和灰色线袜、内裤与白布衬衣、皮带。我去军需处填写了个胸章，便缝在左胸口袋上方，标明"中国人民解放军"字样，姓名在背面。

我换下了团校发的灰色中山装，折叠好，叫通讯员送至军需处（后称后勤处）交回。说"交回"，是交还公家，因为，军委和团中央都直属于党中央，是一个公家。穿上军服，比中山装显得精神，说是苏联式的军装。别人看我的感觉，我不知道，但我一看有的人，特别是与我同时分配来的那位高中生团员王之万，好像看见一名纳粹德国军官，上衣嫌短，若往前走，从后边看的人，一眼就注意到这位军官大半个臀部。说是苏式。

组织、宣教文娱工作 中南海娱乐偶记

　　到中共中央军直党委后，纪、石两位老同志根本不提去张家口工程学院建团的事，只按排我做接待转党员组织关系和收发党内文件的事务。果然，每天都有一些到军委或从军委单位之间调动工作的党员介绍信，从这些工作中，我熟悉了军委直属队包括中共中央从总司令到总政治部、总参谋部、总干部部军委办公厅各机关直属队及其下属各部、局。如总参谋部下有作战部（即一部）、二部、三部、四部几个通讯、情报专业部，又有对外联络部和海、空、装甲、炮兵几个司令部，都是机关，都设有大小不同的政治部、处，个别如铁道兵则只有留守处，从总司令到通讯员近万人的机关。而且，从总司令到通讯员，一律每个月发津贴费人民币1万8千元。这是人民币的旧币，三年后改为新币一万元等于1元，食住一律供给制，区别只是分大、中、小灶，师以上吃小灶，团营级吃中灶，连以下大灶。差别是多几个菜，主食大致一样。我是吃大灶的，在大食堂。工作也是有严格的纪律的。主要是保密制度及请示汇报制。一切工作都是军内的秘密，此外按工作要求，分机密与绝密。我接转党员组织关系属于党内军内秘密，分发的文件一般发至县、团以上的文件如《建设》属于机密级，而小册子《党内资料》只发至师以上党员干部。凡超出规定范围，属于泄密或暴密。另有绝密级，是指定发至具体个人的。各种文件必须定期收回，由我交还中央办公厅秘书处。绝密的文件多是电报，而电报又分明电，即任何人都可以用书店买得到的明电电码小册子，依序查找。密电是一定范围内专用的多用于国事、情报方面，专用密码可以由使用者自行编制。这是常识。我懂得，这是1881年爱迪生发明发报机之后，全球通用的办法。所谓绝密件，含电报，在一定时间必须由各单位自行销毁。密电、绝密电文为什么必须定期销毁，是防止电文被敌人掌握后，利用破

在军直党委（1950年）

135

在军直党委（1950年）

解其窃获我方电码成功后，就暴密了。如此等等，我都可以理解。

军直党委两位秘书告诉我，要保守秘密，要求看见什么无论人、事、文字材料，听见什么，只要没有给你向人传达的任务，都必须让它们永远死在脑子里，这就是我们必须遵守的保密纪律。这条规定对我印象极深，至今半个多世纪了，我似乎已成了习惯，不轻易对任何人讲起以往的见闻。而这条规定，我在参加上海中共地下党之前，单线领导人老庞就解释过党的铁的纪律。我理解，它是党的组织胜利、成功的保证条件之一，例如，参加了党的一切活动，都不能向与此工作无关的任何人包括最亲近的父母、夫妻等亲人透露。因此，这一次接受的保密教育，我并不陌生，也不新奇。这个习惯，也在一定程度帮助了我在十几年后，在文化大破坏的大风浪中，没有一个人能够"揭发"出我"攻击"伟大旗手江青的"罪行"。当然，工作人员总会有时离开中央、军委住地与社会上、军外即地方上的人接触的，总得有请示汇报制度要遵守。我向来很守规矩，从小学时祭孔和听郭沫若、黄炎培等人作报告时的纹丝不动（以致被蜘蛛爬到胸前洒了尿引起感染）就如此，到了死板痴呆的地步。而如今确实像一个列宁的信徒，是合格的"齿轮和螺丝钉"。这种习惯，在军委如此，后来，在我1954年在文化部党委办公室工作期间，那里除了工作时间之外，全是个人的天下，很不习惯，我去京侨饭店会见黄显堉老同学，并留住一宵，事先都要向领导人肖昆请示，事后汇报。可谓组织纪律性强到家了。其实，到了"地方上"，在中央人民政府的文化部党委，下班以后，无论你干什么事，都没人管你，更无人过问，时间久了，就习惯了。

奴性、组织纪律性等等，在有党有集团的地方、正教、邪教都有，除了邪教有永远的秘密即至死至其教徒全部死绝可能都不得泄露之外，所有现代国家或说民主国家，秘密都有个时限，即国家机密在若干年后，如20年允许解密。这样做，是利于正确书写历史并在一定范围一定限度内有助于人们特别是后人从中汲取历史教训。反过来说，如果哪个国家、政党害怕解密，限制解密，则其组织机构即具有邪教性质，或者其本身就是邪教，不论它打的旗号如何冠冕堂皇、如何美妙、现代化，坚决摈弃它！最好离它远点儿！这个认识是我若干年后，才从国际时事中明白的。

话，说远了。我已脱离了医学，投入了新的革命和建设工作的战斗行列。我不曾考虑过从此付出的青春是什么价值？我完完全全、全身心地投入到眼下的岗位，做着点点滴滴的工作。

我不知道在团校毕业前即在1949年秋冬，原已作好解放台湾准备（我们班抽调来自部队的白明同学他是台湾籍），而是斯大林支持朝鲜南进去"解放"南朝鲜，不支持中国打台湾。这样属于最高机密的事，毛泽东回国直至我们分配工作，都不得而知。

一切工作照常，而且根据事态的发展变化行事。按照军直党委通过书记刘志坚的要求，安排工作。

我们不定期组织政治理论与时事报告会，一般是组织团以上干部听讲。例如，请哲学家艾思奇讲认识论，并回答大家递条子提的问题。印象深的有一个问题，艾思奇回答得很好。"无风不起浪，怎么对待谣言？"他说："浪是由风掀起来的。没有反动派这个风，哪里来的谣言这个浪呢？！"通俗易懂，容易理解、接受。我在六、七年前上中学时在四川看过他的《大众哲学》，觉得他深入浅出，通俗易懂，现在听他讲解理论与现实问题，觉得说理透彻，正如学了历史唯物论和唯物辩证法，在认识、分析、对待主客观事物时，就能够比较注意，可以保持清醒的头脑，少犯主观唯心主义的错误。

在军直党委（1950年）

我们有时在中山公园音乐堂组织大范围报告会。这个露天剧场可以容纳三千五百人听讲，这是当时北京容量最大的会场了。我的任务是订场地、发入场券、请报告人，并备好后台招待主讲人的茶点，也接送报告人，偶尔在秘书不在场时，主持大会，宣布注意事项。一般情况下，我还带一个助手在台上做记录。

除了政治、理论和时事报告会，我们还组织军直机关的劳军电影观摩；多在东单北路东的大华电影院和东长安街路北的青年宫举办。劳军影片是免费的。但如果在剧场、影剧院举行学习报告，就必须交付场租服务费，每场一千万至二千万元不等，露天比室内剧场价低。

我们有时在作战部礼堂举办报告会，还偶有晚间的交际舞会。为了跳交际舞（后来，团中央青年宫屋顶平台和室内的舞会名为交谊舞，就不再称交际舞了，那是旧社会用的旧名词），我们还曾去西四南大街买滑石粉。在中南海内使用的

在军直党委（1950年）

场地面积不大，在军直较大范围也限于各首脑机关的上百人场合，用量大些。其实，参加者多是30岁上下的青年人。从文化娱乐活动内容看，戏曲学校在作战部礼堂演出的《打渔杀家》我的印象较深。再就是在怀仁堂由京剧院演出的京剧《玉堂春》也很精彩，这一次，在三堂会审一折开场前，毛泽东主席来看完就走了。在这样的场合，我们这些工作人员是不限座位的，我们可任意同中央首长坐得很近，谁都没有像大场合鼓掌的行为，也不必打招呼，各人看各人的。毛泽东一个人从台右侧门进来，自找座位，看完就走，互不干扰。

由于中南海的各工作部门工作人员都有规定的活动范围，出入证件都是有限制区域的，警卫人员认证不认人。正像苏联列宁无证进不了克里姆宁宫表扬的警卫战士那样，中南海的警卫人员属于中央警卫团战士，也是铁面无私的。有一回我丢失了怀仁堂看戏的票子，被警卫请进了室内，通过电话请示、认可之后，才放行出了中南海北门。其实那位战士熟识我，知道是军委的，但这是规矩。如果乘车出入中南海办事，只看司机的证件。军直党委办公室编制小，后勤全是由军委办公厅负担的。交通科长同我很熟悉。有几天这位仁兄兴致勃勃地自愿教我学开车。他很有耐心，也很友好。用一辆旅行车，这是五十年代才见过的那种比吉普车略大，车身左、右、后三面都是装上方格玻璃采光极好的一种车型。我们在景山前后、东西四条环形街道上行驶。我有时忙脚乱，忘踩离合器和油门，使车子突然熄火了，他就拿着工具往车前去使劲地摇，重新发动点火。如是几次，他都很耐心。这是我第一次学会了开汽车。

三座门办公厅这里比在中南海内自由多了，没多少清规戒律。由于办公时间离不开办公室，常有接转组织关系等事务，下班以后，就可以随便走走。那时，街上人少车也少，难得见着有一辆公共汽车经过。我星期日除了同中央团校分配在北京工作的同学偶尔相约到北海划船外，也没多少地方好走。傍晚常同石泽民同志从团城西角北海桥头一扇门步入北海海滨，坐在石梯上聊天，多是彼此讲讲过去对敌斗争的有趣的故事。我们在大城市的斗争生活，对他是新鲜的，毕竟生活熟悉的条件不同。而我对他的经历却很有兴味。他是抗日战争开始后一年即1938年入伍的，在新四军皖南王震部队撤退时负的伤，经民兵救助伤愈后归队，属于二级伤残，已无生育能力。石泽民同志在我同他一起工作的几年中，给我留下了极好的印象。他像一位兄长，也像知心朋友一样待我，包括对我口语中四川方言的习惯用词较敏感。如我说脖子是"颈项"，他就想起总司令、魏传统秘书长等四川同志用过同样的词汇，觉得有趣。他想起魏传统答应过把一台小风琴给他，（当然不是个人私人占有）知道我喜欢音乐，就约定我们一道去郊区见了秘书长，把风琴运回，"青年同志！好！"魏传统很亲切友好地同我和石泽民握别。以后，魏秘书长兼任总政宣传部长又升任总政副主任，我们同他只有工作上的接触了。

军人的待遇是供给制，每月的生活津贴费一般是没什么用处的，而我却不够用。我对时事和国际问题以及书籍有兴趣，订翻译报，订《世界知识》，去书店购书刊，不够花，只得有计划地开支，量入为出。此外，我还要给远方的同学、朋友通信，也是开支。这时，在北京医院工作的同学毛经略打电话告诉我，他当医生每月拿一千多万，花不了，问我要不要，我当然谢绝了。因为，我从上学时都是按照父母的教导，量入为出，不取任何非分之财，我的钱虽不够开支，可以节约，按计划取舍。对这位同学的"难处"不知道说怎么帮他去花钱，只觉得是个有趣的现象，劝他去买书、买乐器，而且说实在的，我要是也有了这么多钱，也不知道怎么办好。

第一封家书第一次包饺子和第一次国庆游行

　　我团校毕业前曾给峨眉老家写过信，到了军委工作后，居然收到了回信，是新解放区的弟弟洁怀告诉我如何庆祝解放，要求我抄些群众歌曲寄去。我当然照办了。一想，此家信从四川解放前寄出，走了几个月，新区通邮后，也很快有了回信，心里极为高兴！我热爱我的家，我常惦及苦心孤诣多年为养活我们四个孩子、劳碌奔波的父母。想到比我迟上一年大学而在华西大学学成农艺从事品种良化工作的慰情姐姐。她为什么被迫取名"慰情"？在男尊女卑社会风习之下，父母先生下了她，一个女儿，不是男丁，父亲以自己安慰自己的带有封建重男轻女意识的观念，起名取自古人一语"弱女虽非男，慰情聊胜无"中的慰情二字。借古人生女自娱之词以自慰。一年后，即丁卯年生了我，又六年于1933年再生一子名洁怀，再六年生小女惠云。四个孩子靠父亲一人工薪抚养，还要尽可能地照顾到大家庭。我记得父亲去西昌为西祥公路和报社工作，最后于1946年我到上海上学时，还在夹江导报做编辑工作。家境清贫可以想见，所幸多少还有几间住房。我上国立大学花钱少，仍有三个孩子上学要花钱的。我这时从1948到1950两年互无消息后，得知家里有些变化：姐姐结了婚，弟弟在小学校工作，只有妹妹上小学，生活压力小多了。那时，父亲不过四十岁出头，还可以找工作。我多么希望他能被新解放区的人民政府录用啊！我是革命军人，但作为军

留影左为华贻芳 右为作者（1950年）

属，他们在新区还得不到什么照顾。我只希望他们生活能逐渐有所好转。按照组织纪律与几年养成的习惯，我家庭的一切都毫无保留地向军直党委领导如实汇报了。

我从信函中知道家庭成员分别参加了一些社会活动。姐姐夫妇分配至万县的国营农场，搞粮食的品种改良，父亲

在军直党委（1950年）

按照人民政府的政策规定，向政府如实填报了自己十几年在旧社会旧政权及社会事企业做过什么工作，也就是说，建了自己的人事档案。母亲仍旧操持家务。

对我来说，放弃了医学学业，按照组织决定做党政军的工作，具体是军直干部的组织、宣教工作。我认为条条道路都通向共产主义，各行各业都为了一个远大目标，个人没什么生活要求，除了工作、学习都是次要的可有可无的。工作，按上级任何指示，要求，想尽一切最优办法，高质量地去完成任务，同时也学些与工作相关的知识，还谈不到什么技能。实际上，这些工作任务用不了我十多二十年即从学算数、识字起学的文化科学知识，而更经常的是文字工作，偶尔有起草下发各单位的事务通知，打封分发。但在学习上，却有些新的内容，主要是政治、经济及工作方法方面的与工作直接联系的一些知识；自己在努力争取购买书刊汲取多方面的知识。有时是在京的党中央直属机关、政务院直属机关和中央军直（实是一套工作班子，两块名义或说两块牌子，中共中央军事委员会直属机关及中央人民政府军事委员会直属机关）在一起听报告，更多的是中直和军直。与我同时分配工作的法学院熟悉的李天源，在那里做的工作，与我几乎是一致的。因此，我们有多次机会在共同组织的报告会或演出活动时见面，或在后台或在门口。

有时中直、军直机关共同组织舞会，但更多的是周末在军直各机关自行组织。我们在西皮市37号总政一个单位所在地参加舞会的时候居多。那时，中央各机关，除中南海外，分布在全市每个原没收的"敌产"。除总政、总干、总参三总部在市区，其隶属各部、局都在郊区；军直在中南海，1950年初夏，军委办公厅和我们军直党委迁至北门外三座门。我们在机关坐办公室，应该说，除了节假

日外出，成天是宿舍、办公室、食堂。

我对北方的气候经过从夏天到夏天，大体上已经习惯了，饮食之类，也能适应。但是，意外的事发生了。

有一天，我办公桌上放了两个碗，一个装了一大坨像是小麦面的东西，很像山西刀削面块，另一碗是有猪肉又有绿色菜末的馅，我认得出来，是厨房炊事班包饺子、包子时的面和馅儿。问通讯员小张，才知道是下午吃饺子，一人一份，自己包好在伙房煮。这可难住我了。吃过饺子，那是在长安街简棚里，人家做好了，我掏钱买来吃就行了。在良乡县和在东四十条团校时，吃包子，没吃过饺子。也不知道怎么才能完成这个任务，只得去炊事班、办公厅平时打过招呼熟悉的同志求援，采取合作的方式，对付过去了。我只能在包、吃的过程中当搬运工。此后，大概再没出现过分包饺子的事了。我学会包饺子大概是好几年后在政治部成立，机构扩大人多了以后的事。这件小事，说明南方人和北方人的生活习惯的差异。

我从集体生活进入机关，接触的人有限，主要是个人活动多，参加集体活动少。留在机关，而没去青年人多的军事工程学院做创建新民主主义青年团的工作。而且，从此几十年中，一直习惯于这种机关工作。后来，被称为"三门干部"，即形容走出家门进校门，走出校门进机关门。那是为了动员干部上山下乡，其至后来最高领袖指示广大干部向贫下中农学习，接受贫下中农再教育的重要理由之一。而且是贬义。

这一年的国庆节是中华人民共和国第一个国庆节，天安门举行庆祝游行。我们中央军委直属队走在群众大游行的最前列。毛泽东主席和朱德总司令及党中央、政务院、军委、政协许多领导人在天安门城楼上检阅游行队伍。三军整队正步敬礼走过金水桥华表之后，就是我们军直大队。由于事先不曾训练，突然来了个"齐步——走！"的口令，上千人的军队极不整齐的步伐"奇奇咔嚓！"走过天安门，大家往右看不齐，也没人领头喊口号，就这样，乱七八糟地完成了任务。后来，中央决定，军直不要再参加这样的大游行了。那时，也没喊口号。只在后来才知道，报上公布的国庆节口号，在"地方上"（当时习惯称军队以外的单位、团体、机关是"地方上"）有被大家熟悉的"中华人民共和国""中国共产党"两个万岁之外，没有了"斯大林同志万岁！"却破天荒代之以"毛主席万岁！"因为，人们对党中央和毛泽东十分信服，十分崇敬，并没觉得突然，这一喊就成了习惯了。我也如此！

　　三个万岁喊了二十多年，从喊毛泽东万岁开始的1950年10月1日喊到1976年夏天，共是26年。

　　2004年春节期间，我从一位朋友托转另一人的一本书中惊悉，1950年国庆节口号中"毛主席万岁！"一条，是毛泽东本人亲自加写上去的！此书名《晚年周恩来》香港明镜出版社出版，2003年已再版了十四版。作者叫高文谦，原任中共中央文献研究室室务委员（副部级），曾任毛、周传记中文革部分起草人。1989年"六·四"民运中，写过致中央公开信，后因"哀莫大于心死"出走，在美国哈佛大学费正清研究中心的帮助下完成该书。高文谦出生于1953年，由于工作关系，能接触他出生前的中共中央档案，看到原件，不能使人怀疑其真实性。事后，又曾看见过反驳的书，未见提及此事。

　　想到"万岁"、"万岁爷"是封建帝国时代的颂词，而过去两个万岁加了个"斯大林同志"觉得那是共产主义的理想祝辞，最高颂词符合包括我在内的各种人对当家领袖和机构的崇拜，就像建国前的"中国国民党""中华民国"和"蒋委员长"也是三个万岁；如今翻了天，覆了地，打了天下，坐了天下，作为其实是愚民的"主人翁"跟着喊这种口号，是一种"至尊"的呐喊。一句话，出生以后，活了不少年，就喊了大半生。德国纳粹叫"Heil！"我国翻译的德语是"es lebe"，英文叫"long life"。没人考证过，这是否是我们中国人的独创，或是人类社会发展到封建独裁政权阶段的共同特点，或说封建独裁专制制度的共性。其所以产生，是此阶段已达当地物质享受较高水平，统治者的国王、皇帝一族，既满足于当时的享受，私欲无限膨胀膨涨，但是怕死，又想长生不老，一直享受下去，什么最好，就占有它。从当时水准的占有欲发展为无止境的占有欲，而且，为此，不惜杀灭异己，而且同类还要互相残杀，甚至亲属之间。说起来，类同，其实大同小异。

　　我是这世世代代的愚民之一。回头看去，确实不光荣！而令人极为震惊的是，被认为是民主革命导师的人，虽然晚年错误严重，开始时应是真正的民主共和国的民主领袖，后来变了。其实，我错了，我崇敬了几十年的大人物同历史上造反、夺权、打天下，推翻当时王朝的革命农民领袖基本一样！要坐天下！什么叫坐？不搞专制独裁统治，能坐得住吗？

　　看看美洲二百多年的历史，华盛顿其人，才真正是值得千秋万代称颂的伟人，他相信民主，不为个人私利，他致力于开创的国家没有衰亡，而且欣欣向荣！也不因为他的退出为民，使其个人、家属和共创大业的同事们受到伤害；他

143

不怕别人执掌政权，他坚信独立宣言的生命力。不少共产党人的悲剧在于不相信马克思的理论，却是打着马克思主义的红旗反红旗。而我们国家的悲剧在于一代一代的起义领袖，脑子里根深蒂固的是祖先的帝王思想，只相信封建独裁的集权专制。还是我那句话：德先生Democratic民主在封建帝国上不了户口，它只能当作花瓶摆设，招摇行骗的幌子。

从几十年、几千年的历史看去，人类要过幸福生活，总得经历几千年几百代人的反复斗争，即如美国、北欧也要有不少反复。但愿宇宙的变化能使我们这个太阳系的子民不被星际物体交轨所毁灭，让人类的精英们平安地在若干代内，探清这宇宙的奥秘，好人长生不老！

写到这里，1950年国庆，竟写了如许题外话！

反正是自言自语，随心所欲。

出兵朝鲜同毛岸英握别 军直政治部前后的人际关系

话说回来，节后不久，半个世纪以后一些暴密者，亦即确知内情之人，说出了密情：在一年多以前，毛泽东与金日成同在莫斯科，都请求斯大林支持自己武装统一全国，最终由斯大林决定有限的支持，赊给朝鲜军备，让金日成去"解放"南朝鲜；不支持中国打台湾。而当时中、朝两国领袖却互不知情。待到朝鲜战争打起来了，对中国造成了"唇亡齿寒"的局面。怎么办？美帝国主义居然领着联合国帮助南朝鲜反击金日成了！

中共中央军委高层多次集会商讨对策，三总部也都震动了，打，还是不打？金日成求助了！在居仁堂的党委扩大会上，书记刘志坚说："打！打得它知难而退！"我快速记下了这段讲话。

国内在西部西藏问题正忙得很，南方还有战斗，全国各地国民党数以百万计的残余势力也有不少兵力。但中央还是决定了派出志愿军支援朝鲜，由号称常胜将军的彭老总当司令。

一天将近中午时分，毛岸英找我转党组织关系，我们已多次见过面，他是去志愿军。他比我大几岁，俄语很好，不久前在中山公园音乐堂欢迎苏联共青团中央书记米哈伊诺夫大会上，由他担任翻译。虽是毛泽东的儿子，为人较朴实，大家印象较好。办完手续，我留他吃午饭，带他到军委办公厅大灶食堂，吃了小米、小麦混合面馒头、一份荤素搭配菜。饭后握手告别。后来，石泽民说，毛岸英已吃中灶了，我也觉得无所谓。看来，他没告诉我，也并不计较这份待遇。过这样供给制的生活，大家都习惯了。可惜他不幸牺牲了，不公布，令人十分惋惜！

起初，除在团校毕业怀仁堂会见领袖朱毛时，两位穿的是深草绿色呢军衣外，迄今从上到下平时都穿布军衣，区别只在于干部服装上女军人穿的列宁服。反正都是做革命工作，区别只在分工不同，职务不同，放在哪里都一样。过了些时候，服装有区别了，以职级分，团以上有一套呢服，陆海空军兵种不同，师以

145

上的呢质又细些。后来，津贴费有了分别，经过多次变军装，才有了二十世纪末本世纪的这个模样。人际关系，过去即五十年代初以往的那种单纯，早已变为历史而一去不复返了。看其区别、变化根源，只在于个人、集团之间的利益。或说本质些是私利使然，更可用冠冕堂皇的话说，各国一样，正规化了。

"抗美援朝"工作轰轰烈烈地开展起来了，休息日没有了。有时忙做炒面支前。中央决定军委直属队成立政治部名为军直政治部。我们办公地点从三座门转移到景山东街景山斜对过一条胡同（后名景山中街）路口一排平房。一切行政事务都不必我参与。我住在大屋子，行军床。石泽民和常朋玲夫妇另住，有一间屋由纪平夫妇俩居住。这之前后，我一直未注意同时分配来的北京中学生王之万住什么地方，具体干什么工作，只在我受命组织报告会时，有他帮忙参与跑跑腿。

天气渐冷，那是1950年冬季。有的工作如党员转组织关系的事、军直团以上干部听报告如收发党内文件一些事务仍是我的工作内容。这些事并不复杂，只是需要人去具体办理，也不需要多少文化知识，文字工作顶多就是起草什么事的通知。

中午休息时，搞行政的同志一起做"抓阄"，大家集资去附近买零食，如北京的糖三卷、蜜麻花、脆枣都是很新鲜的小吃。任弼时去世后，中办在景山东门斜对门过街一所院子设了个弼时纪念馆，同济同学唐嘉廷被曾三派去当馆长，带了三个女孩子做解说员。我同唐星期天就去公园学溜冰，我穿棉军服，有棉手套，他穿灰棉衣，在中山公园北一个自由溜冰场学溜冰。租了花样冰鞋，自学，站不住就摔倒，又爬起来再试着往前滑，反正穿得厚，摔倒又不疼，一个下午就学会了，还会转身，走"8"字。主要是学会用巧力，保持不断调整的平衡。唐嘉廷原是同济工学院的，也在团校十七班，第五组，他比我们迟几天分配到中办工作。我们既是近邻，节假日往往相约同游。我在军队机关保密性强，一般"地方上"（包括中央机关）的同志都不到军直串门，我却可以去纪念馆走走，约唐出去，如到团中央、北京市委、和青年宫等地周末跳舞。在舞会上经过熟人介绍或直接邀舞，可以认识一些异性朋友的。有一位叫小余的，长得丰满，带她较轻盈，她告诉我唐表示过喜欢她，她不太情愿。我在部队有纪律，过去是"二八五团"才可以结婚，即28岁5年党龄，团级干部。在军直见过电报通知，放宽至五年党龄，连级干部。不够条件，谈恋爱属于违纪。我那时不够条件，也刚工作不久，只是节假日好玩，对女孩子没什么追求或叫交朋友的想法。我学过舞蹈，一看就会，觉得玩得高兴就行了。唐嘉廷不如意，我也劝过几句，因此，周末，男女同志一起玩玩，高兴就行了。老唐——那时开始越来越多地称"老"与"小"了，此后发展成全国党政军群，多只有两个"姓"，一"老"一"小"，姓成了名字了。但我们老同学之间仍是直呼姓名。

政治部终于成立了，来了个军级干部叫吴涛，是个像蒙古人的大个子，听说他是副军级。机构班子搭起来了，有秘书科，纪平原为党委秘书当科长（他和石泽民都是1937、938年参军的），是营级，后来，问了总政干部部部长王宗槐，王说应该是团级了，于是，首长一句话，发下了呢子军装。我们知识分子大学生一开始只给你当个排级干部，我被留在秘书科，职务叫书记。另有个宣传科，石泽民留在宣传科当干事，科长是一个军区的宣传副部长王克，原在总政管俱乐部，其爱人叫小郭也在科里打杂。后调来一位团级干事高明，河北人，也是1938年参军的，在基层当过宣传科长。另有组织科，科长姜潞也是副师级，保卫科还只有两个干事，营级干部。总务股有个股长姓王，是个长征干部，四川川北人，参加过雪山、草地的工作、战斗。司务长是个连级干部。秘书科配有一名打字员小王。炊事班班长是个长征时抢渡大渡河的十八勇士之一，名字忘了。他身体很壮，看他在大锅边用大炊具煮饭、煮饺子等等杂活儿那个劲儿，就知道身强力壮，他有三十多岁。他说，"我没文化，干不了你们做的工作，干这些，没问题！"总务股王股长也是个痛快人，什么办公用品等等，有求必应，办事十分认真，好商量。有了政治部，下属各部、局都分设政治处、科、协理员。我发通知，起了草经科长签字，交打字员，校对后印好装封由通讯员发出去。那时，中文打字机还不错，打字员技术熟练的一分钟可打上四十几个字。这种打字机一直沿用到二十世纪末本世纪初电脑打字发明为止。

作为医学专业的一名接近临床实习的医学生，入了党，参加了革命工作，被安排在中央首脑机关，干着自己完全陌生的事，边干边熟悉，而实际上，也没用多少新的文化科学知识。也学了些新的工作、生活方法，以一个理想支撑着，一切服从革命工作的需要，我进入了一个十分单纯的生活、工作、学习的环境。入春了，照常在周末借用团以上干部的自行车，去青年宫、总政西皮市各单位跳舞，有时去大华、青年宫等地看苏军影片。偶尔与军外同学、朋友通通信，或会见。我从《人民日报》中读天文的专文和读建筑学的长篇论文中，广泛地汲取着各种知识。生活上，我没有任何个人的什么追求，我真是随遇而安，几乎什么都可以适应，我喜欢发的军衣，包括布袜。总之，实实在在的工作着。我看其他同志，也是如此的。

但，人总会遇见一些新的事物，要处理一些人际关系。小王的女朋友小乔是个有产阶级或说资本家的女儿，曾相约在青年宫跳过舞，听小乔说，单位组织义务劳动，她觉得辛苦，没去。仅管我一度对她产生过好感，一听这话，引起反感，觉得此人太娇气，兴趣淡，也就不再参加他们组织的活动了。

这个时期，我是十分遵守部队纪律的。打字室的小王这个女孩年纪也不小了，对我也表示尊敬，她曾经把她的打字室兼宿舍的门钥匙交给我。我没认为她有什么用意，以为是备用的，万一她不在，我要用打字机方便，也的确有一两次，我自己打字，发通知。可后来，有一次，我有一个通知要印时，敲门无人应，就用了钥匙，意外发现科长在她床上躺着，她也在旁，似乎两人有些不正当关系。但是，情况有发展，纪、王先后调离，我的工作调至宣传科。为此，我同王克科长夫妇，高明、石泽民更熟悉了。我被责成管理宣传费、图书等类似行政秘书的事务。这时已是1951年了。工作内容并无多大变化。

各科调到直政工作的人逐渐增加，一个科里也就有三至六人。最多的是宣传与总务。一位从基层调来的营级干部抓过文化娱乐，由于在全体人员面前显得过于表现自己，不久又被调走了。那位长征干部王股长，曾因老婆在城市呆不惯，两人闹了别扭突然出走，使得大家为了帮他追寻老婆忙碌了大半天。我从他那里听说了一些长征途中的故事，我们相处很好。

在宣传科有空时，往往是下班以后同石泽民、高明聊天，都以"老"相称，我被尊称为老赵。老高主要讲他抗战初期在河北高阳一带抗击日本鬼子的斗争故事。入伍以后，先期也在当地。如在村东头搞了小日本一下，又快转入村西口，见鬼子快进村了，撒腿就跑。这是打游击战的骚扰战术。有时有的战士在鬼子走后，回到村里，也没忘取乐，名叫"搞破鞋"。我初听不明白，后来知道，其实是领悟到，那是在战争时期，一些军民之间常或偶有的男女之间的短暂的情爱或性爱，被不愿或不屑的同事、朋友或知情者名之曰搞破鞋，女方由于性放纵而易于同异性相交者，被鄙视为破鞋，意指"没有人愿去穿用的鞋"。其实，此类异性交往，包涵一部分性行为，并无财物交换条件。偶有信物互赠之事。有时，人们对于异性间的非工作的交往或间或有工作接触，有故意贬低之意。多少受了些封建时代男女授受不亲、男尊女卑残余思想和道德风习的影响。

石泽民讲的主要是抗日战争即八、九年前在王震部队、新四军中突围的负伤经过。他一直有二级残疾证件在身。他在突围时正在对敌瞄准时，被敌人的子弹打中了左大腿内侧。他当时，即1941年受伤掉队后，差点被搜索的敌兵抓住，一次是正规敌军，一次是带伤爬至一间破房后，躺在门板下，被敌人散兵及其苟合的女人从他身上踩过；后来幸被民兵发现，在当地老百姓帮助下，勉强把伤口用土法令其愈合、归了队。后来，三年国共内战即解放战争期间，老石当了指导员，曾参与中原淮海战役。他讲述了一次为攻敌人碉堡时，不得不派身边的通讯员带上炸药包前去，通讯员被敌机枪打伤倒地后，曾回头望了望他，又冲了上去，牺牲了，成功了。心疼通讯员，也莫可如何，任务在身，只能看着自己的同志冲上去牺牲了。当时的情况和形势、心情是，如果需要他而只有他自己必须去完成任务时，只能是义无反顾、勇往直前的。

老石还讲了淮海战役中一次重要战斗行动，是在两军对峙时，我方挖了几百米的地道，用汽车往前方运黄炸药TNT（我学无机化学时知道是诺贝尔发明的炸药），目标是国民党一个兵团的指挥部，一声令下，这个指挥部全部被翻了个儿，埋在了地下。敌军瘫痪了，人民解放军拿下了这个阵地，取得了空前的胜利。

我曾经产生了以石泽民同志经历为主线的小说或回忆录的创作激情，起草过他负伤初期的片断，老石和老高都很赞赏。可是，由于工作忙以及没有发表动力等原因而一直未能如愿。

当然，在新老同志交谈中，他们也从我这里听到了一些白区（这是沿袭苏联革命战争时期对非红军控制的区域、白俄罗斯统治区的称呼，即指蒋管区）的地下党领导学生、工人斗争的故事。

工作中，我尊重这两位从战斗部队调来的老同志，从年龄讲，他们长我四、五岁，但级别却是团级，我只是排级干部。印象中，他们是掌握原则的，具体事情由我们去做，他们文化程度低些，老石是初中，老高是小学。遇有文字工作，当然是我们的事。这种格调大体上都是建国初期，一些由军队干部为领导主体的部门即一些专政部门，如军、公安、检、法、警等部门特别是中央、分局、省级领导机关的结构特色。工农兵出身的干部担任各级领导职务，知识分子在其中是具体执行的一般工作人员。

这种结构的特点是论资排辈，文化知识高和战争斗争经验少的知识分子当"齿轮和螺丝钉"作为上级一切决定的具体执行者、驯服的工具；曾经掌握枪杆子的等级高的工农出身的干部，领导并指导青年知识分子干部用笔杆子加上动脑子去出色地执行、完成各项任务。大体上形同军队中的干部、指挥员与战士的关系。这种结合，形成了中国建国初期干部队伍的格局，也是其结构的特色。

　　同于此种干部结构者如公安部，我的同学冯秉直曾在三野某兵团保卫部工作，他调入公安部几十年中，勤于文字工作，除了"文革"中复审其在校参加过三青团问题外，在其研究室从事公安史的纂编工作，直至1997年10月14日因血癌逝世，终年72岁。文化程度低者总是领导，他只享有15级正处的最高待遇。同样，与我同时期后分配至总政青年部的杨思贤，大学生，最高在部队享有连级待遇。而在"地方"多数定级高于同时参军的干部，约高三级，如18级，部队是排级。工业部门知识分子如我的同学者中，被重用者如原一机部冯泽，由于学工，在校时任工学院支书、总支委，长于文字，当了副局长，算是被重用的。轻工部在上海纺织所当了多年党委书记的赵学贵，临死前不久的1995年才被恩赐副局待遇。只有我同班同学张某的妹妹、文学院的小张因长于起草文件，在国家体委升了办公厅主任，文革后当了体委副主任、副部级，在政府机构属于重用而任职最高的。在部队工作中任职最高者只有一两人搞医务或其他文职，当到军级，都是多少年后的事了，真难能可贵！除去类似结构之外，人事升迁，还有其他因素，即人事关系中的领导者的度量、任人唯亲、唯贤决定。

　　我们有个组织科，姜潞科长（师职）主管干部工作。

　　我当时也没注意原秘书科有何变化，也就全神贯注于宣传科了。王科长的爱人（那时称"爱人"是指已婚夫妻）在科里是做秘书工作，老石、老高回宿舍，住机关的我有时同小郭聊天，也看看其他同志在院子里打乒乓球或羽毛球玩。有时，王克科长和小郭可能有意晚回宿舍，便于同我们这些群众保持联系，也了解些情况。我一切都生疏，对军委机关在不断适应过程中，组织上一切安排都完全听从，没二话。小郭打毛衣，叫我跟着走，聊天，我就给她拿着毛线球。她也给我介绍王克的一点情况，他一直在省军区主管文化、宣传，包括体育、娱乐，她说惯了"王部长"，我才明白，王克原是什么省军区政治部宣传部长。我体会到，大家都是从全国各地选调到中央工作的，都个适应过程，上级有指示、决定，就设法去执行并完成。一般是调任自己较为熟悉的业务工作，原来在基层做过宣传工作的，调来宣传部门。只有保卫、总务科股的工作人员文化水平相对低些。

违犯纪律的恋情　"三反"中家遭冤屈残害

1951年的初夏，王科长告诉我："过几天要调来一个十七岁的小姑娘，你负责她的工作，可以管图书！"

小姑娘穿着列宁服着军装，叫小吴，梳两个粗辫子，鹅蛋脸，白皙，中等个儿。初中毕业程度，写字还算清秀。她叫我赵干事，北京腔。毕竟是个新参军的小孩子。人还活泼，不久就同科内外的人员都混熟了。有时大家在院子里打乒乓球，我也等着轮流上场。小吴跑过来一把拉着我的手臂，说："走，赵干事，跟我上街去玩儿去，走吧！"我想等着上场，这时，保卫科的古干事就说："你自己去玩吧，小孩子！"我看她用力拽着我不放，就笑着说："唉！走吧，走吧！"上街去在景山东街走走。看我脾气好，顺着她，如此好几次，我们下班后，有时也走得远些。只是听她述说自己家的情况，在北京，家在东门楼，从平安里西一家烧饼店旁的小胡同进去，不远就到了，还有个叔叔在东直门一家西药店工作等等。有一回上街在景山东街南口一个小商贩摊上，她买了个又硬又大的金黄色的柿子，说她妈妈告诉她"柿子是暖肚子的，吃了好"。我试着尝尝，虽硬却脆又甜，觉得北方有此水果还不错。我在家乡都是吃那种像苹果大小的软的柿子，甜味相当。

日常工作无异于军委直政成立之前，组织报告会，偶尔组织局部单位的周末舞会。

我同小吴的关系有些变化，由于她的单纯、主动和热情，我们进入恋爱般的亲密接触，这对我来说，是破天荒的事，过去虽和女同志有过好感，没有过私人间的接触，几乎忘记了在学生时代包括团校时的高标准与严格要求。被与异性亲密接触的温馨与甜蜜，使我有些近乎幼稚的陶醉，应该说，这是真正的恋情。但我潜意识中强烈的组织纪律性又使我处于一种神秘、隐秘的犯罪的但又追求甜蜜的矛盾状态，开始有了两人秘密地上景山树林约会的行为，两人间行为的结果如何，都不及细想，觉得那是未来的甚至遥远的。

这种事，即两人私下的公余时间接触、外出，必然拉开了与同事们的交流。大家都知道，总是她硬拉我走。她还在大家面前，说我是"王老五，衣襦无人补"。

"你和小吴之间关系怎么样？"有一天，王克科长同我个别谈话时，突然问起这么一句话。我觉得很突然，又很自然，便不假思索地回答道："她单纯也热情，将来条件成熟时，我可以考虑同她结婚的事。"

"嗯，你准备在科里作检讨！"他略作考虑，下达了指示。

我无言以对，但觉得事情严重了，我得作检讨！我们军队的纪律，从"二八五团"到连以上三年党龄可结婚，这是到1950年的变化。这我知道，看过电报。照此理由，无权论婚，自然无权谈恋爱，也是违纪，也就是犯错误，本人要检讨，领导人代表组织要给予适当处分。我明白，一个排级干部是不允许的。而我确实是忘记了，而准确地说是明知故犯。有个婚姻法成年可婚，但这部队为了工作，是超于法律之外的那是只对老百姓适用的。总之，错了。我又觉得委屈，年近二十五岁了，成了"王老五"，可又想，我没有越轨的性行为，将来的事，这算什么错误？说个倾向可以，等等，我向小郭道出了委屈。领导上对我也一直是信任的，大家也不干预我和小吴的正常活动了。

在平时，学习活动往往在早晚进行。早上又曾增加了试行的部队班、排训练，在景山内广场上。那时，景山还没开放成景山公园，只是中央机关的活动场所。这是试行步兵训练规则中的教练内容，可能参照了外国的办法，在学习书本知识中，有关于被俘时应表明自己军阶的内容。我在成都南薰高中前后，受过类似的训练。初中时当过童子军，也是那些集合、立正，向右看齐，向前看，报数，向左向右向后转，跑步，齐步，正步走，立定，等等。班排教练有向左转走向右转走，向后转走等等动作。

我们在景山北院还召开了一次军委直属机关党委成立大会，为了整党整风。

有时，我们比赛，从没有阶梯的荒山坡登上景山最高峰。那时，景山还不是公园。学习多在早晨，偶尔在晚间。凡国内、党内、军内大事，都得学文件。我对学文件和业余读人民日报大块文章感兴趣。关于天文、宇宙发生发展的学说，关于建筑艺术的整版论文都是我专心致志汲取新知识的对象。当前整党整风和四十年代初延安整风的文件，毛泽东选集，都是我专心阅读的读物。过去学的自然科学知识有助于我对哲学的理解，而文件毛选的学习，使我认识党、革命史和社会科学，也在办公室里，了解社会的各种现象。

1948年解放区土改的情况，我是在学舞蹈期间课余阅读的，我曾想到家庭情况，写信希望父母亲属们到成都那样的大城市去工作，小城市比较乱，政策水平低，一遇土改中不讲政策会受误伤，但他们置若罔闻。1951年新解放区也是大部分地区搞土改。我担心我的家庭会有什么变化。

从父母来信中，我知道父亲在原地下党朋友和当地峨眉政府的帮助下，如实将自己的历史履历向地方政府写了报告，登记入册。我知道对待国民党统治时期区域的旧职员，无论军、警、政人员属于连级以上军阶者属于"反革命"类，父亲当过抗战时间的县长、督察、视察员。政协委员邓汉祥原为刘湘任省长时的秘书长，是父亲考入宪政班时的负责人，被尊为老师，按理，他应属于中共同路人士之列，即使入了"另册"由于已按规定及时登记参加过"反动党团"之旧人员而予以安排。那时，从年龄上讲，生于宣统三年即1911年的人也才40岁属中年干部。果然，得到消息说，父亲作为旧人员被录用为峨眉县政府的文教科长，还管理峨眉山事务。他忙于将山路修整好，并努力办好中、小学，工作很忙，家庭生活问题勉强得到解决。据说，有个姓田的县委书记直接掌管他的工作。

按照当时中共与人民政府的新区政策，对旧人员的安置、使用应该说，是合于政策也合情理的。

反贪污、反浪费、反官僚主义的"三反"运动，和五反运动这两场对内（三反）对外（五反）的斗争开始了。可谓轰轰烈烈，从政治部抽调了几个干部去市里参加五反斗争。

军队机关内部也在大张旗鼓地进行。军委二部一位部长有女护士为其每天按摩，天津抓了张子善、刘青山两个典型，在北京山薄一波主持的音乐堂大会上宣判了公安部行政处长宋得贵霸占了民间女艺人，都执行了枪决。我在一次会上听朱德总司令说过："今后要少杀人，最好不杀人"的传达。后来知道，都是毛主席亲自下达的杀人令。没听说有什么司法程序。总之，群众运动搞起来了。我们军直机关也掀起了揭发、算账的高潮。

军直政治部开了几次揭批司务长问题的大会，我曾经喝过他给我品尝的苏联伏特加酒，就作为问题提出来，属于交代揭发，还有人说他去过北京八大胡同妓院嫖娼等等。有一天，他在宿舍抓电灯泡自杀未遂，又用刀割喉自杀未遂，住进医院。领导上还让我去医院看，动员他争取宽大处理。我看他气管插了通气管，无法交谈，但当天晚上，党支部就开了支部全体党员大会，支委会决定开除司务长的党籍，因为他作为中共党员，自杀就是叛党。

　　运动进行中，军委规定必须把一千万元以上开支的账目重新清算。我在宣传科是掌管财务的，过手的款额超过两亿。组织上对我没有怀疑，让我自己归纳查账作出报告。按照后来懂得的规矩，财务应该是有总管、有会计和出纳。我们却没那么多事儿，我记账，流水账，同单位和银行打交道。这是建国后第一代人民币，五十年代初至今的第二代人民币值是，新币一元等于旧币一万元。

　　我在核对账目时，发现王之万办理劳军电影场租时有个七百多万元的青年宫发票有疑点，即去总部供给处核对，竟是同日同数额的发票，显然是重复报销，这多一份的款，王并未说明。我又去青年宫查对，追问为什么开重复的发票。答称王说发票丢失，于是补开了一张。可见，王将七百多万元据为私有，有贪污嫌疑。我如实作了汇报。王之万这位北京中学生贪污案确定了。召开了揭发批判会。经过调查，证明他以重报账手段贪污一千多万元，还对其女朋友等人吹嘘他是营级干部团级待遇。其在单位的表现，主要是曾用香烟、水果请客。但是，在查我主管的账目时，有十五万元对不上账，我想起是王之万曾在一个下午找我借去，没叫他留下借据。由于我没想到这个事，也没在揭批会上提出来，领导上叫石泽民同志同我谈，说是否是我多吃多占，我知道，这是下台阶了结的办法，但我确实不曾有一个钱的私用，估计是王之万也不承认，我又无证据，又不曾在会上揭发。最后，是在总结大会上，只说有十五万元下落不明，未作为问题处理。此后，不知王之万去了什么地方，作了什么处理。在我经手的几个亿的经费中，我是清白的。当时，从总司令到战士，每月津贴费，都是一万八千元。个人确实没有什么花钱的去处。我们借团级干部个人的自行车去参加周末舞会，顶多是深夜回单位时在街上吃一碗挂面；平时也不吃什么零食。三反高潮过去，单位也总结了。一切如常。我也不去过问，打听别人的事。只偶尔听说，参加社会上、地方上五反打老虎的干部还在奔忙之中。

　　事实上，军直党委所属单位，在先后收尾过程中。

　　我查阅了1951至1952年仅有的记事本。（这是1966-1976年文化大破坏中，我被抄家时极左派群众组织用以诬陷我的九个专案组断章取义所用，1978年最后结论说明本人无问题时，将原件退回我，保存至今。）多为政治、形势和整风报告记录，有一小部分日记保留了下来。可见，三反运动前，1951年12月6日，吴涛主任讲学习共产党员标准的八项条件是当时整党教育主要内容，同时说明那时不实行薪金制，就是因为国家要把经济投于生产，变农业国为工业国，暂时利益服从长远利益，一切为长远利益着想。

也就在1951年12月14日，军直政治部吴涛主任专门传达了中央一级机关总党委书记薄一波的报告，即"三反"的传达报告。说是1951年12月至1952年3月内进行"当前压倒一切的严重的中心任务"。举例讲了一些案例，如天津地委正副书记刘青山、张子善合伙贪污了二百多亿元，从东北运4000m³木材做买卖，占有了十辆小汽车，买下最好的林肯式车，送礼封嘴，还抽白面（即吗啡）。两个1932年入党屡立战功的师长副师长已经逮捕，拟处死刑。又如军区后勤部政委李镜吾，也是1931年入伍，因与旅馆经理、特务合搞生意，以致嫖娼抽白面等等。当时估计全国贪污有50亿斤小米，可养活100万人的军队，可修平汉路。也讲了一些总情况，即贪污一亿为大的，其余是小的。全国工作人员有1.1%-0.2%约一百万人贪污。中等10%，小的5%。每天毛泽东要收几百封信。工人、车夫每月挣60万元。老百姓夜晚贴条子说，机关是国民党机关！如此，毛主席说："如不立即纠正，则我们会给资产阶级腐蚀掉。"又说："这是资产阶级从内部来腐蚀我们，外部无法侵袭我们！"分析了问题和典型案例。发生贪污部门，以财务、后勤、采买部门多。公安司法军法保卫部门也有。天津市公安总局所属一个局就接受35141万的贿赂，其中600多名反革命分子不管制了，认为"行行出状元，也会贪污"。

浪费严重，毛主席说："制度可以宽，但不能没有制度。"搞三反是压倒一切的中心任务。

1952年4月份，毛主席批评说："机关已名誉扫地。""应当关上后门，打开前门。"

周恩来讲过三反不能反掉群众福利。

林彪讲三反后要提高军人的政治待遇。

总之，三反运动由中共中央、毛主席发动，达到了勤俭节约、艰苦朴素作风和共产党自律的目的，在社会上造成了共产党不会腐化的良好影响力。解放建国初期，误杀了四十五万人，但夺得了政权。那也是一场运动、武装夺权运动。有误杀的。那么三反五反就没有吗？应该说，也有。在还没由中央人民政府制定惩治贪污法条文制定发布之前就杀了张子善、刘青山等人。是否也有过左的问题？

但是，从我家庭出现的问题，就令人怀疑了。正在1952年三、四月间，军直即将完成任务，我在写总结时，就接到姐姐从万县国营农场农科所的信说，三反初期，我父亲以峨眉县文教科长身份，被逮捕了。理由是官僚主义，内容不具体。据说不少被派至农村的中小学教员借题发挥，他们都想在城市不愿下农村，以此发泄不满。又说有贪污。从母亲和姐姐信中说，家庭生活十分困难，他只是安排了弟弟洁怀去任校长。而这也是因军属照顾的：父亲只管业务，不掌管银钱，财会主管人亦未被揭发出任何科长贪污公款的事。

我写信要她们相信党和政府，实事求是地对待问题。我个人三反总结中提到了此事。

这是1952年3月16日的事了。我当时的确是"左"的。其实，中央是有政策界限的：贪污一千万者，忠诚坦白，可免于刑事处分；被检举、不坦白，处一年以下有期徒刑；二百五十万以下者自动坦白，可免处分；其余则是教育提高的问题，如化大公为小公，机关生产，来去有据，用于个人生活补贴、超支过多，而私人挥霍、公私不分，则近乎贪污；这些都属于浪费之列。小小一个新解放区县城，能有多大、多少属于贪污者？但，当时，我要求自己严格。我在1952年3月16日总结书中写道："我认为父亲是旧社会中维护蒋介石反动统治的官僚帮凶之一。过去我家所以是地主（今注：从三十五六人的大家庭人均计算，二百亩地中，一部分是祖业和经营纸业积累的，一部分是父亲以每月得180元积累分存购买的，人均5亩地，顶多一亩是父亲薪金的，而且多数人上学，早已在三十年代末四十年代初衰败，所余只够祖父母少数留夹江的人口糊口。即使算上后来在峨眉置办的一百亩地，也卖去维持家用和姐姐上学。我主要靠国立学校公费吃饭。况且，土改时，定为小土地出租者，只属相当中农成分，所以，因'左'而错称地主），全都是他剥削与贪污劳动人民劳动成果的结果。"接着，我写道："虽然由于在国民党腐朽的裙带风以及反动集团之间利益矛盾下，他很不得意，而在认识上靠近人民，但其旧日的劣性依然。估计可能有贪污，不为了家庭生活，他在人民政府不会归顺地工作下去。"然后盲目主观以感想代政策写道："但如非他的恶劣德性，不会逮捕。因此，与他的阶级界限，更应明确化分。如其贪污了，是犯人，是敌人，而且我也得使母亲和弟妹在思想行动上，都与他分开。"

以上是一个因"左"毒之害而忘记矛盾性质，误解了我敬爱的父亲。

同年3月19至25日间，我向组织（即党支部和有关领导）交出了总结检讨和家庭来信等材料，做到了坦白，忠诚。

这时，我收到母亲来信。（母亲，前面说过，一个文盲靠私塾和自己努力，具有了写信的能力。）由于原信已交给单位了，根据日记有此一句："母亲来信，似乎爸爸的事有些冤枉。我不准备再作什么处理，由他去吧！"

王克科长的爱人小郭同我谈话，她告诉我，他们夫妇将要去总政治部文化部解放军俱乐部，叫我暂时做内务工作，将来要求做干部教育工作。不久，他们走了，科内缺乏生气。

以下见两篇日记。

在发黄而发脆的、装钉线已部分断失的日记本一页上方，写着：

"这篇日记在写的时候，家里也发生着、发生了不幸的事情！"正文开端：

1952年4月3日

上午打空箱，装完图书。午后支部大会。

午后与雪琴联系，我拟装"八一建军史"寄去，让她看看，如欲刊载，即行修改，否则作罢。

（注：1.装箱为机关搬家，从景山东街至新街口；2.雪琴是团校女同学，在团中央主办的青年报工作，她与我的同济同学黄显增有恋情。）

1952年4月6日星期日

没处去玩，在家足足呆了一天。

昨见姐函，她正在从事农业研究，改良品种。学习的是米邱林，并且还向李顺达挑战。（注：米邱林是当时苏联农业专家；李顺达是国内农业劳模。）

同时，又说到爸爸事。据说是受了吊打冻夜的肉刑。不管如何，使他受受教育也是好的。

目前，家庭生活无着，我亦无能为力，饿就饿死吧！现在，还不能回信。

这两天，我思索了许多事情，我的进步，我的过去和将来，以及现在所处的地位。又考虑到弟妹们的工作、学习问题；关键（是）生活问题。

我很有些那样。（按，指无可奈何。）

（注："冻夜"一词，是说被捆起来，放到郊区农田，使其通宵达旦受冻，同吊打一样，为了逼供信。）

也正在四月初，我又接到母亲的信，较长，主要说的仍是猛攻父亲的不愿呆在农村学校工作的教师，和一些人无根据地怀疑他贪污文教经费；逼供说有金子藏在家里；母亲被押去看着人们把父亲悬空吊起、鞭挞，主动说我有银元可以交给你们，求把丈夫放下地来，于是，有人押着她去把她代我姑妈存放的钱取走

157

（注：她不知道，当时我二姑父已被逼吊死了，据说是追浮财）但是，情况并未缓解，搞逼供的人们认为取得了三反的重大胜利，要扩大战果，又加刑追逼，父亲这才说，家有金子。于是，母亲在家，弟弟在校，都被强迫交出金子。母亲信上说，限期几天交出，不然，还得穷追不舍。母亲信上说，我父亲乱说，拿什么交呢？她要求我向中央反映，处理好峨眉的案情。令我震惊的是，信的结尾，写着：

"你的妈妈绝笔"

事情很严重了，我没了主意，将原信上交给军直政治部领导上了。我茫然，我失落，泪往腹中流！

一直未见回复。日记上有点记载：

1952年4月8日

昨天，大伙又提了些意见，不相信我对父亲所抱的态度。有些超乎事实的猜想。

这几天，我家里再可能发生什么事，都只得等待、等待着。各项工作，照旧进行着。

机关搬了家，迁至新街口西百米路北一个大院，大院套小院，临街有二层砖房，小院与此楼之间有一个广场。另有几个小院子用作宿舍、办公等。

应该说，是身处闹市，宿舍在楼下走廊南侧、临街。楼墙壁上半部是玻璃窗，街上车行、人声，听得很清楚，好处是采光好，坐在床边、桌前可以看书。对这城市街道的噪音听惯了就麻痹了。一本范文澜主编的《中国历史简编》我就是在这个环境下读完的。但令人经常烦躁不安的，却是清晨天还昏暗时，就有了手推车、三轮车和偶有的运输车以及行人的刺耳的噪音，把我们这些因自学或少有的集体活动而晚睡的职工吵醒。这是集体宿舍！

过了几个月，才搬入北侧阴暗的小房间。

这期间，开过支部大会，对原党委两个秘书之一的纪平以生活作风问题，实是男女不正当关系问题给予处分，叫党内当众功告。这是党内处分党员最轻的一种。另，以骄傲自满等很牵强的理由，对已经调走的王克科长也是如此处分，但本人缺席。

我作为一名党员在表决时是要表明赞成与否的。弃权会引起追询，出于个人当时处境，从自私心理出发，对两起都表示赞成，其中，纪平属婚外恋情性质，而王克我是认为不公正的。会上只提出过疑问，支委说明了，我也未表异议。我之所以私心，除个人处境外，王克夫妇对我很好，批评时中肯，临别还对我的工作、为人表示了关切。至于其他人怎么想的？不得而知。这是1952年4月12日的事。

1952年5月7日

"下午接到袁遂陶（注：一位远亲）来信，很出我意外，来信不是洁弟写的，也不是告诉我三反结束后家庭生活现况，而是说：母亲和洁弟都投河自杀了。这事不能不使人触目惊心！怎么可能呢？怎么会变成这样？在他们思想进步着的五年多来，竟变成这样了，家破人亡，这是我从来想不到的。

事已如此，除在认识上应该站稳立场外，家庭目前问题（注：信上说，无人收尸），我应该怎样处理呢？我应该怎么办呢？我应该怎么办呢？

是不是明天向党组长谈，把过去的信，都给组织上去了解一下。

1952年5月11日

昨天将详情向杜科长谈了（行政与党组长），并说明办法，想了解一下。

据称，组织上认为，一年来（我）是站稳立场的，对此问题处理态度是好的。但从组织上去了解，要县里处理安葬等事不妥。叫我自己去信问问，如安葬费用或回家等，待我提出具体意见后，再作处理，由支部研究。

今已去信二封，要姐姐回家一趟，如必须我时，望来电；姐处也如此。

我想，回家是有些必要的。袁等人不敢照管，当地政府也不会理的。姐姐正在春耕忙时，恐不能回去。我如果回去呢？起码半月。

1952年5月15日

昨晚听了冀朝鼎归国的报告，从国际贸易会议筹备经过及其意义，并分析了国际经济现势，很透彻！可惜未作笔记。

杜科长有意识地培养我作宣传工作，我也愿对时事政策宣传工作有所钻研，但我还想问问王科长。

小吴分配去协理员办公室做文书，这是提拔她，提高她，可是她还有些思想问题，脱离实际的想法。

1952年5月21日

得姐函，我经再三考虑没写好报告，想回家去办理善后。

1952年5月27日

昨夜支部书记找我谈了谈关于我家庭的问题。看了几封信后，说了些道理，涉及新解放区问题，不同意我回家。

我的情绪不好，杜科长也不放心，为我睡不着觉从楼下到楼办公室去睡，受到监督。当夜在楼上写的日记中写到：

"我想起'原野'中的人物。（注：如仇虎被监视）以这样的同志感情，我感到悲痛！

我又忆起了无辜屈死的母亲和年轻的洁弟。许久不能入睡。"

1952年5月28日

接姐回信，附妈绝笔书及二妹函，妈妈不知如何有二百个大洋交出了。他们都被拷打，洁弟尤其惨，一身打得鳞伤未愈，仍受严刑逼打。

（注我在"几百大洋"处标出是窝藏地主周维申、赵玉仙——二姑父二姑母的。畏罪，不坦白其来源。）

受不住"左"的人们的毒打，自杀了。这是不免的。

姐不能回去，无路资，还有其他牵扯。

我能吗？我真想回去，我想念他们！

组织上（杜代表了）不同意我回家。

以上日记摘抄，说明事实主要经过。后来，政治部主任吴涛听汇报后，批准我回四川去一趟，因为是新解放区。我想回去，但此时又犹豫起来。我想到既是新区，基层干部政策水平如此之差，逼供信逼死人命，显然，左得很，我一旦回去，人微言轻，很难不被人为掩盖其错误，文过饰非，而给我任意找茬噘陷，跳到黄河洗不清！经反复权衡，决定不回去。只向领导表示，相信当地党组织会正确处理的。

半年后，我接到姐姐和妹妹的信，小妹已将仅留下的父母十多年前存在聚兴诚银行的三千元长期存款单交公，住房就请同去跳水因穿了厚棉衣未死的奶奶张张住着，未向我外婆或任何亲戚辞别。因为，无人同情她们。妹妹给我写信说，不愿总在万县农科所姐姐家带孩子做家务事，想到北京上学。

我请示组织上，同意她来京当随军家属。

过了几个月，即1953年春夏之交，惠云妹到北京来了。门口来了一个13岁的小女孩穿一件旧灰上衣、一条花瘦长裤，吃力地提着个大皮箱，这就是我七年未见过面的小妹。我1946年夏天离家时，她才六岁多。我带她玩，在成都带她和我的同学一道去看电影，我很爱我的小妹。她受到几位老同事的爱人的照顾，带她去买花衣裳，安排了住处，是我的随军家属。还有人拉小提琴伴她唱歌玩。她在家时初中毕业，应争取在北京考上高中，我想中小城市教学质量不如北京，要她抓紧复习各科，积极备考。后来，得到同事李述纲（他是北师大外语、历史专业毕业的，在军队仍是排级干部，科学知识学得好）帮助。因述纲的妹妹奉谦也考高中，把我妹妹接去同她一起备考，多少可以得到些帮助，有时回来走走。

妹妹向我平静地讲述了家庭被毁的经过：

"母亲被叫去县政府目睹父亲被吊起毒打，她误以为给钱就可以了事，其实那是二嬢托存的钱，但还是把父亲弄到城外去一夜一夜地受冻。

"我每天上学、放学，都有几个人到家里向母亲、哥哥追要钱；二哥也在学校，在家里被吊打，二哥全身都打伤、打得皮开肉烂，只是哭。

"我很害怕，也哭，但还要上学。妈妈叫我乖乖的上学去。

"有一天，放学回来，看见妈妈十个指头都刺伤滴血，妈妈边叫痛哭着，对我说："他们竹戳……"

"我哭累了睡着了。

"第二天一早起床，家里没有妈妈、二哥和张张大妈的人影。有一个青年男人从妈妈的床下爬来，什么都没说，看了我一眼跑掉了。

"我屋前屋后，楼上到处找她们，但是家里已经没人了。'是被人带走了吧？'我想。正准备空着肚子上学去。出门时，张张穿一身湿透了的棉袄回来了。

"'他们都淹死了！在潭儿沱！'没人管，张张带我去水西门外潭儿沱旁边岸上，看见妈妈和二哥都死了，两人还死死地抱在一起！我哭！可是我一点主意都没有，不知道该怎么办。"

妹妹呜咽着说："我不知道后来怎么了。知道姐姐在万县农科所，后来，她来了信。我把家里仅存的一张存折交了，家就交给张张了，才到姐姐那儿去的。这是今年的事了。

"在我离开峨眉以前，是国庆节吧，我走过县政府大门前，看见了爸爸在扎牌坊，字也是他写的。我告诉她妈妈二哥的事，他哭了，哭得很伤心，我也哭了。看管的人也没说什么，爸爸说，他才知道，为什么没再拷打他了。

"后来听说判了他15年徒刑。说他贪污了好多钱。我没看到过判决书。可是有很长一段时间，我听说爸爸每天在挑砖，在城外通到夹江的马路上，有时在马路边的李祠堂去吃一点东西，因为，二姑爷死了，房子给人占了，二嬢没地方住，就在李祠堂那个破房子住。二嬢得肠胃癌死了以后，我没去过，什么都不知道了，也再没看到过爸爸。后来，才到姐姐那儿的。姐姐告诉我，爸爸已经被送到新疆去了，属于生产建设兵团，在和阗县的劳改农场。"

"你说有一个人在出事那天从屋里出去，那是怎么回事？"我问。

"我忘了告诉你了，追逼什么金子最后一天夜里，县政府的那些人悄悄地藏了一个人在妈妈住的房间的床底下，偷听了她们的谈话。"

我了解了这些情况，认为父亲坐牢，是个冤案、错案。我能说什么呢？

我只能表示理应"相信地方政府"，但内心充满了疑窦，无法解开。只有家庭经济生活的根据，也是可以作证，家庭从来没有收到过一分钱的不义、非分之财。但是，我能为屈死的母亲、弟弟和无端坐牢的父亲伸冤吗？谁能为此案去复查？在中央机关工作环境下，我受的教育、党组织对我的要求，也包括一些同事的"左"的态度，使我从此背上了一个无比沉重的包袱，名叫"父亲是贪污犯，母亲、弟弟是畏罪自杀"。贪污了多少公款？畏的什么罪？

我1980年秋在文委出差成都，利用假日去峨眉县法院查阅父亲判决书，只有一条所谓罪状是建国前在抗战时期任县长时期薪金每月180元，一年多和一切合法工薪的全部推算定为"贪污"金额。

这显然是颠倒是非黑白的、违反法治的黑暗，是旷古绝今的冤案！

但是，人死不能复生，冤狱难以申辩，姐妹们还要生活下去。

慰姐全身心投入农业科学研究与人民生活直接相关的粮食品种改良。

惠云妹考入北京女六中，李奉谦学得好些，上了女三中。

我全心全意投入干部理论教育，而后全国要扫盲，军直要提高干部文化水平，又转入文教办公室做了数学组组长。新调来两个大学生协助工作。除了定方案下达军直各单位、制作教具并深入到总政、总干、总参及其所属各部局，了解文化教育工作、文化教员情况之外，我们还兼任直政本部的课。很忙，还要处理内部工作不同意见的分歧，也涉及另一个组——语文组的人事关系与业务问题。

因为，同我很友好也较知心的李述纲的水平与担任组长的和平不协调，和平只上过高中。但宣传科已改为处，处长是从平原省军区宣传部长调任的。工作关系复杂，都不难处理，我学会了如何正确处理好各种关系，团结大家。令我难忘的一件事是，我起草的一个详细的举办军直数学教员训练班的计划书，王处长未提不同意见转报吴涛主任审查后，主任在本子上批明："很好！"。王交我时，顺便说了句："很好！"面部表情似有不以为然却无奈之意，并无其他鼓励、表扬的话。而在事后一次自我批评的党、政工作会上，他认为上级（指政治部领导）对工作好的缺乏表扬鼓励。当然，他确实表现了若干实干的精神，曾带领我们几个下级一道去市区、京郊多个部、局检查工作。白天，分头找干部、教员、学员谈话，夜里分头写出书面报告，然后汇总商定起草检查报告，翌晨向该单位领导谈话。名叫汇报，实际上是把该单位的工作作个结论性的发言。听我们上级政治部来人发言的，都是军级干部，对我们十分尊重。

如此调查、检查工作，是日以继夜的，记得曾经有两三次，每个人都是三天两夜没有休息；没有人去思考任务外其他的事情。

回政治部后，听到中共中央、军委关于安排知识分子中科技专业干部归队的文件。据此，军直理应将我调归医学、卫生工作部门去从事医学专业的学习和工作。我正在考虑到北京医学院修完临床等科目，毕业后，做医生。处长和党支部希望我考虑到军委一万多干部极需提高文化，最好不要提出回地方上去（当时，习惯把军队以外的单位通通叫做"地方上"）。我适应服从于文教工作的需要，继续留在宣传处做文化教育工作，后来又做干部理论教育工作，一位为人谦和的团级干部彭万里和我成了工作搭档。开始都叫张干事、李干事，改为助理员职称后，师、团、营连级干部，不当"长"，都做助理员。这是学苏联老大哥的。名义一样，级别高的负主要责任。

这时，已调至政治协理员办公室做文书工作的那个小吴，向我提出希望我转业归队，我可恋爱和结婚。我考虑到上学、工作，经济条件等麻烦事，对小吴觉得年纪太小不成熟，决定不提出转业归队。如果我有意，文教工作结束了，我仍可以有权要求离队。小吴为此改变了方向，另和其他处一名姓史的营级干部恋爱，被一齐调至宣化一个下属单位去了。

一切都结束了。

在旃坛寺自学钢琴　出差张家口检查工作

在抗美援朝后期，中央军委为锻炼干部适应现代化战争，对干部组织轮换。我曾请求赴朝参加干部轮换被无限期推迟而未去朝鲜。

当时，我等一批知识分子被提级为副连级助理员。

我妹妹上北京女六中高中期间，生活费由我从每月23万中提出。有的归队了的同学如原工学院又曾主持任弼时纪念馆的唐家廷和在体委工作的周祖羲都曾支助过。后来，人民币改为新人民币一万是一元，我每月尽力给她15元学习费用，自留8元。因为，穿的军衣包括衬衣、布袜、线袜，都是军需部门统一发的；伙食费也是公费。自己就是"津贴费"。

人事总是在不断变化着的。中央出了个高岗、饶漱石问题。1954年初中央七届四中全会发出《关于加强党的团结的决议》讲高、饶的教训。

下半年，军直第四次搬家（第一次迁至三座门，第二次迁至景山东街，第三次到新街口）到了旃坛寺1号。这里原是袁世凯兵营，同军乐团和仪仗队专练直立站岗的部队在一个大院子。

办公、宿舍都很宽敞，还有一台钢琴。杜副处长也调走了。新来的副处长姓田，年纪大些。印象深的是，他虽在同我们青年干部闲谈时，诚恳地提醒大家无论自己手中的钱多少，都要注意别乱花掉，可以储蓄起来，将来，总要成家的呀！并曾和蔼地表示要我耐心帮助一位年长、文化低做战士教育工作的同事。他也虚心不耻下问，问我："波恩是什么意思？"

在这里，日常工作学习之外，自由活动时，我就在买了玉华五嬢介绍的练习曲谱Bach和Szerny，自己学习。由于一直梦寐以求的钢琴令我欣喜已极！反正没别人用，我就特别高兴。我全力以赴，在一切业余时间练琴。不久，我便练熟了音阶又弹熟了Szerny的几首悦耳的曲调。我想可以一直练到奏鸣曲。

彭万里同志和我合得来，他谦逊我随和，正好在1954年年初，为高、饶问题涉及七届四中全会精神的落实，我们俩人被派出差去了张家口军事工程学院和二部的外语学院检查工作。我们乘坐赴张家口的火车，在车上共同看着《桂花开幸福来》的歌片练唱，聊天。在外语学院这里，就是张家口最大的单位军事工程学院。工作都很顺利，两个助理员受到单位最高负责人军级院长和政委、政治部主任等负责人的接待。军队就是这样的，对上级派来的干部都很尊重、有礼貌。我们两人则是先找想找的干部谈话，抓典型事例，和过去同王处长出差一样，连夜综合研究，我执笔写出，次日由职级高的助理员拿着总结报告向上述领导人汇报，他们都很郑重地对待所提的问题。我们印象较深的，是有的干部对待个人因居功自傲而无视纪律，在工作人事上以及生活作风涉及两性关系各方面对他人的伤害及不良影响，作了彻底的自我解剖与批判。外语学院多个语种要求很严，要求一切交流包括生活检讨会一律外语口语化。

小插曲是一些领导人和我们这两位来客，像对待同外语专家共餐时一样多用一双筷子，近乎分食的方式，我们不习惯，也不耐烦。后来，索性找个借口，我们这些人另室进食，觉得很随便、自在，而兴高采烈。

我们回到北京，和平时一样，有时从窗外可以看到"采茶捕蝶舞"在排练；经常看见战士们在太阳下立正，一动不动，练标兵；我利用一切可利用的时间去练钢琴。我对琴谱，包括标明的指法感应越来越敏捷。

有一件事情却令我惊讶，党支部决定给一位同志一个处分，因为他自己交代了同未婚妻发生了性关系。这种事，即两性关系，必须在婚后才是合理合法的。这个道理我早已明白，没有婚姻关系的性关系会导致始乱终弃的悲剧，但已确定为未婚夫妻关系，又为什么要像对待婚外偷情一样去处理呢？

我有不少关于这方面的知识，来自各国文学著作，以及社会生活中的见闻，但党内生活，我都只是见一事，长一智。不够结婚条件（级别、党龄）如有恋爱行为或仅仅是思想，都是错误的！

我看过中央的电报通知，干部结婚条件近两年放宽了，从"二八五团"改为五年党龄、连级干部。那位同志可能还不够条件。

我自己则只想到努力工作，多学些马列主义著作和毛主席著作，从工作中增加才干，好多为党工作。我很欣赏一位诗人在报上发表的诗句，原诗名《世界上，有这样的人》：

"世界上，有这样的人

他不要什么报酬，

他不知道疲倦；

为了人类的幸福，

他工作着，工作着！

他，

就是共产党人！"

我认为诗句说得对，我就该这样，也就是这样的。全军战斗英雄代表大会，全国劳模大会都云集了这样的人。我所在的中共中央军委机关的同事们、各级干部和战士，多是这样的共产党员。

我也曾想到家庭发生的事情，而思想斗争的结果，却是个人、一家的得失，比之伟大事业、总路线，是渺小的，而比之我从只限当时党内团县以上干部才允许看的党内文件《建设》报告的，全国建国初期误杀的人竟有35万。案件怎么定，就怎么了结。我本人已经牺牲了学业，也失去了家庭，只要自己干的是为人民为新民主主义建设事业作贡献，也就心安理得了。而事实上，党组织对我这个青年党员是信任的。

我虽同较为相知的同事如李述纲、周一雄、彭万里等同志聊过，全身心投入工作，正是忠心耿耿，是大公无私！我们只想着付出，没想得到什么。的确，我们作为中国共产党的党员，是合格的，是当之无愧的。

我被调出军直政治部

五十年代的北京，虽然尘土很多，可是已在这里生活了五年的我，已经比较适应了。曾经在体检时，听见透视医生们惊讶地对我说："你的肺真好，这么透明！"他大声地说，让他的同事们也听见，都来看了看。"哈，真好！"我的肺活量也还可以，大约超过一般标准。我心里明白，这是我练吐纳功的结果。

北京的夏天不热，好像是南方的春季。几年来，不觉得热，就进入初秋了。

一天上午，那位副处长和我个别谈话。先说了众所周知的全军女同志离队转业的事，然后告诉我组织上决定把我调出直政，原因是中央军委要求："凡是家庭亲属有杀、关、管、斗的干部，都必须调离要害部门。""组织上认为，你这些年表现不错，但政治部是要害部门，你家里出了那样的事情，按规定，必须调离。如果你不愿离开部队，可以去军委办公厅做有关医疗卫生的工作。你先考虑考虑。"

真是意外！这个通知对我无疑是个晴天霹雳！一个极大的震惊和打击！

我沉默了！

我在这个老兵营的院子里漫无目的地踱着步。刚才的谈话一遍又一遍地在耳边回响。这不是正常的工作调动，女同志转业是学苏联的办法，认为打仗的队伍，除医疗护理需要一些女性外，战斗不要累赘；"要害部门"，是机体致命的部位。我这一介书生，就那么可怕吗？留下这类"杀、关、管、斗"家属就成了心腹之患？对了，他还说过："是拿枪的。"指作过军衔鉴定，会发给枪的。那么，我们这些家庭有被杀、关、管、斗的亲属，就可能拿起枪去报复杀、关、管、斗亲属的人或者危害共产党、人民政府、军队，而留下这些人在要害部门，即要命的部门，不就是威胁着党、政、军的机体、生命、生存吗？这就是调整、清理队伍，保持首脑机关"纯洁性"的政策措施的根本指导思想！

有这样的危险性吗？我知道发生过这类事情。有一份党内文件报道了一个事件：某单位一个团级干部在会上用手枪射杀了政委然后自杀，因为土改中他的家

167

庭被斗，父亲被杀。显然，那位政委是无辜的。政委是党的代表。杀人又自杀者也必是为党夺取政权立战功的。他曾为谁而战？如今却因家庭、亲属被斗被杀而与党代表同归于尽，显然是针对中国共产党和党的土改政策的。是反党反革命反土改的行为！他死去的亲属、破坏了的家庭，是地主？是恶霸吗？是《白毛女》中黄世仁那样的问题吗？艺术作品是人创作的，这地主、恶霸又是怎样产生的？"予掠夺者以掠夺！"是列宁思想。我认为谁是掠夺者，我就可以掠夺他！

这个个别事件，不得不引起党、军高层领导的重视。从这类典型案例，必会引起中央为保护首脑机关、要害部门考虑，从安全出发制定了对有杀、关、管、斗者亲属的人一律予以清除，以防万一。

作为忠诚的共产党员，我理应从党的整体利益去思考，这才叫做党的立场、无产阶级革命的立场。为了党的整体利益，个人算什么，"齿轮和螺丝钉"万一不保险，扔掉，换个保险的！

军直政治部领导对我这个干部的确是信任的，是个好用的"齿轮和螺丝钉"。但是，知道我对军队机关习惯了，对部队有感情了，不愿意离开军队去地方，所以安排我可以去军委办公厅。但是，我对政治理论教育工作已经熟悉，几年中确实读了些马列著作，似已确定了如此搞理论工作的方向，不想有大的变动，也就是说，生活改造了我，适应了这个环境，突然发生这么大的变化，真是晴天霹雳。我没了主意，左思右想，又担心到了办公厅后来又生变。不去军委办公厅，又去哪里呢？"一切听从组织安排"的思想基础淡化了。我今后是组织上有安排，也可由自己拿主意，自己提个人的愿望了！

这时，有同志告诉我，吴涛主任的爱人在航空学院任组织科长。因为那里有些医生、护士缺乏领导人；又有同志告诉我，我对文化艺术有爱好，中央文化部人事司有熟识的同志可以联系；如果我觉得可以考虑，就去谈谈。告诉我这两个去处的人，都是组织处事先商议过的。我这时，早已不想再回去搞医务工作了。已经误了医学五、六年了，也不想去做什么医务的科长什么了。但我心存感激吴主任和组织上对我的关爱。我印象很深的是，吴主任在大会上有针对性地讲话中，不指名又有针对性地赞扬有的同志，放弃了学业来为军队工作。经反复思考，我还是决定去文化部谈谈。

我自选离队去政务院文化部

离队去政务院文化部

政务院文化部座落在北京东四牌楼东四头条胡同5号。北京的门牌序号是从东起往西数，路北单号，路南是双号。这是一所很大的院子，东西楼各有四层，中间是个花园和通道，北为生活区，南有三层的主楼，看去是砖木结构，都十分结实，多为红或灰色砌砖清水墙。此院之外，还有与此相当面积的空院，略有装饰而多为杂树与水泥板铺的路和台阶。据说这是美国华文学校旧址。东西楼的外面墙上布满了爬山虎的绿色屏障，环境幽雅。

接待我的是一位叫王凤云的女军属干部，她告诉我，他们很欢迎部队转业干部，工作去处很多，由一位办公室主任同我面谈。主任也是一位女同志，叫伊文。穿的花绸上衣和裙服，很时髦。她表示很欢迎我到文化部工作。"你就在我们人事司工作吧！你喜欢文艺，我可以介绍艺术局一些专家给你。其他部门也行。"我征求了副处长意见后，仍做干部理论教育工作，最后，定了到部党委宣教组工作。

我依依不舍地在军直机关各处走走，特别无可奈何地在钢琴边坐下来，弹了可能是此去最后一次音阶和练习曲。

参加了机关为欢送我的一次酒会，大约有四五桌，是协理员组织的。我不知为什么有些兴奋，没有笑容也没有眼泪，都是那些同事参加也没留下深刻印象，只记得，我来不及吃什么，就轮流一桌一桌地敬酒干杯，以后，就醉倒了。等我酒醒之后，发现躺在床上，旁边紧靠一张床是周一雄。他一直看护我，我吐了，他收拾，照顾我直到醒来。

在部队四年多，留下了一个解放战争胜利纪念章，抗美援朝纪念口杯，一双长筒毛皮靴，临走时，周一雄送我一件老羊皮大衣，我把长筒皮靴留给他，以作纪念。

1948年走入党门，1949年出校门永别医学入了团校脱离生产，1950年参军，都甘为人们的牛，听凭党组织"指到哪里，打到哪里"，而今自己做主选择了另一条路，走入文化部门，看来，是要就此安身立命了？说是"条条道路通向共产主义"吗？这条路，我走的对吗？自己已经没有什么专长了，要说专长，只能说是政治理论和政治工作，从这个领导机关到另一个领导机关，都是做具体工作的一般工作人员。前途仍是茫然，只能干到哪里，学到哪里了。

写到这里，应该把军直政治部的事作一个了结了。我到文化部工作之后，曾经又去过直政，看了看老同事石泽民、彭万里，那时，已改为总参政治部了，宣传处已变为宣传部。周一雄同志是工作很敬业的人，按照忠诚老实的要求，他做得很彻底，他如实地向党组织交代了上海解放前他曾与几个朋友去见过当时美国驻华大使司徒雷登，也只是见见面，没什么任务。但是，他家庭又是房地产资本家，在上海有不少房地产。这就影响了他入党的转正问题，把他复员到了河北易县。他在易县做基层工作，还参加设计了一个小水库的工作，了解了一些基层干部的思想生活，认识了一位也是上海姑娘下放在易县，他们结为连理。当我听说，"不予转正"的处理，便促使他回直政去，据理力争。后来，他果然恢复了党员的资格并转了关系。后来回到上海，分配在上海音乐学院工作，曾因副睾丸结核等症作了一个肾脏等相关软组织切除手术，40余年生活正常，因为不育把侄儿过继，有了儿子周祥，培养学钢琴，在师院做讲师，由他辅导其从事教学理论工作，写出几篇颇有新意的文章。他离休后，还帮助整理过贺绿汀传记，我只要有机会去上海，都要会面一次。说起他的家世也是很有点历史纪念意义的。他父亲参加了工商联合会，五十年代中叶，头一天把自己多处房地产交了公，第二天就被打成了右派分子。周一雄于2006年去世。

另一位老同事李述纲，在文教工作结束后调至良乡军直速成中学任教，其父早年是北大教授，去世后，有继母和七位同父异母妹妹。多年来，我们都有往来。他转业去了渡口（即攀枝花）工作了几年回到爱人所在的天津，后来当了教授，一直任教育和培养师资的工作。大约在八十年代初，他来京相约我同去平安里总参干休所找到了温镜湖，在这位离休大校家喝了几杯酒，又就近同原秘书科谢逸志见了一面。

还令人难忘的是，政治部主任吴涛，"文革"前后曾在内蒙自治区任副书记，书记是乌兰夫。有个中央文件批评过内蒙右倾，却把账推在吴涛头上，乌兰夫调中央当了国家副主席。后来，胡耀邦亲笔写信通知对吴涛平反。他在八十年代初去世前反复说着一句话："党内不公平啊！"吴涛是1932年以大学生文化程度入伍的，对我们这些知识分子比较关心，却极少见面。

军队中组织部门处理干部转业时的待遇问题也不公平。我们出大力气工作的骨干助理员是副连级干部，就"平套"为20级政府行政级别，能力多强也只能当科员。而直政文化处的一位助理员，由于丈夫是处长、部长师级干部，定她为副营级助理员，也在1954年转业时，内部提为副团级转业到中国革命博物馆当了陈列部的主任，"高套"成处级。听说，这样的事不在少数。直到文革前，从南京军区调到文化部的人群中有从科长直任司长的。这类不公平之事比比皆是，这是党、政、军内的普遍症状，亦即建国若干年内的人事工作中的常见症状，也是我们党政军政治体制中决定了工作水平的不治之症。

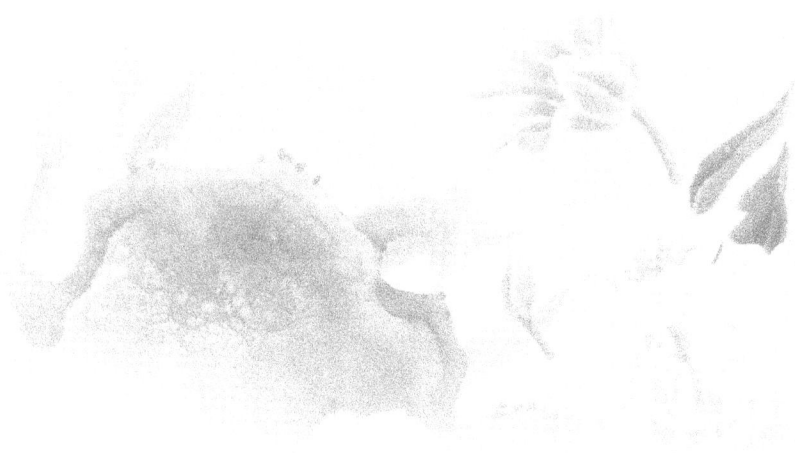

我追寻的女兵天使下凡来 我在部党委和人事司

曾记离队前，约在1953年夏秋之交，在新街口时期，偶然机会在大门附近见到了一位女兵，个子不高，白皙，浓眉之下有一双明亮的大眼睛，娃娃脸，薄薄的嘴唇，是一个目光锐利的十分漂亮的南方小姑娘，虽然互不认识，只打了一个照面。此后不久，又在三座门军委办公厅的舞会上见了面。我请她跳舞，问她才知道是在总政机关工作，名叫林敏，是四川人。她很坦率地和我交谈，谈到了经常出现在舞厅，包括西皮市37号总政礼堂时见过的刘昭其人（军委的同事）和杨上乘（原是我文教办的组员），她说："女同志们都讨厌他们，一见他们过来，就躲开。"刘昭其人是军委办的干部，军直党委未迁出居仁堂时，朱总司令办公室隔壁办事人员中，有个刘昭，还有个刘超。朱老总一叫刘超或是叫刘昭，两个人都跑进去，"我喊刘超，没有叫你！"或是"我喊刘昭，没有叫你"。大家传为笑话。这位刘昭，跟总政主任肖华一样，有舞必到，一场不落，女同志都不喜欢这位参谋等人。

我同林敏认识后，不久也认识了她的女友黎勇，是中央警卫团文工团员。黎勇那时正同我的同事和平在交往。有一次和平告诉我，黎勇约我同她们，有小林和小金，一道去良乡玩。我同意去，我要争取有机会见她。五个人到了良乡，没什么地方好玩的，我也没发现比我当年在良乡时有多少变化。在饭馆吃饭时，我一直注意到小林的表现：她一脸的不高兴，不喜欢这个小县城。我们几个人之间，也没什么令人愉快的事好聊的。回京后，李述纲说："人家是成双成对去玩，你去干吗？！"我告诉他，就是想多同小林见见面。

后来黎勇改变了交男朋友的方向，对周一雄好，不再找和平了，理由是和平老家有过老婆，为了到北京，"友好地分开了。"她不要结过婚的男朋友。黎勇看出我喜欢小林，她有一次约我和一雄去长安街电影院旁一家饮料店同小林会见。可是，我们如约到达时，她说小林已经走了，她已分配到军区北戴河干部休假院工作了，留了一封信给我，表示不得不走。若干年后，方知此信是黎勇故意编造的，无非是让我们尤其是我招待她吃点心。因为，那封信只是以林敏的口气写的，她知道，我从来没见过小林的亲笔字迹。

这些事过去很久了，我到了中央文化部之后，它成了我以后几十年私生活的机缘，也是入伍以后唯一的可贵的留恋。

话说回来，我初到文化部，事事都觉得不习惯，从供给制转为包干制了。供给制是除每月发新币23元津贴之外，食、住、穿全部都由军需供给。而包干制是给我每月62元，住集体宿舍免费之外，伙食费、衣着等等全部包干净，公家不管了。下班以后，见不到同事，都回自己的家或宿舍去了，我没有熟人聊天，那宽大的集体宿舍也是空无一人。原来，和我同住的青年人多数是办公厅的干部，有几人是外语干部，多是俄语翻译人才。我们宿舍正在大庙的东北角进大庙的门口东边，称大庙。这里原是东四牌楼东四百多米路北头条胡同，东南入口的西几十米，是个不知名的、成不了文物的庙宇。它同文化部大院正好在头条胡同路南。我的工作室在文化部党委办公室，东楼二层办公，附近是办公厅主任赵沨（上海解放前文化名人之一，从事音乐工作，人称赵主任，后改任中央音乐学院副院长，当马思聪的副手，实是常务院长），组长是肖昆，当时46岁的女同志，所谓"三八式"（即1938年抗日战争初期参加革命的干部），她三哥是中国最早翻译"国际歌"的肖三，是湖南籍。她对我很友好。同事另有二人。我的任务主要是组织政治理论学习。具体请人做大报告，组织名人及各单位、各司、局及直属单位领导成员学习，听他们讨论，做记录，写综合报告，汇集问题，请专家报告、解答。学习会议至少两周一次，由主管副部长主持。那时，沈雁冰（茅盾）是部长，副部长是周扬，还有郑振铎、丁西林等人，王冶秋是文物局长，周巍峙是艺术局长。郑副部长兼社会文化管理局局长，各局副局长都是名人，如田汉等。有些局长副局长兼了中国文学艺术界联合会（简称"文联"）及各协会（如作协、剧协、美协等）工作。学习，实际上包括了文化部、文联的负责人在内，出席人数时多时少。没到会的必须请假。郑振铎是学习组长，很多时候是他主持讨论会。学习计划由党委提出，具体由我出面。我的意见受到重视。

工作是得心应手的，为此，曾回直政会见有关老同事，彼此相安无事。

我有一次在新侨饭店会见老同学好友黄显埠，他在上海担任团市委大学工作部部长，到高教部来开会，约我去。他住的标准间有两张床位，我就留住一宿，彼此畅谈别后几年的经历。事前，还专门电话找肖昆请示，事后汇报，跟在部队时一样。为此，被夸为"组织纪律性很强"，说这是地方上，政府机关没要求这么严格，实际上，宿舍没人管我，也没人询问为何有人一夜不归。

有一段时间，即在1954年下半年，我同黎勇并经她同林敏保持着联系。我知道，小林在北戴河部队干休院图书馆工作，她们也知道我调至文化部党委。

一天早晨，大约六七点钟，我还没起床，宿舍门忽然被人推开了，我的床正对着大门。一看，是个戴军帽的女兵，那不就是小林吗？我真是喜出望外！一套军棉衣簇拥着一个小姑娘，一双十分明亮而天真无邪的大眼睛，圆圆的白白的脸庞，微笑着，露出两排雪白整齐的玉齿，什么话不说。我却极为高兴，也不及询问她是怎么找到我的。于是，立即陪她散步，又适逢是星期天，还带她去参观了我的办公室。她有意复员，但未定，可在京留几天，我办理她暂住在大庙南一间大屋内，与其他家属客人住在一起。白天我上班，她去见了黎勇等原西南军区文工团战友。我同她谈了过去、未来。她给同屋老乡买了几个布娃娃玩具。她告诉我，由于过去在文工团练功时不小心伤了左腰，想过做手术矫正等等。我们谈了很多有趣的事，我们相处很和谐。后来，有了亲密接触，我不失时机地向她表示了对她的爱心，她说，要征求母亲的意见。我那时已经27岁了，同她相处，像两个相好的孩子，我确实爱上她了。当然，也谈到部队机关的生活。总政机关有时同总政青年部的人员接触，有个叫祖瑞元的，我认识，与他同在青年部工作的还有复旦大学毕业的杨思贤，一听说，我都认识，也是我团校学生部的同学。祖是高中学生，原是17班的5组的。他曾为了讨好她曾把公家的照相机等器材搬至她所在的办公处，还给她在西皮市37号楼顶上拍了一张照片。但她对他不愿多接近，不大喜欢他。此事使我联想到，总政1953年召开全军青年工作会议期间，我作为军直代表与会，小祖和杨思贤几人是工作人员，会议结束时，还得到总政空军司令部的同意，专派了一架运输机载全体与会人员在京郊绕场飞行一次。那是我第一次乘飞机。

我向她谈到了我参观过三座门某库的军事武器展，见了苏制喀秋莎，以及空军基地自制的喷气战斗机内部展览。

从去良乡那次旅行，她谈及同总政同事小金的恋爱经过。按规定，小金是不能谈恋爱的。小林说，小金家是清末皇族后裔，并要她去看些珍珠、玛瑙、翡翠之类的家藏，而她对这些都没什么兴趣，也不懂，不喜欢欣赏那些东西，何况同他也从无终身之约，什么珍珠宝贝她是不要的。

在总政机关里，领导动员她割断同小金的往来。她在北戴河也见过好些老干部，包括外交官、武官和军队团师级休假的干部，此次来京，还有一位长征干部

要求她去他所在的政治学院看看，她礼貌地应付了他。而我当时的态度是，由她去自由地选择，独立地去对待各种追求者。我当然希望她能够选择上我。她说及不服北戴河水土，总是容易患呼吸道病，有复员的打算。

小林回北戴河后，我向肖昆谈及此事，是否可以帮她转业来文化部，以便我同她的关系的发展。不久，人事司干部，正好是原直政组织处一干部的爱人王志在办此事。在直政时，我们已经熟悉，她在协理员办公室工作，对我友善。她告诉我，组织上去了解了情况，她让我看了小林的全部人事档案，很简单，我同时表示了对她的档案中有几页与其本人无关的看法。她无异意。王志说，小林在部队追她的人很多，她有"人走心散"的态度。她告诉我，人事司目前没考虑调来工作，意指没同意我的要求。

我从军队到地方不太久，加之小林对我也没表示许以终身之意，只在恋爱进行之中，我也未使更多地表示个人的要求。但在她来京同我的接触中，包括同黎勇、一雄同游颐和园相处中，我已初步感到，她对我的倾向是明确的，可能问题不大，而今后的发展就看我有没有办法解决她的工作问题和学习问题。曾有一次，我约肥周和小林会见，肥周也同意设法上学，他表示他工资收入比我多，可在必要时尽力在经济上支持我，帮助小林上大学，多增加些知识和本领。

我送小林去前门车站回北戴河军区干休院，行前去逛了逛中山公园，这时的

175

公园人少，很优雅，因为那时社会秩序比较好，并不使人觉得阴森可怕。在音乐堂旁，五色土南边的花圃路边还有可以靠背的条木椅。在月光下，一对情侣并排而坐，依依惜别，又对未来怀着诱人的憧憬，这种情景，是令人难以忘怀的。

不久，小林要复员回重庆了，又是我送她上火车。在站台上，我们目睹了少见的动人情景：一对青年男女热烈地拥抱吻别。在这种大众场合，像苏联电影中那样的镜头，在我们的眼前是稀罕的。我和小林看后相对一笑，我这个见过不少世面的青年人，和这个一样经过中国人民解放军军旅生活陶冶的姑娘，不会有那么浪漫、近乎放肆的行为。

小林在车到丰台时，停车时间长，还给我打来电话。这时，我感到温暖，我们的确是相爱了，依依不舍，但又不能不分别。

我独自默念着古人的诗句："莫作江上舟，莫作江上月；舟载人别离，月照人离别！"

此后，我的业余时间，都用在给小林写信上了。我在信上，像在两人相聚时一样，倾述着爱恋与期望。后来，信中告诉我，她已如愿被分配在重庆图书馆工作。

时间过得快，照北京人的话说："说话就是1955年了！"这年，按照中央的要求，必须搞机关精简。要下放干部到基层，到省市，原则是干部编制是准出，不准进。

这期间，中央文化部党委也加强了对直属单位整党工作的检查、督促。我奉命有时同党委委员、人事司司长陈致中一道，有时同其他负责人或我一个人代表党委办，参加基层的党委会、有时直接选择参加支委会。一般只听，不表态，单独向党委负责人交换意见，必要时说几句。这些单位党委会或领导班子的会议，多在工作之余的夜间举行。我的夜间活动除重点去问题较多的和工作做得较深的大单位之外，还要抽时间去剧场看戏。因为，自从到文化部后，几乎天天有几张戏票送到党委办。

因此，加上给小林写信。我就成了个大忙人了。

精简机构，一般干部可谓人人自危。而我这个在领导看来是个好的"齿轮和螺丝钉"，自己不觉得被重用，和过去在军队机关一样，埋头苦干，从未去估量过领导上对我如何看待，一心只念着干好工作，是一条苦干的牛，鲁迅说的"俯首甘为孺子牛！"像郭沫若1947年高喊过"为人民服务，跟牛一样，"但是，一听传达精简工作的文件，又不得不做好被精简的准备。

因此，我在给小林的信上，如实写了准备有可能被精简去新疆等少数民族地区工作。我对我们——我和小林两人的未来，表示了担忧。

不久，我收到一封令人鼓舞而又极其珍贵的复信，她表示"你分配在任何地方，我都愿同去。"原话已无可找了，因为信已摘要抄录在日记中，而我从四十年代初起的日记十余册，已在六十年代委托惠云妹妹保管时，被他们夫妇任意销毁了；原信也无法找到。于是，我在党委办讨论精简工作时，一再明确表明态度，服从组织分配，到边疆去，到艰苦的地区去，到组织上需要我去工作的任何地区、任何单位去。换句话说，一如既往，服从分配。

小林的回信使我增强了生活的信心，仍旧做一个任党驱使的、当了国家主人的仆人、一个奴隶、一条牛。当然，有一个美丽可爱的温雅少女相伴终身，为人民做牛做马，更是心甘情愿的了。可这时，主人并非一切人都是人民、老百姓，我以为它——党组织、政府机构是代表人民的，而我则应是实实在在的公仆。

机关精简工作正在积极进行，人事司借此机会把我从党委办调进，成立干部教育处，有范振江、张庸和我，由伊文直接领导，主要任务是抓各艺术单位干部的业务培养与提高，促使各单位注意提高业务骨干的专业水平。我们分头去了实验歌剧院、京剧院、评剧院、中央歌舞团等多个单位，看单位怎样在日常业务活动中如排练、做小品、演出总结等活动，如何注意交流老骨干的表演经验，并抓紧青年演员的学习提高。又为了提高一些骨干演员的文化水平，主办了以语文教学为主的文化学习班，把一些名演员如郭兰英、新凤霞等集聚在首都剧场二楼上上课、做作业，并了解她们学习中的进展、问题，及时加强作业及时解决问题。

显然，我个人的工作岗位，是稳定的了。

人事监察联合审干外调 同几位朋友间的往事

这年下半年至1955年上半年，我又被调去同监察组一起办理肃反专案，我主办查证。先审查一名国务院干部与办公厅女总务副科长的关系，审来审去，多是些两人之间的性关系。又审查一名文秘工作的干部。公安部配合，按程序搜查其家庭，查获了与他无关的国民党军官任命证件和"春宫"图册，并无重大政治问题。前案当事人，事后仍在办公厅工作。后查张某其人由于历史复杂，而无现行问题，调整至北京图书馆做一般工作。又查了一位副部长儿子的历史，人称"上海油子"，此人有胡吹嘘自己蒙骗行为，由于其在上海混过，就派我去上海一带查他社会关系中的问题。有趣的是，他接触过的舞女经派出所同她谈话时，还必须等待半个小时，她要梳妆打扮一番，据说是其会客的习惯；又由于我为了工作

作者与林敏在颐和园时留影（1954年）

效率，一般是边问话边做笔记，当场叫被谈话人签名，一、二天内办完单位盖章手续。这使他的一位被骗一架钢琴的朋友十分惊讶。例如，这位被访者一看我为他回答问题的原始记录，便睁大了双眼大声说道："我讲的话，侬全都记下来了！真结棍！交关、交关！夏其结棍！"因为，我用普通话提问，回答者用上海土话。

查证工作涉及到身边同事的历史上是否参加反动党团，对组织是否忠诚；为老G（时任沈雁冰部长秘书）曾否参加三青团一事，还去河北三河县公安局招待所，住北方的炕式的七八人头向外的大炕，然后去监狱提审他的已被判死刑的父亲，事实多方证明，老G青少年时期曾冒牌三青团骨干分子以示显赫，解放后被人检举揭发。也顺便查证了老F的历史。为了肃反，也确实弄清楚了一些新、老工作人员的政治历史。我因为多接触的是公安部门，对各省市公安局的工作熟悉了，我持公安部六局介绍信和上海市一些分局干部联系时，曾被当成上级同行，谈及一些秘密监视嫌疑人的手段、方式与样品，似在向我反映、汇报，我只得婉拒，以免涉密过多。

我在到江南江浙一带外调时，时间抓得特别紧。星期日无法工作，就在当地走马看花，逛公园，我喜欢玩的是气枪，命中率也很高。

我时常念及小林，有机会就给她写信，我心里总因为我到过的新地方，特别是风景名胜，无法叫她也能共同欣赏而留下遗憾。在上海时，我按照她的朋友黎勇的要求花二十几元在金陵东路买到一斤进口的英国蜜蜂牌深红毛线，考虑到她对我和小林交往多少有些积极支持作用，这种贵重商品，"代买"也自然成了赠购，我也不去计较。只记得在和小林分别时，我同她交换了手表。小罗马给她，金壳怀表给我，我在上海改装成手表了。而囊中羞涩的我确实连什么留念的信物都没有送她。我却随身带着她临别前和回重庆后留下的半身军装照片和她穿件花衬衣，搂着侄女小楠坐在台阶上的照片。

在出差、留京的过程中，玉华五嬢关心我，曾介绍四川音乐学院前身西南音专的同事给我，还打算来京同我会见。我怕被动，如实写信婉拒了她的来京，退还了照片。五嬢曾因去沈阳音院与中央音乐学院的周广仁一起向外国专家学习、进修钢琴技艺过京时同我见了一面，我给她看了小林的照片，她没说多的，只说:"漂亮!好胖!"

这一年,我搬进了大庙临街新盖的平房宿舍,同对外司英语译员黄某同室,见到郭兰英来访。她曾访美去过圣迭哥等城市,黄任她的翻译。我同她谈及歌剧刘胡兰里的新配曲调,我认为不如部队的原创曲谱好。她很赞同。那时,她正为整容作考虑,因为她脸下巴有些歪。

由于我出差任务多,有时对惠云妹照顾不够,在部队的星期天还带她和她的女同学去北海划船,冬季也曾经带了李述纲和老六、老八两个小妹去北海溜冰,几人手拉手滑冰也很有风味。可到文化部后,似乎比在军队还忙,区别多在不干通宵工作。我为出差,老同学唐嘉廷曾从东北汇款,周祖羲在北京先后给惠妹送过生活费。那时,同学间同在上海时一样,你没有钱或少,只要我有,就给你花。我出部队不久,曾招待一位同学在隆福寺吃饭,他给一位元帅当保健医生,也跟施今墨学中医,但工资低,我比他高一级,曾把转业费给了他二十几元。

后来,我转业文化部前后,黎勇同我的同事周一雄交上了朋友。一雄被处理到河北易县之前,一雄的父母来京探视,住在王府井北口西北角一个当时认为是高级的宾馆里,黎勇也曾出面。我们曾被邀吃过一顿全聚德的烤鸭,很讲究,客人坐在小屋里,厨师推着小车将烤就的鸭了推到屋前,一位服务员掀开蓝色的布帘,请客人亲眼看见穿着整齐的厨师用刀一片一片地连皮带肉切削下来,摆在盘子里,送到桌上,供客人放心品尝。

两位老人回上海后,过了不久,周一雄被军队错误处理。周告诉我,他曾将转业费上千元交给她,她当时吻了他,而这种"热情"过去没有的,这使他意外,又觉得不是感情的流露,好像是交易。他把自己所有积蓄都交给她了,想作为结婚的储备,关系就疏远了。她知道他家里很有钱,有不少房地产,但被派到了河北农村,今后怎么样呢?她找我谈过,她不想同他继续下去。她对我谈及她们交往的隐情。我从她是小林的较为友好的关系去考虑,只是表示理解。我对这两位朋友的感情变化无能为力,只能听其自然。

个人生活上找个理想配偶成立个家,私人生活应该是个正常的归宿了。我在军委时,此事不能谈,只记得分配至中央机关直属党委的朋友、同学李天源找我聊过他交上的一个对象钱劲政,我认识她,是在中共中央机关党委和中共中央军委共同组织报告会时,工作人员之间有联系而认识的。天源是个老实人,原是在老家宜宾考入同济法学院的,也是团校同学。他出身贫苦,靠社会团体资助上学的。

我就还经过多次介绍对象，确实很觉得既是盛情难却，又很别扭。我心目中，只是有个小林。不过，那时，还只是企盼。

进入1955年，我没有出差任务时，同小林通信也就多了起来。生活上没多少个人事务，换洗衣服，是交给一家两口专做洗衣营生的，洗一件衣服几分钱。每月生活费收支是平衡的，主要用于买书，通讯，会见朋友，包括同济的同学们去内蒙帮助治疗性病和来京在协和医院进修的过往同济同学。走医院，去北海、颐和园划船。肥周和我一道去颐和园后山玩，地上铺着羊皮席，聊天、午睡或者到昆明湖东岸游泳。那时，很简单，带上一条五元钱买的浴巾，往身上腰间系上，脱去短裤内裤，换上游泳裤就行。临走时，照样换回内、外裤。那时，没有专用的更衣室。

肥周是游泳好手，教我仰泳，有时，我发觉他不在我身边，一着急，就大喊一声，沉下去了。这时，他马上潜水把我托起来，往岸边推过去。北京的夏天热不了几天，我从那时开始学，只是一口气蛙泳几米远，胆子小，又不得法，一直没学会，只能在浅水区"泡饺子"玩儿。

北京的春天与秋天，有些日子温度总在26-28度间，空气干燥，有风时也比冬末的天气少尘土。我只要不出差，就有机会约朋友在星期天去北海或颐和园划船。

最令人难忘的是，在颐和园昆明湖上划船往西北方向绕过石舫，沿岸北去，进入满是荷花盛开的长溪，溪中只一道通船单行的区域；遇荷花谢了，荷叶依旧茂盛。船可以一直划入后山，到达谐趣园西北。可以说，到了这里，直至入了无人之境。盛夏看花，近秋赏叶。这一路迷人的绿色令人陶醉，如梦境亦如人间仙境。人的一生中，竟有如此去处，的确稀罕。一个根本原因，是那个时期北京城郊人烟稀少，不过百万，各个皇家园林保存良好，游人素质较高且单纯。不似近半个世纪后，一些美景的开发跟不上破坏，必须设法维护，用人也多，费用也高。

起草文艺界荣誉职称方案　参加反胡风、翻旧案整人小会

1955年春夏之交，人事司长陈致中叫我同去参加刘芝明副部长召集的会议。只有艺术局美术研究所所长朱丹共4人参加。根据党组指示，提出文艺界荣誉称号的办法，指定朱丹和我二人起草，经党组审定报中央批准执行。我和朱商量后，我执笔，参照苏联的艺术家称号，提出一个方案及其条款，送部。

后来，文件草案送部后，等了一些日子，知道中央政治局一直没有批准，搁浅了。

这是我承办的一个胎死腹中的存案。

记得那天会上，议论了一点当时肃反运动问题，要等待中央的指示。

大约那次会后一个多月，正是春夏之交，全国掀起了反胡风、肃反运动，又把历史上参加过反动组织的干部、虽早已交代查清，又重新组织揭发、批判。文化部也在部办公厅支部把肖承熹、朱平康两人提出来，大轰大批了一通。我听见本人申辩说自己的历史问题早已审查并做过结论，但也得再批判认识。我问伊文，她告诉我毛主席指示"要针对干部队伍中的5%不纯的分子。"

原来如此。

部长特批林敏调文化部 我出差顺接林敏到北京

人事司与监察室联合进行的对机关在职干部的肃反与审干工作，一直是抓得很紧而且严肃认真的。九月底，我被派出差四川、贵州外调。行前，伊文副司长告诉我，现在仍然属于精简时期，外省市、外单位调进一个人，都要经主管副部长审批，现在可以调进北京一个人，你快写个报告把你爱人调来。我高兴已极，当天写了报告送司长，第二天就听说陈克寒副部长批准了，而且批件即发至重庆市。

我行前给小林写了信。告诉她文化部已发信到重庆商调，我不久就可到重庆出差，可以争取一道来北京。

同行的有干部司另一女同志，任务不同，路线相同。我们经武汉转乘民生公司上水轮船赶往重庆。沿途看着浩瀚江水，憧憬着到重庆与相爱的人会见的欢乐，我带着一首西藏民歌风的歌单，哼着："辽阔的蓝天，雄鹰在歌唱。雪山下面有着无数的宝藏！在那鲜花开满的草地上，有着我们可爱的家乡，可爱的牛羊！从来没人走过的深山上，修起了高楼……"

曲调像是进行曲，它讴歌美丽的高原，赞赏着迷人的家乡，也寄寓着我对美好未来向往的心情。

船到重庆已过了中午，上岸后，我在离码头不远的一个饭馆要了喜欢吃的白油肝片、回锅肉加连锅汤和两碗米饭，同时借机打听去重庆图书馆的路怎么走。菜饭没来时，桌上早就摆好的一碟大头菜片和一碟泡菜，立刻挑起了我的食欲，很快就把它们消灭了，家乡的风味真是美极了！叫的菜饭当然也都一扫而光。结账时，只付了几毛钱，就直奔重庆图书馆。

在快到目的地的一个斜坡路上，巧遇黄牛（就是从团校回上海当上团市委大学工作部部长的好友黄显培）的爱人胡冠璋，她也是搞外调，到重庆的。她告诉我"快去快去！我刚才见过她了。"老朋友们都在信上老早互相通了情况。来不及多交谈，就跑到了图书馆。

183

见面时，在会客室，没说两句话，就来了她的女同事，找她问这问那，而且，一个没去，又来了一个，一会儿功夫就聚焦了五六个人。看来问小林话是无关紧要。起初我还认为她们真的有事，后来，小林告诉我，她们是有意找来看看我是个什么样的。在不多的时间内，小林情绪有些低沉，她说，单位的负责人告诉她："文化部的商调函来了，那只是商调，我们也可以不同意的。"她情绪不高的原因在此。但根据我的经验，话可以如此说，而事实上，只要没有特殊的理由，一般总是同意的，何况上级、中央的部调干，下级单位只有照办的。小林估计也不会有什么大问题，何况我还有工作，可以等待一个月左右，力争同行回北京。我顺便看了看她楼上的宿舍，并见了同她比较处得友好的女同事和女同事的婴儿，名叫"扑克"的。因为，这孩子会向人用双唇向外抖动着弹出气体，向外吐气出声"噗！""噗！"逗人乐，笑脸又有点儿男孩的调皮样儿，很可爱！

当天我住到了重庆一个制高点叫枇杷山公园旁的招待所，和小林约定，隔日再见。

在枇杷山上向南望去，夜景十分优美，既可瞥见重庆市区的万家灯火，又可看见从南岸的星星亮点和东边江北的夜间向天上映出的灯光，或隐或暗地勾画出长江和嘉陵江的影像，偶尔可以瞅见长江渡船的忽明忽暗的游动的灯影。

第一排左一为林敏（1951年）

第二天是国庆节游行。我在约定的街口等来了小林。她穿一件粉红色缎面花薄棉袄，满面红光，白玉般的脸庞闪烁着十分明亮而充满诚挚和喜悦的一双大眼睛，看上去似有一些儿稚气，却包容了聪慧与主见又稳重的眼神。游行的体力活动，身体发热，使得面颊泛起红晕，薄薄的双唇越发红润。这是一朵秋天怒放的初春的桃花，真如古人所说，这充满青春活力的自然美貌，施粉太白，施朱太红，没有任何化妆师用任何神奇的化妆品可以从人间装扮得出如此出色的天仙般的少女！

我们没有说太多的话，直到游行队伍散了，可以自由行动了。

"我请你吃毛牛肚去！"她说着领我走进了一家清洁、幽雅的毛牛肚火锅店。

这是著名的传统的火锅，我在成都见过没吃过，重庆这是第一回品尝。它是用不大的砂锅，内盛麻辣咸香多种香料调成的火锅锅底，只须加热后放入生片肉、菜和内脏，见熟即食，达到麻、辣、烫、香、嫩、鲜的美味要求。

从此以后，我再没有见识过如此美味的重庆火锅。这不是人在餐饮时的心情问题，而是迄今随处可见的金属火锅加热的吃法，远不如也代替不了砂锅加热后产生的效果。

我在重庆开展外调。早起不及欣赏日出，就提着包匆匆忙忙下山，这山坡不知道有几百个台阶，山城全靠这一双能任意颠簸的11号家庭汽车，一会儿上坡一会儿下坡，从公安局转关系、开介绍信到机关或派出所，再同当事人单位领导、档案部门和个人交谈，做笔记、盖章，然后又去另一处。以我的工作效率，每天可以跑完两三件事。有时，还要一个单位跑两趟。有时为了抢时间，连饭也顾不上去吃。重庆市区、江北一带除了上坡下坎，还可以走走大街，也是有坡度的大街，却不像去江南时还可以利用人力车或大城市的电、汽车交通工具，全凭体力和两条腿。几次从南岸山路坡道回市区，还怕误了轮渡。回市区到了看得见住地了，抬头望去，还得拼命拖着十分疲惫的身子去爬坡。好几天一回到招待所，看到床，倒下就睡着了。有时到了山底下，真累得不想往上爬坡了，也得硬着头皮爬上去。凉秋九月，穿得不少，还要戴一顶罗宋帽，每天都得在这不该冒汗的天气出一身汗。

所幸工作还算顺利，重庆工作结束后，即转赴贵阳。临走前约见小林，我请她一起在餐馆吃午饭。的确有些浪费。要了好几个菜，剩下不少，花了五块多钱。这天，小林告诉我，馆里已经同意办理调干手续，具体时间，可以等我回北

京时同行。这是预料中的事。估计十天半月我可以回重庆，她开始作出发前的准备。

从重庆去贵阳，1955年还没有通火车，只能乘长途汽车，两天到达。第一站是松坎，午饭时间，同三十年代到四十年代一样，长途汽车停在预定的街道的饭馆门前，司机及其助手由饭馆老闆专门伺候，免费招待一桌。我们乘客各自点菜。说来，也真是价廉物美。有人订一只清炖鸡五角钱。我只要了一盘烩香肠，一个长条9寸盘，盛了垒尖尖一大盘，加上两碗饭共计两角五分钱。乘客们也才二十几人，往往怕误了车，吃得快，三下五除二吃完了，望着司机不慌不忙地吃着，也看看餐馆门前卖小吃的商贩，有人询询价，跟四川一样便宜，一斤鸡蛋不到三角！

大约停车吃饭一个小时，又继续前进。

车上安静，沿途安全，也顺利地爬过了娄山关，不到日落就进入遵义城。在司机认定的旅社住下后，我趁天色还明亮，打听到遵义会议旧址，走过弯曲小道，在一批建筑包围的一条较宽的小街内找到了这里唯一的砖瓦二层楼房。这正是当年即二十年前遵义会议旧址，这种建筑在那个年代不是一般平民百姓盖得出、住得起的。可以看得见三十年代甚至四十年代四川军阀杨森几处散在大马路上的院落，当地人称"洋房子"。因为，当地城市住房都是木瓦房，砖瓦结构大约又高了一等。

我找到了一位老人是看管房子的，说明来之不易，望他允许进去看一眼就走。好容易说通了，进去楼上楼下走了一遍，空落落的，还没有维修，只作为文物保护起来，等待将来布置、展览和管理。不像若干年后拆去周围建筑后的样子。

走出遵义会址上了大街，见不少商店还在开张营业，我找到了一家专卖凉粉的铺子，去要了一黄一白两碗凉粉，温习了十年前在四川老家常可以吃到的风味小吃，这在精神上是一个难得的满足，在重庆时，却没有这种空间和机会。

再经过一天的颠簸，终于到达了目的地贵阳。上小学学地理课时记住了有关贵州的三句话，叫"天无三日晴，地无三尺平，人无三分银"，是形容贵州的贫困。看来，这种形容词夸张了。贵阳城同四川城镇一样是平坦小盆地，除重庆是山城外，多是大盆地中的平原地带，方言和成都、重庆大体一致，我知道，川滇黔都差不多。我从省公安厅转了关系，可巧又与先到贵阳出差的马沛兰住在同一个招待所，房间就在隔壁，我们彼此都不必去关心对方查什么案件。各忙各的。这个招待所虽是省公安厅介绍的，却似乎不限与公安工作有关的人住宿。房屋结构除瓦房外，两层楼各有几间，又全是木板搭建而成，这种住房和四川三十年代一些城市一样，自古有这样一句话，"墙有缝，壁有耳，好事不出门，恶事传天下！"壁板之间有隙无卡扣，室内音响，隔壁邻居全可听见，门壁形同虚设。彼此无秘密。出差的人白天走累了，夜里想睡个安静觉，往往受到干扰。这里没有打牌赌博闹事的，只听有女人呻吟、男人喘息和床身振荡的噪声，毫不顾及走廊行人的脚步声和隔壁房间还有别人，而且夜夜如此，令人烦躁，又莫可如何。他们闹完了又是大声呼噜，好容易睡着了，不到天明鸡叫，又有女人高声娇啼，似乎患有急症和无人关顾的声音，有节律地从不远的楼层上传来。也是每晨必有，我明白这是当地人的日常性行为或是非法野合之辈，而这些人偶尔在走廊见到我们这些陌生人，却若无其事。住客们大概都对这些令人作呕之事不便说起，也许都是见惯不惊吧。

贵阳的工作也较顺利，只有一个新线

索在昆明，我考虑到费用问题，未及请示北京，后来，有同志说，"你应该打个电报，请求去一趟的。"日后想到全国各地没去过的地方时，也真有点儿追悔，几十年过去了，昆明一直不曾光顾过。那个新线索后来是用函调方式解决的。

一个星期日，我如在江南假日走马观花一样，去参观了贵阳的花溪风景区。

贵阳的食品由于交通运输商品的缺陷，比四川还便宜。早点可以一两角钱吃到银耳，糍糟鸡蛋。感谢天公作美，那些日子里，多是晴天和多云天气，只下过一次小雨，不影响出行办事。

任务完成了，仍乘坐长途汽车回到重庆。

仍旧住在枇杷山公园的招待所。

小林的调京手续办理顺利，于是积极准备启程。其实，一切都比较简单。那时，在重庆的亲友都得去辞行，首要的是去一个派出所见见姐姐林楠。我被邀去临江门不远的一个小屋，这小屋坐落在一条坡路中断的侧面的一个制高点，是一间多处透风无门自搭的破房子，见到小林母亲是一位六十出头的老人，大姐和三个女儿招待我这位远客，据说姐夫在另外的住地有事不能来。我被优待接受了一个酱猪蹄。其实，我喜欢吃大块瘦肉，作为客人也得礼貌地领情。饭后逗孩子玩，大姐的二女儿小楠表演了一个《大板城的姑娘》中"大板城的石路……"只是边唱曲谱，边举手转身，唱到一半之时，忘记，接不上了，停下来瞪眼想了想，再接下去，很天真、自然又十分认真，逗得大家都乐了，给她鼓起了掌。另一个最小的又长得最好看的大眼睛女孩叫丽娅，也大约四岁左右，在端着搪瓷小碗吃饭时，不知被小林这个嬢嬢责说了一句什么，她难为情了，端的碗在口边遮住脸再也放不

下来了。待有人解了围诓好了，才放下来。这个家庭里有这两个小宝贝，充满了活力。大姐姐还问快走的妹妹，要不要把她仅有的一件皮袄带走。做妹妹的很理解她的好意，笑着谢绝了。

临江门山坡上的这座小屋，在这个山城里，不是曾经繁华于四十年代的大后方大城市的一个象征，它只是二十世纪五十年代中叶挣扎在贫困线上的一所茅屋，它又像是苦难中国这个大海上飘荡的一叶扁舟。走出这个陋室，我想过，这是我第二次到重庆，小屋的老人、青年人和幼儿们也包括我和我的爱人，今后的命运会是怎么样的呢？

有一天，我找不到小林，只得如约赶至山洞，十五中学，找她的二哥林枫。我从七星岗乘车不到一小时，到达山洞，打听到二哥家，是在一个小坡上，但未见小林。我被二哥二嫂接待，印象最深的一句话："我最喜欢我的幺妹。""幺妹"是最小的一个，论出生次序应为19妹，当然，多数夭折了，这是小林后来给我说明的。二嫂为我做了一碗汤面，是为了便于我可以在天黑前乘车回到市区。在二哥送我下坡时，见到了他们的大女儿叫美美，是一个沉默、清秀又苗条的小女孩。据说，小林那天去沙坪坝了。

后来知道，她是去同她原在二野炮兵文工团的同事们告别的，小林说，她一年前回重庆时，一位叫祖顺春特地烫了"刘海式"卷发捧着一束鲜花去迎接她，但她对这位追求者不喜欢，此人有些华而不实，梳妆打扮，似很有礼貌，却使她反感，不可亲。

但另有一位部队的青年人对小林特别友好，一直很尊重她，青年人名叫陈本泽，有点残疾，他一直像个兄长、朋友对待她，也看得出，是有爱慕之意，却从未敢有何非分的追求之想，这使她觉得亲切可信。当他知道她要随我调回北京时，表示想替她做点什

么，他提到有个军需厂生产的牛皮箱，于是介绍她认识了单位的刘参谋，出了大约40元买了个黄色牛皮箱。一天夜里我去接到她，费了不少力气提到街上，累了，在路旁小摊买了两碗粘糟蛋。

那时，重庆夜间行人不多，车更少，却从来不曾有过不安全感。

我们两个人行李不多，在一天夜里登上民生公司的客轮，大约是三等舱，上下铺8人，可出舱门走到船的两侧船舷通道。天不亮开船，按计划，我们先到万县（若干年后，改名万州市，隶属重庆这个中央直辖市），下船后，住进一家旅馆，同国营农场的姐姐通了电话，当夜，姐夫张道循就赶来接我们去农场住下。

翌日同姐姐、姐夫谈些家常，见到了一个侄儿克俊。那时他们只有两个孩子。他们夫妇是1945年底同表兄杨元芳同时考进成都的华西大学的。我见到报上刊登了录取生的名单。后来知道，元芳读社会学系，姐姐、道循是农艺系。婚后一直都在搞粮食作物的优良品种育种工作。我们随意在场里各处，包括大田、水沟走走。她们做炖肉招待我们。次日临别时，还有一位中年长者参加送别，他说同我们冤屈的父亲曾很友好，名字听说过，可是记不住了。几年后从信上知道，此人被打成右派，再以后呢？没有下文了。

我和小林在万县街上顺便买了一床棉絮，带上了船。

从万县去汉口的船票是二等舱，只有两人一间。临上船时，花了三角钱买了一篓当地出产的广柑。这二等舱还真不错，吃饭是定菜，送饭到舱。船长还在晚间举行舞会，对乘客表示热情欢迎。

船到武汉，当天买了到北京的车票，托运行李，乘硬席。过夜太困倦了，就学其他人的办法，我们席地而卧，大半身子放于座椅之下。人多，都是平民百姓，都能凑合对付。

好容易回到了北京，已是1955年年底了。

小林分配至北京图书馆国际交换组工作。其所以去北图，因她喜欢做图书专业。

姐姐赵慰情
（1952年）

190

初派文化使节、首次调整工资
办先进代表会、解决婚姻问题

1956年是一个不平凡的年度。

我在肃反工作结束后，调至人事司的干部管理处工作后，文化部副部长陈克寒的夫人沙洪任处长，处内只有我和一个女将一位军属同室办公。我的任务是办理各单位领导干部的任免工作。事先由司里给名单，即任免名单，由处里写出任免报告。为此，我必须先调阅当事人的人事档案，写出简历，然后列出送党组讨论的名单。一经批准，即正式拟文以部名义下达。这实际上是文化部开创的干部任免制度。包括出版局及其总署所属各单位、艺术局，社会文化事业管理局和电影局、对外文化联络局，那时文物局未成立，属社管局。我经办了出版、艺术和外联等局的干部任免报批手续。有件事使我难以忘怀，一是从人事案卷中看到

第二排左二为林敏（1953年）

不少人在延安整风、肃反中的所谓抢救运动，被迫承认是国民党的特务，最后，都是莫须有的记载，从材料中了解了党在历史上即延安整党中的"左"的错误。第二件事，是我办理中国第一批派往驻外大使馆的文化处官员。那时，我国只同苏联东欧十二国有外交关系。而首次派去的都是文化名人，担

出差外调在中山陵（1955年）

任文化参赞、专员，如司马文森，林林等等。这照样必须写出任命报告，经党组审定通过，而外事是由夏衍主管，先经办公厅主任徐光霄（诗人戈矛）初审，经夏衍谈话后正式经外交部办理出国手续。从此次活动中，我理解了对外文化交流工作的核心内容是了解对方、宣传自己。了解是掌握相关情报；宣传中国，是为了扩大政治影响，其实，各国之间都一样。

这一年，实行了一次调整工资级别工作。有人（我记得张庸）提出我级差大，应调两级至18级，有个女人叫荀文琴的说"太快了"。后来，领导上只给我调了一级。

我们还举办了一次全国文艺先进工作者代表大会，在郊区举行。我的任务

出差外调在杭州（1955年）

是听小组会，听汇报，写出简报。这时，因我同小林有些不协调，我进市区找她，误了一次临时决定召开的会，虽是星期日，伊文打电话多处找我。后来，知道虽未误了工作，却有了个人麻烦。伊文是专为我申请特批调干

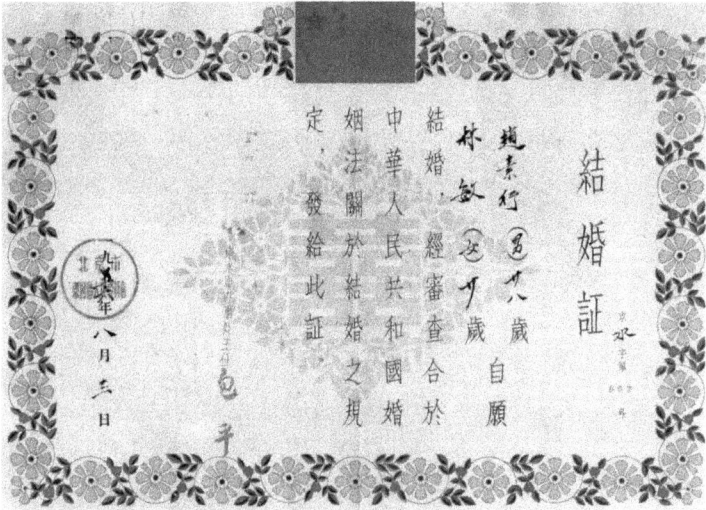

1956年

的，如今发生纠葛，怕影响我的情绪，就对我说："小赵，没关系，我有个侄女，在计委工作，爱好同你相同，也很漂亮"等等。

事情是发生在小林看我虽是个忙人，但不修边幅，很不注重衣着。有时见面对她不够热情，（这是黎勇告诉我的）。我想到主要原因是，她还年轻，思想不大成熟，向往北京，与我在接触中产生了感情，而且又从未与别人有过如此深入的感情交流，但对目前曾经爱过的人又有些使自己不满意的地方，因而见异思迁的潜在意识使她产生了动摇，甚至有时是厌烦。何况，两人并无原则性的分歧，我同她的关系在单位都是公开的。而我又在努力使她提出的生活细节上去改进。伊文介绍别人，我没同意，一些同志包括原单位彭万里和党委办的同志介绍对象，我都不动心。我不愿再另起炉灶，也不对小林变心。总之，我这一方不动摇，促使她情绪有些缓解。多种因素促使她多少有些被动地同意了我提出的结婚的要求。临办手续前，小林依依不舍地去照相馆照了一张留有长长的辫子的照片，可能在她的意识里，婚前留小辫子、婚后就应是另一种打扮。我都由着她。由于她同我的关系，是部机关和图书馆以及双方的朋友都知道而且支持、赞

194

赏的。爱人之间有过矛盾、曲折，是正常的，没有当时社会道德上个人作风、品行之类的原则性矛盾而且感情是纯真的。因此，经过领导、单位批准，在同年七月底八月初积极筹备结婚事宜。我们都没有这方面的经验，在机关同志们的帮助下，确定了新房住地在东四牌楼头条五号，部机关内东区五号楼二楼上一间10平方公尺的房间，这本是文化部给文联各协会办公用的房间，后来，文联各协迁出，从一到六栋楼全部改为文化部和文联的职工宿舍。

我们一无所有，文化部机关总务科抽出一个打字双屉桌，我自己趁雨天去冲洗桌上的油墨，还按规定，给一张木椅子，双人床是由北京图书馆提供的。这就是全部新房家具。新被子，是我们自己买的棉絮、包单，由单位每个人出一份钱，无非几毛几元，凑齐买了一张红缎被面，由人事司女同志帮忙做好，床单和一本红缎面八开照相册，都是用大家凑的钱，我们自己选购的。枕头套，有同时配购的，也有在我出差上海期间参加表妹杰芳婚礼后，她买了一对送我们的。8月2日，我们俩人冒雨拿着结婚批准信去东四二条胡同里的派出所、居民委员会办理了两份结婚证。手续完成了，于8月3日星期四下午在四楼会议室举行婚礼。

婚礼由干部司长陈致中主婚，人事司全体、北京图书馆有代表，还有我的老同事李述纲兄妹来送一个花瓶来。大家发言都说，祝我们互相帮助，白头偕老，鼓掌，对主婚人也是证婚人的祝词表示赞同。照那时的习惯程序，要让新郎新娘讲恋爱经过，还要求表演节目，我们只得各唱了一段，意思意思，有的同志也当场唱了民谣以示祝贺。之后，好事者拿出用线绳吊的苹果，让我们去啃，实际是故意让人看见新郎新娘当众亲吻，没行做到，也逗得大家乐哈哈的。婚礼就这么简单，完成后，叫入洞房。自古洞房即深房，现代新房就是洞房了。

李庆元等同志来闹了闹，无非谈谈笑话，一些老朋友也来参观新房。

这新房还有两样家具值得一提：一是一个台灯，是李天源夫妇送的，一是一套茶具，是瓷壶和盘子、茶杯，这是不久之前，唐嘉廷回东北抚顺铝厂之前，在京约我们同去百货大楼选购的。茶几也是公家给的，上有一张编花桌布也是朋友送的，还有军直同事温镜湖送的笔筒和笔盒。

这个新房，在当时，都认为还是得当的，谈

1956年

五妹杨杰芳（1953年）

不到时髦，那时不讲这个，只讲实用。

朋友们散去了，带走了新人糖果，由我们自己打扫房间。

这就是我们的新婚，实用、朴实的婚礼。

我清楚地记得，在我们的婚礼即将举行前约半小时，林敏单位的领导，即国际交换组组长张恕一同志拉我走到路边平房屋檐下，诚挚地嘱咐我，新婚之夜，千万别粗鲁，对爱人要温和，因为，在夫妻两性生活中，初夜若是不和谐，会导致终生不愉快，不幸福。他像一位长者，也确是年长我许多的兄长。尽管我懂得这方面的知识，少年时在老家曾听长辈讲过，当母亲的在女儿出嫁时，都要给女儿讲讲这方面的知识。我和小林同他熟悉，他不便对小林讲而对我说，可见此人待人友善、亲切而恳切。我很感激他，好像是一位亲属、兄长那个样。

这虽是一件小事，却可以看出我们当时人际关系中的淳朴与敦厚。

张恕一的为人，甚耿直、坦诚，也重友情。公余时间，我们曾一道去动物园等地游玩，聊天，当时大家都是较低的包干制，还离工薪制甚远，他却并不吝啬，相处都很亲切，像是与弟妹们相处一般。他有一些民主党派的老朋友。我们曾去见过他的"家"。说是家，其实只他一人，还有一个不满10岁的儿子，住在板厂胡同一个小院里。他说到个人生活中的不幸：婚前二人未曾充分交流，及至结婚时，也无所谓"洞房花烛夜"，宾客散尽时，他发现自己的新娘竟然胸脯平坦，没有乳房，她曾动过手术，互不交流，他平时粗心大意，实际是耿直的人，情绪一落千丈，婚姻名存实亡。他心直口快，怎么想就怎么说，曾表示过对当时人事干部管理工作中的不公平，重用人才却不提拔新干部。

当不当部长秘书去或去文委任交际科长

1956年下半年，近年底时，处长沙洪找我谈话，谈陈克寒副部长需要一名秘书，她们觉得我很合适，地下党员已有8年党龄，历史清白："你去那里工作，可以充分发挥你的能力，像王衍盈那样，已调北京市去主编《长江》刊物，处理文件多，为了方便，你可以住进他的院子，将来有了孩子，如果你老岳母来，也可以住一块儿。你考虑一下。我们也考虑过小梁，觉得他太年轻，文化能力也差些。"

谈话恳切，似乎已经定了，但也还尊重个人的意见，这时，我依旧是，一切听从工作需要，只要是为了建设新国

在北海（1956年）

家，为了远大的理想，叫干什么就干什么的。既然要我自己考虑，几天之内回话，就得想一想了。我如果要按志愿选工作，就打开思路了。我也可以服从需要去当秘书，也可以提出其它目标，我想到了对外文化交流，又想到了搞文学创作，音乐工作，电影工作，总之，不想在人事司做行政工作了。

还是妻子的话触动了我。小林表示："人家都说，那是高级勤务员！"我想，那的确是如此，过去在军委时知道，秘书什么都管，既是机要、勤务，什么都得做，也无所谓作息时间，不由自主，像军直党委期间，虽然一段时间，有工

197

出差外调（1955年）

余自由活动，也可跳舞、看节目，但对朝出兵前后，到居仁堂开会，就没多少空闲，也身不由己。后来学习在早晚也如此，如今自由自在。于是拿定主意，不当秘书，不考虑个人待遇。我也还觉得搞人事工作太单调，换换工作也好。

后来，司里派小梁去当秘书了。

我提出过外事工作，把外语重新捡起来。司里的分配部门即干部调配处同对外文化联络局联系。后得知该局要新设一交际科，就安排我去任科长，但该局人事处提出了交换条件，要求部里接纳安排四、五名干部。又恰恰这几名干部都是不好处理的人员。我只得等着。司里为了便于我的工作落实，暂时要我到干部调配处帮助工作。因此，也可多了解些直属单位情况。

为想写作步入电影界

我决定去电影资料馆

作者和妻子林敏
在天安门前（1956年夏）

等了将近十天，我对外联局人事处长的交换条件很不满意，决定改弦易张。我选定了到电影系统，去新办的中国电影资料馆筹备处，可能有机会写中国电影史或搞写作。

我办理了几个青年人的工作调动，也解决了几个转业女军人的工作，其中有的转业女干部也有所谓家庭问题，有的是亲属被我们的基层杀、关、管、斗了的，然后，办了我自己的正式调动干部手续，于1957年春到了电影资料馆。

电影资料馆由原在文物系统工作的王辉负责筹备，后来，由电影局司徒慧敏挂名主管。我在干部司（人事司改名）时曾办理过司徒由国外回归到电影局任技术处长之职，后来，提为副局长，那时，我同司徒未曾见面。

我被安排在国片组即国产影片整理研究组工作。这里是中国电影发行公司在西交民巷中段的所在地，有半个地下室的大间屋子，约二百多平方公尺面积。馆长王辉在一间小屋办公，其余不到十个工作人员集中在大屋子办公。那时只有一个搜集组，一个资料组和一个研究组。我所在的研究组有一个叫高沁水的同志任组长，搜集组组长叫刘谦（女），副组长张香亭。资料组有三个资料员，无组长。每个组不过三、四个人。研究组的任务就是编目，我看都是用搜集组从各地

199

浮生若梦梦难忘

林敏在住地大院（1957年）

搜集、采购来的解放前后的电影说明书，和一些旧刊物。工作人员从材料中选定影片后，写一些故事梗概，记上首映时间、编、导、主演及出品单位。每人填写进一张八开大的表格。有个老头是原国泰影片公司的李大深，他是三、四十年代影星袁美云的推荐人之一，对解放前八大美国电影公司发行情况很熟悉。另一青年人编目，其余时间也写点当时影片的影评，拿几块钱稿酬。每个人负责编一段时期的片目。据说，这是为将来编写电影史作准备，也与旧片的搜集、采购互相吻合。搜集组有个叫张莲容的是原明星影业公司的小演员，这时也约三十岁左右了。

我每天早晨六时左右起床，和小林在七时左右走出东四头条4号，穿过向西拐向南的一个小胡同，走上大街西行。路上还能见到早晚叫卖"铁蚕豆"超高八度的男高音小贩和一样忙着上班的人们。在路边小饭铺上，花两角钱喝一碗豆浆，吃一个炸油饼，有时吃一碗北京炒肝（多数猪小肠和蒜泥拌酱油团粉汤，加几片猪肝）和几个小猪肉蒸包。忙的时候，或买个馒头掰开夹点咸萝卜丝，边走

作者和妻子与岳母在天安门前
（1956年夏）

边吃，去赶公共汽车，在早8点之前赶到办公室，过八点便是迟到。小林往西去北海南门大桥西头文津街一号北京图书馆。我往南走，到西交民巷。

资料馆的伙食等许多行政、总务、事务全部依赖于电影发行公司。工作上或公余在食堂等地，我逐渐同同事们熟悉起来。例如，我喜欢吃米饭，北方人叫大米饭，不喜欢吃馒头，为此，吃馒头费菜，不提口味，吃得

慢，而吃米饭，则顺利又快速，如有馒头和米饭，我首选米饭，如只有馒头和玉米窝窝头，我首选窝窝头，这个胃口同搜集组刘谦相同，这才知道她是山东人。总之，单位人员有山东、陕西、上海等地调来的。

我试着写了一段在军直时石泽民在新四军受伤掉队的经过，给大家看，并表示，我们从目录入手，可以进入编写电影史，王辉表示首肯。

借调到电影局 经办整党反右

不久，王辉告诉我，局里从转关系中得知你到资料馆来了，他们知道你，要借调你去局里帮助搞整党工作和反右派斗争。又说，工作结束就回来继续搞业务。

我回到部机关上班。

这时，搬进朝内大街新楼很久了。我到4楼电影局办公室工作，那时的同事有金路（金焰这位电影皇帝的妹妹，朝鲜人）、刘志杰、才汝彬等几人，主任是胡璇。这一部分实是局党委办公室，专做党务工作的。

在上海（1958年）

我一到这里，就投入反右派斗争的工作了。

文化部是当时国务院二十几个部委之一，直属单位不少，还加上文联各协。各单位一般是党委办承办。部党组由陈克寒副书记副部长主事。部党委和人事部门是其工作班子。电影局所属各单位都由相应的党委和人事成立整风反右的领导工作班子。任何单位都以党支部为一个战斗堡垒。局的整党反右办就是我们这几个人，而局机关本部又由支部具体管理。

按照中央的文件特别是毛主席的文章、批示，国家机关党委直接领导，都是按照中央的精神和政策要求办事。毛泽东主席说右派分子占5%，有时说一、二、三、四、五，多按照5%这个比例数字去找右派分子。先叫整风中动员大家向党组织提意见，从会议记录中也从群众个别检举揭发中去发现问题，即什么人在什么场合下用什么方式发表的什么具体言论，是针对什么人的、针对什么事的。然后，分类、排队，亦即按照毛主席几篇文章如《1957年夏季的形势》、《事情正在起变化》并参考报纸上揭发"右派分子"的事例，提出每个内定为右派分子的名单及文字材料。按规定要求的格式由单位党的领导小组认定之后，送上级审批。一经批准，就要开群众大会进一步揭发批判。

我在局整风反右办的任务，是把各单位报送的工作报告汇总向部写出综合报告，或叫简报，好让上面及时了解掌握全面工作情况。为了这个任务，我得参加由局主管领导高戈副局长召集办公室主任参加的几个人，更多时间是3人的小会，逐一审定右派分子的报告、表格，然后，办批准手续、签字、盖章、发回。

审定的原则照文件办。实际上，有的人只凭一句话，批评了基层党组织，或表示了对所谓"章罗联盟""政治设计院"观点的认同就得定成右派，

作者、惠云、林敏、五嫂玉华合影
（1959年冬）

有的人只凭对支部书记个人的一点批评意见，只要断章取义，就可以定。

当时，我的接触面有限，但我对延安整党时的"抢救运动"的莫须有，记忆犹新。因为，我办理审查、报批干部任命手续时，查阅过许多干部的人事档案。那时，大多数早平反，有些受调查核实条件所限，就揹上了多年黑锅。

我在工作中接触的，定性为右派或极右派分子，都以言论及其行为的上报资料为依据，一锤定音，不存在是非核实问题。

林敏在宿舍大院（1957年）

反右整党，其实无所谓整党，是以整党为开头，让人对党提意见，不久又立即对于那些眼光锐利真正说心里话提意见的人，无论他是处于什么身份，是党员、支部书记、非党，任何人都把"提意见"视为为使其改正、改进的批评意见，才是从爱护中国共产党的立场去提意见，意见者提出缺点、错误之谓也。称赞、拍马不叫意见。可见，那些真心爱党爱国之党内外人士，好像上了党中央的大当。那时，支书就代表党。我是书记，我就是党组织，是全党的大整体的化身。我印象中，在支部生活内，如有人对支部例如馆长某某人有些不满意，或对其讲话有何不以为然，就被认为"有异己情绪"。弄不好，叫阶级异己分子。异己者与党、对党标榜的社会主义亦即马列主义、毛泽东思想对立、格格不入，所以后来，毛主席讲右派分子，是反党反社会主义，又被吹鼓手逻辑下去，

是反马列主义反毛泽东思想，正如毛泽东所说右派是反革命、政治上的反革命。

我工作的部门，是这个风口浪尖之上的部门。我就得如此去思考问题，才不会有立场问题。

我按此思路去参加会议，写简报，参与讨论工作问题。

作者与妻子林敏留影
（1959年春节）

我写简报初期只是选编各单位的报告，便于部整党反右办直接了解各单位的反映。但是，陈致中表示过不满意，我就改为分类归纳，从来文内容出发，不加任何个人见解。我为了赶时间，渐渐习惯于在来稿上做文字修改，也就是作编辑工作，加了汇总分析。领导上要求是笔杆子，也不要求我誉写清稿，签字后即送打字室，打字员都熟悉了我的笔迹，偶尔让我校稿时间一两个字。所以，工作效率高。有一次陈克寒副部长在全文化部单位负责人大会上分析运动进展情况时，同我起草的报告内容一致，认为情况正是这样，值得大家注意，接着说"电影局有一个报告"指其具有代表性、概括性。会后，高戈鼓励我说，"我们的报告（指他签发的，我写的东西）已受部表扬了！"

但运动在发展，左派内部，实指各级党组织和工作部门的人员也有问题，"有的党代表，支书带头跳出来反党。"这是指如电影出版社方诗（其妻在局办工作时叫王晢）因其发言而被定为极右分子。而有的单位内部有"右倾"。于是，一周左右，内部要查一下右倾问题，要及时纠正。

有一次会上，局支部委员覃珍在小会上提出问题，说我的爱人在北京图书馆，有人反映，她表示过对党组织不满意，说是她人事档案中有不符合事实的内容。我当即说明，这件事，是我告诉她的。我第一次申请调她来部时，我看过她的人事档案，其中有关于说她在文工团认真学唱《白毛女》哭杨白劳的喜儿唱段，认为是为其父亲之死的感情，其父因解放初期错划为地主被斗而投河自尽，后复查为小土地出租者。我的确说过，人的档案中不应有这样的材料，因为它不实

林敏在长陵（1957年）

姐姐一家合影
（赵慰情 张道循 克宪 克五 克乐 克俊 克顺）
（1959年）

事求是。何况她对父亲之死也不明白。我认为，整党中，应该提出意见，说明那是不实事求是，何况她申请入团时，本来应该在支部大会上讨论通过的，却有个支委贾珍不同意，认为因她父亲之死还要多考验她几年。我认为，她提这个意见是应该的，也确是我指使的，但这不能与攻击党混为一谈。为此有人认为是错误的，应该找我，我有责任，但我认为我没错。我搞过人事审干工作，我了解这事的是非和政策界限。

于是，大家都没说什么事情也就过去了。至于北京图书馆了解情况后，怎么处理，我不了解，但反右派斗争中，也再没对小林有什么批评。我说的情况，局领导表示理解，示意我要小林别乱说这事，以免误会。而我并不因此有了右倾问题。一切工作照常。

部直属系统的斗争其激烈程度，我在办公室体会不到，但从局支部和从小林听到的，以及至少一周一次部召开的工作大会上了解一些。局支部开会批判杨海洲，举手通过开除党籍时，知道事情是严重的，涉及一个人的政治生命问题，而无数事实证明了，这些党内外人士凡被打成右派的，都是些爱护、崇敬中国共产党的啊！我看到杨海洲也举手同意开除自己的党籍！对党崇敬到了盲从、愚昧的地步！

张恕一这位交换组长对干部很友善，有正义感，对党中央机关报上登的一篇叫《赵小兰之死》发表了自己的看法，和党报基本观点是一致的，只不过因为他借此批评了有关的党和政府领导人，无非是顺着党报指出的事件说说而已，可是，被定为三反分子、右派分子。我了解政策情况，想约他谈一次，要他坚持正确对待，我担心这位朋友想不开。可是，听说一位副部长可能是从分管图书馆的张致祥，正要找他谈话，不幸的是，他不管这些，竟然接受不了这种刺激，自缢身亡。真令人惋惜！

听小林讲，图书馆一位"老学究"李希泌，是朱德青年时代老师李根源的儿子，对共产党是十分崇敬拥戴的，根本没有过什么所谓的右派言论或行为，我记得他在几年前到党委问事，我接待回答后，他还毕恭毕敬地以九十度鞠躬告别。那时，我也不过三十岁。就是这样一位从事古汉语、国学工作的先生，回家同老婆商量，说是党支部开会，5%的右派分子还少一个，考虑叫自己去充这个数，好不好？两口子商量："当就当呗，党需要你当就当个右派吧。"可是没想到，这一当，日子就难过了，一当几十年，没完没了的交代、检讨、认罪、大会小会批判，加上劳动改造。

在有些基层党组织中，"类似"这种补缺产生的"右派分子"，有的支部开会不够数了，只好支部书记挺身而出凑个数。有的为了凑够5%，缺一名，恰好有个支委出去方方便便，回来后，就叫当上了。

总的看，包括名人直至基层党与非党干部，的的确确都是拥护、爱戴中国共产党的。有的一直是左派，一直反对背叛孙中山的蒋宋孔陈四大家族，反对列强侵略盼望和平民主，以为"和平民主救中国"的"总理遗愿"终于实现了，中共如此宽宏大量，表示欢迎广大群众趁整党之机帮助整党，实现中国的民主、自由、平等和独立自强，聪明的、有才干的人士，抱着满腔热情，对基层党组织、党员、直至中央认认真真地准备老老实实地发表批评意见，真按照百家争鸣去鸣，按照百花齐放去放，鸣百家之言，放百花之花。有不少基层也如此看待，有的把刚有成就的新人、新演员、新秀请来提意见。但谁都不知道，一夜之间，中央被人们尊为伟大的领袖，跟过去的皇帝那样，一篇文章《夏季的形势》《事情正在起变化》"好龙的叶公"坐不住了，立即发动了反右派斗争的群众运动，大家都糊涂了，原来一个人说什么都是真理，大家都错了。感到右派这顶帽子不是好戴的人，受不了这个政治的挫折，含冤自杀。不少人觉得自己是好意，也说不出口，有不少人竟糊里糊涂地当上了这个"反革命"。

文艺界的斗争也搞得热火朝天，批陈企霞、丁玲，电影界也极兴盛，从1957到1958年间，上有康生等人点名，下面有单位配合。长影厂因一个剧本求导演点头开拍，作者不耻下跪，点头就是几百元；一些揭露、讽刺影片被封杀或内部公开作批评。有的演员、导演为此打成右派，有的竟卧轨轻生，如吕班、沙蒙，《新局长到来之前》的主演也是著名的右派。电影出版社的会议我去听过，有个上海著名女演员吴茵在《一江春水向东流》等片中，演得十分出色，由于发表了"什么是传统？我的丈夫就是传统！"（她的丈夫是科影厂厂长孟君谋）等等"不同意见"，为此被定为右派分子。评论界叫钟惦棐的，竟然否定高层领导意见，定为极右分子，上了《人民日报》。其批评文章，有一篇是副局长陈荒煤写的稿，是我给报社送去的。作家吴祖光及妻新凤霞，也都涉及原在重庆时文化名人不时聚会的"二流堂"。这本是郭沫若玩笑似的说它是"二流子"们的去处，何不取名为"二流堂"！据曾任电影局幻灯处处长的唐瑜对我说，他正是二流堂堂主。当时即抗战时期，他从香港到重庆后，按照中共地下党的要求，设法找个地方，便于一些文化界知名人士聚会。他和兄弟商量，借助同军统有熟人关系条件，办了个从重庆到昆明间的运输公司。"二流堂"的活动经费就由公司提供。有趣的是，这位堂主在反右中太平无事，"二流子"中有些人就被打入右派行列。有些十几岁的女孩子却跟着当了右派，后来调入幻灯处的陈敏凡就是其中一员。

相当多的"右派分子"被送到东北的北大荒去劳动改造，那是与蓝天与黑土森林与荒漠为伴，还要创造出财富的十分艰苦的生活。被认为改造得好的人，可以摘掉"右派分子"的帽子。无论在北大荒，在有些人的家乡或指定的工厂、农村、工作单位，都是必须从事指定的体力劳动为主的改造，多者被歧视。在缺文化、技术的地方，有被专门利用的，原有的工资待遇没有了。摘掉帽子，即不当作右派对待了，却往往被称为"摘帽右派"。怎么说，还是"右派"。

有的亲戚或朋友，也有追随去陪同改造的。

我们这里有幸列入左派行列中的人中，也有因曾多少表示过对"右派"的同情或近似其政治态度的人，内定为"中右"的。

从那时起，有事，都注意"排队"，把人员分为"左"、"中"、"右"。

作者的岳父 林敏之父

我则是驯服的工具，一切听从组织上的安排，而对于定为右派的人们的遭遇，是不理解的，但有一点是明确的，我感到凡被定为右派的人，都是照党的号召行事的。我在做具体工作，假如也被安排提意见，"帮助整党"，很难说，不触犯党组织或领导人的尊严的。听说，"右派"竟有50万之多！

整党以反右为主题，后期有整改，边整党边改进，告一段落了。

而实际上造成的结果是，从此任何人无论你是不是党员，对支部，特别是书记、党机构的负责人，只有听从的义务，不再有批评的声音了。

听取钱学森报告 知道航天科技进展

在电影局借调我工作期间，正有钱学森来文化部特向文艺界作一次报告。我被派去大厅听报告，必须回来向全局职工详细传达。

我对科学、技术事业从来很有兴趣，渴望知道这类知识。我作了详细的记录。

回忆起来，大体上还记得一些大事。钱学森向我们讲解了当时苏联第一个人造地球卫星发射后，他所知美国科技的最新发展，分析说明卫星发射时必备的一些数据，如设备状况、技术条件和观察的情况，并讲述了美国技术、武器方面的进展。

宏儿和父母、姑姑一家
在一起（1964年）

赵宏（4岁）

他说，当时，即六十年代初，美国最前沿、尖端的激光技术，这是大家在30年代知道美国科幻片《人工死光》，亦即激光，已成为现实。当时只限于实验室阶段，即可以在一公里距离内将天空的飞机一点击，可以烧出一米直径大的小洞的水平。他着重说了我们在宏观和微观的科学技术理论上已经解决了；只是在工艺、制作的技术水平上还没有解决。

我照高戈的要求，如实向大家作了传达。

大家，特别是我本人对中国竟有如此的理论水平，感到极为振奋。当时我表示希望也相信，我们的国家一定会在此理论基础下，在实践中达到这个最高的水平。

赴上海查阅六十年《申报》 采访上海苏州老电影人

在局里为反右做了工作总结，我如约返回中国电影资料馆，继续做一些学术性工作，主要内容仍是编目，把中国电影的发生、发展，以作品为主体，按时间顺序编出目录。

除一些老人外，还有一位顾问孙师毅，他是以香港文汇报总编辑的身份回到内地来的，老电影工作者，即左派电影人。他的笔名叫施谊。一看这名字，我就记起抗战期间流行的电影歌曲，如《开路先锋》是他作词，聂耳作曲。还有《生死已到最后关头》，这是针对蒋介石提出生死未到最后关头，决不轻易牺牲而作的。总之，我很熟悉这个施谊。

一接触，知其不过五十多岁，喜欢抽烟又和蔼友好的老人。

宏儿和妈妈、渝嘉姐姐
在一起（1964年）

为了编出这个目录，王辉采纳了我的建议，派我专程去上海，单枪匹马地工作。到上海后，我住在上海电影制片厂淮海中路旁瑞金二路的招待所。招待所还有一部分被用作为职工宿舍。

留影（1964年）

我用更多的时间，在淮海中路上海市报刊图书馆查阅上海申报。此报创刊于清末光绪年间，按照中国人自己制作无声电影上市首次公映的消息报道，我进行筛选、登记。

首先涉及中国电影的起源问题。在北京时，我了解到中国电影出版社已经有几

个人在编目，方法、程序与资料馆大同小异。他们把第一部影片《定军山》出品时间确定为光绪34年即公元1908年。经我查证是光绪32年即公元1906年。那是北京城有个丰泰照相馆用手摇摄影机拍摄京剧著名演员谭鑫培表演片段的艺术记录影片。

此事，我回京后，受《北京晚报》记者之约写了一篇短文发表在一版正中，曾引起一些同志的注意。部党委办主任对我说，短文使他们增长了这方面的知识，很高兴。后来，受命编写电影史的人以影片拍摄的时间定为首片的时间，修正了1908年之说，不定为上市公映的1906年，而改为1905年，以此标新立异。

对我和电影资料馆来说，局领导和其制定起草编写中国电影历史的同行们，爱怎么定、怎么写，都无关宏旨，我们做这种学术史料工作，提供成品，任由别人修改、使用。这是后话了。

我从这份最初独家报纸上搜集、整理出从1906至五十年代初的影片目录，并把大家过去编目的资料，由我们这个组又以我和高秀莲二人为主，加以汇总完成了《中国电影总目录》。我起草了一个前言，交馆长和顾问孙师毅去审定。施谊改写了前言，他谦逊地说，这是第二稿，可考虑三稿。为了表示对孙顾问的尊重，馆长和我及其他有关同事都表示不写三稿了。由于经费有限，该书刻腊板油印若干册，分上下册，附录中有东北沦陷时"满映"和蒋管区的一些片目，以纪录片为主。缺台湾省资料。因是解放前的片目，蒋介石逃往台湾，尚无影片生产。

在上海这段时间，我还采访了大部分从1914年起曾在明星、天一等电影公司工作的编、导、主演中缺少文学记载的人员。如天一公司老板（编导）邵醉翁及其夫人老明星陈玉梅、在上海电影制片厂工作的一些年岁已较大的演员。演员是他（她）们的职业，通通被誉为明星。我又去了苏州，采访了三十年代几位编剧，其中包括一位以编译福尔摩斯侦探案、亚森与罗频侦探小说的作家。

我的姐姐（右）和妹妹
留影（1964年）

出差的空闲会见老朋友，联想到终身不忘之事

留影（1965年）

这几个月间，我在上海利用晚间和星期日同老同学会晤。黄显培外号黄牛，是上海市团委大学工作部部长，爱人胡冠璋是少年儿童工作部部长，住地就在上海报刊图书馆斜对过。见过他母亲，他的儿子这时大约三岁左右，爱吃"美丽牌棒冰"，孩子很可爱。我曾同黄、胡夫妇参加过一次市少儿工作大会，听胡冠璋讲了黄同初恋黎某错过婚姻重逢的缠绵伤感，主因是黎某嫌他地位低，走了。胡为此曾干涉，因为早已没有必要去惋惜过去，何况是黎的原因。可见，黄牛太重儿女私情，不辨是非，无所谓真情，这就酿成了后患。几年后，毛主席发动文化大革命，劫后余生的我，在清查王、张、江、姚四人帮党徒罪行时，我出差去上海，有幸找到了胡冠璋。她告诉我，黄牛在"文革"中因受迫害和他个人的错误，经受不起残酷斗争，自杀身亡。政治上被揪斗，揭出了他同邻居女同事在两家共用的卫生间里偷情的错误行为，他利用革命群众关押的单间，用撕碎的床单把自己吊死了。留下的寡妇，在文革后同她原来的朋友再婚了，带着孤儿，眼下生活工作正常。

也在上海期间，认识了与我同住招待所一室的李先伟中尉，他是上影借调来修改电影剧本的。上影编辑部不时约他去商讨修改方案，其内容是描写解放战争期间解放军一支部队夺取国民党军控制的一个飞机场的故事。我们谈得来，就约他同去会见从河北易县回家乡上海工作的周一雄。我这位老同事由于忠诚老实被部队处理转业到易县，这时生活工作稳定。他很热情地用丰富的午餐招待我们。那时，一雄正考虑从爱人的亲属中物色一个孩子过继领养。因为他已做了一

次切除一个肾脏的手术。也就在这一年，他的父亲，一个有着上海多处地段房地产权的业主，在工商联合会上公开将房地产权交给政府，以示跟随共产党搞社会主义，紧接着就被定为右派分子，搞得全家都莫名其妙。说什么呢？对谁说？有什么可说的呢？这位连"定息"都不曾见着又还没当上摘帽右派时，就不明不白地去见了上帝！1982年，我被艺术教育局借调协同去江浙进行业务调查时，在上海偕夫人去拜访一雄一家时，他们已经从女方侄儿中选了一个男孩过继，定名叫"周祥"。文化大破坏后知道一雄在做上海音乐学院老院长贺绿汀的传记和资料工作。我劝他既然退休了，身体不十分好，就把工作交给别人去做，做点自己想做的其他事情。他同意了。到了这21世纪的2004年初夏我和肥周去汾阳路新居看他时，知道他几乎用主要精力辅导在师范学院任讲师的周祥。周祥在教钢琴的课余时间，写下了几篇关于音乐与艺术教育的学术论文。我看了三篇见诸市级刊物的论述，很有创意，而他的辅导写作的老师就是自己的父亲。一雄这位家庭高级园丁已是古稀老人，走道略显佝偻、迟缓，但神情依旧爽朗坦荡而乐观。当他夫妇陪我们吃饭又去买音乐书籍时，我在想，这位合格的共产党员，曾以赤子之心被不合理地取消过候补期，却一直忠诚地无声地工作着，带着有点儿天真的微笑，过着同许多老知识分子一样俭朴的老年生活。

那位军队作者，我们在"文革"伊始便失去了联系。我想，经过文化大破坏、大混乱，如果还活着，其境况也许同我们差不多，虽然比我年纪小一些？！

上海之行，遇老友受反右之害！

我见到同班老朋友丁正荣，知道他兄弟俩连遭不幸！

正荣为弟弟正华受到不公正的待遇，帮助并支持他的申述，在整风反右运动中，弟弟被打成右派，哥哥定为中右，处以"劝其退党"，党支部大会通过，强制取消党员资格。工作岗位随即变动。

我去过他的家，见过他的夫人和丁伯母。丁伯母是一位精力充沛、照顾儿子十分周到、不辞劳苦的四川老太婆，在北京时，她一度在丁正华工作的水利学校宿舍照顾小儿子，我和小林还去见她老人家，她待我如子不见外，连对大儿媳妇小有不满的闲话，都找我说，听我的劝。

说起正华，我是熟知的。四十年代初，我们在同济附高中时，他考入少年空军学校，临解放前，被迫随校去了台湾，1950年随几个同学偷偷离校逃回大陆，由于同行者中据说有一人是国民党特务分子，全被严格审讯，引起他反感，认为自己想念母亲和哥哥，爱国好不容易冒死逃了回来，却不相信他。不好好地安排他，回家后，写信多处申述、告状。整党中还提意见。对党组织不满，还不是右派？！当哥哥的一向有正义感，哪能不支持？一切行动公开进行，单位不太了解，我就照实告诉你，这才招致赶出庙门之祸。他医学院毕业后，参加抗美援朝部队入伍了，专做反对美国帝国主义细菌战的工作，立了三等功，大小是个功臣。我了解他一贯自尊心强，竭力主张他不签字，不同意"劝退"之说，支持他不断向上级申述。

后来，他被原单位"调整"了工作，离队（实是从军队单位"转业"）分配到了广西壮族自治区卫生防疫站工作，终于恢复了党的关系。"文化革命"之后，我们才恢复了联系。知道正荣力攻传染病学，是全国传染病七名专家之一，靠努力，以学术论文多次应邀参加专题国际会议。我们曾多次见面，且一直保持着联系。

上海之行，留下的印象多多！说罄竹难书并不过分。

走过国际饭店，想起两年前外调出差同小梁一道在杭州时，我找到了中央团校时那个十分可爱的女孩钟婴，几年打听不到她的下落，此次曾在苏堤叙旧。钟婴请我们观赏著名的苏昆戏，那时是《鼠患》与《十五贯》，两个故事写况钟断案。后来，通过汇演，选得《十五贯》传遍了全国，那个"娄阿鼠"演得活神活现，脍炙人口。钟婴有事，不陪看。待她送我上车站，我返沪住在国际饭店后没几天，便收到了她的信。信中有一首诗，我还记得有两句是："孤山虽孤不觉孤"，"但愿与蜀故人圆"。这个受我怀念几年的小女孩，成熟多了，后来听说她上浙大学了文学当了老师。那时，谈吐中，总强调凡事不应"想当然"说得好！

在国际饭店，适逢搜集组张香亭在上海办事，约了一位收藏砚台的朋友共进一餐，就在饭店餐厅喝了砂滤水。那时，人口不算多，不到六个亿，工业化还正起步，无所谓污染之说。也还是在这个国际饭店，丁伯母特来找我谈谈对儿媳的不顺意，好容易被我劝解回去了。如今，这位慈祥的老人，却在为日夜眷念的两个儿子的未来担心，又无能为力，她老人家总生活在不安的日子里！

上海，这是我19岁时从大后方初到的大城市，在这儿度过了不平凡的三年，如今是第二次回来，阅读了人们六十余年的变迁史。随着历史的脚步，我倾听了不少为电影艺术的成长与发展全力以赴的过去与现实的生活处境。生活是复杂纷繁的。当我经常回到淮海中路上海电影制片厂去用午餐时，每次在厂门口见到一位精神失常的女青年，她打扮得漂漂亮亮，在企盼着能见到电影明星孙道临。传达室的工作人员总是耐心地告诉她，孙道临是个忙人，又有了自己的妻室儿女，要她不要再等了，然后，雇上一辆三轮车把她送回家。影迷成了人迷、色迷，直到失去了自己的青春。生活就是这样形形色色！

其实，我有时在上海街头吃午饭或晚饭，或是在小街道旁设置的搭棚成排的饭铺吃，菜饭都热，看去也干净。傍晚怕回厂食堂关门，顺便就在大街、大弄堂门口内的小吃摊上买一碗排骨面。上海排骨面好！传统办法是汤面条上给你加一块拐弯骨头，拐弯处是瘦肉，如同一把小扇子。这种吃法，比起解放前上大学时只能吃的阳春面，算是提高生活水平了。这种街上买着吃的方式，前些时也差不多，"跑材料"要赶时间，买着吃是常事。要若碰巧了在淮海中路善钟路口那样的地方，就走进大玻璃窗小店去吃一盘盖浇饭。偶尔约见老演员访问时，也去大一点的餐厅，自己掏腰包招呼人家或者在这种高档点的地方喝茶说话。

写这两次出差到上海，还有件事是不能忘记的：那就是"针灸"。我在查看申报上世纪即19世纪末叶、20世纪初的新闻资料，记得大约是清光绪初年，申报已从每日横开小本公布清宫发布的诏书之类官方消息，扩大到较大版面时，有一则醒目消息，报道法国巴黎成立了一个中国针灸研究会，这则消息引起我极大兴趣。我作了摘抄，但在"文革"中资料下落不明。坐在回京的火车上，我回忆到针灸同我的关系：就在两年前，在肖昆家，适逢有个大夫在给她扎针。经介绍说明，大夫是山西人，叫尚古愚，是给苏联专家治病的。有个病人腹胀如鼓，经他一针下去，立竿见影，马上排出郁气，很快康复。我很感兴趣。知道我学过医学，如果尚大夫将此医术传授给我，还可以将针灸疗法编写成书传世。尚大夫表示很愿意，当时就用火柴棍儿讲述了手法，说是如果我同意，最好经常同他出诊。后来，因工作忙，小林又不同意，吹了。

但中华民族的国粹终究是关不住的春光！它是医学科学的瑰宝，将流传万世。我在上世纪60年代初夏，突然有一个玻璃水杯从右手脱落，从此右腕和手掌再也把握不住东西，以为是莫名其妙地残废了。谁知，只找到一个医院的针灸大夫用针疗治疗了一次，从此恢复了正常。针灸的神奇功效令我折服。到了二十世纪八十年代，中国针灸疗法已在人类科学技术先进的美国扎下了根。

投入大跃进洪流 响应党号召 充当急先锋

从上海返回北京，也就是从1958年夏秋之交开始，亦即一生中可贵的青年时代从30岁到40、50多岁之间，我的生活如同飓风振荡的大海中的一叶扁舟，又如激流中的一片落叶，充满不安，充满了戏剧性。

似乎正常业务仍在平静地进行着：编印目录，编建国十年中国电影艺术画册，领着美术编辑邵功勋，同美术编辑磋商，征询美术家张光宇和正宇兄弟的意见，等等。调到电影资料馆工作从事写作的初衷，已被现实工作的处境湮没。同在部队、在部机关时一样，一切按照当前工作的需要，义无反顾地向前，向前，向前去拼搏，去付出自身的一切！

在此期间，即在9月间的一次天安门群众大会上声讨美国霸占台湾金门，大担、二担等岛，孙师毅当即在天安门广场写了《神圣的时刻到了》歌词，我当场谱了曲交给他。9月18日在上海《新民晚报》刊登。孙顾问给我报纸还交我10元稿费说："一人一半。"

党中央号召，全党实施一条"鼓足干劲，力争上游"，多快好省地建设社会主义总路线，就坚决无条件地去执行，日常工作贯彻这个精神，号召大炼钢铁为1070吨钢奋斗。我们就参加进去，试搞电炉炼钢，找资料，搜集原料，包括不用的铁器、门帘合页之类，找吹风机、电线等等，在中影公司可提供的空地上，挖土坑、买砂轮等等有用的工具炼起钢来，研究出炉后如何达到低碳钢要求。

全民大炼钢铁，弊大于利。我们从《北京晚报》记者张铁生口里得知，后来从传达文件中印证，"炼钢为了炼人"。我为了炼钢，睡眠不足，曾经在一次劳动间歇期间打了一个盹，一头碰在小门上，惊醒了，原来是在厕所蹲在茅坑上。可见，说炼人，也错了。这些人，是一呼百应的。实际上，大炼钢铁，违背科学和管理生产的要求，全民炼钢失败了。不少钢不像钢，铁不是铁的金属块集中起来，超过了1070的重量，却不是工业可用之钢材。

人民公社运动，在城市没搞起来，在农村搞得很快。在大跃进的热潮中，办食堂，搞集体化。有的地方吹嘘放卫星，亩产千斤、万斤，其实都是假的，浮夸风，再吹吃饭不要钱。有位大人物下访时，有人问他，"粮食生产多，吃不了怎么办？"大人物笑着说："那就多吃点嘛！"于是，有人多吃了不知多少点，有吃撑死了的。大人物为谁？

共产党、浮夸风、越刮越厉害。 这是总路线、大跃进、人民公社三面红旗！

无数人头脑发热，我的头脑也发热。共产风从中央刮起来，三面红旗高举，我们摇旗呐喊，好像着了魔似的，我也兴奋不已，竟然忘乎所以，忘记了学的马克思主义经济学、哲学。中央号召插红旗，拔白旗，有人创作了歌曲，高唱："资产阶级的白旗拔下来！无产阶级红旗插上去！"

上面号召人人写诗，人人作画，人人唱歌，人人跳舞。党委一传达，支部一声令下，大字报满墙皆是，我哪能落后？编了歌曲，大家就唱，我仿古诗体也写诗。国家真正放了人造地球卫星，我就以"天上人间"为题写了上百句七言诗，还记得开头便是"嫦娥奔月五千年，千年雾来万年烟！广寒宫中悲寂寞，何年何月到人间？……"最后来了几句是："喜不尽，笑开颜，人造卫星飞满天，共产主义无限好，能使天上变人间。天上人间齐欢庆，幸福花开万万年！"后来，最后四句借用中央音乐学院作曲系师生合作的16小节短歌的曲调配上诗句，大家都唱了起来。

不是要人人跳舞吗？好，请了北京舞蹈学院的教师来教舞，选了几个同事学了蒙古的"鄂尔多斯舞"。我参加进去，排练、演出。

我把"天上人间"长诗编了曲谱，又经人约请了四大名旦中的程砚秋的高徒赵荣琛，来商改编舞，完成了《天上人间》歌舞短剧。

为了把舞剧小节目音乐搞得好，还找了电影乐团即新影乐团由徐徐团长指挥配乐。

还另外为刘谦的女儿潘胜利编排了一段"小白兔"舞。

工作期间，业务工作停摆了，全体都投入到文化部号召的写中心、画中心、唱中心的人人都能的活动中去了。因为，这些才是"中心"。

节目排练好了，就参加统一组织的演出。

自然博得了热烈的掌声。

年底年初紧接着是修昌平地区的十三陵水库。我和中国电影发行公司派驻国外的归国休假干部，即中影公司在东欧各国的代表共10人，随文化部参加了十天的紧张劳动。这是我生平第一次参加如此繁重的体力劳动，名叫："三天肩膀四天腿"，先是双肩要三天才能适应，腿则要四天，从强力负重挑土运至指定地点，回程可以缓解。有时变变工，去用铁锹给挑土者装筐，手足并用。也都是四肢肌肉逐步适应的过程。劳动强度最大的，我觉得，要数挖沟至一米七左右，超出一人高的深度，将泥土甩上沟边。的确，第五天过去，就更能适应了。

不久，又参加新闻记录电影制片厂拍摄的《十三陵畅想曲》，几个镜头，反复多次试拍，一直到一个通宵。每人发了馅儿饼和白酒，是夜餐和御寒用的，及至走出新影厂，天刚亮，心想，这拍片成了夜猫子了。

临近1959年的建国十周年了。由于五十年代初中央决定，党与政府的庆祝活动定为一年一小庆，五年中庆，十年则大庆。为了这建国十周年大庆，北京搞了十大建筑，其中人民大会堂是重点之一，要准备可容万人开会及各省市自治区设厅。技术、物资力量从全国统一调度。劳动力也如此，选拔全国高质量人才投入，在京的机关单位则配备干部参与辅助性劳动，组成大队、中队。文化部不例外，我们的电影资料馆也选派了10人参加一个小队，我是个小队长。每日上班，任务是围绕着可容5000人的宴会厅。编织钢筋和浇灌高标号水泥是施工队的事，运输供应木材、钢筋，就由我们承担。那时，每天有大量拆下备用的木板要整理以供再次使用。有一个多月时间，每天专干起钉、码垛，即把木板上的钉子拔出来，再把无钉的木板码成垛备用。我们这些小工要经常在有钉子的木板区域活动，难免常有踩在木板上露出的钉子上，或把脚扎伤的或扎透脚底的事，要立即拔出，去医务室注射破伤风预防针。因为，那时穿胶底、皮底鞋的人最多，一踩上去，上百斤的体重使钉子可以立即穿透鞋底并扎透脚板。而少部分穿布底鞋的人则较安全。我也被扎过一次，立即注射破伤风预防针，休息一两天即可恢复劳动。我知道破伤风症的厉害，一旦发病，极少活命的，而且死得痛苦悲惨，所以，只要有人扎了脚，立即送去打针。自己也注意走路小心，但也难免一劫。后一段时间，工种改为从地面给现场运送钢筋，两个人抬一根粗钢筋，直径小些的，一人一根。由于施工要求高，多是粗的。每

1959年人大工程获奖原件

目得戴上安全帽，套进脖了一个大垫肩，戴上手套。午饭由单位给工地送，晚饭回单位吃。前后三个多月完成了任务，收工时，工地组织了一次评奖，发给我一张劳动模范奖状。在联欢会上，我们的保留节目"天上人间"还在电影乐团的配合下，表演了一场，受到热烈欢迎。我在伴唱队里配唱。

在大跃进几年中，作为积极分子，我无例外地参加了北京全市城郊除四害的活动，也多次参加了郊区拔麦子、去南口挖鱼鳞坑种果树等体力劳动。

神圣的时刻到了

孙师毅词
赵素行曲

神圣的时刻到了，快起来，保卫社会主义的祖国，保卫一切属于祖国的美丽的河山，敌人已冲进我们的领海想长期占我们的台湾，张牙舞爪到我们家门口，横行霸道侵犯我主权，蒋匪帮早已经水尽山残，美帝国主义撑腰也是难上难。今天，我们要收复自己的国土，马祖金门大担和二担。我们一定要解放台湾！一定要解放台湾！神圣的时刻到了，我们有足够力量，保卫社会主义的祖国保卫一切属于祖国的美丽的河山。

（注：1958年9月18日原载上海《新民晚报》）

生平第三次调一级工资联系到党的错误政策

建国十周年，国务院规定可以给百分之一的职工上调一级工资。文化部当然照办。我所在的资料馆不到五十名员工，怎么办？支部经过了研究，在一次全体大会上宣布，由馆长王辉讲话，部里照顾我们小单位，给一个名额，支部决定给赵某人调一级，因其级别过低，现在从19级调为18级。本人居然没有表示什么，按理，应当表示对组织的感激的，也记不起，为什么默然接受了。

我回想一下，自从1950年夏天从团中央分配到军直党委，就被定为排级干部，没人宣布，糊里糊涂知道的。3年后，在军直政治部文件通知把我和几名知识分子"提升"为副连级助理员。那时，我们的处长是准师级，一位副处长和另两位副团级干部，除副处长外也是助理员。这以前，我在秘书科当过"书记"。书记应是连级干部。要五年党龄的连级干部才有资格娶老婆，而女同志是不限制的，可以同有资格的干部结婚。

这是第一次提级，工资（先叫津贴费）从平均一万八千旧人民币，改为23万元。到了政府机关变成包干制，副连平套为20级62元。1956年全国调级，由于同时参加工作者多是18级以上，有人提议我调至18级，因个别女同志认为"提得太快了"，只调了一级至19级。这是第二次。

国庆10年，这一次就是生平第3次。那时知道，先后分至团中央或者省市工作的同学，原是中学生的，都已是十八、十七级干部了。有人说，中央机关把这些知识分子级别压得低（包括在公、检、法、部队），知识分子少，工农兵出身的干部领导的部门便于领导知识分子，因为，相对说来，人家觉悟高，也是"坐天下"的工农干部。

而对我这个积极分子来说，对不到50人的单位，给予1%的提级额给了我，已是功德无量了。

原任过干部司副司长的伊文，因得罪了老干部，被下放到了中国电影发行公司任副经理。她知道我在资料馆工作情况后，很直率地对该公司和王辉馆长说：

"小赵工作能力比你们的科长都强得多！"。王辉表示，此人家庭出身不好，只能控制使用，不能当党的支部委员。伊文却说："当个科长是绰绰有余的嘛！"

我呢？只知道埋头苦干，做标准的齿轮螺丝钉，哪里晓得我所唯命是听的党组织对我却在防范和利用，即所谓"控制使用"。这并非王辉们的发明。

伊文同志对工作是非常负责的，为人也正派，也很直率坦诚。只是由于直率，对人的意见也不含糊，这就难免得罪一些知错或不接受批评也不敢认错的人，才容不下伊文其人。她工作上对我要求严甚至有些苛求，我没去怨恨她，如那年开先进工作者大会期间在全市找我，影响并不好，我却没恨她，认为她对工作要求严。我知道，要求严，是好事，她不是为了个人的什么目的。别人可不一样。

她告诉我这个"秘密"，说明她对于我们党内的这种政治歧视的观点与行为态度是不以为然的。这对于当事人的我，是很伤感情的，因为由于党的一定错误政策，具体单位、工作人员的错误，伤害了人，不去改正，制定政策的中央工作部门不纠正，反而变本加厉又去伤害受害人的亲属，不分青红皂白，另眼看待，另册处理，是极不公正，又是不敢公诸于众的可耻行为。这是家天下、封建宗派意识形态在打着共产主义的旗号和马克思主义政党名义的群体领导层层传承的恶劣表现。

我能说什么呢？我个人是无能为力的。我自信，是非明辨，为人民的事业忠心耿耿，胸怀坦荡，"树正何愁月影斜"？！

可是这个不得不使人联想到，这类事情并非个别，北京图书馆有个精通德语的刘德源，若干年前，因是学德语的，按领导人动员给德国总统科尔写过信，及至回信，就这样即算是交了朋友。"文化革命"期间，科尔以德国总统身份访华，友好地打听刘某人的下落，他当然不能如愿，殊不知这位正在北图工作的人，从此被内定为有特殊海外关系的内控对象。不说他是特嫌什么可疑人物，也不说他是有什么政治问题，就是不信任、不重用、不提拔，也入不了党。此人照旧老老实实地坚守在原有工作部门，直到死去，也不知道自己竟揹了大半生不明不白的"黑锅"。

这种"内控"在我认识的干部中，还有的是！我还在部机关党委办工作时，知道计划财务司长谢冰岩同志由于历史上曾向政治敌人承认过是中共党员，建国后，一直未能担任党的组织的兼职工作，"文革"中公开的山西61名所谓"叛徒"案中，老谢就是其中之一。他是一名著名书法家，我存有他题的字迹。他去

留影（1962年）

北影厂看胞弟、名导演谢铁骊时，也来我家走走。

凡是在政治斗争中，被捕承认是党员的人，都是叛变，和供出、出卖同志的叛徒略有区别，不作为叛徒定性，都内定控制使用。不能升官，不重用。

类似的还有一位被认为有"叛变"行为而控制使用的上海老地下党员唐守愚同志，他与我同在"文革"中关在文化部大庙里一个组时，没完没了地给人写证明材料。原来，他解放前三、四十年代任过党的"交通"。当过教育部、文化部的司长，北图副馆长，后来，因人事关系，被老战友姜椿芳调至大百科出版社任过副总编，到文字改革委员会任过副主任，却从未兼过什么党的负责人的职务。原来，他曾被叛徒出卖被捕，跳楼自杀未遂，只供出过工作地点和人员，因为，供述时，他明白，按照地下党的规矩，其时有关人员均已撤离，敌人是一定扑空的。后被营救出狱恢复了党籍，但按规定党龄被捕前的不算数。当然，知其未造成党的损失，还承认出狱后的党龄，还算是有所改进，但总的看起来过分了。又如对待被俘而经残酷斗争回国的人，不信任之事同样会使爱党、爱国的同志十分伤感情的。

我这个"三面红旗"的盲目拥护、执行者，仍旧是不管党组织怎么对待我，照样埋头苦干、积极地、认真地照办！

"这是奴隶主义！"若干年后，有此一说。对应答案应当说："是的。"而作为大公无私的党组织，应当爱护、更信任这样的同志才是。

但教训是什么呢？错误政策只能是既伤害了好人，更使党、国家和人民的事业失去了一批批人才、动力和贡献。

220

配合中央反右倾 三年人祸全民挨饿

党中央在庐山召开政治局扩大会议，起初是要纠正大跃进以来"左"的错误，或说为三面红旗打补丁。可是毛泽东由于听不得中肯的批评意见，以反右倾为由对彭德怀、黄志诚、张闻天、周小舟发动了一场对所谓彭黄张周的反党集团的斗争，在全党发起"反右倾"斗争。要求对各单位领导中凡有"右倾"思想情绪的干部进行批评，几乎所有的单位领导人都对反右倾决议不理解，或如王辉对彭老总觉得惋惜之类，都得批判。这就开始了一次领导主持批领导右倾思想的活动。我所在中国电影发行公司领导人、经理、经济学硕士杨少任和副经理洪藏、丁达明，以及资料馆馆长王辉，都带头检查右倾，作自我批评，又组织几个人发言批领导。为了贯彻中央的错误决议，出现了一场"引火烧身"的批判会，实际上，是大张旗鼓地搞封住嘴的运动。接着，在文艺界又搞了几次反对文艺上的修正主义、资产阶级思想大会，反对人道主义，反对十九世纪欧洲文艺。后米，紧接着又学文件，鼓吹农村大办食堂，吃饭不要钱等。

今天一股风，明天一个中心。其实，来自基层的大量问题，中央已经苦于招架了，共产风吹得人晕头转向。从文件上偶然听到了党中央、国务院呼吁出了"调整、巩固、充实、提高"的八字方针。这时，已经进入六十年代了。

我们每人都感到了粮食危机。开始了定量、限量供应口粮。大家对我这个三十出头的干将饭量大很照顾，定为每月30市斤，即每天一斤粮票。油、肉等多种食品，都实行定额分配。但由于食品缺油、少肉，渐渐觉得吃不饱，常觉肚子饿。为了补充食品，填肚子，各单位都叫自己想辙，我们单位从外地找了些玉米的棒子芯，设法碾碎加碱，用影片铁箱等容器分装给大家。回家把它和买来的主食混合做成窝窝头，尽管缺粮缺黏性，做起来发散，吃起来难于下咽，也勉强骗骗自己，可以填饱肚子。谁知，隔夜就不好受了，它不是粮食，粉碎的颗粒未能达到粉状，入胃肠不能吸收，饿感照常，还苦于拉不出屎。我们家幸好没人患痔疮，但也很不好受。于是，这种应急供应被迫中止了。

机关迁离中影公司，住进米市大街路东的西总布胡同。自己单位无法开伙，先在街道居委会搭伙，每顿饭都计较人家家庭妇女做的窝窝头不够2两一个。后来，又改在邻居过街的协和医院搭伙。偶尔可以在高汤中见到油花花。据说，该院还曾派人去内蒙猎取了黄羊给职工分食。

这两年内全国死于饥饿的人，据统计，得有3000万人！

宏的满月照

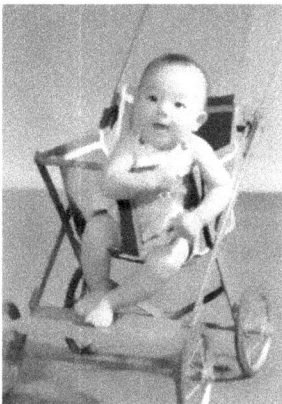

赵宏和外婆（1960年）

半岁的宏

赵宏一岁留影（1961年）

儿子出生于饥饿时期

1963年留影

也就在这60年代初叶，在3月的中旬，我们这个家庭有了一个大的变化：我们的儿子降生了。

时间是公元1960年3月22日凌晨！

"喂！我是这里的护士，今天凌晨，林敏给你生了个儿子！"

我高兴极了，这是当天凌晨，我从东四头条4号院传达室打电话到北京大学医学院第一附属医院妇产科得到的消息。

我立即回宿舍告诉林敏的母亲，我的老岳母。那时，她老人家65岁，原在重庆长女林楠大姐那里照顾她们的幼女丽娅，4年前我在重庆见过的。后来大姐和丈夫彭继德，我的"老挑"又去了贵阳市。当确知林敏怀孕后，决定先期来京帮助我们，老人家要照顾最小的女儿和外孙。

临产前一天傍晚，我送小林去北医妇产科，怀着忐忑的心情，看着她穿上病号条花服装把换下的衣服交给我，瞅着她歪着身躯，挺着肚子，想着她因先天不足带来心脏二尖瓣闭锁不全的问题，把她交给了医院似乎放心了，却仍旧是放不下心来，怕她难产，怕她发生意外！我和老人总惦着亲人的安危！这一个电话，真叫我们心头一块大石头落了地。老人听说后，露出了最甜蜜的笑容："这下好了，放心了。又是生的儿子！"

我们几年以前住进这个新房（洞房）时，入冬就升了火炉，烧煤球，还有一个机关雇佣的公务员小伙子每天给照应火炉，我们确实也不会管这煤球火炉，甚至连挂面

都不会煮，又忙上班，也顾不上。老岳母来后，升火、封火、做饭，都由老人主办，我们有时做点倒土、买菜、买油盐煤米之事，偶尔也从机关食堂买现成的菜饭。

生了这孩子是添了喜，也添了愁苦。这时正好进入所谓的三年困难时期。后来，事实说明，这三年中央只是骗人说"自然灾害"，实是政策错误导致有的地方丰产不丰收，不少地方粮食生产上不去，饿死不少人。

我们的孩子要哺乳，产妇必须有充足的营养，但一切都限量供应，对新生儿却没有对母子照顾的政策。只有新的规定，可以供应60岁以上老人、3岁以下婴儿一块臭豆腐。催奶最佳食品是炖猪蹄，没有。产妇必须滋补的鸡和鸡蛋，想要得到，是难上难。但无论如何，也得想办法解决母子营养问题的呀！

那时候，我们俩人工作，一个工资四十九元五，一个工资七十八，加起来超过120元，四口人平均30元以上，还算可以。除了按人口供应予购买的食品之外，还略有盈余，不属于平均8元的困难户；因此，可以适当买点必要的东西。

为此，我曾起过几次早，赶至东单菜市场和养蜂夹道北排队，凌晨二到四时起，排到七点，买过活鸡，也开天辟地第一回杀过鸡，由于不得要领，那只鸡挣脱了带着血跑到走廊上，又给抓回来，干脆一刀斩去鸡头。

好不容易省下粮票买得鸡蛋饼干装在饼干筒里。我下班回家，饿得慌，就拖

起饼干筒抓饼干吃。儿子母奶不够吃，就辅以代乳粉。"人家是吃大口饮食的！"岳母帮看喂婴儿时，高兴地夸起了外孙。

有一段时间，姐姐林楠在青艺进修化装，带来幼儿6岁的小庆，孩子白天常组织院内的小孩排队玩耍，上唇还流着鼻涕。孩子不知困难，曾拿家里的饼干散发给小朋友。外婆知道后，只得打小庆的屁股出气。

筹建国家影片库

　　这时，我的工作业务是参加筹建国家影片库，主办水电设备、施工，地点在北京北郊北苑。涉及打机井、恒温设备和相关建筑材料、电器，它又和土建及密封门、防爆灯一类工种的协调，要常去北苑工地，同工地土建工程师、同设计院项目总工程师经常接触，有时还必须同施工单位工头磋商。那时原材料都不是整体配套供应的，而是由施工单位协助使用单位、甲方负责采购。那时什么都是计划经济，其实，经常处在无计划和不断计划的忙乱之中，物资供求总在矛盾中去忙乱。因此，我全力以赴投入到建筑、施工图纸、杂乱的原材料如什么标号水泥、什么直径钢筋、钢管、弯头、什么性能水泵、电机等等，又是什么不同功能的密封材料、防火防爆设备各种千奇百怪、繁冗庞杂的事务中。

　　我们忍饥耐寒，坚持修建影片库选影片、选史料为创作、为保存收藏也为发行放映服务！

　　国家影片保存库工程需要"钢芯铝绞线"，在北京物资部门、计划部门打听的结果是，必须去东北寻找。

　　为了办事和生活上的便当，首先是找同行业电影单位，出差同伴是行政干部郗功猷，电影发行系统他比较熟悉。于是我们首先登上去沈阳的火车。

　　小时候听说北方的北平气候很冷，到北京十多年已适应了，入冬有棉衣、棉鞋、棉帽、棉手套加口罩，在河北良乡穿过"俘房"服，到部队都有军需品及时供应。冬天不像在老家入睡、起床都冻得打哆嗦。北方有暖气，而且很普通，没暖气设备的房子总先有煤球炉加烟囱。四川没钱时，烧不起木炭火盆，可从炉灶取柴烧红脱落前的小火炭放在诸如瓦缸做的烘笼暖手。上学特别是入冬期考时，

手冷了，可以到教室后火盆去烤烤手。在李庄同济附高和大一时，比较艰苦。到了上海，宿舍没有暖气设施，课堂上冷起来，可真是伸不出手。只有高楼大厦中，才有暖气。

北京呆久了，对出差东北，有点好奇和诱惑力。

这京沈直达车是夜车，夕发朝至，12个小时，车上有暖气。

沈阳却很冷，经省电影发行公司的经理帮忙，我们住进了省委招待所。这里主食有米饭，但每顿一人一碗半饭，大概是先放米分碗蒸熟的。我们一看大概一碗大米饭是四两通用粮票，也够对付了。谁知到手用筷子一拨，几乎是稀饭。上面平平的，饭粒好看，下面却包藏了小半碗稀汤。菜是一人一份，一勺干白菜分开加调味烧的。困难时期，也没什么好说的，对付一顿算一顿。抓紧工作才是首要的。

从这里搭车去郊区找一个陶瓷厂预定设计指定的陶瓷暖气片。天真冷！路上有冰也滑，难走，只得用碎步快走。这是零下29℃，每个人都很紧张。但在广场排队等公共汽车去郊区的时候，却十分难受，为了增加热量，就得原地不断地踏步。

可是找电源线就得去长春，更北的地方。那时，导电的良导体铜是军需品，专供军用，民用极少。一般单位根本买不到，所以必须买指定的"钢芯铝绞线"。

我们登上了去长春的火车。为赶时间，只能买硬座票。到达长春是夜晚。老邵有经验，下车后，一道奔电车往长春电影制片厂去。这儿是零下32-35℃，在车上的人们都在跺脚。好容易到站，我们下车便开始小跑。因为满地是雪，不敢迈大步以防滑倒。大约跑了半个小时才到长影厂。一进门我就往传达室冲过去。室内面向门口有个不高的封闭式炉子，有一股热气流。我想马上过去取暖。这时，老邵和传达室老头拉住了我，说不能过去，得先在门口缓一缓，不然，要出事的。我才记起有人说过，如果从极冷的地方一下接触高温，手指头、鼻子等突出部分会脱落。果然，在门口踏了一阵子后，觉得全身在逐渐转暖，不像在门外那样刺骨。再过一会儿，可以跟着他们渐渐走近炉壁让身上更暖一些，四肢比较自如了。

在长影遇到了我的同事大老邵，邵功勋，他是功猷的哥哥，学美工的，为了落实我们主编的画册的剧照，到了长影。我们都住在"小白楼"。长影厂的伙食同沈阳差不多，主食困难，以高粱米为主，副食一样缺蔬菜，欠缺肉食。说起来，大老邵诉苦说，他有痔疮，吃了高粱米饭拉不出来，疼得哭，也莫奈何，每天受一次这活罪。

在长春市，我匆忙中看了看宽敞的斯大林大道。虽然，冰天雪地，也能感到这个城市比较清洁，比沈阳显得开阔。我们没来得及看市场，就又北上了。

通向哈尔滨的火车站上，有天桥通到站台。我们被空气催逼着快速、小心地上桥过道。看见一个约三、四岁的小孩在哭喊着"妈妈"！两个小手冻得红中发紫。孩子东张西望，而无数成年人都在忙乱中奔跑。谁能帮助这孩子呢？我们为了赶着上车，揪心地听着那可怜的哭声，渐渐远去，我们走上天桥。这哭叫声都一直在我耳畔响着、响着，而且，几十年过去了，它一直在呼唤着我们的良知，一直在指责着我们为什么不放弃工作，放弃赶着上车，把这幼小的生命救助到车站去？

这孩子的命运会是什么样呢？被父母遗失了，遗弃了？就在那天桥上冻死了？……或者，他还活着？有谁知道呢？

哈尔滨位于北纬46℃以南，面临松花江，常年多寒冷，是有名的冰城。我们到达后住在离松花江不远处大街上的哈尔滨宾馆，这是这里最高级的宾馆，是我到过的祖国最北方地方。这儿气温低达-40℃。窗是两层的，我穿的是厚厚的呢大衣，戴上皮手套和皮帽、毛皮鞋。室内不敢脱大衣，走出大门时，简直没一点儿温暖的感觉，包在皮毛手套里的两只手如放在冰冷的冰窖里似的。进室内脱下手套，只觉得手指仍然十分冰凉。

但为了工作，也得去奔跑。问题算是解决了。在这里，任何时候都看不到街道、马路的地皮，和沈阳、长春一样，室外只有雪，雪，冰天雪地。有时还下着鹅毛似的大雪。

我们晚上还去过松花江上，花钱乘坐冰上雪橇。撑雪橇的人用毛毡把我们的腿和膝盖围住，我们便向太阳岛的方向奔去。刺骨寒风从耳边呼呼吹过，一会儿，口罩都变得发硬了。在太阳岛游览一通，又飞快赶回市区。

这个宾馆吃的还比较好些，每餐有五六个菜，而且荤素搭配，十个人一桌，人齐上菜。但这生活在人造的荒年的旅客互不相识，只有结伴同行者之间可以互相照顾，但谁也顾不上交谈了，一有菜上来，十双筷子加勺子都以最高的速度，几秒钟便瓜分了一大盘，分装在每个人的小碟子里。有时盛饭误了盛（应该是"抢"）菜，有同伴者，则可以代劳。

这使我回想起1942年即20年前初到李庄时那个国立学校八个人一桌，抢夺一大碗烩红白萝卜条时的情景！我觉得，这人活得真累！

此次出差，还曾去过大连、青岛。一到大连市，其感觉与哈尔滨类同，电、汽车是一票制，上车五分钱，无论远近，乘务、乘客都省事。房屋建筑虽不如哈尔滨如同绘画上苏联和前俄国的木屋、夹层窗的模式建筑，也有近似之处。这里宾馆供应比较好些，抢菜形势没有那么紧张。但是，想乘船走捷径去青岛，却很难。我们在海湾岸边踱来踱去，终于买了去青岛的船票。是小船，买的通铺。无论日夜，都得像躺在摇篮里一般。前后颠簸似骑马还无所谓，那是轮船与大浪里垂直角度破浪前进，比较难过的是前后左右摇憬，人必须抓住扶手随波逐浪，由它起伏颠簸。我小时有过去荡船板的游戏经验，在风浪中该睡照旧睡。海浪大些，我也能休息入睡。

船到烟台港湾过夜，其实不到天明就又起航南下了。我们算是体验了一次平民百姓日常为生计旅行的生活片段。其所以新鲜，那是居然在渤海湾乘坐了一次海船，还看看一望无边无际的黄海。

青岛生活几天，难忘的只有两件小事：一是在这"荒年"中，在北京无法享受到的五香花生米，在自由市场上用一元钱，亦即工资收入的1/80可换来一个小纸包的花生米，大个儿的，大约不到20粒！一是海滩之行。无数的男女老少在退潮之后，去捡海产品充饥。

为了基本建设设备的需要，我应该买到深井水泵，但又必须遵命以生铁几吨去交换。为此，我得去山东，大约记得是离省会济南不远的历城找一个钢铁工厂。

抽山东香烟，吃黑窝窝头。

住在一个小旅店里，人不多。搭伙食或在厂里吃饭，都有窝窝头充饥。菜还只是干白菜之类，豆腐乳或臭豆腐是无缘一面的，有咸菜就该满足了。主食是用全国通用粮票换当地食堂小粮票，2两一个窝窝头，这窝窝头是从未见过的近乎黑色又略带点儿暗红色的又扁且松软的，说也怪，我这个人还顶能随遇而安的，人家吃得，我也吃得，照样津津有味，不好看，却带有甜味，每吃几顿，就离不开它了，顿顿有它。我尝那味道，有点白薯味儿，夹点草叶清香味儿。一打听，才知是地瓜藤叶加点杂面做成的。

办完事，听候厂方答复的时间是充分的。这儿小城内外也有些山楂树。有不少人守着一布袋山楂叫卖。人们买下后揣在衣兜里，不必洗净消毒，就直接往口里送，一边吃，一边往地上、街道上吐籽儿，于是，无论何处，街道、土路，处处有山楂核儿。这同济南市差不多，济南市区特别是车站、公共场所，可说处处都是。

闲来无事，总得有些作为，这儿的香烟是有名的，山东烟叶不比云南差，我就买上一包吸起来，遇有工作关系，就彼此交换，递过去一支，接过来一支，边抽烟边交谈。

回程路是有苦有乐的，苦在于拿到了灰口生铁，验了货，要办向北京托运手续，东奔西跑，冷天也不觉得天凉。手续办完，候车回北京的空隙，可以像以往跑外调那样，跑去看看风景名胜，在大明湖，欣赏趵突泉，也增加点对名胜古迹的知识。

国家影片保存库落实建材、设备之后，就看施工质量与进度了。土建阶段有个五六十岁的老工程师把关，他是工资在百元以上的。那时十七级以上的干部政府有政策，是每月给予黄豆和白糖补贴，叫糖豆干部。有些女青年找对象就先问问："是不是糖豆干部？"至于国务院中央的领导干部则有特供专店，不对外，价廉物美。行政有关人员自然会"靠山吃山，靠水吃水"了。管房子的总务、房管科处头头，自然近水楼台先得月。文化部机关没有一位总务房管人员住东南房的。人说"有钱人不住东南房"。中国地处北半球，自古"向阳花木早逢春"，住房多是坐北向南的。从皇帝开始时坐北向南。北是上方上位。

这位土建工程师对于施工是认可的。我们的库房当然注意朝向和施工质量。

在这困难时期，中央有几位领袖代表中央提出了"调整、巩固、充实、提高"的八字方针。事事都得围绕着这个方针走。

总路线、大跃进、人民公社三面红旗，什么时候都得高举。八字方针、这个六十条，那个几十条，都是正确的。总之，中央的一切都是正确的。

我们习惯了不提工作中有什么困难，因为共产党人面前没有不可克服的困难。

介绍三十年代优秀影片 选购落选外国片

片库正常进行着，还有日常的业务要进行。

按照电影资料馆国际上有个联合会的做法，我负责把电影史上被公认的优秀影片选出中国三十年代优秀影片十几部，其中包括在国际上得奖的《马路天使》《十字街头》，为原底标准拷贝做好技术准备工作，又编写了每部影片的文字介绍，首先在中国电影家协会放映。我们国片组原有位组长本是馆长老同事，因不满领导对他的职务、工作安排，请调去了老家西北。我就做为中国影片研究组的头头了。还有个孙师毅顾问撑腰。另设了一个外国影片研究组由一位女将从资料组改任此职。

我们除了干这些使史料为创作为社会服务之外，也注意搜集资料。国产片，凡是出一部公映了，就必有一部原底资料，各种材料都有，不用我们操心，关键是史料。

在外国片方面，我们也有不少事情可做。那时，中国同行们，尤其是高级头头们，按照中央的观点，实是唯我独尊的观点，除了对国际上的影片分为各种流派去了解、分类外，注重东欧各社会主义国家影片，说人家是修正主义的以及各种不同的资产阶级流派。当选的影片在国内发行。在中国电影发行公司（后来加了放映二字叫中国电影发行放映公司），每部外国影片送到初审时，我们有关业务组长都去参加。有中影翻译人员先译剧本要点，放映审查时，同声翻译。重点是东欧、苏联片。看了大家讨论，认为可取，即送局、中央审定，发通过令上市公映。当时选了些被认为不宜上市公映即有损道德之类的片子，如有代表性，定为内部参考片。在文化界或扩大到各领导层，作为了解外情参考。也可称为修正主义的东西。我的主要任务是从落选片中，认为较有艺术参考价值的影片，作为资料影片选定，以备创作人员参考，其中包含不适于中国国情的故事情节，如两性关系表现色情多又无法删剪的或人物关系中不宜宣扬的，像德国有一部由我随片口译两对情人临结婚时互换新娘，以及偷情之类的，不选。歌颂资本主义制度的，不可取。专门攻击、歪曲共产党、东欧诸国、中国的；以及人物形象有损华人尊严的，都不选。我着重从公映落选片中，选其艺术质量、特技、摄影等或表现形式有独特之处的影片，由资料馆订购一个标准拷贝。

其实不少所谓修正主义影片，早在更大范围放映了，无论政府、部队，几乎无人不知所谓"内部参考"，即不准许制成华语对白在市上公开发行的影片。

正是在所谓三年困难时期，物资供应紧张，影协常有小卖部供应小吃。我把可以买回的、带有甜味的山楂之类带回黄化门宿舍，叫醒家人多少补充一点点解饿的食品，虽是聊甚于无。还可惜机会太少。岂只我如此？同在白塔寺影协看内参片的在京知名电影工作者、名导演、名影员，恐怕也差不多。可那时，除了中央部领导人和基层干部、农民之外，其他的中国同胞有多少人知道，这竟是人为的灾难、困难呢？

亿万人都被蒙在鼓里了！

我从八字方针及其后工农业方面制定的十几条、几十条直到文艺界八条中看出，上上下下都在努力补台。我参加的创作会议上，有人谈及"神来之笔"的创作灵感。一些活动中，感觉到大张旗鼓，几年高温后，是不轰轰烈烈地，但又十分紧迫地在补缸；收拾毛主席、党中央任意试验造成的社会经济困难，以及波及的全面溃疡。后来，才知道是从毛主席到党中央许多领导人，都在饮食上采取了节俭的措施。只是难免因袭封建的套路，用"特供"，给一部分官员以糖、油、豆的月补贴。因为，不言而喻，当官、高官阶层人等的生命总是比以下级的重要、珍贵得多的。有些女干部找对象，要找糖、豆干部，以行政17级即县团以上的干部当老公。众所周知，糖豆特供（不说中央、省级高级干部的特供）这个政策说明，女人日后有依靠。

从1962年1月在京召开七千人大会，正是17级以上的直到中央的领导人在内，目的是由中央说明了前几年的问题，如何改正。当然，离不开吹三面红旗是正确的。

中央是检讨会。毛泽东的九个指头论，由刘少奇改为三七开。基本态度不好明说。又讲民主集中，却不讲庐山会议错了。"白天出气，晚上看戏，两干一稀，大家满意。"

可那时，林彪却讲了毛主席爱听的话。他说："毛主席的思想总是正确的！一切错误和问题都是我们大家错了。"

在各地、组单位的出气会上，几乎没有不把气出在三面红旗身上的。既然叫出气，就不能搞那"三子"'，即抓辫子、打棍子、挖根子的；但是，都记上了账。在毛主席的思想上，自己是领导责任。他说过，"有气就出，有屁就放！"以及先叫你鸣放，到一些时候就还击。这一类行为准则，大家是熟知的。至少中、下层干部是有所警惕的。

事实上，走完这个出气过程之后，仍然是"三面红旗万岁！"

这是政治生活，不是平民百姓、普通干部干预得了的！

宏儿两岁时和父母在北海公园

虚心看待群众的大字报 机关精兵简政

1962年是个八字方针开花结果的关键年份，落实到我所在的事业单位，较突出的是：按照全部各直属单位统一部署，发动一般干部对领导干部写批评和揭露错误、问题的大字报。因此，事无巨细，人们都搜尽枯肠，写出不少大字报，张贴于规定的墙壁上，大家看，也不要求回答、处理。有的写得中肯，有的近乎吹毛求疵，难免也有尖锐或不切实际的批评，但都不伤感情，不损人格。我作为国产片研究组组长，另一个业务组是外国影片整理研究组组长，都得细看批评意见，在业务工作会议上，表示接受批评的态度。我从来度量大，不去计较。我们有时也写一两张对馆长的批评。

紧接着是干部精简，我不说什么方案，按照所谓"拦腰斩"，"砍掉一半"的编制，首当其冲而主要削减的是行政人员，业务部门的老人不上班原已作了编制的人员，年纪轻的调出放到省市基层，年纪大的转入编制之外叫编外人员，但这个编外的工资或退休费，仍由单位包干，三下五除二，这个单位只剩下二十几个人了。印象深的处理的人员中，有一个是大姑娘，搞行政、总务工作的，据查，此人平时谁也听不见她的声音，进进出出，对谁也不多说话。可是，却未婚怀孕。另一位是资料搜集组的副组长，他几年工作中做了不少事，但品德欠佳，私生活上有婚外恋情，同中央民族学院一位女干部有了几年关系，借口去本市出差机会出去幽会，而且用多种恶劣的手段如不给粮票，施暴以图迫使妻子主动提出离婚，以便要挟那位情妇同其任讲师的丈夫离异同他结婚，达到其不可告人的种种目的，因为，那个有夫之妇的父亲是某民主党派的负责人。由于他交代、认错态度还好，党内支委扩大会决定给予留党察看二年处分，报批后，调出下放到其老家。后知，由于他是18级比县长级别还高，安排的工作不差。发展情况如何，再没有消息了。另一位在我主管的组里的年青干部虽有过涂改发票小贪污（才一元多）和搞恋爱时，被在芭蕾舞团当舞蹈演员的女朋友把脸颊咬伤了等等小事，工作上有一定文字表达能力，留下了。人少了，工作量照样日益增加。

有一天，搜集供应服务的那个组的组长和馆长都不在办公室，办事的女同志找我说林彪元帅办公室主任实是夫人叶群本人带了个介绍信，来要了解资料片情况，还要借调几部去看看。这有什么可说的，照办。何况不久前我也曾同该组应中央办公厅机关事务管理局之邀，去过钓鱼台，吃过一顿便饭。中央领导人想看任何资料影片，有什么理由不供应的？总参、军委要搞尖端技术，来问有什么可以参考的资料，也得和盘托出，有用就拿走或在馆内给人家放映。

为了听听干部的意见，馆长找我和外片组组长一起见面。我从来是个实干工作的机器、齿轮和螺丝钉，工作问题之外的事不喜欢说。这位女组长却很直率，她说："领导上只管使用干部，不关心提拔干部。"这却打动了领导。我未表示不同意见。心想，就组长、馆长和一般干部这三级，有什么可提拔的？谁知这意见起了作用。大约过了一个月左右，来了一个文化部干部司的文件、任命书：任命赵某人为国片研究组副组长，李某人为外片研究组副组长，还加了个括弧，"均以副科级"。我这时才似乎恍然大悟，居然七八年前我办理任命事项，如今和我也有关系了。这职级似乎也是重要的事。而我却竟然无所谓。我在日以继夜的追求什么？我总想着多办成一些事业。觉得现在当部、司、局、馆领导的，将永远当领导人的人物，我和一些同事们，则总是做具体工作的，大家齐心协力干社会主义，这样挺好。我对什么职级从来没什么要求或追求。话说回来，如果我早对什么"长"字职级感兴趣，8年前，我不早去航空学院当上卫生科长了吗？至迟也可在1957年当上了交际科长了吗？

向香港发行老影片用资料影片供创作参考

将中国三十年代优秀影片拿到香港去公映！

这个命题，是谁创意的，不清楚，但由国务院华侨事务委员会（简称侨委）提议，以文化部主管电影工作的副部长夏衍的意见为由头，事情就顺理成章了。

先由我熟悉的唐瑜介绍我认识侨委、中国新闻社的温平，又同侨委有关人员和夏衍在饭局上会商，我向馆长反映后，由我起草向电影局的报告。理由是，当时香港社会状况很多方面酷似中国三十年代，复制放映那些影片，适合香港居民，采取进口胶片在京翻印发至香港发行，双方利润分成，外汇上交国家财政，同时从港引进一些报刊。可收一举多得之效果。当时主持局工作的陈荒煤很快批准，称只要能赚取外汇，就快办。之后，由我同温平主办，他约了侨办二司司长吴江和一位友人会见。起名福禄公司，受二司温平主管。于是，我负责约温平共同选片。三十年代在国际上获奖与好评的《马路天使》《十字街头》等几十部影片很快发往香港公映。而且，从香港报刊看到《马》《十》等片观众爆满，票房收入破百万大关。观众人次也破百万大关。外汇及特殊优惠的物资供应"侨汇券"陆续直接汇送资料馆财务部门，专项全部上交文化部并财政部。那时，不曾签订什么合同，就是按部批的文件办事，并凭此向对外文委、中国海关办理相关一切手续。

按照预定条件，中国电影资料馆还可以得到几十部影片复制所需的进口比利时生产的胶片，以副片为主，当然，都是黑白胶片。

在1963年春节元宵节，侨委二司中新社、我们主管单位和在港福禄公司代表会见之后，我们单位有关负责人去人大会堂参加了文化部在三楼宴会厅举办的联欢会，有周恩来总理出席，吃元宵，跳交谊舞。此后，一切工作按计划进行。

我们单位从西总布胡同迁至东总布胡同，单位办公地点扩大了，有了较大的可容上百人参看资料影片的放映室，可以经常给创作人员放映资料片。如名演员赵丹与黄宗英同来看自己拍摄的《乌鸦与麻雀》等片，谢添等人去参看美国老片

《劳莱与哈台》。

"只要能逗乐，就给它整上去！"正在攻喜剧片的导演在放映休息、散步时，如此议论着。

我曾向部里建议京剧、川剧等知名演员年事已高，可否抢救留下些资料时，得到局通知，为抢救一些民族戏曲表演艺术家的作品，凡拍摄的戏曲艺术纪录片如《杜十娘》及梅兰芳等一批各种角色、戏路的经典作品，都得审定入库。可能我的意见也起了作用。我当然积极执行。

复审建国后的中外影片

在炎热的夏季里，我还承担了由电影局交办的文化部复审上百部建国以来全国发行的国产片和外国片。为此，我同放映员商量搞成功放映间与审片台之间的对讲电话。我和助手吕志远边看影片，边查阅镜头纪录台本。按照部、局规定的原则，对应予删减的镜头及时提出，并在每部影片放完后，写好复审意见。填表报送到局，由主管局长决定签批、下达中影公司，对有删削的影片作技术处理，再做发行拷贝发至全国。

为了及时完成任务，最多一天审看6部影片。可以说，成天呆在放映室里。走出门时，几乎分不清是中午还是晚上。这种紧张的工作持续了近两个月。偶然还得加上一两场专审发行落选的外国影片。那时的外片多是东欧各国的，也还有一些国际上风行各个流派的西方影片，特别是法、意、英、日及美洲的墨西哥等国的影片。一些被评定为新浪潮其实是不少现实主义的外国影片，几乎无论来自社会主义国家或者资本主义国家的影片，姑且不谈其创作流派，只就其内容看，当时被我们文化电影界列入不宜供应只许在内部以"内部参考"放映的影片，不过三十部左右。

为什么不公映，却只在内部即在职工中，先是部分干部，后来基本上没有什么界限了。说起来，未免有掩耳盗铃之嫌的。

在这二十世纪六十年代初叶，除去如中国这样少数受封建遗毒影响或宗教偏见的其他国家之外，被我们分为资本主义和社会主义的国家（亦即民选或共产党掌权的两大类为主）的影片中，除少数描写社会生活中特别是平民生活、底层居民遭遇的易被选中上映之外，极个别是政治上丑化社会主义或涉及执政问题的影片，大多数是写有产阶级、甚或各类职工的社会生活遭遇的故事。后者中，少不了过多地或侧重描述一些两性交往中的生活情节，有当地认为是正常、自然的两情相悦，也有偷情之类的细节，偶有点色情镜头。这类影片在我国是不宜公映的。不宜公映是它们同当时中国社会生活中的传统生活方式不协调。但是，从

"内参"片受到职工甚至其亲属特别是青年人热烈欢迎的"火爆"看来，证明它是观众可以接受，而且与自己的生活并不陌生的。所谓不宜公映，实际是不适合宣传教育、和寓教育于娱乐中的官方的观点。其根本原因是，当权者按照中国社会传统的封建旧礼教的习惯，对待艺术作品，和反对艺术作品中特别是真实人物形象中表现、反映人性、人的感情，写爱情生活中好的与不好的男女交往中的真情，怕"有伤风化"。

例如，英国片《高处的房子》（原名已忘），可以看出60年代英国电影走出单纯歌颂警法形象的反映现实的情爱电影，可谓好色而不淫乱。

又如波兰片《艾娃要睡觉》写了社会中偷情的现象被以喜剧形式揭示。

再如，保加利亚片《多雨的七月》写休假地与异性发生爱欲时悬崖勒马的女人，却在车站接丈夫时瞧见丈夫与其情人拥吻的镜头。

诸如此类，都是包含着暴露、批评与同情并存的创作意图，实际上多是表现生活的真实，甚至褒贬并存的现实主义作品。观众看了起见仁见智的作用，也有正反两方面的影响，但未必属于诲淫诲盗的目的。因为，它们在相当程度上反映了人类的生活真实，即使有色情却未见淫秽，却并无露骨的性描写，不可怕。

我国意识形态领域为什么会出现这种世袭性质的（旧政权与新政权）类乎儒家思想继承性的控管现象？这不是政治立场可以简单概括的。简单说来，一言以蔽之，仍然是相关主管部门头脑中亦即思想观念上受程朱学派的毒害有关。故而习惯成自然，形成了对待人性、人情、两性社会生活上的桎梏。而由此派生的措施，是不得人心的。

我们复审公映中外影片的时候，所掌握的删剪原则，在一定程度上，也受制于此种习惯势力。不过，我们却不能忽略一个所谓的"中国特色"，那就是统治与被统治中的"上面一抓，就紧，一放就乱"。

搬家到机关大杂院宿舍享受平民家庭生活

时间进入1963年中期，毛主席退居"二线"后，国家从八字方针相应的一系列调整措施中，逐渐走上正常路。各个领域筆几条几十条办法去恢复元气。但这是一个过程，不可能一蹴而就，也难以立竿见影。

在平民百姓包括普通职工的生活必需品方面，也还有不少具体问题要解决。大的是粮食生产供应，小的如妇女必需的发夹等百种千种小商品，都必须有人去解决。总的方面是计划经济，预见性差，供求矛盾又很突出，只就我们日常生活中的点点滴滴可窥一斑。

为了购买用品应分先后或机会：排队成风，有的老太太见队就去排，一打听，却是卖《红旗》杂志的，不能吃，走开了。

我争取机会去找卖生啤酒，0.4元一公升，并可供应冷荤之类的酒菜。人们都传颂着啤酒是液体面包。

机关单位设法拿到自行车可供指标，就按需分配或抓阄凭手运。我买了一辆26女车，花上几十元。

机关单位找到了一些家兔，我买到过一只黑兔大约4斤重。

在个人生活安排上，我受够了文化部总务部门几只只会拍马屁作弄我这样普通干部的狗腿子的气之后，从十平方米住4口人的第一个家，迁到了地安门往东的黄化门大街35号大杂院，实是大杂院中近街的一个大院东边一个小院子了。那是已在不久前乘坐图104苏制大型客机出访东欧时以飞机失事过早去世的副部长、老学者郑振铎的故居。我要的是这个故居的书房。共30平方米的东厢房，只允我住两间共20平方米。"有钱人不住东南房。"北京人如是说。

我们住的是小院子的东房。窗、门全面西开，当西晒。中国地理条件是地球的北半球，太阳从东方升起，先晒向东的西房，西房者座西向东之谓也。温度不高，人们都怕西晒。下午的太阳很毒，故东房者当西晒不是朝向好的房间。自古以人们都称北房即坐北向南的房间叫上房，如果一家人住一个院子，房主或长者都住北房，采光好而冬暖夏凉。其他人等，都在西房、东房，南房一般不安排人住，或住身份低的下人。如今，我们搬进来属于后来的住户，优先者都住北房和西房，本院南面，只有一棵大丁香树和院墙，无住房。

对我们这个小家来说，从10平方米搬到20平方米两间住房，也是改善了。我们先是不大懂朝向的重要性，只图面积大。后来，让我们选的好几处都是东房，知道朝向差也要，这里离地安门、大街边生活可能方便些，两间房，门在西侧，东侧有窗，背面即房间的东墙，各开了个不到30平方厘米大的小窗。墙外是通进后院大杂院的五六米宽的通道。住了些日子，经历了夏天酷暑，照老岳母的话说，"这房子翻过去晒，翻过来又晒"，即东晒加西晒。到了冬天，又是东北风加西北风，门窗缝都可通风。为了御寒，除照规矩入冬装烟囱、火炉之外，就得预先裁剪些报纸用糨糊把门窗缝都贴上；夏天为了防晒，先在窗前屋檐前装上可以伸缩放的苇帘，并在房沿向西的椽子出头处钉上钉子，系上细麻绳，向前下方地面上用小木块固定，形成斜线网；再挖沟，种上些蛾眉豆，让它顺着麻绳爬上去，当红日高照、烈日西晒时，豆子的藤、叶，便成了极好的屏障，给我家门前形成一条可以遮荫的通道。还可以在此"棚"下喝茶，吃饭，歇凉甚至会客。

同院北房两户和西边一户，在门窗前都种点花草或蔬菜。正北房前路南是全院共用一个水龙头，但五家人仅有一个单人卫生间是不够用的。大家都出小院门和35号大院大门到对过街道公共茅坑如厕。这是二十世纪北京胡同和黄化门这类胡同式的大街常见的生活布局。

有了卧室没有厨房怎么办？过去住在机关宿舍楼，上机关大食堂用餐方便，每月一个人十几元饭票足够了，家里还可以在楼道里放个火炉做饭。现在黄化门全靠各家自行起伙，于是买个时兴又普遍适用的蜂窝煤炉，搭几块薄砖，放在门边，又为防雨，再利用薄木板搭成三面小墙壁，就是小灶房了。由于使用面积不够用，后来又在南墙和一棵树间搭了个约三平方公尺用油毡做顶的厨房。

我们在苦难饥饿中降生的儿子，在八个月大时送进托儿所，婴儿感染出疹子，他姥姥接回治好后才十一个月又被送进鼓楼西铸钟厂文化部第一幼儿园，每周一送去，周六接回。先是为了照顾老人别太劳累，后因我们的疏忽，六十五六岁的老人家白天中了煤气，得救后，又患严重贫血性白血症。那时每人月供肉票半斤，病人受照顾多给半斤肉票。我们难以忘怀的是，老人家还因为我们不肯吃她那点营养肉而伤心落泪。

孩子两岁左右时，婆婆（四川对姥姥的称呼）在伏天周末和我们一起带着他去中山公园中山堂东侧高台阶上，席地坐卧以避暑。家里待不住呀！

老人家带着病离开北京去了贵阳市，同长女一家人住在长女婿工作的河滨剧场，住了一年多，在身体更差时去重庆山洞，同在中学任教的儿子一家生活了一段时间，因病在儿子身边离开了这苦难的人世间。据说，老人临终还呼唤着远在北京艰难度日的女儿的名字。

这位慈祥的老人一生的一半岁月，多用在帮助长女带养几个孩子，我们养育了唯一的儿子，也有幸受到她老人家的极其周到的关爱。她老人家为北京的外孙做的婴儿帽和小虎鞋，我们一直珍藏到这位外孙四十多岁养了儿女时寄给了他，留做纪念。她的曾外孙女却很喜欢。

黄化门这个宿舍，叫人怀念的那棵丁香树，在夏天的夜晚常常放出沁人肺腑的芳香。

邻居4户人家都是在职文化部系统和北京市机关的干部，相处和睦。我家的女主人不过二十五六岁，和我一样，婚前缺乏独立生活的能力，过惯了军政机关的集体生活。新成家时，冬天取暖的火炉有机关雇的公务员管火。生孩子前，老岳母特地赶来学着北方生活习惯，在筒子楼做饭。搬了家，老人走了以后，油盐柴米、吃喝全靠自己动手。孩子的妈妈初期入厨时，不善使菜刀，还把手指割伤过。成家前煮挂面不等水开锅就下面条的事情不会再发生了。做包子、馒头、窝窝头一些主食和有些副食的制作、烹饪，都有邻居的北方老太太可以请教。加上自己的细心琢磨，必要时可找张奶奶、小丽姥姥顾问，很快便得心应手了。可见，人聪明，加上用心和肯学，没有做不好的事。

我上班远些，要骑自行车奔东城，周一一早将孩子送到鼓楼北再去东总布胡同上班；家务事全靠爱人操持，幸好她工作的图书馆在北海南门西侧文津街，骑车不远。孩子从小明理，理发不哭，打针治病也不大哭。不明白为什么不能常呆在父母身边，要被送去托儿所，只知道"妈妈要上班""爸爸也要上班去"，虽然明知"要上班"，也要在阿姨老师的怀里喊几声"爸爸不要走。"他从上幼儿园起，跟随我们出门时多是坐在我自行车的前面，长大一点就坐"二等"。广东人上海人这个年代自行车作为载人交通工具，后架上放个木板可以载客挣钱，我婚前出差时坐过这种"二等"。如今，让孩子坐二等是常事。儿子在三岁到四岁之间，正是学说话的黄金时代。幼儿园的老师为了使孩子们有家的感觉，让孩子管教养、保育员甚至园长叫阿姨、叫老师，也叫过妈妈，如"园长妈妈"。管理人员是地道北京人，有合格的北京语音。所以，我们的儿子学到了满口地道北京语音。每当我们让他用毛巾擦鼻涕时，用了四川习惯的"小手帕"这个词儿，孩子马上睁大双眼说："手绢儿！不是手帕！"他如此认真地要纠正妈妈说的话。先入为主，老师是正确的。

我这时注意到将近4岁的孩子听我对他说话时，特别全神贯注地盯住我的嘴，他可以很快重复大人的话。我故意试探地逗他，对着挂在"厨房"门上的小黑兔皮说："小兔兔干吗不说话呀？嗯？"紧接着，他便重复我的话，并十分认真地跟我一样，看着兔皮。

同院子里的几家相处很好。下一代的孩子们相互熟悉之后，有时在一起玩得很开心。我们的儿子年纪最小，比他大一点的孩子几次到我们门前的过道上同他一起玩，他喜欢坐在小竹椅上，让莺莺姐姐、小丽姐姐和大群、瓦达哥哥同他玩"拔萝卜"游戏。孩子们边唱着"拔萝卜，拔萝卜，嗨！嗨！……"往来拉着牵着手和拽着衣裳，最后把坐着的这个萝卜拉着站起来，然后，大家哈哈大笑。他有时在床上由我握住双手向左右迈着小步子，大声跟我齐唱着新疆歌舞曲"找呀找呀找朋友，我要找个好朋友！行个礼，握握手，你是我的好朋友！再见！"三、四岁的娃娃，发音不十分准确时，"朋"字念成"喷"，握握手唱作"哇哇秀"。十分天真，可爱！快到4岁时，一次一只小手上粘了几块小白块，走到衣柜的穿衣镜前去对着镜子向自己做个鬼脸就跑了，原来他手背上出了小裂缝，就学着妈妈贴脚的办法，自己去剪了几块医用胶布贴上。

孩子生在收入低的双职工家庭，夏天为了吃到一根冰棍儿，不得不跟着妈妈奔走半条街，有时不直说，却问道："妈妈，有冰棍儿卖，你想吃吗？"有时可以想获得一只冰棍，但有时得到的答复却是："要节约！"

他走路累了伸出双手说："妈妈，抱抱！"

"你累了？妈妈也走不动啦！怎么办呢？"

"妈妈抱我，等以后我长大了，你长小了，我抱抱你！"

儿子在街上一旦听到汽车喇叭声，便会马上用手挡住爸爸妈妈，把头探出去警惕又紧张地去找那即将驶过的汽车，瞪大双眼；等车过去，才松开手。

邻居彼此都友善宽容。我们常洗衣服，又洗大量的蔬菜，夏天还压住水龙头喷去几米远浇菜叶凉棚，耗水量比较大。当我们自嘲泊水太多时，邻居都说："你们是南方人嘛！爱干净！"以示理解。那时人口少，自来水价格低廉，一个院子一个水表，大家不分彼此均摊，没二话。有一家孩子多，老少七八口人，为增加点收入，多次深夜还在全家动手糊纸盒，一个挣一分，哪能没些动静？！大家不仅没埋怨，还去看看，说几句宽心话。

那个年代生活费用不高，我们两间房月租费是2.56元。开支比重最大的是吃，要买什么穿的用的，就得从牙缝中挤。我们单位的会计郭照康是个老实人，我听他向待遇好得多的馆长诉苦说："菠菜一毛二一斤，不到月底工资就没啦！"回应是"王顾左右而言他"，呆会儿说了句"拾块钱一张'大团结'一打开就没啦！"表示谁都开销大。老郭说完就拉倒，该干什么，又照旧干什么去。我知道他负担不轻，有两个女儿在上学，爱人还没工作。那时候，行政领导规定，只有全家平均收入8块钱的，才算困难户，才有资格得到一些补助。

我家当然不属于困难户，两人工作加起来百十来块钱，4口人花。但是，孩子每月入托费35元，加上节假日开支和穿衣零花，已大大超过了一个人的全部收入。所幸我们在决定养一个孩子之前，花141.5元买了一台上海产的收音机，可以收听中央人民广播电台的新闻。只能收中、长波，不能收短波。那时短波有海外电台，是不允许接听的。

有了孩子之后，老岳母曾说过，还可以再生几个："一个也是带，两个也是带。"我们也考虑过，为了正常地维持现有的生活水平和保证现有成员的健康水平，不能再要第二个孩子了。供给制或享有较高供应条件的领导干部可以养三、四个甚至六七个的都有。我们，照北京的话说，"没门儿！"

就这样，我在工作十分繁忙、家庭生活十分丰富而温馨的状态下，度过了六十年代最初的岁月。

升级受妒不争还让摆脱世俗到农村去

国家经过调整，正从错误政策转向中，渐渐步入正常的生产、生活的路子。但是公开场合不讲错误，顶多讲类似林彪说的："下层的和尚是歪嘴，念错了经。"多数人只"知道"是困难时期，是天定的主造成的。虽然我们听过农业主管人如农业部长讲过的"三分靠人七分靠天"，也偶尔听了几句像是真话的所谓"三分天灾七分人祸"，只有七千人大会讲了实情之后，至少中央以下的三级领导中，出了气还得好好把工作干好。

将近十年的说法是，生活的改善必须靠生产的发展。生产状况好了些，就得提高一些职工的待遇。于是，在1963年夏秋之交，职工调工资。调工资就得调级别，那时，从中央到地方公务人员包括各行各业的职工中，作为干部共分为24个级别。最低一级办事员是24级，不过月薪三十几元钱。按职务不同，每个职务含几个级别即高低不等的工资。

前一次是1959年只调1%，1956年至1957年是多少比例，不清楚。那是我到中央人民政府的部机关知道的提级面比较大，"自报"大概没有，是公议，上面批准。这次我听说北医有一位青年女医生为了没被评上提级，跳楼自杀了。

一天，两个副馆长（一位是某博物馆的副馆长夫人，不到40岁，一位是华北军区某部门干部的夫人，也才33岁，前者14级，后者可能也是14级，据说陈荒煤看中她的。那时，原馆长已去搞文物工作了。）找我谈话，说明此次调级中，对副科级干部不到17级的可调至17级，我这个人，她们"听取了几个17级干部的意见，都不同意给你调，有的人认为你骄傲。"她们表示尊重大家意见，此次不给我调。我认为，我并没有什么骄傲问题，调与不调是领导上的事；既然"科处一级"（这是听传达说的）我也可按县团一样看文件、听报告，我不调一级可给级别更低的同志调两级了，不更好吗？于是，此次调级我不争，我表示愿意让。但是，我明白，问题出在那些人的嫉妒，和馆头头的尾巴主义。

我们是为社会主义工作的，为党为人民工作的，不计较待遇。没想到为什么比我们级别高的人却不是这样的？

恰好，文化部按照中央统一部署，要组织干部下放农村锻炼。我决心离开这个是非之地，就报了名，被列入去山东省文登县基层工作的名单，还任个小队长。

凡是确定下放的人，都集中在部里学习。我查阅了山东省的有关地理资料，先熟悉些情况，这时已是三十六岁的人了，我仍然雄心勃勃。

到黄土高原深入基层工作

身在三叉路口不怕回不了北京

下放学习班刚开班，干部司通知我，不准备让我去山东文登了，要我跟随陈致中司长去甘肃，他是按照中共中央的部署选派百名地委书记和百名县委书记下几个省去抓粮食生产的。陈原在西北地区解放前后担任过几任县委和地委书记。预期是三年，前一年半甘肃天水地区，随去当秘书的范某已经同时回来了，这第二次是去甘肃临夏回族自治州州委，仍是第一书记，考虑改由我跟着去，因为，范某不愿再跟去，怕回不了北京。

我决心下基层，不担心在什么地方长期工作，也不担心能不能回北京，也未表示任何意见，我去会见陈司长时，他不但不讲任务，只说了几句："等部里最后决定吧！"我问出发的时间和准备工作，他补充了一句："看部里怎么定吧。"我想这事还没决定，却为什么又通知我？真是丈二和尚摸不着头脑，那就等着吧。莫名其妙！

第二天到了机关，又去看了看一些文件，是讲基层阶级斗争，主要是封建迷信之类的反动势力和被推翻而不知改造的地主恶霸的活动的。到近中午时分，"意外地"遇到了张庸，约我随便走走、聊聊。张和范是我在干部司工作时的同事，筹办过伊文主持的教育处的工作，我是张入党的介绍人，1956年他和范同时入党。1958年曾下放锻炼过。由于张的热情，我同他更接近些，可以谈谈心，范却没有。

他问我："最近中央来调你，你认识党中央的人吗？"又说："范已经跟过陈司长一期一年半了，怕再去回不来，司里要我去，我也不大想去。"

我这人从来是实实在在的，听张一说，才明白了，原来是张、范怕跟陈下放回不来，发现我要去山东，司里决定让我顶替张去西北；这时突然来了个中央的调令，以致影响到陈致中说那样的话。陈致中以为我自己知道，但也摸不透，可能还要叫张去，张才找我摸摸底。我没那么多心眼，也没去想过在什么部门工作的事，只觉得他说得有理，肯定是中央有认识我的人，才举荐我的。我如实告诉他，我认识田家英，他给我们做过报告，但他知道我，只在前几年给过我一首歌词，让他他身边工作的人戚溢给我，在他那儿工作的人有两人是团校同学，戚和我是同一个组的，我们很友好。但我不知道调我工作的事。他是在中央政治局政研室工作。我知道戚当时肺部患病可能住医院了。"我也认识中央办公厅的人，有好久没有联系了。"停一下，他又说："那里很不自由。"

我告诉他，"我在中央军委呆过，的确没有这政府、地方上自由自在，没人管。那是机要部门。我也没想过再回到党中央机关去。我不担心能不能调回北京。我想从事电影艺术创作，但缺乏生活，不熟悉基层。"

"我也不知道是不是老戚推荐我的。"我补充着说。但大家都是搞人事工作的，估计是他们推荐的，没有告诉我，那是党的一贯的组织原则，通过组织了解、决定。但同时，必要时，也考虑到本人的意愿。跟八年前拟调我去给陈克寒副部长当秘书一样，自己不愿去，一般不勉强。

这种情况与"齿轮和螺丝钉"的要求并无矛盾，在一定范围、一定条件下，是允许的。因为，即使在包干制的条件下，我也不可能任意选择工作或脱离政府机构。

经过考虑之后，认为，调中央机关或下放西北都可以。向戚溢一直不曾告诉我什么，可见，他并非从私人感情出发的，一切为了党的工作需要，而他和我是一样，组织纪律性都强，问他也不会说。如果中央不计较家庭，只看本人，我听从中央和部里的决定。

但是，对我的最后决定并没有告诉张，他只知道我的一点倾向。我还没正式向干部司说明。因此表面上，我停留在三岔路口，而实际上只在去中央还是随陈去西北。这是一个转折点、一个谜。但我有下基层的倾向和张庸不愿去怕调不回北京，可能影响到最后决定。

我敬爱的亲人在冤狱特赦前去世

在叙述我离开北京之前，必须不忘在京时知道的事情，特别是一位达人的仙逝，我尊敬而深爱的父亲赵万灵。正是这位达人，是他让我最早听到这样的古语："君子安贫，达人知命。"对于有着守旧认命观点的前辈，他是安贫而不知命的达人。共和国建国十周年，中央、国务院曾有特赦令。我们都明白，坐冤狱的父亲也知道，他也是有份的。被判15年有期，十年即至迟在1962年，他就可以恢复自由的。此前，我和姐姐、妹妹都先后同他通过信，知道他虽有病，行走迈步困难，而且花眼了。他在信中还表示过对孙儿起名按排行可以有个永字叫永宏。这是赵氏家谱班辈排行次序联语12字中第9辈，即"奉昇邦国，仕光万世，永肇天成"。我是世字辈，叫世琦。

老人看到我们一家三人加上五嬢在内的照片，也收到了我寄去的补药，可能还收到妹妹寄去的眼镜。大约在1962年秋天，我收到了一封从新疆和阗劳改所退回的信，批注了一行字，大意是：此人早已去世了。

老人家没能等到即将释放的时刻，过早地离开人世。我们未能团聚并无法让他享受到老年的幸福。

事实上，作为人世间最不幸的过客之一，他只经历了五十个春秋！我记得他说过，生于宣统三年，即民国元年的公元1911年！其中，竟有十年身陷囹圄而且是不白之冤！令人永志不安的是，这仅存的三个儿女，都因经济拮据和不公平的待遇而无法实现使他老人家有个狱外就医的假释条件。

这位在国民党政权时期、抗战前后一贯忠于职守特别是抗日战争期间积极支持抗日后援等等工作的知识分子公务员，在建国初期被人民政府审核录用并对文教，包括峨眉山名胜作出努力、贡献的老实人，竟然死而不得其所，竟然含冤终身！

我只惜老人家不曾听我在解放前的忠告：未曾去成都投靠一直关怀他的老师邓汉祥，邓原是投身抗日殉职的、军阀出身的前四川省长刘湘的省政府秘书长，四川省解放起义将领之一，邓汉祥已任省政协委员。父亲安于小县城的小城生活。结果，毁了自家，应属英年早逝，可悲、可惜也可叹！

我为此为他老人家痛哭终生！

从他身上，从我和同辈不少人身上，我深感中国二十世纪知识分子为政治所用，又被政治所害的历史大悲剧，一再重演；他是达人，却对世事无能为力。他要我不参与政治，专走济世救人利人、利己的医学之路，我不曾贯彻始终。而历史证明，我从事医学到底又如何呢？当然，我们这些后人会比他们好一点的。"文革"中及其后不死于非命，也是意外，都属劫后余生！死者逝矣！生者奈何？

君不见，清澈的长江水行将步海河、黄河之后尘，转变成"一江浊水向东流！"而这浊水的形成却曾孕育了几多富豪与罪恶！怎不令人痛心疾首！

呜呼哀哉！

甘肃临夏促生产 回族基层长见识

　　我把接受去西北的意见回复干部司以后，就开始准备。林敏为我介绍的一本书《回回民族问题》成了我主要的准备。我很快读完了它。而在实际生活、工作中，都很特殊，也很丰富。陈司长什么也没说。我只是听喝，转关系（行政与党组织）和户口。行政关系中，特殊的是工资数额有变化，按中央规定，北京属六类地区，大约属于中间水平，甘肃属边远地区是十一类，同级干部比在京多一些，我只取其超过部分，就足够开支了，所以只是每月取超出北京同级工资部分。户口转出，才有供应。

　　我们乘火车到达兰州市，一下火车就住进兰州饭店。说来也怪，一行是三个人，陈和我住一个套间内外，还有一人是个女孩，约在三十上下。她是他顺便带回甘肃的。奇怪的是，她在路上告诉我，她是个烈属，从小不知父母是谁，长大后大人告诉她说，她的母亲叫江姐，自己会开汽车是个司机。我一听，完全是在撒谎，不去理会她。第一天安排她在陈和我两大房间之间，第二天就不见了。我不爱管这些闲事，从此也不知陈司长与其家是什么关系，我也不去过问，只当是个滑稽的小插曲，一笑置之。陈司长只给我淡淡地说过一句，是一个老朋友找他顺便带回临夏的。这件小事，按理说，我应问问陈司长的，而我这人就是"事不关己，高高挂起。"

　　话说回来，我们住在兰州饭店，在餐厅吃饭时，总有人不断地来同陈打招呼，可见他熟人之多。

　　次日，临夏市回族自治州州委有一辆吉普车来接我们，这是中共甘肃省临夏市回族自治委员会第一书记陈致中亲自通知的，这是他专用的吉普车，司机也是专职。我就被称为秘书了，任何人都称陈司长是陈书记。

　　临夏市位于甘肃省会兰州市西南165公里，统辖七个县、市，都是回族集居地，其中包括一个东乡族聚居的东乡县，全称都是某某回族自治县、东乡族自治县。

　　我们开车行经的都是柏油马路，两旁都是适于黄土高原地质和气候的杨树。由于其枝干都是向上的，名为穿天杨。车行至临夏地界时，陈书记叫停下来，去看了看马路旁的田地。从地里抓一把泥土，看了看，知道是春耕初翻的土地。我看到的，是临近河滩的地，虽是黄土，却比较黑，虽不能同我老家的黑土地比，看去还是熟地。

　　在车上，在与司机老李的交谈中，以及陈书记顺口提到的事情看来，我们处在并不安全的地区。

　　离广河县城不远的河滩，昨天发生了一起刺杀牧羊人的案件。

　　我们驶过的一个大路叉路口，半年前，有一个排人民解放军的卡车在此遭到了伏击，全排战士全部牺牲了。可见，这个地区敌我斗争形势相当严峻。这是我在北京电影事业单位，甚至许多的机关都难以想像的。我在阅读专讲各地阶级斗争的中央文件中，都未曾见到过。

　　自治州州委秘书处的同事都较友善地和我接近。他（她）们多是汉民，只有一位回族。他们看我随身带的一个的确良手提口袋，认为这是北京人的习惯。对北京盛传的少年儿童的一首儿歌很感兴趣，并以对首都的高尚风气存有敬仰的心情，可以哼起当时北京孩子爱唱的："我在马路边，捡到一分钱，把它交到警察叔叔手里边。叔叔拿着钱，对我把头点。我对叔叔说一声'叔叔，再见！'"

　　同事们知道我喜欢民歌后，竟然约了一位歌手，来到我那间办公室兼宿舍，为我唱了不少民歌，那完全是原声民歌，我边听边记下词、谱。印象深的有一首《上山的老虎》，歌词是：

　　"上山的个老虎者，下山的狼耶哎！

　　下山的狼哎，凶不过，马步芳匪帮，

　　今日的款子者，明日的粮；

　　百姓活下的擘呀障！"

　　还有一些甘肃山区的"花儿"，是表述青年人的爱情的。

　　据说，他们曾为北京来搜集民歌的音乐工作者唱过几天几夜，不只他一个人来唱过。

　　而我另有任务，只得忍痛割爱了，无法多听下去，更无法采集。

　　来到自治区，陈书记首先召开了一个区的党代会。党组织当务之急首先是抓好春耕生产，把各级党组织、党与非党的生产积极性调动起来，统一思想和步骤。

251

党代会后会餐，喝杯酒是当然的。陈书记到我所在的秘书处同事一桌敬酒。"四川人不喝酒怎么行？！"我当然应了一杯白酒。

既然汉族人多，生活会影响个别回族干部，那位回族秘书在汉族人的包围中，也会变化。有人对他说"你他妈共产党员还忌猪肉！"他也拿起一块猪肉当面吃起来，边吃边对我说，"吃是敢吃。不是迷信，从小习惯了，在家里不吃猪肉的。"又说，"确实吃起猪肉来，觉得腻。"

党代会期间，秘书处照例忙于文字工作。我没有任务，以熟悉情况为主。我看从秘书长到几位秘书，写东西很快，且很熟练，秘书长年纪约在四十岁左右，秘书多是二十几岁的年轻人。可见，省市基层干部队伍比较年轻，得力。

从翻阅的材料和秘书的口中得悉了一些当地的历史问题，如一件近年全省因政策及执行错误导致群众死亡人数竟令我不寒而栗：三百余万！我们到来以前，前省委第一书记已经撤职。我未查阅到本地区有多少。但是，一个最年轻的秘书给我讲的事例也确是耸人听闻的：人吃人。某县一家如小说中说的开黑店，破案是经妇联主任。罪犯对吃人的事公然对妇联主任直言不讳，终被有备而来的干部绳之以法。当然，这是个案，上百万人则是死于饥饿。此外，此地汉回民族矛盾致死的人也不少。几年来，土改后，民主反封建斗争中，以及杀汉人的事件十分严重。我们省市政府派去执行土改和民族政策的干部被害不止一起。工作队任队长的县委书记正在向群众宣讲党的政策时，被听众中的反革命分子当场开枪打死；新任书记夜里来不及从枕下取出手枪自卫时，已被反革命分子用刀将头切下。据查，在回民中有潜伏的国民党特务分子，他们冒充回民尊敬并愿听命于他的阿訇，有的是国民党潜伏的校级反动军官。他们利用回民族问题中的回汉矛盾，挑起矛盾，制造民族矛盾，并由此引发流血事件。他们故意制造事端，激发民族仇恨。而受害的，都是居住在回族聚居的这些地区。因此，近几年在此地区发生了多起回民杀汉民的流血事件。可见，这是一场严重的民族矛盾为表象的阶级斗争，也是中国共产党领导的中央人民政府同蒋介石集团斗争的继续。

此种潜伏挑衅之事，是利用农民的少学无知，以伤害百姓达到捣乱之目的，也真可恶。

这是土匪行径！为了人民而去工作的好干部被杀害，岂能容忍、退让！于是，为了稳定政权兴和平生产与生活之风气，当时中央决定剿匪。但斗争是残酷的，假阿訇与反动阿訇强逼着回民上山，从山上向山下进攻，强迫妇女儿童冲在前头，他们从后面向剿匪部队袭击。一些青壮年回民就这样以反革命暴乱送了命。因此，我们到达回民区时，就有一些寡妇村，寡妇队。

《回回民族问题》一书中，记述了历届旧政权在以汉人为官的回民地区，由于其残酷统治引起民族矛盾，致使在信仰伊斯兰教的回民中几十年对汉民族的仇恨，杀汉人的行为同宗教信仰与民族习俗形成一个反政府、无政府的时明时暗的逆流。

但一般回民对汉人无仇无恨。老百姓总是善良的，由于文化落后，不免受坏教主阿訇的愚弄。阿訇是留胡须的年长者，是以古兰经为教义去教育、指导回民的。有人认为，回族有其民族习俗，在受到伊斯兰教影响之后，往往回族就是回教徒。其实不然，出身回族的人由于生活变迁，可以不成为当然的回教徒，即伊斯兰教徒。

这里人们的姓氏不是一个模式，有的名叫"二不都"，是"阿卜杜拉"的谐音；有的随汉族习惯叫王国民之类。

在自治州党代会后，我就随陈书记，有时带上一位秘书周建国同志同行，下基层去检查督促春耕生产。司机王师傅大约四十多岁，开的是适于上山下乡行驶的北京吉普车。这车的前轮设有加力。有一次路上有一道沟，前轮陷下去了，车尾后轮悬空，王师傅启动加力，前轮出了沟，后轮陷下去，再用正常一挡就越过去了。

一天走到一个山坡上，王师傅突然停车，从车后取出一只小口径步枪，向坡的一边瞄准，开了一枪，大约二十多米远，捡起一只野兔，再从右腰拔出十几公分长的小刀，割开兔喉，用嘴吸吮起来。他回到车上后，周秘书解释说："吸了这野兔血，登山都可以不喘气的！"这个话我相信，因为我见过家兔心跳极快，每分钟约有五六百次。周建国讲，这野兔眼力不行，看不远，它一有动静，撒腿就跑，一会儿又立起来听，这时就好对准它射击。

我们偶然到生产大队，但绝大多数是直奔生产队，找生产队长、社员了解播种情况及全部生产安排。吃饭是随遇而安，在社员或队长家吃了土豆、玉米饼或粥，给钱就走人。有一次在马路边小饭馆吃面条，要了一个摊鸡蛋，活像一个六七公分厚二十公分直径大的生日蛋糕。我以为是十多个鸡蛋做的，一问厨师，回答说，只用了六个鸡蛋。原来是油多衬起来的。

我们到过永靖县的小岭人民公社，听取汇报后，去了一个生产不算突出的沟滩生产大队，针对他们的生产生活中的具体问题，提了些指导性的要求后，听说这个大队办了一所小学。我很感兴趣，也不免有些惊讶，于是去参观了一趟。

听到穷孩子们读书声，见到如此简陋的校舍，觉得它竟然是如此难能可贵。我利用空闲的零星时间给远在北京的老朋友戚本禹写了一封信，又以同样内容写给爱人。老戚在中央办公厅主持信访工作，回信告诉我，他将我的信转给了教育部长，刘季平同志立即批给研究室认真研究；林敏竟摘了一段送到了文汇报，发表在1965年1月23日第二版。此信在教育部及社会上的作用不了解，但这种事，在当时应该说是稀罕而珍贵的。爱人留下了剪报，也同样难得，就便转抄如下：

西北高原上的一所民校

赵素行

甘肃省临夏回族自治州永靖县小岭人民公社沟滩生产大队，有一所由贫农、下中农办起来的民校，教员也是贫农、下中农，学生几乎全是贫农和下中农的子女。

一天早晨，我们去参观了这所设在拔海约三千米的高原上的学校，了解了这里的贫农、下中农克服重重困难，艰苦顽强办学的情况。

小岭公社沟滩大队在甘肃省临夏回族自治州的崇山峻岭之中，八个生产队居住着汉、回、东乡、土族等好几个民族的社员。他们中的绝大部分，是贫农和下中农。在旧社会里，他们在政治上受压迫，在经济上受剥削，苦难深重。他们的子女被剥夺了受教育的权利，一直过着没有文化的痛苦生活。

解放后，在党的领导下，随着生产的发展，生活日益提高了。这时候，沟滩的农民在文化上翻身的要求显得十分迫切。一些干部和社员，特别是贫农和下中农，深深地体会到没有文化的痛苦。他们觉得，要建设社会主义的山村，要进一步搞好生产，要了解天下大事，要认真领会和贯彻党的政策，要掌握印把子，当好国家的主人，不能没有文化。

他们决定，哪怕赤手空拳，也要把学校办起来，让子女们入学。

一九五八年三月，沟滩大队的群众在党的领导下，决心自己兴建学校。他们选定了陈家山山腰上的两亩地。

这两亩地，头顶一片青天，脚下就是西北高原上到处可见的黄土，此外，什么都没有，要在这里盖几间房子，困难是不少；然而这却难不倒有决心而且善于劳动的贫农和下中农。几百双手一齐动起来了，他们献钱献料，自己动手打砖坏。当年九月间，就把校舍建成了。接着，又凑合了黑板、课桌椅，还辟了篮球场。十月间，聘来一个初中程度和一个高小毕业的社员当教师，学校就开学了。

一转眼，学校办了三年。到了一九六一年下半年，原来的两位教员因为所在的生产队划出了沟滩大队，他们跟着走了。后来从五十里外请来一位教员，才教了一个学期，也走了。

靠从外面聘请教员不解决问题，要图长远，只有自力更生。党支部书记和大队长跟群众商量以后，决定聘请本大队的下中农陈进才当教员。

陈进才只有初小毕业程度，当教员有困难。但他想到，这是组织的委托，是贫农和下中农的迫切需要，就决心把这副担子挑起来，边学边教。他经常跑十多里的山路，到王台完全小学去"取经"，自己又刻苦钻研，认真备课，把课上好。他一个人兼教几个班级，要自己烧饭吃之外，还要经营一亩多地的生产，用生产收入和剩下的一点点开办费，作为校舍维修、学校办公等费用。而他自己的生活费是由各生产队按中等劳动力划给的工分来解决的。

学校坚持下来了，而且越办越有劲。

当我们走过教室时，早晨的阳光照着孩子们又红又胖的小脸庞。他们正在上算术课，个个低着头，专心地演算着。看看这些孩子，看看这所学校，我们心中不由得充满了幸福感与自豪感。

这件事，更为难得的是，经历了见报后的文化大革命风暴中多次被抄家，居然由她细心地保存了下来。"文革"这是后话，此处按下不表。

话说回来，我们一行在永靖县委第一书记陪同下到了刘家峡水库工地，在那里顺便吃了一顿便饭。这位书记很健谈。参观水库工地上坝，我们见到了一个个青年男女工人和技术人员，身体健壮，情绪高昂，把工地装扮得很有朝气。有趣的是这位书记聊天中，说了两件小事。

吃饭时，特备了一碗炒小鸡。他说，这是半生不熟的，吃起来特别香、脆，一尝果然如此。据说回民要是对你好，喜欢你，也尊敬你，就会请你吃这种炒小鸡；如果你是主客，你一定要先动手用筷子，去夹这炒生鸡带血的鸡块中的那个放在最高处的鸡尾。主人一看你这样，立刻兴高采烈。但是，如果不是主客夹走了鸡尾，他会很生气的。我这人从来不挑食，别人能吃的，我也能吃，带血丝的炒小鸡吃起来，果然有一种特别的香、脆、酥的味道。

第二件小事，是此公一再说，他很爱吃"瞎老"，读成"喝老"，即土豆地里的瞎老鼠。这种老鼠专事把农民下种的土豆种块搬家，把成行成排的种子，给你搬在一起。它们的地洞中摆存偷的粮食极其整齐，它们不脏，很肥！特别香。说起来好像馋极了的样子。可惜那时已经过了季节，无法捉住这种见不得阳光的瞎田鼠，这位书记解不了馋，我也无缘尝新。

我和陈书记下基层，有分有合。在永靖我和另一位秘书曾顺黄河南岸西上，有时乘牛皮筏摆渡，有时沿河上行，见过几年前为办水利牺牲的几位烈士墓碑，在一个生产队住了几天。

这个生产队长安排我住在一间主卧室的炕上。那时，天还不怎么凉，不曾填炕，没有棉被，主人给了我一张待客的大老羊皮袍。我看隔壁的两个青年夫妇睡觉是不穿衣服的，门也不关，不用门帘，任何人在房门外一眼就可看见室内坑头两个条方枕头上一个长发女头、一个光顶男头和裸露的肩、臂。油灯灭了，在月光下仍是一目了然。

我怕冷，穿着毛衣裤睡觉。村子紧邻着黄河岸边，地势高出大约十几公尺。起初听见黄河水流声，通过对岸的高山峻岭传来声波反射的强烈的吼声。后来，由于白天走累了，便很快什么都听不见了。早晨，是黄河的吼声把我唤醒的。这时，我才觉得身上怎么总是痒痒的。解开毛衣一看，竟有不少大大小小的白点了，原来是我昨夜从那老羊皮袄引进了大量虱子，而且一夜工夫竟饲养了无数虱子和虱子卵。再仔细查看，毛衣、毛裤、内衣、内裤，全都布满了这些"光荣虫"和它们的后代。这事只好自己明白，不便对主人谈起，也不必对另一间屋子的陪同人员、基层干部说起。在诸事甫毕，等待下午转移阵地之前，我托故下河滩走走，才匆匆赶到河边宽阔又有沙滩还有鹅卵石的岸边，迎着太阳，脱个精光，先把毛衣、内衣入水清理，有时，也得认真仔细地搜寻衣服的每一个角落，然后铺在鹅卵石滩上晾晒。

生产队的地全在河岸南方黄土埂大片高坡上。白天，无人到这河边来，所以整个一段河滩成了我一个人唱独角戏的舞台。近岸河滩边的水很平和，越向河中心河道与对岸就越深。不远处，还有较大的滩，类似长江上游的滩一样，浪很高。偶见以羊、牛皮筏装满柴禾一类的东西向下游水道奔去，遇大浪便是大起大落，这皮筏就被抛向近一米高的浪尖。

但黄河水并不含太多的泥沙，远看水黄，近取则是清澈的，同我四十年代在长江边的水类似。对岸是上百米高的山崖，正对这个村庄的山壁有一个约四五十公尺以上的裂缝，而且分了层次，内深外宽。同行的大队干部是个小伙子，对我说过："大家都说那个大裂缝，像是女人的那个。"指阴部。一看，确实真酷似。事实上，自然现象千奇百怪，而人体形象是有限的，相似之处其实是并不难发现的。

等到衣服晒干，我收拾好、穿好，就回到住处。

后来，当我对同伴谈及我在黄河边洗澡、洗衣、晒太阳时，人家都告诉我说："你算幸运的！有时，黄河滩边会神不知鬼不觉地一片一片地沉下去，被上涨的河水冲走！"一听这话，觉得奇怪，认为不像有山洪和涨水的样子。但由于不熟悉情况，也未免有点儿后怕。

说说这大西北的火炕。我刚到临夏时，虽同一位秘书到一个生产队去做调查，住的一间小屋子有土炕，炕壁外墙下有个低位的炕口，入冬和春季天暖前，要用麦秸和稻草生火烧炕。当地老百姓称"填炕"。填炕使室内炕的温度升高采暖，我那时是破题儿第一遭遇到。老乡早就给烧起了热炕，我睡在竹帘和棉垫上，觉得这"床"的确不冷，但室内空气温度仍在零下若干度，照旧盖上被子。我的天！那一宿，真够我领教的！平躺着，背部、臀部和两条腿热得出汗，侧睡吧，是一身汗，还不敢掀开那厚厚的棉被，掀开又冷，整得一夜一身汗。说也怪，经过这一次难得的"洗礼"，我逐渐习惯了睡热炕，而且懂得了怎么要求填炕的温度和适应不同炕位的选用。听说，不熟悉此道的人，填炕封火掌握不当，确曾有过把被子烤糊冒烟的事情。我适应这种条件后，才想起建国初期在军委直政学习时，批判不求进取的农民出身的干部和基层干部的思想是"三十亩地一头牛，老婆孩子热炕头"。若自我满足于这种小日子而安然自得，不再有个人的追求了，何谈社会进步与为人民服务呢？！

下基层工作过程中，在黄河上游，我曾乘大牛皮筏摆渡。看见水上运输，也有人从下流扛着牛皮筏、羊皮筏走山路去上游。河边高山远望，酷似不规则曲线的羊肠小坡道，有人走动，雄鹰在几百米高空、在悬崖峭壁上盘旋，同时也在俯视这雄壮的日夜奔流的黄河。

黄河是弯弯曲曲地从西北高原向东流去，一泻数千里。人们在上游某一个地段看见的，有时是东西两岸，有时是南北两岸相望。只因这上游的河道是依山脉、地貌多处弯弯曲曲的，当河道河面狭窄时，加之河床坑凹不平，河水激流碰撞，水面形成不规则的大大小小的浪花。除了极其险峻的奇怪地形造成的壶口、小浪底之外，黄河上游不少地段都可以看见令人望而生畏的惊涛骇浪。在宽阔河面一带，水流又都显得很平稳。乘上牛皮筏载重摆渡，行人都有安全感。

但是，当我跨乘牛皮筏时，感觉就不同了，那是惊险！

离开那个生产队，我再一次同陈书记会合，即将走出永靖县境时，我们为了走近道，来到一个渡口。由于河面适宜摆渡，常有羊皮筏备用。那皮筏不过四、五平方公尺面积，用牛皮筋并连得十分坚固平整的上面，有加固的木方条编织成一尺见方的孔道的网状平面。过客只容三、五人，都必须蹲下用双手拽住那木条。不用人指导，我便拽住那十字紧固点。皮筏启动了，我来不及看清水手在用什么工具划动筏身，只见到眼下的黄水和浪花。大概到了一处河心激流了，水手在用力地划水，河面上出现大大小小的漩涡。不久便到达了北岸。大家才舒了一口气，赶紧上了岸，心情紧张，人人都往前奔，没有犹豫的时间。这是我这只"旱鸭子"经历的惊险的一幕。听人讲，要蹲在筏边上，越可怕，越安全，因为万一遇上大浪翻了船，能活下来的，都是在筏边上的人；蹲在中间，一翻船，便扣在水下，头部不容易冒出水面。尽管安全渡过了那十几分钟的经历，却总是令人难忘又充满了恐惧的！从此我再也不敢去乘这样的羊皮摆渡船了。

上岸后便是步行在几十米高山之间的通道，似乎是山岭间的陈年河道，是山麓间自然形成的大约三米至十几米宽的古道。太阳可以照到这河床似的旧道。沿河道只顾往高处走，有人领路，却一直不见别的行人。已经是下午了，边走边说闲话间，有个小伙子竟然兴致勃勃地说起民间的"花儿"来，顺口就唱了几曲。我赶忙在随身小笔记本上记下了词曲。早听说过，这大西北民歌极其丰富，两个山头的男女青年可以对唱，多是带比喻寄托爱慕情怀的山歌，当地还称这种民歌、情歌叫"花儿"。歌声幽雅，有时又凄婉或豪放。由于两个山头之间是高深而辽阔的山沟，共鸣好，声波传递与反射都是很难得的。可惜山头之间相距虽不算远，却不能随意下坡又上坡去同对方会面，因为，山路崎岖，也有陡峭，无路可循。这里的秃山多，黄土高原缺植被，不能像我们南方、西南，有时可以攀树上村。这点和贵州山区有些相似。可惜，我记下的"花儿"经过文化革命多次抄家给抄掉了。由于"花儿"曲调婉转，花腔多，同时又有不少土话，语助词，因而难以记住。真可惜，研究民歌的人们一直不曾整理出书！

我们一行年纪最长者是陈书记，那年大约年近半百。我在北京机关算是年轻的，也已37岁有余，在当地已是同事中的年长者了。"35岁就不能当县委书记了！"这话是这位老书记的经验之谈，我理解，是要经常下基层，年纪大了，吃不消。但我们这两个来自首都的干部，却可以在这山区高原带着青年小伙子们纵横山乡。陈书记很少插话，只静静地听着我同别人边走边聊。这样，大家都不觉路远、难行和劳累。太阳快落山了，我们登上了山顶不远处的一个生产小队，暂时歇歇脚。那位队长忙去准备晚饭。而这时，我们的司机王师傅早已绕道将车开到这里接我们了。不等那队长做饭，陈书记突然决定立即登程。

我们很快到达了炳灵寺。这座寺石窟有着大量一千多年前南北朝时期的佛像。我们无缘参观，只在寺内匆匆走了一趟。那位健谈的青年干部在路上对我明明白白的寺内藏有"欢喜佛"，自然不能去观看，更谈不上走石窟长廊了。

迎着晚霞往西北行驶，夜幕降临前，我们到达了紧靠青海省界的一个生产队。翌晨出发前，我品尝了甘肃、青海一带山区常有的酸水。原名已不能记忆，它和我家乡的泡菜水相近。陈书记告诉我，这是极酸又很凉的水，可以败火，喝了会引起腹泻，是大凉性的。我试着向主人要了一碗。一看，是完全透明清澈的凉水，没有一点泡菜薰人的味儿。我尝了一口，极凉又极酸，索性一口气喝下了一碗，至少有六百毫升。据说，此地水苦，也缺水，喝之可以防病。而我喝了也未见异常。

我们的吉普车沿着山峦蜿蜒前进，时而登高，时而行驶在山溪旁的山麓公路上，一直开往兰州，又从兰州向南往临夏方向奔驰。

不少山村与平坦的田野令人神往，马路边大片的苜蓿绿油油地向远处延伸。其间，偶见一座两座类似古城堡的土砌高墙独院，实是农家为了安全而自行构造的。远处山脚下，有一处在晨雾迎着朝阳散去之后，显现出一排排开着白花的梨树。

在平坦的河滩地带以及少数梯田里，可看到一块一块高出田埂的绿色旱地庄稼。那是从阿尔巴尼亚引进的新品种"阿波小麦"！也有红麦。这些良种品产量高，亩产在三百公斤以上，而且做成面食口感好，更优越的长处在于韧性好、有拉力，不必要往里放添加剂，便可以做成"拉面"。

至于大麦，更是此地的长项，产量是可以保证的。

品种优良，辅以优质的田间管理和水肥合理配置，其产量产质都是毋庸置疑的。

在一个生产队里，我们目睹了用红麦和往年阿波麦面粉当场制作的拉面，并品尝无差。

海拔3000米的东乡族

我国大陆56个民族中，少数民族居多。回族除在大西北黄土高原宁夏回族自治区和甘肃临夏回族自治州等地居住比较集中外，多个省、市的城镇都有聚居地或散居户，大体上属于汉回杂居，各地回族居民的生活习俗，有程度不同的差异，亦即保留民族习俗多少的差别；不像满族汉化程度高。而东乡族则是一直聚居在一个地方，行政区划，恰好是一个县的建制。这个县恰好在临夏回族自治州辖区内。我无缘对这个民族作考察，而由一次偶然的机会有幸到此一游。

我奉命同一位秘书和州委组织部长到东乡县就一项干部问题作调查。由于这时省、地、县干部外出办事普遍使用的交通工具都是北京吉普，我们一行三人乘吉普离临夏市往北基本上是一路爬高，偶有翻越山头的弯曲上下，但都是黄土公路。

一大半天，难得有人烟，更不见同向或逆向行驶的车辆。车爬到一定高度，预计大约在两千五百多米海拔高度，就开始有一点高原反应，很轻微，主要表现是耳鸣，因为气压低了，空气和含氧量较为稀薄。峨眉山顶高约4000米，人们感觉好些，因其树木繁茂有关。这里血压略高，并不影响正常的体能与思维活动。

在一个县工作院子入门处的一个花坛上，种了几株朱红的花，正在盛开。那位组织部长识货，边说"这是罂粟花！"一边摘下一朵，用手搓搓，并试着揉进小烟斗抽起来。实际上，与鸦片没有什么相近之外，未曾经过炮制。而我，却是第一次见识罂粟花，又知道这种植物在近乎高寒区也能生长。

办公事之际，我还去一个生产队走走。那位秘书很有经验，也就是熟悉情况。队长见了我们，二话没说便忙起来了：把我们让上炕坐在小桌旁，端上好客的回民待客常备的盖碗茶，又搬来小火盆点着小木柴，烟子满屋窜，立即放上一口中锅，放入十几个土豆，都不太大。过一会儿土豆熟了，便着手吃起来。这位州委秘书叫周建国，二十多岁，笔头、口头功夫和办事才干都不错。看得出他同东乡干部和情况都较熟悉。了解基层情况是在烧土豆和吃的过程中进行的。建国吃土豆时，土豆皮是喷吐到炕前的土地上的，我不习惯如此，仍是放在炕桌上的。这里吃饭，不是中国南方的米饭，也不是北方常见的馒头和玉蜀黍做的窝窝头，正餐就是马铃薯，即土豆，四川老家叫洋芋，是从外国最早引进的。因为，这里主产的粮食就是土豆。而且这一座座此起彼伏不分东南西北方向紧密相连的山，有的是山坡黄土，不见树木也未构成梯田的坡面，都是种植土豆的。山连着山，坡望着坡，从此山去彼山，走的是羊肠小路，间或有通往山下山外通汽车和手推车的公路。站在路上特别是一座山脊上的小路上，一眼望去，山峦紧邻山间极其开阔，空气寒冷而清新。在小屋里坐在炕上，透过撑起的木隔纸窗和房门向外望去，开阔的眼界同在路上差不多。

说话中知道，这里土豆有两个品种，一种是我们正在吃着的"深眼窝"，口感好，气味香，另一种比较大个儿，叫"牛头"，一个中等的就有一斤重，口感差，虽同是淀粉为主，却缺少香味儿。

吃土豆当主食，必须蘸点盐，同时多少吃一点玉米贴饼子。如果光吃土豆，肚子会发胀，这是生活经验，也是一种讲究。

在东乡完成工作任务后，便乘车离开山区。下山途中，大约两千米左右高度，耳鸣突然消失，气压变了。

我在东乡没有发现东乡族居民、干部同永靖等县回民生活有什么特异之处，可能是未曾深入参加到这个民族的各个层面有关。但东乡族即是山民，又处于贫困状态，这给我留下了深刻印象。我得到的印象是：处于贫困经济状态下的东乡民族，除去语言特异外，生活、生产及风俗习惯正处于与回族大同小异阶段。由于其地域特征，并无与汉族存有历史与现实的矛盾与问题，是属于倚靠自身辛勤劳动以低水平维持本民族生存的少数民族之一。

汉回相处生活正常

临夏市是临夏回族自治州中共州委和州政府所在地，州长是回族，州级机关及其所属7个县市级机关职工多是汉回干部共处。前州委第一书记是汉人，且已停职，仍住在当地。按照建制规定，第一书记兼任驻军军分区的政委。现任第一书记陈致中当然是州军分区政委。我们一到达，便见到军分区司令员来访。县的第一书记、副书记，我见过的都是汉族干部。县长、副县长中，汉回都有，而且多是青壮年。

我参加过一次三级干部会，即县、公社、大队。会场上多数是头戴白帽子。白帽是回民日常戴的白布圆顶沿无遮阳的小帽。男人光头的多，女人的白帽大一些，可以把头发全放在帽里。妇女有别于男人的是未婚姑娘戴墨绿的头套，从头盖至肩、脖、露眼；已婚都是白大檐帽，当了婆婆了，即使三、四十岁，到"老"，都戴白色头面罩、头套。

这里有的县盛产水果中以杏最著称，个儿大，像中等个儿的桃子或苹果。往往在干部集会的大会场，休息时，不少人都在砸杏仁吃。

在临夏市内，为了方便汉人习惯，有一个地区可以买到猪肉，也比较便宜，比牛羊肉便宜得多。我虽爱吃肉类，牛羊肉也习惯。既然有专卖猪肉的，也就得去走走。我去过一家猪肉店，店铺卖熟肉，店后院是屠宰场。我一去要了半斤红烧肉，邻桌却来了一位青年壮小伙子。他一坐下，不必说话，店老板便给他送上一大盘像扣肉一样的大块大块的红烧猪肉。看上去是有一斤的分量。他一边和我搭话，一边像吃豆腐似的很快就吃完那一大盘猪肉，而且，肥肉居多。他告诉我，他是这里杀猪匠，一天吃4顿猪肉，不吃主食。

我曾经约过一位小秘书去吃过猪肉解馋，一人半斤我吃不完。这小伙说，你别担心，我帮你吃肥的，于是，把我碗中的肥猪肉夹去沾上醋，很快便解决了。

在饮食问题上，在干部之间，汉族干部往往多尊重回族干部的生活习惯，同桌吃饭除蔬菜外，只上鸡和牛肉。我曾同那位年轻的回族州长几次同桌吃饭，气氛都很协调。但有一点令我感到意外的是，吃完饭后，全桌的人无论什么干部，都在舔饭碗。入乡随俗，我也跟着舔碗，由于不习惯，怕碗面的棒子面粥粘在脸上。第一次，州长见我不习惯，也不理解，主动对我解释，这是从解放前养成的老习惯了，那时，也就是四十年代以前，军阀统治时期粮食困难，一点都不敢扔掉，无论军队或地方干部，吃完饭都得把碗舔干净，因此，几十年来我们这个地方都养成了这个习惯。

于是，我在回族地区也逐渐习惯了，饭后舔碗。当然，吃汤面，吃米饭等等主副食就不一定都得舔碗了。可见，在当地舔碗不失身份，可是回到北京等地，就恢复原来的习惯了。

总的看来，在州委工作期间，汉回族干部之间无论生活、工作上，都是协调的。

当然，由于历史原因，州、县级主要领导干部都是汉族干部。汉回族干部无论职级高低，彼此尊重、照顾，相处关系是正常的，而且党组织也很注重培养、提拔和任用少数民族干部。这是党和国家民族政策一贯的方针、原则。

生产队"三同"促生产

同吃、同住、同劳动是谓"三同"，这是中央要求干部深入基层必须做到的。

我决定要下基层，几位秘书都很友善地帮助、支持。不必专门安排时间，只在散步、闲谈中进行。

他们告诉我，在这个地区曾经有干部下去蹲点，住在老乡家，全家一个炕或两个炕。为了赶你走或让你没人敢去，故意让女人出面作证，说你搞了这个女人，让我们的干部跳进黄河洗不清。后来，经纪检、公安审查了很久。我们的同志觉得很冤，很多人不愿意蹲点。

有的村子不能去，那就是寡妇村，是前几年平叛以后形成的。阿訇中混进了国民党特务、校级军官。他们过去是欺压回回的、挑起民族矛盾的祸首，临解放前用些小恩小惠收买了阿訇，于是一变装，无非是戴白帽、穿布衣、留下胡须学几段古兰经，便成了阿訇。阿訇是基层大大小小的教主，跟基督教的牧师那样，受回民普遍尊敬，生了孩子起名字，生生死死许多事都去求教阿訇。平叛那年，是因为我们的干部、战士牺牲被害不少，知道部队进剿，那些真假阿訇就把老百姓赶上山坡去，居高临下，将妇女、儿童推到前面，拿着刀子、木棍、铁锹等等各种用来打人杀人的"武器"；青壮年男人在后面，拿着真枪实弹，也有刀子、铁器一类。看见我们的部队来了，就逼迫着女人、孩子向前边喊边冲；真枪实弹便在前排掩护下瞄准我们的部队射击。其实大多数人是被胁迫上山并向我们的部队冲击的。当然，剿匪平叛部队用了很好的战术，集中歼灭了那些拿枪顽抗的敌人，也抓捕了国民党特务和领头反动分子，很快平息了国民党潜伏特务挑起的寻衅、杀汉人、对抗人民政府的反革命暴乱。

这样，就有一些村子、生产队，只剩下以妇人为主体的寡妇队了，老人、小孩不多。

一位秘书找来一把58式手枪和几板子弹，约我一道去郊外试行打靶。他只关注了弹壳弹出的情况并及时捡回弹壳。因为，这些铜质弹壳可以用在订购腰刀时为刀把铜质花纹制作上。我喜欢玩枪，回想起几年前出差江南节假日去公园时玩气枪游戏，心头便是暖滋滋的，这下玩真的了，很高兴。有人替我领了手枪，正好打靶。这些事在基层是没太多的审批手续的，州委秘书找公安局长就把事情办了。

那天，小秘书看到我打了几发，瞄准约30米距离的目标，以土墙为主，也有树木。事后，再领了几十发子弹给我。这58式虽不如左轮方便，也还凑合。事后，我对陈书记谈起此事。他说："你要很会玩，带上可以；你不会，还不给人家弄走了？"我想也是，可惜没有左轮，就叫那位友好的秘书退了回去。

同时，另一位秘书给我找来一枝小口径步枪和一盒子弹，是铅弹，我也很喜欢。我们曾一道去郊外和在出差时打着玩。我有些残酷起来，有时在从甲村到乙村路上，见四五十米外有吃粮食的一只喜鹊，一枪就趴一只；建国放过羊，有经验，我们走土路时，在无路的山坡上，他换脚快，不怕泥土和石头滑落。他说，放羊时，羊能走的地方，放羊人也得跟上。我虽然不如他，也走过无路的小山坡，是上初小时在夹江和汉阳坝一带练过的，所以也跟得上他。一次我打中了一只鸽子，见另一只在旁守着重伤的同类伴侣，不愿各自飞走，我残忍地再发两枪，两个都被打死了，便沿山的斜坡跑过去捡回这狩猎的战利品。

子弹用完了，周便去公安局领取。

小口径步枪用的既是铅弹头，打中猎物时，都是进口小、出口大，因为铅头在高温高速下运动时遇到障碍物即我们射击标的时，立即旋转前进。这在现代战争中国际公约是禁用的。我在使用这小口径步枪过程中，也打过麻雀练手。却听到这样的故事：

我们部队攻占一江山岛，那是一次胜仗。那位团长带着警卫员在这儿休假。一次两人各带一枝小口径步枪，一早进山去打猎，两人在雾中分头走。那警卫员看见一只像野猪的猎物在向前蹿动，天有雾，看得不很分明，可是越看越像，便开枪一下就从肚子穿过去，"野猪"便趴下不动了。跑过去一看，坏了！趴下的是团长！因为，他是猫着身子前进的。经过审查，这警卫员工作、作战一贯表现好，出身也好，确是误伤。可是，这位团长却在休假打猎中被误杀身亡！英雄指挥员，又是新的海陆军联合作战的指挥员，就这样完了，也真可惜！

这同时也说明了这小小的小口径步枪铅弹头杀伤力之大。而我则只用于小打小闹，连野兔都不曾打过，打小鸟、鸽子练瞄准。

闲话少说，书归正传。我一个人被安排在广河县去蹲点，任务自然是使农民、社员从生产自救中增加收入为主，同时考察基层即县以下几级干部状况，体验农村生活。

我没参加研究自己的去处。陈致中同志对干部的使用是比较宽松的，知道干部工作经验、能力、政策水平，不必要多说什么，或交代什么，一切由我自便。我除了不带手枪的事，尊重他的指导性的意见外，什么也没说，卷起行李，就去了广河回族自治县。

广河位于兰州市正南大约八十公里，是临夏市到兰州之间公路的必经之处。公路穿过县城街区。

我先到县委。县委和县人民政府在一个院子办公，都是一般木砖瓦结构平房，县委第一书记我见过，是四五十岁的老同志。副书记兼县长很年轻，不到30岁的光景，他们的态度都很和蔼友善。副书记、县长同其他县级领导干部一样，都在一间不到20平方米的平房内办公，办公室兼宿舍，因为有一张单人床靠墙。他们都不是本地区人，家属不在身边。

年轻的县委副书记同我在闲聊时，说他为了保健、保持工作的精力，每天一早扛着一只枪，也憋住一泡尿，从院子爬上山去。再下来，上班。这座山约三百米高，山体与穿过县城街道的公路大体平行，居高临下，山顶可以鸟瞰县委、县政府和县城区的绝大部分地区，还可以远望到远处的河道。

我到了山顶观赏了一切。

县里领导叫来武装部部长——一位穿军服的干部，陪我到了离县委不到一公里的属于县城大街西头路南一个小院子。进门左首是短墙护着的不到15平米的粪炕兼厕所，右首是相连的两间房应属北房，有个不宽的台阶，进去左边是一个炕，有炕桌，这是客房也是我的住地，其余大半空地是厅，共约十七、八平方米。邻室为约8平方米的卧室有一个炕，这是主人的屋子。这时屋子里走出一位40岁左右头戴白盖头的妇女。"阿姨！"武装部长叫了她一声，接着说，"这是赵同志！"

看来，事先是说好的，我就住在这里了。

正对着院子大门，在正房隔壁是一间不到20平米的略低于院子地面的住房，兼作为儿子儿媳的卧室。院西南角有个小棚作为堆放杂物之用，它与粪炕间还有一棵苹果树。在进门右侧即小院东北角紧靠女主人卧室墙约20平米一间棚屋，是牛棚，养着一头黄牛。

回民是好客的，对来自党政机关的干部都很尊重、友好。按照回民的待客惯例，来客都请上炕分坐在小炕桌边。我们即席脱鞋盘腿而坐，"阿姨"便叫儿子送上蓝花盖碗茶。全家立即在厨房擀面，我们听得见擀面杖在桌板上滚动的声音。

不久，生产队长王国民来了，经过介绍便斜坐在炕沿我们的身边。

回民接待客人，一般中等水平是给吃手擀面条。

从县属乡村给我配备了一个助手叫马有明，是个二十多岁的民兵排长，过去参加过剿匪部队任班长，是个机枪手。小伙子一米七八的个儿，红红的脸庞，常是笑嘻嘻的，同我住一块儿，实际上是做土话的翻译工作。他人很憨厚。回民讲的都是汉语，同我国各地一样，都有方言，同一句汉语词，音调不同，夹杂些习惯的当地用语，不易沟通。马有明当过兵，懂普通话。

就这样，我安顿下来之后，便逐步开展工作。

我工作的单位属于县政府在城镇，一般叫城关的人民公社的一个生产队。我的使命是调查研究、促进生产。这个队的上级是城关公社，其中有汉民小知识分子做干部主管，而我实际是有事可直接找县委和州委，没有任何硬性要求。由于这个队就在县城，这个县城属于贫困地区，只有一条街道，同我1949年夏天到河北良乡时相似，居民多数是城市贫民。这里没有过什么地主之类共产党的斗争对象，也可说是半城半乡的性质。

平均每个社员家有半亩地，除了宅院，没有什么自留地。因此，这里是贫困队，是回族地区有一定代表性的生产队。

关于在这个县的生产队的各种社会状况和生产、生活、人事、风习的实情以及具有典型性的事例，我一开始就作了详细记载，是日记纪事形式的，甚至这些资料还包括了我记下我接触过的每一个人的详细资料。在回民地区至少有八本32开本之多。可惜在以后"文革"那场浩劫被多次抄家中被抢劫一光，这是后事。因此，我仅凭40年后的记忆，同前面叙事一样，把尚存印象的事实简述于下。

当时的指导思想是依靠贫下中农，帮助、指导他们。至于"接受贫下中农再教育"的问题，在我的思想上，有自己的原则，即一切注意政策办事，和我自己一贯的与人交往的准则相处。其要点，我自己是明确的，即"求同存异"，"三人行必有我师焉"，"择其善者而从之"，"其不善者而改之。"保持客观、清醒、与人为善而又保持一定警惕性的态度。我自知自己乐于团结人，而短于警惕，由于从无害人心，是以少受人害。

这个队最贫困者之一是以汉人姓氏的李某，可谓一贫如洗，还要养活一个瘫痪的妻子。其姓名同我的一位老朋友、老同学相同，名天源。他年纪属于队中长者，他的意见常被重视。我了解全村（全队）生产状况的会，多次在他家召开。说他一贫如洗，是说遮屋只见炕、灶和水缸，别无长物。

生产队以种小麦为主，兼有大麦和玉米。我住的那家孩子叫尤素福，儿媳叫赛尼曼，寡母是"阿姨"。有牛，当然比李天源强多了。大约三十余户中，除个别人多是靠种粮维生的农民。那些个别人，也参与农业，但还跑点小买卖。

开展工作我得召开社员大会，就多找队长王国民，由于社员讲话中习惯用语常常是倒装式的，例如，"去年小麦收成好，不是的。"先肯定后否定，加上地方发音特点，稍不注意，会听错。这时，马有明就给我强调说明一下。

工作重点是抓生产。

我同小伙子们一道去施化肥，人畜肥不足，人们总希望用化肥亦即尿素增产。我同他们一起走进玉米地行间，每人一行，左手带上化肥，弯着腰用右手抓一把尿素粉末，撒向一棵棵正在灌浆的玉米边。小伙子们动作快，我还跟不上，一亩一亩地成排往前撒。据说，如此追肥，产量高。

从这个队的生产条件看，几十户口人，平均每口人只有半亩地，基本上谈不上自留地了，无非在每户院内有点宅基地可任你使用。由于此地近河滩，住地及"城"郊气温、湿度都宜于种植，社员家多喜欢种上一棵苹果树，也有人在自家院子种点蔬菜的。

要使地少收入少以致生活贫困的回民社员日子变好，一方面，每年总有一些出自政府的救济，如发放布票，给劳力少致贫的困难户一些补助金。至于有家属在外做木工活或跑买卖的或者有铺面做裁缝、小买卖得点批量差价小利的，经社员评议，上级公社和县里决定不给补贴。粮食一般都够吃了，也有少数自购商品粮度日的。尽管如此，全队三十多户人家都属于靠天又靠政府吃饭的农民及半农半城市贫民。因此，我就同大家商量，同队的干部们反复研究，有没有搞集体副业生产的可能，想另辟财路，使大家摆脱两靠（实是三靠：天、政府和劳力），外加一靠叫副业。

大家排除了技术作物的种植业，因为，少地，套种也没有天时的支持，最终想到了烧石灰。

为了办成烧石灰这件事，从无到有，有许多事要做。从大会到小会，研讨了多次。

268

我同几个青年队干部去了几个地方，在邻近的一个"寡妇村"了解了建窑所需要的材料。我们还去到一个邻村，这个村虽不是河滩地，却是树木花草长得郁郁葱葱，小路边穿过一条三米左右宽的小溪，流水潺潺，碧水清波，说它是一条小河也可以。看着不到一米五深清澈的流水带着不规则的波浪滚滚向前，带上近岸水草和岸墙冲出的斜纹水波，这使我立刻想起儿时故乡峨眉郊外类似的小河。我曾和小学同学下水顺流而下，会游泳的孩子可以用手掌拍水"铲亮水"快速前进；不会游泳的，像我这样的就可以扶水顺流而去。

这里由于气候佳美，在这夏日的晴天每处黄花绿草空气清香，在路边偶见野花烂漫，加之蓝天里朵朵白云缓缓飘过，阳光树荫，这里简直令人忘记了它是黄土高原上的稀罕的西北江南。

我随他们进入一家小院子。这里照样是北面一排房，南面一块宅基地，小菜地中央一棵苹果树吊了不少黄色成熟的苹果。主人把我们一行三人让进正北客房，上炕喝茶，商谈合作建石灰窑的事。我这位北京来的州委干部"赵同志"成了主客。事情谈得顺利，到午饭时，在院子里的方桌旁用膳。我一眼看出在我近前的菜碗中有一个中等陶瓷碗内盛满了垒尖尖的鸡块，有的鸡块间还挂着细粗不匀的血丝，高处一块鸡尾十分醒目。我按习俗首先用筷子夹了这碗半生不熟的"炒小鸡"的鸡尾吃起来。果然，主人和我的同伴客人们兴志更高了。对于这种友好的交往，以我为主这是第一次，印证了永靖县县委书记的经验。当我回到住地后，同熟悉的回民社员见面时，还有人特别提问，接待方的主人"招待你吃炒小鸡没有？"如果回答是肯定的，等于说，交涉的事情办成了，你是受欢迎的。

几天之后，又去过另外一个村了，遇雨在一个回民家过夜。清晨雨后，空气十分清爽。我注意到这家除了节日喝完酒的瓶子是墙边装饰物之外，还有一个以重力传动的猫头鹰壁钟。主人曾去麦加朝圣，是见过大世面的。

凡我去会见过的回民社员，都很有礼貌，有什么个人的意愿和要求，都采取适当方式向我提出，适可而止，不强加于人。例如，去麦加朝圣过的那家通过我的助手、翻译马有明向我提出一个要求：大家（也就是彼此认可的人）在一起吃一顿"手抓"。我由于对人还不十分了解，又没必要在回民社员之间形成亲疏之别，就找个理由谢绝了。我知道，回民有个风习，凡是彼此极度信赖的人才用吃手抓羊肉的。这类事，我的房东最先也经马有明向我说过，我征询了县武装部长和县委书记的意见，谢绝过。

经过几度多方磋商和社员的努力，在全队中调整了劳动力，烧石灰的工作终于付诸实施了。这在一定程度上可以增加社员的收入。

很快，秋收季节到了。我安排好时间参加劳动。主要是打场。

收割的麦子在场上晒干，不用石滚子或其他工具，必须平铺成行，男队女队各分七、八人至十余人，双手分上下握住连架长长的把柄，利用惯性动力举起把柄，使上端即杆前的竹排架，在落下时用力去拍打麦秆，使其脱粒。男队有人一声吆喝，男女两队同时开始，这排向左排向右，打一下，喊一声"咳！"移一步。到头了，又向反方向打过去。回民男丁多穿背心、长裤，女队员多为单色上下衣，戴上面罩式盖头，有时则只戴一顶圆的布帽。有时两队都戴白帽。在太阳底下，这劳动场面十分壮观。一副副红红的脸庞，全神贯注，健美的男女青年有序有律地配合着干活。这种场面极其生动，劳动者的身影极其优美而富于节奏。我置身其中，觉得这是在劳动，又酷似民族舞蹈的舞台，区别大概是在于这里还在消耗着相当强的体力。我发觉我挥舞连架时特别是往下打的动作力度，不如她们更不如他们。

打完一场又一场，午休时才各自回家，不必送饭，因为，大家都离家不远。

这个生产队基本上是靠农业维生的，现在除少数个人家有小生产副业、个别外出务工之外，有了一个集体的副业。生活水平实实在在以劳力收入多少划分的，过得去或小有富余的多一些，相当一小半户人家处于贫穷或赤贫。我的伙食是吃派饭，除少数赤贫外，都轮流管饭，我按县里、队里商量的标准支付现金。付款标准统一，吃的好坏，差别依社员生活程度而定。一般是吃"长饭"为主。长饭是面条，有点咸菜点缀。条件好的偶有鸡蛋，个别困难户"二不都"（"阿卜都拉"译音的简化）两口人，妻残夫弱，四季一身衣服，我在这家吃的是苦荞面。另一家老年单身给我吃"散饭"，做不起长饭，只能以玉米面加白菜之类，不成形故名散饭。我知道苦荞待我为求救济，其他长饭平平，散饭也属贫困，我的胃口不乐于长饭的高级待遇，却最爱这散饭，吃起来津津有味，人们难免好奇。至于为了办事做客有炒小鸡的饭，那是偶尔才有的。

说起吃长饭，马有明是本地习惯，吃起长饭来很香甜，但只可惜遇大麦稀饭时，尽管吃得香，总不免不消化不吸收，还原了。

回民社员绝大多数是朴实、敦厚、勤劳、善良的老百姓。我遇到的回民中，没有回汉族矛盾中的铤而走险者。

寡妇村的青壮年如常生活，日出而作，日没而息，情绪、气氛平和，见到我这样的外来人员也以礼相待。我不提及往事，但她们的队长却能以简单的几句话表明对汉人对共产党、政府的态度，意思是，她们都是命不好，嫁了不学好的人受了害，能平和地面对生产、生活，不是没有恨，恨闹事的人和自己的命运。

我曾在广河因受风而病了几天，从县和州医疗人员那里得到了"六神丸"和多种维生素。工作照样进行。一天我带病走到街上去买现成的煮挂面当午餐时，遇见了一位魁梧而歪戴帽子斜穿衣的中年人。他颇有挑衅似的找我搭话，听去似在指责政府或工作组一类工作人员对居民生活补助救济的事。我本已无精神懒得与人说话，一见街心和身边渐渐聚焦了几个人看热闹。我觉得此人来者不善，便站起身来，一手扶一下餐桌，站上凳子，显然比那人高了一头。我看了他一眼又看看看热闹的人们，"我告诉你！"我严肃地对他说，"我们是来调查生产情况的。"这时已聚拢来十几个人了。我开始演说起来，我说明州委和州政当前在主抓生产，目的是使社员，包括城市居民自力更生，克服困难，把农业、副业搞上去，过好日子；什么救济呀，补助呀，只是暂时的。不靠神仙皇帝，不靠胡大，更不靠什么能人勇士（我瞪了此人一眼）全靠社员、居民自己的聪明才智。谁也没有资格在这里指手画脚！我对此人说，"你听见了吗？"

我觉得自己面临寻衅找事、无事生非的人，必须严厉地镇住他。此人一看我不是好欺负的，再听见看热闹的人中有人似在耻笑他，议论了几句我听不明白的话。他有点意外地低着头，走了。我这才坐下来，吃完买的挂面。

我坐着休息一会儿，准备起身回住处时，生产队的一位干部从街上走近来，对我说，他看见了刚才的事情，他告诉我，那小子是土匪出身好找人闹事，有时做点买卖，有时找人赌钱打架，公安局抓去蹲过几天。

这事，很快传到街头巷尾直至县委。生产队长在开会时对我说："赵同志这下了把那个东西给压下去了，是得给他颜色看看！"

尽管我不会当地方言，但讲我四川口音的普通话，老百姓还是能听懂的。

后来，又遇见一件小事。一个阴雨天，一个名声不大好，像是二流子一类的二十岁左右的人来找我和马有明，说他前些时去走亲戚了，没参加队里农活，请告诉队里，给他安排活儿。他好像很听话。

天下着雨，傍晚时分，街头、马路行人稀少，人们都呆在屋里了。入夜，雨大了，偶尔有电闪雷鸣。

第二天清晨，雨停了。有一位女社员来报告，昨夜院子里存放的二十余根圆木被盗，那是生产队的集体财产，是后半夜时这位女社员发现的。她看见几个黑影忙着从这个全队最大的院子把圆木用推车拉走，雨很大，雷雨闪电中，这位妇女从窗口看见一个身影是那个二流子。她一个青年女子，当时哪里敢出门阻拦？

盗窃公物案，很快由武装部协同县公安局去处理了。

"你们麻痹了！"县委第一书记的一句批评话，使我无话可说。其实，这可能是我一生几十年工作中，受到的唯一的批评。我们被这个贼欺骗了。县委第一书记的批评的确中肯，我因为警惕性差，被惯偷蒙骗了。这位书记比我年长，对我的工作一直是十分支持的。我对这个难得的批评心服口服。

我在广河这个生产队蹲点半年多，秋收后，给马有明放了几天假让他回家去看看媳妇。我仍旧照常同生产队干部沟通，支持，指导他们的工作。

我有时在住地写工作报告。这件事，致中同志和县委都不曾向我提过任何要求，可以说是完全放手，只是同我商定去这个他同人商量好的去处。若干年后我才想到，把我安排在此地，是很照顾我的。因为，既是基层，有农村特点，也属于小城镇，离县委、政权机关不远，比较安全，既适于我调查研究，深入民间、抓生产，也宜于我有志创作体验生活；万一有事，人武部、公安局、县政府就在跟前。半年来，我主动向县委、州委写工作报告，没人在我头上指手画脚。我对此次下基层的工作方针、政策以及工作方法都了解的，自己也知道该怎么去做。因此，上面放心，我也得心应手、安心，主动写报告，也是理所当然的。

食猎物趁活念咒语

在此期间，有一次派了秘书小周来，约我去山上走走，给我带来一只小口径步枪，一道去打猎玩。我们走山路时，周建国比我利索，走在没路的斜坡上，难免踩着松动的泥土地和小草，只要换脚快，不致摔倒还会继续向斜山坡登攀上去。我从小喜欢走路，儿时也曾在故乡山林玩耍过，走路、爬坡换脚也快，当然，年过三十的人，比起放过羊的周建国来稍微差些，放羊时，必须做到羊到那里，放羊人跟到哪里，特别是山羊。我们边走边聊，既交流了州县及全国情况，也正好打猎游玩。我打了两只鸽子，带回送给房东。房东马上叫孩子拿去念诵什么经文咒语，也趁猎物还没完全死去，这样，他们回民才可以吃的。

这是回民的习俗。说起回民习俗，难于同伊斯兰教即我们常说的回教的教规分开。我不曾细考过伊斯兰教的各种教规是如何形成中国回民的民族习惯的，我所知道的，除了众所周知以外，还有鲜为人知的。

作为汉民族之一分子，与亿万汉民一样，回民不吃猪肉这个特点，我从小就知道，因为中国的回族除去聚居西北的，几乎凡有汉族居民的地方都有回民聚居地带，且多表现为经营牛羊肉的生意人。四川人称他们是"回子"。我十岁时到成都念小学、中学时期有"皇城坝"就是专营牛羊肉的地区。那里原是公元三世纪初"三国"的蜀国都城皇城所在，直至20世纪二十年代至五十年代还是四川大学所在，毁于我们中共的一些黄帝的不肖子孙。八十年代我回去时，已经无踪无影了。但成都仍有回民的聚居地。多少年来，因民族间的自然通婚，许多汉族家庭成员中有了回族成员，我几十年工作过的机关里的同事，也多有回族，不说不知道。但不少回族同事、同胞仍保留着不吃猪肉的习惯。的确有的回族同事也习惯了吃猪肉。

我在广河及临夏自治州也注意到了这个特点。前面说过，不是信仰问题，信仰可变，而民族习俗则已成定规。因此，我同汉族干部、同事一旦同行，若是买了猪肉食品，就一定不敢带到回民餐馆去，因为，确实有人忽视了这点被老板赶

273

出来了。

　　据悉，回民按照教义，一向认为猪是肮脏的。

民族风俗不可侵犯不良习惯应改进

回民很爱清洁。到广河县前，我去过几个回族自治县，住在社员家时。每天清晨一大早，都有回民媳妇到各间屋子掸尘土，室内室外，庭院过道，都要打扫干净，桌上、炕上都不让积留尘土。这个习惯同教义可能有关。据传教主或阿訇用水洗身体各部位，有水用水洗手，无水可以用地上的黄土去擦拭。

临夏地区的回民农民，每天都用一个小水壶（称"pia（皮阿切）子"）套在手上去冲洗自己的手和脸，洗澡也是如此用水冲洗。冲洗是科学的办法。我学过细菌学，知道细菌最怕冲洗。

回民为了爱干净，有个习惯是拔汗毛。除阿訇要留胡须以示威严可敬畏之外，男人都拔胡子。男女都拔鼻孔毛、腋毛和阴毛，而且从小时养成习惯。当我在聚会时发现不少人用指头拔鼻毛时，觉得这个习惯不尽然。后来，大家彼此熟悉了，我就在会上正式给大家讲，鼻毛对肺脏有保护作用，跟睫毛保护眼睛一样。说明一些不利于个人卫生保健的坏习惯，不要保留，一定要改掉。用黄土净手、净身之类，不当之处，视情况，点到为止。后来了解，有些青年人甚至老年人已经接受意见。

其它，涉及信仰的习惯，就不必去多事了，那是违禁的。

人们多不是教徒，但孩子生下来，就得去求阿訇查找《古兰经》帮取名字。虽非人人都这样，只能听便。生产队长以及我房东的近亲都自定姓王，但一个队就有好几个女人名为"赛丽曼"的。叫尤素福、二不都等的男人也不少。看来，回民对名字已是无所谓了，没当成什么清规戒律的大事。

妇女戴什么盖头参加集市或什么社会活动，确乎保留着惯例。我房东一位寡居的老太太不到40岁，当家、当了婆婆，就戴白盖头，儿媳已婚妇女戴深（墨）绿，凡未婚女是绿色的。劳动及平时都是男戴白色有沿无遮阳布帽，女戴圆白布帽略可有花朵点缀，长发也包在帽内。而这白布帽也并非非戴不可的。

遇有丧事，如我的房东一家，曾在亲属丧葬期间去串门，并在那里参加守

275

夜。我听说，她们特别是男人无例外地都得坐在棺木上或指定的近处通宵守灵，还要念念有词地喊叫。

吃猎物先要趁其奄奄一息时念咒之后方允许入厨，衣着、奔丧都有成规，加上去清真寺做礼拜的行为举止等等，我作为汉人、干部都得尊重之，不得擅自干预。

由于全中国除台湾外都在我们共产党领导的政府管辖之下，建国这十几年来，回族地区无例外地在党和政府统一指挥下生活、生产，回民也经历了历次运动。

我的房东她的儿子尤素福、儿媳赛丽曼称她是"阿拉"的这位不到四十岁的老太太，偶有机会在家同我闲聊时，也曾给我介绍了不少家族和当地社会生活的一些情况和问题。

据她说，1958年前，这里按照老习惯，女人出嫁做了媳妇，就不得随便自由出门同其他男人女人在一起的。可那年，就是1958年反封建大跃进以后，这些男女青年人都常在一起开会，那些年轻媳妇特高兴，男人也管不了啦。

房东还讲述了一家婆了弟媳的大伯子，听房时叮嘱并质问新媳妇："B呀不给呀？！"直到听见了叫声证明"给了"才离开。可见，妇女是缺乏婚姻与性的自主权的。

一些青年男社员在接触中，毫不含糊地对我说起这儿两性关系比较乱，有人从别的女人家一早回到家时，正好有别的男人从他家炕上光着身子打窗户逃出去。他们在离那些丈夫不在家的女人不远处，指着名说他或她"还行"或说"她妹了太单薄了！"这些事情，有的汉族干部说的差不多。因为无关宏旨，我的态度是不过问。

天热时，有的中老年人下河洗澡，是不穿短裤的，人们从河边走过，可以清楚地看到他的下身没有阴毛，毫无顾忌。我为此对队长评说了几句，他们不以为然，也许是其他队的人，管不了，或是见惯不惊。我则是少见多怪。但从风气教育的方面考虑，也在社员多的会上把这个问题说说。

我的助手民兵排长马有明回家探亲（看媳妇）归来。此人很善良，尊重党和政府的干部，但是文化、政治思想水平仍是受世俗限制，比较低。他对我说，"你要不要找个年轻小媳妇？"我认为他在同我开玩笑，便说："你还真会同我开玩笑！怎么说婆媳妇就婆的？！""真的，好找个漂亮的。"我见他说的是认真的，便说："这是人生大事，我早已成家，在北京，而且已有了一个儿子了！"

"我想你是有的。我婆媳妇也早，我是说，你在这儿要一个，你走的时候叫她回去就是。"又补充说："我们这儿可以。"

看他认真的劲儿，似是善意的，却是令我啼笑皆非。于是我对这个老实而幼稚不懂得道德和法律的青年农民、可爱的民兵干部讲了婚姻法和社会关系以及人的感情，给他上了一课。他憨厚地笑了，没再说什么。

但是，我不得不想到了这儿的民风，或说是民间的小事。当马有明还未回来时，我曾一度因风寒生病，也坚持做工作，照常去吃老百姓家的派饭。一天，我去一家吃午饭派饭，这家只有一个妇女在家，丈夫外出务工，没有孩子、老人，平时也曾来我房东家走动，劳动态度较好，体魄健壮，房东有时不免同她开开玩笑，掐她的腿，说说有趣的话。队干部也曾当着我面取笑她几句，如"她还壮实！"

我去她家时，近午时分却还未起火，照例我得坐在炕上盘腿喝茶说说话，等待主人送饭来。此女人显得有点随便，因为认识我，当我站在客房门边说话时，她——名叫赛丽曼，却不去做饭，用手指头对着我的胸部，似有挑逗之意，她在等待我的反应。我敏感到这是个轻浮的举动，立即闪过一个念头，若此时，我去握住她的手，便会产生一系列如小说中描述的彼此调情的事态。我立刻意识到民间的习俗和道德教育问题，说："你为什么不去厨房升火做饭？"我的态度严肃，使她收回了用手指头戳我胸部的动作，边说边走去厨房。饭后，我走出，觉得在基层工作，若只有一男一女在场的如此境况，确实是值得警惕的问题，若不注意个人品质问题，便会落入危险的陷阱。

秋收之后，我就收拾行李离开了这个地方。

甘肃省内再蹲点 河西走廊搞 "四清"

六十年代中期，全中国都按照中共中央的指示，针对当时毛主席指出的农村阶级斗争的形势，依靠贫农下中农搞 "四清"。

我只作短暂休假之后，又从临夏州委整装出发了。原州委的干部都安排了全州委干部赴河西走廊的武威、张掖，分头下到公社、生产大队、生产队，参加当地对农村基层的四清。几位秘书都分别作了安排。我仍属于陈致中的大队，州委又派了一名保卫干部随队。此人是神枪手，30岁上下年纪，随身带了一杆盒子短枪。陈忙着去参加全局的工作会议。与他和我们配合一道工作的是中国社会科学院近代历史研究所的所长、研究员和专业大学毕业生十几人。

我的实际工作并不是给陈致中做文字工作，是同一位姓杨的公社书记、那位回族警卫干部直接去生产队。

在所在上百名来自临夏的工作队员下公社之前，先得集中学几天中央关于搞四清工作的文件。我个人很自由，文件在北京时绝大多数已学过，个别新的文件在临夏也看过。只作为不承担任何领导任务的大队工作人员参加活动。我有时间就拿出备用的歌本，学学新歌曲。那时，我喜欢自己唱唱《红珊瑚》，生活、学习都较轻松。

分头到了武威的一些生产队了解情况时，我和杨陈这两位书记与警卫在一起。警卫干部原本是为跟随陈的，但陈要到处走走，亲自接触工作大队的各方面人员，我们三人就蹲在一个队了。

这个地区是汉民地区。为了更好地安排全地区的工作，原是要一个队一个队地做工作。办完一个队的事，再转战另一个队。

在第一个生产队蹲点时，住在一个三口之家里，首先不是搞四清，先了解生产情况，同样要 "三同"。要让这里的老百姓接纳我们，必先适应他们的生活、生产劳动习惯。黎明即起，吃早食和午晚饭，一律是稀饭，稀的程度是不见汤水，像泡饭，放在锅里，自己去盛，碗大，一碗最多两碗就吃饱了肚子。一开始，农民为了表示友善，把自己刚刚用过的碗筷不洗就给我们。事先知道这儿的习惯，也就不顾什么干净不干净，上灶头去盛饭。待客实是吃派饭的"菜"，是放在桌上唯一的碟子装的油辣椒，其味不光是辣，有咸味，是拌了盐。我们几人中，只有陈书记不敢吃，他有痔疮。我这个人比较能适应任何生活条件，好歹都可以填饱肚子。难处在于下地干活不久，几泡尿之后，就饿了。这样，坚持几天之后，在家不上工的"老太太"（其实不到五十岁）就十分友好地让我在工休时，再去吃一碗饭。那一锅稀饭剩下大半锅。"再吃一碗，不吃你顶不住！"

这种"派饭"同回民待客的差远了。首先是不讲卫生。待我们熟悉之后，给农民们讲为什么要注意个人卫生。这儿并不缺水，只是习惯不洗碗筷。讲传染病是怎样发生的，引起他们回想起曾发生过一家、一村以往曾经发生过痢疾、肠炎一类常见病的原因。加上其他一些环境卫生知识的讲解，使村队从干部到社员，都逐渐改变了旧习惯。

后来，陈书记去了别的县、社，公社杨书记、警卫干部和我我们三人在另外一个县的生产队蹲了下去。三人单住一间屋子一个炕。天冷了，室内还生起一个土火炉。我们可以自己烧开水沏茶了。这一带兴用茶砖。这位警卫干部不知从哪里弄来一大块酥油，说很便宜，是不曾加过工的原酥油。老杨和我就帮着烧上砂锅杯子，待茶水烧开之后，往里放一小块酥油，名叫吃酥油茶。由于它是"原始的"，在开水中融化了便浮出来一层透明的油，同时浮出不少短节的毛，要用筷子不断地清除干净之后，才可以喝。其实这只是燉得很稠又带苦味的茶加上酥油，据说可以御寒。我喝了两次也没觉得有什么香味，更不觉得可口，只算是尝了一回新。但这种吃法，不是汉民的习惯，这位公安干警是回民，我们是在汉民区品尝了回民的一种饮品。

在适逢春节假日里，我们三人做了一次"手抓羊肉"喝白酒，都由这位公安操办，三人拿钱。老杨抽香烟的烟瘾最大，一天一包。我也抽烟，加上给人和自己抽，无非是那时还算好烟的"飞马牌"，两天一包，三毛多钱。后来，发现这位公社书记有病了，发高烧。为避免不明病情高烧出现多种并发症，当天把老杨送往兰州医院去。临行前，他觉"心口"难受，大家轮流去摸了一下，不明是胃部、肝尖处，还是什么原因。几个月后，我去兰州医院看他时，知他是患了肝癌，胸骨正中十分坚硬，大约不久去世了。

陈致中听我说吃过酥油茶，他提醒我不要同他们喝这种茶，影响不好的。

此后，我们转至张掖北一个生产大队。

河西走廊故事多安居乐业靠甚么

我先后在两个村蹲点，前后不过半年。事过几十年，只因手无寸铁随之手无存案，只凭上帝（我的"上帝"又名自然规律）留给我的大脑皮层的条件，准确地说，是因伤致残而幸无保存的信息库，又要通俗简明地说是"记忆"，简记下来。

从地图上看，前人为这个形似锚头的中间地带取了个"河西走廊"的雅号，也真高明！你看，它在黄河以西有山相间，恰似从这个省的西北部分通到东南地带的一个走廊！其实这也是天然的乌鞘岭以西、北山与祁连山形成的。这个走廊长一千多公里。我们先后蹲过的武威、张掖两个专区处在走廊主段，西头是酒泉专区的嘉峪关，东南就是省会兰州了。

说起来，这个走廊似乎很偏远。但若从整个中国地图看，兰州曾是全国的中心地带，历史上说近点，民国时期为首都定点问题，曾有以兰州这个中心定都之说。我在1939年上初中，就因一位同学要举家迁往兰州，知道了"早穿棉袄，午穿纱，围着火炉吃西瓜"的趣话。早经过兰州不大注意这些。由于年纪还不算太大，对这里温差的适应能力比较强，无非冷热时加减衣服就应付过去了。从武威乡下到张掖城乡，似乎差别不大，且都在冬季与初春之间。

在张掖市区内，我们先住了几天，曾在市区内的卧佛寺参观，是八百多年前西夏初年的泥塑释迦牟尼侧卧彩像，大约三十余米长，8米左右宽，还有多尊罗汉像。我又顺便去街上理了发，看来服务态度不错，市容一般。

我们落脚的工作点在离城不到五十公里的一个生产大队。

按照统一部署和工作程序，住定之后立即开展工作，先要同队干部、贫下中农分别开会，说明来意与四清的政策和工作大体计划，然后，按照该队的情况，召集富农子女谈话，鼓励她们好好劳动。据初步了解，富农子女以女孩居多，而且文化程度都较高，多是上过小学或初中的。只有一户是地主。实际上不是地主，而是地主子女，一直规规矩矩，奉公守法，自食其力。

在我们工作的几个生产队、大队，总的情况都比较正常，问题不多也不严重。

这里气候较寒冷，我们白天穿的是从城里买的毡窝鞋，在零下十度左右不穿袜子也不冻脚。这里翻过山便是内蒙古，我想起几年前《草原英雄小姐妹》影片中的荣梅与玉荣，即使穿着长筒毡靴在野外时间长了也会冻坏双脚，可见内蒙温度之低。而这河西走廊虽也属于寒区，常是零下十度左右低温，也不比我在东北时那么冷。"老乡"们往往在冬季活儿少，顶多是倒倒粪土畜肥一类劳动。在户内，平时在炕上都铺垫一张羊毛毡，其质硬而保暖。在着装上，都以实用为主，除去棉衣、毡窝鞋，就是一顶猫皮帽。

总体上讲，工作依靠贫下中农，但也并不歧视中农及地富子女，对地、富只是要求严格一点，不许乱说乱动。队与大队干部多数都较守法，未发现重大四不清问题。

这一带及后来转到其它公社、生产队的工作情况看，可以说，问题大同小异。

经济上，由于生产、生活水平普遍不高，问题也不多。只有一个公社的一个较富裕的生产大队，有一个大队会计在工作组进入不久后便悬梁自尽了。社会科学院历史所的小伙子反映，在帮助其公社处理善后时，这个自尽会计的妻子当天就问工作组，她还可不可以再嫁。可见，这里政法教育程度之低。当然，吸取工作教训之后，再未发生不明政策或恐惧自戕之事。

由于长时间与州委书记、公社书记及其具体工作干部共事，我很快便熟悉了各级干部，从专区到生产队的工作业务内容和方法、方式，并由于我注意了如何同不同的人们，尤其是一年多来同不同处境的农民交朋友，做工作，再加上我经常听取带全局性的情况汇报，所以工作可谓得心应手，上级要我写什么报告便可按时完成任务。社员们说我是工作组中的公社书记，有时一样都称我们是"主任"，又叫我是"书记"。而在回民区则是"同志"。当陈书记听此情况后，笑着说："这工作队里还能没个公社书记？！"

虽说这些社、队"四清"问题不多，是因为经济条件差，同时也反映出农民生产、生活中的困难不少，可是比起回民区城镇交汇地带又好一些。

从整体去看，城乡交流极差，常见的是农产品与农民日常生活小商品之间的"交流"。在农村中，可以极其鲜明地感到农村就是这样，生产、衣食住和人际是非，更多的是基层队干部与社员间的瓜葛是非。它与城市相比，是两个天地。

281

浮生若梦梦难忘

我常念及"城乡差别何时了？是非知多少？"

从武威到张掖，两地情况类同，四清实无可清，就从社会调查做点文章。

在访贫问苦和一般调查中，并未见有什么可列为"阶级斗争"动向的内容。硬从这个角度去了解，只有从一户被定为地主之家一个老妇人的思想状况中得知，现在就是各管各，各顾各。事实上，反映了被打倒、瓜分而给予生活出路的地主后裔自己的生活态度，她们能顾上各自的生存、活命就算幸运的了。至于这类"地富反坏"四类被我们党划定为所谓敌我矛盾的"分子"，是怎么成为列宁说的"掠夺者"，又被当地执行土改政策"打土豪，分田地，分浮财"而过渡到如今勉强活命的？我无从考察，也无此任务。但统观各队，大凡家中劳力多者，无论什么阶级成分都过得比较好。好，表现在衣着和个人健康状况上，以及居住、生产工具和吃的方面。

河西走廊中以种水稻为主的生产队居多。我们在农户家的主食都是稻米饭。如前所述，武威有的地方吃稀饭辣椒佐餐，有的是表示困难为救济补助作铺垫，有的的确是有困难。到了张掖一些队里，比较好一些。

一个五保户老太太家，只有一间房，她做的派饭比较好，既有白米饭又有可口的炒洋白菜即四川称为莲花白的蔬菜。老太太也不到六十岁光景，可能是她受到政府的照顾，她的衣、食、住、医即生老病死都得到保障，没劳动力了，受到政府通过生产队的照顾。政府派去的工作人员，她也尽力热情相待。我边吃饭边听她说"闹"饥荒那时候，"女儿和我一样，没吃的，饿得浑身都没力气了。有一天她饿慌了，从这炕边爬到那灶头，抱起我那罐生油喝下去了。还是饿死了。"这位老人说起悲伤的往事，可能不是第一回，眼泪都没有了，两眼无神地呆望着门外。她继续对我说："我活下来了，我年轻时在地主家是做饭的，我吃得好，算是挺过来了。"又叹了一声说，"我那小女儿死得真可怜啊！"

这里的老百姓住的，都是各家各户相隔一段路或几块水田的居多，极少两户毗邻的，房屋是土木结构，户间相距多在半里一里左右，村、队间往往有三、五里地。集体打场和存放牛车等公用农具和队部亦即村干部办公地点，大多居中或在通车道的地带。

在冬季农活相对较少的时候，打谷场上很空旷。走在场上，不必抬头便感到在这个平台的上面，四周都是蓝天，偶尔有几朵白云缓缓游过；太阳当顶晒，冬天脸上也觉得灼热。原来，这是黄土高原的特性，紫外线的刺激比平原山区强烈。打谷场正北正中有个方形土房。靠土房的场地上蹲坐着十几个光屁股的全身赤裸的幼儿，在晒太阳，一个个浑身晒得红红的，他们不怕寒风吹，只要晒太阳。而我们这些城里人、来自平原、城市的青年小伙子和中年人，都穿着御寒的棉袄式大衣，有的还戴着手套、猫皮帽。不同于是在武威时的，只是不再穿毡窝鞋了。

我们走到队干部的家里，只见正房宽阔的炕上，从炕角靠墙一边坐着两个大约十多岁的大姑娘。她们都用一床宽大的棉被掩盖着腰腿，显然有的盘腿，有的歪坐着，身上穿着薄棉袄。第一次见此情景时，队干部似乎看出我们感到奇怪，便直截了当地解释说："我们这里的女孩子出嫁时，要用全家的布票再凑到差不多六七人的布票给做嫁妆；出嫁前只能不穿裤子蹲在炕上。"就在隔壁的儿子和儿媳的房间里，炕上堆放着好几层多种花色的被子。同其他农户一样，卧室无论大小，都有占据大部分面积的炕和一条或一方空地，用于其他。

看来，打谷场上光着屁股晒太阳的男孩们都为姐姐出嫁积攒布票在做着贡献。娃娃们对气候的适应能力，确是远远超过城市的儿童了。

青壮劳动力在这严冬的重要任务，是有计划地在队长组织下，无论小伙子、中青年媳妇，为挣多的工分，几人赶一辆牛车一组，远征到二三十里远的山里去挖运绿肥。一周左右赶回队里，分撒到每一块水田里去。这绿肥的多少，决定了来年水稻的产量高低，而且极少长出杂草和"败子"。

在与农民、社员"三同"过程中，既然"四清"按其实际情况，有不清者使清之，无不清者，则与已清者都应以抓好生产、生活兼做有针对性的思想、政策教育为我们工作队的日常任务了。

上山挖绿肥之类的事，队里的中年男女劳力是干不了的，也无法安排我们工作队参与，在这属于农闲季节，我们就是深入调查。

在与我见过的五保户老人年龄相差不多亦即当时五六十岁的妇女中，基本上失去劳动力的人，有几位不幸的幸存者。那是三十年代中期中国工农红军一支部队在河西走廊被蒋介石围剿而全军覆没被俘的女红军战士。有的还未成年，有的是青壮年。她们除被杀者外，被强暴后，沦为当地民妇。时间久了，也就听命活了下来，如今不愿多说当年受内战之害而沦落的详细经过。不过，对于我们这个年代的青年人，却是很难得地从这些不幸者的遭遇中，印证中国人在那些战乱的年月里的生活和历史上在这种地区残存的伤痕！

我从一个村完成一个社会调查报告后，又背起铺盖转到四五华里外的另一个村。因是在冬季，我带的是很厚的被子，走村间小路只能上身稍微前倾，否则，便有往后倒下的危险。

在通过一些社员了解情况时，也得具体抓一些生产队的工作，偶尔参加些打坷垃的劳动。说到一个村的过去和现在，会说及队干部的、甚至社员之间的是是非非。有生产规划前景展望，也少不了些人际关系中的鸡毛蒜皮。

这些地方的干群关系与回民地区大同小异，这里生活困难少于回民，布票的特殊需求是地方风俗习惯形成的。社员对队长的意见、非议绝大多数是生活琐事以及队长同谁家媳妇有染。如某队长在夏天夜里故意给某个小伙子派去水田放引水，自己却大摇大摆地去他家上他的炕同小伙的媳妇干那事，那媳妇不敢拒绝等等。

有时，青年社员夫妻为小事打起来了，就来找工作组告状。儿媳妇怄气不出工，别家媳妇来反映，要请工作组去说服，家长长辈对年轻人是管不了的。

总的说来，这里的生产、生活水平，只停留在靠天吃饭的低水准。近年还不曾遇到什么天灾人祸。

在我的调查报告即将完成时，陈书记有一天随吉普车到了我的住地，有个什么人陪同，他表示想带我一道去敦煌参观，可是又突然说我带行李太大又改变了主意，说等他回来，再一道回临夏去。

不等到他们回来，我按计划完成任务，便由临夏州委来车把我接走了。

临上车时，两个房东妇女匆匆给我送来一串钥匙，那是我丢在住地的。我同她们握手致谢并告别。

在车上，来接我的秘书表示有些好奇，也好笑，为什么用"北京人的礼节"对待那些乡民土包子？还跟她们握手？！

公路两旁高耸挺立的一棵棵穿天杨，仍旧用它们的秀丽的枝杆，傲向蓝天。迎着初春的朝露，这些穿天杨的枝头竞相吐露嫩绿的叶苞，苞尖纷纷向上，好像在亲吻那豪爽而热情的阳光。

同伴们知道我不多说话，时而看看往车后飞过的田野和一排排的杨树，时而望望前方，似在留恋又好像向往着未来。

我们除在城市稍作停顿之外，更多的时间是在赶路。

吉普车奔驰中发动机的噪音阻断了我们不必要的闲话，让大家不得不去观赏这沙漠式的走廊风光。似乎只有我们一辆车在漫长的黄土公路上行驶着。路是平坦的，它同车轮摩擦共鸣着。

山，很远，很远，极少看得见。

　　路边时而在左前方又偶然在右边出现的万里长城残迹，都酷似用黄土筑的干打垒。但是，从它的厚度和宽度，以及偶见的高度，还令人追念它曾有过的雄姿。

　　有的乘客在这催眠的走廊交响乐中入睡了。

　　我忽然回忆起在初到黑河一带时，同一位歌词创作爱好者合作的一首歌。我们在空闲时教大家练唱。

　　我又想起在临夏回族自治州基层遇见从中国科学院什么单位下放到西北农村培养、锻炼的几个青年，他们是兽医，专心一意地为西北农村养育牛羊。他们曾向我表示，将来会有一天，食草类食物的牛羊的数量大大增加，我们吃它们，也就是说，"动物吃植物，人类吃动物"。

　　我默默地祝福他们工作有成就。

　　我回到临夏回族自治州时，其它干部多数还不曾结束在河西走廊的工作。

　　我想自己买长途汽车票从临夏市去兰州，再转乘火车回北京。在汽车站我遇到了麻烦。售票窗口紧闭着，排长队时，很多人不守秩序，越来越拥挤，规范购票人的铁栅栏成了摆设，一些青年人争先恐后而任意攀援甚至从别人肩旁栏杆、扶手蹬踩过去奔向售票窗口，更有甚者，彼此挤搡拉扯、争吵、打骂。这令我十分反感！我好像回到三十年代抗日战争时期，我在四川上中学寒暑假偶尔回家时，在成都南门长途汽车站的情景。三十年代和六十年代的进步与变化，在这里等于零！不光是买票的秩序不好，车票的出处、走向也不限于窗口，"黄牛"也在横行霸道。这比成都那时更恶劣。

　　好容易我从上午熬到下午才买到一张票。

　　我婉谢了好心的同志要帮我从权力单位弄到车票或乘州委的车走，为的是书记的影响和北京中央机关干部的形象。而这样，却让我具体深入地体验到基层的生活。

　　西北今日给我留下了不少难忘的人与事，也留下了难以磨灭的遗憾！

　　而这一切，都将成为过去！

　　因为我经过这一年半的"下放"生活，算是完成了任务，又回到了北京的家。户口，对每个人是生命攸关的。离开北京时，按规定我和陈致中的行政、组织关系与户口都先后转出北京市，工资只补甘肃的11类与北京6类多出的部分，粮油、副食随人由当地供应。如今我并不是回到北京，而在户口簿上的"何时由何地迁来本市（县）"栏里，填上"1965年7月8日甘肃省临夏市"。

我不再回原单位了，留在政治部。因为，机构变了，原人事司调入干部随司划归新成立的文化部政治部，司长姓黄，因政治部各部门一样，是新从南京军区调来的。

我先在干部调配部门上班，也熟悉一下现实情况。这是1965年夏天。

不久，陈致中回来后，完成了一份以他个人名义向中央书记处总书记邓小平的最后报告。我直接与办公厅秘书处秘书科打字室的打字员打交道。尽管我们在自治州的工作以抓生产和去河西走廊搞四清为重点，属于涉及全局的问题，也要及时如实反映。临夏回族自治州有一个极重要的问题，即历史形成的源于若干年来国民党残余势力挑起的民族矛盾，必须引起高度重视，要化解容易发生的暴乱，还有许多长期的工作要做。也就是说，经过做艰苦的搞好生产、改善回民生活的工作才只是个起步，还有更长期更艰巨的工作如文化、卫生、妇女、青年工作等等等等，可谓任重道远了。

"下放"的工作完全结束了。陈已不能回人事司。他前后做了几年民族文化司的工作，最后到了中科院的半导体研究所当党委书记，大约在八十年代末去世了。

我留下了十几册下放工作日志，亦即创作素材。

"文化大革命"大劫难（之一）

暴风雨前的平静 我致力于电影审查

陈致中和我都属于待分配干部。故宫博物院党委书记一职他不愿去，原人事司已由南京军区新来的黄群华担任。他选了民族文化司，可以常去民族地区考察。我不愿再回电影资料馆，但还不愿脱离电影业，选择了电影局。

机关的情况在这一年多时间内，有较大变化。从老同志向我介绍的看去，主要是领导班子变化大。原人事司的干部按照中央什么人的指示，被派往南京调干部，因为，南京军区政委肖望东调任文化部党组书记、文化部常务副部长，中南军区副政委颜金生调任副部长兼政治部主任，文化部领导体制按照军队的模式增设了这个政治部。办公厅主任、各业务局大局如出版、电影、艺术、文物等都是配换了以南京军区干部为主的转业干部担任局长、司长或配以副司、局长。直属单位也多尽可能地派转业干部去当第一把手。军区转业来文化部的干部，多在原职级上调一至三级，如有个叫吴明的，原是南京军区一个科长，调中央文化部转业时，上调为13级到部政治部任保卫部副部长，享受副司局级职级待遇。其他科长来任处长，职级调高一至三级者较多。这以前不久，中央与地方省市自治区并无统一，到八十年代，除省军一级，下为厅局之外，中央是科处一级变为二级。文革后，部直属单位统一从处级单位升格为司局级。这批干部照一般人事干部说法，是上调，占了便宜。我知道一些任要职者的来龙去脉。

由于体制机构变化，我按照一贯组织纪律性的要求，只把工作意图反映给干部部领导，自己不出面，等待安排。我就在干部部参与一些干部调配之类的工作。

这时，文化部党组决定派多个文化工作队到各地直至生产队蹲点，仍是"三同"，搞调查研究。我是下放刚回来的，而且期限比一般的下放时间长。虽然部长表示过欢迎留做干部工作，我的原意不变。在组织各单位干部的时候，基本上按照统一规划的原则，分配某单位去哪个省。林敏想去南方，选择了广东，如愿以偿。

孩子的妈妈参加文化工作队去了，每周周末，即是星期六下午，就要我提前一刻钟下班，得去幼儿园接孩子，星期日带孩子去公园游玩，星期一一早又送到幼儿园去。有一段时间，孩子的姑父母也下放去了，就换我每周接送两个孩子。宏儿的表弟小他一岁半。托儿所在地安门北路东，我接送都较顺路。

三口人的伙食都归我管。我在中午的正餐，往往是焖饭时，一道工序做蒸菜：调好猪肉馅放入大碗，再打两个鸡蛋。我小时候喜欢吃母亲做的"渣渣肉"，做法大概相似，就是蒸肉馅，其中往往拌有小葱和芽菜，很可口，也下饭。"下饭"是提高食欲吃饭香的意思。两个孩子一个4岁，另一个5岁多，他们也很爱吃我做的这种鸡蛋蒸馅。可是时间长了，总吃这个，就腻烦了，我只得改个样，做"什锦菜"，是蔬菜加肉、多品种的烩菜。过了好久、好久，才从两个孩子的母亲那里听到了一句怨言："爸爸老给我们吃馅儿！""舅舅总给我们吃馅儿！"

上海黄埔江畔留影
（1967年6月）

这一段时间，我在做人事工作的空闲，偶尔也参与部的文艺节目审看活动。有一个后来被捧得发红发紫的歌星，正是这时审看湖南戏《打铜锣》《补锅》被认可之后选定的，而且，首肯点头的，是不懂艺术的党组书记肖望东常务副部长。

我们机关干部参加过首都北京市的京密引水工程劳动。从首都人民饮用水源，除地下水外的地面水源这个具有历史意义的事情去看待，这件工程可是20世纪的大事记之一！它起于1965年。

在挖土运土从河床向两岸的人力运输过程中，北京远近郊区呈现出中华儿女治水的现代壮观的历史图景。我参加过的1958年京郊十三陵水库，也是全国千万个劳动场面之一。而这京密引水工程，确实是造福人民的里程碑业绩。

在施工过程中，有人给我指认了电影局电影艺术工作者周郁辉。我看到这个山东大个子戴着遮阳蓝帽驾辕的身姿。由于我对未来工作的计划，我预感到可能要和电影局还不熟悉的同志打交道。根据我五十年代中期反右前考虑到对外文化联络局还是电影系统时的经验，人事工作总是有一个交接过程的。这次，比较顺利也快得多，我被通知直接去电影事业管理局艺术处即制片一处报到。时间是1965年12月。

电影局在四楼东半层楼。

我从六楼政治部把行政、组织关系转到了四楼。处长正是那位山东大个子周郁辉。事先我知道，他是从上海电影制片厂调来的，是影片《英雄小八路》的编剧。片中插曲，后定为少年先锋队队歌，名叫"我们是共产主义接班人"。

在艺术处我的工作任务是，组织新片审查、报批和签发全国发行的通过令为主，次为处内行政事务。我主办了《景颇姑娘》、《红色邮路》、《青松岭》、《打铜锣·补锅》等影片的审批。

"大权独揽，小权分管"是中央长期以来实行的政策。影片须经中央审定再发行，主要是视其是否利于宣传教育、寓教于文化娱乐之中。当然，仍少不了政治标准，跟任何主权国家掌握的一样，谁也不允许放映不利于政权的文化产品。电影的艺术片及科教、

前左赵宏前右陈杰（5岁）后左慰情姐
中作者　右惠云妹（1966年留影）

记录片各种片种都相同。我们找到主管副部长的时间安排，组织主管局长和处内同事去小放映室审看送审的原底标准拷贝，看后当场讨论。有关综合、签报、审批的文字与公文运转事务由我承办。有时，导演和生产厂长也来，我们对影片评论中，尊重主管副部长的意见，如有修改、补拍、删剪，由厂方执行，再审后，再办通过令，由中影公司印制发行拷贝公映。刘白羽任副部长时曾多次评审；有时涉及有关政策问题，请赵辛初或肖望东审看。有的还要送中央经康生审定。有的纪录、科教片，由局长、副局长拍板即可。个别重要影片，如涉及党、军历史之重大题材影片，我们要先审定文学剧本。一般不看其镜头剧本。

一、二两个处业务内容虽不同，也常常互相照应，看片。

戚溢在中央办公厅一度找过我帮助查阅电影资料，这跟从前我在资料馆时他说北影凌子风书法不错，找过我一样，属于日常小事。可是，在无形中便促使我和有的同事、朋友，在几年后的"文化大革命"中卷入了斗争的大风大浪中。这是后话了。

在查看记录片中，看过当时中国派出武装人员内部活动，武器是国产货。官兵不能用中国标志的服装。完全是为了无偿支援越南抗击美国侵略者。侵略是非正义的罪恶行为，反侵略却是极其正义而高尚的行动，为了正义，中国人作了伟大的牺牲。这一点越南人民不能忘记，中国人民正气浩然！可惜美国人民被长久地蒙在鼓里，误认为是为祖国而战。当然，不是所有的美国人。人所共知，确有一些美国人为此或为反战而作出了牺牲，但无可否认的是，有相当多的善良而爱国的美国人，被错误而罪恶的政客欺骗了。

在审片中，我有幸看到了两项重要的科学试验：一是上海海军某医院以人类肝脏用特殊防腐液体从动脉灌入直至从静脉流出，然后封住动、静脉出入口，将全肝放入强酸腐蚀液中，使肝组织全部糜烂，冲洗后留下全部血管，呈网状且粗细分明，走向清晰。固定后，可用于制定手术方案等等的各种医疗，解剖多项实际多项工作和科学研究，而且，此种方法也还可以变化发展于应用。2005年知道，主办人是裘法祖教授的学生吴孟超，2005年获国家科技最高奖三人之一。吴孟超与吴昊是同班，比我高一班。

这个实验，我称为肝脏血管造型术。

其二，是冠状动脉粥样硬化及其康复还原法实验。科研人员将实验用猴若干只，分为两组饲养，甲组专供蔬菜、水果等绿色食品，乙组专供高脂类奶油等食物。半月后，各取其一只冠状动脉剖开，甲组光洁、柔软富于弹性，乙组则呈粥样、管壁增厚且硬。证明甲组猴健康正常，乙组猴患冠心病。

继续进行第二阶段实验：将甲组改供高脂肪类食品，乙组病猴改饲绿叶蔬菜等绿色食物。半月后，再各取一例冠状动脉剖开，其结果与前次相反：甲组猴已患冠状动脉粥样硬化症，而原患者乙组猴粥样硬化症状消失恢复正常。

这当然是一项成功的医学科学试验。是动物实验，对于同是长灵脊椎动物的人类同样是适用的。这是二十世纪中叶六十年代医

作者在景山公园留影

学科学的成果。看了此项实验，再听到医生对冠心病患者的警示，必是深信不疑了。

怀着二十世纪四十年代学得的一点基础医学科学知识，我可以不断地、及时地汲取一些相关科学技术进展的知识，或深或浅地，有助于我在认识水平上跟上时代的变化发展。

我以此类新知识指导自己的思想行为，亦即知与行。

我也以此所知去告诫需要它的人。

这类事，使我想到一些社会效果：

也就是在这世纪中叶，我曾以在学校时学得的知识以讲故事的方式帮助过一些人，其中，有不少好人，就是不只想为自己也确为了他人的同事、亲友；也有只想到自己而从来不替他人设想的人，特别是当官的。我举出了我在抗日后方上

学时，吃插子米知道的德国生化教授的"细嚼等于半消化"的故事。

按照生物化学理论与实践证明，食物在口中经过咀嚼，相关神经中枢指令分泌出消化液，咀嚼的越细，越利于消化液中的酶有针对性地分解越多的食物，利于肠道直接吸收，而吸收已分解的食物就完成了消化过程。因此，细嚼就减少、代替了在食物被回吞到胃肠，再经胃肠中的酶分解过程。事实上，所谓"狼吞虎咽"或"囫囵吞枣"，其结果是有一些食物未经分解就被排出体外，不利于有些营养成分被人体吸收。可见，此遗言是真理！

显然，这个故事容易被同事与亲友所接受。

此次回到电影局工作期间，人事已有变异。第一把手是李栎。周郁辉等同志在闲聊时说，李栎刚来时说："我是挖煤的。"原来这位湖北人曾在山西省煤矿系统工作过，肖望东主政后调来的。部里的陈克寒已调北京市任副书记，小梁随往，陈调走出国务院的一个内因是曾偶然接纳了一次姓邵的女人送上门的性攻击。电影局的高戈副局长到市里任宣传部长。原青年艺术剧院的院长吴雪调任副局长，主管艺术院。司徒慧敏任主管技术的副局长。

除了业务工作，在人际交往上都比较和谐友善。公休时有人去对门朝内市场买北京特产心里美萝卜，供大家吃着玩。午休时，我曾和同事柳正午到东四偏东路北临街搭棚餐馆——实是饭摊买菜饭过午。我发现这位湖北老乡吃很硬的米饭特别快，好像是吞下去不经咀嚼的。老柳在讨论影片时，有些艺术分析还有独到见解。

我们同吴雪熟悉，他也随和，大家称他是"吴老雪"，他是人所共知《抓壮丁》主创人之一并扮演李老栓的。他有时用四川方言中的怪典考我。因为关系融洽，大家促成了他与一位学民乐的音院教师的婚事。他前妻死于癌症，此女小他20多岁，叫李婉芬。后来，她成为国乐名人之一。

在审定血吸虫病的科教片时，我有事走进制片二处，见一位身体魁梧、脸庞黝红略似鲁智深又似有络腮胡的山东大汉似的人物，坐在沙发上等待会见。一打听，知是送插曲录音带审定的作曲家李劫夫。文人、音乐家外形却似李逵，彪形大汉。但其《送瘟神》一曲，却是十分优美动人的。我因为工作忙，无缘结识他，引以为憾！

在机关工作，活动最多的是办公室、放映室，偶尔同艺术局演出部门或出版局联系。有时，为了了解国外影情，也与同在一座大楼办公的对外文委联系。我一直不曾在制片厂，只在工作中同生产厂家和发行公司主办、主创人员联系。

由于审片忙，爱人从广东完成文化工作队调研任务归来，我都来不及去车站或家里迎接。那时的家，一直是在黄化门大街35号大杂院。当下班见到爱人时，孩子的妈妈很不高兴。我一看，很漂亮的脸庞变成一个偏黑的大皮球了，撅着嘴，不高兴也不爱理人。原来是在农村"三同"时吃花县的大米饭长胖了。听说有时还被不少苍蝇光顾过的热米饭，也曾照吃不误。她因我没去接她，生气了。

我从朝内大街路北文化部下班回家经过沙滩时，曾偶遇团校好友、同组戚溢，已改名本禹，他在沙滩等公交回中南海宿舍。原来，他下放二七机械厂当支书，正当调研风行时如实写给田家英的信反映"调查研究成灾"的问题，被毛泽东主席批示予以肯定以中央文件下达后，他已到了"马列主义研究院"工作，就在沙滩孑民堂南面上班。他要我找林敏帮找《康熙政要》一书，他在研究历史问题。然后，我们就各自回家了。

不久，我曾在一次下班去他办公地点时，在他一间简朴的宿舍里，偶然遇见他的爱人邱银英，一个很朴实的女青年，个子不高，像个贤妻良母型的人物。

此后很久，我总是没有时间和条件同老戚往来。

山雨欲来风满楼 风声鹤唳糊涂虫

在日常办理影片审查工作之余，人就是一台活的机器。我每天6点钟起床匆匆洗漱，去街头公共厕所方便。这厕所是公用茅坑，近处居民都使用，都是蹲坑，而且8人对蹲，因为人都是因性别长的大同小异，无所谓隐私或雅观与否，都得从刺鼻的氨臭、粪臭的开头衍变嗅觉麻痹而无异感。这是全京城的平民百姓的生活习惯，同我少年时代在四川家乡时差不多。然后快速带上一个馒头夹北京辣丝咸菜，边吃边走，赶到景山东街等公共汽车到沙滩转至朝阳门内大街到机关上班。这里是文化部六十年代初盖好的7层办公大楼。我得乘电梯上4层往东去，这半层楼全是电影局的办公室。12点了，大家下楼经楼北出墙横穿东四头条胡同，就是老文化部5号大院，走到北头的食堂，自行点菜取菜到大餐厅就餐，然后，回到办公大楼。每天如此。

审看影片到楼西地下室放映间。

如果办理电影涉外事务，就上几层楼到对外文委。

参加机关大会到主楼一层会议厅。

星期六下班早半小时，可以去铸钟厂文化部第一幼儿园接孩子回家。接孩子见笑容，孩子喜欢回家。星期一一大早送孩子去幼儿园，孩子不高兴。可爱的儿子噙着泪水无可奈何地坐着，倚靠我挽上，长大点，在自行车前杠，口里唠叨着："找妈妈去！""找妈妈去！"开初我说："妈妈上班去了！"他胡里糊涂知道"上班"是必须分开的。后来，也只是说说而已，到了幼儿园一交给保育员抱过去，就不情愿，哭着要我抱；等大点会走了，却在我走时，一手拉着阿姨一手张开向着我大叫："爸爸不要走！"也曾跑到女墙伸出半个身子，远远地望着我向他挥手；也有时在幼儿园习惯了，好玩了，奔向孩子群去了。

生活如此有规律地，日日夜夜周而复始。

应该说，也多少有过稳定、幸福的时光。

可是，就在这年的夏天，天空的气氛变了！

294

二十世纪六十年代中叶，在中华大地上卷起了一阵阵巨大的风浪，首先在北方，在我所在的北京古城。

狂风巨浪所到之处，把一切都掀翻了，可以说是东颠西倒，颠三倒四。这风浪是从上到下，从里到外，越刮越大。无风不起浪，从1962年中央八届十中全会毛泽东大呼抓阶级斗争起，我们下基层搞四清就开了头，到1965年从肯定海瑞到否定海瑞，看到姚文元的文章到戚本禹的文章。戚本禹在沙滩"马列主义研究院"时，及其后不久写的《为革命而研究历史》一文，那是批判翦伯赞的，没指名道姓。后来又是《二月提纲》。从报纸上不明白在搞谁，内部文件只知道对北京市彭真、吴晗的批判。

……如此等等。

还记得戚本禹曾在见面时建议我写一个太平天国英王陈玉成的剧本。我觉得有价值。他在研究中国历史，对英雄人物感兴趣，通过文艺形式表现、歌颂历史人物是好事，于是，我暂时搁置写农村题材的电影剧本的打算，利用业余时间，查阅近代史资料，断断续续地在节假日起草了四幕七场话剧《陈玉成》的提纲。还没来得及构思具体的场景、台词，只认定一些人物关系，每个人物的个人历史等等就被机关的一些活动打乱了，停了下来，也就是说，只留了腹稿，未曾落笔。尽管十几年前在上海辣菲得剧院舞台上《天国春秋》的一些难忘的人物场、景和《陈玉成》的身影等等还不时在脑子中浮现，生活却使我同他们渐渐疏远。

我跟随着机关熟人，从东四牌楼乘车、转车去北京大学看大字报。

看到处处是揭发批判一些领导人和学生中的蒯大富等人的风头人物的矛盾斗争，是是非非。去了一次又一次，在路上、车上，同同事们议论的也是那些是非。

接着，"史无前例的文化大革命"开始了，这是说，我们在机关好像正式开始参加了这个史无前例的大运动了。这是有组织、有领导的运动。机关派来了军宣队，说是沈阳军区的。各司、局都有专门领导小组，成立了文化革命委员会。隔壁制片二处的干部李云阶参加了领导班子。

业务活动停止了。组织学文件，听军宣队、革委会负责人指挥。

我们被组织起来，唱当时流行的歌曲，唱雷锋、王杰，唱伟大的共产党。唱拔白旗，插红旗。

军宣队领导人说司徒慧敏副局长是"会放洋屁的"。组织他讲三十年代电影，组织每人发言，按照中央文件精神与语调，批司徒是"反革命修正主义"，是反党反社会主义的。否定三十年代，也否定十七年。大家合作写稿，轮流在批判大会上去念稿子。

曾一度来了个在福建当过地委书记的干部领导电影局的运动。

批了《抓壮丁》之后，吴雪在傍晚散步时对我说，那些都是事实，想不通。什么美化他主演的地主分子李老栓。我在四川见过这类事，怎么想他为什么想不通。其实，创作时，还没讨论社会主义现实主义，不能以今天的要求去衡量过去反映、揭露当时现实的作品。他发发牢骚，我也表示了个人看法，觉得有些意见偏激难免。

事实上，当时对司徒的批判是极左的，我的思想跟着极左走下去，也发了言。

电影资料馆组织批判龚涟馆长时，革委会组织我去发言，也以批判"反革命修正主义帽子"给她戴上去，同时也否定了我自己在那里的工作成绩。因此，电影的30年代被否定了。

从部长到局长、单位头头，都被军宣队定为黑帮加以批判，组织发言，开大会。人员被军宣队管制拘留，我们这些干部都被当枪使。

原来，以肖望东副部长（沈雁冰是空头不参与的部长）兼党组书记的名义，有一个《六二〇报告》，当时的革委会是按照林彪委托江青名义搞的《纪要》的调子，一切照办。中央的文件是行动指南。

可是，一想到所有的领导人都被定为反革命修正主义分子、走资派——这是走资本主义的当权派的简称，下一步该怎么办？有革委会领导！

不久，从大学里发生了工作组与群众的矛盾。

出现了毛、刘之间如何对待群众运动的矛盾。

党委、工作组被否定。有了中央文化革命领导小组。

在北京大学搞得十分热闹。但机关干部很少去了，多多少少谈了不少运动发展的情况。听说刘少奇讲了"老革命遇到了新问题。"

中央召开了八届十一次全会。出了毛泽东"炮打司令部"大字报，有了个"十六条"。又有了中南海西门的群众接待站。

我参加了文化部机关不知道谁组织的游行，还去与人共举抬着毛主席的像去到中南海西门，大概是报了个到，喊着口号回到机关。

文化革命怎么革？只批"黑帮？"反正跟着大家走，随大流。

机关工作基本是停顿的，成天无所事事，议论见闻，处于无人领导的瘫痪局面。

原来的军宣队和以后来的地委书记工作组组长都不知什么时候不见了。

群龙无首。人们到处走走、看看、说说，听听，这文化大革命怎么个搞法？

大学生中出了一些名人，有删大富，又有聂元样。

1966年的夏天，越来越热闹。

中学闹起革命了！大学有了战斗队，师大附中不少中学有了红卫兵，这些组织的战斗目标、原则，是针对工作组的。

机关、工厂、学校处于无政府状态。党委、政治部、行政领导处于被动局面，军宣队走了，党委定的工作组也没用了，撤销了。工作没人敢管，因为部长、局长处于待批判状态，动不动便成了走资派、黑帮、反革命修正主义分子。部长沈雁冰不见了，党组书记兼常务部长肖望东不见了，抓政治部的颜金生副部长、主管各项业务的多个副部长，都靠边站了。夏衍被军队早已控制且失去人身自由。

有的人在等待，有的人在观望，有的人在注意社会动态、中央的态度以及中央两报一刊的即《人民日报》、《解放军报》和《红旗》杂志的指导性社论与新华社的宣传报道。

整个1966年夏秋几个月内，除了行政总务包括食堂之类的生活保障照旧执行任务之外，机关已无人领导。

但人们照旧上班，听消息。

红卫兵是一支势不可挡的青少年军。

被压制过的红卫兵，从清华附中到各学校，越来越多的青少年当了红卫兵。

毛主席认为刘少奇领导并派工作组是错误的，在中央全会上以及在天安门城楼上接见几十万青年群众的大会上，刘少奇的排行被列在后面去了。

毛主席写给清华附中红卫兵的信，支持"造反有理"。红卫兵成了社会生活的主流，形成了红卫兵运动。

街上多处可见戴上红色臂章上书"红卫兵"三字的男女青年，有的看起来还不成年，多是中学生。后来，大学生也成为戴上臂章的红卫兵了。

好像谁想当红卫兵都可以是红卫兵了。

她（他）们的斗争矛头、活动内容，不尽相同。毛泽东是红司令，他们号称是毛泽东思想的捍卫者。

"革命无罪，造反有理！"的口号响彻了北京城！"最高指示"是毛泽东主席讲的话，红卫兵就是执行者。

中学生、大学生动起来了。

中央有毛主席一句话，中央文革小组名人江青、陈伯达、康生、江青讲话，传达着最高指示。

中央首长接见红卫兵时的讲话印成传单，也有传抄的。

运动是革命行为，谁反对谁就成了反革命。

批判《海瑞罢官》，批判邓拓、吴晗、廖沫沙的文章《燕山夜话》三家村，是中央对北京市委的斗争。从报上的文章看得出，小品文中讲"健忘症"写得很辛辣、尖锐，似是指某某领袖的，亦即被认为是指毛泽东说话不认账。这个言外之意，读者只能意会，不得言传也。

我去幼儿园，到了铸钟厂第一幼儿园把孩子接出来，记不起什么原因，只许在园内见见，不能带走。那时，从孩子口里听到的儿歌，可以看出政治形势的冰山一角。

孩子唱道："小汽车，嘀，嘀，嘀！里面坐着毛主席，毛主席，挂红旗，吓得美帝乾着急！"

又道："一个藤，三个瓜，邓拓、吴晗、廖沫沙！"

既然红卫兵多的是，一个"最高指示"就会立即"执行"，就很热闹了。

一说"除四旧"，便将什么没见过的、不顺眼的都得被造反，被除掉。

难以计数的文物、庙宇、书、画、文图资料，总之，大约是十几岁孩子没见过的，没听说过的，文化、古迹、设施，无论在何地，在何人家里，统统要打得粉碎，或砸或杀或烧。

庙宇神像是四旧，古迹字画是四旧，金器银器和自古皆有的金珠玉饰是四旧，甚至见到中年人头发长了，抓住就给剃了一个"阴阳头"。我们一位熟人用长头发盖住秃头皮，也在上公共汽车时被突然出现的红卫兵责令警告，如果再被抓住就要剃成阴阳头示众。

为了防备红卫兵随时入室查处四旧，不少人把金条、玉器装饰品扔进公共厕所或者砸烂送入垃圾堆，或烧掉扔进抽水马桶。

我参观在朝阳门内大街朝内菜市场附近派出所什么部门举办的清洁队展览，无数金银珠宝是从便池中掏出清洗陈列的。

京城内外，全国各地纷纷传闻或报道，不少文物古迹、国家珍贵的文化遗产被摧毁。

更令人发指的莫如北京城，除四旧的风刮到了旧人员，离我们住地不远的地安门地区，竟有一个旧社会的旧人员被罚跪而且活活打死，打手竟是他的不成年的儿子。红卫兵中，多数未满18周岁，后期则分为大、中学校，工厂、机关有红卫兵，多数是成年、青年人，小学有红小兵。

有的就发生在我们附近。于是，院子里，大家家家户户都在"除四旧"，我们几家都在焚烧字画、书信，好像什么旧书报都是"四旧"，都怕以红卫兵名义，谁也分不出真假，都可以任意到院子里来"除四旧"。

毛主席是红卫兵（当时还有红小兵）的司令，叫红司令。

后来，机关、工厂、学校纷纷成立了造反派组织，都是在最高指示指导或在此旗帜下群众自发组成的大大小小的集团。

在学校闹事最厉害。

坐落在陶然亭公园北侧的北京舞蹈学校是文化部直属院校之一，有一天我去探望一位熟人，住在该校宿舍。"革命无罪，造反有理！"的群体呼喊声从校内传至校外，校长、副校长被作为黑帮分子，脖子上挂上牌子，有的加了铁质重物。戴高帽，在校内游行，牌子上写着本人姓名，冠以黑帮分子头衔。人们有节奏地高喊着"革命无罪，造反有理！"的口号。

大、中学校对待教职员工主要"当权派"的斗争方式，互相交流着。

毛主席的《湖南农民运动考察报告》中农民对待地主富农的方式、方法甚至口号，在将近40年后的今天得以充分再现、发挥。而且大大超过了那时的斗争烈势。

"踢开党委闹革命！" 针对电影颠倒是非

文化部机关群众首次游行

在中央，刘少奇从幕后站到成为被革命对象的代表人物，旁及各单位党委、工作组、单位头头，逐步形成了红卫兵、群众造反组织与所在单位头头之间的对立局面。干部中次要者，居于靠边站地位，即逐步又很快形成了一般干部、群众、工人、学生与中、高级领导干部之间的对立。占主导地位的是群众。

指导群众运动斗争的是毛主席的最高指示和传达、执行的中央文化革命领导小组。

指导方式，是以毛主席和中央文革成员召集、会见群众组织代表时讲话和通过中央文件（已很少了）和两报一刊，即《人民日报》、《解放军报》和《红旗》杂志。这是唯一的中央的信息。

一切消息来自传闻。部机关任何主管人都不见了。

文化大革命史无前例的格局已逐步形成了。

北京市委成为"针插不进、水泼不进"的旧市委，从批《海瑞罢官》、三家村到市委书记彭真领导的旧"中央文化革命五人小组"。这是斗争矛盾所向目标。

中央机关是由毛主席以批示形式定下的三旧，即旧中宣部、旧文化部和旧卫生部。

文化部旧就旧在是"帝王将相、才子佳人"。

斗、批的思想、原则、方式和目的，由中央文件铁定，也就是两报一刊和红卫兵。

先是以林彪委托江青名义发下的《部队文艺工作座谈会纪要》提出的"文艺黑线专政"论，全盘否定"五四"以来四十余年的文艺工作，指定了大批作品为毒草，大批作家是黑线人物。然后，由江青、张春桥在上海指导文化部常务副部长、党组书记、原南京军区政委肖望东炮制了一个文件《文化部为彻底干净搞掉反党反社会主义、反毛泽东思想的黑线而斗争的请示报告》，于《纪要》发出四个月后的6月20日是以中央（66号）文件批转全国。从组织上推行《纪要》的极左的反革命纲领，说文艺界有一条"又长又粗又深又黑反毛泽东思想的黑线"；提出对文艺队伍实行"犁庭扫院"，"彻底清洗"。具体到要"犁地三尺，深耕五遍"。

在这一系列极左的路线、方针指导下，相关单位的造反派展开了对作家艺术家的诬陷、迫害，不少知名的伟大的艺术家、作家因此而含冤去世。

我那时不知道这些事件的发生经过，仍然如常去关注党中央、毛主席的文件及这史无前例的革命运动的进程，考虑个人如何按照一个共产党员应该遵循的组织原则，听从党中央、听从毛主席，"党指到哪里，就打到哪里"，做一个齿轮和螺丝钉，从来不去怀疑领导、中央和伟大领袖毛主席。因为，它是光荣的、伟大的、正确的党。而且为什么光荣、伟大、正确，我掌握了太多的历史事实和理论根据。我们简直无可怀疑，也不该有怀疑。

没有单位的党组织的领导，还有中央在毛主席在，还在领导一切，指挥一切，"老革命遇到了新问题"，对，投身进去，在斗争中加深认识。不要怀疑什么，首先应以站在中央指示的立场上去分析、去观察、去怀疑。

如容易看到两报一刊，偶然能从单位看到来自中央的文件。今天一个消息，明天一个红卫兵的动向，一个"红卫兵"的、学校的传单。

当时一句时髦的话叫"紧跟"，紧跟什么？党中央、毛主席、毛主席的革命路线。

多少年后，有的人总想显示自己一直是多么清醒，多么冷静，好像他一开始、一直都比毛泽东、刘少奇等中央的领导人和社会上如我这样紧跟的人高明，正如屈原那样"举世皆浊我独清，众人皆醉我独醒"一样，很超然，把世人都看成"既得利益者"，自己是最伟大的共产党人。其实不然。我承认我是紧跟的，没那么聪明，是愚者，不是智者。我是奴隶主义的走卒，但不是奴才，更不是那力图标榜自己是智者而投机取巧的人，即所谓事后诸葛亮。须知，屈原之清和醒，只是不受昏君君王的宠信，他对看得见的国家，爱它、忠于它，都看不见也不可能看见君王制与列国分治的弊端。人总是有历史局限性的，只有不知何处才有的那种上帝或智者没有局限性。有此局限性的每个人中，爱国者是被誉为伟大的。因此，我不敢否认，在我处的时代中，会有如此伟大的人。也许可能我接触面有限，不应只看知名人士，民间也许真有。上帝知道。

那时，我和大家紧跟过程中，总在想自己应该做些什么？能做些什么？

首先，我想到的是写点文章。

我从一些被中央来了文件点名批判的电影作品中，想到个《舞台姐妹》和《桃花扇》。我似乎应该照中央的规定从政治上否定为前提去思考，按照中央的基调去作分析批判。

我起草了一个提纲，包括论点，找到完成台本，取摘可用的内容和道白，准备逐段写。适遇近代史所曾同在甘肃搞四清时合作过歌曲的小伙子王仲源来访。说到此事，表示兴趣，我同意将提纲等资料交他先起草，由我改二稿。10多天后，他给我看了，觉得可以，我即动手改出二稿定名为《"舞台姐妹"是夏衍离经叛道论的艺术标本》，一万多字。我寄给当时任中央文革小组成员的戚本禹，请他提意见，并表示，听取意见定稿后寄给《光明日报》。不几天，他电告我说他看了认为写得很好，且已直接交给"光明"总编穆欣。很快，便全文打出大样，经我审完后，以整版篇幅刊出，署名是我和王两人，随即在电台广播了。部机关一些同志听了广播看了文章，见面就说好。

不久，照样，我又写出了批判《桃花扇》的长篇提纲，又交小王起草。完成后，又寄戚转至《光明日报》。得通知说，不久发表。但一直再无消息，也未退稿。

我忙起来了，也无暇顾及催问。

机关成立造反组织诞生电影红旗战斗队

　　机关干部受学校的影响，自己闹革命，就纷纷以大字报形式宣布成立造反组织，多如雨后春笋。人们从大字报上只能看见批判那一位部长、副部长或发表什么声明，以及后面的署名，却往往不知该组织是谁，有多少人。曾经有一张以某某"革命战斗兵团"名义的大字报。知情人说，只有李某某一个人。

　　我同电影局的同事商谈后，会同马林、王永芳三人着重讨论了肖望东的"六二〇报告"，共同观点是指出其片面、否定一切，全盘否定文化部的干部队伍，说都是"黑线干部"，认为文件上说文化部、文艺界的干部都是黑的，要像对待"地主恶霸"那样扫地出门，什么"犁庭扫院"，要把文化部"犁地三尺，深耕五遍"，通通打倒。我们认为，如此看待干部队伍不符合毛泽东思想。因为，按照毛泽东思想看问题，干部队伍大多数是好的、比较好的，不好的只是少数，或者说只占百分之几。我们认为"六二〇报告"的方针、原则、观点是反动的、反毛泽东思想的，不符合事实。

　　由马林起草了一个批判书，抄成大字报，以"电影红旗战斗队"名义张贴在东四头条胡同5号大院外墙上。那里是文化部办公大楼干部下班去五号院内（食堂、生活区）必经之地。同时，抄了一份由我寄给戚本禹。他们记得戚本禹未被任为文革小组成员之前，曾同我通过电话，找我咨询、查考过一些电影方面的事情。我们的大字报提出"打倒肖望东"，造成很大影响。

　　于是，机关各司局纷纷出现了一些"战斗组织"。名称很多，有的标明是"×××战斗兵团"。"声明"张贴在头条5号南墙，最多的贴在五号路南新楼北大院的墙上。这里是办公大楼职工上下班必经之处（"文革"之后，这栋办公大楼已被拨交给外交部作为政治部等部门的办公用房了）。

　　各种声明，大体是不署名的大字报形式，可以表示对任何事、任何人的看法，甚至指名道姓。而主要是表示自己对时局、对黑线人物、黑帮分子即当时泛指的部长、局长级的领导干部，也有各种大道、小道消息，以及对其他组织的意见。实际上，是一个个人、一个群体的自由论坛。

不久，大多数"战斗队"的成员、所在单位，都是公开的秘密。因为，凡是从向墙上刷贴大字报的人总会被别人认识、查明。

从观点相同，意向相通，便逐渐产生了相互沟通，形成了战斗组织及其成员之间的串联。我们"电影红旗造反队"批判常务副部长、党组书记肖望东"六二〇报告"的观点，取得了机关各司局、厅、部的战斗组织的赞同，原来，绝大多数人都是工作中、生活上的熟人、同事。这时，持不同观点、态度的，多是一年左右新到文化部工作的职工，即从南京军区等单位先后调进政治部及一些厅、司、局的干部，但开始时，还只是一派组织在公开活动。或说，基本上，是原文化部机关在职干部中处级及以下的多数干部。

串连中，形成了自愿联合的大组织，定名为"文化部机关革命战斗组织联络站"，各个分支机构就以自己的命名，冠以这个联合组织"联络站"，对外。后来，都简称"文化部联络站电影红旗战斗队"或某某战斗队。

这个联络站的成员，约有300人左右。

在职工中为多数，未形成一般职工的对立面。其余都是处于暂时观望、不愿与既有组织合作的以及逍遥怕惹火烧身的少数人。

对立面，即"战斗组织"们的斗争对象，仍是按中央指出的"走资本主义道路的当权派"。

我们三人组成的"电影红旗战斗队"由于观点正确，公开指名批判主管副部长肖望东定名为以肖个人署名的向中央的报告，又以中央名义批转全国。我们既旗帜鲜明，又立论正确，从而便形成了机关战斗队的中心。又由于参与者包括了主管机关行政事务的老职工，从此"联络站"便把机关一切行政事务包揽在内了。

天气渐冷的时候，我写给戚本禹并中央文革的报告不久，戚本禹到文化部大楼前对群众正式宣布，中央文革决定打倒肖望东，批判"六二〇报告"。

这是一件大事，是对文化部系统群众运动的极大支持。引起文化部、文艺界极大的震动和推动。

在全国大串连的那些日子里，文化部的在职多数副部长，如齐燕铭等被迫住在朝阳门大街西路北的一个"大庙"里，遭受到外地造反派同北京部属院校造反派、红卫兵联合揪斗、罚跪等等的伤害。

此事，各部委相继成立一般干部组建的造反组织，为了表示其存在的价值与意义，自行组织批判会。

联络站组织过对夏衍的批判大会。

地点在新办公楼大厅，即会议厅。

夏衍本已于1965年文艺整风时，调至亚非研究所任副所长，齐燕铭任济南市副市长，陈荒煤为重庆市副市长。而肖望东为首的新班子，即我所经历的第3届部党组。

文革被弄回北京的有夏衍、齐燕铭。

批判大会，电影问题是重点。联络站主持批判中央定下的"走资派"或"黑帮"、"黑帮分子"，有时喊成"三反分子"，即"反党反社会主义、反毛泽东思想分子"，都是一个意思。

毛主席鼓励大串连。

红卫兵及早期为所欲为的联动任意抓、打，也有杀、抢等行为，在北京听到的故事少了。串连到部机关的人多起来。在食堂白吃者有之，来自福建打赤脚的学生不少。机关办公楼内多层无人办公地区，已有人入住。被子自备。人多不可拒绝，因为，毛主席说过，还没见他的"办公室有人来住"（大意）谁敢拒绝。

机关行政总务部门积极安排大串连的来宾。个别机关行政管理人也主动参加管理。

联络站关照所属办公厅组织支持安排串连造反派青年人的吃住。个别未被作为三反分子对待的领导干部积极做工作。

联络站建成了统一领导班子。

政治部有陈野等人，司局各有人参与。人们推举我和陈野主持工作。我们两人作为站的召集人。

多数人同我熟悉。

大家都已知道我认识戚本禹这位中央文革成员。政治部的战斗队以陈等积极参与开了会，确定马林重点发言。当然，马林得按照中央批判的基调去讲。

中央机关与外地来京造反串连组织，都忙于串联，加上批斗"走资派"。

形势在发展。

但造反派们怎么造反，又怎么造下去呢？

机关除去平时行政、总务工作如用电、用水、食堂等部门照常工作外，各司局、厅的工作都瘫痪了。部长、副部长有的被揪斗，有的不上班，部务会、党组会无人召开，厅主任、司局长都不管事。名叫"靠边站"了，党的组织系统都在全国"踢开党委闹革命"的声势下停止了工作。

总之，机关成为无政府状态。

我们联络站就自己组织起来，谁也无法请示，就是尽可能把维持机关生活的事务管起来。

各个办公室过去日常事务都停顿了。

一切由每天按时上班的联络站所属战斗队，亦即各单位的处长及其以下的所在部门，自愿地担起责任。

因此，我们这个国务院机关，每天照常有人上班，除去自动、被动靠边站外，都自愿地以战斗组织名义开会、商谈、办事。

一句话，政府机关处于无政府自治状态。

各个战斗组织在按照中央的文件通知各行其是。

"文化部机关革命战斗组织联络站"是当时机关唯一承担管理责任的群众团体。

部属事业单位一些以类同观点组织起来的造反派，纷纷到机关来串联，建立联合关系，打算互通情况，以求共同行动，实际上都是在反对"六二〇报告"思想观点之下，联合行动的。

这样，我就忙起来了，忙联络站的事。我本人属于电影红旗，又代表电影红旗，被推选与政治部毛泽东思想战斗团的陈野等同志合作负责全站的工作，人称造反派联络站的头头。电影红旗由马林、王永芳这两位在批判"六二〇报告"基础上共同起事的同志主持。

反"六二〇报告"的观点，成为越来越多战斗队的共同观点。简言之，就是主张按照大多数都是好的和比较好的，应该大家团结起来，去批判少数的领导干部，即所谓走资派，而不应该打倒一切干部。

具有和我们共同观点的人日益增多，不少人认为这个观点、态度是符合毛泽东思想的。至于"三反分子"、"走资派"、"黑线"、"黑帮"以什么标准去认定，我们认为，唯一的标准是毛主席、党中央的文件规定的，《十六条》是毛主席提出的无产阶级文化大革命的纲领。

机关是跟着学生走的。

社会上、北京及全国各地学生的动态，日夜不息地传到机关。中央说什么，红卫兵、大学生、中学生做什么，传到机关，蠢蠢欲动。我们该怎么办？路怎么走？似乎是除了批判被说成是走资派的部级干部之外，就是处理或说代理机关行政处理各地来京串联的人吃住事务，同时也接待社会上厂矿等部门的造反组织。

已经有了向单位夺取领导的事企业、机关、学校管理权的动向了。

接到了中央文革以戚本禹名义约去会见的通知了。

联络站未经选举而自然形成的领导班子开会商量。我是低调的态度，也积极对待。商量定了有人准备约15分钟发言，约三千字。发言稿有人准备，到时候主动出面发言人也定了。我的态度是，我不多说，谁有主意，谁去出面。

晚间，在人民大会堂一个厅内，戚本禹和几个助手坐在台上，同我们大约十几个人会见。文化部和煤炭部两部的群众组织代表先后发言，多是向中央文革汇报单位组织、批判走资派的情况，以及单位存在的问题。

会后，老戚找我握握手，问："怎么来的？可以派个车送你们回去。"我婉谢了，说明我们有车来。

会见中央文革成员，联络站同仁高兴的是可以直接同中央联系。我都觉得，对于未来，仍是不免茫然。

我向来不愿出风头，只是由于认识戚本禹，消息不胫而走，利于大家向中央反映情况，把我推上了"造反派头头"的风口浪尖上。大家观点一致，都尊重、崇拜甚至迷信中央，于是，联合起来同心合力，去行动，随着潮流走。

夺权反夺权，联合反联合文艺组成立又解散

全中国在毛主席代表中央指挥下，国务院、各省、市自治区直到县、乡村政府进入瘫痪、半瘫痪状态。从彭罗陆杨到中央各部委部长级干部到省市各级地方政府都打成走资派，刘邓和多数元帅都在打倒之列。其他干部有的靠边站，有的跟着疯狂、半疯狂了的群众组织走。中央政治局、中央委员会、各级"最高"权力机构人民代表大会，不完整的宪法，通通无用！

中央文革及其喉舌中央两报（《人民日报》、《解放军报》）一刊（《红旗》杂志），按照毛主席的最高指示在指挥一切。在这样的形势下，上海搞了个"一月风暴"，造反派夺了党政军大权，指挥上海一切。"风暴"引发了中央各部委、省市由造反派纷纷夺权，即占领了党政机关，指挥一切。

由中央乐团井冈山陆公达和中央音乐学院的刘诗昆等领导的造反派组织到文化部机关来夺权，占领了机关。他们首先在名义上同联络站三、四个负责人联合，成立了砸烂旧文化部委员会简称"砸委会"。砸委会组织了"反二月逆流"大游行。

砸会会一成立便由于联络站内部负责人有异端，以站内常委成员"成分"不纯为由，与刘、陆等人掀起一股浪潮，想借此在联络站内部排斥我和各司局一些老同志。其实，几乎全国如此，为了争权夺利，一派内如此。到不久，文化部机关出现了"延安红旗总团"、"镇恶浪"大小反对联络站观点的"对立面"，成为两派。事实证明后起者是极左派，亦即不敢公开保肖望东实际上反对文化部老干部的极左派。这个延红总对立面，从人事部门探索到的联络站成员中的阶级出身、政治历史甚至忠诚坦白时向组织交代过的个人隐私，无论其虚实真伪、是否早有结论，一概加以"上纲上线"公布于众，甚至以猜想、推论当成事实并演绎、编造、罗织罪名，为了丑化联络站，抬高自己。

所谓"枪打出头鸟"，联络站常委（后来有人称勤务班、服务班）即机关各单位早成立的群众组织选出的代表几人组成的领导班子，其中先由联络站内部

和其他好事者编造的故事，捕风捉影，攻击丑化之，后因我不去争夺在砸委会中的地位，而每组成员仍然支持我干下去，我也不去理会各种中伤谣传，继续坚持工作。代表联络站的陈野，也被对立派攻击，对于一个女同志作了极其卑劣的造谣、污辱。

当时知道，省市地方两派的斗争，已发展成动刀枪、杀人了。"文攻武卫"要文斗不要武斗之类的小报、传单，已经满天飞。

文化部系统由肖望东的拥护者促成了两派之间的矛盾斗争，而且不断发生，此起彼伏。

由于紧跟中央的号召，联络站事务多，我在忙时就住在机关。

在"119"夺权不久，文化部机要室鉴于群众组织进住大楼，国家档案安全受到威胁，主动报告中央机要部门。中央文革派戚本禹到朝内大街203号文化部机关说明来意，带人将鲁迅手稿带回中央。这天下午，文化部大楼前广场上挤满了人。

事情发生前后，有过北京电影制片厂的"毛泽东思想大学""红卫兵"组织到文化部搞过打砸抢，把一些办公柜子推走了，当然，由于砸委会的工作，后来又都送了回去。

由于有了两派的矛盾，部属各单位尤以艺术院校中的中央音乐学院突出，有刘诗昆这位国际钢琴比赛获奖者及其妻子叶向真，都是造反派。又有人反对。戚本禹曾去音院听两派意见，也表态支持了这一派。各单位去听会的人很多。

电影系统照样出现了类似的矛盾。

除了大串连中，北京不少工厂的造反派组织也住进了文化部，如北京毛巾厂的"北京工农兵毛泽东思想宣传队"，3月份就住进来了。又有个"首都工农兵业余文艺工作者革命造反总部"、"北京革命职工大联合筹备委员会"，重型电机厂等等都来了。中央部委中也有教育部延安公社、新华社革命联络委员会、卫生部造反总部等等不少组织都来串联。部属、团中央各单位，各系统都有来串联、建立联系的。

总的一个趋向是，相同观点而最早造反组织串联的目的是，争取必要时互相支持，互通消息，反对后起的极左派。

"砸委会"改成了联委会。有时，夜间开联委常委会包括各电影、艺术、出版单位代表汇报工作。有一些分工，战斗组要准备批判走资派的材料，秘书组忙日常工作，宣传组要办好小报如《战斗报》之类，还有组织、动态等等。

309

工作十分复杂、繁重，还要定学习制度。即联委会一方面有不少日常事务工作要进行，还要应付来自对立面的麻烦。而最忙的工作，则是准备各行业对批斗对象的批判材料。

组织内部还要忙整风，要开门整风。查对于"当权派"态度、对资产阶级反动路线的态度等等一系列由对立面挑起的论战。

其实，主要矛盾集中在延安红旗战斗团即肖望东创建的政治部一批新到文化部的自命所谓"最干净""最纯洁"的人们，抓住文化部的一般干部都曾为旧文化部工作的事实，说这些人都是黑线的干将，认为"这些人能造反，蒋介石就可以成为造反派了！""黑的变不成红的"。

按照中央文革、毛主席指示去认定、否定十七年，否定一切、打倒一切，否定文化部一切包括一切干部；不具体分析，人云亦云，中央、毛主席一切都是真理。在这种违反历史真实又违反真正辩证唯物主义思想、立场、观点的形而上学思想指导下，谁也说服不了谁，谁都自命正确，自命革命，其至自以为照毛主席、党中央、中央文革的指示去想、去说、去办事，都是正确的。时髦通行的名词是"我们的大方向是正确的！你们错了！"

两派斗争无休止地继续着。

以部长级为主、有时拉上司局级干部，成为两派群众任何时候都可以揪斗的对象。

出版系统还忙于毛主席诗词、外文版毛泽东著作、有红塑面的毛泽东选集4卷本和毛主席像的出版工作，其中，全国也出现了不少纷争、矛盾。

我参加了一次在展览馆首发的毛选4卷红塑本的大会。

中宣部、卫生部、文化部群众组织联合搞了个"砸三旧誓师大会"，众所周知，这三个部是毛主席几次讲话和批示中钦定的旧中宣部阎王殿、旧文化部外国死人部、才子佳人部、旧卫生部。

我们参加忙的是揭批周扬、夏衍大会。

其间，又出来了一个刘诗昆和叶向真的问题。但不影响联委会继续工作下去。刘、叶问题是江青挑起、戚本禹执行的。当时，谁也不明白。

文化部机关能贴大字报的地方，都贴得满满的。新的旧的大字报，也有新贴在旧的上的。

造反派群众组织上百上千，名目繁多。有毛泽东思想战斗兵团、一颗红心战斗队、铜墙铁壁战斗团、鲁迅战斗团、捍卫毛泽东思想遵义战斗队、镇恶浪、井冈山……等等造反战斗团、队。有的团只有一个人。总的倾向是两个，一是联络站方面，既批文艺黑线，又批"六二〇"报告；一是后起造群众反的，其代表组织是延安红旗总团。联络站方面以电影红旗战斗队与毛泽东思想战斗团为主。也是有联络站内部各团、队之间以整风名义公开进行辩论。

在各司局、单位内部逐渐形成了两个派别，多数派多是老文化部的处长以下的干部，属联络站，又由于这些人做的工作多，在机关时间久，其个人和工作业务的情况传闻就多。反对派多是最近几年到文化部工作的一部分人，自命是最干净、最革命的，包括所谓一部分八大员即驾驶员、清洁员等等。

从知情人内部汇报与公开揭发，知道1966年春，肖望东他们曾把部分司局处以上干部集中办过"集训班"，实际上进行排队，为"犁庭扫院"作准备。实施"六二〇报告"。肖望东在集训班甄别干部，采取有批有保的办法。据周郁辉揭发，肖望东说"电影局只有一个人可靠！"这个人就是新调进电影局任专职党委书记的田惠普。"文革"以来，人与人之间发了立场的变化了，也出现了对部机关、文联各协的斗批走、斗批保的闹剧。六月一日以后，闹剧演不下去了，清洗的行为停了，集训班不办了。

公开的不搞了，但秘密的实际上还在搞。办公厅主任赵长河继续在活动。

因为有了个由陶铸支持肖望东搞的"七〇一工程"即集中营工地，而且设定了详细计划，定了方针、步骤、措施。例如机关清洗多少人，批谁保谁，"先网后拣，宁宽勿狭，先宽后窄，先易后难"。

这一切，都被红卫兵运动、夺权和造反派的斗争、揭露、批判粉碎了。

部长级、知名文艺家被红卫兵从大庙揪斗，揪头发、罚跪、戴高帽、挂打叉名牌，受尽蹂躏之苦。如今虽已被北京卫戍区关押候审、候斗，但仍是国无宁日、人无宁日。

群众组织之间，派别、山头之争，没完没了。

有的省市城区可以听到机枪、冷枪甚至炮声。

联络站、联委会成员，包括了几乎全部机关绝大多数在职职工及相关联的中央文艺系统各事业单位，在按照中央指出的大方向，准备对领导干部即命为走资派的人士以往工作的问题，作为批判资料、"炮弹"，同时，还得应付来自对立面的攻击。

大大小小的批判会，在机关、学校、工厂此起彼伏。也有一些"黑帮分子"在群众斗群众的很长一段时间，过得比较轻松。

有一度由"61个叛徒"案引出来群众性的揪叛徒热潮。人所共知，61人叛徒案，是抗日战争期间，中央为保存实力，在国共合作期间指示狱中61名中共党员按照"悔过"要求出狱的。我们知道，一出狱后迄今职务最高的是薄一波，文化部计财司司长被控制使用的谢冰岩。历史都有正确结论的旧案，又翻出来重新审查。热潮波及到机关凡在白区被捕过的干部，都当革命叛徒批斗审查。

群众组织中，少不了一些对个人的人身攻击。

当然，也有极个别人，历史上隐瞒了的事情如曾参加国民党之类的问题，也被查了出来。

由于人事档案被利用来攻击对立面，有的人原是"可以教育好的子女"即所谓"黑六类"也被泄露了国家机密。例如一位在台湾国民党军中任要职的秘密党员，由于北京的暴密，被台湾当局杀掉。此人的儿子在北影厂做导演，"文革"中先是"黑六类"，文革后成为烈属。

全国已经乱的一踏糊涂了。

但中央却有人说，大乱才能大治。

历史事实证明了俗话说的"趁混水，打虾耙"，"浑水摸鱼"，毛主席、党中央、中央文革在掀起打乱仗运动群众盲动、蛮干，整干部、整群众的过程中，从刘少奇起，一大批党、政、军高级领导人被打倒、整死，株连了一大片。影响所及，各行各业，全国从国务院各部委到省、市、自治区、专区、县、区乡镇直到村，各级干部都受到了冲击，甚至迫害。先是破四旧，毁了不少文物、古迹，进而到管理这些财产和业务、行政的人员。

对于人来说，正如林彪说的，这次文化大革命是革这些老革命的命，它触及人们的灵魂，也触及了皮肉。却消灭了一些人的躯体与灵魂。

运动在发展。

原来的砸委会被认为是在组织成员中用人路线有错误，但大方向正确。陆公达这个青年人（原是中央乐团井冈山的头头）被中央文革支持，于1967年4月中旬还派给组织文艺晚会的任务。

联委会照旧处理在京文化系统的事务。亦即斗、批、改问题。实际上各系统、各单位都在忙自己的工作。联委会斗、批、改任务只针对部一级。部、局所属单位怎么搞，我们管不着。

几乎所有的单位都按照自己对中央文革、两报一刊社论、文章的理解并参考外单位做法去搞斗批改，吃亏的，受冲击迫害的，只是单位领导人中被定为走资派的干部。

从1967年4月30日罗哲文了解的工作进展看，由北京师范大学、人民大学、学部三个单位发启的"首都文艺界斗批改联络站"，其目的是互相支援，协同作战，集中力量搞好斗批改；那时即已有10个单位：北京轻工学院七二九兵团（王德荣）、北京函授学校东方红（陶尚廉）、中央音乐学院战斗团（舒咏梧）、首都出版界革命造反总部（李顺达、白崇文）、华北局宣传部井冈山（王葆生）、亚非学会革命造反总部（李成红）、北京电影制片厂革命委员会筹委会（董秋心、唐绍群）、中央美术学院燎原（包炮、赵国维）、新人大公社（周厚忠）、文化部联络站、北师大、学部。

文化部的联络站在串连中还组织了近40个单位，名叫文教口联合斗争的单位：解放军总政话剧团追穷寇革命造反团联系人（下同）（赵恒多、毕海岚）、工程兵政治部文工团傲霜雪联合造反团（杨均）、海政文工团毛泽东思想战斗队（郑邦炎）、铁道部政治部文工团红色造反团（刘志明）、中共中央宣传部革命造反联合总部（王哲人、邹洪模）、毛泽东思想哲学社会科学部红卫兵联队（王承志）、教育部延安公社（梁炳）、中共中央党校红旗战斗队（沈仁干）、国家体委系统革命造反联络总部（昕目忻、尹飞）、中央统战民委系统联合委员会（吴凤明、纳国祥）、新华社革命联合委员会（郭凤山、陈建华）、中国科学院革命造反联合总部（陈德牛）、中共中央编译局井冈山联队（陈瑞林）、高等教育出版社红旗战斗联队（李灿宏）、人民教育出版社红旗战斗联队（柳松）、卫生部红色造反团（门卫平、孔华宇）、红代会北京师范大学井冈山公社（王上海）红代会地质学院东方红公社（徐延传）、红代会北京政治学院政法公社（高富德、罗时贤）、归国学生遵义兵团（刘志明）、北京语言学院东方红兵团（董加业）、文化部联络站（邹惠中、罗哲文）、首都出版界革命造反总部（祁文霖、张扬斗）、首都电影界革命派联合委员会（潘到明）、首都毛泽东思想文艺造反兵团、故宫毛泽东思想红旗公社（张大祥、步连生）、北京图书馆革命造反联合指挥部（胡文德）、中国历史博物馆革命造反联合委员会（张文厂）、人民文学出版社革命造反团（卢永福、程代熙、傅全兵、张柏年、陈早春）、人民美术出版社革命造反团、中央民族歌舞团、八·八革命造反者（孙闯）、中央音乐学院毛泽东思想战斗团（李应华、卢学增）、中国人民大学新人大公社（刘富华）、北京日报革命造反派文化革命运动办公室（宁源涛）、红代会北京邮电学院东方红公社（李树德、刘兴忠）、红代会中国医科大学红旗公社、中国医学科学院红旗总部、北京轻工业学院七·二九兵团。

单位如此之多，也还只是文教系统一部分，在一个市，可以想见，在全国，这种群众组织，岂非多如牛毛？！

这时，中央号召联合，两派在斗批改中联合，联合搞斗批改。为此，中央文革派人直接到一些单位讲话，对群众组织支持、批评、指示。

树欲静而风不止。全国都是两派对立斗争，包括文斗、武斗的大乱之中。

我们这个部机关，不到五百人中，先造反而联合的这群人有300多名职工，从联络站而转为砸委会、联委会。这年出了对立派，是"镇恶浪"以李兴楚为代表，被肖望东女儿肖淮桥透露说："出了个左派组织叫镇恶浪。"后又有"延安红旗总团"，人们简称"延红总"，后来二者合而为一。新到机关的职工，以人们不了解他们和"高套"到部任要职的干部以及时兴最最革命的几大员（通讯员、驾驶员……）"无产阶级"约百十号人。

这延红总派抓住联络站的所谓小辫子，也就是群众中道听途说，对我以及一些曾为文化部所谓黑线工作过的职工的事实和传闻，大肆攻击：认为这些人本来是黑的，"他们可以造反，蒋介石也可以造反了。"联络站内部也不都是仅仅对中央唯命是听，而是有少数几个后调进文化部机关自命纯洁的人士跟着延红总，客观上配合在内部制造分歧与混乱。他们以领导班子甚至组织内不要有有辫子可抓的人存在可保组织纯洁为由，掀起内部矛盾。有王玉贵（简称"思想战斗队成员"）与一两人出面，无事生非，以整风为名，在全体联络站成员大会上，指责我在"抓权"。大凡我积极处理一些事务的事，都是在抓权；以《红旗》杂志社名义以记者身份而实际代表中央文革、戚本禹找我（如《光明日报》程喜林、《红旗》刘殿祥、徐修）了解情况。

外单位串连接待等等事务，被说成是都是在抓权。实质上是"毛泽东思想战斗队"（简称"思想战斗队"）要领导一切，排斥我和我代表的一批"黑线人物"、"黑根黑须"，总之，排挤、并踩在我们身上掌握一切领导权。但由王玉贵出面和延红总有差异，有的负责人被战斗队推任联络站一把手的陈野，也被抓辫子，进行恶毒的个人人身攻击。内部有了"争权"思想，被对立面各个攻击。我不想在所谓"服务班"常委内干了，但欲罢不能，多数同志在整风中指出姓王的错误，一定要我做联络站办公室的工作。由于"大方向"一致，我只得照常工作下去。

在这种纷争状况下，延红总与联络站势不两立，谈不上联合斗批改。

斗批什么？延红总只有自命"纯洁""不黑"的本钱，不知道斗、批什么，只能斗批群众了。

中央文革搞揪刘火线，两派都派人去参加。

1967年的3月到5月，除闹内部矛盾，还搞了批"修养"，批《清宫秘史》，批斗夏衍、陈荒煤、赵辛初等等。人，像是机器，又像提线木偶，大家都在追求未知的未来。

临委会（实是联络站内部）利用整风，由王玉贵等人借机挑起攻赵拥陈闹改选。刘宝莱、杨斯英、白玉山、俞慧钧、高谈瑛、王永芳等许多同志讲了公道话，而在实际上批评了二王无事生非，主张团结，抓大方向等。后来有人表示了自我批评，以大局为重。我虽有些厌烦，也只得耐心工作下去。

我自知阶级出身（小土地出租者属中农成份）、政治历史清白无任何历史政治问题，胸怀坦荡，一直积极地跟着中央文革、党中央走。也随大流，同大家一起，组织、参加批陶、纪念《讲话》等等活动，总的姿态是不去出风头。机关许多同志都投入各方面的工作，许多人都忙于对外联络、准备批判材料，写文章。也有忙于处理群众组织之间矛盾和"揪叛徒"之类的事务。例如，在中办刘殿祥联系、支持、鼓励下，我们花了不少人力、时间从怀疑夏衍等人的历史派人查证。

1969年6月23日人大会议由陈伯达、戚本禹主持、讲话，纪念《讲话》，金敬迈、于会泳发了言，另有几人朗读了致敬电。

当天夜11时30分，戚本禹到文化部对全体到会的两派群众宣布成立文艺组。金敬迈是具体负责人。次日上午，金召集大会，讲如何抓大批判促进大联合。紧接着下午由金敬迈主持，文艺组全体领导成员李英儒、陆公达、舒世俊、刘巨成参加，又另有几位，徐修、程喜林、祖友义等参加，可能是负责工作人员。

辩论围绕在大联合的阻力是斗批还是保走资派的问题。

辩论延伸、发展，在各文艺单位展开。

一个多月就是忙的这些。

1967年7月21日晚间，文艺组在朝阳门内203号文化部大厅召开中央直属文艺单位代表会。李英儒宣布各文艺口（即文学、戏剧、电影、音乐、美术、图书博物）成立革命委员会筹备小组，公布由文艺组委托参加工作的名单。

同时宣布成立文艺系统的联合办公室筹备小组，简称"联办筹备小组"，共9个组，其中，"文艺评论刊物筹备小组"有我参与。我知道的，还有金冲及、李希凡。后来在沙滩由金敬迈见了一面，说明任务。后由郑公盾召集会议，他除具体讲小组当前任务外，说明这个组原已有4人，现在加上赵和金。我认为应是六人了。实际上，是郑公盾受金敬迈的领导又领导我们。我们的负责人是李希凡。按照郑公盾的说明，办个刊物叫《文化战线》，要大家每人写个创刊词，也讲了组稿要求、分工。开会时，我除郑外，就只见到李希凡、许翰如、金冲及，弄不清还有谁。

我们各自设法起草发刊词，它是取代《文艺报》的。但第二天，郑公盾拿出一个已写就的稿件。大家都认可，也不用一个一个地再筛选了。我为此事先还同金冲及、宋木文等同志商谈过。

看来"筹备组"是兼职。我一方面组织一两篇稿件，基本上游离于机关参与真正与所谓"权"有关的事情。我也乐得清闲。在参加听会时，知道机关干部对筹委会、小组特别涉及服务班参与权事的成员意见极大，像开了锅。但我仍然兼职一些办公室内外联络工作，和大批判的组织联络。那时，就是斗刘、邓、陶以及文艺界夏衍等人，还有两派大联合问题。

应该说，事务十分繁杂，矛盾重重，不少人响应中央的号召，忙得不可开交。我还要管几种稿件的印刷事务。

在一次筹备组组织生活会，互相谈心，只有4个与会，就是李希凡主持，我和金冲及、许翰如。李希凡与我是同庚，他觉得搞意识形态工作易遇风险，同爱人曾谈及此，感到这次是组织上安排，又是中央直接领导，觉得踏实些。我则表示，搞搞文艺理论工作也好，至少摆脱了一些烦人的争权夺利那些无聊的胡闹。从李希凡谈话中以及工作任务的部署，知道我们是直接归郑公盾管。常称"公盾"同志。

可是，安稳单一的生活、工作不久长。一天李希凡约去见了金敬迈、郑公盾，只说是刊物事务，听戚本禹说"中央决定，刊物暂时不出"停办了。文艺组怎么着，也等消息。

没有解释，不问缘由，一切听从上级安排。这是我在中央军委时的习惯。我也知道，没有传达别的，也就什么都别问。散就散了。这原是我作为齿轮螺丝钉亦即党组织的奴隶，当然也误认为是人民的奴隶。那时，一直把党组织和中央作为人民利益的代表。鲁迅"俯首甘为孺子牛"，1946年周恩来"为人民服务，跟牛一样！"的演讲，是我的指导思想。我并不是盲目的一切服从，我是有思想、认识的。我由于掌握的情况有限，只能从当时的情况去理解事态。

后来渐渐知道，文艺组也撤销了，相应的由李英儒宣布的各个筹备小组也撤销了。我们党从来过去成立什么机构是必要的，今天撤销它也是正确的。公布的理由是"国务院还保留文化部，如果再搞文艺组就重复了"等等。文革过去一些年才渐渐明白。本来因人设事的中央文革派王力、关锋、戚本禹接管文化部，再由戚本禹按照江青旨意成立文艺组，又由于江青对戚本禹、金敬迈的矛盾和毛泽东鉴于种种压力舍车保帅，曾经被充分肯定的金敬迈以及曾经被毛泽东带上天安门城楼、人民日报一版头条刊登照片称为9名以毛泽东为首的"领袖们"中末位的戚本禹，先后被打倒，送进秦城监狱。

文艺组没有促成文艺界两派的大联合。

"文化大革命"大劫难（之二）

树欲静风不止，经狂风受摧残！

离开了文艺组刊物筹备小组，编辑组稿的《文化战线》流产。《鲁迅语录》一样未能出版面世。我从此不再见到戚本禹、金敬迈和李英儒、郑公盾、李希凡等人。

刊物的事，按规定不到一周结束工作。

1967年10月23日，有邢纪民、刘玉山、范正操等人宣布进驻文化部作为"军代表"，原联办各组各口、王仁、刘巨成都讲话表态。中心是成立机构，依靠群众，自己教育自己。

是一派要搞"三结合"的趋势。

全文化部这年入冬各司局在大联合的名义下，纷纷"斗私批修"，有些人原是延红总一派极左人物利用大联合旗帜，叫喊"挖黑线清坏人"，有一部分当初最无知也自命为最革命的几大员、无产阶级的工人战斗大队叫嚣"一切从零开始"。如司机班的吕有波、汪海明等人，特别活跃。

各司局两派群众都不以原来一派组织成员身份而以职工身份参与表演斗私亮相。电影局由那个唯一可靠的田惠普专职党委书记，似乎是受命于新的联委会又形似三结合的班子，"带头"斗私，其他人似以处长、主任等争相发言。中心目的是，联合、揭批局长中被认为与黑线有染的走资派人物。各司局、单位中有的开不起会，读不起来。有的新调进的南京军区来的干部认为"无私可斗"，也有的议论戚本禹对文艺界的态度，唯恐天下不乱，这类人为行政总务部门的原延红总及其支使的工人战斗队一些人。

有的直属单位开始出现任意抄家搞批斗材料的现象。

按照中央的部署，全国都要大联合，但河北、四川等许多地方仍然不联合，有的地方炮声隆隆，机枪声、大喇叭哇啦哇啦叫喊。有人在流血！

我们机关在军代表们的管辖下，大联合、小批斗的气氛很浓。却未见到军代表（有的人其实就是文化系统的干部）。而"解放干部"、"三结合"却在斗私批修中进行着。

在景山留影（1969年）

马林在此潮流中被要求其"对黑线反戈一击。"

机关照常上下班，充满了"大联合、斗私批修"的气氛。

天气转入冬季，开始冷起来。但派性的热劲在延红总、工人战斗队一些最龌龊却自命最红最纯不黑的人中，却在增长着。

九月，我同曾是电影资料馆同事后调至红楼电影剧本创作所工作又是对立面派的刘谦有往来，她身在曹营心在汉，多次找我交流情况与观点，观点的差异并不破坏同事的情谊。她约我参加创作所同凌嘉陵的婚庆，以示联合无间之情。我为了表示庆贺，赶时髦，送一樽毛泽东半身石膏像。但嫌包装纸盒单调就加以装饰：贴上红纸，写了"破私反修"四个字，和"毛主席语录"："你们要关心国家大事，要把无产阶级文化大革命进行到底。"以及唐诗中刘禹锡的两句诗："沉舟侧畔千帆过，病树前头万木春。"表示互相鼓励。

这年12月，机关秩序有些不正常。

一天午休后临上班前，我突

在景山留影（1969年）

然被几个人强制架到机关大厅，那里已集结了大约百余人，有人举起我送给凌嘉陵夫妇的礼物，高喊"打倒"，说是我"反对毛主席！"我以理反驳，但没用，还有人居然动手碰了我的头部和胸部。

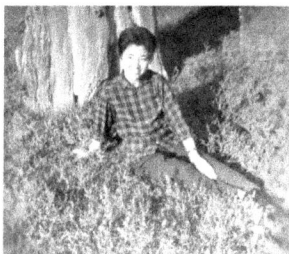

林敏在天坛

这是延红总即肖望东一派破坏大联合的严重挑衅。可见一些人想利用中共中央错误文件《纪要》及中央错误批转的"六二〇报告"否定文化部一切，反对同文化部的干部联合，夺取国务院一个部的领导权。

当时流行"枪打出头鸟"的比喻，正在以武斗、强制形式，在北京表现出来。

"反对毛主席！"这还了得！联络站的群众都有些蒙了，所谓大联合、三结合的领导机构、军代表，都默不作声，没有任何仲裁，说公道话的机构和人物没有出现，任凭这种制造混乱的逆流横行。

此后不少事实证明，什么军代表等等，都在纵容、挑起群众斗群众，制造新的混乱，在反对派性的冠冕下，堂而皇之支一派、整一派，支的是捣乱派，整的是真正听党的话，甘做党的工具的草民、干部。

我从小就听说过"神仙打仗，凡人遭殃"的谚语，又还有"城门失火，殃及池鱼"的警语，以及"昨日座上宾，今日阶下囚"的故事。有了无数的故事新编，一一在脑中闪烁。

原来，很多事端的源头都在上头。

为什么中央号召大联合，天下大乱要大治的时候，正乱得无以复加？

因为，近因是这时上头在揪批斗刘、邓、陶，声势浩天，老帅们正在被伤害，一般上行下效的诬陷和迫害的恶浪狂潮，在祖国大地泛滥。上头动用武力，下头一些来自南京军区的兵痞，穿过军服、披着人皮的狼狗们则利用无知、自私又无文化的旧兵痞、驾驶员、几大员充当走狗打手，制造事端，再利用卖身投靠的知识分子新干部发难，对着我这样最先揭露"六二〇"阴谋而又受到同路人挤兑的个人，无中生有，恶毒诽谤。而持正当立场、观点的原联络站多数人员，多是和我相似紧跟中央甘作奴隶的秀才，明知同志被诬陷却无能为力。人妖颠倒，是非倒置。

情势对我越来越不利，我被乌烟瘴气所包围。

年底，我居住的北京黄化门大街35号大杂院的一天傍晚，突然来了司机班吕自波等几个打手，冲进我的卧室，我企图阻止，却被吕自波当胸一拳打了个趔趄。走时妹妹惠云正好在家，吓得跑到邻居家。林敏在家亲见那些人抄家，翻箱倒柜，从床下几捆笔记本中拿走不少，又抄走书架上的书和一些小笔记本——那是我前几年下放甘肃时的手记、毛选，还有什么记不起了，叫他们写收据，不写。扬长而去。

那些人抄家前后，我瞥见过邻居章满，他曾是三野新安旅行团的成员，在艺术局工作，听说是文革中的"逍遥派"，即观察事态、回避风浪，暗里表示与某一派持共同观点，见风使舵。文革后期，他告诉我说他当时给来人出主意："你们别拿人家的东西，就找笔记本一类文字材料。"

此人出了"高招"，也未见有何回报，但从艺术局同事处得知，其为人、名声甚臭，招恨！因此，在干校时，在劳动中被人在驾辕时从后戳了他的脊梁骨，有伤残。文革后不久像一条臭狗般死了。

我曾为了被抄家事，直接写信给戚本禹，要求得到应有的安全保障。

但是，没有任何反应，也没有任何人出来制止这种罪恶行径。情况、气氛又回到文革初期，任何人可以为所欲为，实际上是中央放任坏人抄家、打人，甚至杀人。毛主席在天安门接见红卫兵时，见到宋任穷的女儿宋彬彬，说要武，不要文质彬彬！此后，听说有人任意杀人，杀红了眼，自己都无法控制住自己了。

同文革开始时的情况相似，什么《宪法》、《法律》全是假大空。

我一个三口之家，处于被人任意宰割的险恶境况下。

在正常上班的过程中，过去的同志、战友关系，逐渐淡化，或自顾不暇，或事不关己，明哲保身，一部分领导干部在被解放后谨小慎微，按照中央的是非标准去同过去的同僚划清界限，同群众站在一起，去揭批被定为走资派或执行所谓文艺黑线的部长级和局长级的干部。这后一部分领导干部处于随时被揪斗的状态中。夏衍等高级干部还处在被军队监控、关押审讯中，都失去了人身自由。

干部队伍中，掌权抓三结合的军代表和依附者在为"三结合"作努力，也纵容一部分人为所欲为，胡作非为。领导者，领导一切，却没有任何法治意识，领导就是权，就是法，只靠上头、中央的什么人做后台。

只有少数无人制造"辫子"无人抓辫子找麻烦的"逍遥派"比较自在，可以见风使舵，任凭风浪起，他们稳坐钓鱼船。

我被推进人间地狱!

1968年元月3日的早晨,儿子刚刚上学,黄化门35号大杂院来了几名打手,我认得一个还是文化部的司机,到我宿舍,不由分说,两个人推搡着我,"走!我们有事儿跟你说!"我骑上自己上下班用的自行车,在他们前后左右押送着,到了东四牌楼头条4号,存好车回到4号院。原东四头条5号大门已封闭,只走4号大门。

这原是文联各协会办公区,共5幢,我被扣留在一层东头一间约20平方米的屋内,北有一张单人床,一张两屉桌,另有一套桌椅。我就这样被非法无理关押了。都是由司机班的人给我送饭,窝窝头和一碗菜,另留一只暖水瓶。被褥是现成从机关招待所抄来的!

我感到,即将面临一场严酷的斗争。

不久,沉重杂乱的脚步声中,工人战斗队头头汪庆三,铁匠出身,一只眼上角长着横肉,凶神恶煞地带头走进门,跨下几级台阶,到了半地下室的临时黑军房,后面跟着一个小白脸,也是肖望东带来一帮人中的小喽啰、肖望东的生活秘书小杨。

"把手表摘下来!"铁匠的狗仔对我以命令的口气喊道,同时弯下腰把我桌边的竹篾暖瓶提到一米多远的地方。

我只得照办,把左手腕上戴了将近30年的小罗马表摘下,搁在桌上。

我刚抬起头,眼前立刻现出一张张牙舞爪、两眼圆睁的恶狗般的嘴脸,汪庆三不由分说,一拳打在我胸前。我冷不防倒退了几步,右腿碰着床沿,差点倒坐在床上。我左胸隐痛,是司机吕自波打伤的肋骨又中了一拳。

"你为什么动手打人?有理说理嘛!"我站稳后立即责问道。

我的话音未落,看见小杨冲过来一拳打到我左脸颌骨上。我眼睛闪火星,头发晕,倒在床边地上。我依稀听到一声"装死躺下!"立即清醒过来,正想站起来抗议。

我衣领被抓住，拉起来，顺势又打了我一拳，两人轮流用拳头打在我身上。

我高声抗议，喊道："你们不讲理，野蛮！"同时用两只手和腕、臂抵挡他们的进攻。同时，竭力高声呼喊。不久，我晕了过去。待我清醒过来时，两个坏蛋已经走了。

从此，每天有汪庆三等人来一次，照样拳打，脚踢，还强制写个人自传。

我想，我好像陷在《水浒传》里牢里了，一开始便来一个杀威棒喝！

我想了很多，很多。从一个多月前在大厅里受围攻，听到"打倒赵素行！""谁反对毛主席谁就是反革命！我们就打倒谁！"还有人在拥过来的人群中暗暗从我右后背面打了我一拳开始，这种野蛮的行为就开始了。正义没有了！我被诬陷、被污辱。如今又掉进这种没有人性，无理可说的狼窝！从30年前在上海蒋管区争民主、反独裁的斗争开始，到接受党的领导，参加了对蒋政权的地下与公开合法斗争伊始，我一直在党组织和群众保护下，人身是安全的。国民党特务无由也从未敢寻衅武斗，只在特务助教的暗中迫害下，不让我顺利从医前期进入后期临床。如今，由于观念、立场不同，却遭到这些新来文化部的青年人的污蔑、伤害。我听从中央的部署，却遇到同一些领导干部、走资派们相似的劫难！无中生有，完全是无中生有！民主在哪里？法制在何方？

为什么这些人可以胡作非为？

为什么军代表、大联合、大方向都是幌子！

都由司机送饭。

有时，被打，我就高声呼叫。他们怕楼外有人听见，便在别一间司机休息室放收音机，声音很大。

一次给我送饭的司机，轻声问我"又打你啦？！"他是同情的口吻。这个司机年纪较大。我认识，我过去叫他是"老金"，我记得他给送来的窝窝头，比较人，但我只能以点头示意而已。

开始我还用手抵挡，并高声反抗、批评他们，后来，我抵挡不住，我的耳部、头部总被重拳打倒。我觉得听力最好的左耳，受到了伤害。因为，我左耳对交响乐的感知能力更好些，但这些恶棍总是用其爪掌打我的左耳部。

秘密转移私刑拷打强行逼供集体围殴

有一天傍晚，暴徒江庆三和肖望东的小秘书等，趁黑夜人烟稀少，把我用华沙小轿车转移至北京北郊一个大院的一所楼房内，关在一间不足20平方米的屋子里。有几张双层木床，我被放在靠窗的下铺，他们三人在外围三张床下铺。

早晨广播"东方红"后，从内容听得出是煤炭学院。这里是无人居住的宿舍楼。

暂时没有武斗，只是私设公堂，追问莫须有的所谓盗窃国家机密问题，涉及"1.19夺权"前后一些同戚本禹、《红旗》杂志记者之间交往的事。我以事实回应并驳斥相关的蓄意歪曲。黄稻作记录并写报告、送走。

原来这些坏蛋异想天开，妄图利用我一派人员中的矛盾无中生有，造谣中伤、讨好军代表、得势一方。但我以事实批驳了它们。（这里称"它们"，因其不配为人，是披着人皮的恶狼，下同。）

几天并无所获，却被煤炭学院迫令离开，它们又把我在夜里用华沙小车偷偷押至天津市一个自行车零件厂仓库。这是一个女打手父亲所在地。没有厂房、宿舍，只是一个废料空场上一间小木屋内。让我和江庆三等4个家伙挤住在一张通铺上。

在天津照旧私设公堂、武斗逼供，达半月之久。每天是江庆三发难，有的人在京津之间往返联络，我注意到它们同中央文革所谓"专案组"刘殿祥有联系（刘在半年前也曾多次找过我，当时他用《红旗》记者名义）。后来知道，它们利用中央文革的关系，勾结起来，在天津抄了我的老同学、老友周祖羲的家。周祖羲在上海解放前夕上海中共地下党领导的人民保安队准备武装接管时，由我调派一批骨干和枪支给他，如今却受此牵连，可见这一帮丧心病狂的豺狼何其可恶！

它们在一天深夜叫了王一明几名司机打手，对我施行了极其残暴的武斗与凌辱，以解其失望之恨。几个家伙在江庆三指唤下，恶狠狠地包围了我，一拳打过去，另一拳打回来，用强光灯泡对着我的眼睛，使我视线恍惚，只觉着头上，胸前，背部，腰间，腹部不停地受到拳打、脚踢，一下是汪庆三的狼眼，一下又是王一明的狗脸，狰狞的牙齿，凶恶的眼光与吼叫。这时，我忽地闪现了二战时德国纳粹法西斯分子在强光下围着一个犹太人拳打脚踢推搡凌辱的镜头，我的喊声在这旷野小屋的空夜里显得十分微弱。这群禽兽把我这个四十开外文弱硬汉无法驯服，也从不告饶，恨得咬牙切齿。就由汪庆三出手，王一明、杨寅生跟随，把我推倒后又抓起来，按在一个门旁的柜子上，用两根粗木棍轮番猛打我的臀部和双腿。两股被打肿、发紫、淤血，局部出血。他们打累了才作鸟兽散。此后将近一个月，我无论蹲、坐、卧、行都十分不便，每天上厕所更是极为疼痛而困难。

只有一次小杨才让我用温水敷洗过。

它们刑讯逼供都达不到目的。因为，追问的任何问题，无一不是莫须有的主观臆断。

我当时起过逃跑的念头，却无计可施。一是行动困难，有棒伤，二是4条恶狗日夜监管，寸步不离，三是身无分文。

大约在这年春末，这帮家伙莫可奈何，才把我送回文化部东四头条4号那间密室。还算幸运，我的棒伤没有感染，逐渐恢复正常。但厄运并未到头。

我被迫写所谓交代材料交代个人历史。我不管它们怎么看待，这纯是一个革命者、一个正直的干部，他们的前辈对反动派的斗争史。看来无可挑剔，无戏可唱。

又开始了例行的无稽审讯。

任意找一个题目如何何年何月何时何人找过我，按照他们从别人写大字报或逼供的假想材料，来拷问我，但总不如意，就故伎重演，拳打脚踢。

例如，一次是北京图书馆造反派两个一脸横肉的家伙，一次是故宫博物院的。"监审"的是汪庆三和小杨轮流出现。一张双屉桌的监审上有个戴眼镜的大学生做记录。其追问的目的，是让我诬陷他们指定的我认识的人。当然是徒劳的。

于是汪、杨便有了出手打我的理由。莫名其妙的"态度"借口，我总是被打得鼻青脸肿。记得有两次，我抗议这种讯问的无理取闹，我被打倒在地又被抓起来时，看见做记录的那位青年人不忍看下去，默默地低下了头。

这种武斗审讯、无理逼供不少于二十次。打手除汪庆三、小杨以外，还有王根，而兵痞出身的司机王一明则不下10次。

我身陷狼窝，饱受伤害，除了以高声喊叫以示抗议外，很少觉得肉体的疼痛，说也奇怪，我从未因伤痛而呻吟，可能是皮肉之痛早已化作恨，因恨而变得无所畏惧。室内在武斗审讯，室外高声播放收音机，以防楼上、室外别人听见我的喊声。

但我却曾有一次去厕所来回经过，听见外屋一次批判审查会，听明白是在会上讯问老张杨隐瞒历史上参加国民党的问题。

可以想见，这样任由一部分人随意抓捕干部、审讯、批斗的事情，还在发生。

什么时候是个头呢？

谁是"正确的"领导者，指挥者呢？

这几个月发生了些什么事情呢？

后来知道，我年初被绑架之后，林敏先是急得不知如何是好。她写信给中央文革、戚本禹、老北京军区卫戍司令部、公安部反映我被绑架的问题，没有回音。后来，为了舍车保帅，王力、关锋、戚本禹先后被打倒，把这些对毛主席忠心耿耿，唯命是从并受命充当急先锋的干将送进了秦城监狱。

同几千年封建王朝的连坐相似，凡是与之有过交往的人们，一律受审查。

文化部系统，把我同戚本禹当作一条从上到下的黑线，去引申、推论，赵某人是戚本禹这个变色龙、小爬虫的黑干将。人们撇开了肖里东，捕风捉影、推论臆造、造假成真，竟然创作出赵某人罪行录，以此向各单位传达。

林敏有什么可揭发的呢？她相处20余年的这个丈夫，一贯是地地道道的中国共产党党员，是一个忠心耿耿的党的齿轮、螺丝钉，从来是紧跟党中央、毛主席的。想去想来，找不到一点点、一丝丝可供揭、批的三反言行。怎么办？大字报、上级怎么揭批赵某人，就怎么说，叫做鹦鹉学舌，依样画葫芦，也写大字报，先写"最高指示"，后吹文化大革命，然后说些假、大、空话。

之后，被纳入一期期的"学习班"检查思想。

逃出魔窟求安全

我困在这个人间地狱，身不由己，唯有在一定的时间有思考的自由。当我写着自己在解放前投入争民主争生存、向反动派作斗争的洪流中时，不能不想到那时一些战友、同学被国民党反动派关在警察局，失去自由时的境况。那时，我们和被押者家属尚且可以去探视。被暗杀、"失踪"者除外。如今在自己参加创建的国度、政权下，居然成了阶下囚，在不是政府监狱的监狱里受此折磨。我听见了一个古老的声音："这是什么世道哟！"这是我幼时曾多次听到过不少人遇见不平、不幸事件时，对社会时状不满，对受污辱、受损害者的同情与哀叹。

眼前的这一切是谁造成的？

"天下大乱，然后天下大治！"有历史为证。但制造混乱者，是天下的治者吗？只能害人也害己，这也有历史为证。

这次史无前例的文化大革命，不是自发兴起的，而是发动的。是毛泽东发起的，毛主席代表党中央，是党中央发起的。我投身进去，党和毛主席指向那里我跟着打到那里。这有错吗？说有黑线等等，就有黑线等等，说谁是走资本主义道路的当权派，谁就一定是走资派？！古圣先贤"三思而行，再思可矣。"毛主席号召的事都是对的，党是光荣、伟大、正确的，有历史事实为证。因此，不用三思就可以照办了。我曾想过蒋介石的"领袖脑壳论"，又记起希特勒的"你们没有头脑"，对照毛主席讲的凡事要问个为什么。如今乱到我本人头上来了，难免有些糊涂了。

历史上有名的赵高"指鹿为马"，我本人被指为所谓的反革命。不，这和指鹿为马不一样。我就是我，赵某人，是鹿，但却被指认为马，不是赵高时代的鹿也不是那种不在眼前的马，而是被人、被它们煞有介事地化妆、在名字外套上了似是而非的马、三反分子。那么，走资派呢？我没再往下去想。而我这个被它们歪曲、捏造的活生生的"坏人"，正在现实中被迫害。好坏不分、正反莫辨！

长此以往，什么时候是个头？

好人被拖进坏人行列中的，有的是。当送饭的好司机金师傅看我脸肿鼻青的样子，悄声问道："他们又打你啦！"我点了点头，无奈地望他一眼。

不，这种日子不能继续下去！我一定要逃走！

我试着把床移至屋中，把桌子搬上去，再放一个凳子。不够高，我站上去够不着，抓不到屋顶的玻璃窗。可惜那张"公堂"用的三屉桌只有审讯时才推进来。

我失望了，很觉气恼！

不料第二天一早，我就被汪庆三它们痛打了一顿。

"你想跑？！"边打边嚎"你还跑不跑！你还跑不跑！"室外收音机的高声压住了室内喊声。

原来，有狼狗在暗中窥视我在室内的一举一动。

此后屋顶有人日夜值勤，我认得是原干部司的同事满族人叫关政。（已于2006年死去）

我每天要走出暗室，沿着走廊经过楼梯口和它对着的楼门（这个门正对着头条4号的大门）走到公用厕所。平时，我遇见过一些楼上住的熟人，当然没人同我打招呼。厕所外面由司机紧跟等候，监视。

有一次我在厕所小门开处收到一个小孩递来的字条："马上相逢不相识，纸船明烛照天烧。"究是何人所写，不明白，可能是熟人表示对我无能为力的意思。

每天我趁如厕放风机会，观察环境，知道楼门东侧一间屋子是监看人员值勤和收音机所在，原是司机班值班室。

机会来了。一天上午我进厕所时，回头一看，看守犬王一明以为要等些时候，径直走进值班室去关上门。我回顾无人，立刻三步并着两步走，快速迈出楼门，跑步出了4号院大门。我感觉我的心跳在加速，先穿进一个胡同。

当然不能回家，它们会追来的，也不能去取自行车，车牌被它们扣留了，但身无分文，就穿几个胡同到地安门外鼓楼大街路东一个小院内我"老挑"彭继德的大嬢家。见到老人和孙女，说明来意，在她们家就便吃了一个菜馅玉米面菜团子，借了几十块钱。

走出那个院子，我想好了一个安全的去处。便乘车赶到了国家体委天坛东门东北宿舍大院，如约走进老朋友周祖羲的住地，暂时住下。我设法通知林敏来匆匆见了面。

在体委知道他们也处在无政府状态，仍存在群众任意揪斗的问题，那里斗争目标是体委主席贺龙属下的干部、群众。考虑到社会关系被跟踪的可能性，我决定换个住地。

约好转移到军直同事杨士乘家，便乘7路电车赶到了酒仙桥终点站。找到老杨的家，受到热情接待。

他家住一幢3层楼房的第二层。一间大约十五、六平方米的屋子。靠门一张双人板床，紧挨临窗是一张双层单人床。有两个儿子。老大成龙8岁，幼子小田才两岁。爱人姓张，电子厂的工人。他们让成龙睡上铺，我住下铺，小儿子跟父母睡大床。屋子里剩下的地方只有一张两屉桌、椅子和过道了。

由于住地在北京东郊，离地安门太远，爱人单位事多，又处于反对派即造谣派监视的状态，而且这些造谣派即对立派是受极左的军代表支持的，所谓大联合机构是形左实右还受军代表授权，抓住鸡毛当令箭，上（部机关）下（部属单位）勾结，按中央和文革的错误指令行事，等等，我不能再贸然约见林敏。只设法使她知道我安全就行。孩子上小学等一切家务事，全压在她一人身上，我也莫可如何。身处乱世，她也还沉着冷静，各自保重，相互祝愿只在不言中。事实上，她处境十分困难，都是我无法想像的。只知道机关大搞乱的延红总、工人战斗队曾派原联络司投机分子许广容找她要过我的粮票。

后来知道，自我逃出工人战斗队魔窟之后，它们曾多次抄我的家，甚至深夜骚扰，妄图在家里再次抓到我。这种野蛮的侵犯人权的罪恶行径，对我家人的伤害，是极为疯狂而严重的！

我虽然暂时安全，却难以安心。老杨一家早出晚归，我不能闲坐在家，只得外出走走。逛遍了这里的小商场，看看周边，路旁的居民室内外，属于市民的日常生活，如小孩嬉戏、家庭洗濯，个人间不检点的交流，也偶有斗殴。为了改善生活，我偶尔买半斤、一斤猪肉回宿舍。"叔叔又买肉了！"成龙高兴地对他妈妈说。老杨的爱人较朴实，平时做饭无非做豆包，做麻酱面条、吃窝窝头。这位河北妇女心地善良。有一次老二小田病了，我帮助带孩子去看病；我感冒一次发高烧，她还主动摸我额头，告诉老杨"退烧了！"。

我虽同我妹妹惠云通了话，她约我在后海见面时，给我两块肥皂，算是对我的关切与支援。我曾托她帮我存放的40至50年代的日记和同济附中时的《云雀》歌曲百首五线谱德文、英文一册和一只欧米加手表，一直是很放心的。这是被第一次抄家以前留给她的，但那时，我却想起了我几年前下放西北时的工作日记，

329

那里面几乎全是我有用的创作素材，抄家多次，已不翼而飞，真可惜！

我不了解机关情况，也要和友好的同志联系。这时，来了麻烦。原联络站的同仁要求了解我被对立面抓捕后的情况，是为了心里有数。我同意去左家庄一幢未曾装修、分配的楼房，实际上是接受联络站同志的询问，也可说是审查。同我一样跟着毛主席、党中央摇旗呐喊、造反的"秀才"同仁，审查我，摸摸对立面行为轨迹的审查，我是乐意的。

我告别杨家，按照安排，住进了左家庄一幢新建待分配的住宅楼。我如实汇报了从元月3日被绑架直至逃脱的将近两个月的经历。不用我写什么，有人作纪录，伙食在近处一个单位自办的食堂，令人印象深刻的是，食堂开饭前，总是那位微笑的女士在排队的近百人前带头宣读"最高指示"，然后依次去领取饭菜。

大约一周左右结束审查。

我没作任何辩护，我想，诚然，我不可能在被武斗、关押时，面对莫须有的质问不予申明、批驳。如果我始终一言不发，一字不写，其后果是难以预计的。那样，有什么意义？什么价值？

别人想不到我被迫忍受迫害的顾虑：这一切，到底为了什么？我不甘心。

避难河北、山西

林敏在韶山

在杜克家长住不是办法，条件又很有限，我决定在北京医院曾昭耆那里想想有何适当的去处。昭耆这些年一直同我保持着往来。我们同时在医学院入党。他一直未离开过医学界，在北京医院工作时结的婚，老婆是特护，是中直党委李天源和我帮他参谋从一长一幼两个护士中选定的，不要年轻漂亮而取成熟稳重、品貌端正的。他较理智。当时在医院的待遇较低，不像五十年代初拿上千万旧币的月薪，问我要不要钱用，我却也不知道有何用场；我津贴费涨成23.3万时，可以给他去用。我的朋友有德文医药说明书，他可以给翻译。我们几十年称呼惯了的肥周在我要出差时，一下可以给我一百元。而我那时月薪才62元，还要负担妹妹上高中。一句话，我们这些老同学老战友之间往来是保持着学生时代的习惯，不计报酬、得失，你的是我的，我的也是你的。这是一种十分纯洁的友情，不分彼此，亲兄弟。

那时，昭耆和我处于两派不同观点的群众组织，即他属"天派"我属"地派"。

"你在我这里住着很安全！"昭耆态度豪爽亲切，我也认为是事实。但我担心日子久了，难免被发现予他予我都不利。提出去外地的想法，最好人们不会想到我的社会关系才最安全。他想出了一个好地方：去天津桑介寿家！

当天我就到了天津。

桑介寿是曾昭耆同年级同学，是我们在医学院创建党外围组织"G"的成员，和我也熟悉，他以往的女朋友、同班同学是北京一所医院耳鼻喉科大夫，

他现在是血液研究中心一个医院的医生，爱人是儿科医生姓张，有个女儿约七岁。只住一间屋子，特地给我留一张单人床。他常有手术，张大夫也忙，白天我在家，总给他们的千金拿着小人书讲故事。住了几天，我去看了看军委老同事好朋友李述纲，见到他的儿子小阳，比我的儿子大约长

六、七岁。见我时，很有警惕性，在门口说话，待父亲回来时，才引我进屋。以前虽然在京时，见过面，是我带着孩子去他们在鼓楼附近住地，大约4岁，还表演过"老公公出来了……"小节目，那时才过3岁。这时要重新认识一下。

述纲边做午饭、切生姜，边同我聊天。他在教师进修学院任教，夫人蔡文惠仍在医院任护士长。还有一个小女儿小红两岁了，我同她玩挑杆的桌上游戏。两个孩子都十分聪明、机灵。

我也去天津市海河边一条又宽又长的商业街上逛逛商场。走走海河边的广场，遥望不远处我曾经在那里被非法拘押私刑残害的自行车厂仓库地区。

考虑到在桑家诸多不便，好心的夫妇常有夜班，便在市区找了一个旅馆暂住，也力争同北京同志取得联系。

当我打电话到桑家时，天真、可爱的女孩马上说："赵叔叔，你挂了电话，马上回到我们家来！我还要听你给我讲故事！"知道我有事不回去时，反复问，"为嘛不能来？！"

大约在天津住了半月左右，又回到北京。

我成了文革中躲避野蛮武斗的流浪者！我像一些人那样，在北京北火车站候车室过夜。

联络司的劳火同志是位善良、正直、热情、耿直的好心人、老大姐。她帮我找刘子先商量，又经过子先与其他熟人商量，都难以安置。劳火决定让我去她的亲戚家。我如嘱启程到保定，在保定一中宿舍她的侄儿家

在韶山留影
（1970年）

332

在韶山留影
（1970年）

住下。他侄子是一中的职员，妻子在当地工作，有个儿子大约四、五岁，聪明可爱。这个娃娃不喜欢吃热的东西，特别是不喝温开水，小嘴巴一碰上热茶、温水，便喊道："烫！烫！"要喝自来水。这时期北京、天津和保定的自来水，质量都比较好，我这个有家不能回的逃亡者，学会了跟学生、工人那样，经常直接从水龙头饮用自来水。

同以往一样，为了省事，又少给留住的主人找麻烦，我白天多在户外活动。

已经是初夏时节了，我在保定街头闲步。几乎每天去唯一的一个集贸市场蹓跶。看着饺子铺工人极其熟练地包饺子，一秒钟可以挤一个；卖各种小商品的小商在店里、小贩在街头、市场上兜售、叫卖；也有杂耍、玩小武艺的。形形色色，既活跃，又热闹。像我一样闲逛的男女老少熙熙攘攘，进进出出。

听劳火侄儿媳妇说，近郊镇口有个神经病人，我看到的是个少女痴情狂病人，每天穿着一身红布新衣，在镇口一手扶着一棵树干，痴呆呆地遥望大路远方。这和我几年前在上影厂见过的少女类似。据说，她的家人对她一点办法也没有。社会青年思想教育缺位，这是青年人无论在城市、在农村，其生活目标、人生观都是茫然的。但，这种现象虽是个人悲剧，害了自己，而我们机关的和社会上类似的一些中青年人的反法治、反人权的罪行都是损人利己的。令人慨叹、发人深省！

我在街道上漫步，偶尔见到医药商店有"蜂王浆片"，读其说明似乎比我所知者不差。想起人的营养问题，自忖自己眼下已顾不了这些，念及妻儿处境，也为她们健康担心。于是从邮局写了信，如约寄至北京医院收发处转给林敏，望她们有机会买些王浆片服用，同时也说说我的现况，为了保险，挂号发出。

除了逛街，我还多花了些时间去保定公园、动物园。

这里虽然偶尔听得见市区内外偶尔传出工厂两

派的广播喊叫，以及远远依稀的枪声，但
市区居民生活似乎并无混乱现象。公园的
早晨，不少老少男女在锻炼身体。我看到
一位白发红颜老者，正在审视一个女孩比
划太极拳动作，像做儿童体操游戏动作一
般，他笑着说："应如行云流水，有实有
虚……"

母子朝圣将离别

他一边讲，一边示范。我和几个人也
走近，跟着他。老头儿高兴了，便就又向
大家传授"二四式"太极拳。他自己表演
了一套八一式，说明"二四"与"八一"
是差不多的，基本动作"二四"都有了。
"二四"便于记忆，二十四个动作。

几天我便学会了"二四式"太极拳。又向有的中年人学了一套舞剑"三合
剑"。这样，上午的时光好打发了。

有时，去湖边坐坐。可惜，湖鱼被人用炸药炸翻了。无景可观。

还去了动物园。听"阿武！阿武！"的虎啸。原来，几时大人哄孩子时的啸
声竟是一个样！也可用声意识为"阿拉饿了！阿拉饿了！"果然，每只动物园饲
养的虎——从花斑看，黑、白、黄花条纹相间，酷似东北虎。

我的行踪对居心回测的它们是保守秘密的，但我实际上受到同样立场、观
点的文化部机关同事的保护，因此，我是安全的。张庸曾来看我，我们散步，交
流情况。我知道机关仍处在两派干部、群众貌合神离状态，表面四平八稳，却矛
盾重重，而怀着各种目的的人心怀鬼胎。处于被审查、批斗困难境地的一些领导
干部，日子不好过，被认为是"黑"的牛鬼蛇神。我向张庸表示了我的愿望与要
求，对斗批对象，对对立派人员，仍旧一定要讲政策，防止武斗。他当天就回北
京了。京保间列车行程不到4个小时。

张庸曾给部队某司令员当过秘书，我们在人事司共事时，为人热忱、坦诚，
我是他五十年代末即下放前入党的介绍人。在我被抄家后不久，我正考虑搬家
到三里屯时，在一次有马林、王永芳等在三里屯会商时，他提出了积极应变的工
作要求包括对我个人的保护措施。有层次、有谋略，难怪当时马林幽默地说他是
"地下政委"。

搬家的事，由于住四楼一套的单身蔡绍龙，故意拖延换房到一层与朱樱家合住大三居而告吹。紧接着我被绑架的事就发生了。

我在保定的隐居生活照旧。偶尔也去劳火哥哥霍大哥住地闲聊几句。原来，劳火在基层工作时，由于同志间常以"老霍"相称，她原名霍桂芬，以后索性改名劳火，是"老霍"的谐音。侄子是振华。大哥名字我已不能记忆，也是一位抗战时期的老党员干部。

有一天，意外的事情发生了。

当我在那个商场闲走时，忽然透过一家餐馆玻璃窗，看到了一桌上坐的几个人中，有一个熟悉的面孔，糟了！那是延红总一派的王某某！他们来保定干什么？我马上在一秒钟内意识到，我的行踪暴露了！我立刻躲过他们可能的视野，直奔老霍大哥的家，恰好他在家。说明情况后，便直奔车站，返回北京。

经历在北京站一带的白天与夜晚。翌日上午如约在东单公园会见了杜克，他带自己的小女儿。大家决定让我去山西省万荣县杜克老家。在那里逗留多久，看形势而定。机关情况并无好转。

当天，我便乘火车出发，次日一早抵达太原。在换乘南行火车前，有几个小时候车的时间，我就在市区随便走走。太原这个城市作为山西的省会，对我并不很陌生。1955年我搞外调时，曾经来过。十多年后未见有大的变化。我看了看车站近处的标志性建筑，那类似天津的广场上的检阅台，以及不远处的花树木架供游人散步浏览的一大片开阔的地带，有许多闲人，也有些小商贩。沿着大道走去，有几条小街道，算是比较热闹、繁华地区。

公园太远，就不想去了。我回到车站附近找饭吃。进到一家不过二、三十平方米大小的临街平民饭馆，要了一碗刀削面，刚好吃完，瞥见四个歪戴帽子斜穿衣的小伙子跨进饭馆，他们同跑堂的没说几句话就高声叫骂起来。我不明究竟，赶紧起身朝外走。我从来不爱凑热闹，事不关己，少惹是非为上。刚迈出门，忽听一声硬器砸向木板的声响，回头一看，有一把短枪摆在桌上，另外的小伙也用一只手握住一只用皮带挎在肩上的短枪，口里吆喝着，似乎是用土语方言对跑堂的，不，还有另外什么人叫喊着。没人敢走近他们。开始还有人看热闹，一看有枪，都吓得躲开了。我怕碰着什么麻烦事，没心思去看个所以然，便快步向车站方向奔去。心想，这动荡、混乱的样子，像个无政府的社会，处处都是无法无天，什么时候是个头啊！

我坐着火车南下，从黑夜到天明，走出运城车站，再换乘长途汽车北行，到达万荣县，走出小县城很快便找到了杜克的家。

这是一个村庄。走过几条三公尺左右宽的通道（应称街道），没有任何商店，只是住宅门。可以说通道是由土墙和木门围成的。道路全是凹陷下去的沟状黄土地，突现出流水的一束束小沟，像是干涸的河床，凹凸不平，但不影响走路。

我被人带到一个门前，进去便是石台阶，显然大门是向南开的，西台阶连着北、东台阶，紧接着四、五间瓦房。台阶、屋檐下便是石板铺的天井。

我先后一一认识了杜克的大哥大嫂，他们住北房。东屋，西是活动室、客厅，再往东两间，一是贮藏室，一是我临时住的"客房"。东南两间是他的父亲和继母卧室和一间空房，放着一架纺花机。

站在台阶上向大门看去，紧靠大门的是农具室、织布机房和厨房。

杜克的哥嫂是年近半百的中年人，大哥是赤脚医生。杜大伯是位和蔼可亲的知识分子，大约古稀而高度近视，喜看书。我从他给我看的一本石印本小于6号字的《聊斋志异》可知他爱看古籍。我们很谈得来。那时，我的视力还很好，可能一直保持在双目"1.5"的水平，黄昏时分在天井中仍然能照常阅读。杜克的继母总带微笑，寡言，每天在阶沿纺棉线，有时下午了，我还听见动听的机杼声，那是老太太在织布。

大哥常拎着药箱出门，或带着小农具出去；大嫂体略胖而黝黑健壮，早出晚归。有时是一家4口和我共餐，有时只我和两位老人。饭以面食为主，常以洋葱片代蒜，素食经常。

杜家用水十分节省。一个小铜盆半盆水，都从水缸取用，洗完脸，不倒掉，留着在一天内洗手之用。加上厨房用剩的水，储在一个水桶内。我同大哥一道，提着这桶脏水到离家大约五十米远的一个约摸半亩地大的园地去给菜地浇水。

杜大哥边浇水，边对我说："黄瓜要是浇这脏水，味道发苦，水少，没办法。雨水浇出来，瓜是甜的。"这地里除黄瓜外，还种了葱和其他小菜，如辣椒、西红柿之类。

"这里，我是说咱这万荣县，原是万、荣两县合并的。缺水，天不下雨，就没水喝。"杜大夫随口给我说明环境条件。

大约离家百多米处，杜大嫂领我去看了一口水井。这不是一般意义上的水井，她告诉我："这是水窖。一家人或几家人，合用一个窖。"从此，我每天趁他们出门后，我自个儿去挑水，不过3担水就盛满一大缸。

一个明媚的黎明，晨曦微露，清风徐徐，空气十分清新。我随杜克的哥嫂走出村口，绕过几条田埂小道，走入一片黄土田地，有不足一亩大小、分成十几块的旱地，早种上几十块约30公分高的棉苗。我跟着去"给棉花脱裤儿"，一株一株地去芜存真。不到两个小时便完成了。过了些日子，还又再去干一次。这是自留地。杜大哥让我看到了棉田的害虫叫"大象"，一个个类似牵牛虫的小昆虫。为了除害，我们曾去喷农药。

母子朝圣将离别

杜大嫂约我去城里购物。用一辆大夫去远路骑的自行车代步。她要我载着她，我看她是有百多斤重，没把握，有点犹豫，便说："怕把你摔了！""没啥！"她示意让我骑车走，我在不到两米宽的田间"大路"上骑上车，没蹬几下，她便一屁股坐上后车架。路不平，车身晃了几下，失去平衡，一下子向右侧倒下去。"没事儿！再来！"嫂子摔得不疼，我只得再试一次。把好车把，左右晃了晃，终于平稳、摇晃着向前驶去。我们这位嫂子满不在乎地把右肘放在我肩、颈部位，竟然哼起什么山歌小曲儿来。

在这人烟稀少的田埂道上，我负重努力向城区驰去，又驶入大车公路。终于不到半小时便进入城内大街。推车前行。在路边由嫂子与摊贩讲价买了几斤猪血，正在选购其他蔬菜时，忽听不远处喊声震天，约有数百人在一个土台下，由人领着喊口号，"打倒×××！"……台上有一个瘦个子穿着像是黄色中山服，被两条汉子反扣着胳臂，形成不到九十度的弯腰向前，叫喷气式，低着的头，

母子在庐山留影（1972年）

不时被那汉子一把抓住头发使他翘起面向观众。

这种残酷的场面，令人看不下去。

"那是万荣县委第一书记！"有人这样对我们这些过路买菜的人说。

买完菜，我们原路回家。一路上谁也没说话。我心想，我在村里是安全的，但这个国家仍在混乱中，那些被斗争的干部活像被屠宰的羔羊！

过两天，听杜大哥说，我们进城当天下

337

母子在北京十三陵留影（1972年）

午，县委书记就被斗死了！令人唏嘘不已。

几个晴天之后，下了一天瓢泼大雨。

杜大哥把大门门坎下的砖头拿掉，说是为了蓄水。门外"街道"变成一条小河，雨水汇成滚滚向前的洪水，沿着居民规范的通道，纷纷流入各个水窖。这种场景十分壮观！我回想起几年前，我去甘肃与青海交界处，住在社员家里听说的情况，和这里大致相同。那里的农民一遇下雨，和山西万荣一样，都兴高采烈。水，对于生活在大城市有自来水可用的居民和高原山区的人们，真有天壤之别！

杜大夫夫妇的女儿回家来了。她是在别的县城当小学教师的。

我们在北屋一起做"方饭"。实是用类似北方人常见的饺子皮，在擀面时，分切成四方形的皮，像包饺子一样把馅放在中间，叠折成长方形，将三边捏合的方形饺子。这是山西人长于做主食、面食的一种习俗。主人说道："方饭！"对我这个四川人是一个新鲜事。

一个夏夜，气温有些热，偶有微风吹过，在院子里觉得凉爽。东屋的老人们已经进入梦乡，不时有鼾声传出，大夫外出，当天回不了家。我准备进房睡觉时，嫂子在天井里叫我过去。在如同白昼的月光下，她坐在一张很大的竹席上，翘着腿，让我坐在旁边，同我说着闲话。又叫我就地躺下说话。问我过得怎样，比较亲切友好。我觉得这样聊天，又是在月夜，不能不分彼此，有些别扭，不宜久留，便借口困了，想睡觉去，她不便留我，我就回房休息了。

母子在长江大桥留影

虽是小事一桩，我得到的印象却是山西妇女似乎并不封建，也较大方、自然、随便、亲切，也朴实。不像我在甘肃时的见闻。当然，接触的对象各异，那是在生产队，"四清"时期。

未来不可知

在这晋南高原不稳定县城的乡村里，过着平静悠闲的日子，心里却总惦记着北京。

我的家，实际上的孤儿寡母，正在受着欺凌与刁难。军代表依随着假左派和受蒙蔽群众的任意作为。当我的好友戚本禹被人指使干着不应干的大事、坏事时，明明知道我无可挑剔，却碍于居心险恶的诬陷指控被江青批示叫对赵某人进行批判时，虽曾告诉文艺组刘巨成，在执行中不要伤害人身，但却无力左右文化部的打手。武斗逼供达不到目的时，我却逃出魔窟。但是，尽管把戚本禹拉上天安门通过《人民日报》一版头条标题"领袖们"以保住戚本禹不打倒，但既碍于老帅们的压力和江青同

1971年在仙人洞留影

戚的嫌隙，最终还是决定舍车保帅，把戚作为"小爬虫""变色龙"打倒。历史上"昨日座上宾，今日阶下囚"的故事多多的。情况变了，显得有些肮脏的政治斗争，失去了正大光明的光环。

于是，赵某某与文艺黑线关系不大了，却被说成是戚本禹黑线的黑干将。

这时，文化部机关选出要形成"三结合"、"大联合"的假象。

杜克写信到了万荣县老家，要我近期回北京。我以为要恢复正常秩序了，便决定尽快启程。

临走前两天，杜大哥约我去附近的菜园子。他让我看了两间两米多高各约十余平米的砖石砌小屋，说

1973年

1974年作者在干校

是准备再收拾一下，欢迎杜克和我两对夫妇来山西住一段时间。

还送我一块白土布，这是他们自家种植的棉花，由大嫂子织成。纺线的工作是老太太的事。因为平时，织布机歌声是杜大嫂织成的，其间隙，便只有老人的纺纱机的辘辘细声了。

这一家老少对我的友好接待，使我暗下决心：一旦正常生活的时日来临，一定和杜克相约再来万荣欢聚。

当我又一次徘徊在北京站时，老邻居、联络司的广东老乡张鳌来了，他按照同志们的决定，陪我再去保定"老霍"相关的保定一中宿舍。

照旧的休闲、伴随我的却是茫然与抑郁。

一个朝阳如火的周日，主人全家约我同去当地较大的露天剧场看演出。

除去一些"高举"、"紧跟"小品、语录歌齐唱之外，我听到了一个男中音的语录歌。是按照"捣乱，失败，再捣乱，再失败，直至灭亡……"的语音节奏谱出的，│3·6│6.│3·23·6│6│很动听，我听一遍便完全记住了。我也比较欣赏，感觉它似在描述正在迫害着我、我的家属和遭遇类同者的坏蛋及它们的行径。我轻轻地哼着这首短歌。

散会回到住地不久，正准备吃午饭时，闯进了四条汉子，从他们狰狞的尊脸上我知道灾祸又临头了！一个熟悉的面孔、不是饭馆里的那个王耿，而是联络司的徐广庸。

他们不由分说，连操带拽地把我推到学校一间屋子，立即对我拳打脚踢，像天津自行车厂仓库一幕那样，施行法西斯纳粹野蛮的人身伤害。然后，四条汉子押着我上了回北京的火车。

我被关进了大庙一间北房。这个大庙曾是十多年前文化部机关的单身宿舍和临时招待所，泥塑神像早已不存在了。宿舍转变成了关押部、局长"黑帮分子"的非法拘留区。

不再是头条4号一楼半地下室那个魔窟，似乎是被"三结合"、军代表认可的看守所。

我被以单人牢房对待。只有单人床，又居然给我放了一套《毛泽东选集》，一看便知那是从我家抄走的直排旧书。

它们生性早贱，跟恶狼一样，只会咬人，今后会收手吗？不，我想它们现在依旧被军代表、假联合体豢养着，好得了吗？

那条兵痞出身的恶狗王一明跳进门了，把又黑又脏的白门帘甩开，恶狠狠地嚎叫："你跑到哪儿也把你抓回来！你想害我！"

我知道，我那次逃走，是他当班，会挨同伙的一顿臭骂，一定怀恨在心。

"你们干的是非法勾当！你活该！……"

这个畜生哪里听得进人话，受到严厉训斥这当头一棒，气得张口结舌，根本不可理喻。见我横眉冷对、怒目而视，立即猛地抢上一步，抬起手掌向我头部抓来，我躲闪一下，迟了半秒，左眼被狗爪抓伤。这狗东西还气势汹汹地咆哮着滚出了屋子。

次日一早，"黑帮们"被吆喝着集合在我牢房窗前的院子里，有人叫我出来。我披上雨衣（没有多的衣服），跨出大门，见台阶下站的几十号人，都是副部长、司局长。我视力稍嫌模糊了，左眼红肿，谁都看得出是被打伤了的。

我走进"黑帮"队伍，站在前排。

"开始认罪！"一个准狱卒高声喊道。

大家像和尚念经一样，低声念起来了。

"大声点，你认的什么罪呵？！大声点！"有人冲我叫唤。

我这才知道，被誉为"革命群众"者每天"早请示、晚汇报"，背诵几句毛主席语录。这被打成"走资派""黑帮"的人，如今我也在其列，入伍为黑帮参加"早认罪"，说违心话，由几个跟屁虫或管理人员监管着。我依旧被迫动动嘴唇，谁也听不明白我在说些什么。你叫大声，我也大不起来。他也莫可如何，狂吠几下了，走了。

自古有言："来到矮檐下，怎敢不低头？！"又云"识时务者为俊杰"、"好汉不吃眼前亏"。我渐渐地为了保住自己、少受无辜的皮肉之苦，习惯了打不还手，骂不还口，见谁都是"秀才见了兵，有理说不清"。当然，往往忍不住，确也吃了些苦头。

我被正式编入大庙黑帮队伍，是几天以后的事了。起初有人送饭，没事，我就把毛选从头看起。

大概经过了一些周折，有个穿蓝色近乎中山服的中年人以工人宣传队的名义，通知我住到西边大屋子去。从此，离开了北屋单间牢房的特殊待遇。

这大间屋子住着大约20余人，我认得都是文化部的副部长、司局长，还有一个罗锅、熟人曹孟浪，他也跟我一样，一般干部享受这部、局级待遇。20几人分东西两排，有上下铺和三张矮方桌靠近通道，成为特用的课桌。我在靠近大门一个单铺。住我对面是唐守愚、上铺是政治部第一副主任魏泽南，左侧靠墙上下铺是徐光霄副部长和曹孟浪。我们五个人常坐在桌边，可以聊天、写外调材料，喝茶水，或者都在待命提审。

每天黎明，徐光霄都要咳喘十几分钟把大家吵醒。有时无奈而抱歉地说："我这气管炎害得大家睡不好！"

魏泽南总是早起站在上铺折叠被子。他是中医世家出身。包括唐守愚这位北京图书馆前副馆长、副司长在内，3位都是五十多岁的山东、河南口音，只有老曹和我南腔北调。

按照已有的惯例，我参加早晨的"请罪"，轮流扫地、倒垃圾，两人自然组合去抬饭、菜等等日常生活劳动。只有一两个本是勤杂人员，如今是"看管"。

有时有人被叫出来，被领去审讯或批斗。

我曾被带去头条5号西院3幢"部长楼"的小洋楼中的一幢。一间大屋子站着、坐着一大堆人，没有"喷气式"，也不见它们几个打手。有个不熟悉的面孔向我提出莫名其妙的问题，诸如反对伟大领袖毛主席、歌颂蒋介石等等，连编辑电影史料中的影片名字有"蒋委员长"字眼也成了问题。纯粹是没事找事，无理取闹。自然也少不了喊口号："赵索行不投降，就叫他灭亡！""坦白从宽，抗拒从严！"

看来，像是什么大联委在寻找一丝"战机"抓斗、批、改，无事生非。我觉得这些人无聊已极。

回到大庙，谁也不问什么，也不说什么。照常该打饭的打饭，该做什么做什么。因为，大家都在等待、观望中浪费光阴。

有两个北京电影制片厂的人来找我调查石沆的问题，要我证明他带人到文化部机关打砸抢，抢走了国家机要文件。我从未听说过有这事，更不了解什么文件，不能证明什么。"你态度放老实点！"……我严词以对。他们很不高兴地和我争吵起来。走后，有位工宣队工人来问我怎么回事。我如实回答，认为应该实事求是，我不能被强制按照他们无理要求去说、去写胡编乱造的什么"揭发证明"材料。"对，应该这样，要实事求是。"我第一次听见比较公正的声音。

也接受过另外几起属于同济大学地下党一些事实、个人情况的调查。

我估计这个时候，全国都在进行一些内查外调阶段。事实上，我在前些年的审干、整风、反右等等运动中，知道属于在职干部政治历史问题，可以说，绝大部分甚至全部都搞清楚了。文革又把一切又翻起来，该是多大的全国性的浪费呀！

在外调中，和偶然的"提审"中，出现了不少令人啼笑皆非的事。例如，我同班同学中有个别特务学生，当时是我和地下党组织注意观察、防备的对象，包括个别助教，是我们的对立方，而且当时左、中、右阵线十分分明。这些人中，除少数临解放前逃往台湾外，有的被捕有的向党和政府交代了问题，且已了结。如今都要我交代同他们的关系，有多荒谬！

只因为个别党员胡说八道，经不起批斗，甚至使一些人发生对上海、同济地下党的组织的全盘否定，重新怀疑、审查。最后，劳民伤财证明都是莫须有，是逼供信的一场闹剧。

也是这个阶段，后来知道，我的家属、妻子参与了一些该单位的外调工作。军工宣队的干部头脑比较清醒，知道她14岁参军，历史清白、单纯，为人也十分直率坦诚。文化部的它们一帮人也搞不出什么政治问题。

原在联络司叫徐光荣的找她要过我的粮票。

总之，北京话说，不少人和它们都是穷折腾！徒劳，但又不甘心，下不了台。

全国反复地大动乱。中央在毛泽东直接掌握下，召开了第九次全国代表大会。从刘少奇以下，中央到地方各部门的老干部继续受到迫害。

大庙这个"牛棚"把人、干部当作"牛鬼蛇神"关押着。我们可以随便聊聊天。

唐守愚是个老党员，在白区长期做交通联络工作。因此，他要写的证明材料特别多，几乎天天在写。他曾因叛徒出卖被捕。按照地下工作的惯例，他被捕后不到一天之内，有关关系人、活动场所全部撤退。他在跳楼自杀未遂又被拘押时他明明知道叛徒会说出实情，而同志们均已撤退、转移，便说出了聚会地点，当然，敌人白去了。这种事，党内认为是叛变行为。但他并未向敌人提供任何其他对党不利的事实。后来，被营救出狱后，党龄从出狱后重新计算。那是20世纪30年代的事了。他后来搞了统战工作，他告诉我，同济"一·二九"后夏坚白去接替丁文渊当校长，是地下党决定选用促成的。

343

当我聊到首次在上海参加鲁迅逝世十周年纪念会时，徐光霄说他当天在场。他是以诗人戈矛名义实是保护周恩来的特殊身份与会的，连那天周恩来穿浅灰西服都记得。

我还同光霄同志讨论到诗歌、音乐、舞蹈的起源问题。谈到诗经，我提到《国风》"……行于言，言之不足……"等等原文时，他明确表示那种概括观点是唯心的。

我们天南地北无所不谈，甚至说到他不断抽烟用打火机一类琐事。他也高兴地说，他用过国内外各种打火机而最适用的还是这种直接摩擦的最早的打火机。

在"牛棚"里，接触面又不限于住得最近的几个人，李琦有时也唠叨几句，如"我跟刘少奇当过几天小秘书的事，也都交代了！"

李椿是文革前到电影局任局长的。周郁辉一提起他就说："李椿第一天到电影局来，第一句话就说，'我原是挖煤的'。"用以取笑大家，但他到任后，态度还算谦逊。在我接触的外行领导人中，比较说得过去。他有几次同我合作挑煤和垃圾的空档休息时，聊起了往事，有当兵打仗吃死人肝之类的轶事，有他怎么知道我从政治部分配到电影局艺术处的经过，还有写外调材料时记住人和事，忘记姓名时，背诵《百家姓》帮助回忆的事，说着说着我们就一起背诵起"赵钱孙李、周吴郑王……"《百家姓》了。

这些零金碎玉，可以说是"牛棚"小插曲。对我们来说，住在大庙，却是被迫"出家"的闲情逸趣，也是苦中寻乐，真正意义上的消遣。

军代表"交出帽子" "戴不戴上由自己"

"牛棚"不是世外桃源，却与世隔绝，是看守所。

珍宝岛中苏之战、动员异地改造，这些消息与动态，我是在"多功能"的文化部大厅知道的。

估计所谓大联合、三结合一类没什么戏好唱了，我们被集体押到大厅。这里已有好几百人入座。一看，多数是我们这些被管制的人。这里是机关开职工大会的地方；批斗过曾被鲁迅所说的"四条汉子"之一的夏衍等等"黑线"人物；中央文革小组、文艺组在此传达指示；一帮人把我架来这里开始诬我是反革命，反对毛主席，要打倒的地方。今天，听宣讲大好的形势，知道东北有战事；第二次、第三次听军代表讲话，点名让王子成站起来，问他还想不想自杀了；对大家公开宣布，"这顶帽子"——大家明白是"反革命帽子"，"拿在你们自己的手上，戴不戴在你自己头上，由你自己！""换句话说，交代了，扔掉！顽抗到底，戴上！"

又一次是有几位大概是大联合还是三结合的成员，在大厅大讲湖北咸宁向阳湖是好地方，荷花满湖，鱼儿自己跳进你的船上……原来是有个我们不能听的中央一号通令，我们必须通通赶下农村去，美其名曰"接受贫下中农再教育"。

我们大庙的牛棚同仁被宽大几天，放回家做出发的准备，为期一周。

大概是"不了之事，不了了之"了吗？存疑！

而我却是"哑巴吃饺子"心知肚明，"六二〇报告"的阴影，过去传遍机关的"七〇一集中营工地"像一朵很厚、很厚的乌云，笼罩着人们。我想，它们和依靠它们的军代表们，若是不能把"反革命""三反分子"帽子戴在我的头上，是不会善罢甘休的，他们要政绩，要斗我的成果呀！

但是，在这乌云密布的岁月中，记得我二上保定被再次抓捕前学会的那支语录歌，那信心十足、音调高昂的男中音，却总是在我耳边萦绕。

我要仅凭记忆用简谱把它载入这民间的史册：

命名：捣乱失败歌

作词：毛泽东语录　　　　　　作曲：不详　　　　　　降E调4/4

捣乱，失败，再捣乱，再失败，直至灭亡。直至灭亡。这就是帝国主义和世界上一切反动派对待人民事业的逻辑，他们决不会违背这个逻辑的，他们决不会违背这个逻辑的！

捣乱失败歌

降E调　⁴/₄

作词 毛泽东语录
作曲 不详

（例子: 65 43 21 76 | 3 6 3 2 | 2 7 65 6- | 17 65 6- ）

3 6 1 6 | 32 3 61 6 | 66 6 6.5 | 33 6 3 0 |

捣乱，失败，再捣乱，再失败，直至 灭亡。直至 灭亡。

2 5 4 35 17 | 6.5 1 1 2 | 17 65 3 35 | 6 1 2 1 2 |

这 就是 帝国主　义 和世界上　一切 反动派对待人民 事　业 的

3- 3 0 | 5.5 65 3 | 5- 65 31 | 2 2 2 12 |

逻 辑，　他们 决不　会 违背 这个 逻辑的，他们

3 3 3 0 | 6- 3 23 | 1 6 6 0 ||

决 不会　　违 背 这个　逻 辑 的！

"引子"是我编的，可以用手风琴或钢琴伴奏。

罪恶风暴将临 天空阴霾宁静

"下放"的步伐不算快，"一号通令"尚未明令公布。行程推迟了些日子，却让大庙牛棚里拘禁的大小"黑帮"回到原单位接受管教。我回到电影局。

这里气氛不同于从牛棚大庙提到小楼，有抗拒从严、坦白从宽大轰大嚷口号威慑气势。先让我在另一间屋子由一人看守，而原会议室已经集合了假联合的几十名前同事们，当然不含靠边站的局级干部。他们唱起了《敬爱的毛主席》，然后，有领导人说了些什么，便叫我进去，劈头盖脑地提出些莫名其妙的问题，如"你为什么要反对毛主席？"等等，当有的事涉及审片工作具体业务时，我觉得太奇怪了。一阵没有结果的斗批之后，我对看守我的制片处同事柳正午说，"老柳，这些事，你都清楚，怎么会……？"他只表示："不要说了！""你要注意态度了！"（柳正午"文革"后期自觉表现不好，伤害了一些同事，去了福建某大学文学系任教授，虽一度回京受到礼待，回去不久便去世了。）

好像是无事生非，今天批斗这个，明天那个，直到通知整队出发赴湖北咸宁。

我有几天准备行装的时间。

准备期间，把扣存的工资，除去已先期扣还在山西杜克家借款之外，取出了不到600元。

时已进入1969年初夏。

担心此次发配湖北，后半生回不了北京，我和爱人商量，花了五百多元买了个欧米加全自动机械手表，去峨眉餐馆吃了一顿四川饭，顺便买了一藤篮子林敏爱吃的荔枝。接送过上小学的儿子。在送儿子上小学校的过程中，我充分满足了可爱的儿子的一个愿望：从清真小吃店给他买了一个油饼。由于我不善于从自行车杠前用右脚迈过上车，不能让孩子坐"二等"，只好叫他踩着踏板轴、扶着车把坐在杠上。听他说，表现再好，也不让他参加红小兵，但他不知道，我明白是父亲、家庭问题连累的；他不得不按照妈妈的安排，转了几次学，我就便看了他

347

"住校"的活动床铺，是仿火车硬卧中铺的办法，因为，学校小得可怜。快到学校前的路口，他叫我停车，要自己走过去，可能为了避免被同学们看见我这位司机吧？我想。下车后，他背着书包径直朝胡同走去。我连学校是啥样子也不曾见到。

赵宏同父亲分别前留影
（1969年）

星期天，我骑车载着儿子，去景山公园半山上和民族文化宫前大街上，给他照了几张照片。

这一切，对于9岁的儿子，可能还记得很清楚。他对于父母分别，似乎早已习惯了的。

他哪里知道，这一别，却不是一年半载，而是6年！

从离开北京前不久，到抵达湖北咸宁再到甘棠镇所在地，又转乘敞篷汽车到达目的地向阳湖，一路上比较宽松，甚至被编入一连文化部机关连队，都同电影局同事们在一起。不过，彼此仍保持着少交谈的陌生的距离。我被暂时列入一连一排，即文化部机关连电影局排。这个仿部队编制的名称是一种特殊的集中营的建制，被誉为"革命群众"的大多数职工其实是被劳动改造者，他们又被用来以正面人物姿态去斗争、打倒假想的、弄假成真的反面人物，借以自誉为毛主席革命路线的执行者和体现者，再加上"接受贫下中农再教育"的令人苦笑的光环，聊以自慰，其实都是不得已而为之。当然不乏企图借此机会捞取好处的糊涂虫和丑男女。

有一位文革初分配至电影局工作的大学生姚秉荣和放映员宁如宗，同"黑线"无关，因而被管教者的校部安排当了排的干部。姚是位喜剧式人物，中国少先队队歌词作者周郁辉曾笑谈小姚拿着照片去车站迎接准未婚妻的故事。小姚每次集队宣布劳动任务时，总是不断挤弄着眼睛（他有这个毛病），有点口吃地又似乎十分严肃地训话。他的名言是："你思想改造好了，闻到大粪就是香的！"他作为江苏人说极蹩脚的普通话，给人的印象是深刻的。其所以深刻，还因为他的态度很认真。

同是局的电影放映员，宁如宗与陈诗敬、王礼堂却不一样。陈、王同大家相处协调友善，而宁则因为当了几天干校"干部"，一直表现着无知的傲气，很得意洋洋，本来没文化、没工作能力，却仍装出不可一世的山中狼姿态。从"文化革命"直到21世纪在部机关都是如此，人们视为跳梁小丑。

我在向阳湖的"身份"仍然不明。我有行动自由，但同原电影局的同事之间仍旧十分隔膜。我住在大宿舍棚里吴雪这位名演员、副局长的邻床，中隔一个小通道。当我把一杯开水撒落了几滴在土质地上时，我抱歉地向他说了声："咳！倒了一点水在地上了！"

"一点也不行！"吴雪马上声色俱厉地对我喊起来，简直是一副李老栓的架势，这和当初被批判时向我哭丧着脸还说委屈的姿态如变了一个人。那时是大家友称"吴老雪"，如今颐指气使，不可一世。我忘不了他在小卖部向我借几元钱不还的鸡毛蒜皮事，也还记得以后他当了文化部副部长时，有司机因为讨厌他，曾以车子抛锚借口，把他撂在长安街上的故事。

无论何时何地，身处何境，做人都应该与人为善，那种偶一得势便趾高气扬、得意便猖狂的作为，不足为训，也是我一生所不齿之事！所谓处顺境易，处逆境难，是一方面。我却以为，顺境易糊涂，而逆境易清醒。处于逆境尤以底层，更能洞察人间千姿百态，而尤以曾处顺境者更为深广。自古阅历，无此为甚！一得，一叹！

我在将近一个多月间，有了暂时的安闲。

一天下午，信步走来，在湖边的要道处，偶遇北京图书馆张书然。我认识他，因他曾任该馆文书，后经我手处理过他犯错误的案件。他告诉我，近日得悉有个"五一六反动兵团"事件，正在兴起。当然，也闲聊些下放琐事。

说是"自由"、"安闲"，那是和大庙牛棚相对而言。同时下放的中央专案组几位被审查人员，司徒慧敏、唐喻等人不知归到哪一个排、班去了。我同他们相似之处，是事情并未了结，都是下放下来再说，但有什么事情，思想情绪，还是要向领导，不是连

在景山留影（1969年）

排、班干部，还是直接向军宣队汇报。

我汇报了听说要抓什么"五一六反动兵团"的事。但在一次途经校部时，却听到屋里什么领导人在接听与北京的长途电话，是说"总理指示，要抓紧深挖这个反革命集团"。

我估计，将有一场大风暴。但这偶然听到的来自领导层的内部信息，我都没想到要向谁去汇报。

大约过了半个月左右，各路下放人员包括文化部机关及其所属各系统，加上中国文联及其各协会、作协的大部分职工，都在一号通令驱逐下，集中到了这个向阳湖周边，构成了"咸宁五七干校"。

我比较迟钝，还没有感到什么与我有关的大事要发生，照样跟着"革命群众"在干部们的吆喝下下地劳动，无非是打着赤脚，听到一声令下，便冒着寒冷，迈进结着一层薄冰的沼泽地，去围湖造田。

没见着一位贫农下中农，没听说过农民像我们这样干活，却名之曰"接受贫下中农再教育"！不懂，也得装懂。因为这是在贯彻执行最高指示。

无辜受害又遭突袭 无耻捏造人妖颠倒!

　　一个晴朗的天气,各排连集合整队向"五七广场"集合。我在行进中,忽见右前方一支队伍中一张熟悉的狰狞面孔,他得意的狞笑回头盯我一眼,那是铁匠出身绑架我、私刑拷打过我的那个孬种坏蛋汪庆三,听说他居然参加了校部的活动,今天如此,有些名堂?!这是全校集中,大约十几个连队近六、七千人,聚集在广场干什么?开学?

　　开会了,台上有穿军服的什么政委等等。

　　讲话充满杀气,对于"耳朵都听得长了茧"的套话、屁话,我是"耳边风",突然在政委的屁话中提到了我熟悉的名字,那是我的大名!还喊道"他们是牛鬼号的"。"走资派"当然更是"牛鬼号"了。套话、屁话,总少不了"伟大的领袖、伟大的导师、伟大的统帅、伟大的——革命路线""史无前例的文化大革命""抓革命促生产""横扫一切牛鬼蛇神""接受贫下中农再教育"……等等。对命为暂时的和"永久"的"革命群众",则是带着训斥、教导的口吻,让他们在把"领导上"制造的牛鬼蛇神打倒的过程中,和体力劳动中改造自己。

　　台下六七千人中,包括了全中国最优秀的作家、艺术家、文化事业具有丰富经验的专家、学者、干部。而这些中华民族文化艺术事业的精英,多和早已被无知和糊涂的跟风者(曾经有我在内)按照"最高指示",当作文艺黑线批判过。而这一大批民族的精英,却被缺知识、缺文化的中青年人管制着。

　　我有一点清醒了,或是开始清醒了。我从派性打斗的打手们那里归入有名正言顺的领导、组织的干校,并不曾有真正的自由或自主,我被列入斗争对象、革命对象,这里是我的集中营!

　　来吧!我看你们怎么表演!

　　白天我被带着去和非牛鬼号的陌生的老、新同事同干体力活。

　　晚上,十分疲乏地躺下了。

心想，豁出去了，你们怎么来，我怎么对付！由于困乏，也没什么可想的，很快便睡着了。睡梦中，我走在暗无天日的无边无际的烂泥地上向着黑暗的空间走去……。

"起来！起来！"我被两个人半夜突然叫醒。一前一后押向与一排相隔约百余米的一个窝棚。

大约十几条汉子，在床上、桌上堆满一屋，靠门角留一个小板凳，让我坐下，这是室内最矮的了。

那个后来才知道名叫赵刚风的烟鬼模样的人，劈头盖脸向我提出一个问题："你什么时候参加组织的？"

我觉得有点奇怪，半夜提审政治犯，怎么会问到了我的革命历史来了？

"1948年10月在上海参加中共地下党！"

这个回答，根本不必加以思索。几十年填写过不下百次简历表了。

"你反动！"还是那个赵刚风，竟然如此猖狂。参加共产党叫反动，你们是国民党？我真想横眉冷对，但没有发作，却极度惊讶，实际上是愣住了。

"文化革命以来，我不止一次地说过，写过自传！历史上也经党组织审查认定……是上海，在同济大学医学院……"我据理力争，也是如数家珍。但立刻又被喝住。

"你别说了！回去好好想想，老实交代！"

夜审中止了。我在被押回宿舍的路上，仍在高声申辩、说明。

后来，那个赵刚风嚷嚷："你回去的路上，高声说话，是故意说给你同伙听的！"

我居然有所谓"同伙"了！

第二天照样叫下地干活。只是待遇不同于"广大革命群众"，是有人监视着干重活，挑重担，下到齐大腿的淤泥潭里去整地，监视者是不下地、不入水，更不下淤泥地的。

这里"围湖造田"，是把淤泥先挖上来，垒出道路、田埂。一条从湖边通到尧咀的路，就是第一年修出来的。两旁修起一大片由人规定的水田。时间长了，人们从一公里左右以外住地到达湖区的一条又长、又宽又远的堤坝，再翻过堤坝向湖内人造的泥路和田埂走去。五七大军就在这一望无际的水田里劳动，从无到有，把湿地改为良田万顷，阡陌相通。这确是一项十分浩繁而宏伟的工程。虽然几年后，为防汛保武汉三镇，依照原有自然形成的地理条件要泄洪，这万顷良田又变为一片汪洋，证明那些伟大的工程原本就是一项极大的浪费，人力资源的浪费。而这时，这地儿，却是"锻炼"知识分子、干部、职工、文化人的"接受贫下中农再教育"的大课堂，也是组织发动一小部分人带动大部分人去同臆造的"阶级敌人"作斗争的大战场。领导者是从现役军人中"选拔"、排挤出的各级干部调配的，再配上假大联合的干群成员（包括汪庆三这样的投机分子、打手），构成了庞大的六七千人的咸宁向阳湖"文化部五七干校"。中华民族当代中央文化艺术各行各业的精英、文学家、诗人、艺术家、学者、专家、各级领导干部，只要能赶下来的，都到了这里。按行业、行政建制单位分编成将近二十个连队。

造田初期，也就是二十世纪六、七十年代之交的1969、1970年间，按照"抓革命，促生产"的指导原则，近七千人的队伍无论年龄老少，从二十几岁到七十上下，多要抗严寒、顶烈日地干体力劳动，先是简单的，后是较细的分工。

初下田，在荒草湿泥地里，往往受到蚂蟥的攻击和野菱角刺的威胁。不少人被蚂蟥吸了不少血才明白不疼痛，而感到疼痛的是脚底进了菱刺，"轻伤不下火线"，强忍着瘸回宿舍找人帮助挑刺。

我享受特殊待遇，有个公务员（那时管勤务工叫公务员，不是政府机关官员的那种二十一世纪中国兴叫的公务员）范复发跟着、监押着下地。我幸好穿了一双球鞋，凭着幼时走路练就的功夫，在又湿又滑的堤坝上下坡和田埂上，双脚快速替换，走得快。范复发在后面紧跟追不上，走不远就听他在后边摔了一跤。这个人品德不好，真像一条恶狗，当我快步前行时，听到一会儿"叭！"的一声，知是这小子摔倒了，跟不上我，也就一乐，心想"活该！"。我下泥地时，也穿着球鞋，不怕菱角轧。事实上，倘若我被扎伤了，是不会有人同情或帮助我的。记得1970年夏天，我因挑重担不小心右脚拇趾受了伤，范复发这小子还强行要求我赤脚在摄氏超50度的酷暑中、烈日下挑重担干活，这与监狱中的狱卒存心残害囚犯没有两样。

确有艺术局的张雪松等是好心人！当我为水稻育苗，被迫用厚铁水桶挑泥时，雪松他们有意少盛泥，多盛水，还故意高声吆喝"走！"这样，我就比较轻松。这是好心人同情受害者的保护行为。

在被强迫干重活的时候，以及下田的苦力中，我认定一个道理和目的，就是从锻炼身体着眼，加强自身在这40多岁年龄为提高身体素质和适应恶劣环境的能力。我还想起初中时教我学练气功强身的老师给我看过的一幅标题是《看你横行

353

到几时？》的国画。一幅螃蟹的水墨画，是对横行霸道的恶人说的，寓意俏皮、讽刺，后来知道是齐白石的作品。我想，这一帮害人虫，总有背时的一天的！

偶尔有一天不下田，就"抓革命"。我被拉到一间多人宿舍，照样在门口放一个矮小凳子，让我坐得比全屋的人矮许多。我知道是开斗争会的架势。果然，只是过去"延红总"所谓我赵某人反对毛主席的一些套话，也是无中生有、无事生非、中伤异己那一套。收场的办法，是有人带头喊口号："谁反对毛主席就打倒谁！""打倒赵素行！""赵素行必须低头认罪！"……

这种斗争会因为是无中生有，再没有开第二次了。后来，艺术局干部许仪曜说，会前他问过主持人有没有什么新材料？回答说，没有。许原是归国华侨，文革后去香港继承父业了。

"五七"广场七千人批斗大会 围攻发妻外加车轮战

　　有一位姓张的教导员同我见了一面，了解我为什么和一位来自北京的外调干部发生了矛盾。我说明是，对方想强迫我为我认识的人说出并写出符合他们要求但不符合事实的证明材料。这位教导员点头表示认可，说："这样好，应该实事求是！"他犹豫了一阵子，似乎有话要说，但欲言又止，似乎带点有喜有忧又莫奈何的神情走了。我心里琢磨，这人可能比较正派，是部队中有头脑的干部。记得他人微瘦，脸瘦长，牙似不齐，中等个子，此后，在干校这所二十世纪六十年代集中营里以及人世间，就再也没有见到过他。

　　由于第二天的事情，相衬之下，我一直觉得他是一个当时同所谓干校领导，什么张政委、李政委一帮人格格不入的人。这里，很可能容不下他。

　　第二天上午，晴朗的太阳天，却有一个阴谋变成公开大张旗鼓的罪行：在光天化日之下，近七千人被"干校"以军事管制形式集合在向阳湖畔的五七广场，乌烟瘴气，杀气冲天。张罗了一个批斗大会，被宣布"牛鬼号"的两人，一是科影厂的康玉洁，一个是我。我被架上台上，做强按脑袋的"喷气式"，站在台右角。先后有几个人上台发言念稿子，没什么真实内容，生拉活扯，诬我歌颂蒋介石，反对毛主席，还有个北京图书馆的焦树安居然说我攻击"敬爱的伯达同志和江青同志"。我原不想听这些胡言乱语，这时主席台上那个姓张的、面露狰狞的女人喊"回答"，只得偶尔回答一句"不知道"把它顶回去。当然，照例有几句口号为"打倒！""灭亡""从严""从宽"之类。这场在"对手无力反抗又绝无回应的"假的放矢"的"胜利"斗争会，只得以口号收场。

　　大会之后，有一批人有组织有预谋地在会场一角，把一个纯洁无瑕的女干部包围起来，叫她揭发批判刚刚斗完的这个"反革命""狗丈夫"。她是我的结发妻子。

　　后来我知道，大会刚结束，北图连长李竞和指导员周峰组织人当场围攻林敏，叫她交代大会揭发的问题。如戚本禹在红机上说了什么，对江青、陈伯达说了什么等等，她一概回答："不知道。"大轰大嗡一阵收场人散，她原地不动，气得蒙头转向了。这时连里的陆宏基同志走到她身前提醒她回连队的路，她才记起吃早饭时他说："吃饱点，今天的日子不好过！"这位同事同情她。对于她30出头从未经此狂涛巨浪和冷酷无情的闹剧，难得有人同情。她显出了镇定而沉着，而内心却十分痛苦。除有同志表示同情，又有人说佩服；有个表现极左的田自海还对她说"怕你背包袱"的话。另还有本来友好的李淑云、李玉珍、金玉蓉等同志有时说一两句安慰的话，使她觉得一丝温暖。

时间已经进入人类的20世纪七十年代了，类似30年前延安发生的指鹿为马、把同志当敌人的逼供信、残酷斗争、无情打击的丑剧、悲剧又开始了。过去是所谓的群众自发，实际是一些穿着马克思列宁主义外衣、以共产党身份的披着人皮的狼，在高台、后台指挥"群众斗群众"，如今是从后台走到前台，导演着一出出闹剧，担任执行导演的假正面人物是像那姓张的女人模样，我和科影康玉洁则是假反面人物、"牛鬼号"。大戏之后是中戏、小戏。

我被原艺术局的李力监管，与群众隔离。我发现在我住的监房隔壁而门对门的屋子被关的是陈野，是联络站的头头之一。还参加了大联委，这时也被隔离审查了。

听说她不甘受折磨，曾一度自杀未遂。我早有思想准备，我决不敢冤死。但我也考虑到被害死后诬为"畏罪自杀"，那是含冤被害，如果他们斗去斗来，没有达到预期目的下此毒手，也没办法。但即使一再受冤屈、受污辱，"士可死，不可辱"我也不愿自杀。即使受到像国民党特务以及十几年前母亲被挟、刺十指那种酷刑，也一定咬牙活出来。平不了反，我也要活着，最低限度也要看看这个运动怎么收场，这帮坏蛋变成什么样。我绝对不能让妻儿像我们4姊妹这样因父母含冤死去而揹黑锅。我得注意健康！

下定决心，就要坚持下去。"事到头来不由自"只能坚持原则斗下去。我自忖我的原则是两条：最大最根本的是保存自己的正直，最大最根本的是保存自己的活力。我牢记在受尽"延红总"迫害回文化部后，到干校前在家对爱妻说过的话："你相信，我襟怀坦荡，我绝对不会走自杀的错路！"我又说："如果我死了，就一定是被害死的！"

我被隔离了，而且被弃到了一个所谓干校机关地区，关在一间大约20平方米的长条屋子，我的一张单人床靠墙壁正对着房门。我的右侧靠壁两张床，对过一张床加一张长条桌。

我想，这就是新的牢房了，不同于监狱的是有三个人看守，应叫看守所，又是审讯室。它与一年多以前"延红总"（其实是"黑"，黑心烂肠，该叫它是"延黑总"）私刑拷问的区别是披上了党（又叫"尚黑"）领导（又叫"把持"）和军宣队（又叫军管队或武管队）代表着主办的合法"延黑总"。没有两派，两种观点，只有一派，一种观点。我是笼中鸟。

刚到两天，它们不着面，在策划阴谋。在条桌上放了一个搪瓷脸盆，盛些水，养了两只乌龟。我呆着无聊，就玩玩乌龟吧。我把它们放到桌上反扣过来，看它们用头和爪子替自己翻身往前爬，掉到地上了，我抓起来，又扣倒。

到吃饭时间了，有人送来吃的。没有特制的牢饭，但最令我反感又无可奈何的是，米饭太稀，不如窝窝头，解不了我这个40岁出头的"大肚汉"的饥饿感。为了少消耗热能，我只好少动。

坐禅！这是最佳选择。

"任务"下来了，要我写自传。只好照办。跟过去那一套一样，穷折腾人。写了一半天，不让自己再查看，就拿走。完全是汪庆三们那一套的再版。不同的是，汪庆三不出面，由胡鸣和赵刚风出面。胡鸣原来官职不高，是南京军区一个保卫科长转业到文化部，高套成13级，一跃成了文化部政治部保卫部部长，是司局级。赵刚风曾是电影局一般干部。"大事"胡鸣现身，平时赵刚风主持。

为什么要写自传，又不让自己再看？一是拖时间搞策划，二是力图找茬，抓错。第二个目的达不到，开始发难了。

胡、赵主持，重复"群众组织""延黑总"的那一套，审讯。因为都是无中生有，任意怀疑中伤，照旧没有如意的答案。不同于在司机班地下室、煤炭学院和天津自行车仓库的是，没有动手打人。但"新"的手法是，除了吃喝拉撒外，不让休息，睡眠时间只有每天凌晨2-6时，也就是说，一昼夜24小时，只让我睡4个小时。可以坐在床边，不得走动。

审讯问题繁多，问了要答，答了要写，当场写，当天写，写完就收走。限定时间不监视，由一个穿军服的青年人拿走。上厕所也是这位大兵跟着。我根据看到的建筑设施推断，这是一所学校。但学校气氛却没有，可能是在假期。后来知道，这是咸宁高中。

精神折磨对我这个假想的政治敌人是十分残酷的。审讯从早6时到凌晨2时，三顿吃不饱的伙食和上厕之外，都有二至三人，有时是一人，不停地问话，动员交代"反革命罪行"，后来叫做"五一六"。除吃饭和晚九、十点钟以后，都是罚站，偶尔允许坐，是坐在床边，还把我用来靠背的被子推开，不让倚靠任何东西。

有三次是三天四夜车轮战。我计算是92小时，即从第一天早6时起，直至第4天凌晨2时。在车轮战开始前，一天室内无人时，我看临床赵刚风的床头枕头下有个笔记本。我翻阅到政委、司令员的讲话："你们要保养好身体，连续战斗，不让他休息，不让他有喘息的时间，日夜奋战，迫使他交代问题。你们轮流休息，休息好，吃好睡好……"

我心想，这帮王八蛋要把我折磨死！我面临一场极端残酷、险恶的战斗！没有什么办法，逃走是不可能的，只有认真对待！

我身体健康，但在车轮战的折磨下，面临极度的疲惫与仇恨。每次车轮战后，我一躺下便不省人事了。又是一次，没有缓过来又是一次。后来交叉进行，车轮战后，一段时间每天到凌晨2时，我照样一躺下就昏睡过去，在睡梦中被叫醒，一看是早6点。

有多次几个人和一个人说完叫写材料，到凌晨2时才让睡。写材料不外三个方面，一是当天当夜审讯的问题，二是个人历史，三是学习心得。学习的内容是毛泽东《南京政府向何处去》、《敦促杜聿明投降书》，对胡风问题的批语和材料语录等等。有时也重复。有一次清晨6时，我被叫醒后，主审人叫我自己看"昨天"写的是什么东西。我一看，一篇半，不到五六百字的"交代材料"，从标题到内容，竟然没有一句完整、通顺的话！也几乎找不到可以连贯的词句。而字迹的确是我自己的。我立刻意识到这是我一生中第二次精神分裂症的边缘。第一次是1945年在医学院一年级时为买不起参考书与前途问题的矛盾引起思绪紊乱，临近昏沉。这一次是几个月的过度疲劳、睡眠极缺，加上极端烦躁与精神压力。已经到了十分混乱的地步。由于还有一个意念是，我一定要战斗下去，斗出个青红皂白。它支撑住我还有一部分思维能力。我那时想到了三个问题：一是不能再这样叫写就写了，那样我会神经、思维能力完全错乱，无法自控；第二，记得昨晚监督我写材料的是两个女将，一是阳华，一个是办公厅的林莹。阳华是电影局的。她们或许可以理解我今后言行的原因；三是，对这帮家伙应有一个对

1971年秋宏在武汉

策。因此，我不再去考虑写什么交代、心得，也不想说什么。回答什么，写什么都无济于事。

几天之后，它们可能看我还没被整疯，又重复了日夜轮战。我仍然只能睡4个小时。每天总有几个人轮流不息地给我"做工作"，反反复复，就是威胁，动员交代"参加五一六"的罪行，不外是"坦白从宽，抗拒从严"一类套话。我不说话，也没什么可写的。又叫学习毛主席对国民党政府和杜鲁世明的那几篇文章。叫写心得。写不出新的心得了，还叫写，重复的也要写。为什么重复的也要写？其目的是写自传时的那一套，不许再看，马上拿走，是为了从中找差错，从鸡蛋里挑骨头，便于借题发挥，抓缺口，开下次批斗会，或者是为公费旅游的外调找理由。我看透了它们的企图。

但每天20个小时的精神的折磨和体力消耗，已经使我濒临崩溃的境地。它们真要把我整疯？要使我成为一个病人？我的对策，是自我休息。

一天中午，趁我吃那吃不饱的午饭时，门半开着，我看见有穿着狱警服装的人，在门口来回走动，"把他带走！""送进咸宁监狱！"又有人来把我这个房门带上，似乎是故意让我听见，说认为有和我一样的斗争对象要交给当地关押。因为是对"反革命"分子的处理办法。

下午，一个高胖的穿军装的人被它们前呼后拥地让进屋内。人们把我包围着，胡鸣对我说："张参谋长跟你谈谈！"

我望着这个吃得一身肥肉，一边眨眼睛，一边用舌头舔舔嘴唇的大人物，没有表情。

"你不交代？！"我没有回答。我想起了他正是七千人大会上指名说我是"牛鬼号"的人！

"对你没什么好处！我们有办法处理你！"我不回答，我想起赵刚风笔记本上此人的谈话。

我一直一言不发。我很烦躁，我觉得我极度疲惫。

他们只得走了。

我意识到凶多吉少。它们达不到目的是不会善罢甘休的。怎

么办？

我想到中国历史上历代都有冤案发生，审干中我看过的一些延安审干、整风时的冤假错案有平反了的，也有沉冤不白，揹黑锅终生的，历史上有着含冤饮恨死而不得昭雪的无数史实。一想，我很可能如此。父母如此，我也难免。于是，趁无人监视的机会，给爱人写了一封信，指出，要她和我划清界限，免得受我连累，也影响宏儿的未来，要她带着孩子努力学习，忠于人民，很好地生活下去。信纸只有一页，装进一个信封，写好封面，用存在世界地图里的邮票，用稀米饭粘好。白天趁上厕所的机会，带进厕所。等到有学生来时，交给一个学生，告诉他："这里有一封信，你去帮寄出去！"

待我走出厕所时，向在外等候我的那个穿军装监视的人走去。他都注意到我身后有两个学生拿着信好奇地指着信在说什么。他马上奔过去，问是什么事。孩子们指着我说，是那个大胡子捡到交给他们的。

原来，我久未能刮脸，胡须很长，学生觉得好奇，还在议论，被看守人注意到了，一把收起来，质问我："是你给他们的？"我当然承认。

第二天，又是一场战斗。

母子在韶山（1971年）

它们在墙上张贴了一张毛泽东像，几个人要我："向毛主席发誓，交代你到底是什么人？""对毛主席说实话！"

有人说我是决心顽抗到底。

问我那封信要不要寄出去？我答复是肯定的。事实上，林敏一直没有收到过我写的信。

当时，我不期然想到了信的内容，虽然简单，却犹如《红楼梦》作者曹雪芹的几句话："满纸荒唐言，一把辛酸泪，都云作者痴，谁解其中味？！"

斗争还在继续，精神折磨依旧，但再没有连续不断地开会了，有时白天无人监视。闲来无事，却听得不远处有个女高音独唱毛主席《送瘟神》。我记起了李劫夫送审时的情形。我欣赏劫夫的曲调，只叹如今却不是欣赏的心情，只是对未来未卜，处境无奈！

寻衅折磨任意批斗 苦力曝晒蚊叮跪打剃光头

斗转星移，不是坐牢却胜似监牢的日子，过得极慢，真是"度日如年"！在没有战斗的日子，心境极为烦躁。白天困乏，却不能入睡，还是只在晚上才能昏沉沉地进入暗无天日的梦乡。

人乏困，思绪却难以停顿。

我想到有人说过5不怕！（开除党籍、坐牢、离婚、戴帽子、杀头）加上一个撤职叫6不怕。不怕，为什么不怕？因为要干革命，改变社会变黑暗为光明，改变人民的遭遇，变封建为民主等等，那是在建国以前，"现在而今眼目下"叫社会主义了，共产党掌权了，工作干部在党内，在党领导的一切机构中还有斗争，还要坚持真理，也会有矛盾斗争，也要这六不怕。我呢？处在反动的派性以党的名义占统治地位它们的压迫下，参加中共地下党反蒋匪帮，被说成是"反动"，戴上种种反革命帽子，坐这种监牢。在集中营式的圈子里，除了杀头是接近的往死里整，我差点"疯"在失常的状态中，生不如死。离婚是我为了保护妻儿不受无辜牵连之害，主动下的决心。几乎六不怕都沾上了。结果会怎样呢？我准备一个人受冤屈。我，一个小干部，算得了什么！名人冤死会平反昭雪或人民认可他。那无数的无名英雄、先烈呢？不都是用生命和鲜血做了贡献吗？我算老几呢！

可是，话又说回来，如果真是正直的党组织，是讲政策、重证据的，为什么老是没完没了地要人"交代"什么莫须有的"五一六"？周总理还专门给文化部什么人打过电话，江青又大喊"一打三反，深挖五一六"？既然三十多年前搞整风审干有了经验教训，前些年搞三反五反、肃反、反右加之四清、审干、整党也重复先大张旗鼓，放手发动群众，后讲政策落实，甄别。而如今就算是一种深挖审干，为什么还搞车轮战，动不动就扣上反革命帽子，牛鬼蛇神？

想去想来，还是不能照那些年讲政策、论人道主义的观点去观察、估计它们。想到刘少奇讲过，党的运动，每一次总要整一些人当靶子、当典型、做反面教材，目的是推动运动，教育多数人，换言之，要找人做牺牲。我参加过的反右，不也是把已经有了历史、政治结论的干部又搞成对象、敌人吗？欲加之罪，何患无辞？！运动后期，运气好的，得免于牢狱、打倒之灾，不好的，也就活该倒霉了。

想到这些，我就冷静下来，并冷眼注视着它们的胡作非为。原来，这个列宁主义的党，毛泽东思想武装的党，总是没完没了地重复历史的错误，而且，眼前的斗争，是毛主席讲的阶级斗争，我被树起来了，成了阶级敌人。"不要树敌太多……"这是最高领袖的金口玉言，它道破了一个历史事实和当前现实：敌人，是掌权者主观树起来的！并非客观存在。当然，也是客观存在，它们和我不就是事实上的敌对关系吗？我被打成敌人，它们必然是我的敌人了！这些都是我一直崇拜的毛主席、尊敬的周总理和曾向其致敬的江青们策划领导的吗？

我的光荣、伟大、正确的共产党在哪里？

依照我学得的马克思主义立场、观点，方法去分析现实，我开始怀疑我几十年来忠心耿耿地忠实执行其方针、政策、路线甚至方式方法等等的党的正确性、伟大性和光荣性了！

我不禁打了一个寒噤！

我是不是开始走向反动？是谁反动？是我和与我类同处境的人反动还是损害我，侮辱我的它们反动？

把同志当敌人整的人，是不是正在犯错误？或者，它们本质上就是反动的。不是好人犯错误，而的的确确是坏人干坏事？

我觉得十分委屈。不幸，我成了无辜的祭品！

事到头来不自由。我如今是阶下囚，是任这些假革命派随意宰割的羔羊！

我极其愤慨！头脑有些发胀，我意识到血压在升高。不，我要活着，健康地活下去！为此，必须沉着应战！我不能生气，生气，激动，血压升高，倒下了谁得意？！

我下定决心，不作牺牲，一定要活着看到它们的失败！并用事实证明它们整我是完全错误的，我是受害者。

我在这个不叫监狱的监狱里，不知道外边的形势，其实那时，中共中央毛泽东与林彪的矛盾斗争正在激烈地发展着。中共有权利之争，下面省市地方，集中营的事顾不上，中央国家机关、事、企业单位全面瘫痪，只有少数受保护、宠信之人在做一些不得不做的表面文章。刘少奇主席被冤死在河南，周恩来继续当总理。

湖北咸宁这所人间地狱似的"干部学校"里，照旧在用体力劳动"改造"折磨着数以千计的文化精英。个别拍共产党错误政策马屁的著名诗人，正在创作劳动光荣，"挽救身心"、乖乖地接受"再教育"之类的诗文。

那些利用伤害人，打击被人抬高自己的另类，就是我称他为"它们"的豺狼，则竭力祭起"抓革命，促生产"的反动口号，在向阳湖作威作福，以求有朝一日跻身中共政权的核心。

它们日以继夜地策划，运用夺得的"延黑总"指挥权，编制一个个阴谋图。

一个清朗的上午，它们派人用剃头的推子来给我刮脸。这是人间少见的修面方式。因为我这个"反革命分子"的胡须太长了，为什么要给我"剃胡子"？我以为是又有什么花招要施行了。是送进公开的监狱，还是再搞个"喷气式"批斗大会，或者二者合一，宣判？

都不是。

一辆小车把我押到了向阳湖畔一个山坡西北面的李家庄。"专案组"的打手、判官不见了。是我认识的两个公务员范复发和曹运通监管在我身边，同住在一间大约30平方公尺宽的瓦房里。此房孤零零的，像个农村生产队的办公房式，曾经是个仓库。我住里面靠墙处，也面对着大门，左右各有哼哈二将把守，住宿。

这已是1970年的春夏之交了。

我仍然与世隔绝，看光景可能是备用的牺牲品。由于伙食简单，每顿几乎都是南瓜加些咸菜，两个狱卒发牢骚："又是他妈的破菜、老倭瓜！"我都暗喜，因为，我喜欢吃南瓜，有时见到辣椒，还是新米干饭，比在咸高时吃得饱了。对，养好身体，以利再战！

范曹两个狱卒去打饭时，我就练练吐纳功。他们要求我出钱买咸鸭蛋，我勉强同意。他们说是一连的猪养得不好，病死不少，埋了真可惜！商量着问我：

"你这医科大学毕业的，这瘟猪肉能吃吗？"

为了我也能补充些营养，我告诉它们，可以吃，但必须除去内脏。

两个家伙高兴极了，范复发立即跑去一连，没等瘟猪断气，用麻袋拖回一只约10余斤的猪仔。我们到附近后湖旁一个水塘去，由它们去拉网捞鱼，我解剖死猪。脏物由他们处理。

回到小牢屋。它们去找来炊具，我在屋后一块闲置地边刨出一个灶，用拾来

363

的柴禾烧起来，当晚和次日，不分看守和犯人，大家饱餐解馋。

这两个看守者不是好东西，当了非法狱卒，作威作福。他们除了把我每月零用钱要出些买咸鸭蛋之类"改善伙食"之外，趁无"任务"时，想过几天好日子，捞些好处，也就每天押着我，其实是一道散步似的到后湖边去捞鱼。我也捡个轻松。

我远望着这一片与向阳湖相连的老湖区，从东到北，岸边有一些零星的平房和个别两层楼房。水域不小，至少也相当七、八百亩地的面积。有一只渔船从东到西又从西到东，在沿岸不远处撒下了栏河网，船头放一块木板，边划，边敲木板，绕湖边一圈，为了把鱼群赶至网区，然后收网。听见那敲木板的单调的响声，觉得这块空间是那样的平静而悠闲，渔家过得多么自由自在啊！而这岸边却坐着正在遭受不白之冤的人。我此生能有如渔家这样的陶然之乐吗？人世间竟然如此的不公平！我觉得麻木而满腔愤懑，而我在这"史无前例的"历史时刻，受尽侮辱与折磨，迄今还没个头，这些乌龟王八蛋打着党的光辉旗号干尽坏事，坑害人群，还无休无止，这真是令人极端厌恶。我没有陈子昂那种悲伤之情，也没有眼泪，只有恨，只有不得不忍，只有无尽的诅咒！仰天唱不出，唯有空悲切！

渔家赶鱼的敲梆声，依然每天在湖上回荡！

夏天来了，我被押到附近一年前几千人批斗大会的广场旁半坡上去打土坯，两个狱卒狗腿在旁监工。有当地老乡过路见此情景，——一个40多岁的人干活，两个年轻人监工——"这年轻人为什么不劳动，还有吃的！"他们熟知共产党整干部，是同情劳动者的。

这是后来见监工狗腿走后，向我表示，他（她）们见过多次就是这样整干部的。

我，无言以对。

原来是用我脱坯、垒墙在旁边搭起一个一米多高的窝棚，分为两间，大间约10多平方米，小间3平方米左右。我和两个狗腿住在大间，小间暂时空着。棚顶是用绿色塑料板，门口有一个布门簾。屋中央悬挂一个百瓦灯泡。夜里通宵透亮。

白天，我看中德文《语录》和随身带的1957年出版的世界地图小册子。到了夜里，强灯光吸引来无数的蚊子。两个家伙床上有蚊帐，我拿钥匙让范复发去取我衣箱里的蚊帐。那个专案副组长赵刚风跑来对我说："不给你蚊帐！你不交代问题，让蚊子咬你，好好想想！"

"你们不人道！"我很愤慨地说，但也莫奈何。

塑料顶布满了蚊子，我一巴掌可以打死好几十只，夜里有强灯光的吸引，蚊子越来越多，我找了几个小布条，把屋角放的消毒剂"敌敌畏"浸泡后，挂在床头。为了睡觉，再热我也得蜷缩在冬天用的厚棉被里，只让头部露出来，靠这十分熏人的滋味抵御着蚊子的侵袭，而我的呼吸道也不得不接受着这难闻的气味。

白天赵刚风一来，看我在读世界地图，一把抢过去，就扔在地上。我立即捡起来放到床上，又拿起毛主席对美国马丁·路德·金文件的声明剪报，正视赵刚风，质问他："为什么随便把我的地图扔在地上？"又说："你知道不知道世界上发生了什么事情？为什么不让我看！"

他气急败坏地喊起来："你应该考虑交代你的问题！"

"我没什么问题可以交代的！我要学习，我要了解世界。"我直言不讳"你不学习还不让我学习！"。这位"专案组长"双唇在发抖，气势汹汹地向外走去，嘴里叨唠着："你等着吧！"斜瞟了我一眼，走了。

不到半小时，政治暴发户胡鸣和赵刚风进来，后面跟着那两个狗腿子。

胡鸣一把抓住我的衣领，另一只手托住我的下巴，意欲下手打，又迟疑了一下，带侮辱性地轻打了一下，说道："你为什么不交代问题？！""你还很厉害！"又说："你知道不知道，你是什么人？你是反革命！"

我气极了！立即回应他道："什么？反革命？谁是真正的反革命，将来历史事实会证明！事实会证明我不是什么反革命！你是什么人！"

他们也没敢如天津那样对我群起而攻之了，只得气呼呼地对我说：

"你放老实点！不交代问题，不端正态度，没有好的结果！"

没有结果，几个家伙悻悻地走了。

也有结果：他们对我无可奈何。

我很生气，心想，老子豁出去了，横竖是一样，怎么也好不了啦！又想，它们为什么不能像天津自行车仓库那样施展法西斯那一套拳打脚踢？虽还是嚣张蛮横，却又不敢太跋扈？可能是要装着是"共产党的军宣队统一领导"不是"延黑总"的样子？

不过，它们岂肯善罢甘休？！

第二天，把我搬进约3平方米的小屋。这里可容一张床板，还能站立一个人，向南有个小窗。在我床边土坯墙上，给我贴了一张小字报，"赵素行，你是什么人？"没有什么内容，只是苍白无力地反复那几句话，好像是它们一点也不认识我，没看过我的自传，而是不符合它们的愿望。

我只能成天坐在床上，看着小窗和窗外的白云。我听见自己若干年前背诵俄罗斯小说中的语句："想望望天边的云树，奈眼前是万丈高墙。手扶在铁栏杆上，痴痴地想我的故乡！"不容我想什么，只见从窗口飞进一些蚊子，以其对人的体温有红外线感应的本能，直向我飞来，它们不像北京蚊子那么奸猾地躲过人的眼睛，我就来一个，打死一个，放在被面上。多了就依次排列这些笨虫的尸体。10个一排，不久，就摆了一百个。倒掉，又重来。

蚊子也有少来的时候。却来了蜘蛛，它在我床前门边，从顶棚到窗前织网。它表演了织成功一张大网的全过程。它的辛苦不曾白费，一会来了一只苍蝇，它挣扎，呜咽了一会，被蜘蛛层层包围，然后拉到网中心，十分从容地吃掉了。

这边突然出现了一只小老鼠，在一口一口地恰似蚕食桑叶一般，在吃掉那张小字报。

有蜘蛛帮我消灭一点蚊虫、苍蝇，又有可爱的小老鼠一口一口地吃掉讨厌的小字报，我在炎热天的阴凉小牢房里，偶尔可以打个盹儿。

但是，没过两天，事情急转直下，胡鸣、赵刚风他们使出范复发、曹运通两个家伙恶狗似地对我施行报复，进行野蛮的人格侮辱。

傍晚时分，两个坏蛋突然进屋把我拉到外间，叫我立刻交代揭发蔡楚生的"三反罪行"，我说："我不了解！"

"你是搞电影的，你不了解？说！"

"说！说啊！……你他妈的不说！我揍你！"

俩狗东西走到我面前，一左一右轮番用狗掌拳头向我两个腮帮打来，使我无法躲避。然后，又把我按坐在椅子上，一人用力压着我的双肩，范复发把早已准备好的手推子硬给我把头剃光。又再抽开椅子，从后面把我向前推，冷不防用膝盖顶我的膝弯，迫使我一下跪在地上。

这时，听见脚步声，有一个人进屋来了。他们还在叫嚣："你还嘴硬！"

"说不说？"范复发恶狠狠地朝我狂吠。

"我没什么可说的！"我转身要站起来，一眼瞥见来人是办公厅秘书处的章丽，是电影局原副局长王栋的爱人，是个善良的人。

"再不老实，我还揍你！"范复发还在叫嚷。

过些日子，又叫我去挑砖块。我不小心在高低不平的路上踢伤了右脚拇趾，再因缺乏营养犯了脚气病，以致脚了糜烂发炎，难以行动。范复发强迫我又去挑重担，并赤脚在摄氏四十多度的旷野和烈日暴晒下，走过滚烫的沙石地和黄土地。

有一次，我看见张庸路过，我什么也没说，可能他也在被监视，又不知怎么被这两个坏蛋看见了，以此为借口，拷问我，拳脚交加。

我被迫在半坡上割野草，倘一不听使唤，回小棚又是一顿打。

我知道，任何狗腿子都是受其主子的指使。出手的打手可恶，不出手的后台更可恶，没一个是好东西。

我在牢棚前坡挖土时，适逢电影局同事即一连一排收工路过，弓林趁机在我这个光头犯人面前走过时，小声问了一句："你是不是五一六？"我立即回答"五一七！"

这使我多少可以猜出，全集中营即所谓全校都在按照周恩来部署的深挖反革命以及江青"一打三反"的指示，在林彪指挥的军宣队指挥下，"抓革命，促生产"，亦即抓紧迫害革命干部，促进成千上万职工和无数"五七干校"，多个集中营强迫劳动。

我记起了不久前，路过一连劳动的地方时，人们正在休息，周郁辉站着被包围批斗。一次是黎华。还有一次，军宣队在高声责令："弓林，你态度放老实点！"

留在种菜班拉出去轮斗

一九七〇年夏秋，我到了种菜班，被拉去被轮斗，中央在进行着夺权与保权的斗争。

"五七干校"这个不叫集中营的集中营里，继续挑起文化人之间的残酷斗争。

我这牺牲品被当作死老虎放入连队，住在平房里4张床8个铺位的一个下铺。有所改善的是我也挂上了自己的蚊帐。

我是属于一连的菜班。班长是艺术局的冯光驷。但我所在只是劳动改造的工种，与名义上被誉为所谓的光荣的"五七战士"不一样，还戴着一顶牛鬼蛇神"反革命"的帽子，人们看不见这帽子，却看得到这个阴影。因为，指鹿为马，古已有之，见惯就不惊了。

"陪"着我，任务是专门监管我的是艺术局的干部叫李力，年近五十，山东人，文艺7级。有说他是"三八式"，其实要迟两年。观点与"延黑总"相近。

在菜班，当然是干重活儿：挑粪上肥。李力干不了，有个鹿怀宝"陪"着。两个大木桶盛满粪水约在120市斤上下，以我们为主，别人也有偶一为之的。干这种重体力劳动有两个作用，一是锻炼了体力，比十三陵的三天肩膀四天腿的劳动强度大的多，二是造成腰肌劳损。在菜班里多是被认为"有问题的"改造对象，也需要有这样人下苦力。有些活儿，如育苗，蹲着用手使小铲子和必要时喷洒杀虫剂之类，谁都可以干，多是五六十岁的人如舞蹈家 吴晓邦和一些女将。这位中国文联舞蹈家协会主席，有时高兴了，就在高处比划几下，让大家取乐。大家称他"晓邦"，都知道他办了一个佛教舞蹈班。我想，另一位舞蹈家戴爱莲幸好不在国内，否则，她也该成为"牛鬼号"了。

抓迫害，促劳改的新一轮黑浪掀起来了。

李力押着我接受轮斗。

　　本来就没有什么实质内容，照旧是组织一两篇发言稿，无中生有，拿我几十年前的日记和人们胡乱编造的大字报，断章取义，东拼西凑加上纲上线，再加几句口号，就是一次轮斗会。照例要我低头，不一定都是"喷气式"，但"反革命分子""三反分子""变天账"之类的帽子总是少不了的。这类演出，一方面使我愤恨，另一方面真是啼笑皆非！唯一态度只是隐忍下来，静观其变。对待劳动折磨是潜心锻炼身体，尽可能保住健康，念念不忘齐白石的那幅画及其题词："螃蟹，看你横行到几时？！"

　　那个跟屁虫赵刚风的影子偶尔出现。他装模作样地向我重复念叨着："看看形势！你是交代不交代！交代了你变成了臭豆腐，顽固死硬，你就是臭狗屎！"

　　也有人，受命来做说客："竹筒倒豆子，你把什么都交代了，你也轻松了，还可以为社会主义建设添砖添瓦！"

　　什么形势？无非是污辱、伤害正直的群众，扣帽子、胡编乱造、罗织莫须有的罪名，搞卑劣的文字游戏，妄图欺骗这六七千名中国文化艺术、文化事业的精英。让多数人看出这帮乌龟王八蛋打着冠冕堂皇的中国共产党、军宣队、毛泽东的旗号，干的确正是反历史、反人民的货真价实的反革命勾当。轮斗！无非是造声势、搞虚假繁荣，也给心虚的自己帮派壮胆、混日子。

　　看透了这帮损人利己，比国民党反动派坏的狗男女，真正的臭狗屎，地球上的丑类，我天天义愤填膺，只是无从发泄！有时觉得极度气闷！

　　我想到我的家，远的冤案在胸，而当前，妻子受株连，儿子呢？我那天真无邪、生在穷困中，有父母却孤苦伶仃在北京，是怎样地呢？这个黑暗的"五七"牢笼，坏人当道，会不会使孩子在北京无法立足，也弄到这里来？

　　我趁在菜地与鹿怀宝两人一起干活小休时，提出请他帮打听，咸宁的干校家属小学校有没有我的儿子？我担心的是，在轮斗时，逼我儿子参加发言。念稿了也不得不漫骂自己心爱的父亲！但也想，老鹿未必能打听到这些，不过说说罢了。我变得软弱了，我害怕天真可爱的儿子受伤害，幼小的心灵受折磨！想到文革初期确有叫儿子把父亲活活打死的事例，我人在菜地，心情都忐忑不安。但也无可奈何！我真害怕那种残酷的情景出现！

　　有一天，李力同我商量，参加在咸阳的子弟学校的轮斗会怎么去法？是乘车去，还是步行去？我在总是受人摆布捉弄的境况下呆得太久了，想在这晴朗的天空下走一走。我表示很愿意步行。他原也有此意，也忖度我会同意。

　　在从向阳湖往咸宁高中去的路上，我们先选择了多走山路、湖边。路上，李力的态度是平和的。原来，他参加过延安审干，由于许多人瞎说承认自己是国民党派到延安去的特务，只要承认了，很快就自由了。（其实不尽然）因为他曾经在"忠诚老实"时，交代自己曾经和特务借过火抽香烟，就要他现在"如实交代"自己是特务，抽烟借火是特务接头的秘密暗号。但他拒绝了，被派去搞个人体罚，在南泥湾山那边干活。有一次只有他一个人在锄地，忽然听见像是野兽在搏斗，远远一看，远处坡上有两只豹子在打架。等它们追跑着走了以后，他去那里才发现地上有一根又粗又长的硬毛，跟刺猬的刺那样。"到现在，这根豹子嘴上的毛，我还保存得好好的！"

他还给我讲了毛主席为延安肃反扩大化了事后亲自脱帽鞠躬道歉的事。

他说什么，我都静静地听着，这次我只回应了一句："我搞过审干和任命的人事工作，有些像抢救运动的事，我也知道一些。"

他认为我对他还好，是暗指态度好，不给他这个看管人惹麻烦。他不知道我不服从时吃过亏。给我讲到一个我认识的人，李涌，他是我电影局的同事。说："李涌在我带他到山上去干活的时候，忽然高声唱歌！"一提起这事，他表情是很气愤的。

这天在咸高批斗会是原干部司司长王敏主持的。是照本宣科，没给我姓名前有什么代名词或者附加语，如反革命帽子。发言人在中小学生面前念完稿了，没听见喊什么"打倒""不投降，就灭亡！"之类的口号。而且，会开不久，王敏就叫我"坐下，坐下！"也正好在我旁边有一把椅子。

这个批斗会，只有干校家属的中、小学生，并没有我的儿子。心上这块大石头落地了。我这天比较轻松，心境平静多了。

但是，无论如何，我一直默思着，我儿时背诵的《增广贤文》中的一句成语：

龙游浅水遭虾戏，虎落平阳被犬欺！

"文化大革命" 大劫难（之三）

恶霸当道，精英命如蚁　息鼓偃旗，魑魅奔东西

20世纪七十年代进入第二年，湖北咸宁暴热的夏天，与中共中央内部斗争相呼应，这块处女地上又掀起"抓革命，促生产"为口号，以"搞迫害，督劳改"为其实质的浪潮，继续把对共和国有贡献的人才当作革命目标、专政对象，大力施行劳改农场似的强制体力劳动。

在有自称文艺7级三八式干部李力为我的"高级警卫员"随从（监押）下，我无论在向阳湖堤坝上，或是回到了连队宿营地，总能听到多处高音喇叭中用高频率高声播放的样板戏录音节目《红灯记》唱段，李铁梅的"打不尽豺狼，决不下战场！"批斗会是战场，把好人当豺狼。

黎明时分，近七千名从二十几岁到六七十岁的文艺工作者们正在极度困乏中酣睡。突然一声震天巨响，把人们从睡梦中惊醒。那是广播喇叭传出的讨厌的"东方——红——"即起床号。

艰苦的水田劳作又开始了！

在摄氏43度至50度的烈日暴晒下，被命为"五七战士"的男女老少，包括老弱病残，在连排长的一声令下，卷起裤腿就下田，插秧，锄草，整田，引水，或者涉入齐腿深的淤泥塘去除菱白，垒新田。被军宣队、校部直接指挥的掌握干校几千人命运的"延黑总"式的当权派们，却在荫凉的屋子里密谋着如何部署"战场"，又如何借口外调核对斗争对象的所谓问题，外出闲荡，还有的趁机争做野合鸳鸯。它们中的一些人在设法钻关系，争机会离开集中营，为自己和狐群狗党寻觅高官厚禄的地方。近六千名文艺工作者中有人因血压高被迫劳动，在酷暑、闷热中加上过度劳累，突患脑卒中死在田里！

有人中暑虚脱、休克、死亡！如我熟悉的文物局文物专家谢辰生的妻子患肠梗阻，无人急救，延误良机、良医，在极度的痛苦中默默地离开了人世。

一切令人撕心裂肺痛不欲生的哭声，却变成了无声无息，无人追悼。讳莫如深的难得的消息，它传开了，但又被无情地湮没了。

下雨天派人押着我在没腿的淤泥中干活。监工王新五因我不听从他，居然放话："你是什么东西！"我照样回他一句："你是什么东西！"

轮斗完了，无戏可唱了。我又被安排到一连原行政、总务处的一个排参加学习，名为学习，实是叫我参加一次一次的"自我检查"，做违心的自我揭露与批判，把本来是书香门第靠祖先辛苦挣钱、或经商或做公务员工薪收入换得的收入说成是剥削所获；要按照列宁的理论把祖先正当所得、中国土改定为小土地出租者，相当中农、小资产阶级成分，说成是地主阶级、剥削阶级，又按照毛泽东思想，把家庭出身说成是应该打翻在地，再踏上千万只脚的反动派；要把抗战时期的县长父亲说成是历代王朝中一样的县太爷。如此等等。

"自学"、"写检查"地点在一个农家院了。传说是，如果检查被群众认可，通过了，就可成为五七战士，或说被解放。但参加的革命群众不光是总务、行政工作人员，还有其他连排的代表，也有已经检查并被"解放"了的人员。

人所共知，二十年前，中国人民解放军打到哪里，赶走了蒋政权叫做"解放"。如今，人们是从哪个反动统治集团那里被谁解放了？我看见有的人有"历史问题"或是领导干部，在一个个作检查，"被解放"。我也受此殊荣，不再是喊口号打倒，又扣上反革命分子帽子的斗争对象，死老虎了，更不是什么臭豆腐、臭狗屎了。如此说来，我似乎应该高兴才是，因为身份好像变成文革中的不要打倒的干部，准备"解放"的对象了，不是黑帮也不是牛鬼蛇神了？！升格了？

待遇改变了，我却高兴不起来。自我感觉是茫然，也是漠然。我仍然是被人提弄的猴！

我的"检查"注定是永远通不过的。

一次、两次，都不深刻，态度还不端正。我感到烦了。这时原行政总务处长夏义奎似乎看出我的心思，就好像友好地说："不能让你一检查就通过的。你下一次检查把上一次的段落颠倒一下，老这么换！"过去老夏们只伺候部长同局长，对我住房困难可从没友好过。现在他说的倒不失为一种对策。我也显然省心多了。但总有人要挑挑刺儿。不知谁提到一件事，我说记不得了，不想去费这脑子。突然有个尖锐的女高音说："你记性好得很！过去看完文件可以一字不落地传达，怎么会就忘了呢？！"我一看是金路，"国际友人"三十年代"电影皇帝"金焰的妹妹。我只好说："此一时也，彼一时也。"我不能说几个月前我在咸高隔离车轮战时受的伤害。是的，我记忆力曾经不错，现在的竟记不起来了。金路是个好心人，我理解，她不过跟着凑凑热闹而已，说些不痛不痒的话，我不介意的。

学习、检查的不止我一个。天天要开会，可能谁也通不过，通过了，大家的日子没法过了。显然，我已被从"隔离审查"升格列入对普通的犯人了。

这些日子，我不必有人给我"当警卫员"（李力语录）了，除了"学习"、"检查"，可以自由活动。我可以到甘棠商店去买点日用品，包括帮助人捎带点好吃的。如原研究室主任朱平康（曾用名"夏青"）要我给代买一两斤松花蛋，他喜欢空口吃，也同吴雪一样喜欢不给钱。我还选购了中国制造的南斯拉夫半截式香烟。这段时间，我每天抽掉一包香烟，多是飞马牌和光荣牌，听说是"前门"、"牡丹"的下脚料做的，有劲！

偶尔有幸光荣地参加过半夜里叫起床去听，也去喊什么最新、最高指示。说是"最高指示传达不过夜。"我怎么也产生不了热情，能躲就躲过去。因为我确实患了冠心病，生气生的，心绞疼。还找医务室给我随身带上硝酸甘油片和亚硝酸吸入药剂。

生活似乎混得有点丰富多彩了。湖区有个小卖部。"老板"和"售货员"是一对老年夫妇，听人说他/她们是文革不幸死了丈夫、妻子之后结合的患难夫妻。一回我买香烟时，顾客中也有"李老栓"吴雪，他很悠闲，没有近两年前那种颐指气使的姿态了。我这人有时心胸不那么开阔，还没淡忘忌因我洒水滴时他那"一点也不行！"的神气与语调。他变得很友善，好像我们之间谁也没当过走资派、黑线人物、牛鬼蛇神、反革命等等。

"老赵，你给我垫几块钱，我买一包花生米吃，好吧？""不多，两块多钱。"我代他付了钱。从此，谁也没有再提起这一点点"垫钱"的小事。本来只是不足挂齿的鸡毛蒜皮，可是，说也真怪，我却在同事们闲聊时，偏偏有几个人说："吴老雪借钱，垫钱，从来都没有还过。""咳，这个人就是这个样！不是抠门儿，是抠人儿！"事小，却再没见过有人跟他一起去小卖部或者一起去散步了。我想起《抓壮丁》中的李老栓，他在方桌上去舔从酒杯中倒出来的酒和散落的芝麻。如今这位演员已经彻底角色化了。

检查，检查，通不过的检查，实是专给好人抹黑的台词。因为上头没有人敢于作出结论，于是，拖下去，挂起来。

劳动又回到了菜班。可是，我个人活动总得有个人陪着。偶然又要参加大秋收。总也有人与我若即若离。我看是有人或是原来连队的人怕我逃跑了不成。"专案组"的狗东西一个鬼影都没了。

从此，只有劳动。菜地搭起一个供人看守、憩息的窝棚。我因有心脏病，重活减了不少。不少时间在菜地看守，随手干点轻活儿。我明白，这是"挂起来"的一种方式。下面连排、班，要以上面校部命令是听。"五七战士"们集体听文件、学习时，有一人在菜地监视着我。

生活多了一些内容了。

好心人老鲁和我在一块菜地干活时，给我讲了他自己的故事。他抗战时从河南老家流亡到四川三台上中学，参加过三民主义青年团，因此后来到了艺术局，工作中由于个人历史问题等等不被重视，只做些资料工作。妻子施艳容貌俊秀，却是在人民文学出版社工作时结婚又离婚的，因为前夫豁嘴貌丑，对老鲁的嘴唇尤其爱摸的无以复加。但她利用给某某——副部长送文稿函件的机会，主动献身同他上了床。文革初期被揭发，身上披挂了破鞋，打扫厕所，喝敌敌畏自杀。妻子给他生下了两个女儿。他又曾和一个女同事有过私情，因被群众斗争时她跟着大家骂他，他故意把她和他的私情公开"交代"了，以示报复。他是个不幸的人。文革以后，他同一个也是不幸的女人结了婚。大女儿婚后离异去了澳大利亚，小女儿生活还可以。他的第二任妻子五十年代是四川成都市小有名气的话剧演员，1957年对党提了意见，其实质对党支部提了点意见，被划为右派分子。她的担任市委书记的丈夫同她离了婚，她被发配基层进行劳动改造，儿子病死了，孤自一人在重庆一个成衣师傅那里学会裁缝手艺，度过了艰难的30年。老鲁退休后在她担任一个公司负责人的哥哥手下，做了十多年编刊工作，八十多岁全休在家养老。

在菜地，一度监视我的一个女将叫聂敏。她问我对俄国在古典文学和苏联作品的看法。我说我随便读了些托尔斯泰、高尔基和法捷耶夫的作品。她要听我对《安娜·卡列丽娜》的评价。她觉得我的见解使她很受教益，然后，谈到她自己曾经在几年前同一个越南留学生之间的一段不了的恋情。她是一个生活在感情、思想充满矛盾境遇中的人。她对我一直尊敬而友好。丈夫是部队团职干部，儿子是银行职员。可是，后来她精神失常了！文革后，打电话给我，总说："我身边有窃听器！"丈夫受命一直陪着她，两人衣着、家务、行动都变得很狼狈。她后来完全失常，听说约在八十年代死了。

有一位曾经一声不响地监视我去劳动的女将，叫邹云，她是文化部原一位局长的胞妹。文革初期其丈夫因"有特嫌"又因她的冷漠而自杀。她又曾揭发她的哥哥"偷了接待外宾的点心。"

绝大多数被派监视我这个"审查对象"的"五七"战士，都和我不分彼此，友善相待。

一位抗日初的干部，原任东方歌舞团团长，是经过延安审干的，他也被派来监视过我一次。这是1971年4月，他在菜地同我"摆龙门阵"，四川乡音未改。他在部队时曾参加海南部队。说是在五指山有一名站岗的战士失踪了。分析来分析去，不是敌情也不会是开小差，最终认定可能被岗位附近一个山洞中的蟒蛇所害。用炮轰、机枪扫射，终将巨蟒引出击毙后，剖腹一看，果然这名战士在其腹中，仍然全副武装。大家断定是被巨蟒毒迷后整体吞掉的。

这是一个有趣的故事，不是创作，是事实。

老戴（大家都这样称呼他）告诉我，他准备最近回北京，正好是他喜欢的时候，因为，可以吃到嫩蚕豆。他的夫人和几个孩子，我在干校期间曾见过，他是早期调回文化部的。

在菜地值班，有时没派人监视我。有一次值班我恰巧目睹了一头母牛产下牛仔的全过程。动物特别是一些高级脊椎哺乳动物雌性产仔都是先出腿脚的。一旦如人那样，先出头，母体便会伤重而亡。小牛犊下地后，母牛舔过它的全身，不用几分钟便会站立起来，自己挣扎，用力，走几步就再不会跌倒了，还会自己本能地找到靠以活命、成长的奶头，吸吮起来。

看得高兴了，一转身，一位老年农妇右肘挎着个篮子向我走来，笑着问我："改行啦？"我没听明白，忽然灵机一动，这是湖北话呀，问我"解放啦？"我说："还没有呢？！"问："么事还不解放？"我答："不知道。"她点点头，笑了笑，走了。我知道，农村基层干部过去被反复整治的地区，是上级领导组织的，这里的农民反而同情干部；今天，对我可能也是同情被斗被打倒干部那样心情使然，也许没准她是农村干部家属。

我住的屋子，仍有李克仁、许仪曜、李力和我。伙食还好。一次吃鱼，厨房掌勺的是出版局的关敬诚。我去取菜，看锅里鱼头较多，提出"鱼头好吗？"他说"好！"便给我盛了一个大鱼头。回屋里吃得津津有味。这可馋坏了我的"邻居"，以后，他们也爱吃鱼头了。

日子过得快。我发觉人口在逐日减少。突出印象是原来从上（校部）到下（连队）的专门"抓迫害，促劳改"的长字号人物多不见了。老鲁在地里同我闲聊时，骂几个他最讨厌的人物，下来时把公家的钢丝床、席梦思带来享受，如今调走时，又把公家的东西当私人财产带走了。

可见，干校的形势在变化，有办法的人找到了关系，溜了或者去哪里捞个一官半职。

李力这位仁兄爱显摆资格，却不得志，居然也陪在菜班。有人认为，属于有问题受审查未结案的如本人以及不那么纯（指历史问题等等）的人和不被欣赏的人（如李力）都留守。也听说某某部长被周总理调回。大概已形成干校都是待分配的局面。

我只能听喝。其他人也未尝不一样。舞蹈家吴晓邦因病回京，有人去找他外调时，他立刻戴上氧气包说："我有病！"拒绝会见。

生活上，指吃的，逐渐好起来。常吃自己种的油菜、豇豆、紫菜苔，等等。三、四角钱一斤的鲤鱼，五、六毛钱一斤的鳜鱼、青鱼常有。我曾去尧嘴挑过五六斤一条大的鲤鱼，一次两人，一人挑五十斤左右回来。

还有几次吃七八十公分长的粗鳝鱼和甲鱼。人们不爱吃甲鱼头，几十个甲鱼头成了下脚料扔掉，我就去全部接收，做下酒菜。

李力最后的一些日子，不高兴的时候，吃饭时偶然咬着一个小石子儿，只听"咯儿"的一声之后，就是高声地喊道："他妈的！老子是下来锻炼的，不是来吃石子儿的！"他听见说有人去同当地村干部谈，有的贫下中农偷走了干校的水泵、电动机之类的设备的事，也骂道："他妈的，接受贫下中农再教育，怎么学？学偷！"无论他发什么牢骚，骂的对与不对，李克仁他们只是在旁窃笑。

当李克仁、许仪曜都回京探视去了。李力找我商量，说："人少了，猪呀、鸡呀、菜呀都吃不完，上百只鸡，咱们去抓一只鸡来炖好吗？"我说："行！"于是两人不经当时管鸡的赵国兴连长（其实，管不了几个人了。）许可，自己去抓了一只母鸡杀掉，炖了吃了。李力还自解嘲似的说："这叫偷鸡摸狗！哈哈！"

李克仁，以后再没见过。许仪曜是去香港继承父业了。听他说，父亲搞的胡椒生意，占了东南亚市场的三分之一。有一次他看见父亲来看他时，已显得苍老了许多，动作非常迟缓。

李力也很快便离开了干校，回到文化部。

局外人听说林彪事件 千里寻父相见不相识

在多数"五七战士"正在陆续脱离干校的1971年夏秋之交，在菜地被监视的过程中，好心的聂敏对我说："中央出了大事了，林彪逃到蒙古温都尔汉，飞机坠落摔死了！"她又补充说："这可不能说出去，要命的！"过了两天，老鲁对我说，林彪、叶群、林立果往苏联逃，林豆豆向中央告密，空军在飞机飞向蒙古时，将其击落，掉在蒙古境内。两人话不多，却使我知道一个概略。我立即想到它们，是不是"树倒猢狲散？"我的处境仍然是所谓"被审查对象"，莫须有的罪名照旧是莫须有，搞不下去，又不肯实事求是改正过来，就挂起来，这已是我早就认定了的。如今中央一乱套，下边"深挖""一打三反"又是竹篮子打水，只好各奔前程，把案件拖下去。

我仍然是个假"革命群众"的局外人。友好的人们向我透露了"局内"之事，也表现并代表了很多人对事态、对我的看法，就是说，明眼人没有一个不同情我的遭遇的。

我在举目无亲时，铭记住她/他们的友善。但我总在无助地思念着妻儿。

恰巧一天我在水塘旁干活，忽见北京图书馆的熟人李博达来挑水，同行还有一人。他和我目光正好碰到一起，然后，他转身大声对那位同伴说："呃，林敏已经请假回北京去了好几天了？"那人说："是的，好几天了。"

我明白，这是有意告诉我，我的爱人目前情况。这是一种十分友好的表示啊！他当然知道我的处境，也能估计到我想念家属的心情！多么珍贵的消息啊！我十分感激他，甚至在二十多年后，我们见到他时，还提起此事！

我爱人确实回北京看儿子了。儿子住在他的姑姑家。

由于买火车票困难，她回到湖北咸宁向阳湖连队时，已逾假两天。她忘记了这是集中营，又是"反革命家属"身份。只说了几句逾期的实情，却遭到了极其严酷的叫器，还被七嘴八舌地批判一顿。

我当时是不知道那个连里发生的一切的。

也正是秋高气爽的季节，湖区并未见凉爽。我得到通知说是下午我的爱人和孩子要来看我，不久又改为只有儿子来。

我听了十分兴奋，两年多好像过了二十年，我和家里的亲人之间，像是万里关山阻隔多年，经常思念她们，却总在梦中。我估计在咸高时被截去的信不曾给我发出。爱人心情不好，不来了，儿子要来，是个代表！我下工后，等候在住房门口，眼巴巴地盯着过往的人。有认识的，也有不认识的其他连队的人或者湖北老乡。似曾见到有母子从门前经过，东张西望，以为这里带孩子的母亲多，却未见儿子找过来。

过了好久，好久，排长领着好像是从这里经过的母子俩，到我面前，站住了。

"这是你孩子！"排长给我介绍。

我一愣！心想这个女人我不认识，这孩子……？我定神一看，孩子也在琢磨，却盯住我的头发。不错，"赵宏！""爸——！"我们拥抱着，似乎听得见两颗心在激烈地蹦打着。没有注意那位女将和排长都是什么时候不见了的。

两年，这两年怎么就这久远啊！

后来知道这位带宏儿来的女同志是对林敏友好的一位归国华侨。

儿子是从北京千里赶来的，他多么想见到父亲啊！

儿子首先按照妈妈的嘱咐，给我传达了林彪摔死在温都尔汗的大事。讲了《五七一工程纪要》，具体到周宇驰等等一个个人名，一件件事情的细节，只是没说被空军击落。这孩子记忆力令我惊讶又高兴。天晚了他要回到他妈妈那里去住，第二天再来。他明白我们当时的处境，只有在父子单独在一起时，才说这些话。其实，这些，都已不是秘密了。可见这孩子言行谨慎，其防范意识超出了他的年龄。

我可爱的儿子与我相处了四天。我们去甘棠镇买小吃，上饭馆吃饭，奉命"陪着"去的鲁叔叔开玩笑说，我们吃的是"国宴"。我在菜地干活，儿子在菜地旁的水塘钓鱼玩，有一次居然钓上一只甲鱼，大家为他高兴的时候，聪明的甲鱼却突然脱钩，翻身用背甲边沿轱辘着回到了池塘。

我有一次偶然从水田引水小溪边捡得一条一斤多重的黑鱼，正好招待他美餐一顿。

湖北这块湿洼地闷热风大，但却有蚊子顶强风死死盯住人的赤裸的肩膀。尽管如此，我仍在收工后，传授给了儿子一套"三合剑"。那是我在保定躲武斗时在公园里跟人学得的。只是来不及把我在保定学得的"二四式太极拳"教给他，他就该回北京继续上学了。

夫妻重逢无言以对　医生促使家人团聚

　　经历了几年狂风骤雨，这集中营显得有些松松垮垮，整人的它们溜了烟，仍旧留下"革命群众"与"审查对象"的隔膜。对我，似乎松了一点绑，多少有了点有限的个人活动空间。

　　儿子走了。"生产"劳动"任务"少了许多。

　　周恩来配合江青遥控的"狠抓五一六"和"深挖反革命"战役，一个个成了捕风捉影、放空炮。中央一会儿查林彪集团，一会儿批林批孔批周公，忙得不可开交，有的事收刀捡卦。为了"体面"，凡是打击过的"牛鬼号"，除了大干部从集中营指名调回一些之外，剩下"后期处理品"，责令几个人代表"组织"去处理。

　　在这种情势下，"干校"人口每况愈下。

　　1972年夏秋之交，已被诬为"反革命家属"的林敏从其所在的北京图书馆连队请假回北京批准了。我得到通知，可以去车站告别。

　　菜班班长冯光驷陪去（应是监陪）。他只定了个回湖的时间，由我单独会见亲人。

　　我们见面了，却无话可说。说什么呢？过去、现在，一切都彼此明白。要说，千言万语道不尽，可是时间短暂，该从何说起？对她来说，是怒、是恨、是同情、是不平？什么都无从说起，不如不说。对我来说，是歉意、是被迫的连累、又是愤慨、是无所适从、是无可奈何？也都无法说出口，又说不下去，不如不说。叮咛？关切？等等，都用不着，……于是，默默地，无奈地会见，又默默地告别。

　　同年12月7日，她又请假回京批准了，我依然去送行，也仍是老鲁"监陪"

我。他却似乎理解这一对受害夫妇的心境，不必留时间去私下说话。他却少有兴趣地拿出自己前妻的照片给她看。用意是留恋？是炫耀？是莫名的追思？弄得她有些莫名其妙，说了些时，却才明白，照片上的丽人早已香消玉殒。

而在她的印象中，我都是又脏又衣着简陋地带着一个闹钟，挎着一个旧背包的流浪汉模样。

受尽折磨与摧残的夫妇，就这样，默默地会面又默默地分手，等待着也继续着无期限的隔离。我念起了古时的诗句：

莫作江上舟，莫作江上月，

舟载人别离，月照人离别！

这样的会见与离别，无舟有车，却无月，没有悲伤却充满着凄凉，没有哀伤却无限彷徨！没有忿怒，却义愤填膺！

仍旧是无终无尽的隔离。

我忽然想到了两个谐音字：

"五七"者，"无期"也！呜呼哀哉！

对眼前的一切，过往的云烟，对往日曾有过的崇敬与渴望，对未来的企求，只能归结为一个词："虚无缥缈！"悲哀，希望，……心，似乎已经消失，已经死亡。古人云，"哀莫大于心死。"难道我就这样……无限期地生不如死？

几年后的一个月照之夜，从我最心爱的人零星的追忆、叙述中，才知道，湖北咸宁干校这些岁月里，人们忙于争先恐后奔、钻回北京的时候，先是照顾不少夫妻改变长期分居的异状，赏赐同居，及至竞争逃离这"再教育"的课堂时，也相继成双成对地北上。此时，北京图书馆的组织上却要把她留在向阳湖，美其名曰"也是照顾夫妇关系"。却近在咫尺，如远在天涯。她一反过去逆来顺受的态度，先后请假回京看孩子，借以为返京而斗争，当权者恍然大悟："你这个意见怎么不早说？！"调令才发出了。此时，不必往返无期干校了，因为，行李早在好心同事的支持下，运回北京了。

说起早运行李，还有一个小插曲，不得不提起：当她把木箱和一卷行李放上回京的敞篷汽车上时，被那位最先向我说起中央要抓"五一六反动兵团"的朋友张书然高喊着："把她的行李扔下来！"却被谭祥金喝住："谁敢拿下来！"原来老张是连长，小谭是指导员。小谭为人正派。事后她把此事告诉张的老婆，"别理他！狗仗人势！"他老婆说人话。其实，都是熟人，在一样环境下，对受害人却持不同态度！

浮生若梦梦难忘

老张的故事，我比许多人清楚。他在解放战争初期参加工作，没有功劳、苦劳有疲劳，五十年代任北京图书馆支部书记期间，其人长相虽丑，却有美女找上门。一个北京大学毕业女生在单位美女中是名列前茅的，委身于他的目的是安排工作；另一位颇有文才的女同事，因丈夫是国民党军官，反革命分子，镇压了，她成了反革命家属，政治地位卑劣，投靠他，为了工作稳定，怀上了孕成了他的麻烦，被他狠踢肚子入医院堕胎。事发后，支部初定开除党籍，行政降级，从15级降至18级，后经部党委斟酌，念其交代彻底，悔过态度好，党内处分改为留党察看二年。此人到了上世纪末患下痴呆病，瘫痪在床，多年大小便失禁，一直是其家属的"活期存折"，直至死去。他在瘫痪之前，作为隔楼的邻居还同我打了招呼。

话说回来，从此以后，我被允许同北京家庭通信了。我曾经意识到，放宽了一点对我的管制，却总还要有人"监陪"着我的，这里毕竟是环境特殊。因此，写信只能与"今天天气哈哈哈"差不多。但是，事情还在慢慢地起变化。

好心朋友老鲁告诉我，大队部有一位专管信件收发的人是何健。此人我在干部司时参加过他入党申请讨论会，是个店员出身，仅凭这一点，加上在京，在此两地态度、身份的变化，就知道此人对管他衣食的老板、主子的态度与为人。果然，他是专门干违反中国宪法中关于公民通讯自由的事的。无论这宪法是怎么无效，何健不会干好事。他不光管收发信件，首先是私拆他人信件，抓住信内的私人隐私，替主子效劳的。而何健却靠此立了功。不光是我，可以说是任何人，任何"五七战士"都在信检之列，有例为证：艺术局叶君，同出版局朱君的妻子的私恋，就是从通信中发掘出的。当然，妻子婚外恋及其揭露，处理，丈夫始终是被蒙蔽的。干这种信检勾当的何健只是从犯，永远无罪，他得以以奴才身价及时回京，分配工作，于21世纪初走完自己黑暗的一生。

尽管有信检，我仍能读到我最爱的儿子1972年起从北京的来信。孩子从小喜欢狗，一封信上，说了三次。

"你万一能回京的话，别忘了给我带一只小狗，很小的，活的。"

"最后我在此重说一遍：……带一只小狗，一定要活的。"

"妈妈说，啥也不需要。"后面又加一句："我需要狗。"

他就不知道，火车上是不允许携带动物的。因此，我未能满足他的愿望。

在1973年2月间，我接到了北京医学院第一附属医院的疾病诊断书。那是因为我妻子"因患子宫瘤，考虑手术治疗"的医生证明："需要其爱人来院签字。"

我对大队管理人员讲，这是大手术，有生命危险，必须家属签字，以防万一。果然没几天，校部认可，由大队干部王又宸通知批准回京一个月，条件是约法几条，归结为一条，自我隔离。我仍是可怕的人物，不得让文化部的干部知道获有这点自由，以继续证明它们几千人大会批斗与隔离迫害的有效性。

我明白，因为不必要我表示同意与否，我也不必表示什么。事实上，在人们不曾确认我是无辜之前，不会有人自愿找麻烦的，何况与我熟识甚至友好的人，多有和我类似的遭遇。

北京医学院附属医院在北京西城区西什库北。妇科大夫确诊我爱人是子宫肌瘤，决定手术切除。当天，照病号的要求，我找好了老同学，老战友"肥周"来陪着、壮胆。

由于病号心情过于紧张，在半身麻醉时大声地喊叫："我听见了，你们的手术刀，你们在拉我的肚子！"正在同病人"聊天"的医生，一看她的血压急剧上升，只好改为全身麻醉，很快她什么都不知道了。

手术室的门打开了。一位穿白大褂的医生出门对我说，是长在子宫后壁的一个瘤子，有一个长长的"把儿"，已经切下了。说着将一个容器装着的苹果般大小的白色肌瘤交给我，要我立即送到化验室去，这里手术室等着结果，腹部还没缝上。我们明白如果是恶性肿瘤，就切除子宫及附件。我立即骑上自行车把活体从西什库送到养蜂夹道旁楼上的化验室。

"结果我们会电话通知的，您就别等了！"化验室工作人员接过活体礼貌地把我打发了。

在手术室外，没等多久，有医生出来对我们说："是良性的，正在缝合，只是从子宫外摘除了肌瘤，并且就便把阑尾切除了。你们到病房去等着吧！"

一个大石头落地了！我好像听见影片《铁道游击队》里打更人敲锣的喊声："平安无事啰！"

20世纪70年代初北医的医疗水平和服务态度，是令人满意的。

病人全麻后的三通（气、大小便）之后，进入捧腹活动的过程。伤口愈合后，我和儿子曾陪她到西什库住院部楼顶上去做过"甩手运动"，以促使早日康复。

她出院后不久，我就回"无期"干校了。

暂停监管，残害生灵 过一段"神仙般"的生活

从北京回湖北咸宁无期干校，我随行礼带回了一支气枪。这是儿子的。那是一年多以前我爱人带着儿子去庐山时，偶然发现一家著名体育商品中有气枪。儿子说什么也不愿意离开，除非买下那支枪。心疼儿子的妈妈终于下决心买下来了。那时身边的钱不够，还向同伴借了些凑齐。

宝贝儿子，也是可怜的孩子，高兴极了！当妈妈的也是可怜的妈妈，也为此感到宽心。

可是，这枪只能看着高兴，满了孩子的心愿，确实发挥不了作用。恰巧被我看中了。军委工作时我没资格，也没机会玩枪。而我在五十年代中期出差南方时，连星期日去公园，还总爱出几毛钱去玩玩射击游戏。六十年代初下放甘肃临夏回族自治州时，玩58式手枪和小口径步枪过够了瘾。如今一见气枪就来劲。回到干校，就去打麻雀玩儿。

兄嫂弟妹们留影
前左慰情 中家壁 右雪华
后左道循 中舒眉 右林枫
（1974年）

也正巧，不久从校部来大队指导工作的王云，找我说话——不是像管教犯人的"政府"训话，而是"聊聊"。在这次与熟悉的原文化部政治部的干部见面说话中，我第一次听人说"对你，对我们的同志有不恰当的行为。……"好，终于被称为从前常用的"同志"了，不叫牛鬼蛇神了。我也用不着去追问这样的转变的原因了。错搞的它们溜了，别了，残局叫别人来慢慢收拾。我理解就行了。但既然经历了一场偌大的政治斗争，而共产党，应该说"我们党"从来都是正确的。过去胡闹，创造"反面教员"，搞对"敌"斗争，我成了"反革命"，是正确的，现在正确称呼了，也是正确的。这个脾气我很了解。那么，结论呢？我拭目以待。也没准儿明儿谁们又翻了过来？应有此思想准备！去他妈妈的，等着瞧

吧！平心而论，应该被我责备的"它们"从总管的人说，并还没有一直蛮干错到底。还有真共产党人在起作用。

我已经没有人再盯着了，也不必有人监陪了。

那就是个地地道道的、安安心心的所谓"后期处理品"了。何况还有不少人一样过日子！

你别说，这日子过得还蛮有滋有味儿呢！

曾经监管我的那个延安时期的老干部李力，约我去连里的养殖场偷鸡。那时，所谓排的建制因人少而消失，整个文化部机关留下了几十号人头仍旧号称一个连队，赵国兴当连长，大队干部王又宸有时出现，已经没有什么指导员了。人口在减少着。管理自然日渐松懈。这几十口人，算一算不是一个排的"连队"。

后排左克俊 右克乐

大家"自给自足"，种菜、养猪、养鸡自己吃。人少，管理就不严格了。基本上不用多去看管。这就给李力和我有可乘之机，居然趁人不备，逮一只老母鸡，炖着吃掉了。

经常有人来来去去，李力走后，我一人住一间屋子，附近都是熟人。

这里的伙食一天比一天好。我参加帮厨。大师傅是原研究室主任朱平康。唐守愚这位司长是伙夫，赵国兴连长也参与做菜。包饺子他馅里舀成瓢的香油，让大家吃得可口。

吃鱼是平常事。鳜鱼是淡水鱼中的珍品，一顿每人可以吃两条。青鱼则成块。鳝鱼取一米左右长的大个儿。甲鱼一顿每人不止分得一个。我则又去捡起下脚料甲鱼头几十个自己烧来下酒吃。我也曾去几十里路外的尧嘴挑五六斤一条大的几条鲤鱼回来。

大家闲聊时，多表示这种"神仙过的日子"今后不会有了。都可以想到，早晚会分配工作的。

吃鱼之外，鸡、猪肉有的是。蔬菜当然更是常吃，主要是油菜、紫菜苔、豇豆之类。主食极少吃馒头，新大米饭为主。谁想喝酒吗？听便。

伙食之外，几乎每天一人吃到一个大西瓜。在我的宿舍对面一百多公尺处，是一块大约30亩面积的斜坡，是山河南人种的瓜地。我去同那个瓜农聊天，他说，这是最好吃的胡桃纹品种。选大个儿的，招待任何客人，吃时吐籽儿给他留下做种。大个儿的少说十来斤，大的上20斤。我常看见有些老乡，女社员去他地里吃西瓜，有个女人真行，一两个小时，坐在瓜地里一个劲儿地吃。任何人到果园、瓜地，准吃不限，不准私自带走，这是向来都有的规矩。说自古以来，远了，至少从我记事时，在四川，如今在湖北，这个不成文的定规都是约定俗成的。我们则是在瓜地尝尝新，然后请他帮选一个一、二十斤的买回宿舍享用。一斤不过几分钱。连队里平时也批购分发。

没有生产任务，偶尔也有学习活动。我听过口念文件，如毛泽东写给江青的信，有什么把伟大领袖个人当钟馗用来打鬼之类的说法。我早已有些政治麻木感了，听文件再也没有若干年前专心听取、过耳过目不忘那个劲头了，而是耳边风，左耳听右耳出。

没有什么听的、学的了，便自由活动。

我的活动主题是打鸟，裤兜里常装个小塑料袋和气枪子弹。右手提着气枪，走小山坡丛林，乡间小道，甚至房舍屋檐下，电线上，无论什么地方，见麻雀就打。不说是百发百中，也差不多都是枪响鸟落地。因为，一般距离不过一、二十公尺。

起初小鸟很傻，在几公尺高的椽子口盯着我用枪瞄准它，一个掉了又来一个。后来惊了也精了，见我就飞。我就从侧面，从树叶下向上瞄准。最得意的是向瓦槽的一头向上斜射一弹2鸟同时落下。有时是，走过去，转身回头立刻瞄准电线上的鸟，乘其不备，照样枪响鸟落。

这里有驻军。战士们对气枪也有兴趣。

哥嫂与孩子们在重庆

"瞄哪打哪？！"一个战士问我。

"对，短距离，直对，不讲抛物线。"我说"你试试！"

我看这位健壮的战士举枪瞄准，真像是拿着一把玩具枪的样子，瞄准时纹丝不动。

战士们听说我喜欢吃蛇，曾经把他们打死的几条毒蛇送来给我，我一一笑纳，他们却不吃。

更多的时候，在我裤兜里的塑料袋，每次都得装上一、二十个战利品回宿舍。

当我解剖小鸟尸体时，发现麻雀的胃里竟然都是虫子，没见粮食颗粒。可见这麻雀并非害禽。六十年代"除四害"，为保粮食，做得过头了。而我现在干的却正是杀益鸟，残害生灵。不过，这只是一闪念，谁还去想这许多？！

把清洗干净的麻雀，放到油锅去炸，活像一只缩小了的烤鸭。炸酥了烤鸭连骨一齐吃尽。用来下酒，滋味极美。

晚上，几个人在一起玩玩扑克，"争上游"之类，然后，喝酒，吃家雀，很惬意！

战利品积累多了，就在炸熟后用当时盛行的玻璃罐头装上，用香油浸泡，瓶盖改用塑料盖密封，托回京的熟人带给家人品尝。从儿子来信知道，这道菜挺受欢迎。

夏、秋季节，我们也去小水塘捞小虾，晒干后照样装瓶。也买了几角钱一斤的鱼，做成鱼片，一并带回北京。

"不要带那些臭鱼烂虾回来！"孩子忠实地传达他妈妈的最高指示。但香油浸泡的家雀，未曾拒绝，除非太多，放坏了，才扔掉。

没事干，就找事儿，我用剩菜剩饭诱养了一只猫和两只狗。

一位战士送了一条蛇，是无毒的，足有一米多长。我拿到溪边去解剖、清洗。取出蛇胆给赵国兴，他一口吞下，据说可以明目，我知道他视力有点问题。

我用四川豆瓣酱烧蛇肉，其味甚鲜。

有一天那只猫竟然趁我外出时，打翻我储备的香油泡家雀，并且偷吃干净。为此，被我当着狗把它处死了。恰好有战士又送来了一条大蛇，我就烧出了一锅"龙虎斗"，还邀请大师傅朱平康来赴宴。

"呃，太香了。我在广州吃的龙虎斗，都没这个好吃！"老朱边吃边说，赞不绝口。

我也单烧猫吃，为减免膻味儿，无非多放姜。做红烧鱼块问题不大，加什么调料出什么味道。人们说"千滚的豆腐，万滚的鱼。"这是经验之谈，多烧不变硬，反而经煮入味。

邹培生

其实，我只会用四川辣豆瓣酱红烧鱼肉之类，大凡炊事与烹饪，一概都不灵的。

正由于饮食丰富，并无节制，心儿宽了，体儿就胖了。尽管残害生灵，加上上山、下水，猎杀弱势小动物，体力运动虽多，体重却是一天天看涨。

说到这里，还不得不交代一点小事。俗话说人类为财死，动物为食亡。野生禽兽有些死于猎人之手，家畜也世代如此，被人生，被人养也被人屠宰，为人所用，为人类的生存贡献一切。

一如号称六畜（马、牛、羊、鸡、犬、豕）之首的猪。一连有个杀猪能手，就是那位曾经让我去他老家山西万荣避武斗的杜克。我有一次去参观他杀猪。只见他一只手在一头猪的头上一拍，那猪就嚎叫起来，并乖乖地跟着他走。走近一看，原来他是用一个双钩，准确地刺入那头猪的两只大耳朵，钩住它向身边拉。那猪似乎不情愿又怕疼地跟着走了。杜克一眼看见我，便随手拿过一把20几公分长的剑似尖刀，把不厚的刀背向下翻，递给我，教我从正在嚎叫着的猪脖子下向顺猪身方向刺去。我顺利地刺到了猪的心脏部位，将刀尖用力搅两下，便顺势抽出来。那鲜血顺着刀锋向下喷出，流进早已备好的小盆。那畜生嚎几声，声音很快从大到小，然后无力地瘫下了。杀猪就这么简单。我在十二岁上初中时在厨房也见过杀猪，吹气，刮毛，开膛的全过程。不同于杜克师傅的，是人家先用绳子栓脚将它撂倒。小时候天亮前听见的杀猪声，其实只是被人逮住拖去宰杀前的嚎叫。

我记起甘肃回民说的，老牛被宰时是不嚎叫的，只是满眼泪，而宰牛是用不着男人的。

可见人类对动物是很残忍的。

不一而足，有的人杀狗有一套手段。就在我们住的两排宿舍之间，一位听说是出版系统和我们一样的"后期处理品"，发明了一个套狗圈，趁其不注意，从一只狗的后侧面，把一条两米多长的铁丝做的双套圈，扔过狗头将狗头套住。这时，那狗尽全力往前奔，那套圈却越拉越收紧，没几秒钟，就再没力气往前奔了。这时，他把铁丝另一端甩过旁边的树权，将无力挣扎的狗体拉上去，悬挂固定起来。那狗还在微微喘息。这位仁兄转身从屋旁端起一小盆早已准备好的凉水向奄奄一息的狗头浇去。水从狗的口、鼻泼进去了，只听"咯儿"的一声，那只狗便停止了喘息，一动不动了。以下就是开膛、剥皮了。

我诱养两条野狗中的那只黄狗，被我用中药材"马钱子"做试验。听人说它是在邻村边叫边转圈地死掉，被老乡弄走了。这种中草药民间说法是："人吃了大凉，狗吃了断肠，鸟吃了飞不过墙。"另一只是黑狗，我决定把它宰了吃掉。

我没有吸取双结套野狗的办法，而是在室内用铁锹猛击狗头，这里狗不愿受死，向我反扑过来。我继续更用力地用铁锹砸它，终究把它打晕躺下，心想文革初期红卫兵高喊什么"砸烂狗头"之说，这真狗头并非容易砸烂的呀！我为免它醒过来咬人，立即用绳子扎成当童子军时学会的双套结把它脖子套上，并吊在一张空床床头。不一会，它果然开始动弹。再把半盆水冲它鼻、口灌下去，也是"咯"的一声，断了气。

在另外一个敞开没墙的大棚里。我施行了对这只狗的尸体解剖，去皮，分类。

照例是四川豆瓣酱烧的"红烧狗肉"，宴请了几位熟人。

人们都说，狗是不吃同类肉的。这个特点，从任何宰狗的场所可以看到，其他的狗，都只是走过，决不逗留。不像它们对鱼类和猪肉那样，留恋不去。

我把狗肉同鱼、鸟一齐带一些回北京去，也让家人品尝品尝。

这样的生活，过得很快。

连队人事略有变动。原艺术局副局长申伸担任支部书记。他有意组织大家去庐山参观。后来我知道，也是他在主办对我的审查结论事务。

庐山之行很快落实。我被派与人一道打前站。十几个人只迟两天就到了九江。

我在庐山设法拍了几张照片，寄回北京了。

在这里，在知名的庐山上，各处走走，听说这里、那里虽是哪位、哪些政界要人住过的，或是开过会，游玩过的。至于风景，看了并无惊喜之处。如此而已。

"为什么没有对名山的激情？"我自问。

回答可能不止一个，有一个是不能不说的，那就是，除个别景观别致之外，何如峨眉山？！

上山乘汽车，听说不久前有"飞车下庐山"重大惨案后，下山步行了。

回到向阳湖不久，大家都听说了"转学"去天津的消息。时值春夏之交，人们都忙起来了。当司务长的刘京绪忙着给每人准备用杉木板做木箱。

赵国兴大连长忙着把那头800斤体重超群的种猪和五十几只优良品种母鸡、公鸡留赠给生产队。

大队部王又宸要求我这个上过同济大学的"无期赤脚医生"尽快将医药、器具处理掉。

支书申伸把对我审查的组织结论，交我参考，争取了结。

我看出这个结论是为延红总、军宣队之类的迫害罪行下台阶，打掩护收场。但我不让步，立即向党支部写了《保留意见》，对"结论意见"逐一反驳。

党小组扩大会完全支持我的意见。

结论搁浅。时间也是1975年炎热的夏季了。

转学搬家继续忙起来。

我从南山坡小树林中挖了一些中药材"何首乌"，又从老乡手中买了一朵高约20公分，直径10公分的紫灵芝。在几处半山坡上的小花树中，从栀子花、桂花树中优选了一株高约70公分的桂树，带土放入废水桶中，准备运回北京。

临出发的一天，驻军来了大约两个排，帮助搬家。

20岁上下的战士，个个身材魁梧，红光满面，热情洋溢。靠他们的帮助，一百斤左右的箱子，他们往肩上一扛，指到哪里，送到哪里，一直从汽车转运上火车站。

我在装运一般家具、桌椅时，居然成了壮劳动力，站在敞篷卡车顶旁的车梆上，一只手可以将一张桌子提上车。装车高度将近4米。

别了，向阳湖！别了，此地"五七干校。"

别了，欺侮文化人的集中营！

有什么使人留恋的吗？只有湖北省咸宁地区的山山水水！只有咸宁的朴实的老百姓！只有这最后两个多月"神仙般"的生活！

其所以值得留恋，因为有真，有善，有美，有一定程度的自然、自主与自由。

除了可留恋之外，还有什么？毋庸讳言，是恨，是厌恶！不能忘记那些原始性、野蛮性即非人类的岁月！作为正常的人，怎能爱恨不分明？！又怎能无视人世间的伪、恶、丑？！正常人，高尚的人又是大度为怀，能忍，却不是无原则地去反对以牙还牙、冤冤相报，而是宽容改恶从善，绝不纵容、姑息恶棍和任何害人丑行，不论是非曲直。

我是带着爱与憎，离别向阳湖的。

我是留下爱与憎，默默地走出湖北省的。

而那些在咸宁犯下和参与"搞迫害，督劳改"美其名曰"抓革命促生产"的罪恶的人，却是留下了丑恶，其中少数人似应有所悔悟么？！达不到错误目的，谁也不负责任，后台也乱了套，索性拍屁股溜之大吉，各钻各的门道，各自投奔新的主子去了。

390

"转学"天津团泊洼大监狱　囚犯大右派处理品

为什么要把咸宁无期"干校"这个衰败的集中营搬到天津？又为什么要放在天津团泊洼这个劳改场、大监狱？当权派，所谓掌握无产阶级专政大权的圈子里，始终不敢公开。这些冒充马克思主义，扛着列宁主义、毛泽东思想大旗的政治小丑们，始终讳莫如深。我们也懒得去查究。因为，事情的发展，确实日渐揭示出掌权的跳梁小丑们日益被动、节节败退的嘴脸。

事实上，中华民族文化艺术事业上千个门类的业务人才中的大多数，在20世纪六七十年代被先后从北京中央各机关、事业、企业单位"犁庭扫院"、"挖地3尺，深耕五遍"、"扫地出门"的六千多人，多是全中国文化事业的行家。没有这些人，任意派几个奴才，去掌管、去留守、去面向全中国无比庞大的文化事业大机器，是蚍蜉撼大树，顶个屁用。"四人帮"抓瞎，让周恩来四处从无期集中营调人救火，却总是顾此失彼，供不应求。

赵宏：骑驻军的军马玩玩去！

不得不收起扑空的"深挖"，不声不响地拆散无期干校，大体上各归原位。（这个庞大的文化机器，才又渐渐复苏，继续运转。其他行业与文化类同）这种形式在广大群众中，简称曰："归队"。

而因为多种原因一时归不了队的少数人如我等原机关干部种种，便成了"后期处理品"。如今自嘲名曰"转学"，到了天津。

团泊洼的这所大监狱，地属静海县，位于天津市西南约40公里处，面临早已干涸的南运河。监狱在运河边设有哨卡。囚犯在东部区域。最西部有一个小区，据说是专门关押大右派分子的。多大？说是问题大、职务高、原是部长级大干

在静海县团泊洼
"静海干校"（1975年）

部。至于这"大右派"是否关押，无行动自由，不得而知。我们无期干校是西区，东紧接监狱，南邻为大右派。没见过大右派出入。

我们约百十号人口，活动范围较大，有两个瓦房大四合院，还有两大片菜地。常可以看见身着蓝色囚服的服刑犯人列队从院前经过。

我们只是监狱区域的一部分公共地盘。

独立生产、居住、生活，不受监狱限制。因此，我们这些从湖北转学来的成员，过的不是服刑犯人一样的生活。

换句话说，我们身在监狱，却享受非囚犯的、特殊的无期干校无期战士待遇。

这里生活上的一个重要特点是，饮水是苦咸味儿。因为，这一带都是盐碱地，井水碱性大，沏茶没茶味儿也还带些苦涩。起初有些人拉肚子，久了也适应了。我本来皮实，喝苦水没事儿。

这是夏季。蚊子比咸宁的厉害，人人都得架蚊帐。

打发时光的办法有三：一是周一至周六每日安排半天管管菜地，浇水用自来水，当然也是苦涩的。二是半天学习。有报读报，有文件读文件，或者自由阅读。晚饭后，自由活动。一看，只有文化部机关和文联作协的一些无期学员在位，其他的或回原单位或另有去处了。

我和原机关的老同事谈天说地，言不及义，不涉及任何主义。无非议论监狱的见闻。眼见囚犯队伍中看不到中老年人，就议论青少年接上犯罪的班了。听说有个狱官被处罚、调离，是为和一个本领高强的女犯人有了风流事情，给不少服刑犯人行了方便。又听说曾有犯人逃跑，没过运河就被逮回来加了刑。

作协的诗人郭小川和我挺谈得来。他很随和，手中常握住一个酒瓶，喜欢喝几口，打打扑克。他打趣地说："我是在向阳湖认识你的。"我说："对头，不用相互自我介绍了。军宣队给我戴帽子那天吧！"

"哈哈，牛鬼号！你在台上，我们也是，在台下！"

作者休闲时在访问农院

打扑克，喝两口，闲聊天，照样言不及义。文联作协、部机关的同仁们都不约而同。但是是非非，大是大非，妇孺皆知，路人皆晓，一切尽在不言中。

意外的是这位平易近人的诗人"归队"后不久，我在机关受命押运包括有关我的几麻袋大字报等废纸去东郊造纸厂时，偶然又见到他一面，之后不久，他就不幸地死于一场小火灾。不是烧死，而是被自己的烟头引燃床垫的毒气给熏晕致死的。

团泊洼时期，家属可以来探视。这是说，我可以享有同于向阳湖时期无期战士那样有限的家人团聚待遇。

我的两位最亲爱的人来了！

没有待客的蚊帐，就让儿子用我的床，不受蚊子叮咬。我们夫妻只好在楼上拼两张桌子当床，多点几卷蚊香过夜了。

白天，我们的儿子玩得很开心。他居然同驻扎在监狱的战士混得挺熟。人们正在院子里聊天，突然有一个小伙骑着一匹体壮膘肥的棕色马，慢慢悠悠地迈进院子。有个士兵跟着。那马背上是不满15岁的赵宏。笑嘻嘻地叫了声"爸！妈——！"嬉笑着，拉着缰绳，由那位士兵陪着出了院子。

在这里，我留下了儿子骑马和我用气枪瞄准小鸟的生活照片。

尽管水质苦涩不纯，饮水不习惯，心境还算开阔，可能与许多人相同的是，苦中寻乐，听凭摆布。

在孩子玩得尽兴时，就该走了。我陪这受我，不，受"文革"大破坏害苦了的母子俩，去天津市，住了一夜，送上火车回北京。

这个阶段，全国还搞批林、批孔。我们乐得不介入。

一度传达文件计批邓。

人们不约而同地表示沉默。主持人同大家一样，无声回绝。

曾经不知由谁发起的，有一次去附近农村作了一次学习、调查。

这个村庄有个生产队，负责人向我们介绍了生产生活状况。印象是两个字："贫困。""宁要社会主义的草，不要资本主义的苗"的口号是接近"最高指示"的准最高指示，把受苦受难的中国农民坑得苦不堪言。在北京、在吵吵闹闹

文化部一连的"五七"战士

的大、中、小城市里，看不见，想不到的一幕凄凉景色，就在我们眼前。比我们穿得破旧且近乎褴褛衣衫的农民、农村干部，衣不蔽体，鞋不护足，面黄肌瘦，目光呆滞，语言乏力，房舍破漏，门窗不全，四壁空空，锅台无物，土炕未见铺盖，房前屋后不见家禽、牲畜。印象最深的是这位农村基层干部的一句话："我们用的火柴，要从鸡屁股里抠！"

谁都明白，这儿的农民手头没钞票，购买点火烧水煮沸活命的火柴，只能靠着养的母鸡野外觅食下的蛋，去城里换成钱，才买得到。

我们每个听众都能够想得到，这"史无前例的文化大革命"，不光革自己把同志树成敌人的命，革我们这些文化人、干部的命，还要革这些祖辈拿命、拿枪杆子替共产党打天下夺政权的农民的命，革一切好人的命。如果这种革命取得了彻底的胜利，只剩下了一小撮孤家寡人的命，恐怕也快没命了吧！

这个兔年的秋天，我们被运回北京的时候，令人久久无以忘怀的团泊注，总让人铭记那些囚徒的年轻化和静海农民的鸡屁股！

黑暗中显现光明 从"四五"事件到抓"四人帮"

文化部一连的"五七"战士

从天津团泊洼回到北京，算是回到家。这个家是几年间饱受摧残的家。如今，儿子可以和父母生活在一起，上了初中。但由于毛主席读书越多越愚蠢的理论和张铁生这个模范英雄的无穷的榜样作用下，中国仍处在文化大破坏的黑暗时期，学校何曾见到读书、增长知识的教学气氛？中学生不认真上课，外语课是俄语。老师在讲堂上，学生仍可以把俄文课本向空中扔着玩。儿子回家有兴趣制作无线电，还叫我听听他居然做成功的小收音机。妻子既然归队回到北京图书馆，有人还是戴着黑色眼镜看待她。丈夫的所谓"问题"，是要牵连家属的。这是封建黑色连坐传统的中国习以为常的特色。北京图书馆大体上已在恢复内部的日常工作。但当她找到主任杨林时，被劈头盖脑的质问，第一句话就是："赵素行的问题解决了吗？"安排她工作的事，成了悬案。

最终，她仍以待分配允许自己联系的条件，找到一位老干部、编目部主任何灏洲，她表示愿意到该部去工作，立即被认可。因为，她熟悉各部门的工作业务。以后，她又改选调书目文献出版社和《文献》杂志编辑部做编辑工作，直至55岁退休。她自从在军队做文艺工作后，从事图书专业41年。其间，在国际交换部门工作较久，又曾在图书馆学研究部工作，熟悉各项业务。"归队"后，总算恢复了工作。政治环境照旧。

我呢，表面上仍属于国务院文化部。人们观念中还是"旧文化部"，即毛泽东御定为"旧中宣部是阎王殿，旧文化部是死人部、帝王将相才子佳人部"的文化部。只是在邓小平复出，大力抓整顿的形势下，加之林彪、江青、周恩来促办的"五七干校"（后来知道，"五七"二字，原本是林彪充当副统帅时利用1965年毛泽东给他的信表示些设想的日期5月7日定名）作为排斥异己的场所。由于林彪在

作者1976年在香山

温都尔汗折戟沉沙，江青、周恩来也无暇顾及这失败的烂摊子，不得不收手，让人们归队，好维持多项事业和国家机器的运行。更由于整顿了一些经济、生产领域，却又有不少阻力，"四人帮"一类极"左"的反动势力的捣乱，我们在这京畿地带，仍然看不见光明。文化部机关和文联各协、作协的干部300余人，定为"留守处"待处理。

江青、张春桥对文化部的人员恐惧加仇视。江青叫喊"原文化部的干部一个也不要，连桌椅板凳都不要！"国家领导人为了是保留国务院文化组，还是建立文化部问题，吵闹不休。在挑选"江青认识"的人和搭建文化部机关工作班子过程中，派了参与筹建所谓新文化部的调查组4个成员之一的梁泽民来管理留守处，也得便从中物色个别可用之奴才。至于部机关核心成员，则是于会泳、钱浩亮、刘庆棠和张维民。同时，再经过上海帮的马天水、徐景贤、王秀珍再次精选的吕骥敏掌握文艺组文艺创作和部司局级职务，指挥文艺评论，办起了"初澜"、"江天"写作班子，与梁效、罗思鼎相呼应，为江青制造舆论。

因此，身在"留守处"300余人中的我，在这般乌云密布、暗无天日的黑暗中，只能每天貌似"上班"，实是出入牢笼，比在团泊洼、向阳湖还难受，日子过得气闷。恢复了组织生活，错误的结论未除，仍旧是是非颠倒。

这就是说，走出了无期集中营，只是从一个牢笼进入另一个牢笼，厄运尚未有尽期。

1976年，是多事之秋！

在全国尚未从邓小平倡导的整顿浪潮中复苏的时刻，毛泽东又在极"左"反动派的牵引下，掀起了批邓的高潮，名叫反击右倾翻案风。在这股黑潮汹涌时，周恩来总理在左右逢源、重病受制的折磨中，于元月8日撒手人寰，结束了诚惶诚恐、忠于职守的一生。他效忠共和国的业绩，深入人心，成千上万的群众自发

地哀悼他，同时发泄着对时局、对"四人帮"极左派倒行逆施的不满。

这文化部留守处，依照于、浩、刘、张加梁泽民的密谋，把这300多名江青"一个不要"的老干部，分成一些"豆腐块"，扔到全国各省市的如意算盘，正在实施中，却不巧受到了各省市地方的抵制，理由是，人家那里也照样积压了一大批老干部没法处理。总不能让这些人闲呆着，于是，沿用"犯人管犯人"的经验，将这批人分组成4个支部，指定负责人，听梁泽民发号施令。

于是，3月13日，宣布撤销留守处和天津干校，更名"干部分配办公室"。

在这黑云压城城欲摧的批邓热潮中，天安门广场，人民英雄纪念碑布满群众献的花圈、悼诗、挽文，也有演讲，表示了对周恩来的歌颂、缅怀并诅咒四人帮恶势力。这说明中国人举起了烧向中国黑势力的火把，它震惊了古老的北京城，使人在黑暗中看到了光明。

我趁星期天去北京站提取友人在广州代购的16公分折叠自行车，立即骑上它驶向天安门广场，足足地阅读了一个多小时的群众诗作。

我看到了希望，看到了如许琳琅满目的宝石！只可惜，我无法把它们收录下来。

"四人帮"这个词，在不少诗作中暗指，个别点得明白。这个词，是毛主席发明的，而且在1973年以后不止一次的传达文件中都有。

但我得谨慎！因为，这些人还在台上呀！

作者在天津静海干校 团泊洼一隅
（1975年）

我星期日（4月4日）在天安门目睹的盛况，没有对任何人说起。后来知道，就在第二天夜晚，广场的群众，无论是张贴诗文的还是观赏的人，一律受到了野蛮的殴打。手无寸铁的老百姓被打得头破血流，并被抓捕，人民广场留下了人民的鲜血。这是从中共中央指示到北京市政府施行的一桩反人民的罪行！这是我们的党和政府反动性的再次大暴露！为了掩盖罪行，从上到下，搞追查，既查所谓"总理遗言"等谣言，也查谁去过天安门广场，留下了什么，说了什么等等。人们曾经说过天安门盛况和诗句的事，只得"坦白"："是在公交车上听说的。"这种"道听途说"，是无法追查到源头的。

但从不久后的"传达"中，却让大家清楚这著名的"四五"事件，是官方有计划，有领导，有组织的罪行。市公安局临时调集的武装人员预先受到"镇压反革命"的教育，不少人换了便装，隐藏在劳动人民文化宫，等到被群众称为"无德"的吴德约定的暗号来，警察和民兵一千多人，围攻傍晚前后聚集在广场的群众，使用棍棒、拳头和腿脚，围攻不及逃走的人群，打伤不少人，抓捕了一些人入狱。还表扬了一些打手。

林敏在天津的水上公园
（1975年）

清明的悼念批判运动，中央硬把邓小平扯到一起，经毛主席批准，撤销了邓小平党内外一切职务，任命华国锋为中央第一副主席，国务院总理。

事实上，这借题发挥、针对毛泽东支持四人帮的群众运动，北京有，外省市也有。

革命烈火暂时被压住，但光明已经显现。有火种、有火就有光，我和这些仍待宰割的人们，暗中高兴，也有忧愁。

这年夏天的7月6日，人民敬重的朱总司令逝世了。时年九十。我从童年到穿军装在军委，脱军装至今，对这位老人一直是很敬仰的，一切记忆犹新。但单位连像纪念周恩来一样的活动都不曾举办，我对老人的悼念只能在心中，偶尔对这里的"同学"说几句。

不幸的事又发生了。7月28日，河北省发生了地震，震中在唐山市，7.8级。是毁灭性的大地震。我们在北京有震感。市区有墙裂和阳台坍塌现象。

对我们这几百名待分配干部，又用了"办学习班"的方式，要求"把学习班变成批邓的战场，继续革命的加油站。"动不动就是翻案风。

一言以蔽之，不听从摆布，就是右倾翻案风。

这期间，我们被带去大兴县"五七艺校"劳动过。江青说过不要的文化部的桌椅板凳，我们出劳动力，把它们从办公楼内抬到地下室大仓库封存。其实所谓旧文化部的桌椅板凳的一部分，却在下放"五七干校"时，延黑总大联委掌大权的一帮家伙瓜分、私吞了。那时，以"下放"名义搬出朝内大街办公大楼地下室的这批硬件，数量很可观，堆满了四五间大屋子的。

无事生非，一向是"四人帮"及其党羽的劣根性。在唐山地震后，大家都在多次余震中抗震防灾，既忙家务，又忙值班、调查等等事务。梁泽民一类还在喊批邓。因为邓小平批评过一些"肿、散、骄、奢、惰"和"软、懒、散"的现象，就寻找机会喊叫批邓，追查"广场事件"，以多少号文件为纲，清除民主革命思想等等。他们总是兴妖风，鼓恶浪，尽力折腾人，使一些指定的临时负责人和群众忙得不可开交。

我们住的平房，在临余震中，从院子里看，那屋顶像波浪起伏，有坍陷的危险，只得全院子4家人在院子中的空地上搭上棚，支上床，后来，

林敏在天津的水上公园

还到景山北院空场上搭帐篷过夜。那里早有了不少露天的"邻居"了，有几家是唐山来的劫后幸存的孤儿了。之后又通知我们去学习，听传达胡诌。有病者除外。据说，参加这类集中学习，是"提高政治思想，批邓难得的机会！"

因此，大家忙抗震防灾一个月后，又在8月下旬的23日集中办学习班，统一管起来。"统一包伙，一天8两粮票5角钱。结业时，可以吃得好点。"

于是，几个支部搞得挺热闹：

一会儿揭发、交代、检查谣传。

一会儿批所谓邓小平的"总纲"。

讲安全团结，讲触及灵魂。

讲"新文化部"是毛主席革命路线。

讨论邓小平复辟，联系实际批判。

"对办班有泼冷水的。有对批邓大方向不同的问题。有人准备退休了，算时间熬……"

批资产阶级法权。批唯生产力论。讲走资派还在走。批生产保险、革命危险论。批阶级斗争熄灭论。

讲路线决定一切。批邓就是批修正主义。

要学《红旗》杂志五期的文章，联系天安门事件，掀起大学、大揭、大批高潮。办大字报。

要求解决厌战和松劲情绪，批"事不关己"。

作者夫妻在十三陵留影
（1975年）

在大批判高潮中，人们突然听到哀乐声了。

是毛主席逝世了！时间是1967年9月9日。

大批判大字报，改为悼念，歌颂这位四个伟大的伟人。读两报一刊社论。

天安门百万人的毛主席追悼大会，在9月18日举行。

能允许参加这个大会，是一项荣幸的事。编队组织很严密。而我总觉得我们这些人，都属另册，跟"新文化部"的关系很勉强，不正常。有什么办法呢？"事到头来不自由"，只能听喝。几百个人，许有几百个想法，也都是虚无缥缈。这里没有任何人际间的思想交流或感情交流。因为，命运差不多，都无可奈何。

有一个不认识的女人，曾在一起张贴大字报之类，但我从未听见过此人的声音，似同在一个大组活动。其人大约四十岁上下的中年人。在追悼大会后不久的一天，听说此人死了，是自杀的，还是先用菜刀在夜里砍死昏睡的丈夫后自杀死亡的，又说她是个精神病人，一直怀疑自己丈夫不忠。

可见，几百名待分配人员中，各人有自己的思想，感情领域。

但是，在对待伟大领袖毛主席逝世的态度上，都不尽相同。如那位精神病人就是漠不关心的，应属极少数。

我们这些人，仍然关心自己的前途。"按既定方针办"，我们仍旧是任人宰割的一群迷途的老羊！关心、参加了追悼会，怎么样？

我对于个人的前途是缺乏信心的。

在无期集中营时期，我就缺乏信心了。"相信党，相信群众"的自我安慰，已在不少历史事实前失去魔力。只有更多地相信真理，相信或然率；相信党内、群众中有敢于坚持真理的力量，有利于科学地对人对事的我能遇上。人们惯于把这种可能性或说导向性利于正确解决矛盾的或然率，条件，用唯心论、不可知论的世俗说法，去解释说是运气、命运。我小时候听大人说是"际遇"，而后不少人又说是"机遇"。

由于我掌握的可能决定我们前途的因素局限性太大，我是悲观的。尽管我始终抱着希望，我说是梦想，幻想。

在这种心境中，我"混"到了这一年的秋冬之交。

有一天傍晚，我同已经16岁半的儿子谈心。我从"文革"简述到现在也就是他从幼儿园到如今上了高中，说到眼前和未来。特别是未来，我重复了我的父亲在我上高中时说的话："不要搞政治！"我讲到"四人帮"还在中央指挥一切，我可能看不到这些人垮台，但你今后，千万不要跟着他们走，也不要相信他们，自己走自己的路！

自古遭难的孩子早懂事。这个"九一三事件"的文件，还是他才12岁时向有25年党龄的父亲传达的呢！

意外的是，两天后晚上儿子回家对我说："爸，你说的那几个人抓起来了！"不等我追问消息来源，他接着补充说明："是同学告诉我的，他爸爸黄华说的。"

消息可靠！"四人帮"积怨甚多，上下招恨，已非一日。我没有怀疑。

"好！太好了！"我高兴地说。

这天是1976年10月7日。逮捕"四人帮"是昨天的事。

我高兴的是，面临一个大转折，中国的命运有新大变化，我和全国人民有希望了！身陷失望甚至绝望境地的我，突发了生机。我瞥见了清明时节天安门怒放的鲜花，在这可爱的金秋结出了硕果！

庆祝这个喜讯的方式，是破例喝酒。在天津团泊洼时，我的心脏已基本正常，但由于体重的变化，肥胖促使血压过高，一直在节食、戒酒减肥。这天例外，喝酒就得吃肉，也睡了个好觉。因为，希望在明天。

文化大革命结束了吗？好像还没有呢！

找回电影专业 清查"四人帮"问题

从到北影编导室厂办，到部参加清查工作

光明途中有阴暗，道路曲折皆人为。看看前途和走过的路如何？

"四人帮"被粉碎了，举国欢腾，男女老少皆大欢喜。在中央正式公布的前几天，市面上传开了"买4只螃蟹"的事，同时也传为佳话。

当那个姓梁名泽民的家伙还在台上说些屁话时，我们已有人在传诵着好消息，并在看他的笑话："没几天神气的了！"

群众庆祝粉碎"四人帮"的鞭炮声，正是"四人帮"走卒、爪牙们的晴天霹雳。

中央派来了华山等3人管文化部。江青培植的"新文化部"干将于会泳、（钱）浩亮、刘庆棠及其党羽成了丧家犬，它们的罪行将会受到清算，善恶到头终有报，此其时也。

"四人帮"之所以倒台，近因是叶帅等人民功臣不再"投鼠忌器"，实际是作为"四人帮"保护伞的毛主席去世，不再小骂大帮忙了。也由于后台倒下，他们紧锣密鼓，抢班夺权，杀气腾腾，直接危及中央领导人的安全而关系到党与共和国的生死存亡。打倒"四人帮"及其同伙，是亿万人民、中华民族的众望所归，人心所向。不过，平心而论，没有叶剑英、李先念代表的老帅们的发难与高超的战略战术，也是难于成功的。

文化部分配办公室和全国一样，很快转入声讨、揭发、批判"四人帮"的群众运动。我们是参加大会，听

作者在黄化门
（1976年）

自上而下的传达。传达内容中值得注意的是中央13号文件，10月10日发出，20日听传达，以及未曾参加的文化部系统包括"五七艺大"的揭批大会内容。

这些大会，大字报，都是比较具体有事实依据的。区别于无期集中营迫害我等的大会，是无当事人，无被揭批对象在场，所谓背靠背的大会，内容比较具体，言之有物。不像迫害我们时的捏造、假想、无中生有，或无限上纲，攻其一点不及其余，甚或人云亦云、空喊口号造假声势吓唬人。

中央13号文件重点是公布毛主席定名、批评"四人帮"及逮捕它们的根据和当前政策、措施。

继续参加庆祝、声讨、揭发大会。

报纸，有看头，广播有听头，可谓丰富多彩。揭批内容浩如烟海，更比烟海浩！

有趣的是在庆祝胜利的上百万人队伍中，按照中央的口径喊："反击右倾翻案风"、"继续批邓"口号的只有极少数字的人，显得孤立、冷清被讪笑。对"你办事，我放心""按过去方针办"之类的广播、传达，让我产生了"换汤不换药"的印象，接班人仍然是指定的，"过去""既定"方针照旧！

我关心的是，分配工作。

总支刘子先告诉我，他曾同恢复担任电影局局长的司徒慧敏说过让我回局工作的事。据司徒说，他对赵某人"不了解"。我明白，司徒于10年前在局里极左思潮泛滥时，我参加过局里组织对他的批判会怀恨不忘。而这时，原有老同事们多已分配到了电影系统，不在局机关。

我住的院子里，4家人，甚至院内院外，都恢复了正常，只有我一人处于待分配状态。一向规定可自行联系去处，办成功，即可办调干手续。众所周知，我在文化部系统六七千人大会上当做牛鬼号批斗，不少伪造的"罪行录"传播广泛，以讹传讹，不明真相。原来当官的恢复了工作，也谨小慎微，心有余悸，多事不如少事，生怕给自己惹麻烦。因此，只得等待。

我拿一些旧木板和几个窗框，以组装的方式，用刨锯加工，做成一个4层两门和推移玻璃门的大书柜，三面贴上从新加坡进口的塑料木纹贴面。居然造成一个美观的家具。为此，全家动员协作，老朋友肥周偶尔也参与帮一把。

政治形势随着揭批"四人帮"的深入发展，"切豆腐"的阴谋诡计见了天，逐渐对于我这样的受害者有利。除了少数怕再丢乌纱帽之外，头头是于、浩、刘、张爪牙、干将者单位当权者的人事在变化。

但对于害人的文件如《纪要》、《六二〇报告》是否推倒，权在中央，大家持怀疑、等待、观望的态度。

在等待分配工作的那些日子里，我有幸去天安门广场参加了一次修建"毛主席纪念堂"的劳动。在部工作的贺高洁向我提出过，到部研究室编写向中央的内部参考报告。我不愿涉足过于机密的事务，没有同意。后又要我去中央芭蕾舞团任专职党委书记，我听说那里"文革"中很混乱，比较复杂，是是非之地，我虽然做行政，思想工作有些经验，跟戴爱莲学过舞蹈，业务不算不懂行，但我还是想继续搞电影工作，于是同样推脱了。

说来也巧，一次偶然的机会，马林和夫人朱玫来黄化门我家串门儿。朱玫是北京电影制片厂的编辑，她说编导室需要编辑人才，可以考虑。我习惯从事机关业务领导部门的行政工作，怕过于专业的编辑事务适应不了，但为了缩短赋闲的期限，何况也是熟悉的行当，就拿定主意，向上反映了。

1976年在北影

在有机会与老同事会见时，我商得几人同意，对肖望东的秘书做点调查，弄明白文化部《六二〇报告》出笼的内幕。因为我和一些人之所以起来造反，批判《六二〇报告》，之所以成为另一些人的眼中钉、肉中刺，以致被抄家、打倒，又被同样观点的一些人对我产生顾虑、想排斥我并借以甩开我同中央文革直接联系，以致猜疑、内讧，以致文化部机关政治形势一边倒，倒向"延黑总"，如此等等，其焦点在这个罪恶的《六二〇报告》。我主张由陈敏凡趁学习、揭批热潮中去采访，结果，才弄清了前面叙述的《六二〇报告》的出笼经过，是"四人帮"江、张精心泡制的。其人证是阳品，他作为肖望东的秘书，自始至终跟随齐走上海、北京。掌握了这个与"四人帮"直接有关的罪证材料后，我们给中央写了一份专题报告，要求解决肖望东问题。后来，知道中央指令肖望东作了彻底交代。中央撤销《六二〇报告》，对肖个人从宽处理，不了了之。

那时，中央还未明文撤销《纪要》。

1977年初春的3月，文化部干部司召集我和另十六位同志开会。我一看，都是电影、艺术界的老专业干部，大多数同我熟悉，如原《大众电影》老编辑沈基予，原属电影出版社。还有美术家协会的钟灵等。会上明确宣布我们分配至北京电影制片厂具体安排工作，由我领队。电影是综合艺术，这些人都有用武之地。

北影厂接待我们的是当时新党委书记王乔。

我如愿以偿，分配到编导室做编辑。组长是梁彦，他是中国抗战初期《流亡三部曲》的作者之一，三个作者，后来只保留了张寒晖一个人的名字。大家同其他编辑组一样，成天审阅电影剧本，或讨论或默默地写回信，遇有认为基础较好的作品，便请来作者，帮助作者修改，如果进展顺利便可提交编导室甚至厂领导审改定稿，列入生产计划，投资拍摄。有几个著名作家，如苏叔阳是从这里成长、发展的。其他如后来成名的梁晓声，我们曾在一个组内工作。那时，我的印象是，他思路很活，我喜欢听他发表意见。后来，我走后，他努力从事写作了。

成天看剧本是苦差事，来稿无论写得好、坏都必须看完，还得评定其作品各方面的质量，指出其可取和不足之处，既要抓住有培养基础的作品，又要鼓励他，指出努力方向。回信，特别是退稿信，要有说服力，又要立足于高水准。我给自己定下一个原则：热情帮助作者。

林敏在天安门

恰在这不久，文化部部长黄镇特别提出对退稿信的高质量要求。由于工作总数、质量的条件，我居然在不知不觉中，受到编导室的表扬。

国家总的方面好转。由于10年破坏太严重，还有极"左"的路线、方针在起作用，拨乱反正，医治创伤，还在逐步进行。

我的家也逐步恢复正常了。林敏仍在图书馆工作。儿子原来莫名其妙的不让他参加红卫兵，现在不被歧视了，1976年经同班好友李桂军介绍成为共青团员。他，从六十年代起，以学习好，在中学和野营拉练中，多次被评为"三好学生"、"五好学生"、优秀战士、先进个人。

在这生活步入正常时，一天夜里，我竟然在梦中做了两首仿古诗。半夜醒来，记得十分清楚，我怕早晨起床忘记了，立即起床记录下来，名曰梦：

其一，风尘归故土，峨眉依旧多仙姿！美景柔情，故人居何处？五十年哀乐喜怒，音容宛在目，六亲多作古，倍觉凄楚！

其二，丑类总难除，怨咒伤叹皆虚无。拨乱兴邦，别又走老路。更何妨全力以赴，悲剧莫重复，免受二茬苦，晚年幸福！

所谓日思夜想，我总是这样子，脑子无时无刻不在想，想。

每天6点起床，从我住的大杂院黄化门宿舍，7时左右出发，骑自行车到北

京电影制片厂，即从地安门向西，经平
安里往北，过护国寺，出新街口，再往
西，路过我五十年代军直政治部旧址门
口到西直门再往北绕过北太平庄路口再
往西一公里，才能到达北京电影制片厂
上班。大约10公里路，骑车至少需耗时
40分钟左右。路途较远，车辆多，街面
狭窄，特别窄的是西直门外，不到10米
宽的街面，高峰期，大小汽车、三轮车

作者全家合影（1977年）

和自行车拥挤，行人双向行驶，十分危险。听说人民文学出版社总编的独生女骑
车为了赶路被汽车碾死。因此，我觉得每天上、下班都要有两次惊险的旅行，可
是，心情却是紧张而兴奋的。特别是从北太平庄向北影一公里较为开阔的路上，
遇见同时赶去上班的同事，边骑车边说话，都有一种朝气蓬勃的感觉。我那时将
届半百年纪，精力充沛。原本视力极好，由于极力看剧本，写评语，自觉有些花
眼，就在北太平庄眼镜店花一元五角钱买了一副150度的普通老花镜。用起来，
也还合适。

　　大约半年多，适逢厂里盖了6号住宅楼，老朋友唐守愚夫人吴小佩调任我们
编导室主任，厂里分配给她一套二居室，就在6号楼3层，她在黄化门35号院内，
为了方便，不去厂里，想用新房换住我们的两间平房。我们彼此都图方便，我
就搬进了北影宿舍。搬家时，两辆平板三轮车就解决问题。那时，6层高的楼房
是砖混结构，即砖墙加钢筋混凝土预制板，属于建筑部门即国家建设部统一规定
的一级住宅楼建筑。它比筒子楼和简易楼式的砖混结构"高级"之处，是每户有
整套的卫生间和厨房，水龙头在室内，名叫单元室。我们是两居室。所谓一级建
筑，比此前几年和平里及其他地区的单元楼房相比较而言。这次换房，对我们来
说，简直是天上人间之别。黄化门宿舍一个院子5户人家，只有一个水龙头，一
个小屋的马桶供21口男女老少共享，水龙头还凑合，上厕所却极不方便。通行的
办法是参加街道居民的百人大军，争先恐后去公共厕所，那里男女分厕，多是四
对茅坑，8人一批对蹲着拉屎。其形象、情景虽极不雅，可是人皆无可奈何，久
而久之也就习以为常、视而不见、麻木自然了。如今一旦转为一门一户，自用水
龙头竟有两个，一在厨房，一在卫生间，又自家一厕可以使用，卧室面积从20平
方公尺陡然增至五、六十平方公尺，还有走廊、餐厅、储藏间、专用厨房和管道

天然气，再有南北通风的窗户与阳台。比
之黄化门东晒加西晒度夏，入冬有东北风
加西北风，年年用纸条粘贴堵缝的东房，
俨然从人间到了天堂。虽然现在这种两居
一级单元楼房只是当时中等住房水平，但
对于我们全家三口人来说，简直是无以复
加的得意之作了，这实际上也是我们一生
中极其难得的享受，而且，这种幸福感，
几乎是空前绝后的。入住第二天，竟突然
感到极大的满足！难得有的一次苦尽甘来
之感！

赵宏考上大学了，决定上北京的医学院
（1978年）

　　所苦者，是女主人，上班就得像我搬入之前那样每天长途旅行了。当然，女
士体力有限，不可能全程骑单车，必须将自行车寄存在北太平庄，每天2分钱，
再换乘公共汽车转电车到北京图书馆去上班了。儿子在搬家前后，高中毕业，考
上了北京的医学院，住校，每周可回家一次。1977年，全国首次恢复高考，选专
业受了一些限制。一是外语基础差，无法选取用外语多的大学和本科，二是家长
对各行业发展、规划以及国内外需求的趋势不了解；故重点选了我熟悉又利于社
会长远需要的专业——医学。

　　儿子第一志愿如愿以偿，1978年上大学。家庭生活算是稳定的。

　　至于楼层条件，那时讲究二层最佳，三层次佳，一层及四层以上至六层差
些。原已商量分配我到3层，后因主管人刘千的丈夫、工会主席潘今席照顾华侨
周金祥夫妇，住3层，我们改住4层，虽是出尔反尔，我们也只好听人摆布，只要
房间满意就成。

　　儿子于五年后的1983年毕业，当了医生。

　　与我同屋办公的同事3人，一位是覃寒，另一位是许知恒。我因早已失去创
作电影文学剧本的兴致，老覃原是长影厂演员，出演过一些重要角色，如今转而
做编辑，有一定文字能力，可以胜任。在近一年同事、交往中，彼此有较多的了
解。他由于想做导演或主演，都未能如愿，只在二十世纪九十年代导过一部西藏
题材的短片，不幸于世纪末患肺癌去世。他同我家甚友好。儿子覃政学了德语，
攻工科。由于其妻汪贞不让别人去医院探视覃寒，我无法与他做最后的话别。按
照覃寒的说法是汪贞"古怪"。亦即对许多事及处世方面怪异，令他反感又无可

奈何。文革后的七十年代中叶，据老覃介绍，江贞是搞与电工机械之类有关的工作，调至北影。她有个哥哥在香港，当时中英关系紧张，文革前后，香港回归问题正在反复谈判期间，不少资金从香港抽走，也有不少人放弃在香港企业，她哥哥却独具慧眼，以十分廉价买得了一幢办公大楼，形势一变，成了富翁。但后来由于"知心"女友、秘书私下利用其资金另外搞生意，被他发现后，激发心脏病去世了。据说嫂嫂处还留有一些遗产给汪贞，她未曾去香港，也不敢去。因为，"港台关系"一直是国人之大忌。又听覃寒说过，小汪有个舅舅，是美国一个保险公司董事长，曾来华省亲，住高级宾馆，邀请亲属吃饭，每人一个红包各装一百美元。但这些亲属都未曾得到任何帮助。从总的印象看，汪贞只是脾气有些不易相处，孤僻，也未见古怪，可能是政治环境与生活环境不协调、不适意造成的。这一家人，在覃寒死后，我们就再无往来了。估计覃政会是个科学与新技术方面的人才。

另一位同事是许知恒，我与他没有私交，只知道他后来写了一个剧本，是根据小说改编的。

老同事陈敏凡，大家都管她叫小陈的，由于年轻时被打成右派，摘帽后，成了"摘帽右派"，心情一直不舒畅，其丈夫田庄也是我们北影编导室编辑。后来，田庄患肝病死了，癌症不传染，是马林在他死后为他换的衣裳，可见马林心地善良，乐于助人。

另有几位编辑同事先后病逝。他们工休时做运动，打乒乓球，彼此开开玩笑取乐的音容笑貌令我至今无以忘怀。只有李华，他是我儿子同学李艺的父亲，为人不苟言笑，一样认真地为作者工作，由于审看剧本过劳，血压攀高不下，以致一天夜里脑主动脉破裂致死。有人传说是以审看剧本数量计酬的不良办法害了他。我无法证实，因为这是我离开编导室后发生的事。总之，二十世纪七十年代下半叶，确有一些这样的电影艺术工作者为电影剧本创作事业贡献了生命的。

编导室的队伍不小，人才济济，时任副主任的胡海珠是在"文革"中被害死的《人民文学》出版社的著名编委侯金镜的遗孀，她脚后跟残疾，是被害的结果。我从《人民文学》文章涉及咸宁干校的史实散记中，看到那个连队将这些专家致死的经过。

还有一位年轻得多的副导演冯玉，为人和善可亲。覃寒给我介绍说，他原是"文革"中"可教育好的"黑六类之列，因其父亲很早就跑到台湾去了，而今却突然变成了"红五类"了。原来是中央组织部有人泄露（暴露）了党内秘密，

林敏在天坛

把秘密人事档案公之于众，他父亲本是中共党员，在国民党军内是高官，估计是消息很快被特务传到台湾，很快就被杀掉了，这消息传回大陆，小冯成了烈士子弟。这说明在我生活的这个角落里也有封建集权和政治斗争的牺牲品，父亲被害死，儿子幸得以改变政治待遇。

我在同梁彦议论一些剧本中涉及1957至1958年反右派问题时，有一个共识：认为作品中表现被定为右派分子的人，都写成被迫、反感、腹非之类，并非真实的写照。据我们所见、所知，几乎没有一个不是觉得自己错了，对不起党，而且依照党组织领导指出的阶级立场、思想观点错误而不自觉，并同个人出身的剥削阶级、资产阶级知识分子思想、感情与党、与无产阶级不相容。因此，有些人不仅沉痛检讨，甚至本是共产党员的，在讨论，表决开除自己出党的党支部大会上举手赞成，而且，真心诚意地按照党中央和毛主席的指示、领导上的部署，到最艰苦的体力劳动地区去接受改造。其根本原因，其思想感情基础是，对于中国共产党，毛主席领导全国人民推翻了蒋介石、建立了新中国怀着无限的崇敬，从心底里感受到党的光荣、伟大、正确。大家直觉党的领导总是正确的。提高、改造，正是使自己一切思想、言行跟党完全一致，不怀二心，不存异念，使自己改造、锻炼成党的社会主义建设的齿轮、螺丝钉，成为党的驯服工具。因为，党的奋斗目标和个人的生活目的是吻合、一致的。为此，我们不可能选中与事实相悖的情节描写。

那时厂里正在研讨拍摄写西安事变张学良的影片，梁彦觉得我极像张学良，曾表示如果让我饰演很逼真，因为他曾在张学良身边工作过。只是开开玩笑。

编导室的编辑工作，特别是处理来稿的工作，比较生动、活泼。

应该说，我在北影编导室工作和生活是正常而平静的。

令人欣慰的是，周末有闲，全家3口人可以往香山公园一游。有自行车代步，儿子坐一等——在我的车横杠上，可以扶住车把眺望前方。那时交通规则不允许骑车载人，偶尔儿子可以照旧坐"二等"车——在妈妈的女车后座，路口便下车步行"过关"。儿子上了大学，周末回家，可以骑车自己去玩，也可全家同去度假。

但1977年冬去春来，又有政治任务了。

全国清查"四人帮"的工作正在轰轰烈烈地开展，文化部自然是重点单位。文化部新党组以朱穆之部长主持，贺敬之以中宣部副部长兼任文化部副部长主管。文联各协会和作家协会仍归文化部管理，又有冯牧、刘厚生主持。工作开展中，人手不足，我被文化部清查办借调去参加黑理论班子"初澜、江天"专案组工作。

事实上，电影文学剧本来稿有限，文艺界清查工作搞得很热闹，创作上涉及所谓"伤痕文学"者寥寥，参加揭批于、浩、刘、张之类的活动多，与我个人关系较远。第一位的任务是清查，我没二话，从来习惯了，有令就执行。因此，我告别了编导室的创作工作。

上海武装暴乱流产内幕

我到部清查办,首先是熟悉清查工作的情况。听中央相关部门经验交流,如胡绩伟介绍《人民日报》社清查四人帮代理人鲁瑛问题等等。涉及文化部,由刘厚生在1978年2月2日讲了文化部有6个案件,即于、浩、刘、张、袁(世海)、江天、初澜,由党组成员直接抓。刘复之抓于、张,周巍峙抓刘,贺敬之抓浩、初,林默涵是袁。领导体制如此。与我直接相关的是初澜、江天专案组,由阮若珊(原中央戏剧学院副院长)、政研室主任徐非光、中国话剧团创作干部刘朝兰和机关贺高洁、冯牧直接负责。

为什么文化部这个写作班子命名初澜、江天?原是作为处心虑想效武则天当女皇的江青的喉舌取"青出于蓝而胜于蓝"的谐音,并以江青为天之意,可见狂妄之极!

为了查明这个班子及其主持人于会泳等人与上海帮的帮关系,我被派到的第一个任务,就是出差上海,还有个青年创作干部、北京话剧团的赵云声同行。

我们重点到上海市委清查办,有负责人夏其言协助。夏是上海社会科学院负责人,积极支持我们的工作,可谓有求必应。我们在康平路原是马天水、徐景贤、王秀珍的主要据点,也曾是王洪文、姚文元同张春桥、江青在上海主要活动的首脑机关所在地,以及141号、178号等处往返多次。

经过反复查阅现有案卷和提审徐景贤、王秀珍和徐的秘书张家龙等人,意外地发现了江青直接依赖、指使的前文化部于会泳、浩亮、刘庆棠一伙同上海武装暴乱的密切关系。

1976年10月6日,华国锋、叶剑英、汪东兴等人"为避免流血伤亡,稳定全国局势,被迫采取的特殊手段"(摘自《炎黄春秋》总199期《听华国锋谈几件大事》)果断地一举逮捕了王洪文、张春桥、江青、姚文元"四人帮"后,于7日以中央名义通知上海马天水"到中央开会"方式将马天水控制住。上海帮摸不着头脑。因为以往凡是中央召集会议都有"四人帮"事先交底,此次太突然。徐

411

景贤和秘书张家龙往北京打电话，都无法同江青、张春桥等"首长"联系上，同马天水的秘书房佐庭也联系不上。徐景贤感到情况不妙，担心中央发生了军事政变。他同文化部于会泳通话，惊悉"华国锋要吴庆彤通知于会泳访阿尔巴尼亚的中国文化代表团决定不去了！"而前一天，10月5日，张春桥还给他们代表做了长篇谈话。这个消息使得徐景贤又从京西宾馆房佐庭处打听到机场接马天水的只有军人。房还说他自己的胃病犯了，张家龙明明知道房没有胃病。因此认为，发生了军事政变。他想到南京军区司令许世友说过，毛主席死后他要和"四人帮"干，要大闹政治局；加上房的胃病是在南京犯的，这就暗示确是军事政变了。

怎么办？在宛平路12号办公室作出了初步决定：下午，由徐景贤、王秀珍去找民兵和公安部队，准备策划军事暴动。8日晚上8时左右，文化部刘庆棠电告徐景贤仍旧不明真相，同钓鱼台17楼联系也找不到江青本人。等到晚上10点钟，徐景贤叫秘书张家龙再问刘庆棠，电话是吕靭敏接的，吕说："我们都病了！"再问部领导怎么样？从刘庆棠的回答是："文化部也病了！"

文化部于会泳和刘庆棠、吕靭敏的几次回答，立即震动了正在酝酿策划军事暴动的全体成员。肖木一听"文化部也病了"，把手往沙发扶手一拍，大声叫嚷道："上面的问题已解决了，现在已经搞到下面，对文化部也动手了！"在场的人一片高叫"完了！""完了！"之声。为了防止关系网电话因被监控、记录，发生意外，他们决定从8日晚10点起一般不同北京通话。于是，立即加紧部署上海市全市武装暴动。

上海市在"四人帮"被粉碎后发生武装暴乱与中央抗衡的南北对峙局面即将形成，流血事件的爆发如箭在弦上，一触即发。

但是，人们在不知不觉中，一夜之间却是180°大转弯，10月9日上午马天水按照中央的指令，同上海通话时撒谎说，张春桥、江青、姚文元3人"身体还好，工作挺忙，没时间个别谈话。"造成了"四人帮"没出事的假象。

消息传开了，中饭后，这些人手舞足蹈起来。康平路办公处开了常务会，得马天水来自北京的通知，说："中央要徐景贤、王秀珍两人明天乘飞机来中央开会。"并安排了王少康等人又叫廖祖康同去。

上海民兵等武装部署解除了，这些事说明了文化部里这个"四人帮"特别是江青、张春桥忠实的干将团伙对于上海武装暴乱起到了如张家龙说的"催产剂"作用。

　　我们将有关情况和材料快速发回文化部。这个催产剂的事实，成了1978年春夏之交《人民日报》一版显著地位的重要新闻。我们的工作受到部领导表扬。

　　但是，为什么上海武装暴乱竟然没有发生？马天水又竟然向同伙撒了个弥天大谎？从表面上看，可以推断是马天水在中央控制下，让上海的头头们全部归顺，十分高明而及时。这也是对的。但我查明了一个关键原因，是8日晚上参与策划、部署上海武装暴乱的核心成员中，有一位区委书记级的干部为了人民不再流血，连夜通过关系将险恶形势的实况，派专人乘军用机飞北京向中央作了详细的紧急密报。我们向这位受保护的好心人作了当面查证核实。

　　当然，像这样因重要情报的传递而改变历史的事迹，不少国际、国内斗争史上，并非稀有，而且都是众所不闻的人间秘密。

清查任务繁重

1978年4月，我和青年作家赵云声回京交了差。我则全力投入初澜、江天专案事务，为加强工作，先后调了张平、孙韵清、刘兴文、蔡淑龙、杨志一等同志参与。专案组阮若珊走后，刘朝兰和我负责，转入写作班子头头张伯凡个人专案，再后来，只留我负责到底。即我负责完成写作班子问题文章及其作者的结论之后，最后完成张伯凡、陈应时两个个人结论及处理。

我们查明1972年至1976年间，江青的喉舌以初澜、江天和其他32种署名、化名在报刊公开发表的173篇放毒文章，大肆宣扬"高大全"、"三突出"，推行文化专制主义，同时，我们也对有关作者的品德进行政治甄别。孙韵清、张平等同志和主办陈应时个案的吕音都做出了十分艰苦的努力。

部领导和主管人都很熟悉我们这些办案人员，个个兢兢业业，忠于职守，自觉掌握党的正确政策。除在我接案之前，对部级专案受审对象有一次依法进行过搜查，并对于、浩、刘等少数几人进行隔离外，我们对每个对象只要求随传随到，多做思想工作，以理服人，使其自觉配合审查，绝无"四人帮"、军宣队和在干校无期集中营时期的那种蛮不讲理、大搞逼供信、不让吃饱、不让睡觉、体罚、寻衅殴打甚至侮辱人格。我们没有以牙还牙。这是人性与兽性的根本区别。我当时即使在审查对象中遇到个别直接迫害过我的坏人，也不会有任何过激行为与措施。因为，几乎认识我的人都会确信我的为人的。

在落实对个人结论阶段，即1978年底至1979年内，全部专案工作地点是在西三环中段解放军艺术学院和中国京剧院的魏公村院内，文化部党组刘复之副部长直接过问专案情况，一周约有一、两次来魏公村同我们几个专案负责人见面、开会，听汇报，讲讲话。他是从公安部副部长调文化部任党组副书记的，主管党政工作，也是总负责人。他的特点是喜欢及时向我们谈当时政治形势和问题，往往是一坐下来就讲开了，至于当天专案工作需要研究什么问题，又往往要在他讲话间歇向他提出来。比如说，刘部长，今天您要求谈这个问题，那个问题。他使立刻把话题拉回来。那时，中央正在召开11届3中全会。几乎隔一两天他要来谈谈会议进展情况，如告诉我们关于平反冤假错案问题，特别是右派平反问题，会上争论十分激烈，难度很大等等。

我为了把张伯凡结论做好，在张回到上海音乐学院后，专程出差去同他会面，取得一致意见，使他对自己的错误和党内处分心悦诚服，不留尾巴。

我参与的清查工作，历时一年多，于1979年底全部结束。

事实上，部清查工作定案工作拖得久，是受全国政治形势影响的。总的专案要求是从严到宽的，严于审查、落实，宽于定性处理。

在这个过程中，有时要在报送结论材料后，等待上级答复、修改。忙时，即使是下雪天，我也得从北影厂宿舍每天骑自行车从北三环行走约半个小时左右去西三环上班。

从个人平反结论联想到的

我个人受迫害的政治结论，虽然已经做过了，我两次提出复查意见，所以，不算完结，由于整人的人已拍屁股走了，接办的人员仍属于不同程度不自由、不属于整人之列的，但他们心有余悸，思想认识上仍有"左"毒未予清除，总得留点尾巴，总要给我定一点"错误"。

1979年林敏留影

因此，回北京后，我从分配办公室再度向部复查委员会提出申述，不同意任何莫须有的什么"错误的"结论，我指出对我的所谓审查，纯属是诬陷与报复，我是受害者！

终于在1978年9月12日由文化部新党组领导的复查委员会一位主办同志刘仕鉴对我说："你真受许多委屈了！"交我一份文件，是一式三件之一。其一存档，其二归我人事档案，其三给我本人。结论是文化部的一份"决定"。其最后说明：

"1978年元月，赵素行同志对上述《复查意见》再次要求复查。""经复查，我们认为：赵素行同志在日记中反映出来的他对待家庭问题的思想感情并没有错误。应维持1954年8月军委直属政治部在'军衔鉴定'中对此问题所作的'阶级立场是坚定的'结论。礼品盒所写古诗'沉舟侧畔千帆过，病树前头万木春'，用意是积极的，是期望两派实现联合的。不能说是'政治上不严肃'。"

"决定撤销1975年的《对赵素行同志问题的审查报告》，撤销1978年的《对赵素行同志问题的复查意见》。"

两相比较，我们对"四人帮"党羽及其追随者的有理有据的政治审查，为期不过一年多，而且是从头到尾实行人道主义，实事求是，不是旷日持久的。反

416

之,"四人帮"党羽、军宣队及其走卒,对我们,则是实行法西斯专政、反人性的、无中生有、无事生非、强加于人。它害人引起的后遗症是无穷无尽的,有时甚至是无法弥补的。假如我当时不是应付来势的态度,而是采取硬驳批斗的简单方式,其结果必是毁灭了自己、成为他们肆意掩盖其无知狂妄的出气对象。在正义面前,那些多数是出于私心而追随"四人帮"及其党羽的罪人,可以变得聪明、真正配合审查,以致清查工作顺利结案。只有极个别人走向绝路。

虽然"决定"证明了我完全清白无辜,但这些年我失去的青春,我的家人受到的牵连和伤害,都是难以消弭抹煞的。

我,一人一家尚且如此,全国文艺界、全国各界数以亿计的受害者,则是中华民族不可磨灭的痛史!

当我日益得悉从文革初期不少民族精英死于非命、因"四人帮"挑起的文攻武斗、因"要武""不要文质彬彬"而横遭杀戮伤残的无数无辜者时,我总是沉浸在极度的悲痛之中,我任何时候,直到将近半个世纪过去的今天,仍难以释怀。往事!这些往事是每个有良知的中国人永生永世不会忘记的!这无数的人间悲剧以及对于祸害人民的恶人的憎恨,一定要与地球同在!什么是耻辱?什么是罪恶?忘记、淡化、歪曲这段历史,就是耻辱,就是罪恶!

我是崇信马克思主义的,我也理解多种宗教信仰中的人道主义精神。作为中共党员,我对党员领导干部言行中公然违背马克思主义的事实,是反感的。我憧憬人人平等、按劳分配的社会主义和按需分配的共产主义,但无论从历史上、事实上,都难以理解巴黎公社失败后,马、恩在德国、在人类历史上破天荒创立了社会民主工党是对马克思主义的继承与发展;我找不到任何"予掠夺者以掠夺"的第一个掠夺者,而只知道无产阶级的斗争是在掠夺。"打土豪分田地"就是在革命?我憧憬的远景怎样变成现实?我在似乎清醒却迷惘中去追求远大目标,我崇敬且冒生命危险跟着党走俄国人之路,是我对政权造成的社会生活的极度不满。实际上是在迷雾中目做奴隶由人牵着鼻子走,跟牛一样。我认为苏共、中共的掠夺、土改是为了夺取政权,我不以为然的"理论"只是手段。但我都竭力为党打天下坐天下而欢欣鼓舞。而历史的进程,特别是文化大破坏人妖颠倒、是非混淆,才使我从是是非非中清醒过来。我深刻感到列宁主义违背了马克思主义,不以议会斗争为主,而以暴力为主。失败是可能的。我热爱的党始终充斥着帝王思想、封建中央集权主义。我感到"文革"在一定程度上重复着延安整党、抢救运动的老一套。我想到:"为达目的,不择手段"的说法了。

今后怎么办？路向哪里走？

拨乱反正，对！我又燃起了希望之火。

如果说，在"文革"中我对未来，即国家和个人的未来充满了希望和信心，那是假话，我不曾有过。如果说有，那只能是从大千世界中，经过曲折、反复、终归民主法治，而不相信我和我的家人一定能感受到。因为，我追求的"天下为公"、"济世救人"如果说的梦想、理想和我的人生目的，只能说民主、法制、富强、公平、和平与统一。这些，也许还是那"山在虚无缥缈间"。

而目前，我得如鲁迅所说，有一分热，发一分光！

我和专案组同事之间

在清查四人帮专案工作期间，亦即两年内，我已完全脱离了北京电影制片厂编导室的工作。专案一件件在办结，由于件件报批要等时间，有了闲，就考虑今后做什么工作。几乎凡专案工作人员都面临再分配工作的问题，我为自己打算，也要替同我共事并帮助我完成任务的同事。

同事孙韵清是一位很善良的女同志，她工作能力强，头脑清晰，约40余岁，原在文联工作，因丈夫被打成右派，离了婚，还无子嗣。她写的一手秀丽的字，近视，凡是交代给她的工作都能及早完成。我同她公休时在附近散步，知道她有复婚意愿，便鼓励她及早主动进行。我坦率地表示，我和北影一些同志都认为，多数被划成右派的同志都是比较有才干的人才，吃亏在于不熟悉我们党内不少人的特点、脾气，待知道了广开言路、大鸣大放是引蛇出洞、置于死地而后快的时候，已经无可挽回，而且出于爱护党的初衷，换来的是莫名其妙的资产阶级知识分子或剥削阶级出身的阶级本性，是党（？）的天敌。我告诉她党内的正派与不正派力量之间的斗争还不知何时在何事上斜可压正，况且粉碎"四人帮"解决不了所有问题，我表示认为党所欠债太多，对右派摘了帽的政治账算不清，经济账也不会还。这时是十一届三中全会之前的事。她很明白，也能接受现实。事实上，你不接受又怎么样呢？！

她回到了原单位，从此我再也不知道她的下落了，我相信，她和丈夫会明明白白地活下去的。

另一位同事叫张平，一个年轻人，瘦削，精神，广东人，30岁出头，也写一手好字，办事能力与孙韵清相当。在讨论问题时，不人云亦云，颇有独立见解。刚调来帮助工作时据介绍，他过去很不受领导者欢迎，主要问题是嫌他有些"刺儿头"，不尊重别人意见，我觉得此人是个人才，不唯唯诺诺。我喜欢听到他的不同意见，认为可能他这人运气不住，遇到喜欢唯命是从的领导人。我认为，他顶多是在表达不同意见的方式、方法上有些欠缺而已，是个可爱的工作干部。我认为像张平这样的青年同志够得上党员的条件，中国需要、党也需要这样的人。我知道他早有入党要求，便向支部反映了我的看法，得到支持，一查个人人事档案，有一个与他本人原本无关的问题成为申请被搁浅的原因之一，是他父亲脱党问题。按我本意，根本没必要去查，只得适应世俗要求，出差一趟。

我带着借调的吉效伟直飞广州，住东山公园内的东湖招待所，经省委转介绍，乘汽车奔五华县，一直层层转介，包括步行和坐二等。这是和20年前我出差上海外调时坐过的自行车后座一样。一直到了区、乡、村，问明了张平的父亲生前确是汕头地区、海陆丰的老共产党员，为民主革命作过贡献，不是脱党而是工作关系变化，有一段时间失去联系，后来又开展了工作，人，是病故的。这是1979年初，是一月中旬。天气与北京大不一样。在广东看了些新鲜事，我们衣服带少了，在县招待所时，遇雨滞留两天，我们冷得打寒战，广东人还要冲凉，在乡下看到妇女都打着赤脚肩挑、下田，生产方式仍然是我在卅、四十年代在四川老家那样，主要劳力是牛和人，不禁想到我们共产党领导下，都30年了，为什么农村的面貌还是老样子？中国之大，竟然如此极不平衡！令人十分感慨！我们经汕头回广东返京，令人欣慰的是，这年不久，解决了支部发展张平这个新党员的老问题。

另一位同事吕音的入党问题，支部也支持了我的建议，顺利解决了。他主管陈应时这个对江青十分崇信的写作骨干的专案，由我兼管。因此，对这样的同事、合作者，其思想、品德、工作贡献，我有较充分的发言权，当个介绍人也是适当的。

这段时间，我自己的工作没定下来。我曾协同原中影公司的外语干部李惟和同志帮助赵伟主持的合拍影片公司筹备译制《马可孛罗》故事片。为此，殷若诚和丁峤两个副部长先后同大家看片，殷若诚还主动担任现场给大家翻译，丁峤更是及时说明个人的看法。因此李惟和开始译剧本，我从文字上把关。合作了一段时间，由于赵伟无意邀我们共事，也就各自回到原单位，李惟和是位随和谦逊友好的青年，后来被文化部外联局派到美国担任了文化参赞，这是后话。

刘兴文同我熟悉，她原是文委职工，同姚仲明副部长熟悉。她知道文委缺得力干部，几次问我的意向，我一直犹豫不决，她便回文委了。

我知道那时驻外机构除参赞、公使、大使之外，国家经费限制夫人同时出国，大家戏称是"和尚庙"。我要充分发挥个人能力、作用，又少牵挂，不任参赞，是不去为好。

　　这时，丁峤电话要我先去电影局报到，望参与全国性调研。我向汪洋、史平提出，转关系，均未获同意。电影资料馆无意如王辉主张我去参与领导小组工作。我无法从北影转出关系，丁峤主张先报到再转关系。我不能在职务不定时去电影局。一直拖着。史平是主管厂办的副厂长，谈了几次，都不放我走，最后于1979年8月我只得同意去厂办任主任了。事情竟拖了将有一年，仍按1978年夏算编制。刚坐下来，适逢1979年初胡耀邦任中宣部长，邓小平主持中央，要召开中国第4次文学艺术界代表大会。部研究室主任徐非光负责筹备，冯牧通知我去西苑报到，到文件起草简报组工作。在尚未正式去西苑饭店报到时，又为朋友们忙找工作，为周郁辉去北影专做创作的工作，为原体委翻译外文干部王家栋夫妻的工作问题。说起王家栋夫妇，由于王家栋较有才干，英语水平较好，曾去朝鲜前线任战俘营翻译组长，受冀朝铸领导，可以同声传译，为此，我多处帮助其落实工作。我总觉得是人才就该人尽其才，不要荒废人力。

　　这年10月，得到通知，要评奖级别。"评奖"的"奖"是我个人的理解，其实上级有此意而不谈这个字，大家以支部、小组为单位凡清查办工作人员都评，认为好的，可以升一级，或不升者，一律转材料回原单位。从政研室主任徐非光处对我个人工作的评语，同事们都一致地对我这头牛给予高度好评，应升一级。材料转到北影时，听说，过时了，人家已经把提级指标分完了，我问部里，还是那位曾在干校偷拆信件的何健在工资福利处，答复是工作结束了。这一级没有调成，我也就无可如何。同事们为此只能感叹惋惜。可是，意外的是，吕音告诉我，参加支部和评级工作的李力，正是那位曾经在集中营监管过我的三八式干部，居然与人合谋，把大家给我做的鉴定照抄一份，写成大家对贺的鉴定送走了。听说她是行政13级了，这次成了十二级。李力可能也如法炮制升了级。而我们这些牛，却被拖延、耽误了。事后，我曾据此写了个意见书给时任部党委监委书记的王友唐，过了些日子，他对我说："她/他们这些同志级别不低了，还搞这样的小动作！真不应该！"如此而已。我知道，既成事实，大家都不了了之了。

　　从这件事，可以想见，不合理之事是自古有之的，"四人帮"有"四人

1979年母子合影

帮"的问题，当谈到个人级别待遇等等"大私无公"之事，在一些比我资历长久、资格老的人群中，也是"小动作"而已，对于党和党的监察部门来说，不过是鸡毛蒜皮、小事一桩，也就听之任之了。

这时，我接到了冯牧通知，立即去西苑饭店报到，参加第四次中国文学艺术界代表大会的工作。

我参加第四次文代会工作

　　文代会由中宣部和文化部全力主办，我参加的文件起草与简报组，上下都极忙。会前忙的是文件，会议开幕忙简报。会议简报都是在小组会活动时间内，以记者身份分工听取各省、区的作家、艺术家讨论，然后尽快写出重要的发言要点，有时加上会外专访，送审核通过后，即送新华印刷厂付排、校对、付印、分发。这一套工作程序同我参加过文化部召开的全国文化厅局长会议的秘书处工作类同。遇有重要的简报，由冯牧决定再以"内参"直送中央。我重点采访报道了山西组和上海等几个大组。由于四次文代会是文艺界经历了近10年灾害之后的首次聚会，都要从根本上拨乱反正。会议开得很活跃，可谓生动活泼、畅所欲言，我们当然也特别忙。我着重写过音乐方面曾被迫出走的傅聪归国问题等等，有的增发内参。在总结大会上，我听到了首次揭示党的领导的要害问题，是夏衍首先指出封建思想的流毒。由于文件起草中的疏忽，我向冯牧提出，邓小平发言稿中，谈到二百方针时，漏掉了"一百"即"百花齐放"。他一查，果然如此，可是已经发稿付印，来不及补正了。

　　这次文代会，在行动上继中央撤销《纪要》之后的一次大批判、大反正。所谓《纪要》是文革之始兴妖煽恶浪的一份中央文件，时人无不知晓，后人往往会毫无印象，那就是《林彪同志委托江青同志召开的部队文艺工作座谈会纪要》，于1965年以中共中央文件（叫红头文件，所谓"红头文件"，从中央到省市县其至乡镇党、政机关都是体现权力与命令的文件，是下级必须奉若神明的指示）出笼的，是继毛泽东此前一系列对文艺工作的问题所作批示用以否定、扼杀好人、好事、好事业之后，造舆论、开杀戒的文件。凡仆从迷信者，必须奉若神明，成为从思想言行的金科玉律，我和不少人都曾盲从。

　　文代会把颠倒的历史颠倒回来，此文件流毒极广、极深，它于1967年5月29日公开发表，于"四人帮"粉碎后一年，即1977年中央撤销为止。

　　与此文件成为姐妹篇，而且更为恶毒的是如前所述，由江青、张春桥一手

423

制造的文化部的《六二〇报告》同样以中央红头文件批转全国；实施对文化、文艺界的残酷斗争、无情打击，它以所谓高举毛泽东思想伟大旗帜加以贯彻，我和马林、王永芳以毛泽东言论中的"干部95%以上是好的和比较好的"等等根据、通过戚本禹向中央文革提出批判、驳斥，这才使江、张不得不让其走卒肖望东受到了批判，因而形成了文化部（含文联）的两派对立，之后军宣队支持我们对立面即"延红总"发展成咸宁无期集中营，对我和另一部分同志进行迫害；如"深挖"、"大抓五一六"，其名义虽有不同，实质是一个，真正的阶级报复。

为此，在四次文代会期间，我们主编的《六十年文艺大事记》（1919-1979）中，我建议将《六二〇报告》问题列入。在该书221页"1966年"大事记中，有我起草的如下文字记载：

"6月20日

由江青、张春桥策划炮制的一个文件《文化部为彻底干净搞掉反党反社会主义反毛泽东思想的黑线而斗争的请示报告》，六月二十日以中央（66号）文件批转全国。从组织上推行《纪要》的反革命纲领，提出文艺界有一条'又长又粗又深又黑反毛泽东思想的黑线'，提出对文艺队伍实行'犁庭扫院'，'彻底清洗'。"

《大事纪》一书，于1979年10月以"全国第四次文代会筹备组、起草组、文化部文学艺术研究院理论政策研究室"的名义，在1980年公开出版，向全国发行销售。

"文化大革命"至此是否完全结束了？

回答应是肯定的，因为，人所共知，当"四人帮"被粉碎的1976年10月6日，就可以说结束了。因为，打着文化大革命旗号的人及其支持者，从总的说、从中央来说，结束了，华国锋主席宣布过了。但文化大破坏没有结束！

我们从全国看，从各条战线查，粉碎"四人帮"只是个开头。文化大破坏，对数以亿计的几代人的戕害，"四人帮"及其发源地极"左"的流毒，虽又经过三年多清查工作，还远远没有肃清。偌大一个国家数不清的人和物，难以估量的非物质文明资产，经受10年的重创，岂是三、五年可以康复的？真的是任重道远！何况，事实上，有的大破坏是永远不可弥补的，"不了了之"的无数积案、沉冤，也是无人过问受理的！例如，无期集中营和冤狱的凶杀案件都平反了吗？

张志新式的冤案为什么在粉碎"四人帮"之后，还屡屡发生？杀人凶犯是归案了还是受谁庇护了？例如那些名叫毛远新、彭冲们问罪了吗？除去王、张、江、姚等等有数的败类之外，还有多少个案的主犯、从犯而今安在哉？！

当然，粉碎"四人帮"、清查运动，无疑从根本上遏制了"文革"流毒继续泛滥，这是伟大的功勋！

我身在文化艺术界，总算直接感触到、也参与了中央从政治上、理论上、党纪、法规上遏制文化大破坏的源头，在拨乱反正方面，做了一点力所能及的事，真所谓绵薄之力。我统观全局，我个人的遭遇故事，实实在在是所谓冰山一角！想到这里，我将永远为数以百万计的涂炭生灵、精英冤魂哭泣！永远为他们不平！为此，我为我个人和现有小家庭成员的幸存，无从欢欣鼓舞。不是我被人整、被人害变得失去了对人的大度宽容，而是生活一再教育了我如何正确理解真正的人真真实实应该有爱憎分明的品性。人只有懂得恨什么，才能确实懂得什么是真爱。

中央把那些值得注意的人，分成应当警惕而认真对待的三种人，特别指出，在一定气候下，他们会闹"地震"的，并制定了相应的政策，我真诚拥护。曾在1984年应相关单位审干外调要求，仅对被我称为"它们"中的几个三种人如实简略地写了证明。我，就算是最后对"文革"中个人接触的一部分人和事划上个句号。我不能让自己总是沉浸在无尽的悲愤中，我还应该做我应该做的事，即化悲痛为力量，投入我可能尽力而为的工作中去，不空度余生。

北影厂朝气蓬勃　管理者良莠不齐

北京电影制片厂是国内最早创办的4家故事电影片生产厂之一，另3家是长春电影制片厂、上海电影制片厂和八一电影制片厂。上海还有美术片厂是专管做动画片的，此外，还有北京科教片厂和中央新闻纪录片厂。观众更多关注的是故事片。

厂长办公室是全厂对上、下、内、外的行政办事部门，因此，厂里由一位副厂长史平主管，让我参加领导小组的各种会议、活动。厂办设有秘书、文印、打字等具体办事人员。

每天下午2时到3时左右，召开全厂生产会议，是为了检查并解决各部门生产、工作进行情况和问题，并对解决办法、方案作出决定，明确任务。会议由主管生产的副厂长朱德熊和我共同主持。生产办主任、技术办、相关车间主任和行政、财务等部门负责人、摄制组制片主任与会。

重点工作在厂领导小组会议不定时或有问题时，经相关部门负责人提出，厂长或副厂长或党委负责人参与商定。不定时审看洗印车间完成的样片或原底标准拷贝。一般有导演和制片主任参加。看后当场讨论，主管艺术的副厂长和编导室负责人参加，似无我在局里组织部局长审看时讨论详细，因早已作过分段多次研讨。重点片、完成片的审定都有厂长参加。报部、中央审定后，准备卖给中国电影发行放映公司时，都有完整的片头片尾字幕。这时，才在大礼堂让全厂职工观看。

一般情况下，我不参与剧本审查。有一次厂长主持审定一个剧本时，我参加了。是作者王炎自己从头至尾宣读电影文学剧本。如果通过此次审听，便可列入年度选题生产计划，开始分镜头、安排生产。这是一部未定名的战争历史题材作品，听完后，厂长汪洋立即表示意见，并自夸：我一听，就可以感到行或不行。这次审听，并未通过，也未提出具体修改意见。我只对其某些情节和主题说两句。但我觉得这种审查方式过于简单，审听者很难认真斟酌其故事性与艺术性。

我不便直说，只建议厂长抽时间看看剧本，然后再提出意见，对作家帮助会大一些。厂长表示接受建议，我看出他不乐意，果然，并不实行。王炎是著名的战争历史片《南征北战》等十余部反映中国历史断代片段的编剧兼导演，在电影文学剧本上乃至分镜头剧本、导演过程中，曾狠下工夫，造诣颇深的。我总觉得制片厂初审时如此简单化不太严肃，不过正面提出意见，这可能引起了汪洋的不愉快，但又不好说出口。

我要求去各车间做些调查研究，史平表示支持。我走遍了常说的"摄、录、美、化、服、道"以及技修、行政、财务含党委、人事、放映、剪辑、特技、大、小摄影棚、车队等等。只有演员剧团和编导室没去。因为比较了解。印象较深的有几个问题。首先是财务科长的"保留执行"，就是说经常去执行经厂长汪洋批准不符合国家财务制度的支出项目，保留自己职责的意见，"首长"批，我只得执行，但他并不提出意见或批评，显然，为了保住饭碗。支出项目内容十分丰富，常见的是计划内外的开支和白条子。白条子天天有，每个摄制组都多多的。制片主任权力大，厂长权力没边，反正有的是钱。其他部门日常开支之外，厂长大笔一挥，你就照付不误。我看了一点单据、白条，叹为观止。史平对我说，"汪洋就是个资本家！"她概括得好，不必解释，我也无言以对。史平的丈夫是老摄影师、导演钱江*。钱是革命烈士钱壮飞*之子，她任副厂长也是由汪洋决定的。另一件事是，多个技术部门认为技术副厂长形同虚设，虽无人称他是不学无术，多认为其人只是当官的，并无贡献，涉及放映员的臭氧中毒劳保问题，反映了一直置之不理。我为此走访了劳保等工作单位，只解决了补偿性的补贴费问题。我要求放映员自己注意通风、换气。实际上，各技术车间按照生产要求，都有一定工作制度和操作程序，而有些问题必须由技术厂长主动去了解情况，发现问题，主动抓紧解决，并防患于未然。而担任技术副厂长的张尔瓒，似乎顾此失彼，少不了出国考察、花钱买进新设备之类。至于例如洗印车间曾因停电造成标准拷贝的毁灭，就不应去找北京市供电部门的人负责，也不该找人家给你北影厂赔偿损失，应由主管厂长身上找到失职的原因，为什么不在意外停电时安排好一套备用的发电设施？

---

*钱壮飞，1925年加入中共。他在1931年中共中央特科负责人顾顺章在汉口被捕叛变时，以南京中央调查科机要秘书的有利身份条件及时报告中共中央，使中共中央和在沪第三国际人员幸免于难。

总的讲，这是一个"百废待兴"的一个制片厂。我在日记上留下了"积重难返，事在人为"的记录。我只能在口头上向史平说说，不加评论。我能做些什么呢？

我参加厂领导小组商定过由陈强去成都，通过军区关系，设法把刘晓庆调来北影；研究北影同上影同题材、同名影片"撞车"的问题等。

厂办负责对外接待任务，接待各国电影界人士的来访。我按照外方要求，组织相对应的导演、演员陪同、会见和业务交流。有趣的是一位瑞典导演表示对中国电影与好莱坞的美国不以为然，他在中国银幕上看不到在街上、社会上见到的人，他认为银幕上的人物形象应当和眼前看到的一样。我说，你说的是纪录片，不是艺术电影、故事片。事实上，我知道他宣扬的是我们常说的自然主义。我确实看过瑞典影片中表现了例如男女客人同主人男女老少共同沐浴的情节。由于此来宾是瑞典电影协会的主席，艺术观点各异，不影响彼此了解。再有一位日本客人是日本片《天平之甍》的老板兼导演。此片是描写唐朝鉴真和尚东渡日本的故事，他介绍他们拍摄过程中，如何得到北影厂的帮助，并一定尽力以此促进日中友好与文化、电影艺术的交流。这个过程我是了解的。难得的是，不到半年之后，他来信来电告诉我说，他们采取了特殊的宣传方式，即，在该财团经营区域内几乎一切用品上宣传影片，例如，在茶碗盖上加上宣传《天平之甍》的美观图片，结果获得极大成功，还特意给北影厂加汇了一笔款项，以示欢庆合作成功。那时，即在20世纪七十年代末期，在来访者表示友好的小礼物赠品，圆珠笔算是新鲜的东西。外国电影同行对中国北京电影制片厂的摄影棚，特别是我们的大摄影棚感到惊讶和羡慕。的确，我们上海和长春、八一厂都不曾设置如此庞大的摄影棚。

我们也接待内宾，如当时对外文委派出的文化官员。我向他们提出如何发展、促进中外电影界相互深入了解、交流的建议。

北影厂拍摄的内景不少是在厂内进行的，有时，缺临时演员，就从厂内找。我挤出时间应有的摄制组要求，参加过《苗苗》、《钟声》的内景充当临时演员，也参加《元帅之死》外景，充当在机场迎接贺龙元帅的将军之一、充当少将。外景地在机场，一天拍完。我体会了摄制组紧张而艰苦的生活。为了支持张华勋拍《神秘大佛》，我通过朋友介绍了一个饰华侨的演员。这是中国影片史上的新题材，在审片过程中，为了利于制片在厂内通过，我写了一个意见书给汪洋并领导小组。经讨论，顺利通过。此片是新中国武术片开创性的尝试。公映获得了成功。我认为张华勋有才华有创新精神。不久,他还完成了新的影片《武林志》,他是四川人,老乡嘛,谈得来。他给我说过有一个具有特异功能的人的事,我相信。可惜此后,各人忙各人的,再也没有机会同他交流了。

在北影工作几年中,有两个人是令我难忘的。一个是一位青年导演的母亲肖昆。她是我20世纪50年代从军调到文化部的直接上司、部党委办公室宣教组组长。我们相处友善。她是"三八"式的干部,肖三的妹妹。她首任丈夫章泯同江青有过私情。后来的丈夫是老演员杜德夫,杜感情不忠,她就同儿子在厂内宿舍养老。她为人开朗、豁达、明理、和善。她在爬楼梯困难时,还特意走到我住的6号楼下送给我参考影片入场券。我曾去拜访过她。她是哪一年去世的,我已无法知道了。另一位是书法家谢冰岩同志,他是著名第一代老导演谢铁骊的胞兄。我一直称他"老谢"。在我住在北影宿舍期间,几乎两三个月他到北影同兄弟团聚时,总要来我家串门。他原是文化部计财司司长,我在部党委和人事司工作时知道他是很老的游击队员,曾经被国民党逮捕过,被"控制使用",同对待唐守愚相似。"文革"中知道他是所谓"六十一个叛徒集团"成员。当然,事实证明他们都是清白的。我们几十年一直是友好的。他是书法家协会著名书法家,听说我打听王羲之真迹和三稀堂书法帖,他就要送我字帖,我因为自己有了,没有要他的珍藏。他给我写了个条幅留作纪念。

在北影厂办期间,又有一次全国性调整工资级别的事,我是全厂评委之一。按照分配的调级名额,在公议提名时,大家提议我应提一级,我首先表示,不必考虑我,但在评委会上,常务副厂长杜子主任委员认为应给调级。回到厂办我未传达,仍坚持给前任厂办主任和一位病休工人调了级。这是我平生第三次因放弃、被误或让出而失去可以从17级升级的机会。当时,一直讲风格,也不去争。因为,我从18级"科处一级"时期,满足于听报告看文件的政治待遇了。我一直未意识到升级会影响一个人一生的职务及其对工作的作用大小。

但是,我逐渐失去了汪洋的信任。再一次令他反感的,为《小花》影片插曲,王酩作曲引起一些非议,我不以为然,但香港有人给汪洋写信,认为是卅年代靡靡之音的再现。汪洋一定要我起草一封回信,用他的名义,表示赞同。我本不同意,但他不说理由要我一两天内交稿。我勉为其难,第三天交给他,请他审定、签发。他看了一眼,没有说话也就拿走了。此后,没有下文。我估计他不会满意,因为我函中提出"见仁见智"的客观态度,否定了修改或拿掉这个插曲的可能性。此事也就不了了之。又一次是为汪洋要宴请一位海外制片商,找我去安排多达15人的宴会，与宴者多是与此无关的陪客。我提出按规定只宜安排最多10人，他当众质问我："有文件吗？"我说："有！""拿来我看！"我立即取出外事宴请相关规定文件送去，他极不耐心，根本不看，问我："是财政部文件？"我回答："是。"他马上说："照我的名单安排！财政部长是我的老战友，什么都照文件办，还要我们这些人干什么？！"

这是我当众取罪了这个老板了。"资本家"，对，厂长。一切由个人说了算，不要什么规章制度！可也不对呀！任何国家的企业都是有章法的呀！我这次直接冒犯了权威了，也才明白了财务科老科长的"保留执行"确是不得已的。

"保留执行者"可以保留职位工作下去，我会怎么样呢？我没想这些，我总觉得厂长如果有头脑应该懂的，我办事认真、刻板、不灵活、不越轨，但对他有所帮助，不应该对我怀恨。

但我错了！不过一周，突然来了一个口头通知，是在没有我参加的领导小组会上决定的。显然取消我参加领导小组的资格了，这个通知是在全厂大会上宣布的。宣读我的职位变成"厂长办公室副主任"。

这是汪洋等人对我凌辱！我决定改弦易辙，再走出一个是非之地！

这时也巧，我接到干部司调配兼外事干部管理处处长赵岐泉的电话，说，我会德语，西德使馆空了几个文化处干部名额，要我考虑去主持文化处，要快，可给我配备一名译员。否则，这名额会被安全部占去了。但当我去干部司问情况时，说是搁浅了。听当了司长的马沛兰说，赵岐泉事先没经过司务会议，马并未对我任职本身有任何支持的态度。

我回厂见到史平。她告诉我，张尔瓒曾提出"厂办没人接电话，主任失职，要有大事就会耽误了"。我一听"失职"，心说，这原本是他自己失职呀！

我曾调查到洗印车间应予改进的事。因为洗印车间因停电造成完成原底拷贝胶片全被毁了，厂里应该有备用防止停产损失时立即开启电机的设备，不致中断。技术副厂长责无旁贷。

一切都明白了，我碰到了汪洋、张尔瓒的软肋了。这类货色不是真正的共产党员，只想做官当老板，根本不懂得党的自律，挟嫌报复，不知闻过则喜，是冒牌党员。

经过努力，我向干部司表明了同意派出去西德的意见，并一再说明可以说服北影，望干部司下调令。但干部司一定要我先说通了北影，才下通知。我几番同史平谈，又找了杜子。最后，史平告诉我，她终于说服了汪洋同意放我走，理由是："汪洋同志，你不是没去过德国吗？他（指赵）派出以后，你就可以去德国走走了！"还是汪洋老板点头，我才可以离开这个是非之地。

调出北影之前，情况又有了变化。周郁辉早已调至对外文委宣传司任副司长，主管电影。有个电影处，有一位老同志主管，但却不熟悉电影，听说我要派出，就向主管副主任周而复提出，要我先去当几年电影处长。周郁辉特意到北影来我家要求我先不出国，而先帮他在国内干一段时间再派出。我同意了。

这时已经进入80年代了。具体时间是1981年6月。

回顾北影4年，我做了我应做的事，由于发现了一些厂内管理体制涉及当权者的违规、失职而招来报复，成为有关厂长、副厂长的眼中钉，由于我不愿苟且、因循"道不同，不相为谋"，决心走出黑圈；但制片厂创作、技术和行政人员朝气蓬勃、敬业、友善的精神、风貌，使我体察到电影界的希望在于多数电影工作者，而不在于少数几个作威作福的掌权者。可喜的是，我认识了不少留下来和先后离开的好人，交了些朋友。

还有一件事是涉及个人利益取舍的令人钦佩的事：人所共知，调整工作单位，都必须转接人事关系，党员要转组织关系。当我找人事处转人事、工资关系时，主办人王文宽在准备填写职务和工资级别两栏时，问我："怎么填？"按照合乎实际条件应填成"职务：厂办主任；级别：行政15级"，补上失去的一级。按照不合理的对待，应填成"职务：厂办副主任；级别：行政17级。"这点人事部门能不明白？这肯定是主管副厂长杜子的示意。我曾知军委同级助理员某营级干部调文化部系统时，组织部门填的是副团级，等等我是知道的。这是给我个人选择的机会，但当时我意识到这些，却一转念，还是照公开宣判的写吧，我照样可以活得很好，更何况我从来是个死板、规矩的一个人。王文宽听我的，照汪洋宣布的填写，工资级别，漏了、误了也就不动，照旧填。

总之，人事部门让我自己定该怎么填写职级的事，是令我钦佩的，而我自己确乎做了一次愚蠢的选择。我相信周郁辉、周而复说话算数。

人类历史和个人的失误与灾难，多半是后来知道吃亏了，才认识到的，而且都是别的人和自己造成的。另外有一些人中，有为了私利、私欲蓄意害人的，有的聪敏而设法明哲保身，也有到死也不明白，或含恨隐忍或认命而已。

中国《增广贤闻》搜集的箴言中，"善有善报，恶有恶报，不是不报，日子未到"、"善恶到头终有报，只争来早与来迟"，无论从哪一种哲学观点去讲因果报应，都是人间真理。

　　人生旅途谁不经坎坷？什么人生活没有甘苦？

　　从1980年9月24日干部司有人提出派我常驻西德，直接征询个人意见，但司里又另有打算，以至1981年9月24日我正式调入国务院对外文化联络委员会宣传司，这9个月的反复商洽甚至是斗争过程中，我思考了一些问题，主要是古语："人贵有自知之明。"我自问"我了解自己吗？"

　　人要客观地看清楚自己，是不容易的。

　　单从工作关系看看自己，可能是个什么样的职工？我觉得我的的确是一个比较好使用的革命队伍、机关、事企业单位的"齿轮和螺丝钉"，属于标准通用型的。经过"文革"的折磨式锤炼，变得具有更强的选择性了。"文革"前，我就开始不是无条件服从分配的，表现在五十年代动过调回四川的念头，和不愿做"高级警卫员"的部长秘书；没有接受调回中南海工作，有人作梗，想到农村基层体验生活搞电影创作也好；且都是组织允许有个人意愿为前提。"文革"后，旧的梦想破灭或放弃了，在有限的选择权限下，回到电影界，又面临动摇、选择的局面。可以说，真像五十年代常说的"万金油"干部，普通使用，但无大用，用得不合适比如用到碍眼的什么地方，就嫌别扭。我这人脑子有点"僵化"，对工作的确认真负责，有点创造性、开拓精神，对平级、下级关系处得好，能体谅人、帮助人，但对领导，不懂、也不愿处处顺从，还会说些不中听、不同的意见，不重情面，只一个心眼搞好工作，不屑去讨好领导以图提拔晋升。

　　简单地说，我是个领导喜欢使用而不情愿提拔的工资级别不高的中层干部。我其实对任何直接上级官员，从来不傲上，无恶意，遇到水平、能力差的，我贡献、帮助，对于个性强、刚愎自用者，坚持原则诚恳直谏，回报我的无非是穿小鞋、小动作。而本人扪心无愧，自以为无过错，又不愿改。今后，路向哪里走呢？

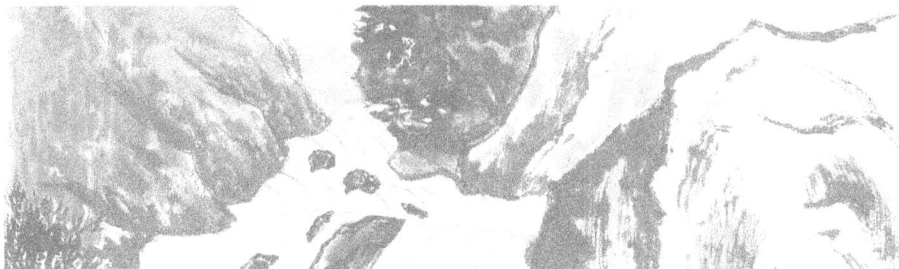

开辟文化外交新路

愿走文化外交之路，为内外交流开道

进入了对外文委又是另一番景象。宣传司只有电影、宣传两个处，却设了三个副司长，由一位副主任周而复主管，中央宣传工作领导小组组长朱穆之掌舵。宣传处主要内容是文字、图片、实物宣传品和业务如何开展问题。电影处、审批出入口电影产品、人员交流事务。我这个人有个习惯是，在其位谋其政。这个"谋"字，就是我想方设法开展业务，往往是领导人对我言听计从，得心应手。说是"为所欲为"也不过分。因为我主张做明事，上级几乎都能采纳。首先，我有一点"越权"，即从开展对外介绍中国的工作上，既然主管副主任讲了，大家都可以多出主

作者在文委宣传司
（1981年）

意、多想办法，我除了日常办理代司以部名义起草、审改、报批对外电影交流事务的公文之外，建议使用一点本来就比外国少得可怜的宣传经费，购买省市好的宣传品，于是，我在熟悉的太原市，顺利地得到山西省委宣传部和省文化厅从省委副书记兼省长到厅、部、处负责人的积极配合，选购了上万册名为《山西》的精装图册，其中充分介绍了中国名胜古迹丰富、悠久又精彩的山西省。回京，通过相关部门发运至当时仅有的一百三十一个中国驻外使、领、馆、团、站、组。

当时，各部委都存在借故出国以访问为由都与业务无关的问题，且都是领导干部，关键是主管部门掌握不严。我遇到这种事，就主张不批准。这时，正巧有两个报告到我手上，是会签文件，我照样。新任司长孔迈约我一谈，却不是申请人说情，而是对我竟敢坚持己见，是原则性掌握得好，表示赞成、支持，并认

为敢于这样的人不多。我觉得孔迈正派，符合中央的精神。可是，过几天司长不见了。我乐于同支持我工作的领导人共事，可惜！

为了尽早实现向驻外机构发送影视作品，急需一笔巨额外汇。我通过一位新同事直接报给当时任副总理管财经的谷牧，解决了问题。我们又利用日本索尼公司在京展览的机会，商定以低价买进其展品，设备内涵是当时世界最新技术的胶转磁技术，此种新的技术、设备是中国电影发行放映公司和中央电视台还不曾注意到的。应该说是，我们抢先了一步。

林敏在昆明（1981年）

为此，我们和日本公司成交后，彼此宴请。说到宴请，我们中国人习惯是待客从丰，自律从简，凡宴请没有不具特色的，当然到了有些地方和商务活动中，筵席往往丰盛到主客都吃不完，甚至剩得越多越显阔气摆谱的。我们按正常的外事活动宴席标准，每人35元已是很得体了。比起日本人来，有说抠门儿的，即吃的比较简单，在我们看来是标准低些，差不多吃光了事，令人有寒碜之感。其实，不浪费，才是好习惯。日本企业界富有而节俭，可取。

展览结束，样品全部接收，很快便组织人员开展制作胶转磁的工作，不久便

林敏在陕西捉蒋亭

将第一批介绍中国电影艺术、科学、技术教育和新闻纪录片磁带录像带发往全世界去，初步解决了各国具体了解中华人民共和国的需求。

为了促进电影文化对外交流，我带领一位同事周偶去四川、上海、广州和长春考察电影生产状况。大致用了一个多月时间，访问了峨影、上影、珠影、长影几个外省市制片厂，开始解决了"心中有数"的问题。当然，原则上，是参照中国国内发行放映范围，但不受局限。因为对外文委对出口影片是有唯一把关权的。例如，国内有异议的《原野》，我们认为

可以向外介绍，因为它大体忠于原著，在外获得好评，反过来，促进了国内发行。

工作的局限性，只有一条，就是国家外汇储备有限，对外宣传经费不及美国的十分之一，少得可怜。我们只能在有限的条件下，从质量优选上多下工夫了。

我们同相关部门的矛盾，主要是在内外电影交流方面的原则与具体尺度方面，又主要是同文化部对外司的分歧与协调上，有时尖锐到双方部级领导之间的会签、会谈与协商。

林敏在乐山（1981年）

我个人对于人员出访问题上，倾向开放。在北影厂办工作时就由于坚持批准一位申请自费赴美的人员，招致个别思想僵化的老朋友的非议，说我"办的是没屁股的事儿"。我是乐于宽容、理解别人出国愿望的。记得有个电影代表团中的成员中有一位姓刘的知名女演员，在审批过程中，突然有人来找我。一见面，知道是她的前夫王某。他以她有亲戚在港，认定她出国去必定叛逃。我在北影时就听他向我倾诉他们在电影百花奖投票时作弊的经过，我以那是既成事实，难以更改，而她表演确实不错为由，不予处理。这次是预警性质，我可以听取，但不便立刻驳回。我在接读代表团成员报告时，顺便在签报栏内提到此事，同时表明我个人见解是主张相信刘会珍惜自己的前途，可准予出国。结果刘如期随团归国。

这是八十年代初的时期，中国对外开放、交流还处在"摸着石头过河"的阶段。

为了让文委同事就便了解宣传司的工作，也曾将外国原版新影片组织放映。记得老朋友周郁辉当时带着一个女青年去看影片，告诉我他牵着手的是自己的儿媳妇，心疼的跟女儿一样。可是，一年多以后，他告诉我，他的儿子和儿媳妇，在与父母、公婆同住时，竟然将自己买的电冰箱，从厅里搬进自己的房间，不让公婆使用，这惹得他十分生气，痛骂儿子也无济于事，这个时期，电冰箱能买得起的还不太多。另一位山西老朋友，公安大学离休的言某，只因为老言未经允许，公然从儿子房间冰箱中取走了两个鸡蛋，被儿媳妇发现后，在房间内高声骂"老东西真贱！偷吃鸡蛋"。之后儿媳妇并搬出单位，还不让孩子回去看自己的祖父母。

林敏在北京图书馆

工作之余，我也得关照同事、下属干部的前途，以利于人尽其才。一位办事认真、工作质量较高的卫兴龙同志，原是保加利亚语干部，在军队机关工作时，只因小事被拖延了入党，可以说是误了他的事业发展。我商同东欧处多给机会去恢复使用其第一外语，并鼓励他尽快拿起来，准备走出去。同时积极促使党的支部抓紧解决那些不应影响他成为中共党员的具体小事。经过半年左右的周折，小卫入了党，保语恢复的越来越熟练了，几年后，他被派去保加利亚使馆文化处工作，从二秘到参赞，十余年直至本世纪初退休，为中保文化交流做了大量贡献。听别人说，只是对于曾是同学的大使偶有不恭，忽略了出差开展工作的及时通气，因而向国内报告"卫兴龙失踪"，引起一阵掀然大波，在文化部指导下，平息了此事，却未

林敏在昆明西山（1981年）

能正确对待，以致退休时，未曾得到司局级待遇。卫为人耿直，和我性格相近，认真工作，也讲情谊但不阿谀奉承，正派人当然不会扶摇直上的了。

另一位同事小刘是法语干部，办事也不错，本是学政法的，改了行。我曾要求他练练毛笔字，使办文件的字写得好一些。他却是犟脾气，认为办公文不在于字写得好坏，没改进，自然不如兴龙汉字写得漂亮，也不如另一位高度近视的李翊庭写得工整。小刘是

四川老乡，川北邛崃人，是汉代司马相如、卓文君的"同乡"。我喝过他老家的"文君酒"，味道一般。由于他是学政法的，对政法界的问题多少知道些，例如有不少同学分配在中央和省市政法部门工作的，据说，有不少案件，查询到了中央高级干部特别是某某部长、副总理以上时，就得中止，无权查下去，只得不了了之。这是我们在谈及工作涉及国内关卡一类问题时，涉及到时弊。其实，这只是冰山一角、皮毛而已。我叫他"小刘"，那时，他们不过40岁上下。若干年后，知道派去几个文化中心工作，本世纪初退休后仍在对外文化交流中心做些工作。他于2012年岁末72岁时患癌症去世。

我的另一位同事老李是年纪当时四十出头的老文委工作人员，一直在文委搞电影交流工作，此人高度近视，上千度，但工作态度严谨，对中国时弊时有微词但不影响工作，偶尔会引起别人讨论一、二，也无关宏旨。我则无可厚非，因为，人所共知，我们党的问题多多的，任何人的嘴是堵不住的。连我自己有时也公开评论，说道几句的。老李是上海人，虽非"小开"出身，参加工作较晚，实是在企业中工作一段时间才调进文委的。数年后，我见过他，他在妻子患肺癌去世后，另找了个上海人他唤着"王医生"的续弦。他一次在退离人员活动的车上，远远就叫我，我很奇怪，居然不戴眼镜就认出我了。一问才明白，他做了手术，更换了水晶体，花了几千元，大体恢复正常。"过去，我靠耳朵听见你的声音就能叫你！远了不行。现在，我远远就能认出你来了！"

老李身体较虚弱，于2008年1月初刚满80岁时过世了。

其他同事，一位早已作古了。那是前副部长、诗人徐光宵（笔名戈矛）的夫人殷家修，一位新四军时期的干部。她过去偶一见面，

林敏在昆明

就开开玩笑，叫我"电影专家"。另有不安心外宣工作，要求派出的几位，我都积极支持。有的退休后见到我，很面熟，写电话号码时，才记得姓名。有的英语较好者，派驻美国大使馆、领馆多处。有的人退休后帮助一段时间工作也仍归赋闲了。

在宣传司开会时，是可以畅所欲言的。例如，一次我见报载时任总理的赵紫阳说，文艺书籍、作品不是商品。我感到很奇怪。此类奇谈怪论竟然出自总

林敏在滇池

理之口，我就发议论，大放厥词，我说，这简直是荒诞！文艺作品本身就有两重性，既是宣传品，也是商品，我认为这种不符合经济学的错误论调，竟然出自中国共产党、号称马克思主义的党的领袖人物之口，真是荒谬绝伦！可见号称马克思主义的党中央"领袖们"竟有不学习经济学、政治经济学，不学马克思主义了。听者颇众，都未表异议。可见，听者或以为然，或者事不关己，少说为佳。但我都平安无事。这个时期，胡耀邦任党的主席。邓小平复出主政，却是一言九鼎的地位，赵紫阳管政府大事，大概是不兴抓思想工作了，一切多在于一般号召，也没人有兴趣对一些公然说中央首长"坏话"或者胆敢批评的人打小报告了。抓经济建设，抓工作，白猫黑猫，你抓老鼠就行，顾不上什么闲言碎语。我估量，这个时期，从中央到地方，是一切中央说了算，你多少人、什么人说了都不算，你说你的，我干我的。因此，拨乱反正，快把经济建设抓起来。

派出驻外人员的工作，包括建设文化中心，在抓紧进行。周郁辉以工资级别比我高一级争取到派去尼日利亚任文化参赞争取报中组部审批，他不懂外语，要求我"屈尊"同去任一秘，我勉强同意，但主张在他报批以后再定，他有过乙型肝炎病史，怕出国体检过不了关，这时，我违反了纪律，同意了他的请求，代他验血。我同他一道去友谊医院抽了血，过了关。其实，从根本原则上

438

说，这种违纪也没什么意义，我知
道中外多国属于澳抗阳性者数以亿
计，且从老同学丁正荣任全国7名传
染病专家小组成员时，在广西壮族
自治区防疫站工作中，曾经对中、
小学生做过秘密调查，证明有无表
面抗原呈阳性的学生同食、同住，
均无传染。因此，任何以此作为健
康衡量标准依据者，都无必要。我
伙同老周"违纪"代验血，无论从人
道、从事实上，都没什么害人的错误之处。

作者全家合影（1981年）

可是，老周没被批准派出，因为当时，国务院正在调整、整顿机构，暂停派
出驻外事务。

文委副主任、知名作家周而复通过周郁辉商量帮助调配一名秘书，因原有秘
书要求去对外演出公司任副经理。老周和我商谈，而复是书法家，在我报文时曾
评议过我写字"龙飞凤舞"，他知道我过去不愿做部长秘书，又蓄意派出用用外
语，正好同事中随我做电影厂调查的周倜文笔、书法还不错，他对电影业务也
不太熟，是个人选，于是荐举给周而复，把周倜调至办公厅秘书处了。

也正是此时，国务院突然提出要将5个部委分别实行合并。和我们直接相关
的是，撤销对外文化联络委员会，工作和人员并入文化部；将文化部所属的电影
事业管理局划归广播电视局成立广播电影电视部。为此，组织群众讨论，实际是
走走形式，搞假民主、假群众路线。大家议论纷纷，好多天，干部讨论会像开了
锅，批评国务院主管副总理姬鹏飞是"乔太守"，

亦即正如传统讽刺闹剧《乔太
守乱点鸳鸯谱》中人物，主观主
义、瞎凑合；指出电影事业本是
艺术事业，与文化部各艺术门类
业务是紧密相连的。电影是综合
艺术，怎么生拉活扯，要把它硬
同新闻、电视扯在一起？！对外
文化交流急需发展，以适应中外
文化各方面加强扩展的需求，为

439

什么偏偏要压缩？

说也白说，上面根本不听。

另一方面，文化部知道这胳膊拧不过大腿，一切都是上面说了算，急忙办了一批干部的提拔任命手续，生出了一批司局长。而文委这边一看大势已去，属于撤销的所谓"扯、撤、并"单位，主任、部长头头黄镇只管自己保住正部长位置，从文委主任改为文化部部长，文化、外交都管，何乐而不为。苦了对外文委的干部，于是尽力做"压缩饼干"，欧洲司变成欧洲处，司长当处长，保留司局待遇，美洲大洋洲司变为美大处，以此类推，宣传司变成了宣传处。整个部级委员会改制为文化部对外文化联络局，原主任、副主任变为文化部某某部长、副部长。欧洲处新处长，动员我去做副处长，我不愿"屈尊"，没去。

在这动荡重组期间，一切工作仍在照常进行，只是改变了称谓和签报审批程序。

派驻西德未任参赞　决定谢绝派出

作者夫妻留影（1981年）

有一天，吕志先副部长约我谈话。他原是对外文委副主任，现任文化部副部长，仍旧分管一部分外事。他原是从驻朝鲜大使卸任到文委的。他先问了我当前工作简况，然后明确表示决定派我去西德使馆文化处主持常驻，最后问我是不是老文委的，我说不是。于是走出。谈得明确而不具体。我有点高兴，但多少有些茫然。过些日子，时任外联局副局长的章金树到我开会的地方找我，他在走廊上对我说："部里决定派你去驻西德使馆文化处任一秘，你现在就开始准备，具体手续，人事处帮助你办。"我一听不是参赞没表态，但心里忧喜参半。喜的是派出工

作，可以复习德语，促进中德文化交流，多做些事情，也可以实现多年的愿望。40年前我曾对德语教授Stuerwald说过，"我想战后去德国访问"的话。忧者亦是不满意之处在于，处长派出都是参赞主事，由中组部公布任命。一秘虽也可独立对外代表国家，却不能同时带夫人赴任。一想提升也快，也就积极参加学习和参观采访事务。当时同期派出的有几个组，我担任一个组的组长。每天活动，除学文件就是集体参观经济建设企业，再就是个人分头准备。

学习准备驻外期间，我搜集了文化艺术各个门

作者在北京中山公园
（1981年）

441

类，包括电影、音乐、杂技、戏剧、曲艺、舞蹈方面的大量历史、现实资料，专门拜访了中国电影发行公司总经理胡健、图书馆管理局、文物局、艺术局、民族文化司等等有关的各司局局长，和前任驻西德大使、现任国防部外事办主任等，又应另一位派往东南亚任参赞的要求，同去找北京电影制片厂车队队长辛某，选了一位中年司机负责教习驾驶小车。我们用的是一辆吉普车，是拍《泪痕》时县委书记专用过的道具车。这是那时唯一无隔断前视玻璃的吉普。先在北影厂内练，一周后去南口一带练习。

在1982年底已经办好外交护照。我向外联局副局长章提出，调配我指定的翻译金雄辉，老章借口老金年岁大，不同意。同时原资料馆老馆长王辉找我，表示希望我回资料馆去抓业务，但现任馆长龚涟并无让我进入领导班子之意。我考虑到即使夫人随行，也存在儿子当年毕业要有一年住院医生期，我们无法照应，又因为听说不只一起派出国干部子女单身留京出了问题，如一位林敏的熟人的儿子因父母出国单身与一邻居女孩相恋怀孕恐惧，双双服毒自杀，先后死掉，我们怕儿子长得帅气发生类似事件也不放心。此时又知道从外单位借调一名职级比我略高的干部派西德任文化参赞，还找我会见，夸了我一阵，一问，此人既不会外语，也不懂文化工作，却居然成了我的顶头上司，心头很不满意。经反复考虑，决定打退堂鼓，写了报告，以家庭有困难，本人外语也几乎忘记光了，请求暂缓派出。又勉强写上：如组织上不批准，我也可克服困难，服从分配，及时赴任。

作者在乐山大佛留影
（1981年）

报告送出后，等候通知批复。从人事部门知道，已经退了机票了。我舒了口气。后来知道，部党组讨论过我的报告，会上有人提出分配去资料馆的问题，党组书记、代理部长周巍峙说："我知道他想去使馆工作，资料馆的事，就不要再讨论了！"

因此，我仍处在两可之间，但对于突然出了一个参赞纳闷，真是不明白外联局有什么鬼名堂。这时，我记起帮我躲武斗的劳火曾劝我："别听他们的，别去！"有理。

人事部门对我很不满意，外联局宣传处调配了尤毅去顶替了我的工作，小尤我熟悉，是王澜西的秘书。又听说，局里有人对我议论纷纷，有人说："西德很多人想去都去不了；他为什么想去就去，想不去就可以不去？！"

我成了待分配干部。这是1983年初春时节了。

我同爱人去外交部欧洲司访问了杨成绪，他对德国情况很熟悉，比我年轻，曾常驻西德。他告诉我不去西德可以考虑去东德，那里缺个文化专员。一经交谈知道他是上海同济大学附中的校友。几年后，听说，他曾被派出去任过大使，但回国后遭到一次不幸，他家被盗贼洗劫一空。再过几年，他专门做对外的研究工作，因无工作关系，我们没有再联系了。

依靠艺术最高学府　开拓文化友好渠道

条条大路通北京，北京行行通世界。我边等待边找出路。

这时，吕音以部成人教育办公室负责人身份归并到了艺术教育局，对外是司局级"成教办"名义下达文件，对内是艺教局的一个处的建制。其未能如部科教办一样，不定为司局单位，主要是人事矛盾关系。主管人事的赵起扬副部长同分管"科教办"的司徒慧敏副部长关系不协调。

这时，我既是待分配或说搁浅的状态，换句话说是"挂起来了！"既无批准不派出的消息，也不通知对我作任何安排。

作者在十三陵留影

人不能闲着，要找事情做，要珍惜时光，不能像无期干校那样，浪费青春。适逢艺教局派吕音再加一人同去南方考察的计划，正愁人手不济，找我商量，如果艺教局借助出差，我是否愿意同他一行？我欣然接受，也正好艺教局几位负责人都是熟人。于是，很快启程。正巧林敏单位为了保护古籍，急需往南方选购丝织品。我们约定三人同时从北京出发，路线相同，都经上海、杭州返程。

第一站到达上海，住在新华总店上海分店招待所。吕音爱人是新华总店经理，由总店开介绍信，由于上海规定男女同室必须检验结婚证件，我只能与吕音住一个双铺标准间，林敏一人住一个双铺标准间。这是我们夫妻二十余年来首次同路旅行，也顺便在上海逗留两天，利用工余时间，同同济附中时期老同学、老朋友会面，先后同时任纺织部上海科研所党委书记的赵学贵、上海闽航船厂高工明亮辉、造船工业高工胡国汉、上海交通大学机械系高工、教授尉迟斌以及军委直政宣传处同事周一雄等五位聚会，走了这五家，家家都设筵隆重招待，同儿家的老少全家人欢聚。到了杭州，住的是大华饭店，这里不要求夫妻带结婚证，照

作者在在上海外滩公园
（1982年）

样租住两个房间。我们办公事之余，利用休息时间就近在西湖湖滨走走。

令人惊心动魄的一件事是，林敏独自一人去湖州采购古籍装帧用的丝绸制品，当她走进湖州车站，打听买回程票和商店去处时，售票员故意说她证件有问题，不清楚要她"进屋谈谈"。那位好心的售票人员就提醒她，早有坏人跟踪她了，提醒她尽快办完事情乘当天的车次离开湖州，并让她从旁门出去。这是她第一次只身出差十分紧张。举目无亲，对待坏人的突袭是毫无抵抗能力的，她只得雇了三轮车直奔目的地，选好商品，立即原车赶回车站，赶上当天下午长途车次安返杭州。她心情十分紧张，连湖州市容是个什么样子都顾不得看一下。听到这个情况，真懊悔没让我同去，也难免回想起后怕。

返京后，知道外联局不宜等候，从人事司了解到电影资料馆龚某不愿让我进领导班子，艺术局直属录音、录像公司副经理陈某是非党员又担心我去当了经理对他不利，竭力阻挠。我最后接受了到艺术教育局任外事处长的安排。说起这个职务，也有些复杂性。原任周巍峙秘书的李兴楚本是"文革"中拥护肖望东《六二〇报告》的"镇恶浪"头头，因其态度有转变，被重用，当了周巍峙部长秘书。周曾问他有没有适合我的岗位，他说没有。后来，他想去艺术教育局当外事处长，被婉拒。

主管外事的副局长王柏华"文革"前是群众文化司的处长，建国前报社编辑出身，我们很熟悉，他给我介绍了外事处现有3位副处长的简况，都是英语干部，但不团结，知道我善于团结人，望能处理好他/她们之间的关系。

我知道三个副处长都是英语干部，对王家栋的英语水平是没问题的，领导能力如何，不了解。而俞慧钧是做外事行政工作多年的，我比较熟悉。李君我不了解。看来，都是好干部，各有不同的脾气和习性，矛盾难免。当初如此配置干部也欠考虑。我分头个别交换意见，和我估计的差不多，王的工作方式简单些。经过一个多月的相处，我把王家栋调到外联局美大处，他的爱人王夕云已在签证处工作，相安无事。一年多以后，我才知道王家栋作为第一副处长期间，局里支持

作者在上海外滩

他把舞蹈学院的办公室主任作了违犯外事纪律撤职的处分，是个错误的冤案。因为我接触的办公室主任是另外一人。

王家栋夫妇对工作是负责任的，办事认真，难免有时生硬，以致未能处理好同事团结关系。他们曾被派到驻美使、领馆工作。在退休后，我一次随部机关组织的去黄村文化学院参观，在午餐时听外联局的人议论道："这一对夫妇同谁都合不来。"我看见他俩在远离大家的餐厅窗前吃饭，不同任何人交流也不向任何地方张望，显得十分孤僻。

将王家栋调到外联局工作，可以多使用其英语特长，是因为他不适于业务行政领导工作岗位。俞慧钧在半年后调至黄镇主持的国际友谊交流协会。我也曾建议单位也将老李调到更适于发挥他英语专长的单位去，未果。我熟悉上海人知识分子干部的特点，老李工作认真，能在分工主管美洲、大洋洲艺术教育事业交流事务中完成任务。就我多年在领导机关主办中层职权范围工作的经历分析，中央和国务院部委的厅、司、局，对于制定与实施方针、政策和行业开展工作，具有举足轻重的作用，其间处一级是关键。要害在于这一级的职责是承上启下，最先提出具体方案，因而必须掌握第一手根据，并在组织实施过程中起到决定性的作用。也就是说，官不大，职权责任重。部委的形象，出面、拍板在部、委、

文化部对外文化联络局宣传司原工作人员与周而复副部长（原对外文委副主任）合影

厅、司局，根基在于处。各国情况不同，我了解中国的是如此。作为工作机器一般的本人，我知道自己的特点，是干工作的，不是当官的，有工作干就行，只要我认可了，没有不尽心尽力的，对同事也多替别人设想。我常是正面地在会议上提醒一二。记得有一次外联局组织参加美国国庆招待会，我同老李都应邀出席，按规定与国际惯例，在这种场合，是不应谈工作和私人晤谈的。他却一反常态，同一位熟人老外进行详谈，内容，外人不得而知，这已经是不正常了，更不应该的是，他们在大家散会上车时，仍在使馆门口继续谈下去。我们与会的几人已经在车上，等了好几分钟。车上的外联局同事见此情景，敦促我尽快表态，是否开车。见他旁若无人，只得决定不带他走，叫开车，把他甩下，车上大家指责此种违纪行为，影响很坏。有所谓犟脾气，缺乏自责精神，可见，出事早晚是难免的。最后，艺教局对他只作退休处理，外联局同志认为，处理太轻了。此人个人生活并不幸运，妻子是个医生，一天下班回家时在前门外买了一点蔬菜，过街去赶公交车时，在离行人斑马线50公尺处被南来的一辆吉普车右侧反光镜刮着头部，摔倒在地，行人扶她时，只说了一句自己是什么单位的，叫什么名字，就再没有醒过来，她的单位还被以对交通规则教育工作做得不好罚了两万元。他才

447

然一身，儿、女都在各自的单位居住。退休后经朋友介绍同一个宾馆的会计结了婚，婚后不久就分居，冰箱食品由他采购，各人吃自己做的，几年后办了离婚手续，女方得一间房，作价3万元拿走了。后来又同过去的学生交往一段时间后，发觉对方"太抠门儿了"，就再没有找对象了。除有退休金外，几年中成立翻译公司译一些电视剧本和合同之类的文件，以此为乐。大约75岁以后，就在家养老了，每年同上海老家哥哥来来往往，走动走动，也偶尔参加机关离退休干部管理局组织的集体游园、节日等活动。

我在艺教局另外的同事，值得提到的，还有几位。

先说两位。其他只在叙事时顺便提及。

一位是年约30的小伙子，法语干部强阿南，他要求出国，想学英语，强化第二外语，我当然支持，给予时间上一定照顾。他很自觉，尽量少用、不占工作时间。后来争取到去美学美术史，但用处不大，终于去了美国。后转去加拿大改做经贸，办了个百货公司。他曾同我通话，想买中国的"跳楼货"，我难以配合。他写信给我，表示了友好，认为我对上不阿谀奉承，对下平等相待等等。他曾经回国两次，我都不在北京，想来，他混得不坏。他同李先生彼此都不满意。

另一位同事叫邵济源，法语干部，四川老乡。有时他把自己做的辣酱带一点来让我品尝。他工作认真扎实，慢条斯理，平时在工作期间我们都不闲聊的。他退休后，由于同住北京舞院宿舍楼，偶尔来我家坐坐。在一次谈到往事时，才知我初中老师也是我气功老师的师傅邵斌又名邵甦（音盥）是他的四叔，是三十、四十年代成城中学的校董（邵家董事之一），曾极想到北京看看，可惜我不知道，在我退休之后的1994年活到94岁时去世了。说起来，他确是我的恩师！我没有忘记他给我治病，而由于学习了他的吐纳功亦即道家的童子功，使我健康的成长，并奠定了一生健康的基础。我记得曾经打听过邵老师和当时的师兄弟余孝先等，却一直失去了联系。邵济源工作上勤恳，不惹是非，我建议人事部门和局领导提升他做了副处长后又主张任处长未果，后在老李退休后提为处长。他离力供养儿子从有"铁饭碗"的国家物资总局自费去法国留学，选修法国文学，回国办刊物，又曾到一个高消费的国际俱乐部任白领，才解除了父母的负担。但他又做其它工作，又失业了。老邵同志善玩麻将牌。北京人们名之曰"修长城"。除去退休后翻译一些法文著作外，常同朋友"修长城"消遣，为此，骑自行车夜出早归，不料先后有3辆高、中档自行车被盗，索性不再骑车了。他常年夏季只身回四川成都亲戚家或去都江堰，约朋友住在"农家乐"式的地方，每天10元至

15元包食宿，兼打麻将、避暑。他的两本译著都送我一册。

我的另一位同事，是前面提到的那个李兴楚。只有一个人的"镇恶浪"战斗团司令或团长，听政治部的同志讲，他态度转变得快，也就是一反过去，立场转向联络站，被调配做过周巍峙代理部长的秘书。他不知为何没当上艺术教育局外事处长，转而成为政教处长。由于他在周部长秘书任上，未按部长指示积极支持对我的工作在艺术局系统安排，我同他成为一个局的同事时，很少有工作上的交流。他向我提出组织全国艺术院校哲学、政治理论教师去苏联取经，我找不到支持他的适当理由，一直未予落实，而实际上是缺乏充分可行的根据。由于此人总想突出自己，自视甚高，又不为人所认可，他同艺教局局长个人闹了矛盾，口口声声叫嚷方某人陷害他，却得不到一个人的同情、支持。后来听说，患了肝癌，死掉了。

同事甚多，后来统计，我在职时，任处级、副处级职务的干部中，提升为司局级干部的共有7人，其中任局长一人，副局长1人，派往直属院校任副院长、党委副书记的5人，其中3人以后升任正职，当了党委书记，个别还在升任书记后兼任院长，兼职兼薪，月薪上万元。

人们常说的人事变迁，在这个不大不小的官场上的人事变迁，可谓政府机构中形形色色的人事关系、人事制度中的一种。其基本特征，是担任主管领导者对下级干部的认识水平及其道德品质状况决定的，而所谓的工作需要调任提升，都未必起主导作用。相当一部分干部是否升职，有时受级别限制，如已55岁，不提升。也受人事工作制度的影响。

实施调查研究　促进内外交流

在国务院的机关工作，坐办公室不能像人们形容的那样，喝茶、看报，当官老爷、吃闲饭，变成人民的负担、社会的累赘。机关应是一个决策和国家机器的运行指挥部。决策来自对基层调研的初步结果，具体业务部门还要在决策实

林敏在长陵（1983年）

施中正确地指挥。如此反复进行，才能做到上下结合，正如世纪名人毛泽东在民主革命时期为争取国家统一、独立、人民民主的斗争中总结的那样："从群众中来，到群众中去，集中起来，坚持下去。"我从四十年代走进中央机关三十多年来，在头脑中早已形成了这个观念。不用领导人对我作什么指示，我就知道，在机关，就该这样去工作，并据此提出自己的工作计划，提方案，取得上级的支持与指导。

部直属院校是局全管的，同时对全国艺术院校则主抓方针政策，有时具体涉

赵宏在首都医科大学（1983年）

及项目、人员等事务。为要掌握情况快一些，需点面结合，即去一两个艺术院校直接听取，同时等候看院校对文革后六、七年来的外事工作情况总结报告，两者综合，才能使被动的外事工作现状转变成主动地开展对外宣传与调研工作。

为此，我提出了一个综合工作报告，商得主管外事的副局长支

持，决定召开一个直属院校外事会，定名为"文化部直属艺术院校外事工作座谈会"，于1984年我到艺术教育局半年后的8月中旬召开。

我经过比在北影厂时更深入的调研，可以说是，没有障碍的调研，从而起草好一份《艺术院校外事工作的情况、问题和今后的方针任务》提纲，交主管局长王柏华审核后，经主管副部长吕志先审阅，商定，在会上，吕、王分别讲话，我的发言是工作报告，副部长着重讲了国际形势和对外政策以及艺教对外交流的目

林敏在无锡梅园（1983年）　　作者在香山（1983年）　　林敏在十三陵留影

作者在拙政园（1983年）　　作者夫妇在无锡梅园　　作者夫妇在宜兴（1983年）
　　　　　　　　　　　　　　　（1983年）

林敏在文津街国家图书馆 　　　　林敏在1982年留影 　　　　　作者在杭州
　　　　（1983年） 　　　　　　　　　　　　　　　　　　　　（1983年）

的与范围、方式问题，王柏华就对外政策开放与崇外媚外的性质、对待西方艺术流派、洋为中用及德、智、体全面发展的教育方针问题。

　　我的报告，反映了当时中国艺术教育对外交流的状况、今后的任务与要求。不可能对工作做出规划。那时，中国的改革开放正处于方兴未艾的阶段。当时局研究室编的内部刊物《艺术教育》刊登如下：

艺术院校外事工作的情况、问题和今后的方针、任务

赵素行

　　这次会议，是十一届三中全会后的第一次，也是破天荒第一次。会议的主要目的是讨论商定文化部直属艺术院校外事工作的方针、任务；总结交流外事工作的经验。使我们直属艺术院校的外事工作在促进文化艺术教育事业改革与发展上和在对外交流、对外宣传上发挥更大的积极性，打开一个新的局面。

情况和问题

　　"文革"十年间，我国外事工作遭到"四人帮""闭关锁国"等错误政策的严重干扰。粉碎"四人帮"，特别是党的十一届三中全会以后，实行对外开放的政策，才逐步扭转了这种局面。从一九七八年以来，对外交流的项目每年都有四、五十起乃至六、七十起。仅以一九八四年为例，经部批准的计划内项目，派出考察、讲学、演出和友好访问的有25批共一百余人，请进来的有70批共二百余人，涉及五大洲的十六个国家和地区。计划外的项目几乎每月

林敏在拙政园（1983年）

作者在梅园（1983）

都有。从现在已进行交流的项目来看，按专业分，艺术教育3起、音乐49起、舞蹈4起、戏剧6起、电影1起、美术7起。

通过对外交流，在不同程度上，对我国艺术院校的建设、教学质量的提高和促进相互了解，起了积极作用。如中央戏剧学院，通过英籍华人周采芹了解了西方培养演员的一些方法，还排练了莎士比亚的名剧《暴风雨》；北京舞蹈学院从来访的美、英、加拿大等国舞蹈家那里，补充了自己过去掌握的俄罗斯学派的不足之处，学到了一些西方训练芭蕾演员的长处，尤其是脚部功夫，能比较好地表现出古典芭蕾的风格，培养出来的学生可以超过"文革"前五十年代的水平，还积累了古典芭蕾剧目，如《葛培莉亚》、《舞姬》等，还有不少小型节目；中央音乐学院和上海音乐学院邀请具有不同专长、特色的专家来访，在教学上也收到了一定效益。如室内乐在我国原是薄弱环节，近几年来，经过派出学习和请专家指点，有很大提高。中国音乐学院两年来与日本森胁登美子、美国百人合唱团的合作演出，是新的尝试，取得了新的经验。同时，多数代表团也真诚地指出了我们有的院校在某些方面的不足之处，以及我国艺术教育普及工作较差等一些问题。为取长补短、扩大各自的影响，电影学院和中国音乐学院，同外国同行建立了校际交流关系。

在接待来访团、组工作中，针对来访主要人物在其国内的社会地位和今后可能产生的政治影响，给予适当的礼遇，有重点地做工作，促进了相互了解，扩大了对社会主义中国的宣传。不少来访者对我国生活、学习条件很羡慕，对我国党和政府重视艺术教育事业的现状和各门类艺术基础训练表示赞赏。扎伊尔国务秘书要求派学生到上海戏剧学院学习；泰国艺教团要求派学生到浙江美术学院进

作者同林楠、林敏姐妹，彭石红、赵宏兄妹至亲欢聚在北影厂家中（1982年）

修，团长和顾问均表示，回国后将撰写有关社会主义中国的教科书和专著，以更正现在西方出版物中对中国的错误宣传。此外，我们在接待工作中，还着重对台湾同胞、海外侨胞和港澳同胞中的艺术教育和艺术工作者做工作，给予不低于外国人的适当的礼遇，反映很好。

几年来，我们派出考察组、团和演出团、组，访问了欧、美、亚洲不同社会制度的国家和地区，参加了各种有影响的国际音乐比赛和国际音乐节、舞蹈节，并取得了优异的成绩，开始扩大了我国社会主义艺术教育的影响，为国家赢得了声誉，也汲取了一些外国艺教的经验。例如访日代表团不仅初步了解了日本艺教现状，为今后交流做到了心中有数，还从文教立法和学校管理等方面取得了参考资料，对我国的改革工作有借鉴作用。中央美术学院在法国的展览，也取得了良好的效果；再如香港文化界、舞蹈界看了北京舞蹈学院参加香港国际舞蹈节表演的中国民间舞后，感到意外的高兴，一致称赞中国艺术大学生的表演艺术高超，技术功底深厚，编导的节目使人耳目一新。菲律宾、香港已有院校、演出团体聘请我国艺术教育专家长期任教；我国的音乐、舞蹈、戏曲、美术教学的水平和经验，已逐步在美国等第一、二世界国家中引起重视和推崇，开始在第三世界国家发生影响。

自由自在

母与子（1982年）

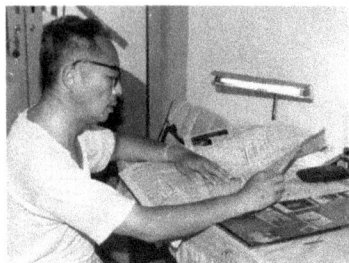
拒不派出（1982年）

作者55岁时留影

总之，几年中艺教对外交流工作的开展，已出现了可喜的景象。

其次，在留学生工作方面，先后于一九八零年和一九八一年以进修生和研究生两种不同规格，派往美、英、法、西德、意、日六个国家，十二个专业（油画、雕塑、工艺美术、电影、电影录音、作曲、指挥、钢琴、手风琴、小提琴、和声学、舞台设计）共五十四名。

此外，由文化部经过交流途径，由院校选择专业，外语、文化课不提要求，共九十三名分别被派往十二个国家，加上一九八四年派出的十二名，共计一百零五名。

两项加起来，1980—1984年，实际是五年内先后派出159人。

派出学习的人员，已经和正在陆续回国，分配了工作。在派出留学生中，出了一些人才，真正把外国好的东西学到手，并为祖国争得了荣誉。此外，自费留学生中也有表现好的。这些进修生、留学生总的特点是，有爱国主义思想，有民族自豪感。他们已在院校教学上起着积极作用。

回顾六年来的外事工作情况，我们觉得，从全局的情况看，主要问题是缺乏计划性，因而思想性和目的性不强。局外事处未能完全起到领导机关应起到的指导作用，存在着事务主义和官僚主义。其主要特征是，局未能在直属院校工作中

游少林寺（1982年）

在洛阳龙门石窟（1982年）

亲属团聚（1982年）

一家人（1982年）

提出过有指导意义的工作要求。其主要原因是摆脱不了顾此失彼的被动局面，工作不深入，未作调查研究。主观上，对于带有多行业性质的文化艺术智力投资的专业部门——文化部教育局，在从闭关锁国转到开放政策的新形势下，如何开展外事工作，缺乏经验，对外国情况不了解或所知甚少；客观上，涉及体制机构不定局，人少事多，计划外项目多。其次，是院校外事工作发展不平衡。领导重视而又有国外关系的院校，项目多，条件差的须要支持又有困难；再者，邀请对象针对性不强，不同院校重复同样性质的项目，有的是碍于情面，邀请了名不副实的对象；出访也有过重复的现象。

对今后工作的初步意见

首先是方针、任务问题。我们认为，为了更好的贯彻执行社会主义现代化建设，团结世界人民，反对霸权主义，维护世界和平的对外工作总路线、总政策和"百花齐放、百家争鸣、推陈出新、古为今用、洋为中用"的文艺方针以及教育工作"三个面向"的要求，我们须要有明确的有针对性的指导思想。艺术教育系

456

亲属欢喜

自由自在

统的外事工作要力求通过全面、主动、积极而又有计划的对外交流，促进文化艺术教育事业的改革、提高与发展，加强中国人民的、民族的文化艺术对海外的影响。

这一指导思想，包括三方面的内容：一是使"洋为中用"，改革管理和教学，提高教学质量；二是发展自己的艺术教育事业反过来影响海外，逐步适应世界对中国文化艺术的需要；第三个内容，即不限于高等文化、艺术院校，也包括中专和普及工作。而这一切都必须力求适应国家四化建设发展对艺教事业的要求。也就是说，内政是外交的基础，外事以内事为依据，不能"喧宾夺主"。为此，必须全面地发挥主动性，而不是片面地追求吸收外来的东西，忽略自己的能动性；又必须积极地而不是消极抵制，忽视了三个面向，把外事作为负担，放弃对外宣传的责任和义务；必须克服盲目性，不能脱离实际，让人家牵着我们的鼻子走。

其次，是如何做到加强计划性和思想性。有几个具体问题：

（一）外事工作职权范围、分工问题。教育局想管、应该管的事，没有管好，如协调平衡、有计划地开展工作，就没做到。每年各院校报的计划经局再经

自由自在

应该高兴（1982年 北戴河）

望海亭
（1982年）

应该高兴
（1982年 北戴河）

外联局核减；实际上派出的易减，要来的难减。包办太多，不利于院校充分发挥积极性。而局外事处人力不足，疲于招架之功。因此，在体制尚未改革之前，保证上述方针的实行，使大家都松一下绑，关键在于分工：使归口管理和院校自主相结合。具体讲，是否规定局口统管全局范围的外事工作方针任务、计划平衡，主办部、局出面的交流业务和派出留学生及其管理工作；各学院统管本院范围的方针任务、计划平衡，主办以本院和几院名义的交流业务、专家工作和留学生的预选培训工作及外国留学生工作。日常事务，局主管的事，外事处承办，院主办的事，如需以部、局名义发函电者，代部、局拟稿，局外事处核办。各学院在经济力量允许范围内，可大力开展院际交流，首次报批、再次备案；可按政策创汇，准备有利条件。局有责任帮助条件差的院校开展工作。每年下半年，局召开一次下一年度计划会。为了做到互通情报，上下通气，规定计划内的交流项目完成后，必须有专题总结或简报。临时性的一般不必单报。关于派出人员审批权

458

在谐趣园（1983年）

父子合影（1983年）

在上海音乐学院同贵州歌唱家黄虹
等演员们合影（1982年）

准备改弦易张
（1982年）

限、手续问题，仍照中央有关文件规定办理。

（二）外事干部的配备、培养。外事干部四化须在改革中贯彻。四化不可偏废，而专业化和知识化更须重视。外事干部要懂业务，指两方面的内容，一是外交业务、外事工作方针政策、制度纪律及其工作方法、礼仪常识，最好能懂一、两种外语；另一项，是所在单位工作的方针、政策、学校管理和教学状况以及国内外对口院校异同的信息知识。各院校应视工作情况配备必要数量的外事干部，并注意给予外事干部取得各项工作的实际经验。

（三）改进工作作风、加强调查研究。局的工作不够深入，有的院校有意见分歧的原因，除通气不够外，主要是工作作风上不够扎实。要做到实事求是、及时解决矛盾，就必须注重调查研究。今后局外事处须在各院校帮助下，安排时间就外事工作问题作专题的调查研究，掌握具体实际情况，以利于正确处理案件，不满足于一知半解，更利于如实向上反映情况；有效地做好局的归口的工作，促

459

进院校工作的开展。各院校外事干部，也应深入各部门各环节，随时掌握新情况，充分听取各方面对外事工作的意见，包括反面意见。

第三、掌握业务知识，做好内外宣传工作。艺术是一门科学，艺教是科学中的科学。艺教工作是各演出团体表演艺术的根本，是国家文化水平的一个重要标志，是基础。要"洋为中用"，取长补短，互通有无，扩大影响，就必须首先熟悉掌握有关业务知识，科学地积累资料，中国的同行、同门类的科学情报资料要搜集、整理、交流。同时，要积极搜集研究世界各地有关资料和新信息。在这些工作基础上，外事工作就会做到实事求是、有的放矢，更可做好内外宣传工作。我们艺教系统在这方面还是很落后的。首先是对内（包括文化界、对外宣传部门、各驻外机构、领导机关）的宣传十分薄弱，可说基本上是空白。有的院校不为人所知，有的宣传不注重民族艺术的成就。这样，在开展对外宣传上，往往坐失良机。外宾来访时，各院校主动提供的宣传材料太少。（这一点，我们应向日本、美国和欧洲第一、二世界学习）我们外联局对外宣传部门和地区处，尤其是教育局外事处，就缺乏艺术院校的基本介绍材料（一是用于一般宣传的，一是专业性的）。

第四、加强外事工作制度和外事纪律教育。过去，我们工作不够深入，未抓紧宣传教育工作。我们要求各单位加强对涉外人员的教育，按《涉外人员守则》办事，对违反规定的人，要认真教育，严肃处理。

只要我们团结一致、共同努力，艺术教育系统的外事工作就一定会出现一个崭新的局面。

（本文是作者在文化部直属艺术院校外事工作座谈会上的发言择要）

我们国家以后几年中，属于艺术教育工作包括专家、留学生国际交流工作，就是遵循着这次会议中上述的指导方针与方法进行的。即使此后再有机关管理体制的变化，例如进入廿一世纪，不少国务院直属的院校（含艺术院校）划归各省市管理了，其方针、任务，工作指导原则，仍无本质改变。就是说，这次空前的工作会议，为粉碎"四人帮"后国家上上下下正常地进行艺术教育方面的对外交流，奠定了指导方针和工作方法的基础。

这一切，正是我在文化部一些同志支持下，对"四人帮"文化大破坏的一个反击，也是对毛泽东晚年错误地否定文化艺术工作和文化部的彻底否定与纠正，从理论上、政策思想上的彻头彻尾、彻里彻外的拨乱反正。从全国、全党来说，是党与国家自觉调整、改革开放的一个组成部分。

破天荒带团出访　第一遭走向世界

林敏在无锡（1983年）

在我准备召开艺术教育外事工作座谈会的1984年夏天，接到了北京舞蹈学院关于参加国际青年舞蹈节的报告。这是香港市政局华人主办的，全名是"香港国际青年舞蹈节"。这时，香港还处在殖民地地位，仍旧延续着英帝国主义的殖民统治，号称总督府掌管着国土竟成了境外，既然还没有收回，内地人去港就叫出境。我从当前大局考虑，为了扩大中国的影响，并给香港同胞增添祖国意识，决意支持舞蹈学院的要求，应邀以"中国青年艺术家舞蹈团"名义参加。事实上，也是对香港舞蹈界的支持。舞蹈学院是文革期间的北京舞蹈学校升格为学院级的，为利于扩大学校的名声，我对主办者与香港同行和媒体以学校名称作宣传，持宽容态度。

参与演出，交流的内容是中国民族舞蹈，演员都是教育系的学生，基本上是二十几岁的小青年。可以说，是以这个系的师生构成的青年艺术家舞蹈

颐和园谐趣园（1983年）

461

在山西洪洞县广济寺前（1983年）

团。因为，除了该学院副院长杨凤竹（原对外支委干部）任团长及院办副主任、陈明道任秘书长和我任副团长之外，团的艺术指导是系主任许淑英，副主任朱清渊任副艺术指导，另有表演系主任部大琨和该系民间舞教研组组长邱友仁，以及教师兼班主任许文几个人之外，40人的团中承担表演任务出场的30余人全是这些学生，男女各半。领导成员和工作人员中，除一两个人之外，我和职演员都是懂行的。

可以说，这的确是一个专业表演艺术团体。

我们40人乘飞机先到广州，住东方宾馆，一天后乘火车到深圳车站出境直达九龙车站进入香港。接待并安排住宿的是"新华社香港分社"，这是对外的名义，实际上是中央设在香港的工作委员会，简称"香港工委"，由一位记者负责具体事宜。舞蹈团就住在新华社，费用当然是低廉的。

如上所述，这算是"出国了"，是从社会主义社会环境进入资本主义社会了。我已经记不起是行前还是新华社向我们提出的要求了，就是说，为了保证人身安全，全团任何人不得私自离开新华社招待所，如果空闲时出去会见亲友，必须亲友来接，也就是说不许自己任意外出。因此，在演出活动空闲的时间，个人外出都要请假，经批准后，如期返回。

我是在资本主义社会的环境生活过的，知道没有什么可怕可顾忌的。即便如此，我作为领导小组负责人也按规定办事，并以身作则。我的老朋友温平也照规定，到新华社来接我一道出去，还约了几位朋友一起去以客家饭招待。我出门前后，也给老杨打好招呼。

462

作者在豫园（1983年）

母子情（1983年）

林敏在豫园（1983年）

作者在豫园（1983年）

在舞蹈节开幕之前，我们两位团长按规矩拜会了新华社的正副社长亦即工委书记、副书记。我们提出，为了扩大影响，原定一周留港期限，有意多留一周，在香港特别是新界演出几场。但他们担心内地演出水准未必受到香港欢迎，没有同意延期。我们知道他们不了解国情也就不必强求，仍旧按照原计划日程安排。

这次的香港国际舞蹈节（Hong Kong International Youth Dance Festival）定于1984年7月12日至22日（July 12 22 1984）在香港大会堂音乐厅和新界区（含荃湾大会堂演奏厅等7个场所）举办18场演出，香港11场，与会团体所属国家和地区，除中国还有香港、澳门、日本、美国、韩国的7个表演团体。

表演交流的舞蹈节目，以民族民间舞为主，也有芭蕾舞。我们全是中国民族舞节目，共13个节目。

首场表演在香港大会堂音乐厅举行，首先是中国的节目：中国古典舞的"流水"、"火"、"惊变"、"求草"，中国民间舞"单鼓"、"腰铃"，安徽花鼓灯组舞，"嬉马"和"山东秧歌组舞"等7个节目。

中国最高艺术水平的表演，一开始便强烈吸引了全场观众，每个节目都引发了雷动般的掌声和欢呼声，震撼了整个音乐厅，的的确确是经久不息。

演出获得了极大的成功。演出当晚，香港工委负责人约见我们的两位团长，激动地说："没想到我们的演出如此精彩！"表示要求我们在舞蹈节闭幕后，再在香港各地演出一周时间，至少一周。我们看出工委感受到祖国表演艺术的高水平与强烈的魅力，吸引、征服了不了解祖国的香港同胞和外国同行。但是，由于工委前两天拒绝了我们的要求，但我们对返程的住宿和机票已作了安排，不能改期，香港工委领导人追悔莫及，抱憾不已。

演出按计划逐日举行，我们处处受到欢迎，在各种招待会、宴请场合和媒体上，受到了热情的称赞与欢呼。中国！祖国啊！您的艺术竟如此辉煌！舞蹈界、文化界不约而同地用各种方式表达了专业的同行对中华民族古典、民间艺术的热爱与追求。在招待会上，我们甚至接受了文化界以外的商界乃至银行家们的友好而热情的表示。我带回了他们的一叠名片。

在团际交流的活动中，来自美国夏威夷的女演员们，给我脖子上戴上了一个由海滨蚌壳编织成的花环，以示友好的纪念。

演出间歇时间，我们都极少呆在新华社招待所里，团员中都有亲友会见。我们领导成员每天只要有人外出，都要等待到每个外出者都归来才休息。有趣的是，原要求大家九、十点钟归队，有个北京的女孩叫方青的，到夜里十一时以后才回来，违规了，我没有指责她。据她说，她是自己花钱去乘公交车从头坐到底，参观市景。我们也不去追究批评。其实不是什么大不了的事情，回来了，也就作罢，也可见这个女孩的胆子是够大的，她没有被这"可恶"、"可恨"的资本主义社会吓住。我在内部主张宽容，看来，没出事也没错。

我个人的休闲活动，只是在温平陪同下逛逛市场，同他介绍聚餐的朋友们闲聊，赠送他几张大会堂门票，他这时已近古稀之年，热情接待我还送我3000港币自行选购一台20英寸的彩电，剩余几百元，我退还给他了。这次是首次出国，当时还没什么限制与优待规定，买的人不少，后来都航运回京。送我一台彩电，一直是老温的心愿。记得在出访前一个月，温平在首都体育场西南角一家餐厅招待我们夫妇和吴祖光，吃饭后，他向我提起要送我一台彩电，如今如愿以偿。因为，这个时期，中国进口彩电等家用电器很少，国产尤其缺乏。老朋友送家电，我当然是乐意的。

香港归来，除去因作品及表演者赢得的海外同胞与国际同行的鲜花与赞赏，在休闲时间的活动中，得到的完整印象是，街上车水马龙，特别是行人都十分匆忙、紧张。我们偶然对小商品如男人用的领带询价，看出一样品牌一样货源的商品，在不同的销售场合差价竟有十倍之多。餐厅一顿饭局动辄数百上千港币，而在排练场从家庭主妇们口里说出的生活中食品消费每月人均不过一、二百元，与餐厅消费之比竟有二、三十倍之差。可见，在资本主义社会，生产、生活消费与市场价格之间，竟有天壤之别。而原料与半成品市场如菜市一般价格比内地差异并无过大幅度。可见，在资本主义商品经济市场的中间费用，特别是人力、场地、利润上的差距，大多令人咋舌。我很自然地回忆对比四十年前在大上海时期作为一个穷学生的感触，那花天酒地的金银世界，那黄浦滩头百老汇楼里灯红酒绿与窗外冻死尸横陈的强烈反差，高楼吃大菜路边吃阳春面的人与人之间生活的天壤之别。而眼前，我直接接触的社会生活，都又是匆忙、紧张疲于奔命的熙熙攘攘的人流。

我为访问成功感到欣慰，同时又极想讯咒那个可恶的英帝国主义，它的阴影，还笼罩着我可爱的国土，那个沾染着些许罪恶的美丽的太平洋的明珠—香港。我企盼着："香港啊，你快回到祖国的怀抱吧！！"

57岁留影

与Wallen yep在长城

在天津机场（1984年）

周祖义 吴滋霖 作者 曾昭耆

同济大学医学学院51、53级校友（1984年）　后排左二是作者

浮生若梦梦难忘

同美国彼得会见（1984年）

送别Peter（1984年）

468

应邀组团出访泰国　开创艺教国际交流

　　我们的外事工作是忙而不乱的，不像有些总务行政工作那样头疼医头，脚痛医脚。也不似有人形容的"送往迎来"、"吃喝玩乐"或者"吹拉弹唱，打球照相"，而是在正确的工作方针指导下，有条不紊地开展着。我从香港回京后，立即和同事们商定了计划内的工作和个别计划外项目的处理。在八月份下旬，召开了文化部直属艺术院校7个单位的外事座谈会。会后，除日常工作之外，我个人参加了内部分工，由我兼管欧、亚地区的工作。处内分工有人分管美洲、大洋洲、亚洲、或欧洲的工作。这些工作除了订计划、造预算、处理函件办报批以及护照、签证事务，组团参加出访、来访、负责承担或组织翻译、联络、总结等工作。有时，为了一件事如某个人的签证问题，往往在下班之后同国内外相关部门的联络直至入夜才能休息。自从我接手这种工作之后，可说是常常如此，1984年就是这样度过的。

　　1984年底，针对泰国政府大学部的邀请，我们做了认真研究。泰方提出邀请艺教局组织10个人访泰一个月，我认为，可以接受。但由于王柏华认为泰国比我们穷（我说人家是旅游国家不比我们穷），局长们有同感！决定派出6人代表团，由副局长徐史任团长，除研究所主任蔡子人和我之外，还有浙江美术学院副院长赵宗藻、中国音乐学院和北京舞蹈学院各一名讲师组成。当官的不采纳我的意见，只是少有的一次。

　　北京的春季也是寒冷的冬天，1985年2月下旬，当我们从首都机场登机时，气温还停留在摄氏零度。乘坐飞机经过5个多小时我们抵达曼谷时，正逢泰国的热季，气温高达摄氏31度。我们似乎是从寒冬之尾飞到了酷暑之首。我们感到这里是高温了，而当地人说，他们这儿的高温最热时还会增加10度还多。

　　泰国的接待是十分热情而周到的，主人带着记者摄像人员。估计泰方也没有翻译，我事先约请我驻泰使馆译员随团任译员。虽然一位团员会客家话，都无法兼任，只能偶尔沟通几句日常生活用语。我们被安排在最著名的酒店，并配有使衣警卫常在走廊巡视，不允许闲杂人等擅自闯入我们的住地，在宾馆大厅里当天拍照，翌晨见报，欢迎宴会也很热闹。团里有人乘兴颂诗一首，我高兴了，也即席吟诵一首七绝："北京曼谷紧相连，中泰交流光日月，胞波情谊深似海，肝胆相照无楚越。"

胞波是亲戚之意，似来自缅甸或何处，对泰语是否通用，也不管他了。

活动主要是参观、座谈。我们是艺术教育的专业考察，在泰国政府大学部、艺术厅和艺术院校，除了大学部次长、艺术厅长和佛统省省长宴请之外，泰国国王的叔父、泰国艺术大学校长迪斯库亲王多次会见，并陪同参观了泰国著名古迹大城行宫，做导游并讲解。我们代表团所到之处都有巨幅欢迎的汉语标语，十分隆重，看院校师生的作品展览和舞蹈、器乐表演节目。当然，这些节目都是泰国顶尖的，具有国家水平代表性的作品。只有一点我觉得不习惯的是，有一次看表演时，我们这些被贵为上宾的客人都是在被宴请过程中，边吃边看。

主人们在同我们交谈中，常挂在嘴边的称呼是"亲戚"、"同胞"、"兄弟"、"表哥"、和"长辈"。迪斯库亲王和院校高级负责人无论在正式宴请、会谈场合或个别交流中，每次说明"泰国很早就有中国血统"，并举证说："当今的王太后就是华人。"以此来说明我们原本都是炎黄子孙。他们表示，中国强大，泰国人就感到自豪。我们也感到主人真诚的亲切。

泰国的王室亲王迪斯库为校长的艺术大学和国王以王太后命名的诗琳纳卡威洛大学都有分校。我们先后参观了大学的附属中、小学乃至附幼和艺术职业教育学院、音乐戏剧学院，还参观了泰国艺术厅、艺术馆、展览中心以及王后赞助的促进辅助职业及其基金会等等。总的印象是泰国是十分重视培养艺术人才和各类学生的艺术修养的。

泰国重视民族艺术的继承和发展。我注意到他们的音乐作品中，有较明晰而强烈的民族特色和宗教特色。这和泰国是以佛教为国教的特点分不开的。

给我留下深刻印象之一是，泰国艺术院校及其各系都有较大的自主权，领导主管的大学部主管立法、财政、人事任免等大事，学校及各系还有自主自筹的收入，其经济上有很强的独立性，自主权较大，例如学校对45天内的出国访问的决定权，这一点，我们国家目前还做不到，而这一点，泰国确是对于发挥学校院系的积极性极为有利的。

专业访问、交流和礼仪活动之外，我们被安排了丰富多彩的参观游览。

曼谷市区，我们常可看到身着土黄色服装的僧人，有穿得周正的，也有如裹袈一样披在身上的。他们可以自由地当僧人，也可以不当，如我国的"还俗"。

曼谷的街道私车极多，整日如万马奔腾，夹杂一些摩托车横冲直撞。我们的司机说，他们最厌烦这些摩托车，要是看到有摩托撞倒了，决不会去扶他一下的。夜里也很热闹，其盛况不亚于香港。我们除了常吃海鲜，偶尔也尝尝街上餐厅的泰国味，觉得很对胃口，有粤菜、川菜的特点。由于天热，在游公园、街道的间歇，常以椰汁解渴。你看那卖主，把椰子往空中一抛，往下就是一刀，十分准确地替你削开了口，插上一根管子递给顾客。在市区纵横交错的河道里，无数的小船载着各种以食品为主的小商品，向两岸的顾客兜售。公园里的大象表演、人与鳄鱼的惊险表演、民俗绘雨伞、室内外舞台上民族舞和叙述佛教故事的舞蹈、类似跆拳的拳腿交加的武术表演等，都显示出市场繁荣与生活的丰富多彩。

著名的人妖歌舞，使人男女莫辨，待到散场时，有位演员同我们的女团员合影时，一个妖媚的花季少女看上去比我们的女讲师还年轻可爱，可是一开口却是大男孩儿的粗嗓音。回头一想，这都是一种何等凄惨的职业！

最迷人的是大皇宫、玉佛寺，从外观上的金碧辉煌到多姿多彩的人物造型，洁净壮观的寺院、佛像、皇室纪念金塔种种，令人流连忘返。在这炎热的烈日下，我们也忙于摄影留念。

主人们陪同我们去旅游胜地芭堤雅，住在有游泳池与卧室紧接着的高雅宾馆里，日常的大龙虾等海鲜佐餐之外，还到海滨去看各式半空飞行游乐，登上有透明底层的游艇去观赏海中的鱼群和浅海海底的海参、海星等等难得一睹的海景。海滩随处可见的贝壳饰品在销售。使我想起夏威夷小演员们编织敬献的贝壳花环。

好客友善的主人还在曼谷近处海滩为我们安排了一顿丰盛的中餐，当然也离不了海鲜。我们全团6人，多因不适应顿顿海鲜这大凉性食物在开始两三天内闹过肚子。只有我一人是个例外。

泰国同行们的款待总是那么友好、热情而周到。当参观汉语字帖商店时，一位副校长同我们中国音乐学院女讲师用客家话交谈起来。一次看民族乐器表演时，请来了一位德语系的教师同我攀谈，另一位会一些德语的副校长在一次宴请时特地送了我一双金属筷子。

泰国主人告诉我们，他们抵制日本电器，还努力制造自己国产的家用电器产品，为了表示他们的诚意，送我们一人一台中小型收录机（回国后大多数人都按规定上缴了）。

　　几位校长和负责人一再表示希望访问中国，进行中泰文化艺术的积极的各方面、各层次的交流。他们说："中国幅员辽阔，繁荣昌盛，泰国的文化艺术受中国文化艺术影响很深，去中国访问是我们梦寐以求的愿望。没去过的都在向往，去过的又被人羡慕和嫉妒。"他们提出了每个项目要求，如为培养青少年对中国的感情，使有中国血统的后代泰国青少年多了解中国，组织儿童歌舞团访华演出、学习；要求中国能派教师去泰国教中文课，传播中国的语言文学，再就是迪斯库亲王本人渴望再次访华。他是泰国著名的文物考古家兼艺术校长。虽然两次访华，但还想有机会再来中国。

　　迪斯库亲王对中国一直是友好的，不久前中国国家主席李先念访泰时，是他陪同招待的。他向我们代表团正式提出过再访中国后，又专门用英语向我表示，他希望我能考虑他有机会参观一次敦煌石窟，我表示愿意积极考虑。

　　对于泰国朋友们的要求，我们回国后，转告了文物局、教育部等部门，下文就不了解了。

　　总之，访泰10天，无论专业的考察还是参观游览，我们都留下了十分深刻的印象，临走时，泰方还给了我们每个人一套访问期间活动的照片，和一个业务活动的录像带以作纪念。我对他们陪同人员的工作效率和接待的周到程度感到很佩服。因为，据我所知，像泰国如此高规格的接待，如果在中国，我们是做不到的。

中国艺术教育代表团访问泰国在曼谷宾馆门前同泰国艺大朋友合影（1984年）

1984年底艺教访泰团在曼谷艺大

作者在曼谷泰王宫广场

作者在泰国曼谷

作者在泰王宫参观

泰国亲王了宿愿，艺教专家情谊长

泰国亲王代表泰国艺教领导人提出的每个要求，我们都以访泰总结报告形式，还报相关专业部门，进展如何，不得而知，因为我们不是外交部亚洲司和外联局。但我谨记那位亲和友善的亲王向我提出访问敦煌的恳切愿望。恰好在同年即1985年第三季度，我检查年度预算执行情况时发现，还有一些结余，不必转入次年，足够接待10人代表团的开支。于是提出报批件，邀请泰方迪斯库亲王率艺教代表团10人年底访华，以12月3日至17日半月为期。泰方立即作出反应，报来以迪斯库亲王为团长的8人代表团，团员有亲王夫人、泰国艺术大学和泰国斯琳纳卡威洛大学各两位副校长以及大学部一位女处长和泰国艺术大学美工装饰艺术系主任恰克先生。应邀复函中，还着重提出了迪斯库校长和恰克先生特别希望看到上海木器家具工艺等具体要求。虽未提及其他，但对敦煌之约，定是心有灵犀不言可知的。其实，为了满足亲王的夙愿，从经费条件出发，我无法照顾到习惯于热带季风气候和凉季摄氏20度以上的问题，请他们来适应一下零下温差30度左右的环境。

果然，不必事先提醒、解释，泰国代表团每个成员都在御寒衣着上作了充分准备，有皮衣、皮帽和皮靴，而亲王夫妇的装束显得格外高档，豪华。

按照接待计划，在我国也是高规格的：

文化部朱穆之部长在孔膳堂宴请全团；全国政协副主席马文瑞在人大会堂会见全团；代表团成员参加国际俱乐部的国庆招待会。代表团成员在北京参观中央美术学院、中央音乐学院、中国音乐学院、北京舞蹈学院时，观赏师生优秀节目表演；参观长城、十三陵；赴兰州参观舞蹈学校培训；赴敦煌参加莫高窟并特地观看了尚未开发的两间新窟。我专门陪亲王夫妇和一位副校长冒着严寒骑骆驼去鸣沙山傍参观了月牙湖，令大家慨叹的是沙漠、沙山之间竟有如此神奇的独一无二的小湖。

来宾在敦煌尽兴之后，赶回兰州，飞上海，既参观了上海大学，又观赏了木器和上海少有的寺院及名胜，然后乘火车到杭州，住国宾馆，看浙江美院，不可少的又游了西湖各处景点。客人们满意地经深圳回泰国去了。

从全程陪同过程中，我感到来访者的兴致勃勃，如愿以偿，除无全程摄像并送相册、录像带纪念品之外，达到了对等如意的的程度。

从小事情上，可见此种互访，真似亲戚好友之间的往来，例如，在我们招待的餐饮中，虽也有海鲜，不如在泰时几乎天天都有，但尤具中国特色。一次在民族饭店午餐时，他们像家人一样提出想吃河鱼，这河鱼在泰国不多见。我随即作了安排，让客人吃到一桌两三斤的大鲤鱼。那时，餐厅收费一点也不含糊，以40元高价出手，以致外联局财务处感到意外。另一件是泰国艺术大学美工装饰系主任恰克先生，买到了一台中国优质的古筝，是带回去让女儿学习用的。两位副校长还热情地向我传授了一首泰国流行的民族情歌。艺大一位美术系教授在我中央美术学院时，即兴为我作了一幅油画，头像速写，又为一位女教师制作了一个泥塑头像，事后制成铜像经使馆送达。

事无巨细，泰国同行访华期间，他们一点也不感到拘束。为了平时出行方便，他们专门学会了"厕所"这两个中国字。他们也体会到，学会这两个字后，在中国旅行中解决内急是最方便的。事实上，北京市这种公共卫生设置，确实比上海等地完善得多。

泰国客人回去不久，听说那位恰克主任由于工作过于繁重，却因脑卒中而英年早逝。1986年7月16日，中国对外友协张波电告泰国寒蒙沙博士将于19日11时离京回曼谷，行前要求同我见一面。我知道寒蒙沙博士是泰国艺大副校长，于是办了签报后，于18日中午率外事处几位同事在景山西街大三元酒家设便宴招待他，宾主相见甚欢。记得在泰国时不曾同他多谈，但送我们到机场时，他特带3个漂亮的女士来同我们话别，表现出友好、热情。

他此次才介绍，他是在美国取得博士学位的。我们同他会见，不用泰语翻译，用英语就可以了。

尽管此后，我并没有同泰国人往来，但通过这几次的交流，都留下了极深的印象。

全国政协副主席马文瑞会见泰国亲王一行（1985年12月5日）

前排自左至右：作者、泰国亲王的夫人、马文瑞副主席、泰迪斯库亲王、方仟、诗纳音威大学分校主任、钱开富

后排自左至右：中联部泰语翻译、诗大副校长哈勒孟、艺大佛统主任里香特、泰大学部处长普里普吉、艺大艺术系主任恰克、艺大代校长柯奈克

作者在莫高窟（1985年）

浮生若梦梦难忘

陪泰国贵宾在西湖上

作者、徐史、陈海鹰、蔡予人、钱开富合影

在九龙街头，同彭艺姚散步

参观电教

同新华社记者留影（1985年3月）

在敦煌月牙湖畔

香港回归有期 艺教专业考察

1985年之春,访问泰国之后,代表团院校成员直接回国,局业务领导人从曼谷飞香港,加上一名从北京赶来的英语干部,共4人,从3月5日起,对香港进行了为期10天的专业考察。

人所共知,我也在约半个世纪前做小学生时,就从地理、历史课中知道,我国香港从鸦片战争时期就被英国帝国主义者侵占,由于满清政府的腐败,竟然任其强行租借99年。这个国耻,几十年来一直铭刻在我记忆中。如今,中英签约,香港回归祖国已成定局。香港同胞世代企盼的日子不远了。从我去年赴香港参加国际舞蹈节时,就已感受到香港各阶层同胞们对祖国的民族艺术的怀念崇敬与热爱,觉得加强两地艺教交流是极其有意义的。因此,我们刻意促成此次访港计划。

访问考察代表团顺理成章地得到新华分社即香港工委的重视与支持,凡接待参观事务,都有记者身份的熟人吴寿南的详尽安排,同时,有工委对外工作的联艺娱乐有限公司经理张明等同志的帮助。在吴寿南等同志的陪同下,我们先后访问了香港康乐文化署音乐事务统筹处、香港舞蹈总会、香港演艺学院、香港浸会学院音乐艺术系、叶氏儿童音乐实践中心、香港艺术中心、香港美术专科学校,以及陈宝珠舞蹈学校、王仁曼舞蹈学校、毛妹舞蹈学校、香港舞蹈学校;同民办舞蹈教育的舞蹈家毛妹、邓孟妮和知名女高音歌唱家陈蝶梅等等进行了业务情况交谈,知道了这些民办艺术学校和港办机构办学的状况与艰辛。他们对祖国的艺术教育发展及相关方针、政策极感兴趣。她们表达了对内地艺术教育的要求。

在此专业性访谈、参观过程中,初步商定了一些教育工作与演出的工作计划。

香港除了有大量的民办艺术教育(以音乐舞蹈居多,美术次之)之外,香港当局文化主管部门还办了很多专业艺术团体,如香港交响乐团、香港话剧团、香港音乐合唱团和香港歌舞团。由此可见香港当局在华人主导下,在文化艺术方面做了不少工作，使香港社会文化艺术活动办得相当活跃，也卓有成效。其民办与官办是相辅相成的，从而使得香港文化娱乐生活生动活泼。

香港当局设有音乐事务统筹处、舞蹈总会，开展音乐、舞蹈社会普及教学工作，还常组织举办夏令营、艺术节、音乐节、舞蹈节以及一些比赛活动。

香港有一个演艺学院，几乎兴办了各个艺术部门类的学科。

官方主办的艺术院校，硬件、软件条件都较充实，因为经费充足。收费也不低，大都是按照英制管理。无论正规、业余，都可由英国政府制定的考试标准实行统考。例如芭蕾舞，按照英国皇家学院标准考试合格，取得证书，应属最高水平的专业人才、专家之列。

而民办的艺术教育，可谓十分艰辛，校舍等学习场地只能是因陋就简了。

我对香港艺术教育方面总的印象是，生动活泼，奋发图强，处处充满了上进的、拼搏的精神。同时，在教学两方面，都是充满了艰辛。

此次访问中，业务工作的深刻印象是：各种专业，都应有一个等级标准，如像英国皇家标准那样，有专业等级权威性，应当扩大加强内地、香港及国际专业交流及其计划性，最好放开一些，力所能及则多多益善；我们国家应将版权法尽早列入立法行政日程。因为，中国民族传统优秀曲目如《春江花月夜》被人改几小节就申办了专利，从而限制了它的播出，且不一而足，大家有同感。

这些问题，回京后通过汇报，建议已逐步改进、落实。

小的连锁反应是，不到一年后，香港音乐总监（我曾在他家做过客）曾带3个少年儿童表演团（属夏令营性质）来北京访问演出，我们接待，安排他们住在北京友谊宾馆。访演是成功的。

香港之行还有一些小事，给我留下了较深的印象。

有一所学校校长讲，当他们还是私立阶段时困难重重，大家疲于奔命，校长的月薪不过五六千港币。经过港府反复考核，经过严格审查，决定从私立改为公立，学校经费猛增，工薪也大大提高，校长月薪一万八千港币，同政府的总监持平，据吴寿南同志讲，大约相当于内地处级干部。我去过音乐总监的住宅，是公用的条件，管理、警备周全，住房面积不下百七八十平方公尺，设备现代化。这又给我们提供了一个公务员高薪、高待遇，即所谓高薪养廉。这是小事，又不是小事。回京后，曾在口头上作了汇报，当时却没有认识、重视到以管理体制的大事对待，并向领导部门提出建议。

公余或中午空闲时，我们4个人有时在北角街上逛逛商场，看热闹。我经人介绍认识的朋友叫彭艺尧，中年人，是一个普通的香港店员，为人好客豪爽，执意邀请我们4个人吃了一顿中餐。个别约我去商场时，十分热情，非要拉我去买一副水晶眼镜，送给我的夫人，还硬拉着我去买衬衫。我以体形特殊、肩宽、颈小只宜在北京找裁缝定做，不宜买现成的为由，坚持拒绝。但他十分认真，硬是拽着我走进一家衬衣商店，让售货员量我的尺寸真给我找出一件适合我身材的条花绸衬衣，价格不低。记得那副水晶石女式眼镜同泰国国王戴的一样款式，都是高档商品。彭艺尧的高度热情，令人久久不忘。可惜的是几年后，听说他和妻子移民去了美国，失去了联系。我记得他先是做电影放映工作的，因为他在同我们闲聊时，说过他有的同行同事不务正业，偷偷地把电影片中一些色情录像拷贝剪辑去出售赚钱，跟那些专营黄色录像带的商店干一样的营生。

老朋友温平仍旧十分热情，他也是古稀之年了，照样精神焕发，神采奕奕，慈眉善目，俨然兄长般亲切，似乎不能不听他的安排，拽住我乘地铁，上轮渡去九龙，叫出租车经海底隧道回港并赶去乘缆车登山远眺香港全景，又奔海洋公园，出入风味餐厅用膳，好像生怕我看不到香港风光。他还引我参观了他的书库和设在铜锣湾的字画商店以及他的住宅。这里是楼房，坐北向南，凭窗可见弧形层叠的立交桥，向远望去，可以清晰地看到海面那边九龙机场不断地有飞机起降。老温的老伴，我熟悉的陈蒙玉大姐依旧是那样带着慈祥的满满的微笑。他的小女儿荣梅和两位老人同住，为了去挣两三千港币的工薪，每天早出晚归。

我婉拒了老温要给我港币购物，而用自己从一天不足35美元的生活费节余的钱，或在餐厅买了一份7港币的盖浇饭，有时是一只鸡腿一盘菜。花13港币买了一把折叠雨伞，花1800港币买了一台磁带录像机。后来，在另一家也是华商店里发现同样品牌录像机只需1500港币，就约老蔡和小钱陪着退了原件，赶去买了第二家的。省下了三百元，买了一台磅秤并买了点小商品，赠送二位，以示意外的酬谢。他们各人以自己节省攒下的零用钱，买了个14寸的彩电。这个时期，国家海关对出访归国工作人员携带的电器之类还不多限制，只注重登记手表和外币（美金）。彩电之类定为限带进口的一个"大件"是以后的规定。所以，以仅有的少数美金买家电产品，不产生顾虑。

访问日程紧张而又繁忙，但工休时也是有可以放松的时候。我们各自安排闲时的个人消闲活动，除与亲友有约的之外，往往结伴而行。

当时，从内地到香港的人，同出国访问的共同点是囊中羞涩，好容易省下零用钱和膳费，积攒起来，只为在海外购买点小商品，要买件家电是极不容易的，我用兜里的港币，必须精打细算，当然，往往只能是"干这不干那"。

我曾同英语干部小钱外出散心，有时用普通话。港、澳、台同胞和不少侨胞多沿用解放前社会上流利的"国语"，亦即北京语音为标准的汉语。但是，香港人惯用的是粤语，知识分子流行英语。我主张派英语干部随行，也为此。果然，一次问路时，用普通话不灵了，人家听不懂，连学生模样的行人也如此，只得用英语了。但在一次我乘坐双层交通车时，却同一位中年人用普通话交谈起来。在交谈中知道，他是多年前从内地来港谋生的，他主要生活来源是卖电子零配件装配收音机之类的零部件，以限期交货的收入。

我同小钱一天傍晚散步，见路边一家夜总会，于是进去看看，被热情邀入茶座，便即来了一位花枝招展的女青年，知是所谓的"小姐"。这种情况，三十多年前，我和大学同学在上海大新公司楼顶酒吧见过，时名"玻璃杯"，喝杯茶水，比市价高两三倍。不等顾客提问，"小姐"便主动叙述真假难辨的多苦身世，身旁不时有香烟、小吃商贩向人兜售。如今香港这个资本主义世界，竟和旧上海相同，差异只是这里卖唱及歌舞为特定客人表演。看来不像低档黑店，于是，喝杯茶，问问陪坐小姐何许人氏，答是北京人，到港一年多，要挣钱养父母等等，并无异样表现。于是不必喝完茶，我就起身按价付了茶钱。无非几十港币。尚未出门时，就看到这位小姐找收费处去了，估计是拿小费。这是香港一景也。

离我们住地不太远的北区非繁华大道地带，我逛了一片很大的自由市场，那里既有古玩与装饰小商品，也有十分拥挤的蔬菜、水产市场，有海产、河鱼，也有鳝鱼之类多个生鲜品种，鸡、鸭、禽蛋、肉类也都应有尽有。有摆摊也有开店的。为了尽可能利用资金空间，在菜市纵横交错的区间，却有不少非永久性商店一层门脸，在玻璃橱柜里，布满了各种电器大、小商品。我选购了一个微型遥控录音接收器。我大概估算了一下，按照在港工薪阶层月收入HK$3000—18000的人群，是这种市场的主要顾客。而我等百余元人民币工资收入的"官员"人等，是无法在此久留的。

对香港作了短期繁忙的考察之后，我们按时飞回北京。令人不能淡忘的，则是登机手提包的严格程度，体积尺寸和重量限额极死，又特别是北京机场入境海关翻箱倒柜的检查。我随身携带的录像机和遥控录音器，检查人员不懂，请示以后才放行。手续如此繁琐，我极其厌烦！

林敏50周岁生日（1986年10月）

她在丛中笑（1986年）

在哈尔滨松花江畔（1985年9月）

林敏在国家图书馆办公室（1987年10月）

香港音统处乐团来访（在中央音乐学院）1985年

林敏在花丛中

林敏在北海（1985年10月）

卫丽娅和妈妈张淑容在北京舞蹈学院宿舍同赵伯
伯、林阿姨、赵宏大哥合影
（1985年10月）

在山西天龙山石窟（1985年4月）

在天安门城楼前（1985年10月）

初访欧洲走波兰　顺访保苏识东欧

1985年秋天，按照1985-1988年中国波兰文化科学合作计划，文化部决定派出音乐专业艺术教育考察组出访波兰。我作为计划主办执行人，首先应落实专业针对波兰音乐的特点，选定由中国音乐学院副院长厉声、上海音乐学院钢琴系郑署星副教授、中央音乐学院钢琴系李其芳副教授和我4人组成，于当年11月4日出发，飞往莫斯科转华沙。在华沙、克拉科夫、罗兹、波兹南四大城市，去了维利契卡盐井、扎库巴内山区等地。翻译是我驻波使馆文化处二秘小梁担任。前后访问了十二所学校。有高等音乐学院4所，音乐学校一所，高等美术学院3所，美术学校一所，以及两所戏剧学院和一所舞蹈学校，看了两场歌剧和一场爵士音乐会，参观了纺织艺术馆，特别是肖邦故居。

这是我平生第一次造访欧洲，当然，一切都很新鲜。除在艺术教育专业方面较多地看到了波兰同行与我国的异同值得另题向国内部局、院、校通报沟通之外，所见所闻，无不留下了深刻印象。

波兰是个具有独立政见的社会主义国家，这是历史经验教训促成的。而我则亲眼目睹了它的社会生活和艺术生活优美。波兰城市一片平和、幽雅的气氛，人一进入这种环境，大有一种宁静、超脱之感。二战时期《华沙一条街》的时代已一去不复返了，人们对比式地回想过去，只是一场恶人造成的噩梦而已。如今的市容，包括其他等城市，都是那么整洁、清爽。人们上班去了，大街小巷少人行，即在周末，人们多聚集在教堂和团聚在温馨的家庭。酒吧、餐厅甚至大、小商场，都井井有条，顾客、参观者虽不拥挤，但生意却不嫌清淡，总有宾客出入、游览或购物。从进店门到走出，都可遇见漂亮而淡妆微笑的女售货员，她们总是充满喜悦，使人感到亲切。在远离城市的高速公路和城乡公路旁的餐饮小店里，总给人以清洁、高雅又有风情布局和山野动、植物装饰的舒适环境。

在华沙，我们参观了伟大的爱国音乐家肖邦的故居。这是一座十九世纪上半叶建成的幽雅庄园，这里有苍翠的古树掩荫着砖木结构的具有坡式层顶建筑特色的房屋，有林荫小道，有碧波荡漾的小荷池。室内地板铺了波斯地毯，有两间屋内各摆设着一架钢琴，一架立式钢琴是肖邦生前弹奏过的，另一架是世界著名的斯坦韦钢琴。室内窗明几净，布局简明清爽。伴着优美的琴声，我们在窗边摄影留念。之后我们徐徐走过每个房间，走到开阔幽雅和古树绿叶和清草、池塘撒播着清香的院子。音乐家、钢琴家肖邦的故居给我们留下了永恒的记忆。

华沙古城多处是欧洲哥特式建筑。为公众饲养的鸽子随时迎候过往游人的喂食与嬉戏。不见高耸入云的高楼，却多有尖指天空的屋顶，间有少数的不十分高的时兴楼房。

除去精美宏伟的教堂是必去之处，拿破仑住过的小客店也顺便一顾。波兰与捷克斯洛伐克交界区扎柯班内旅游景点是必去之地。

独具特色的欧洲歌剧，外国人是可以看得懂的。而歌剧剧场内，台上洪亮的各声部的演唱，使我从以往欣赏欧洲古典音乐的虚幻中，进入声、情并茂的新境界。以往是从唱片中听歌剧选段，而如今是视觉与听觉并施的实境，心情益发的愉悦了。再看看台下的千百位观众，竟然同我们这些外国宾客一样，穿着"礼服"，女观众还是浓妆艳抹。更有甚者，剧间有一段超过二十分钟的休息，在剧场出入口两侧有似马蹄形包围整个剧场的宽大空间，供观众散步、休闲、小型饮食之用。这里男女成双成对，俨然是一个难得的社交场所，还像是一个什么节日。气氛活泼而热闹，奇怪的却是并不嘈杂，人们嬉笑、欢快、友善、轻松，却都注意不以喧嚣、高调去影响别人。铃声响了，大家又都礼貌地回到剧场座位上，继续欣赏歌剧。

而一场爵士音乐会，其实只是具有强烈的高频率打击乐音响效果的音乐会，我也是首次接触如此强的听觉刺激，觉得很不适应。我几十年来习惯于也乐于专心欣赏交响乐并努力在分辨不同器乐声的演变中得到乐趣，却不愿在偌大的喧闹打击乐曲中去细听，甚至不能接受，因为辨不出什么优美的主旋律而厌烦。

在离开华沙乘中吉普赴奔各地时，我并不觉得困乏与疲倦。住到酒店里，知道酒店设施有夜生活。我们无兴致问津。一次早起候车时，发现陪同我们的那位上唇留胡子的先生，正送一位金发女郎出门，可见，是他先说过的，在这个城市一罗兹，他有一位女朋友。对于外国人，这些事，我们不约而同地，并不以为怪，而这位小胡子先生对我们也无所顾忌。可是，第二天，司机和陪同人员把我们拉了小胡子先生的家里，见到了他一位漂亮的妻子和一个不满3岁的男孩。令人感到"开放"有趣的是，在女主人穿的无袖背心前胸上印有醒目的三行大字，标上：

　　"性30%、生活25%、工作45%"。

　　可以想像见到，这标示着这些思想开放的行为不拘的先生们和女士们的生活内涵。可是，对我们中国人说来这些都是新鲜事儿。

　　我们的出访任务原只有波兰。我考虑到从波兰回国时，何不绕一下道，顺访保加利亚呢？我驻保加利亚文化处负责人卫兴龙是我的老同事，于是确定出访日程前，我就向卫提出顺访的要求，及时得到保方确认。

　　于是，访波10天任务完成后，绕道索菲亚，从11月17-21日访问了保加利亚。住处在索菲亚的亚洲饭店。由卫陪同兼翻译参观了保音乐学院和音乐中学、美术学院和戏剧学院、美术展览馆和历史博物馆，欣赏了一场歌剧和芭蕾舞剧。剧场结构和观众对参与观看演出的盛况与波兰类同。看一次表演，得到一次高档的艺术享受。

　　从保加利亚首都索菲亚艺术院校和政府的建筑与设施可以感到，国不在大小，在于其自强不息。这里的楼房是现代化的，不失欧洲建筑庄严、美观、古典的风格，宽阔的街道是用砖块斜放砌铺而成的。从我在1985年11月21在保加利亚共产党中央委员会、国会大厦和季米特诺夫墓前的大街旁的人行道边留下的一张照片，可作为这个城市的概貌代表性缩写。人们不难感受到保加利亚稳定、和谐与欣欣向荣的社会状貌。

　　11月22日，我们乘苏航3：40出发，6：15（莫斯科7：15）回到莫斯科，住在驻苏大使馆招待所。次日上午，按照每人每天5美元伙食费，去餐厅吃早饭，主食是大米稀饭和牛奶，吃的很香。然后约见了译员。我们打听到从使馆近处的米丘林汽车站往左3站就是地铁站，于是先认门、认路，回使馆吃午饭。每人一听可乐、一碗菜，菜是两种，红烧鸡块、炒肉片洋白菜，鸡蛋汤，我吃了两碗大米饭外加一块饼，觉得很可口。午休后于13时结伴出去乘地铁，走了四站在列宁图书馆下车，不远就是克里姆林宫、红场。

　　我们走到1941-1945年苏联卫国战争时期死难烈士纪念碑，一顶钢盔，一束长明火。有不少人敬献的花圈，有几对新婚夫妇身着婚纱、礼服趋前献上一束鲜花。波兰也有相同的纪念碑和长明火的。这种场面，令人想到这种传统教育、纪念方式很好，后代的青年人在幸福安定的生活中，不忘为了今天而献出了宝贵生命的先烈，值得仿效！

　　去看列宁墓，当天闭馆。使馆招待所只安排周二的活动。由于阳光较强，我拍了照片在莫斯科不能冲印。日本、美国的彩卷，德国的也不行，不是偏黄就是偏蓝，只好带回国再说。于是要了个出租车，随眼看了看已经上冻的莫斯科河，水泥、钢筋铸造的拱桥很有特色。到使馆才花了3卢币。

晚饭是鸡蛋、木耳、粉丝菜和米饭，在国内属一般，国外则可口，比西餐强。

晚7时，在使馆放映室（其实如同一所中型的可容五百余人的影院），看了苏联影片《姑娘城》，这是描写一位厂长为引进捷克纺织流水线从失败到成功的过程，穿插了年轻人的爱情生活。我们的音乐家同伴不像我是个电影人出身，她（他）们先走了。我继续看了北影与天津厂合拍的《红旗谱》六十年代完成的一部优秀影片。

这个时期，中苏关系有些问题，中国外交部长钱其琛正在莫斯科进行第六轮会谈。6月才签订10来10往的协议，实际上是9来14去。使馆内写了警语：楼外有警察、防窃听器，随时要警惕，切莫谈机密！其实这是全世界任何大使馆都是这样防范驻在国的。

次日，我们按照招待所提供的《莫斯科市内公共交通工具简介》去走访莫斯科。我特意要去红场对过的莫斯科最大商场"国立百货商店"看看。这里正如听说的社会主义国家都是市场人口稠密。方环形的两层商业楼，其所以熙熙攘攘，另一个原因是有我们这样的外国观众与顾客。

我们找到了另外一个大的超级市场，在这里我以17美元买了一台挂钟。它是以自身两个金属坠子为动力的，我以此作为一个外国钟的纪念品。

克里姆林宫是一定必去之地，可以参观和摄影留念的地方不少。红墙内外，我们走了两个来回。克里姆林宫虽不如我国故宫规模大，却留有一些近代平屋顶、欧式多室多层的钢筋水泥结构的大建筑。克里姆林宫的建筑特征，我以为除去大面积可供国内外游人观光之外，宫内有苏联最高权力机关中央政治局大楼，虽属游人免进的地区，游客都可在楼前任意摄影留念。我联想到，我们的中南海如今都做不到这样。难得有限严格的参观之处，则只有如昙花一现的毛主席故居丰泽园这一小部分。

红场检阅台是大理石砌建的，显得庄重而肃穆，左右两侧的教堂和红色古建筑之间，是检阅广场。它对面的大商场仍旧保持原貌。

列宁墓是必须排队、整装进入的。我们跟着默然不着声的群众队伍经过弯曲的坡梯进入地下二层，看见水晶棺中由白光照射的列宁全身，很像是真实的列宁遗体。这位伟人的眼睛已经凹陷，身材显得相当短小，和影片、纪录片中所见相近。

随同瞻仰的无声的队伍，我们从墓的左侧走出。

对于有良机到苏联的人来说，特别是社会主义国家的我们一行，为能参观红场，进谒列宁墓又亲睹列宁半个多世纪前的遗容，是十分难得的，也是荣幸的。尽管我对列宁的名言在中国共产党党内的影响，特别是在文革受迫害时的反思，对齿轮和螺丝钉、"党的驯服工具"，特别是"予掠夺者以掠夺"的著名指导思想，又特别是在一国可以首先建成社会主义的理论，我在身陷囹圄，被日夜"车轮战"残酷斗争的短暂喘息时，已有过清醒的批判意识，但从我读过列宁的一些著作，如《论国家与革命》、《论粮食税》以及《马克思主义的三个来源与组成部分》等著作中，学到了新的知识与启迪。

一切都是历史的过程。列宁说的好，忘记过去就是犯罪，问题是千万不要忘记那些作为正常的真正的人不应该忘记的。我以为，那就是一切违背与顺应客观事物发展的是与非、善与恶、爱与憎！

1985年11月25日22时40分，我们4人代表团一行，飞离莫斯科，从1万公尺高空，以每秒约250m的高速顺地球自转方向向东飞行。平时这是人们进入梦乡时刻，但在这伊尔62的轰鸣声中，虽有隔音，却不能催我入眠。东欧三国之行，虽仅11天，见闻不少。

我是在回想，想的是"少所见而多所怪"的零零星星事情：通过恶魔们极其残酷的伤害的波兰，如今如此恬静而美丽，人们从那一束悼念前人的圣火的光影中回忆那令人愤恨而痛苦的岁月的，是老人们，念及当前幸福生活的膜拜者是沉浸在欢乐中的继承人。

那歌剧、舞剧和肖邦的乐曲声在为和平而歌颂。

波兰，受残害、践踏的波兰，奋起反法西斯的波兰！

保加利亚，受摧残的保加利亚，奋起反抗反法西斯的保加利亚！

苏联啊，你带着满身创伤，用无数英雄先烈的鲜血争得了如今和平幸福的春天！没有共产党的领导，没有上千万反法西斯英雄的人民，没有全世界反西斯的强大力量，怎么会有和平幸福的今天！

我在这三个社会主义国家的街道上经过时，意外地看到了有日本的电器商店，那是只能以美元进行交易的特殊商店，在和中国相似贫穷的民主国家居然有如此商店的存在，可见，它有一定的市场，一定是有一些有条件使用美元的阶层或散户，否则，它们不可能存在下去。这使我联想到，一位曾经陪同我们几天的妇女，曾经向我们的一位女团员提出，她愿意拿出120美元买下这位女教授身穿的羽绒长大衣。我们都知道这件羽绒大衣在北京的友谊商店仅值120元人民币，出价显然比原价高出两倍还多。成交是不可能的。但可见手中握有美元的人，确是有的。善于经商的日本人真做到了无孔不入！

莫斯科市的地铁，是人口主要的交通孔道。熙熙攘攘、层层叠叠而又有条不紊甚至像海中密集的鱼群，都沿着不同的方向鱼贯前进。地铁通道充满了如蚁的人流。而每人只要用5个戈比硬币，便可通向莫斯科的所有街道和隘口。出了地铁便是公共电、汽车站。尽管只收一个钢板的5戈比，据说，这是全球地铁最能赢利的。在香港时，听说地铁远不如海底隧道利润高，有时还赔钱，靠市政补贴。

地铁是莫斯科的血脉！

我乘坐地面公交车时，人们既不拥挤，也很有礼貌，对女士、对外国客人、老人礼让有加，老人专座空着，只能老人去坐。这种文明礼貌是莫斯科人的习俗，是高度文化素养的体现，当然，也表现了苏联人国民素质的高水准。

以往三十余年间，我看过许多反映战争时期和战后社会主义国家，特别是苏联和波兰、保加利亚的社会生活的影片，这时，在飞机上，总是不断地和我眼前所见所闻交替出现。

莫斯科时间已是凌晨2时了。

从航空飞行前方望去，见黎明时的蔚蓝天色，下是鱼肚色，再下是金色的光带，离我们机身不远，是云海。将近凌晨4时，已是北京时间上午9时了。渐渐地蔚蓝色天空越宽广，下面云海则是灰暗的。再往下瞧，竟是一片雪原。虽记去时是茫茫荒地和少见的河流，又见沙漠，如今全变了。

莫斯科时间凌晨2时乘务员曾送来一份正餐，只是饮用水供不应求，如今两个小时过去了，不饿，只是无法解渴。

俗话说："在家千日好，出外一时难。"人在旅行中，是难得宾至如归的。

这个小小的难处，都引发了我此刻中一连串的回忆：

11月16日是留在波兰的最后一天。我早起检查了从北京带到保加利亚的小包袱，有老朋友金雄晖托带给驻保使馆于景斌、谭颂椒的信，要他们对我老赵多多关照，有我的同事、工作干练的英语干部王燕生带给父母—驻保大使王本祚、夫人于秀页的信，有张淑荣带给卫兴龙的两件内衣和她同爱女丽娅的录音带，最后是我带给卫兴龙的一包北京产高粱饴。9时，代表团会见波兰魏斯纳·米纳第（Wieslam Millati）副局长，以厉声为主，回应了他提出的一系列专业问题。交谈了关于肖邦钢琴比赛和今后促进中波文化艺术交流以及院校管理体制等问题。会后，随即乘有梁立斌译员和波方陪同那位小胡子乌先生，加上司机7人的中吉普专车，赶至火车站。我们跨进了开往保加利亚的国际列车。

开车不久，由于口渴，我同钢琴家李其芳去餐车喝了一点汤、红茶，吃了点小肠，就便带点吃的回车厢。已是午后两点五十分钟了，车窗外，铁道两旁，波兰国境全被白雪覆盖。我们4人一个包厢，聊天时，还说及那位有娇妻、幼子在家的乌先生自夸自己在科拉科夫和罗兹各有一个女朋友。这也是波兰趣闻之一吧。

这列客车是双轨电气列车。下午4时15分到ZAWIERCIE，4时55分钟到达Katowice城，约近下午7时出波兰境，填表了事。护照是通行的。在捷克境内驶行五个多小时，出捷境，进入匈牙利，照样要填表过关。

已是午夜了，车内竟然停止了暖气，车厢内外都是低温，好像21时以前还曾供暖，为什么一到午夜便停了？李其芳要了四条毛毡，仍然解决不了问题，大家只能和衣而卧。

列车车厢管理相当糟！还在波兰境内的Katowie城时，就曾有两位不速之客拼命打门，还经列车员打开了我们锁上的门，硬把一对老夫妇塞进来，老头儿还很凶，把包裹拖进包间。也恰逢我们的两位女士暂时离开了包厢，这两人就心安理得了。老头还问我会不会讲德语。我很不高兴说我现在不愿同他讲德语。厉声正闷闷不乐。不久，两位女士回来了，两个老家伙才说，列车员让他们坐半小时，然后另找地方。问为什么不开门？李其芳回应说语言不通！这老头儿还叨唠起来，说如果各国都讲一种语言多好啊！汉语很难学，还主动要看相，说他已经五十六岁了。又处处去问那女同伴"我说的对不对"。

一个小时后，才搬走。列车员其间找他们两次。他又叨唠说他们多次在南斯拉夫都没今天这么拥挤。临走时，老头儿还以手扶胸，向我和厉声表示缓和。与他同行的女人在这一小时内出门到走廊上去抽烟三次。不抽烟就削苹果吃。老头儿就喝一瓶自带啤酒。总之，两人瞎折腾一个钟头后，还是自己走了。包厢内恢复了平静。

虽然昨晚8时许，大家吃了晚饭，也有开水喝，只是深夜冷起来很不舒服。半夜被叫起来验护照出捷境进匈牙利，难怪厉声说："就像文化大革命中半夜查户口。"大家都觉得这是在受洋罪。认为这些社会主义国家管理还不如我们中国,在中国还从未坐过这种低温卧铺的火车!真差劲!

在匈牙利境内寒冷的车厢中,大家都迷迷糊糊地睡着了。我却做了两个梦:

一个是在宏儿两三岁时,我带他到小河边去玩,孩子走入水中不见出来,我同小林大声地呼救,都无人下水救人,我扑在地上哭叫不已,痛不欲生。及至惊醒,又做了个梦,是车停后,我下车上站台去找厕所,居然走到小街上,找不到,又折回来,发现车已经走了,急得没法,一下醒来觉得在车厢内,才安下心来。做怪梦是由于怕冷而把被子压得紧紧的,造成的幻觉。

好容易挨到早晨6时30分起来,上厕所洗完脸,忽见到车方向变了,原来的车头变成了车尾,雪已经不见了。匈牙利境内田野上不时出现白桦树,再也看不到波、捷大地的银装,树林是黑白交错。这里是平原地带。7时30分,列车向正南方向行驶,阳光洒向辽阔的原野、已收割的草根和落叶留下的树干枯枝。偶尔出现的村庄、小房有考究的尖顶高房,也有破旧的小瓦房。看去此地零星的村庄都是不大的瓦房,坡顶白墙加个烟囱。

7时45分,车到达Kuskoros城,西边窗外停着一辆蓝白相间的电气列车,列车员身着深蓝色的工作服,女列车员穿的是皮衣,戴了皮帽,却裸露膝弯。车与我们的车平行,但方向相反。这个匈牙利的边境车站看上去还算清洁。我们交验了Tiket,正8点钟验明护照,完成了离开匈牙利的最后手续。

"请我当爷爷我也再不来了。"厉声说道,"李其芳你凭良心说,中国好,还是外国好?"李其芳回答说:"社会主义国家好!几十年如一日,过去也是没有暖气的。"又说:"最奇怪的是老赵的咳嗽居然好了!"

"还打呼噜。"厉声补充说。

另一位女钢琴家郑曙副教授说话不多,她从一开始反时差睡得多,少参加了一些业务活动,逐渐恢复正常了。

走出匈牙利就进入南斯拉夫国境。到9:30南斯拉夫边防站才来检查护照。他们起初以为我们是日本人,知道是中国人后,便立即盖章,顺利通过边检。

大家对南斯拉夫印象比较好。其一是入出境手续简单,其二是没有干扰。我们可以聊聊天了。我们看了李其芳手头的一本1985年出版的前一届即第11届肖邦钢琴比赛的目录。有参与人及得奖名单。可贵处在于评委主任对每个选手的评语,书名《FRYDERYKA CHOPINA》是李其芳从ECKER那里得到的。我们议论到先上川音后去上音的刘一凡是第81名选手,上海的广东人刘琦(女)是第51名选手。

我记起玉华五嬢当年还到北京来过，她曾经指导过刘一凡。

我们又议论到波兰钢琴演奏家，1955年曾在沈阳音院为六、七个从中国当地来沈进修授课的讲师Bakst，已经被永远地赶出了波兰。据说此人是犹太人，对待女人的关系上表现了品质极为恶劣。也就是说，利用教学之机玩弄女人。这个问题我听五嬢讲过，她曾同中音周广仁一道参加过Bakst在沈音的授课。物极必反，恶有恶报！事实证明，道德品质恶劣又不愿悔改的败类，终将被社会、国家和正义所唾弃！

时近正午历与郑躺下休息时，我和李去附近车厢走走，看看南斯拉夫座席的人都较讲礼貌，先都疑我们是日本人，后主动邀我们坐进去。约一时许除郑昏睡，我们三人各吃了两片面包加黄油、罐头鱼、喝口茶。我裹住腿脚躺在床上，竟然睡了一个多小时午觉，醒来仍旧觉得异常寒冷。我相信，如是4次中苏列车，无论如何不会如此推到傍晚6时。窗外天黑，但仍可看见南斯拉夫依旧是一片雪原。

"我现在想吃一盘饭，再来一个青椒，"这是李教授的叹词。

"我只想吃一碗稀饭。"郑教授有同感！

"再一个榨菜炒肉丝！"厉声补充一句。

我来不及说我想吃回锅肉，大家就转到业务的议论上去了。

不知不觉中，终于到索菲亚。

不知不觉中，我又回到了伊尔62的机舱中。

从登机至今在高空飞翔了足足七个小时，6400公里。飞机在莫斯科的起飞时间是早晨6时23分，北京时间11月26日11时23分落地。

走出绿色通道，看到同事周文英同志来接我们。

接下去，就是前面叙述过的，年底安排了一次对泰国亲王迪斯库校长一行的接待任务。

浮生若梦梦难忘

会见老朋友卫兴龙参赞（1985年11月）

在波兰的波捷边界山上（1985年11月）

在肖邦故居

在肖邦学校
左起：梁秘书、郑教授、厉声校长、李教授、作者

在波兰议会大厦（1985年11月）

在索菲亚（1985年11月）

在拿破仑住过的地方留影

11月21日　同保加利亚演员、学生在一起

红场

在红场（1985年11月至12月）

在列宁山

在红场（1985年11月至12月）

作者在克里姆林宫

501

浮生若梦梦难忘

左克里姆林宫
1985. 11. 22.

在克里姆林宫

左克里姆林宫墙外 战烈士碑前

在红场（1985年11月至12月）

首次攀登世界剧坛 到希腊去班门弄斧

攀越重重难关，落实临时派团

1986年初夏，我就遇到一个极大的难题，中央戏剧学院的两位负责同志到办公室，向我提出一项当年6月赴希腊参加"第二届国际古希腊戏剧节"的要求。时间较紧，他们简要地叙述了排练和演出国际上著名的古典话剧，特别是古希腊悲剧是成功的。

我清楚外事工作须先有计划、有预算，才能施行，出访需外汇，而当年的对外交流项目，须由国际文化交流计划以协定形式生效。

我告诉他们，这是好事，但难度极大，当年夏季提出夏季派出40人演出团是不可能的。

但我没有拒绝他们的恳切要求，我留下了一些相关资料，表示愿意考虑。

关键是能不能落实计划外项目，短期解决项目和经费问题！这的确是极大极大的难题呀！

一讲到希腊，人们就会想起"言必称希腊"这句名言，那是毛泽东在延安整风运动时期批评中共党员不研究历史，对近百年和古代的中国史，心目中是"漆黑一团"时，说"许多马克思列宁主义的学者，言必称希腊，对于自己的祖宗，则对不住，忘记了。"（《改造我们的学习》1941年5月19日毛泽东在延安文艺座谈会上所作的报告。）自此，半个多世纪以来，由于思想认识上的片面性，中国文化界隐藏着对希腊甚至对外国的戒心。及至文化大破坏的"闭关锁国"政策思想的危害，使得人们对外面的一切"漆黑一团"。因此，中国一位伟大的学者罗念生就在这种无形亦有形的阴云笼罩下隐忍了大半生。他从二十世纪30年代初，就开始向世界、向中国翻译、介绍古希腊的文化。他实际上是世界和中国人认识同中国一样是文明古国的希腊的启蒙老师。

很多人对希腊陌生了，我也只有一点地理知识，实际上，也是无知的。

要拨乱反正，这又是一个契机！

中央戏剧学院的这个创举，虽是个难题，应当及时解答。他们在不久前也做了不少工作：罗念生的忠实继承人、他的公子罗锦鳞主持该院导演系教学工作中，在导演干部专修班和进修班排演了一系列世界经典名著。其中由孙家琇教授等人根据莎士比亚《李尔王》改编成中国古代话剧《黎雅王》和古希腊神话剧《俄狄浦斯王》，在北京公演，已博得在京中外观众包括各国驻华使节和专业人士、专家们的一致好评。适逢今年希腊第二届国际古希腊戏剧节，中国若能参加是件大好事，否则，是件大憾事。

《俄狄浦斯王》是古希腊悲剧家索福克勒斯写的一个著名悲剧，于公元前430年左右即中国春秋战国时期在雅典上演。曾受到古希腊哲学家亚里士多德（Aristoteles）的夸赞。它体现了希腊神话的艺术魅力，歌颂了用自己的生命同杀父娶母残酷命运抗争的悲剧英雄俄狄浦斯王，是千古不朽的人类艺术经典。中国戏剧学院罗锦鳞他们对将其搬上舞台的成功探索，是对希腊、对世界、对中华文化交流的一项开创性的贡献。将这剧目送上国际戏剧节，只会成功，不会失败。

只有想尽办法攻克难关，使这个项目攀过重重困难，才能达到目的，第一届我们没有机会参会，这第二届还有一百多天，不能拖到第三届，只争朝夕。

我想到4次文代会的精神，想到了当前各行各业意气风发争做开路先锋的劲头，想了很多，想了几天，终于想到了最大限度地运用我现有工作条件去发挥能动作用。

首先想到胡耀邦。他无论到哪里，见好事都表示支持，山西某地藤条可以造牛皮纸，他当即表态支持，这件事，也一定不会不理。于是，直接给胡耀邦写了个信。这是每个党员、干部都有的权利。可喜的是，不到一周，就接到胡办的电话：耀邦同志认为这是件好事，应积极促成。我做了电话记录，并正式就此项目写了报批件送局相关部门，从4月底到5月初，反复与外联局欧洲处和主管司、局、部领导同志磋商，加上罗锦鳞他们又组织外交部、文化部相关领导看"俄"剧演出，对项目的经费表明态度，又抓紧签报、并商外联局，我提出了三十万元人民币的相应外汇的方案，5月8日，方仟局长给外联局吴春德局长和计财司曾祥集司长写了以下意见："吴春德，曾祥集同志，这事是计划外临时出现的，无奈胡耀邦办公室、高占祥、刘德有同志均批示，要求我部调剂解决。我局外事处提出具体解决建议，请二位考虑如何能行，希望给以批示，以便早日落实。"

　　这里，有一个插曲细节：以上文字报告及30万元款额要求的产生，是时任主管出版总署工作兼管财务的副部长宋木文同志找我商量，说明40人的演出团往返希腊乘飞机费用太多，要我考虑乘火车，费用低得多，好落实，可以直接找曾祥集面商。这个插曲是决定性的细节。

　　40多天里的艰苦奋斗，难题终于迎刃而解。毕竟人事在于人为！没有领导上的支持，任何人想到希腊去"班门弄斧"，都是梦幻，如今梦想即将变成现实了！

横跨欧亚大陆，坐车万里长征

人世间，事无巨细成败，总有人付出辛劳。人说"万事开头难"，而开拓创新者尤其！

我终于促成了中国戏剧走向欧洲，与世界交流。

于是，中央戏剧学院经中国国务院文化部批准，正式接受了希腊共和国"德尔菲欧洲文化中心"的邀请，准备赴希腊参加第二届国际古希腊戏剧节。应邀名义是"中国戏剧演出团"。成员是该院《俄狄浦斯王》剧组，由王锡平副院长任团长，导演罗锦鳞任副团长。他们提请我任副团长，我觉得全团不过40人，以一正一副恰好，我只挂一个秘书长身份就可以了。我不重名义而注重工作。我的任务是始终保证这个对外交流项目各个环节运作成功。

按照我们中国人的比喻，我们这些戏剧工作者，拿自己的创作的希腊古剧到人家那里去表演，就像是到古代木工祖师爷鲁班眼下去舞弄木工专业工具那样，不知天高地厚的笑话，是一种颇有信心的自嘲。其实，我们中国人跟世界上任何优秀的民族的共同之处，在于尊重世界各国各民族的优秀传统、优秀艺术作品，学习它努力去展示作品的精神实质。我们的中央戏剧学院正是这方面的一个典范。

我们的这个演出团，这个剧组，除专业主管之外，都是来自中国省市、自治区的专业人员、学院导演干部专修班的学员。

组成的40名戏剧使者，于1986年5月28日乘开往莫斯科的3次列车，离开北京北上，开始长达38个日日夜夜的西游旅程。

临行前夜，我在北影宿舍看了一段日本电视剧《阿信》，按预订时间20时30分由宏儿送我到3号楼前。中央戏剧学院导演系主任李世敏来接，在司机热情帮助下，我这才上了面包车，同宏儿挥手告别。他那时已是北京的一名主治医师了。车到厂丁口见约好同行的新华社李成贵同志已经等候在那里了，他是新华社国际部的编辑，为我们担任翻译的。

　　住进戏剧学院三楼，我与李世敏同室。中国戏剧界德高望重的徐晓钟院长、党委书记张永福等同志来看我。徐院长说："由你领导了！"我说"不敢当！学院的领导班子好，学生好，我一定尽力做好我应做的工作，你放心吧！"

　　"祝你们成功！一路平安！"这是刘德有副部长为我们送别的祝词。

　　"祝你们成功，一路平安。"徐院长、张书记，其他负责同志马驰、赵祖培同志如此说。

　　每位送别的同志，都如此说。

　　"你们怎么说的，都和部长说的一样啦？！"王锡平打趣地同大家告别。

　　车站送别的场面是热烈的，气氛是和谐而欢快的。

西伯利亚风光 美丽的贝加尔湖、白夜

1986年5月28日，我们离开北京进入外蒙，3号国际列车呼啸着，朝着中国西北方向飞奔！

长途旅行一般说来是枯燥乏味有时是很难受的，但此次西游时我们都是新鲜的，有苦有乐，但乐多于苦，因是难得的机会，又是从陆路走，见闻也是难得，珍视这两个难得的机遇，只能是充满了快乐，大、小困难都是暂时的从属的，可以接受和忍耐、克服的。

为了节省开支，一些演出道具用品，都随团随人随行，不必办有偿托运，而且，个人都购买了几天的方便面和袋装熟菜。

一行分住两个车厢，我同李世敏、胡战利（河北人，留大胡须，外号大胡子）、王小琮4人住一间，隔壁蒋瑞荣和霍起弟等6个人在一号车厢，其余在10号车厢（加车）。

我吃完早点（0.8元的面条）踱到10号车厢走走，大家都有说有笑，相安无事。回来同李世敏喝了一瓶啤酒，0.68元/瓶，拼盘3元（含午餐肉、黄瓜、西红柿），李请客，各人买了五包蛋卷片（1.42元/包）

下午，列车在张家口站停儿分钟，我们在列车外站台上拍照留影。

晚饭7：30，包伙，4人一桌，每人2元，有青椒、木耳肉片等，4菜一汤，我招待了一瓶葡萄酒。

黄昏后的20点30分到二连站。在这里办理边境手续，换轨。乘客下车，先甩掉餐车，我们走进库里，目睹车厢被托起，取走车轮，再用大吊车运来宽轨车轮。人们边走边看，闲聊。我同一对荷兰夫妇闲聊几句，他们是研究妇女问题和搞造船业的。

走到车站，在候车室用剩余的人民币10元买了罐头。

同行人中，有一位是赴苏参加原子能研究会议的。还有一位是在北京候车室认识的在南斯拉夫学习攻读博士学位的孙陆。又有一位青年人，他是去西德攻读

教育学的，他表示自己很想为宣传、介绍中国的艺术出力。

在换轮转轨过程中，旅客们陆陆续续走到了车站。在车站广播的孤步舞乐曲声中，有三三两两即兴配对的演员们，在站台上翩翩起舞。

列车在接近正午时，出了国境。

"我看见了界碑了！"大胡子在车窗喊起来。

不久进入蒙古共和国边境站。上来几位蒙古边防、海关人员、士兵打扮，逐个房间向旅客敬个礼，取走护照。他们对隔壁的罗马尼亚人查的很严，并把人家随身携带的一个纸盒和十几双工艺塑料底质草拖鞋拿走。有人看见罗马尼亚人从扎门乌德车站出来时，手上已经没有了纸盒与鞋了。

"苏联一般不大给中国人找麻烦！"乘务员邢先生对我说："因为有个对等的问题。"

蒙古边防、海关人员在零时45分送还护照，已签盖了入境图章，再过5分钟，乘务员宣布"可以睡觉了！"平安无事。尽管如此，在等待护照时有人对隔壁发生的情景不免产生"如等待审查！"和"还是在国内好"的感慨。

1986年5月29日，进入苏联境内。

早晨，从车窗外眺，可见红日初出如在海上。金黄色的圆球徐徐上升，绝不逊于在北戴河起早贪黑观赏日出的美景，好一幅彩霞图案！一夜里，在时速八十公里如睡摇篮中的美感中度过，又迎来清新的北国初夏的早晨，不觉心旷神怡！

我是第一个6时起床的，感觉列车员小邢一大早就供应开水。我洗了衬衣，沏上了茶，然后做运动，练练骑马桩。老李也活动活动身肢。

窗外偶见上兵，兵营式建筑和练兵靶牌，一堆堆蒙古包。草原草黄不见绿，似比我国西北大漠地区好。有时偶见一头两头骆驼。

9时一刻到达一个小站停车。是一个村庄式小城模样，建筑群是典型的哈尔滨两个梯形四面合一的屋顶，黄色的墙，小小的窗口，如此一幢一幢一色小平房，个别是两层。未见有街道相连。据说风大，太阳也毒。我没下车去。看来，这地区像我国西北高原气候，我照爱人的吩咐带上夹衣，做对了！

大约在午后13时30分，列车停在蒙古首府乌兰巴托车站。大家在车站站台上互相拍照留念。

午饭是"平伙"式的。

4号车厢与10号车厢乘客同伴彼此互访，昨天卢森（河北人）和贵州人王蓓来参访，今天是安徽人白明、成都人李旭东和陕西人严彬来坐坐。王小琼送来每人100美元，有伙食费20元在内，大约三天伙食费。

约半小时后，北京和乌兰巴托时间下午11时到达苏联边防站。可见，在蒙古境内三十个小时。

照样，先验护照，然后海关来人叫填报海关单，在美元自带数字上盖章才完事。12时，送还护照，虽然是午夜，但此地只是下午6时。

有一位26岁的年轻人黄小浪与我搭讪，是深圳大学教师，去西德考察，进修教育学，他原是广东外语学院德语专业毕业生，学德国文学的。

可见，同车去欧洲的专家不少。

当地——苏联时间夜里11时许，到了一个小站，我下去在站台上散散步，又见一位北京钢铁学院的德语教师黎荣青。她去法兰克福一所学校工作。她说，自己觉得搞语言不是专长，但既已被录取，是研究德语与壮族语言的人才，而且取得了正式在德国工作的资格，也是极其难得的。月薪3000马克，住在德国一对老夫妻的大屋子里，住宿全免费，自己带了三百余元的中国工艺品礼物。交谈中，看出她是有语言天赋的人才。我表示鼓励她继续攻修语言学。她易于掌握各种方言，发音准确，自己却不以为意。这使我想起来，德国确实有一位德语专家，许多德国人遇到德国语言上的问题，都去请教他，而这位语言学专家，却是中国人。我知道，语言学与天赋是有关系的，我也能想到杨志一原是教育司干部，和我在清查工作中一起工作时，知道他有语言学天赋。他一到湖北咸宁，两三天便掌握了当地土话的发音特点，当地人还认为他是本地区居民呢。而我们一般人，住了几年，都无法抓住当地语言发音的特点。

在车上大约是北京时间凌晨二时左右，我迷迷糊糊入了梦乡。

1986年5月30日北京时间8时，醒来，只是莫斯科时间凌晨3时，再躺到4时许，觉得太冷，即起床。

李文啟（北京通县籍）来叫："到贝加尔湖了！"这一喊，整个车厢都沸腾了！

"太美了！"人们像被从鸟笼里放出来似的，不免情不自禁地怪叫，欢呼起来。

走到窗前一看，列车正在贝加尔湖畔行驶，我们可见彼岸远处一望无际的岸堤若在雾中，呈灰颜色，有的地方又是水天一色。

远处湖畔长满了白桦树。

列车左侧即行车方向的南面，是一脉小山和一望无际的白桦树林，其间有墨绿松树点点缀缀，间现红色植物，远望是一片迷人的绿色的海洋。

贝加尔湖水是一块宁静的明镜，水波不兴。

列车在湖边一个车站稍停，车站一带全是欧式小木屋平房，处处可见积存备用的短节木柴。

同路人中国科学院兰州冰川地壳研究所的同志说，这里正如我国东北兴安岭的纬度，也是林区，小兴安岭以红松为主，大兴安岭以落叶松最多。

"贝加尔湖是我们的母亲！"我忆起了1947年在上海杜美电影院看影片《西伯利亚交响曲》中的插曲，"她温暖了流浪者的心，为争取自由，挨苦难，我流浪在贝加尔湖畔！"

列车员小王提起了人们的回忆：贝加尔湖是世界最深的淡水湖，深1500米，压力极大，苏联曾用高标号水泥加铁桶放下去，也被压碎了，至今无法勘探。当我问这小王师傅19/20次列车是否过湖区时，他说，我们还在睡觉时，经过了一个小站叫乌兰乌德，是东走赤塔、南入蒙古的叉口。因此，感到能亲睹湖景，可谓不虚此行！此次旅行，胜过乘飞机从上空掠过，加之此地气温低，云层厚，在一万公尺高空是无法欣赏如此美景的。

南侧的远山，还可瞥见稀稀落落的残雪，山中时而流出潺潺小溪水，架上小桥，白桦林中小路，使人想像流放的政治犯是怎样生活过的。相传这里还是一千三百年前诗人李白的出生地！

一夜之间，从光秃秃的、干巴巴的乌兰巴托进入这依山傍水的神话世界，也真是别有一番风味！

在谈话间，我们遥见重重叠叠的山群，积雪甚多，北面沿湖是一条沼泽林带与白桦树林连接，两旁的白桦林带把雪山、铁道和贝加尔湖连在一起，它们像耸立在一大片无边无际的绿色地毯上，白、绿相间的林从与山、水、天连成一张大自然的优美的图景。南山麓有时堆浮着一带雾层，使人分不出是云是雾。湖上野生水鸟不多见，林从上空，穿过树木的八哥偶尔出现。

这便是宁静、幽美而神秘的令人向往的古老的贝加尔湖。

列车前方车站是斯托杰卡站在列车行进中，我同孙陆和德国青年工人、钢院女教师聊天，同时观看贝加尔湖区景色。小孙请我喝了一杯葡萄酒，又一支广东香肠。车到伊尔库斯克站时，有一群小青年包围了小孙。后来他告诉我，他以一只价值五、六元人民币的电子手表给他们，收到了二十个卢布。

这已是5月31日了。中午集中包伙：矿泉水、两片火腿肉、半块奶油夹面包，有一个疙瘩鸡块汤，一个牛排，一杯红茶。每人两美元。到中午12时，才告别贝加尔湖区。

午觉是12-14时。

忽然，有什么东西把地板上的保暖杯打倒并滚到门口，原来是上铺王小琮以30戈比买的一公斤黑面包从上滚下打滚了他的杯子。但我没醒，第二次，又从空而下，打倒了暖壶，泼了一地水。我被大胡子叫醒了，才知道，这沿路高速行驶中，车厢颠簸之甚！

有机会遇小站停车时，才下车活动活动。

同车厢的旅伴，除自己人之外，有保加利亚籍的一对夫妇、一位德国人和中科院留学生，还有两位新疆同胞，这父子俩是去土耳其投亲谋生的。据他们称，在新疆银行以三比一点几元人民币换了不少美元。

西伯利亚是什么样的？过去，我以为这里是荒无人烟的寒带。如今一看，铁道两旁是一望无际的草原，同时可见耕地，处处可见白桦丛林，是坡度不大的波浪式的绿色平坡地，有时见大片耕地，土色黝黑。林前多是木板一、二层小房，有牛羊、小溪，时有人在溪边垂钓，身后有辆摩托车。有时，见小站、村庄、变电站，有大片住房，却不见人烟。

从集乌到图隆之间，再过一小时，到下乌丁斯克。其间有大的圆木工厂，有近万户的小城两三处。大者有十万人的城市居民居住。偶尔见耕地、人群、小轿车、卡车。有的地方可见矿井，但总的，仍是人烟稀少。

"这里有果树生长吗？"我问。

"不行，这里属于冻土区，日照期短，下有冻土层，不宜于果树生长。"冰川冻土研究所的同志这样回答我。

傍晚到一个小站。这里有大幅隆冬景色照片放大图像装饰，有国际上常见的存物铁柜。可巧4次国际列车停在这里。两车乘客互相打招呼，他们是29日出发的，几个中年人是在保加利亚执行贸促会派出任务三个月后回国的。

开车后，我又同那位德国青年聊开了。他是两个月前离开德国，经香港、广州、成都、拉萨、重庆、武汉、南京、上海、北京回国去的。语言学教师小黎走过来，插话说，这个专家住父母家，月收入1500马克，算是平民，他把休假凑起来，旅游两个月，国内工资照发。他是搞测量工作的，有私车，只上过中专，不想结婚，一般是同居几个月就分手。

后来，话题转到了小黎自己。她爱好舞蹈音乐和体育运动，是乒乓球校队队员，会游泳，因去年患智齿、龋齿和先天性囊肿三种病，在上海被误诊住院三个月，手术后服了大量抗生素等药物伤了胃肠，至今8个月仍未恢复，瘦了近二十斤，爱吃青菜，都是海军从南方运来的。

"你是海军家属？父母是海军干部？"

"是，我爱人也是海军。他是长我两岁的政工干部。"小黎谈起家庭生活："他对我一直很生硬，他讨厌外语。"

"你做了一天的聋子和哑巴！"外国人这样同他开玩笑。

"在家里也没有谈心的情景。临行时，我问他有没有心里话？不回答。女儿也不喜欢我，也表示不喜欢外语。我与爱人说话，总是我问他三句，他不答一句。但如果我做错了一件小事，他就唠叨的没完没了。但他这个人名为'办事通'，能同各种人搞好关系，对外完全是另外一个人。他表示不愿意出国，也不让两岁多的女儿跟我走。"

"大男子主义。"一位妇女插话说。

一边聊天，一边日落，夜幕即将来临。我们各自回到自己车厢。

我吃了点蛋卷酥，算是晚饭了。

突然间，冰川研究所的同志来说：

"快看白夜！"又补充说："关上灯！"他随即帮我们关上室内的照明灯。

我们大家随他走到列车北侧一看。

果然是黎明的天色！时间却是夜晚。

这是北纬55度，属寒温带，不一定能见到日出，因为地势不太高。但显然是南边刚刚晚霞落，北面缓缓朝晖来！

觉得有点困乏了，是时差还没有适应的缘故，必须等到9点钟才睡，这是苏联晚间8点25分，北京已是5月31日凌晨1时25分。

9时10分到泰谢特（TEUWLET）站。列车员介绍说："9点25分开车。这才开始走完本是中国的地方！因为，这么大的一块版图，是从瑷珲条约起，才划归沙俄的。其实，列宁讲过，解除沙皇俄国一切不平等条约。这一大片土地，早该物归原主，而中国政府却承认了它！"

列车员的话没错，也是人民的呼声！

在这点空闲时间里，我同王小琮和霍起弟两位聊聊天。王小琮打算在一、二年内应德中友协理事长托马斯•海伯拉（Thomas Heberer）的邀请，夫妇同访西德。托马斯是中国的女婿，他的妻子是七机部副部长之女。我们由此说到了《浮

513

士德》（Faust）剧排练的时间等等。

到莫斯科时间已是夜10时，大家各自就寝。

1986年5月31日，又见白夜。

凌晨一点半我就醒了，发觉天已大亮，看手表，时间无误。原来，白夜现象极为明显。方便不久，又再睡。

正式早起时间是早晨6时。大便正常了，说明已经调整适应了时差。

10时许，周德煜同志来访。4人相聚不离本行，说起李世敏改编没排成功的《团圆之后》的古典戏，说到四川名胜九寨沟。周说，她曾经陪丈夫去九寨沟写生20多天，那里风景真是美极了。大家共进午餐后，周德煜谈了妹妹的故事：她原是四川重庆酒厂厂长，是酿酒工程师、绿豆大曲的发明人。婚后生了个儿子，已经8岁，可惜在孩子三、四岁以后，才发觉丈夫是重婚，调查属实，女方首告，重婚丈夫被判了四年刑。离婚至今，只得独自全身心扑在事业上。

拍摄了几张西伯利亚风景照。几人互相拍照与合照。列车员来换了一套卧具。

1986年6月1日进入欧洲。到达新西伯利亚站。大家上站台参观车站。两位科学家提醒到一个有纪念意义的地方，即1897年列宁在此"村庄"住过。大家在开车前匆匆拍了照。车开了又停，又开，原来是乘务员先没看见我们几个人，拉了两次紧急制动闸，着急了。

晚上9时30分在Barobask瓦罗瓦士克站。我同孙陆跑步去了10号车厢，刚走进一个包厢，便看见伊琳几个人扶王磊上了车，却是眼泪汪汪的。她们说是她摔了跤。刚才还听她对我说："好几天没见面了！"一检查，只有皮伤，未见骨伤，还算幸运。

王锡平对我说，李利宏发烧了，另有几个人拉肚子，是昨天的西餐不适应造成的，问题不大。李文启、吴健成来，几个人提出将来回国的路线问题，小孙出了个主意，是经匈牙利回国。

去看了看发烧的李利宏，然后回到2号车厢。

6月1日是星期日。全团健康状况和情绪都算是正常，平安无事的。

我做做四肢运动的早操，然后去6号车厢走走。午觉错过了看苏日联合开发油田的丘明站地区景象。

在标示1777公里处是个欧亚分界线，有一个双菱直立带台阶的界碑。这说明我们一行已经走出亚洲，进入欧洲了。这还是大胡子早知道，来通知我的。

四川人贾青是从内蒙来入学的，来串门。大家看看窗外，已变了样了。绿色草原依然为地毯式地，从铁道两侧铺向无尽的天边。白桦树林随时可见。

这是一望无际的草原！不少地方有如中国东北山区常见的樟松。这是来自黑河的大胡子熟知的树种。

林立的樟松、小尖屋顶的小木屋群，构成的居民点显然比新西伯利亚多了起来，居民多了。一眼望去，真像童话书中描绘的环境。屋外有一块块自留地，外加矮木栅栏。正如苏联影片中曾多处出现的苏联农村特征。我联想起《青年近卫军》中的一家一户，其间是以小木栅栏相隔又相毗连的。

铁路线显然比两旁土地高多了。

我们看见大片大片的松树林，三角型和等角型的千万棵松树均匀地放在绿地毯上，与一片片一块块木屋居民区犬牙交接。

听贾青说，几个病号情况已经好转，王磊只是鼻子还有点肿。

下午3时，在斯维尔德诺夫斯克稍停。欧亚分界线，恰在丘明站与斯维尔德诺夫斯克之间。

中国大兴安岭与苏联在这一带大约属于同纬度地区，都山白桦、樟松和其他灌木构成所谓"泰加群落"，是在北纬45～50度处，全球皆然。这是兰州冰川冻土研究所的地质科研专家们讲的。他们又说，苏联这里是乌拉尔山系。"这里还有一种硬木叫意气松。"胡战利补充说。

前面几次听说列车晚点的事，如今加速前进，车身极不平稳，左右颠簸，上下腾跃。人走在走廊上，如在海船上遇到狂风巨浪一般。人若不扶住车窗下的扶手，简直无法站住，更不能前行一步。

直至晚上9时，才见夕阳西下，正在列车的左后方向，可见列车正在向东南奔驶。

我换洗了衬衣，准备10点半以后睡觉，如果老这样赶路，就是躺到铺上去，也是一个不舒服的摇篮。有什么办法呢？

浮生若梦梦难忘

在列宁山（1986年6月3日）

在克里姆林宫旁 红场远处是列宁墓（1986年6月）

在克里姆林宫旁 红场远处是列宁墓（1986年6月）

在克里姆林宫旁

莫斯科红场一端的大教堂（1986年6月3日）

从莫斯科转车　换轨待人缺人性

1986年6月2日，到达莫斯科。

今天是星期一，天气晴朗，气温较高。6时起床，其实半小时以前就醒了。车行驶平稳了。昨晚午夜曾被小琮的鼾声吵醒，我起床后照旧洗漱，又做运动。

大约8时30分，王锡平来约商开个会，我们安排了到莫斯科的事。听说昨晚上，白明下车照相，被苏联战士阻挠，还没收了相机，经李成贵交涉，退还。

3号国际列车终于喘着粗气，于6月2日莫斯科时间16时30分抵达莫斯科车站。

晚点一个半小时。

中国驻苏联大使馆有两位同志来接，一位是使馆招待所易所长，另一位是文化处秘书关文学。他们告诉我们，无法当天转车走，必须在莫斯科住一夜。

与文化处梁沈修同志商谈日程，涉及同南斯拉夫和保加利亚之事。使馆按人头计费：住一夜12元，午、晚餐各3元，出车、接人3元，明天去红场2元。

经梁联系，商南斯拉夫参赞老柴是否顺访时演出，商卫兴龙在索菲亚接车事，等答复。

有两位团员不听劝阻，近23时出行，快到零时才回。因此，决定明日集体活动。

1986年6月3日，从莫斯科转车去保加利亚。

使馆内仍可看见文字提示："楼外有警察，谨防窃听器，随时要警惕，切莫谈机密。"其实，这是全世界所有的大使馆对本国人员在驻在使馆内外的要求，也很正常。

早晨散步时，见老梁夫妇在跑步，第二圈时，他向我重述了一下：13次车晚上10时零1分出发。

上午大家去莫斯科大学门前、瞭望台，观景、拍照玩。赶回吃完午饭后，集体乘大巴去列宁墓。排队约半小时，顺序进入大理石阶梯，经过由常明灯光照

519

着的列宁遗体，几乎看不出水晶棺，只见列宁的头部与手形同塑像。随人流走出后，去后墙看了斯大林等人的几排塑像和大理石墓碑。我自己先回馆休息。此次只有潘欣欣和张桂祥两人未被允许进入列宁墓，因为，他们穿的是短裤。有些人去克里姆林宫参观后，分散各自乘地铁回馆。

在招待所见到在德国的黎荣青。听她说，那个同路的德国青年人，昨晚去大使馆不让他住，不知道找旅行社，便在中国使馆附近露天一张椅子上去睡觉，凌晨2时被3位苏联民警用警车带去了，审讯后，早晨放出来，还是没法找地方住。小黎帮他办了行车手续。他明天离开莫斯科，在车站去过夜。

傍晚准备出发了，天却下起了小雨。

装车时，孙陆来和王小琼一起帮我运送行李。在等待装车时，中科院一位主管感光业务的同志见我带的是理光相机，就闲聊起来。他说："Kadak引进中国是赵紫阳批准的，日本富士是姚依林批准的。两条生产线，又加上各省又自己搞引进，互相矛盾。"

其他使馆路过莫斯科的熟人也来送别，说说闲话。一位叫黄晓浪的同志还恳切地希望我帮他物色对象，还谈到文化交流、搭桥之事。

一刻钟装完车，8时30分离开使馆，到达基辅火车站。

这里进站很方便，没遇到什么麻烦。这拿当时国内车站管理相比较，就太令人遗憾了，这是大家的同感。

在2号站台等待车厢开门时，小孙告诉我，给他捡行李的苏联工人表示，愿以30至50卢布换一支电子表，用500卢布换一个录音机。这使我们想到，我国致力于民用电子工业产品的生产，在苏联民间是受欢迎的。但在尖端电子工业特别是国防军事工业方面，苏联都比我们强得多。

同伴们都很热心，主动地帮助我搬运行李，他/她们是在照顾我这个老年人。其实这时我才58岁，自己不觉得年老。而我确实是全团年龄最大的长者。"我们全班都喜欢你。"有人这样对我说，"不是你，这次出国不可能！"其实真是过奖了。此行不是任何一个人的作用，也少不了他/她们的参与，我很感谢他们。男女都帮忙，女将中严彬手劲很大，她是陕西来的学员，在戏中扮演的是女主角之一的伊俄卡斯忒。

此次全团集中住在一个车厢。

从莫斯科开往保加利亚的苏联客车，设备不下于我们的3次车，有开水、凉水供应。

真是太幸运了！

当我去盛水时，列车员给我热开水。我讲"Kaltes（德语‘冷’）Bada（俄语‘水’）"。她听懂了，指给我一旁冰镇水的地方。两个女列车员还笑着对我说："Deutsch！"

"Da, Da！"我笑着说道："Deutsch"。

在理床单时，我看出，这是一辆有空调设备的新国际列车。

人们在一阵忙碌与兴奋之后，入睡了。

王锡平来告诉我说："索非亚来电话说，我们过路时，就住使馆的办公室。"

临上床时，已是午夜12时。我听见强音打鼾三部曲：高音（李世敏）、中音（王小琮）、低音（大胡子）。不久，我大概也参加了不知哪个声部了。

1986年6月4日。

7时醒来，车已停在科罗多夫站。

列车员维拉不许李世敏下车。车一启动上洗手间，也不行，得到列车完全出站并加速之后，才开门的。

早餐是水泡蛋黄卷，自理。

从车窗向外望去，铁道两侧均是绿树成林、草地如茵，一望无际。这进一步使人明确认识到，苏联对植被面积扩大，利于作物生长和空气调节，是十分重视的。这一点，在我国南方不是大问题，也不是没问题。我国植树少，植草也少，伐木多，便是问题。而北方却是一个极大的缺陷。华北、西北和东北，都比西伯利亚、莫斯科一带纬度低，却远远不如人家！从莫斯科往西的树林，可以说，没有白桦、松、杉，多为灌木兼及杨、槐，少有乔木。耕地是大面积的。偶尔可见远处有乔木林带。

老李索看地图，知道已经走出了俄罗斯，进入乌克兰加盟共和国。这使我不免联想到苏联歌曲："在乌克兰辽阔的原野，……宁死不做奴隶和牛羊……要和敌人血战一场！"

列车往前行驶，更深入地进到乌克兰。

乌克兰原野里，有切断南北大片机耕地的长条防护林带。农舍均较讲究，或是人字屋顶，或是四面方形和三角形四面屋顶，也有拱形屋顶。

到达基辅车站是9时46分，维拉说，晚点十分钟，在站台上，可以看到河流、大铁桥与工厂，又类似在天津，车站不设在繁华区。

离这里往北，是切尔诺贝利核电站，那里两月前不久的4月26日发生过核电站泄漏事故，属于危险区域。人们似乎都不在乎核污染，因为，毕竟相去甚远？不少人下车在站台上走走，也有购买小食品的。我则要求自己和身边的同伴不开门，不下车。

"被污染了，头发会脱光！"有人说。

"喝水牙齿会掉！"有人也明白，不开门窗。说起玩笑话，逗得人们哈哈大笑。但也有人严肃地说："污染不污染，几年、十几年后才见分晓！"

这一带铁道的枕木已更换成水泥制品，可能我们发现得迟了，回想起来，似乎觉得列车行驶比在西伯利亚时平稳多了。

开车之后不久，该吃中饭了。

照样蛋黄卷儿、午饭牛肉、外加一听苹果罐头。

下一站停车时，小孙花46戈比买来两个冰激凌，请我吃一个，这冰激凌糖少，奶油味儿重。

午后到达一个小站，叫卖的食品以樱桃为主，一卢布一串。站台上走动的当地妇女都十分肥胖。又在一个小站停车时，出现了苏杂技演员用斯托丁卡和戈比找中国人换人民币钢板儿的小高潮。一打听，才知道，这是摩尔达维亚加盟的基西摩夫地段。

这天傍晚，事先我们都不知道，快到达苏联罗马尼亚边境，还要换一次轨，而且，有长达三个多小时，关闭厕所。许多人内急憋不住，一边叫苦，一边骂街，但都无济于事。列车员死活不给打开厕所门。好容易设法解决了个别女乘客上厕所问题。

这是苏联开往保加利亚国际列车在苏罗边界换轨时的一大败笔，它在客运护理服务方面极不人道，也不讲道理。

我们的翻译把这次列车的客运服务比作日本军国主义的皇军，形容如下：

"女皇军说："下车，不可以！"

女皇军说："撒尿，不可以！"

女皇军说："你们要忍耐！哈哈哈哈！""

晚上11时到达苏边防站。

检查护照，检查每人携带的美元数额。海关来人对每个旅客"验明正身"。叫人都离开卧室，有人来在室内东敲敲、西打打，再放人进去，不许出门。等待换车轮（其方法比二连进步者，只是取、放换宽窄车轮，连锁传送，不单个吊放）再等待换轨，开车。

及至列车穿过边境铁道左右三道铁丝网，进入罗马尼亚境内。

罗马尼亚边卡还算省事，在护照上盖章退护照，只派了一官一员上车处处查验一遍，结束。

我开玩笑地说："要都像这样查，电影就没法拍了，因为，逃亡者往哪里去藏身呀！"中央歌剧院的温海风觉得很幽默。

而这一切，都发生在人们膀胱中充满了排泄物而内急难忍的情况下进行的。"谁叫你们多喝水？！"我们的翻译官开玩笑地说，他又示意可用罐头瓶了解决问题。

财务吴和翻译李被叫去退换卢布，只给了一百余元的旅行支票，没有美元现钞。

苏联边卡官员还问道："你认为中苏关系什么时候能好转？"得到的回答是"你看呢！"回答正确，又问"你们知道切尔维诺贝利的事吗？""怎么知道的？"等等。

苏罗边境给人留下了极坏的印象！

全世界独一无二的闭关锁国的宽轨（包括外蒙古）都是不令人赞赏的。

反感的是，一直延至凌晨两点多，才在列车的颠簸中结束。

进入保加利亚

1986年6月5日，凌晨3时30分我才躺下，带着愤怒与遗恨，我迷糊了四小时，就醒了，也无法再睡了。

对苏联的恶劣印象，仍然在眼前、耳边萦绕不去。

列车因苏罗边境刁难，晚点两个多小时，九时以后才到达BYXAPECT-CEBC Bucures T1 Nord）站。

通过车窗往外看去，见这一带是无垠的广阔平原，而且长满了农作物。小麦、玉米都是属大面积机耕。这里近北纬45度，玉米苗已有一尺多高，时而见铁道两侧有迂回的防风林带，高约15米左右，林带的厚度约在50-100公尺以上。小麦、玉米都属大面积机耕。高压线与电话电缆交织其上。而此地即在罗马尼亚的高压线架，不是"Y"字形，而是多梯阶形，也间有单阶梯形的。

上午10时抵达布加勒斯特站，可是不让下车。而列车员维拉·斯维达却下去十多分钟不见上来。

大家准备下车摄影留念，都失望了，几乎人人都骂"这老毛子太坏了！""为什么不让人同罗马尼亚人接触？！"

可是，我们的演员们按照站台上青年人的示意，给出去一包香烟，换得一个10分钱的罗币。

列车下午1时30分到达保加利亚的第一个城市边境，面临东西走向的多瑙河。

白明拉上我，又来了三人一起照了相。

这是鲁斯（Russe Pyce）城。

车行经3个站，下午7时34分到达科基亚。苏保间时差1小时。

肖副主任和小贾来接站。小白和司机小张把我们接到中国驻保加利亚大使馆。用过晚饭后，小白又接我同李世敏去卫兴龙家，看了小白带给我的信，知道兴龙夫妇出差去黑海了。

夜11时，我和老李正想看看电视，却突然停电，只好睡下。

1986年6月6日，离开索菲亚

索菲亚的早晨，空气清新。

早起同老李在卫家楼下和美女雕像前，照了几张相。

8时小张车接去等待小贾同南斯拉夫使馆通话。9时约孙、董去买了邮票、油精，用去18列瓦。

10时在使馆用餐后，同驻保大使馆和馆内同仁合影留念。

列车行至保希交界处，从保方海关走到希腊海关，要跨过一条铁道。我在下台阶时因皮鞋硬底踩上钢轨滑落而向前扑去，一只手腕扶托钢轨时受了皮伤。

保加利亚过境手续很简便。

在希腊海关也只是查验携带美元数额。

开车后，我这个"伤员"受到大家的悉心照顾，尤其令人感激的是严彬同志为我上药、洗衬衣，很细致周到。

9时到萨洛尼卡站，必须换车。时间紧迫，大家七手八脚，在十分紧张的忙乱之后，上了直通雅典的火车。

列车一路顺畅地向雅典快速驶去。

我为了使右手皮伤早愈，在车窗前使伤处受风降温，促其愈合。顾不上去欣赏铁道两旁的风光了。果然见效，已经结疤了。

入夜，大家在平安和疲惫中安心地进入梦乡。

神圣而美丽的雅典

1986年6月7日，到达雅典了！

上午8时差10分抵达希腊首都雅典车站。

希腊"德尔菲欧洲文化中心"主席、中国驻希腊共和国大使馆范参赞在文化处小周、张春香陪同和老罗、老刘引领下，迎接我们。

希腊东道主给我们每人送上一束清香扑鼻的栀子花，发表了热情洋溢的欢迎词。

然后，我们住进Hotel Acadimos，住处比较宽松，不挤，据昌大使和范参赞讲，这里住房不紧俏，是因为苏联核污染、欧洲球赛和卡扎菲恐怖。我问德尔菲主席我们到的时间是否合适？他说中国是第一个到达的演出团。

活动主要地点在德尔菲。文化中心安排我们在雅典演出一场，时间是19日晚上。

希腊"文化中心"除安排我们在雅典的起居饮食，还选派了为我们全程服务的专车司机马先生，陪同兼翻译是若泽地小姐，在我们两场演出的德尔菲和雅典制作了两套布景平台，组织欢迎中国团的记者招待会，便于雅典各大报纸、电台、电视台宣传、介绍这个演出团和中国的中央戏剧学院。

按照东道主的安排，我们在首都逗留了两天。

雅典市中心的Hotel Acadinos条件不错。每个房间2722Dramaks（希币140Dramaks相当一美元，即19.4美元一天）早点200Drs，午、晚餐各700Drs。一天食宿招待费每人约4322Drs，即约31美元，可谓价廉物美。

午饭是羊排、土豆泥、白菜和橄榄、冰琪淋，属一般西餐水平。

夜里，我驻希腊大使馆举行了为我演出团访希的宴会，招待了希腊官方和"文化中心"主席等6位贵宾。

1986年6月8日，神圣而美丽的雅典！全团参观了希腊国家博物馆。

在博物馆里，最引人注目的是希腊的石雕艺术品，特别是公元前7世纪即相当于中国春秋战国时代的石雕，尤其是表现人体美的大理石雕塑。那一座座一尊尊无与伦比栩栩如生的人物造型，真是光彩夺目，令人叹为观止。大家纷纷举起了相机，闪光灯此起彼伏。不光是大饱眼福，还留影纪念，永志不忘。我们不能不佩服人家，因为，在我们祖国的远古时代留下来可供后代瞻仰的，主要是佛像和陶、土、铜制品。同是文明古国，文化遗产却各有千秋。

嗣后，我们参观了古城堡。门票400Drs一张。参观过程中，我体会到，雅典这一首都市区、市郊并无边际，也不都是平坦地带。这是欧洲巴尔干半岛南端，希腊首都雅典虽处在半岛南临爱琴海西为地中海，仅在这十几万平方公里的地带有四分之三是山地，居住着千万人口。首都平坦老地区与山坡连在一起，从古城堡所在的山区向市区望去，是找不到雅典的边沿的。

古城堡座落在一个制高点。我们第一眼就看出这是一座伟大的建筑遗址。这是一座条方形的大约4000多以上平方公尺的庞大建筑，虽然再也看不见多少墙壁，正面8根不小于80公分直径、高不小于10公尺的罗马柱，上有横梁，从近到远，整个建筑仍保留着高大、宽敞而深厚的架势，以无数的罗马柱支撑着同地基一样长方形的梁框。几千年过去了，至今仍然雄姿挺立。为什么它依然威风凛凛，框架不倒？走近一摸，方知这座古建筑的骨质全是大理石筑成。而且，不知什么历史的或自然的原因，使人们在其四周散置的条石和碎块上，可以想见它，这座古城堡是经过了一场人力无以抗拒的自然浩劫留下的。显然，人们、游客可以从遗址想像到它昔日的辉煌。

这座卫城古城堡给我留下了深刻的印象。大家少不了摄影纪念。

之后，大家去希腊议会厅前，观赏了仪仗队行进、换班，那些木偶一般站岗的执勤战士，不与人交谈，任由你和他们并排行走或是照相。

又用了一个多小时去另一处山坡高处小平台上观览了著名的海神庙。海神庙，也只有遗址。同卫城古堡相同之处，是大理石十米高的罗马柱建筑，残存的只有相距几十米的两排石柱，一边6根一边9根稳立在两公尺露出地面的墙基，顶着残缺的横梁。四周仍见稀稀落落的碎石块。

除此神庙和城堡之外，近处还可见到类似城墙和住房建筑残壁构成的附属于古城堡的古战场，以及它的建筑断墙和不大的广场。

由此得出初步的印象是：看希腊古迹，多是遗址，参观者须在导游引导下善于想像。而读过希腊本国古典著作以及法国等各国描述希腊、罗马历史及人文生活的人，则可以更具体地想见古希腊的形形色色的盛况。

下午去驻希腊大使馆，同大使、参赞会见、合影后，参赞给我们介绍说，希腊的经济是靠以旅游、航运、侨汇收入为主。换句话说，靠太阳、水和石头。

我们又到了雅典东部爱琴海滨，在这里我们可以游玩一个多小时。

眼前是一个小的港湾，岸上环绕着无数鳞次栉比的楼群，粗看是白色，细看那些建筑的特色是，极少雷同的，小阳台供住户、客人观赏海景，却有弧形的，又有方形的，大大小小，与不同色调形状的窗户相呼应。海滨远处、近处停了无数的小轿车。从浅水滩通向湛蓝色海水的远处，有不少大大小小的游艇停泊。

不远处是著名的海神庙，再远眺便是克里特岛。

我们不少人在海湾不远的一个浅水区下海了。这里的水是那样的清澈见底。会游泳的人游得远一点又折回来，我们本来是"旱鸭子"的男女同志，就在齐腰近脖的浅水里学游泳。王磊让我帮她学浮水，我拉着她的手游一段，又托着她的头练仰泳，我看周围的人少了，显得关系突出，突然敏感到不妥，便叫了一位女同志过来，接着同王磊互相帮助练浮水。我自己练潜水自由式。心想，这不是"封建"，在国外，要注意处理好同志关系，特别是同异性的接触，不能大意。这里没有什么海浪，我们在这透明的海水中亲身体验了这爱琴海的温度，和这环境的优美与悠闲。看看四周、远眺、近观、躺到水里，这人呀，像置身在一个超脱尘世、无忧无虑的大自然怀抱。应该说，与人游，其乐无穷，与海亲，其乐无穷！

在归途的车上，大家兴致很高，有人甚至引吭高歌，唱完一曲又一曲，两位希腊人也表现得很愉快。

晚饭不少人喝了啤酒，我当然也不例外。饭后几位演职员约我同去散步，走到一个广场，席地而坐，谈天论地，至10时30分才尽兴归寝。

1986年6月9日，演出团排练兼旅游。

照旧6时起床，练气功、洗澡、洗衣等等。

7时许与老李相约上街看看市容，也了解了解资本主义社会。宾馆就在市区。

一切开放，公开的黄色书刊不用说，随处可见而且多是制作精美、色彩纷呈。还有古代壁画做的陶瓷圆盘，有春宫图。影院也不含糊，赤裸裸的海报宣传，似无禁区。

想看看希腊民族的电影，虽曾向译员提过，也无结果。

9时，排戏，就在宾馆一个大厅里。

工作人员，除团长王锡平、导演罗锦鳞二人外，全部参加排练演出，我不例外，我演一位老人，是戏中的乞援人。原演员中作为正式演员扮演乞援人的只有陶先露、蒋立力、王蓓3员女将，演员不够数，才加上几名男女的。

我跟着念台词，虽尚未进入角色，还算跟上了。导演鼓励式的肯定了我的表现，打趣地说："演员出身！"还有人凑热闹说我是"老文工团员"。其实，我明白，是"跑龙套"的。但我必须记住朗诵的台词：

"田间的麦穗，枯萎啦！牧场上的牛，瘟死啦！（妇人流产了！）最可恨的带火的瘟神——降临到这城郊，使我们的家园，变为一片荒凉！"

"主上！降福于俄狄浦斯吧！"

大约一个多小时，排练结束。

只有翻译官李成贵必须去同保加利亚联系，催运道具之类的事务。

这里，紧锣密鼓，11点钟到一个地方召开记者招待会。由我们的导演回答记者提出的问题。有趣的是人们好奇的提出："你们是搞宣传的呀，为什么信仰马克思主义唯物主义，会接受唯心主义作品？""你们演出过什么外国戏？"等等。

下午2时30分，去古城堡——卫城的古剧场排戏。因那时有音乐会调琴等准备活动，我们无法走台，只试了试音。

这是一个有35层梯形全用大理石砌成座位的、半圆扇形、高坡度露天大剧场，面临古建筑石墙，搭上不同要求的台面，其音响效果出奇得好。有人在舞台小声谈话，坐在最高一层都听得很清晰。这显然是古建筑师的业绩！

在剧场呆了一个多小时后，收工回住地。

我同老李又上大街去参观市景。

这里电影院有多家。我们从广告上知道，有西部片、惊险、打斗、台湾功夫片如《赌台天涯》之类。有的影院专营两性性生活的影片，我们习惯名之曰黄色片，也有色情片。由于观念的差异，我们认为，表现男女间浪漫交往的影片，涉及性行为的一般属于色情片，而露骨表现性器官交接的属于通称的黄片。在雅典的市场上，黄片名为成人影片。街头书报亭栏目陈列打开彩色画面是女人阴部，如解剖学图片，却是人体外阴体部照片放大。又不似解剖图谱的专页，看去很刺眼。在小商品区旅游商品，有摆设着两性行为的用金属或陶瓷等材料做成的小玩艺儿，可谓五花八门，比比皆是。这令人想到古代中外皆有的性崇拜，反映在影片《尼罗河的惨案》中。古埃及对雄性性器官的崇拜。这里可能反映了古希腊同样的特征。受程朱学派、假道学的传统影响重的一些华人，是绝对看不惯的。因为美的事物常被人为扭曲。

老李和我一人换了十美元的Drs，去选购一些明信片回去。

晚上9时30分，全团出发去卫城旁的一家著名的风味餐厅。这里的陈设、布局同东欧、波兰市、郊区的类似，多处有葡萄和木桶式又带水龙头的装饰。餐厅中间平台上，有6人乐队，包括电子琴、吉他和黑管，由手把麦克风的女人主持。顾客们一边吃、喝，一边听音乐。不久，有希腊特里希岛的舞蹈、罗马尼亚民间舞蹈表演、四弦琴独奏。小店用各种国家、民族歌曲迎合东西方来客的口味。

乐工给我们弹了几首俄罗斯民歌，引发大家合唱，接着他又弹出西方流行歌曲。餐厅有一桌法国人居多。人们即兴举手帕（餐巾代）摇舞。在民间舞蹈表演中把台下客人拉上去，约有四五十人绕场（厅）一周，然后登上舞台，跳起集体舞。一名女舞蹈家跳起了肚皮舞，实是草裙舞，功夫很到家。最后，竟然拉一些老、少、高、矮、肥、瘦不一的人上去，学着扭屁股，可惜都不会。王团长、范参赞和霍起弟都被拖下水，被拉出衬衣，露出肚子。台上出洋相，台下捧腹大笑。

最后，推出了伊琳唱《十五的月亮》，卢森唱《康定情歌》，蒋立力唱了《金梭银梭》，引得人伙齐唱。晚餐、晚会气氛极其热烈，直至半夜才散。

地中海的仙境　克塞尼亚

1986年6月10日

依照"文化中心"的安排，我们今天开始向目的地德尔菲进发，10时开饭，12时30分开车。

下午1点5分经过沙拉里海湾，这是波斯同希腊海战的老地方。当时希腊只用少量小船战胜了波斯的大船队。据说，希腊古代凡事都须祈求阿波罗神的指示，而指示都是模棱两可的。

车在海滨行驶。若泽迪小姐及时解说，我们不觉得在赶路，好像是在参观旅行。

"这里山上失火了，就用直升飞机汲海水去浇救！"

"政府左派上台，银行、交通公有化、公共福利办得多。右派上台，私有化就多。田拉基斯亚大财团势力大，不满意公有化了，他可以让左派下台。"

我们的车在海滨高速公路上行驶，公路两旁种植着树木和鲜花。

从Athina往西到KorinThos，路见一条河，名叫小Korisos运河。此运河长一公里，高约五、六十米，宽不到一百米，是从山岩开凿出来的。

盘山公路延长到一个高地，可望见车窗左下方是一个小海湾，海水颜色深蓝。据说二战时，曾有一艘潜艇在此停留过很长时间，因为海水很深。

沿海湾下山时，蔚蓝的天空突然变了脸，下雨了。由于我们乘的是大车，质量、设备都好，有很好的空调，关上窗密封时，车外的尘土式脏空气经过过滤，车厢内仍保持新鲜空气，不必开顶窗，采用内空调。此车是德国制造的。正说话间，外边下冰雹了。雨越下越大，天空乌云滚滚。

午后3时3刻钟，乌云照旧很厚，雨稍停又下。我们到达埃比达佛累斯（Epidaivtos）古剧场了。

这个古剧场又是古希腊的一项杰作：剧场仍是半圆环坡形。剧场中心正像中国天坛那个回音圆台那样，有回声，有共鸣。大家抓紧在雨停的间歇时间集体、个人拍照留念。可惜，雨又下大了，大家冒雨上车赶路。

终于到达拉士杜利约这个旅游城市，住进克塞尼亚旅馆（三ENIA）。

这个城市名叫纳夫普利翁，号称希腊第一首都。1821年以前，被土耳其占领。希腊的第一首相卡波其士德拉斯在做礼拜时，被暗杀了。它原本是个山城，山名巴拉密地，有九百九十九个台阶，山上的城堡关押过犯人。

我住的克塞尼亚（三ENIA）坐落在一个近海滨的半山坡上，开窗可以远眺，眼前有湛蓝的海水。雨过后天亮了，天水一色。太阳光照得房屋的窗、墙、壁呈亮白色，如同山坡间的一个多角多边的巨大而耀眼的宝石。周围没别的建筑。这屋子左侧有一条可容两人并排行走的石梯道，沿梯下行十多米，是一个不规则形的水池，有流水潺潺，从一角落流向海滨。住在这里，人就觉得自己是置身在一个不见人烟与花木草竹的海岛别墅。不见海鸥，不见鸦雀，没有海潮，只见灿烂阳光、海域、山石和这所离世独居的现代建筑。周围是恬静而幽雅的，甚至连风都感觉不到。

静静的，一切都是宁静的。这里像一个独立的、极度安逸而祥和的王国。你会忘记一切，又不会忘记吸收这洁净的含氧量极高的新鲜空气。

多好啊！这环境美极了！简直是人间仙境！我们要在这里度过一个舒适而甜美的夜晚！

太阳落山了，跟世界任何地方一样，黄昏时候了。

我们上山、下坡，进入一块有灯光有人声和乐音的平坝地带，因为，天已经渐渐黑了。我们到了一块挺热闹的广场，身边有小店、小商品店和大小食品饮品店，广场四周灯火辉煌。

向不远处广场中心走去，才听说这是辛达克玛广场，又叫宪法广场。

中心地区，有法国舞蹈队演出。

又一个人工搭成的一米左右高的舞台上，是台湾中华大学的舞蹈系学生在表演。一派歌舞升平的景象展现眼前。

以我们从专业角度看去，都是些非专业性的演出团体的即兴表演。演技虽平平，情绪却热烈。

显然，是来自外国的旅游表演团体，可见，这个我们这些过路客夜访的小城市，日夜都洋溢着生命的活力。

夜深人不静，广场人兴未尽。我们却尽兴而返。

回到神话般的克塞尼亚，知道自己身在水池与岩石托起的屋子里，于是迎着如水的月光，推开窗，引进柔和的海风，靠在窗台上观赏着视野可及的灰蒙蒙的爱琴海海湾的夜色。在寂静中，我念及北戴河东山黑夜的海潮声，觉得此时此刻却是万籁无声，不同的海滨，相同的夜晚，不同的国度，相同的文明古国，一个无声，一个有声，一样的令人眷念！

当我躺到洁净、舒适的床上时，我渐渐忘记了一切，从口头到心声，反复不断地念叨着："三ENIA！"、"克塞——尼——亚！""希——腊——克塞——尼——亚！"……

在希腊国会大厦前
（1986年6月10日）

克塞尼亚

533

在奥林匹克运动场点火处
（1986年6月12日）

在雅典古城堡同演员依琳留影
（1986年6月8日）

在卫城古城堡（1986年6月8日）

在希腊迈锡尼古文化旧址-加阿加麦隆的坟墓前
（1986年8月11日）

在希腊古Delphi运动场 排练场
（1986年6月15日）

在希腊Nargao巴拉密地山城堡下的克塞尼亚Itolet Enia豪华的半
山阳台看地中海风光 （1986年6月10日）

奔向奥林匹亚

1986年6月11日　奔向奥林匹亚

离开美丽迷人的克塞尼亚和纳夫普利翁，半小时便抵达迈锡尼。这里有著名的"麦（迈）锡尼文化"，不能走马观花，一定要看一看的。

用了一个多小时，参观了古宫殿遗址。

这个曾辉煌一时的古宫殿，是用天然的石头和天然的水泥石砌成的。

伊琳帮我拍照，大家集合，山王小琼在一个制高点拍了一张合影。

一座名叫阿力麦龙的古墓也是以天然的水泥石块砌成的，其圆锥形的空室有33层。在墓外，人们照相机的闪光灯起伏不断。墓内有小洞天，因无照明设施，无人进内。

古墓对面远山形状有异，传说是古时阿加梅龙王，杀死拐走他妻子的对手，长卧于此。

这一带山区，满山种植着橄榄树。

"麦（迈）锡尼文化"传承的内容，有弗罗伊多（floido），即性心理变态。俄狄浦斯属于恋母情，而相反的，则是古希腊开始的女恋父情。后来，都受到了社会道德的束缚。

参观结束后，大家再登上这一辆德国造的可容40多名乘客的大型旅游车。车身重17000公斤，加上40位乘客，行驶在高速公路上很平稳。车向西行，左（南）是绿山，右（北）是蓝蓝的海水。司机老马为乘客提供了节奏明快、情绪热烈的迪斯科音乐。

旅游车转眼便到达了亚德里亚海湾口，照规矩付了养路费，又看到驶向德尔菲、意大利摆渡的船。

从这个海湾在12时30分登上渡船，摆渡即到达希腊第三大港口城市佩特雷（Patra）。希腊第一大港口城市是比雷伏斯城，第二大港口城市是萨罗尼卡。听说这个佩特雷市在复活节前45天，举办化妆的狂欢活动。每年二月中旬有一个全希腊最盛大的节日叫卡尔那瓦利节。

在港口内向佩特雷市区远望，看到市区内并无高层建筑，最高的楼不过七、八层。穿过市区，开始向奥林匹亚前进。

我们在高速公路旁一家饮品店休息，一为喝可乐等饮料解渴，也让乘客方便方便，还可以选购小商品。我买了具有古希腊特色的两件工艺品，是有人物造型做顶柱的小容器，用了270Drs。

举目一扫，一边是海港，一边是山腰，有众多现代样式的小别墅。

满山遍野是松柏。

罗锦鳞导演看了这些优美的古迹与风光，十分高兴地对我说："此行全靠你了！"我有些不明白。他接着说明："我为这个项目先找了局长，局长找来李先生。李先生打了官腔说：'你们有钱自己去！'我又找部，王锡平说：'还得靠局。'好容易知道你是主持外事的，才找到了你，也才逐步核实的。"我回想，那时正逢我请假10天同林敏去太原出书定稿。事实上，对待计划外项目，经费是最大的困难。我遇此事，先想到的是，好的项目，应该先想想有没有可能去解决。而不应该像老李那样一棍子打回去，那样办事太生硬了，说他"打官腔"。事实上，我一开始便从项目的意义去替国家影响、替单位考虑。当然我一人努力也不够，从当事者办事人方面同时在多方竭力进行，才会有这个结果的。

说完话，转眼车又到了一个海湾。

处处是公园、别墅。

偶见绿树丛中有一棵紫红花树。湛蓝的海水，连着远远的地平线，由于天空相接，使游人到此都有美不胜收的感觉。

我们现在见到的海湾、海域，属于希腊半岛西部与地中海连接的麦奥尼亚群岛海域的麦奥尼亚海。

从佩特雷港乘船，只须21小时，便可抵达意大利。如果每人出80美元，便可以走一趟罗马。而如今，我们只能徜徉在希腊的西海岸。

路边有吉普赛人的小棚子。希腊人给他们建的住房，人家是住不惯的，而习惯是去偷，去算命卖钱，也不讲卫生。一批一批小帐篷，就是这些吉普赛人的集居地。没有大篷车，招来人们对他们的贬称呼"1fdis"，意指"流浪的小偷"。有时见吉普赛人用的汽车是日本造的130式的一类小货车。

偶见一个远看如蒙古包的吉普赛住所，希腊人给我们介绍说，这些人都是从南斯拉夫、土耳其迁移过来的。

离这一带不远的Bilias地区，省府有6万人。Bilias省是茨冈人多的地方，他们以打短工为生，语言，即会希腊语，也有自己惯用的语言。他们没有居民户口，希腊政府可以给居住证。不过一公里左右，又可见一个这种游牧式的部落。

陪同我们的若热达小姐告诉我，我们此行的路线是极不容易的，也是最好的。

我们同自己的翻译官闲聊时，他认为这是一个"神话的国度"。"你用过这个词没有？"王锡平问他。

"1981年在《天津日报》上用过。今后还可以用！"

中午，司机老马为我们安排了午餐：烤鸡、沙拉和当地的酒。这位老马也风趣，大家记得昨天到达纳夫普利翁市时，他开车绕道海滨，看见几处有二、三层客舱的游轮，老马听大家说环境很美，船也很漂亮时，说道："除了这艘漂亮的船不是我的以外，所有船都是人家的！"而这辆德国车却是他自己的。他是"个体户"，花了二千三百万Drakmi（相当16万多美元）买的。

我们的这位女翻译官、陪同小姐若热达一路很高兴，她还一再说明，中国团此行到达之处，都大大胜过了所有的代表团。

若热达自我介绍，她是波兰、希腊混血儿，她说她叔叔是在战争中死去的。自己名叫若热达（Sors'eda）的叔叔有点名气，叫Lanbrializu, Eileilin。

我们司机被我们称"老马"，因其父名是maloris Revitos。

下午两点钟，我们到达西西里岛的波尔戈斯市（Piergas）。

再前进半小时，才能到仰慕已久的奥林匹亚（Olympia）市区。从地图上看，这里是希腊境内被佩特雷海湾与东科林斯海湾分开又连结的一个波罗奔尼撒半岛之上。

奥林匹亚产两种葡萄，一种是酿酒的，长得低矮，一种是供直接食用的，上架。

路过一个不大的古运动场，可做50米赛跑之用。

车停在一个名叫Linalia的餐馆。在此就餐的较多的都是外国旅游者。

突然下起了大雨。

在餐厅里，正好避雨。大家没闲着，跳起舞来了。随着餐厅老板播放的音乐，我也跟着跳了一场。

吃的是半只鸡和酒。酒味特异。有人先称是十滴水，后改名复方甘草合剂。再是白葡萄酒。

　　王小琼因为摔了跤出现过暂时眩晕症状。其他同伴都平安无事。全团基本正常。

　　两个小时后，上车赶到了奥林匹亚村。住进了一个两层楼房的宾馆，设备比较简朴。可巧，也名叫Hotel XENIA。

　　门前一条街都是商店和旅馆。

　　这里夜景十分美！美在不嘈杂，美在无烟尘，美在灯火辉煌、色彩缤纷，美在空气清新、游人自如、情调幽雅。

　　在这个比"宾至如归"还让人惬意的居住环境里，可谓"仙乐飘飘处处闻"。

　　在这样一个赏心悦目、众心从所愿，含意无不伸的轻松而欢乐的氛围中，宾馆举行了一个别开生面的晚会。

　　晚会节目都是即兴而来，无拘无束的。一听节目便知道是妙趣横生的：

　　晚会节目有何天龙的哑剧"穿针"，潘欣欣的变戏法，姚明德的"电扇"，伊琳和张桂祥的黄梅戏《天仙配》选段，伊琳独唱《红灯记》中的铁梅选段，蒋立力的独唱，6男生的"济公表演唱"，最精彩的一段是张桂祥的"特异功能"。在卢森唱完一首德国歌之后，就是跳迪斯科舞，转入交谊舞结尾。杜海鸥导演邀我跳了一段"伦巴"。由于午夜犯困，我虽然什么舞都会，却难免步不随心了。

　　总之，我们这几十位成熟的表、导演出身的艺术行家们，都即兴发挥、尽兴而返。但是，有谁会很快入睡呢？

　　说这是"神话的国度"，没错儿，说我们过的是"神仙一般的日子"，没错儿！说我们是在天上，不对，再说我们是在梦里也不对。但若是说我们生活在天上人间或人间天堂。就完全对头！

　　但是，若说我们现在都陶醉在中希友谊的蜜酒之中，就绝对正确！

　　想得累了，我终于睡着了！

　　"不知东方之既白。"

国际古希腊戏剧节

1986年6月12日　奥林匹亚！德尔菲！

在奔向德尔菲之前，我们首先参观了奥林匹亚博物馆。这里有1600年前的陶器、石器，有纪元前500年的铜器、浮雕。陶器上有单幅故事画较生动，如一人持刀欲砍，下有一女人，女后又有一人。

在奥林匹亚村，必须进入著名的运动场。在用石块砌成约30公尺宽的跑道起跑线，可以看清长约200米、宽50米的运动场跑道。这时，有一位全身赤裸的男士，约摸四十岁上下，从起跑点向前慢跑，远处一位女士在为他拍照。一看便知是旅游者在体验复古的滋味。我好奇地去打听，原来，女士是实行复古赛跑运动员的妻子，她/他们是巴西人。

在奥林匹克运动初期，就在这个古运动场上，举行了几项运动比赛项目。在距今90年前的1896年，这里举办了第一届奥林匹克运动会。观众与运动员一律是男人们，而且都是裸体，不准妇女入内观看。只有一处有一个石台阶是唯一允许一个女人坐看比赛的地方。因为，曾经有一次一个母亲去看了儿子比赛。她被发现后，决定判处死刑，只因为她的儿子取得了比赛的冠军，决定免于死刑，还特许这位冠军的母亲每次到为她特设的地方观看比赛。

古运动场一端是石砌大门。

古运动场点火处还留下不整齐的石台阶。我们的演员们化装成古希腊奥林匹克运动会盛典点燃火炬仪式的美女们，在原地摄影留念。

点火处还残存三根大理石石柱，那显然是古时奥林匹克大殿遗址的一部分。人们从运动场向点火处望去，可以十分清晰地看见大大小小、高低不等的石柱。石柱不下30根，看那雄姿与布局，仍可以从这残柱石垣想见到这奥林匹克大殿上百年前的宽阔与宏伟。

传说这点火处还曾是宙斯神庙。

我们带着依依不舍的心情在难能可贵的遗址多多摄影留念。

9时30分，我们离开奥林匹克村。车行两小时，到了培泽雷海湾，渡海约20分钟上岸。车驶在海滨公路上，又是看不完的别墅、小楼房，左顾右盼，可谓景象万千。

车到达那夫巴克托斯（Nafbactos）城。据说这是出美女的地方。有个小码头，一边是小城堡，一边是铜塑美女的城楼。我们穿过小城，市区最醒目的是各处都有日本日立、东芝、三洋、皇冠的商标，还有不少服务行业的广告。陪同人员告诉我，希腊全国人均收入是4000美元。日本的家电在这里生意兴隆，服务行业发展很好，各种服务都周到方便。几天见闻也证实了这是大实话。这不能不使我马上联想到，世界人类生产力水平，由工业化进入到电子社会的三次浪潮时代，一人生产足供7～10人需要，反过来，可以有十分庞大的人口可以从事服务行业。想想我们的国家，还有不小的差距呀！

大轿车在高速路急驰，一直保持着平稳。现在是向东奔向目的地去。在盘山公路上，处处伴有大海。

午后一时许，在一家海滨餐厅午餐，主菜是烤猪肉，水果是橘柑。饭后小憩，我们就去海边捡石子儿。一刻钟左右，又继续前行，仍旧是沿着海边、山脚开的环山傍水的公路。

下午3时，终于抵达终点站德尔菲。住进Hotel castri的单人间。室外临街靠山，山上可见有不少住户。

稍作休息、修整，就开会，进入演出的准备状态，为了演出，开始在各种繁重的任务工作之中。

这个房间日价是1575Drs，早点每人205Drs。

晚餐在Castalia。晚饭仍是我们订的西餐：鸡腿、土豆条、空心面糕，水果是杏和枣。

这里像是一个山城。不错，人们不会忘记，希腊这个岛国，山地占一大半。

因此，从此起，每天忙的是上山、下山。步行上山排戏，下山参观拍照和购物。13日、14日都排戏，空闲去参观德尔菲博物馆、古剧场、雅典娜。

据悉，希腊全国共有6个古剧场：

一是迪奥尼索斯（Dionysos）；

二是黑罗杜斯 阿提库斯（Herodus Atticus）；

三是埃比达弗瑞斯（Epidaurus），在伯罗奔尼，就是11日我们在雨中参观的，那里音响效果特好，在中央撕一张纸后排就可以听见。

四是多东尼（Dodoni），在西北部，位于伊皮若斯省（Ipinos）的罗安琳娜（Loanina）附近。

五是马凯冬尼亚省（Makedonia）的费立匹（Filipi）；

六是斯特雷阿，埃拉达省（Sterea Elada）的阿尔兹帕娜索斯（Ordsparnassos）地区的德尔菲市遗址中的剧场。

这些情况，是来自新华社的我们的翻译官告诉我的。他当然是个希腊通了。

也就在我们忙于搭场、排练的时候，即知罗锦鳞导演的父亲、希腊专家罗念生老先生已经到达德尔菲，住在阿玛尼亚饭店（Hotel Amalia）。

1986年6月15日　国际古希腊戏剧节开幕

由希腊"德尔菲欧洲文化中心"主办的第二届国际古希腊戏剧节，于1986年6月15日在阿波罗神的故乡，风景优美的德尔菲举行。

开幕式不到10分钟就完成了。主席在致辞中着重介绍了首次参加的中国演出团。与会代表来自美、法、意、印度、西德、日本、中国等20多个国家，参加演出的剧目则只有希腊、中国、日本和塞浦路斯四国的六个剧目。

会后的酒会，中国使馆的文化参赞也来了。酒会后，中国人共进晚餐。

九时一刻赶去看戏。这是日本的一出杀人戏，妻杀夫杀子，女刺尸并割取尸体性器官；子杀母，兄妹乱伦及至母魂杀子女。似懂非懂，似乎是一出乱伦引起的社会家庭悲剧。至晚11时演完。演员共15人。

我们趁演出结束，从晚11时起抓紧装台、排戏，调整声、光，一直忙到次日凌晨6时，仍来不及连排。

旅馆老板和陪同若女士（若热达）给我们送饭，很热情。

令人高兴的，还有四位希腊男演员，他们的天生造型高鼻梁、蓝眼睛、胡须和武士身高，不必化妆，表现很认真。我们的演员教他们学说简单的中国话，彼此取笑多少驱散了一点疲劳。

1986年6月16、17日演出成功，不虚此行

因有邻居建房，噪音使人不得安眠，老板也很无奈，我们只好逛街了。我顺便买了一本地图和一本《没有现代女人》的卡通小人书。花了35Drs。稍作休息已是下午5点钟。导演挨门呼唤，大家下楼用完点心，即出发到剧场，并立即投入布景的支架工作。这时，锡平等3位正忙于对台子加工上黑。

大家七手八脚支黑柱（纱）、支后台屏风，同时排练，然后化妆。我这个"乞援人"加了两个道具：拐杖和包缠着羊毛的橄榄枝。今天是韩毅美替我化妆，比上次略微淡一点。我请蒋立力帮我扣好了披衣，可以解放双手了。9时20分集合入场。

两小时过去，完成了全剧演出。

我们看见观众不少人掉泪、抽泣。

演出成功了！场上爆发了热烈的掌声！

"谁说外国人听不懂？！"大家都很高兴。在台上照个相，照全体像，包括大使和其他官员，还有新华社记者以及剧本翻译学者罗念生先生及廖可兑、张春香等人，大家欢迎Miss Sorsada也来合影。

还有不少观众留连不去，向我们挥手致谢、告别。

午夜下山回到旅馆，老板已经把宾馆电灯通通打开，室内外显得辉煌明亮，像过节一样，门板的玻璃上贴了《俄狄浦斯》说明书的第一页。老板见面就欢迎，又逐一和我们拥抱。他的夫人和两个女儿12岁的娅娜和9岁的西西都看完全剧满意地入睡了。今晚上，老板是特意穿了西服，陪她们去看我们的戏的，而她们母女三人今天是专程从雅典回德尔菲来参加这场中国客人盛大演出的。

大家下装梳洗完毕，到Delphi郊区一个餐厅去用晚餐。大使一行凌晨一时回雅典去了。

我们的伊琳在餐厅唱了两首歌，一位英国人唱了一支英国歌，又有一位希腊青年人也乘兴唱了两支歌。

回到宾馆已是凌晨3点钟了。

辛苦使人困倦，兴奋又让人无眠。

首战告捷，一举功成，半个多月的旅行叫人充满了激情，苏联列车换轨时的反感，被接连的欣喜冲淡。

显然，这是中央戏剧学院首次访演的成功，成了中国戏剧走出中国、走向世界的开路先锋，也是各省市话剧团和电视机构的成功。他们为中希文化艺术交流做出了出色的贡献，是中国对外文化交流的新进展。不可低估此次演出成功的意义！它证明了站起来了的、与希腊同样具有悠久文明史的中国，对世界文化艺术遗产的正确态度与立场，它展示了中国话剧艺术在世界艺术发展史中的坚实地位。它是在北京人艺《茶馆》、出访上海戏剧学院莎士比亚学术活动取得成功之后的又一个创造性的成就，是中国人演出古希腊悲剧的新的里程碑，为今后的文化交流奠定了举世公认的基础。

　　我们取得成功不是偶然的。因为中国的老中青艺术家队伍中，有一支话剧艺术上过得硬的队伍，中国艺术学院是国内最高水平的学府，它的师资队伍是坚强的，是后继不乏其人的。这还证明，全国各省市、地方的剧团中是中国戏剧艺术可靠的基石。而最重要的，还有参演的每个人表现了创作态度上的认真、严肃、一丝不苟、精益求精、对中外友好负责、勇敢而严谨的精神，还表现了每个同志思想感情上对祖国、对人民的忠诚与热爱。

　　人们爱护希腊艺术之花，也是爱护艺术家世界友谊之花。

　　因此种种，我们希腊之行，对德尔菲和即将在雅典的访问演出和艺术探索，在中外文化、艺术交流史上写下光辉的篇章。每一个人时刻都在用生命描述自己的历史，跟一切生物一样，不由自主地参加到宇宙万物的演变中去。我以能权宜串演一个群众演员，同专业精英们一起登上国际戏剧艺术舞台而感到光荣与庆幸。

　　我想，我的同伴们今夜一定有不少人怀着同我一样的心境，也有不少人在兴奋、满意之后，可能睡一个安稳的觉了。特别是罗念生父子，他们会比我在这不眠之夜想得更多更多！

　　6月18日德尔菲的学术讨论会是令人击掌叫好的。

　　在入场前，一位希腊妇女主动向我和廖可兑握手并用英语说："我和丈夫昨晚看了你们的演出，很高兴！我们每个人都很喜欢你们的戏，真是太精彩了！"

　　我走过街道时，一辆正在启动的小车中，一位老人向我们鼓掌。我走过去同他握手表示谢意。

　　学术报告会开始前，新华社老谢找了Miss Soreda陪他去电传室，说："我要发个消息。"她马上说："对，首战告捷！"

　　学术讨论会是围绕着中国人对古希腊悲剧的再创作和表演展开的。

　　罗锦鳞首先做了报告。

　　罗念生接着发言，他说，《俄狄浦斯》剧本，他在35年前就已译出，他已经82岁了，希望今后能够继续为中希文化交流做贡献。

　　罗氏父子的讲话，受到热烈欢迎。

　　有人发言说剧中音乐好，符合希腊传统音乐特色。有人谈到古典主义与时代信息特征和戏的结尾效果的设想，等等。罗氏父子回答了各国与会者提出的问题。

浮生若梦梦难忘

　　希腊原文化部长说："我研究了四十五年希腊悲剧，此次看了演出，感到自己很渺小！我从来没有想到中国人会用如此虔诚的手法演出希腊悲剧。你们谦虚，对原作的仔细研究，你们的讲话，值得我很好的学习。首先要说祝贺你们演出的成功，给我们上了一课。中国人尊重希腊民族的文化，做了那么多的研究，理应受到我们的尊重。"这位原文化部长接着高声激动地说："我们有多少人研究中国文化？！中国人应得到应有的回报！"

　　一位法国科学院院士、希腊文学专家说："只有中国这样具有悠久文化的民族，才能理解古代希腊的智慧和文化传统。"

　　学术讨论会充满了对中国同行的浓厚兴趣，洋溢着友好、敬佩、探讨与追求的热烈气氛。

　　会外的媒体、报刊专论，连日作了许多对中国人的称赞。

　　希腊一位知名的导演对罗导演说，中国同行戏中对俄狄浦斯刺瞎自己双眼后用黑纱蒙眼，是一个重大发明！说他们追求了许多年，没有解决，又说中国人用一个向后倒下的形体动作，好极了，它表现了俄狄浦斯绝望时的心情。他还说，要跟演员来学习这个动作。

　　成功演出、学术交流和文化界舆论，对我们演出团全体成员是一次极大的鼓舞，也促进了国际文化、戏剧界对中国的了解。

　　德尔菲文化中心主席对学术讨论会的总结评语是：精彩，热烈。

　　这天下午的活动是：下海游泳两小时；去小镇喝咖啡；在归途中王磊教亚娜唱会了中文歌"小时候妈妈对我讲：大海就是我故乡，大海呀大海……"

　　傍晚举办了酒会。中心负责人领来了女演员和诗人，留诗一首。宾馆老板伊力亚一家参加了酒会，还因为诗人是他的连襟。伊力亚兴奋地表示，几年之内，他要带老婆访华。

　　酒会后，大家去剧场观看希腊的戏。戏中人只有5个演员，描写一些不敬神的报应。表演以形体动作表现内心活动为主，功夫很多，基本功难度较大。演出结束时，中国团去献了花。

　　夜11时，文化中心邀请我们去一个小店聚餐。中国团齐声高唱《祖国颂》、《洪湖赤卫队》插曲、《满江红》与不少中国歌，当唱到南斯拉夫反法西斯影片主题歌时，全场中希朋友参加了齐唱。希腊的朋友也唱希腊歌曲，女主角表演了舞蹈，十分精彩！联欢会凌晨方散。

546

1986年6月18日　离德尔菲回雅典

凌晨2时就寝，7时起床。这比起16年前在向阳湖无期集中营"隔离审查"几个月多睡一个小时。那时心在地狱而今人在天堂，真所谓天壤之别！忽想到此，不觉苦笑，身边无人知晓！

9时启程，告别场面感人！宾馆老少都来竞相拥抱，含泪依依不舍！

在车上同新华社记者老谢交换了一些情况与反映。

两个小时后，到了特派城（THIVA），这是一个戏剧的城市，古时是一个首都，如今人口超过1500人了。全团在一个古城墙前合影。跟在其他古迹时一样，大家没忘记彼此帮助摄影留念。

行行重行行。在车上，随车的希腊记者交给李成贵翻译官一份希腊《自由新闻》，老谢译读了随行记者昨天对中国演出团的一篇报道，夸赞有加，博得一阵掌声。

不久，我们的专车开进了雅典市（Athina）。这时，大家都在车上睡着了，我向老谢介绍了些情况，提出宣传民族文化的国际活动问题，他表示一定可以反映上去。该记者已在国外工作二十多年了，不久就要调回国，他比我小一岁，也不愿再在国外待下去了。

回到市区，仍住进原来住过的Hotel Academica。我仍同李世敏住一间。

得悉难以顺访意大利，即电告驻保加利亚使馆办公室肖主任，代购6月24的车票，告莫斯科驻苏使馆代购20次车卧铺票，预计26日抵莫斯科。

为了在雅典的演出，须通宵工作，因先有日本演出。

入夜，去看了日本演出，是揭示恶人权势者践贱妇女的行为，形体动作性强，效果很好，观众一再鼓掌，谢幕3次，是一出改编演出成功的作品。可见各国用自己的表现形式和方法，去演希腊古剧的方法，即移植，其作用甚强，对于希腊极有利，比"再现"的方法更有利于希腊。这证明开放、任人改编本国作品，只要不失原作的思想、主题，是一种高的、新的、有益无害的方针，凡不保守者，对己最有利。希腊欢迎改编本国的作品。

我们的团队在日本人的演出结束后，从晚10点至凌晨两点多钟，分批重新搭台布景，费时最多的是调灯光，约在3时，才开始排练到7点。每天都极度困倦，倒下就睡着了。终于回住地吃完早点，睡了两个小时，又被市面上什么地方的电动机噪声吵醒。

1986年6月20日　雅典告别演出

晚上九时一刻开始在雅典的告别演出，场面照样热烈，掌声不断，一再谢幕告别。

我曾趁候场、化妆时照大家的办法，拿有每个团员照片的说明书找每个人签名留作纪念。

演出完成后，拍了集体照。

午夜12时，在附近吃晚餐。

雅典的夜市很幽静，而街上灯火却如同白昼。在餐馆三楼露天就餐，别具风味。我们一大帮人好像独霸一方，没有任何干扰，大家高高兴兴充满完成任务的喜悦与轻松，开怀畅饮。

远处一桌不少人大声呼唤我的名字，我即起立，端起酒杯回应"干杯！"。

大家吃饱喝足，回到Hotel Academica已是凌晨两点钟了。

胜利完成了任务，有轻松感。

旅游参观出希腊

1986年6月20日

希腊文化中心十分热情友好地给予了我们特殊的优待，刚来时到达雅典本来半天就可直驱目的地德尔菲的，却特意安排我们在雅典参观两天，又旅游3天。如今雅典演出之后，又为我们安排一次海岛的参观游览。

今天6时30分老马就来接我们了。

7点钟到码头就登上Hermus号旅游轮船。起航后，大家都忙着拍照。罗锦鳞邀我同其父罗念生老先生合影，我们彼此在船舷上合照。船在海上航行了两个多小时，于10时经Aegina岛，大家下船上岛游览岛景风光。如果想去看看石狮并环岛一圈，可乘马车（1500Drs）或汽车（2500Drs）。大家兴趣却在去商店选购旅游小商品并一睹岛上街景。当然，少不了拍照，这里照一张，那里照一张，你帮我拍，我帮你照，或者合照一张。无论码头、船形、岛上一瞥，都留在大家的胶卷里了。

11时20分上船，与希中友协工作人员华西里斯·若多甫务洛（Vasilis Rodoprulos）共进午餐。席间，有人议论说，我这个人思想开放，是一般老干部少有的。我这才意识到师生们心目中，我并不年轻。难怪从我摔倒前后，竟然得到那么多、那么周到的照顾！从搬运各人的行李、上山下坡到上船下船，总会有人出手扶助。

游船12时起锚，经50分钟来到波罗斯岛（Porus）。不少欧洲游客在摄像，而我们则只顾拍照，努力把这蓝天下的美妙景致拍下带走。

下午1点40分起航，3时到希德拉（Hydra），停船约两个小时。不少人下海游泳。因没有沙滩与平地，我不敢去，只有与人结伴转转岛上商店。在海边大小游艇旁的小路旁，有泳装女士在躺椅上晒太阳。

游完了这希腊东海岸爱琴海的几个岛屿景点，在将近7点钟傍晚时分，我们返回到雅典。

老马正等候在码头，接我们回旅馆。

在旅馆，我们每两个人分食一个价值49Drs/kg的大西瓜。将近夜里9时又出发，在雅典市区行驶约一小时，来到了"北京大饭店"，一个约有三、四百平米的餐馆。华人店老板姓莫，是个30多岁的青年人，有一位年轻的妻子和6岁左右的女儿。

晚饭是自助餐。

大家情绪依然很高，边吃边说笑，即兴表演节目。有一位弹电子琴的青年人，王蓓认识，他是王蓓同学的弟弟，据说，小伙子打算在雅典定居。

大家兴高采烈，直玩到凌晨一点多钟，才尽兴而回。

上床时，手表时钟指着两点。

1986年6月21、22日

这两天集体活动不多，只看了一个雅典中心为保加利亚举办的图片展览。22日参观了戏剧博物馆，这是1977年3月开办的。

吸引我注目的是两个面具：

男面具：OMIADAE KAI TO XPYEAI是少有的喜剧面孔

女面具：O KYPIOE TAIIETOE是悲剧面孔

这两个男女面具，都是公元前五世纪的戏剧面具，相当于我国战国时期的作品。

我们住的Hotel Acadimos 既在市区大街上，就便于逛街。这条长街名叫Academica。为了留下纪念，我上街参照上述面具，选购了大小4块铜铸的古希腊戏剧面具，3个是悲剧的，只有唯一是一个喜剧的。因为古希腊悲剧最多，喜剧少。平均一副面具400Drs。

开了一次领导小组会，商量一些离开希腊之前的事务。

1986年6月23日

到希腊来的时候，乘保希国际列车进入希境后，要走十分紧迫的时限内换乘希腊国内客车。如今离境时，采取了另一种方式，即乘汽车到离保加利亚首都索菲亚仅180公里的希保边界出境。

德尔菲Hotel castri 的老板伊力亚先生夫妇专程来送别。他告诉我说，过些日子，他们就要去欧洲几国旅游度假了。他们的到来，使我立刻回想到在德尔菲那些日子，他们的旅馆是坐落在荒无人烟的石山上，周围不见树木，而旅馆中则应有尽有。可见，希腊人善于利用现代化的技术条件营造人的生活环境，在食、宿、居住、通讯等各方面适应人们生活的需求。可以想见，在如此荒漠的半山腰，要建一个旅游宾馆，在建筑材料、水、电、饮食、通讯各方面，必需打下多么厚实的基础才行！在仅仅刚有太阳、石头和海水的条件下，不解决现代建筑、能源、交通、运输甚至农副产品的供应和相应的科学与技术，这个国家的旅游业以及其他，都是不可能的；伊力亚老板夫妇的营业与家庭生活，也是难以实现的。

我们一行在圣克斯坦汀军港逗留约半小时之后，到比利奥市吃中饭。这里，可以遥望比利奥山谷，却不便久留，继续赶路，于下午2小时到了马其顿地区。

马其顿南部海滨，是希腊亚历山大王东征土耳其的康士坦丁。现时，这地区绿色植被很好，树多，冬季有雪。1924年前，从小亚细亚赶走五、六千万人移民到此。靠西是湖泊，形成农业区，成为全希腊的依靠。向左，即再向西是Olympos山，高2900米，山峰积雪，一般人上不去，传说是阿波罗神（Apolo）住的地方。有此山，就把希腊分为南北两部分。1970年有教授发现了马其顿国王的坟，有一个马其顿王二世的金质面具。这位教授为此还获得了国际考古奖。希腊亚历山大王曾远征到伊朗扩大了希腊王国的版图，他生于纪元前三世纪，死时才30岁。再者，此地还是菲利普姐姐出生处，用其姐姐的名字希腊语称Hesanloniky，中国曾说成沙罗尼卡。由于这个地区农业较发达，经济作物是棉花、葡萄和烟叶。每当沙罗尼卡国际博览会期间，在此买农产品比较便宜。

我们看见公路两旁有白色和紫色的夹竹桃。人们又传这地区还是亚力山大的老师亚历士多德出生地，有所谓亚里士多德广场。

说话间，我们行驶到沙罗尼卡工业区了。我们从雅典到沙罗尼卡的距离是540公里。

路旁可见红色标语，写明"7月将有和平大游行！""离开北大西洋公约！"

今天，6月23日，是当地的"圣灵节"。

据说1975年这里发生过大地震，山体塌、裂，原有白色的城堡沉在海底去了。城堡曾经做过监狱。

因为这一带有些看点，我们停下来匆匆地看了北方希腊大剧院、古城堡、亚历山大铜像、博物馆会址、大学城。

19点到达希腊边防站。

大家走进免税商店，把剩余的希币花完。李成贵留在希腊。左小姐帮助办手续，随车一道进入保加利亚境内，经过保国边境的消毒水槽，到达海关，抽查了箱子、提包两件。左小姐办好了签证，于21时原车出发往索菲亚驶去。

在车上，刘元声正式宣布担任"翻译官兼保长"，任命陶先露为"一秘"分发护照。然后发德尔菲夫妇送的点心。点心由忽然出面担任"空中小姐"的潘欣欣自称"服务员"分发。

天渐渐暗了下来。大家似乎要入睡了。

从希保边境行驶180公里，抵达索菲亚火车站。时钟指明23：30.使馆无人接电话。

同左小姐、司机老马热情告别。

我们七手八脚把行李搬进候车室。大家横七竖八在候车室睡到天亮。

1986年6月25、26日

天亮了。七点一刻驻保使馆文化处秘书卫兴龙开了一辆本田小轿车来车站找我。全团转车，相关事务等办公室肖主任和小贾到后，再作办理。发车时间还有三个多小时。

于是，兴龙把我接到他家，见到他夫人张淑荣。我们一边聊天，她一边准备。很快，一顿丰盛的午餐摆了满满一桌。很快，酒足饭饱。临出门还给我带了不少食品，菜、酱油精、罐头、茅台酒、大曲酒、水果，又有茶叶和一只自动手表。没话好说，也不容分辩，只得一一从命，仍由这对十分热情的外交官夫妇送我到车站。

这时全团都已上车，还帮我把行李拿上了车厢。也巧，张淑荣同罗锦鳞是老相识。于是，少不了在车厢内外拍几张照片以作来去匆匆的纪念。

在兴龙夫妇盛情款待的感激与兴奋的心情下，列车徐徐启动。

别了，朋友们，同志们！

如今不再有在希腊境内行车时的平稳了。这列保苏间的国际列车颠簸得厉害。由于连日积攒的困乏，兴奋之后，就自然而然地开始午睡了。

中午不久，就出保加利亚，入罗马尼亚国境了。列车员是苏联人，她预先登记了罗马尼亚入境卡，自称40岁，单身。罗锦鳞讲，她曾企图用糖果来换美元。

16时，我们在睡梦中，被叫醒。一个军人问我们中，谁会讲俄语？

我答：都不会，只会讲英语、德语。

"wohin fahren sie？"

（"你们到哪里去？"）军人用德语问。

"Zu Erst nach Moskwa und dann nach Beijing zurueck。"

（"先到莫斯科，然后回北京。"）我回答。

"alle？"（"全都一样？"）他又问。

"ya! wir sind ein Dramakongreass zusammen39—neun und dreiesig"

"对！我们是一个戏剧代表团，共39人。"

没有问题了。护照逐一盖章，办了罗马尼亚出境手续。

知道快到罗苏边境了，大家轮流上厕所，以备几个小时换轨不开门。

再过几分钟，列车在Minisuti（明尼苏底）站停留一小时之久。

天色渐明。已经是1986年6月26日黎明时分。列车开开停停。从车窗外眺，这罗马尼亚农舍还给人以美感！有石块铺的路、有白杨、松树以及无花果树。为留下记忆，索性用相机的闭门拍一张照片，成像与否，就不去考虑了。

莫斯科时间早晨7点半钟列车到达换轨处，站名BADYN-CUHET，这里是海关，麻烦甚大：

每个人的每件行李都要打开翻查，对带的外国邮票也是拿去请示，带的食品也要细查，此外，随身带的纸币都要清点、登记。总之，极其繁琐、恼人，可也莫可奈何。

为了排除烦劳，消磨时光，请王蓓传授了一套"放松"的气功。

贾青、白明和周德煜三人来和李世敏、我们五人打扑克，"追猪"，四局完成，已是中午了。

列车在细雨中抵达莫斯科。

住进招待所，吃了一顿又热又香的午餐。

1986年6月27日

在莫斯科，大家自由活动。晚上上车。

我同温海风上街乘了游艇在莫斯科河上浏览一圈，又去捷尔任斯基广场。归途中迷路，在地铁中认识一位知识分子模样的苏联人，我用德语同他做简单交流，此人很热心，陪同我们出地铁站后，指导我们乘公共汽车返回使馆。

　　莫斯科火车站是分区的：向西去欧洲方向从基辅路上车，向东亚、中国方向进发是雅罗斯瓦斯基站（Ypocbackuu）。往西北方向又是一个站，看来，比较科学。至于什么站和走多少次车，均有电动报表预告，每年如此，北京站不久前才开始实行。

　　傍晚上了从莫斯科开往北京的第20次国际列车，天色如同下午三、四点钟，不像是在晚间。在此，不能从天色估计时间，必须以钟表为准。

圆满成功回国受表扬

1986年6月28、30日

在回国的列车上，带在车上的食品很充分。生活上只有一点不便，即没有随身带上充电用的圆插头插座板。

列车员叫谢廖沙，生活上用水，用刀叉等，都给予方便。

时间过得快，两天很快便过去了。

为了消磨时光，原班人马聚在一起打扑克玩。40分下台呀、追猪牵羊呀，有趣的是谁输了就得学猪叫、狗吠。小周、小贾和老李说叫就叫，不时逗得大家不亦乐乎。大家活的年轻，至少年轻了二十岁。

29日下午8时，路过瓦罗威斯克站（Barovinsk），停车后，有不少人下车走走。大家记得王磊前一次就是在这个站摔了跤哭鼻子的。今天不同了，来了一批蚊子，向站台上散步的人发起猛攻，大家只得赶快逃回车厢。

6月30日凌晨2:30，我起夜时，意外地看见车外竟是红日高照。

早6时车停新西伯利亚站，我们都知道，这里曾是列宁住过的地方。6月1日来的时候，我曾在此照过相。

早晨，却似中午光景，其实正是北京中午时候。

早点照例是方便面加小包饼干，拌以紫菜糯米、盐、酸黄瓜，正好一大半饭盒。10时开领导小组会商量总结等事。

下午四时许到伊兰斯卡亚站（URAHCKAR）。在站台见邻车道车厢小孩。姚明德看孩子可爱，送糖去，有一妇女主动送给他一个纸盒叫喊："中国人！"姚去接，并送去大白兔糖，一看妇女送的是小型国际象棋，态度热情友好。但突然间车身启动了，大家便匆忙登车招手告别。可见，中苏人民之间的友谊是不受任何政治因素影响的。

1986年7月1、2日

仍是凌晨1时红日高照

一路又见美丽的贝加尔湖，很长时间绕着湖边走。

7月2日到达中苏边境站。我们下车，先交护照及出关单，然后去两个商店看了看。有玉石项链价格20.31美元，刘元声买了一副。大家都拿不准，因为是否真正的琥珀制品，莫辨真伪，最后都没买。

上午我给了王锡平和罗锦鳞一个统计数据，是来回时间及里程。计有两次出入三个国家，两次过关、边防、海关轮番检查，还算顺利，共有18次检查，现在只剩下入国境一次。长途旅行，手续之多，令人慨叹无可奈何！

在边境停车3个多小时，一直等到莫斯科时间下午5点钟即17时。据列车员讲，是中国人不让走。一直拖至19时，以致晚点5小时，才允开车，出了苏联国境。全车人看见车窗外的中国士兵，大家都鼓掌示意，战士们高兴地数次敬礼。

计算起来，在苏联边境共停车8个小时。车应在7时30分到满洲里（此次不经西线的二连）实际是12时15分才到达。不明真相。

到了满洲里车站，见一队白色制服的海关人员排队走过，据说，中国一边是担心我们。

对表，是0点21分。有一女同志来说，有260名旅客上车，请多等一会儿，并说晚点五个小时，是因为苏方撞坏了中方的机车（车头）。

0点45分"边防检查"收去我们的护照，随即办入境手续。到候车室一看商品价格，一切都比国外便宜。打铃后20分钟才开车。

我们已经没有人民币了，先电告几处求援，先赊吃了一顿"晚饭"。这时已是7月3日凌晨2时了。

"得吃好，你们在国外肚子亏了！"餐车长这样说。

从3时30分至5时午睡。有时被惊醒。

大家都兴奋地盼着看到松花江、太阳岛，大家议论着徐念福如何见爱人等等。果然到了哈尔滨，徐的妻子和两个女儿来接，大女儿哭了。老徐的爱人始终戴着墨镜，可能是为了掩盖眼睛里的表情。

"大家闪开！好让人家一家人说说家常！"

但老徐不下车，只有大胡子下车，他三天后必须到校，因为，再过半月该放假了。

从老徐所在的剧院借了一千元，大家吃饭就不再赊账了。

罗锦鳞在散步时对我说：

"现在什么都没问题了，咱俩好交差了！"

我说："是啊，经过调动大脑皮层的全部作用，万事如意了！"

北京时间7月3日

21时，我们去慰问餐车工作人员，联欢。

回车厢打扑克22时，才睡。

7月4日

0时30分到沈阳。

一位军人来接伊琳，全班都去站台，又是一番热闹。

今天得到准确消息称：在苏中边境耽误如此久，是因为朝鲜有豁免权的人员的箱子被苏方违规撬开，朝方提出抗议。我中方表示，在未弄清楚撬箱子的责任前，此次列车不能进入我国国境。为此拖延了五个小时，现已追了半小时。

7月4日下午回到北京。全团受到中央戏剧学院徐晓钟院长等同志的欢迎。

7月21日

文化部刘德有副部长听取汇报后，联系到中央十七届三中全会精神，对大家顾大体、识大局、刻苦、团结的精神予以表扬，他说：学者罗念生大量翻译、介绍希腊戏剧的贡献是惊人的。他认为我们圆满、出色地完成了任务。

据悉，我们代表团的活动，在6月份《北京晚报》报道了两次，7月1日、8日作了第三、四次报道。

38天的希腊之行结束了。

我总是这样想：创业、开路是不容易的，要遇到不少难以预料的矛盾必须去解决。但是，只要你注意到主、客观的有利条件，充分发挥主观能动性，踢开或绕过障碍，就能到目的。希腊之行，要感谢中央、部机关的领导和相关国内外工作部门的支持、配合，还得衷心感谢希腊德尔菲文化中心的特优照顾。我处在"工作就是创业"的时代和环境里，我要随时保持这种冷静的奋勇前进的神态。

地中海上希腊Hermes旅游船上 1986.6.20.

1986.6.6
索菲亚

在索菲亚大道上

来自莫斯科会摇头阔步的娃娃

与导演和演员在Delphi远处的地中海滩
自左至右：王磊、作者、罗锦鳞、阎卫平

赴希腊途中，卫兴龙参赞及夫人张淑荣在索菲亚火车站同罗锦鳞、作者合影

几许难忘的人，多少遗憾之事

一位老朋友

文化外交工作是繁忙的，从希腊访问回国四个多月中，处理了不少艺术教育中专家、留学生对外交流事务。如1985年11月，中国戏剧教育代表团出访民主德国10天，必须派一名德语翻译，当初我处还没有预备德语干部，我想起了二十六年前我在电影资料馆接待民德馆长沃尔克曼时的金雄晖，就找到中国戏剧家协会副主席刘厚生同志。由于清查"四人帮"工作中，他是我的上级领导，彼此熟悉，从我这里他知道了剧协有一个研究民德布莱希特的专家，很高兴，并慨然允诺，借调金雄晖来参加代表团担任翻译。老金为人敬业、坦诚和蔼，也乐于帮忙。我知道他是我的德语教授廖馥君解放后在南京大学德语系的高材生。他轻松愉快地完成了任务。我很乐于交上这位朋友。曾在八十年代初我被派驻西德时，我要求借调他同去，未得到时任外联局副局长的章金树支持。在此后不久，中国音乐学院来了一位德国专家无人担任翻译，我知道老金的词汇量很大，也请他帮忙，他也圆满地完成了任务。他在剧协被一再"出借"，促成了剧协对他的高级职称的评定。他原是"文革"前文委的干部，"文革"后没有回文委，没有出国机会，也就是失去展现才华的条件。原老文委的同志听说他得到了些机会出国，为他庆幸，还表示对我感激，开始我不理解，后来才明白了。老金为人善良，不亏待朋友，他执意送我一条腈纶厚毯留作纪念。不仅如此，我从斯图加特买回的一本书《三十岁前的性与爱》，他找朋友协助翻译中文，还自掏腰包先付给几百元稿酬。此书我找过一些朋友联系出版，均因作者、原出版者无法找到，担心侵权官司，不敢出版。可惜，老金这个好心人在1993年被胃出血夺去了生命，我为之感伤不已，久久不能释怀。这应是后话，回忆至此，难以辍笔。

我和吴祖光与九世班禅电影之梦

　　我在住地北京电影制片厂宿舍区，认识的一位从事影视企业的朋友同班禅额尔德尼在北京同住的人有交往。我们商量，鉴于九世班禅在同中国中央政府和民族团结方面的口碑，受到历史学界和藏学界的认定，设想由十世班禅出资，我们组织拍摄一部九世班禅的故事影片，得到了十世班禅本人的认可。拍摄的组织工作不用发愁，我开始考虑电影文学剧本的创作问题。

　　我拜访了时任国家藏学研究所负责人、藏学专家牙含章教授。他慨然承诺支持，并提供了不少关于九世班禅的身世资料。我经过反复琢磨，想构思一个电影文学剧本或直接以分镜头剧本形式落笔。但根据经验和对藏学、喇嘛教和藏区的感性知识，未能拟出一个故事梗概，加上手头事务多，时兴时辍，只得放弃。我想到了吴祖光，如果他能执笔，必是一部优秀的电影。我抗战时期看过他的《风雪夜归人》，胜利后在上海看过他编导、吕恩主演的《嫦娥奔月》等话剧，还能背诵一点剧中够人玩味的台词。他同我认识。后来我同林敏去过朝阳门外他的寓所做过客，由于他为人平易近人，我们谈得来。我和他弟弟中央音乐学院院长吴祖强同庚，因此，长我十岁。我见过他的夫人新凤霞，她还记得在首都剧场二楼学文化课时的情景，他们的三个孩子健康、俊秀可爱。那时，他家里住的两套三居连通，书橱占了大部分地方，有一台和我家差不多的磁带录像机。

　　想到这里，我就在电话上先谈谈这个要求，并商量他同牙含章面谈，于是，就在1986年10月11日，是周六的下午，把这两位专家约在祖光家商谈了一次。我简述了事情的缘起之后，牙含章说了一些九世班禅值得肯定的历史业绩，然后说明对藏学研究与对西藏事务的现行政策。他说，现在强调三条原则教育：一是民族团结，二是祖国统一，三是废除农奴制。吴祖光很谦虚，也坦诚地说到，当前涉及民族、宗教事务的文艺创作的问题，他接触过内蒙的一些题材，认为以他的水平主要是看其传统。但如今要写作班禅，是有一定困难的，因为，难以掌握。不过，他愿意先阅读牙含章教授带来的文件、资料，再考虑。牙教授表示随时提供咨询。

我考虑商同合作伙伴如何取得班禅及相关人士的支持，组织一次剧作家去藏区的考察并适当预付稿酬时，我接受了一项接待并全程陪同苏联艺教音乐访华团的任务。为此，我必须花费一个半月时间解决这个代表团为期三周的活动。因此，赴藏考察的策划、部署只好在新年前后了。

当我正在安排访藏活动时，在1977年元月7日接到了吴祖光一封来信，全文如下：

"赵素行同志：

关于九世班禅的电影剧本写作的任务交给我，是对我的巨大信任，我感觉十分光荣。

我认真地读了这些材料，深感到这一任务之艰巨。民族问题是一门重大的学问，具有极为重要的政策性和政治性的问题。而我却从未对此项学科有过丝毫的接触和涉猎，因此，在阅读和学习中时刻意识到自己实在不具备对此项题材进行创作的能力。

正是由于度德量力，我再三考虑、出于认真负责，现将这部分素材送还，请另行考虑能够适于此项剧本写作的作家，以免贻误时机。

务请原谅。我希望再有机会向你领教和学习。并请向牙含章教授代致我的歉意。祝安。

愚意此剧作者以藏族作家为宜，请考虑。

吴祖光

一月五日

（附原件）

九世班禅电影至此，便在筹备初期搁浅。

我再没有精力投入到这方面的社会活动了。而我的电影活动生涯，也因此告一段落。

诚然，在关于九世班禅电影的筹划时，我确曾想到，吴祖光在接受项目时，虽也表示过难于掌握的问题，也许碍于情面不便一口回绝，也许等待我们进一步的安排，而我们两个多月内未有促使他"接触"与"涉猎"的行动，似乎只在等待作家闭门造车，因而索性推卸了事，即使已经根据现有主体人物九世班禅详细资料、素材有了框架构思其或也在所不惜。但事已至此，难以挽回了，从我工作繁忙情况考虑，若再有机会去寻求藏族作家执笔又再请吴祖光回头参与主笔，也不可能了。此后，再未有人以文艺形式表现这个重要题材和主题的事情了。

追忆起来，这不能不说是一件十分遗憾之事！

赵素行 同志：

关于＂地狱诤＂的电影剧本写作的任务交给我，是对我的巨大信任，我感觉十分兴奋。

我认真地读了这些材料，体会到这一任务又艰巨，民族问题是一门重大的学问，是具有极为重要的政策性和政治性的问题；而我却从未对此项学科有过丝毫的接触和涉猎，因此在阅读和学习中时刻意识到自己实在不具备对此项题材进行创作的能力。

正是由于这些压力，我再三考虑，出于认真负责，现把这部作品素材送还，请另行考虑能够适任此项剧本写作的作家，以免贻误时机。

务请原谅，我希望今后有机会能领教和学习，并请向 牙含章教授代致我的敬意。祝

安

又及：总之，此剧作应以藏族作家为宜，请考虑。

吴祖光 十月三日

www.ingramcontent.com/pod-product-compliance
Lightning Source LLC
Chambersburg PA
CBHW060446090426
42735CB00011B/1934